Geschichte der englischen Literatur

Peter Erlebach
Bernhard Reitz
Thomas Michael Stein

Geschichte der englischen Literatur

Philipp Reclam jun. Stuttgart

Satz und Druck: Reclam, Ditzingen
Buchbinderische Verarbeitung: Kösel, Krugzell
RECLAM ist eine eingetragene Marke
der Philipp Reclam jun. GmbH & Co., Stuttgart
ISBN 3-15-010556-0
www.reclam.de

Inhalt

Vorwort 11

Altenglische Literatur

Einführung 15

Dichtung 19

Vers. – Spruchdichtung. – Rätsel. – Heldenlieder. – Heldenepen. – *Beowulf*. – Elegien. – Religiöse Dichtung

Prosa 37

Chroniken. – Predigt. – Romanhafte Erzählung

Mittelenglische Literatur

Einführung 42

Dichtung 46

Religiöse Dichtung. – Weltliche Dichtung. – Politische Lyrik. – Ballade. – Erzählende Dichtung. – *Sir Gawain*. – Langland. – Gower. – Chaucer

Drama 67

Mysterienspiele. – Moralitäten

Prosa 74

Lyrik

Das ausgehende Mittelalter 78

Renaissance und Frühbarock 79
Das Sonett 79
Das Versepos: Edmund Spenser, *The Faerie Queene* 84
Die Lyrik des Frühbarock: die »metaphysische« Dichtung 87
Das christliche Epos: John Milton, *Paradise Lost* 96
John Miltons Lyrik 100

Klassizismus 102

Das Sublime und die vorromantische Lyrik 109

Romantik 121
Die erste Generation der Romantiker 121
Die zweite Generation der Romantiker 145

Viktorianisches Zeitalter 166
Die frühe und die mittlere Phase 166
Spätviktorianismus 188

20. Jahrhundert bis etwa 1950 200
Imagismus und Lyrik des Ersten Weltkriegs . . . 200
Die Lyrik bis zur Jahrhundertmitte 207

Nach dem Zweiten Weltkrieg bis etwa 1970 227

Neuere Tendenzen 234

Lyrik aus dem Commonwealth 240

Bemerkungen über die Lyrik nach dem Zweiten Weltkrieg 242

Drama

Von der Reformation bis zur Restauration 246
Die Anfänge des kommerziellen Theaters 246
Bühnen und Publikum, Manager und Schauspieler 249
Text- und Gattungsverständnis 255
Marlowe, Shakespeare, Jonson 260
Shakespeare: Die Geschichtsdramen 271
Shakespeare: Die Tragödien und die »problem plays« 277
Shakespeare: Die Komödien 286
Zeitgenossen 298

Von der Restauration bis zum 18. Jahrhundert . . . 301
Rückgriff und Neubeginn 301
Neue Bühnen, neue Spieler 304
Das Theater und der Hof: Oper, *heroic drama* und *Restoration comedy* 307
Das *heroic drama* 309
John Dryden, Thomas Otway, Thomas Shadwell 310
Die *Restoration comedy* 318
Empfindsamkeit und poetische Gerechtigkeit . . 329
Tragödie und bürgerliches Trauerspiel 330

Die Komödie im 18. Jahrhundert 335
Burleske und *ballad opera* 335
Der *Licensing Act* 337
Die empfindsame Komödie 338
Oliver Goldsmith und Richard Brinsley Sheridan 341

Romantik und Viktorianisches Zeitalter 345
Das englische Theater zwischen Kunst und Kommerz 345
Lesedrama vs. Melodrama 350
Melodrama und Gesellschaftskritik 356
Das viktorianische »problem play« 362
»Problem play« und Komödie bei Oscar Wilde . 366

20. Jahrhundert bis zur Gegenwart 372
George Bernard Shaw und das »play of ideas« . . 372
Das Drama der »Irish Literary Renaissance«: Yeats, Synge, O'Casey 378
Realistisches und poetisches Drama bis zur Jahrhundertmitte 388
Die Theaterlandschaft nach dem Zweiten Weltkrieg 409
Tradition und Erneuerung nach 1956: John Osborne, Arnold Wesker, John Arden . . 415
Samuel Beckett und Harold Pinter 428
Die Dramatiker der Vorkriegsgeneration und das Drama der sechziger und siebziger Jahre: thematische und formale Varianz zwischen *fringe* und West End 440
Joe Orton, Tom Stoppard und Edward Bond . . . 453
»Ditch the Bitch«: Das britische Drama in der Thatcher-Ära 463
»Plays by women«: Dramatikerinnen im britischen Theater nach 1956 479
In-yer-face: Neuansätze im Drama der neunziger Jahre 491

Prosa

Von der Reformation bis zur Restauration 503
Religiöse Prosa 503
Humanistische Prosa 504
Poetologie und Literaturkritik 506
Populäre Prosa 507
Der Essay 510
Politisch-philosophische und religiöse Traktate . 513
Tagebücher 518

Von der Restauration bis zum Ende des 18. Jahrhunderts 521
Religiöse Prosa 521
Die Prosasatire 524
Philosophisch-wissenschaftliche Traktate 532
Der Essay 535
Der Roman 541
Der Schauerroman 560
Wissenschaftsprosa, Historiographie und Biographie 566
Die politisch-philosophische Prosa der Vorromantik 570

Romantik und Viktorianisches Zeitalter 573
Der vorviktorianische Roman 574
Der »romantische« Essay 580
Essayistische Literaturkritik der Romantik 582
Expositorische Prosa 586
Der viktorianische Roman 592
Der historische Roman 592
Der Sozialroman 597
Die Brontës und George Eliot 603
Sensation novel und Detektivroman 608
Der Gesellschaftsroman 610
Lewis Carrolls surreale Prosa 614
Der spätviktorianische Roman 615
Der imperiale Roman 618

Von der Jahrhundertwende bis zum Ende des Zweiten Weltkriegs 623
Die *Edwardian Novel* 624
Der moderne Roman zwischen Experiment und Tradition 627
Satire und Zeitkritik im Roman zwischen den Weltkriegen 637
Essayistik und expositorische Prosa 641
Die *short story* 645

Vom Ende des Zweiten Weltkriegs bis zur Gegenwart 651
Die *Angry Young Men* 651
Modifikationen der *modernist novel* in den fünfziger und sechziger Jahren 654
Der Frauenroman zwischen realistischer und feministischer Gesellschaftskritik 660
Der Universitätsroman 668
Das Empire im Nachkriegsroman 672
Der Roman als hybrides Genre: experimentelle, postmoderne, metafiktionale und realistische Prosa im ausgehenden 20. Jahrhundert 675
Black British Literature 697

Literaturhinweise 709

Register 719

Zu den Autoren 733

Vorwort

Der Versuch, die Geschichte einer Nationalliteratur nachzuzeichnen, mag anachronistisch erscheinen. Nicht erst im Zeitalter des Internet hat sich die Literatur der Festlegung auf nationale Grenzen, seien sie geographisch oder kulturtheoretisch definiert, entzogen. Wo eine solche Grenzziehung versucht wurde, war sie, wie im 19. Jahrhundert bis hin zum Zweiten Weltkrieg, stets politisch motiviert und konnte keiner Überprüfung standhalten.

Auch die englische Literatur lässt sich nicht »national« abgrenzen. Bereits die englische Literatur des Mittelalters hatte Teil an grenzübergreifenden, zunächst germanischen, dann christlich geprägten Wertvorstellungen. Zur Zeit der Renaissance waren die englischen Autoren nicht außerhalb, sondern Teil der humanistischen Erneuerung Europas, und im Gefolge der Restauration waren es, wie schon nach der normannischen Eroberung, vor allem französische Einflüsse, die in die englische Literatur Eingang fanden. In jüngster Zeit haben vor allem in ihrer Biographie auf Großbritanniens koloniale und postkoloniale Geschichte zurückverweisende Autorinnen und Autoren die britische Literatur entscheidend mit geprägt. Ihnen gehen jene voraus, die, nationale Grenzen überschreitend, zur literarischen Umsetzung der ästhetischen Ideale des Klassizismus, der Romantik oder der Moderne beigetragen haben.

Auch wenn der vorliegende Band der vielfältigen Vernetzung der britischen Literatur mit zunächst europäischen und dann nur noch global rezipierbaren Einflüssen Rechnung zu tragen versucht, muss eine englische Literaturgeschichte im Format von Reclams Universal-Bibliothek hier schon aus Platzgründen Abstriche machen, und dies ebenso bei den Wechselwirkungen zwischen Literatur und Politik, zwischen Literatur und Ideen-, Wirtschafts- und Sozialgeschichte. Dennoch hoffen die Verfasser, dass auch diese Zusammenhänge in ihren Grundlinien deutlich werden.

Der vorliegende Band beginnt mit einem Überblick über die alt- und mittelenglische Literatur, der aufgrund der vergleichsweise schmalen überlieferten Textgrundlage verdeutlichen soll, welche gattungsübergreifenden Vorstellungen die englische Literatur im Mittelalter geprägt haben. Für die nachfolgende Analyse haben sich die Verfasser dagegen von einem vermuteten Leserinteresse leiten lassen. Wer in dieser *Geschichte der englischen Literatur* allein nach Informationen über eine Autorin oder einen Autor sucht, wird im Index nachschlagen und, so hoffen die Verfasser, hier die gesuchte Auskunft finden. Aber eine Literaturgeschichte sollte mehr sein als ein Autorenlexikon, und deshalb war zu entscheiden, ob Autorinnen und Autoren synchron innerhalb der Epoche, die sie prägte und die sie prägten, oder diachron innerhalb der Geschichte jener literarischen Gattung, die den Schwerpunkt ihres literarischen Werks bildet, dargestellt werden sollen.

Die Verfasser haben sich dafür entschieden, die Autorinnen und Autoren im Kontext der für sie jeweils repräsentativen Gattung vorzustellen, weshalb es für den Leser lohnend sein mag, nicht nur den individuellen literarisch-biographischen Einzelbeitrag zu lesen, sondern sich auch mit den für das jeweilige Kapitel konstitutiven, übergreifenden gattungsgeschichtlichen Zusammenhängen vertraut zu machen. In einigen Fällen, wofür W. B. Yeats als Beispiel gelten kann, resultierte dies in unvermeidlichen Aufspaltungen. Wer sich allein für den Lyriker Yeats interessiert, wird unter »Lyrik« die gesuchten Informationen finden; wer über Yeats als Dramatiker Auskunft will, findet sie beim »Drama«. In diesen wenigen Fällen vertrauen die Verfasser auf die Fähigkeit des Lesers, Informationen zusammenführen zu können.

Auch wenn die *Geschichte der englischen Literatur* gattungsgeschichtlich angelegt ist, verzichtet sie dennoch nicht auf eine an den wesentlichen Entwicklungsphasen der englischen Literatur orientierte Perspektive. Hierfür bietet die Epochengliederung innerhalb der Gattungsgeschichten jenen Lesern, die primär über die Literatur einer Epoche anstatt über eine einzelne Gattung oder einen individuellen Autor Informationen suchen, eine Hilfestellung.

Innerhalb der Gattungsgeschichten haben die Verfasser auch neueste, in Hinblick auf ihre zukünftige ›literaturgeschichtsfähige‹ Bedeutung noch strittige Texte einbezogen. Der Schwerpunkt des Bandes liegt deshalb auch nicht bei der älteren Literatur, sondern bei den gattungsspezifischen Entwicklungen der Neuzeit bis hin zur unmittelbaren Gegenwart.

Den Beitrag zum Mittelalter verfassten Peter Erlebach und Bernhard Reitz. Die Gattungsgeschichte der englischen Lyrik schrieb Peter Erlebach, die des englischen Dramas Bernhard Reitz, und den Bereich der englischen Prosa hat Thomas Michael Stein bearbeitet. Die Verfasser danken Christopher Barenberg, Ulrike Behlau, Gabriele Burkart, Sandra Gellner, Gideon Haberkorn, Verena Krone, Sigrid Rieuwerts, Kathrin Scheufler, Martin Schupp, Sandra Schwab, Ivonne Wanko und Maike Zimmermann für ihre Unterstützung bei der Fertigstellung des Buches – und Dietrich Klose für seine Geduld.

Peter Erlebach
Bernhard Reitz
Thomas Michael Stein

ALTENGLISCHE LITERATUR

Einführung

Mit der Schlacht von Hastings (1066) und der Unterwerfung Englands durch die Normannen endete die altenglische Zeit. Gewaltsame Landnahme stand auch an ihrem Beginn. Nachdem Rom schon im Jahre 406 die Rheingrenze preisgegeben hatte, erhoben sich 409 die römischen Legionen in Britannien gegen Konstantin III. Danach verfiel die römische Herrschaft, was auch archäologische Befunde wie der Rückgang des Münzumlaufs bestätigen. Als Söldner waren Germanen schon unter den Römern nach Britannien gekommen, doch erfolgte die ausgreifende Besiedlung der Insel durch die germanischen Stämme der Angeln, Sachsen und Jüten erst um die Mitte des 4. Jahrhunderts. Die keltischen Bewohner Britanniens, die »Briten«, wurden in die unwirtlichen Regionen Schottlands, nach Wales und nach Cornwall abgedrängt.

Von den Angeln, die nördlich der Themse in Nordhumbrien, Merzien und Ostanglien siedelten, leitet sich England, *engla lond*, der künftige Name der Insel, her. Zwischen ihnen, den Sachsen, die sich in Sussex, Wessex und Essex niederlassen, und den in Kent und auf der Isle of Wight siedelnden Jüten bildete sich die dialektgeprägte Sprachgemeinschaft des Altenglischen heraus (Nordhumbrisch, Merzisch, Westsächsisch, Kentisch).

Die Entwicklung des angelsächsischen Herrschaftsgebiets vollzog sich vor dem Hintergrund eines politisch wie kulturell wechselvollen Geschichtsverlaufs. Es bildeten sich sieben um die Oberherrschaft rivalisierende Königreiche heraus, die Heptarchie. Ihre innere Organisation folgte germanischen Stammestraditionen. Unter dem König standen in strenger hierarchischer Ordnung, aber auch in klar geregelten Lehnsverhältnissen, die Adligen und die Freien, gefolgt von den Bauern. Die niedrigste soziale Schicht bildeten die Unfreien. Sie waren Besitz ihrer Herren und blieben vom Waffendienst wie aus der Gerichtsversammlung ausgeschlossen.

Im Wettstreit um die Oberherrschaft und um den Rang des Bretwalda, des Herrschers von Britannien, obsiegte im 6. Jahrhundert zunächst Kent, während im 7. Jahrhundert unter König Eadwine Nordhumbrien die Vormachtstellung errang. Zwar unterlag Eadwine in der Schlacht von Hatfield 632 Penda von Merzien, doch gelang es seinen Nachfolgern in langen Kriegen, Nordhumbriens Machtanspruch erneut zu festigen. Erst unter dem militärisch wie politisch rastlosen Offa (reg. 757–796) errang Merzien im 8. Jahrhundert die Führung, bis diese im 9. Jahrhundert auf Wessex überging.

Seit der Regierungszeit Offas beteiligten sich mit den Dänen und Norwegern, den »Wikingern«, d. h. Piraten, neue Mitstreiter an den insularen Machtkämpfen. 793 brandschatzten die Wikinger das Kloster Lindisfarne, und bei den häufigen Überfällen auf Klöster wurden stets auch Kulturgüter zerstört. Auf die regelmäßigen sommerlichen Raubfahrten der Langschiffe folgte bald die gezielte Invasion mit dauerhafter Landnahme. Aber 878 gelang es ALFRED DEM GROSSEN, König von Wessex (reg. 871–899), dem Vordringen der Wikinger in der Schlacht von Edington Einhalt zu gebieten. Im Vertrag von Wedmore (878) wurden die Grenzen des dänischen Machtbereichs, des Danelaw, festgelegt. Um 900 erstreckte er sich vom River Tees im Norden bis zur Themsemündung, nach Westen entlang einer Linie, die von Hertford über Lichfield, den River Humber und Ripon reichte.

Der Friede mit den Wikingern ermöglichte Alfred die Konsolidierung der westsächsischen Herrschaft, und sein

Königssitz Winchester wurde Zentrum einer kulturellen Erneuerung. Die Politik der Aussöhnung von Dänen und Angelsachsen endete jedoch im späten 9. Jahrhundert, als die Wikinger ihre Angriffe wieder aufnahmen und sich auch durch Tributzahlungen nur vorübergehend beschwichtigen ließen. Es kennzeichnet den Wechsel der Kräfteverhältnisse, dass mit Knut dem Großen (reg. 1016–35), der kurzzeitig auch die Kronen Dänemarks und Norwegens vereinigte, und seinen beiden Söhnen Dänenfürsten als gewählte Herrscher England regierten. Erst mit Eduard dem Bekenner (reg. 1042–66) fiel die Krone an einen Nachfahren Alfreds zurück.

Auch zum Ende der angelsächsischen Herrschaft leisteten die Wikinger einen entscheidenden Beitrag. Als Wilhelm von der Normandie nach England übersetzte, stand Eduards Nachfolger Harold in Yorkshire gegen den norwegischen König Harald Hardraade im Feld, der Knuts Erbe beanspruchte. Harold konnte die Wikinger zwar vernichtend schlagen, aber mit seinen in Eilmärschen an die Südküste geführten Truppen unterlag er bei Hastings am 14. Oktober 1066 Wilhelm, dem die Geschichte den Beinamen »der Eroberer« gab.

Mit der keltischen Bevölkerung wurde auch das frühe Christentum Britanniens von den Angelsachsen verdrängt und die irische Kirche von Rom weitgehend abgeschnitten. Dadurch konnten sich in Irland, Wales und Schottland die Klöster zu Zentren des christlichen Lebens entwickeln. Die geistliche Führung des Landes lag bei den Äbten und nicht bei den Bischöfen. Irische Mönche begannen im 6. Jahrhundert mit der Missionierung Englands. Im Norden gründete Columba um 563 ein Kloster auf Iona, und Aidan 635 Lindisfarne. Im Süden dagegen betrieb Rom die Glaubensverbreitung. 597 kam Augustinus im Auftrag Papst Gregors I. mit einer Gruppe von Benediktinermönchen nach England, begründete das Bistum von Canterbury und wurde dessen erster Bischof. Die aus der unterschiedlichen Entwicklung der irischen und der römischen Kirche resultierenden theologischen Differenzen wie die Frage der Datierung des Osterfestes wurden 664 auf der Synode von Whitby zugunsten Roms entschieden. Durch die Gründung des Erzbistums York (634), dessen Gelehrtenschule Alkuin, der spätere Ratgeber Karls des Großen und Exponent der sog. Karolingischen Renaissance, führte, festigte sich der Einfluss Roms ebenso wie durch die in Wearmouth und Jarrow von Benedict Biscop gegründeten und mit Bibliotheken ausgestatteten Klöster, in denen auch Beda (um 673–735), der Universalgelehrte seiner Zeit, seine Ausbildung erhielt. Vor allem ist es jedoch der aus Kleinasien entsandte Theodor von Tarsus, der ab 669 als Erzbischof von Canterbury die englische Kirche endgültig an Rom band und damit den kirchlichen Zentralismus begründete. Zusätzlich zu dieser vertikalen Gliederung blieb jedoch die klösterliche, horizontale Gemeinschaftsordnung weiterhin bestehen und wirkte auch in der Folgezeit dem Prinzip des Zentralismus entgegen. Neben der Bischofskirche behielten die von der irischen Mönchskirche geprägten Geistlichen ihren Platz, wie das Beispiel Aldhelms (um 640–709) zeigt. Unter den gebildeten Klerikern seiner Zeit ragt Aldhelm durch seine umfassende Kenntnis des klassischen Schrifttums wie auch der keltischen und germanischen Dichtung hervor.

Zum Erfolg der Christianisierung, die bis etwa 700 im Wesentlichen abgeschlossen war, trug nachhaltig bei, dass weder die irischen Missionare noch die Vertreter der römischen Bischofskirche in gewaltsamen Bekehrungen die Märtyrerkrone suchten. Ausdrücklich hatte Gregor den Benediktinern empfohlen, keine heidnischen Tempel zu zerstören, sondern die Kultstätten zu Kirchen zu weihen. Nicht minder behutsam verfuhren die mit dem keltischen Kulturkreis vertrauten irischen Mönche. Diese auf Integration und Assimilation ausgerichtete Missionierung ersparte der englischen Kirche tiefgreifende Rückschläge, und die Toleranz gegenüber den Zeugnissen germanischer Kultur wurde zur entscheidenden Voraussetzung für deren Überlieferung. Dass den Kirchenführern diese Toleranz gelegentlich sogar zu weit ging, belegt im 8. Jahrhundert ein berühmter Brief ALKUINS an den Abt von Lindisfarne. Während der Mahlzeiten, so die Ermahnung an die Mönche, sollten die Schriften der Kirchenväter, nicht aber germanische Heldenlieder vorgelesen werden, und tadelnd ist hinzugefügt: »Quid Hinieldus cum Christo?« – »Was hat [der germanische Held] Ingeld mit Christus zu tun?«

Dichtung

In Alfred dem Großen fand die Literatur der altenglischen Zeit zwar einen berühmten und gebildeten Förderer, doch nicht der Adel, sondern der Klerus war Träger der Schriftkultur der Epoche. Geistliche wie Alkuin dienten als Sekretäre, Ratgeber und Administratoren ihren des Lateinischen und zumeist auch des Schreibens unkundigen Herrschern. Sie sind, wenngleich nur selten wie Aldhelm in einer Person, die Gelehrten, die Schriftsteller und auch die Dichter. Nicht an den Höfen, sondern in den Klöstern wurde das Schrifttum der Antike bewahrt und um die Zeugnisse der eigenen Zeit ergänzt. In den Kopistenstuben der Mönche entstanden in mühevoller Handarbeit die Bücher, »niþum to nytte«, den Menschen zum Nutzen, wie es in einem Rätsel heißt.

Westsächsische Geistliche zeichneten im 10. Jahrhundert nach anglischen Vorlagen auf, was heute an altenglischer Versdichtung erhalten ist. Von den knapp 30 000 Zeilen, welche die Wirren der Geschichte überdauert haben, finden sich zwei Drittel in nur vier Manuskriptsammlungen. Zum *Beowulf*-Manuskript, das um 1000 abgefasst wurde, gehören auch das *Judith*-Fragment sowie später mit den Dichtungen zusammen gebundene Prosatexte. Zwischen ca. 970 und 988 entstand die umfangreichste Handschrift, das *Exeter Book*. Es enthält Elegien wie »The Wanderer«, »The Seafarer«, »The Complaint of Deor« oder »The Wife's Lament«, Fragmente des *Physiologus*, aber auch u. a. *Widsiþ*, die Texte von *Christ*, *Guthlac*, *Azariah*, CYNEWULFS *Juliana*, sowie *Maxims I* und Rätsel. Im *Junius*-Manuskript aus dem frühen 11. Jahrhundert sind die ursprünglich CÆDMON zugeschriebenen christlichen Dichtungen *Genesis*, *Exodus*, *Daniel* und *Christ and Satan* aufgezeichnet. Der vierte Codex, das nach seinem Fundort benannte *Vercelli Book*, datiert um 980 und gelangte im 11. Jahrhundert nach Italien. Hier sind Cynewulfs *Elene*, *The Fates of the Apostles*, »Andreas«, »Soul and Body« und »The Dream of the Rood« überliefert, sowie Predigten und eine altenglische Bearbeitung der *Vita Guthlaci* des Mönchs FELIX VON CROYLAND. Unter den außerhalb dieser vier Codices erhaltenen Werken sind vor allem die Heldendichtungen *The Battle of Brunanburh* und *The Battle of Maldon* zu nennen, die an die Schlachten von 937 bzw. 991 gegen die Dänen erinnern, sowie die auf viele Quellen verstreuten, teilweise sehr alten Zaubersprüche, und auch *Cædmon's Hymn*, eine Lobpreisung der Schöpfung, mit dem laut Bedas Kirchengeschichte der Angelsachsen (731) die geistliche Lyrik ihren Anfang nahm.

Diese oftmals nur fragmentarischen Werke lassen dennoch den einstmaligen Reichtum und die Gattungsvielfalt der altenglischen Dichtung erkennen. Doch obwohl die Forschung große Anstrengungen zur Datierung der einzelnen Texte unternommen hat und dabei genuin sprachwissenschaftliche Belege ebenso berücksichtigt wie historische und sogar archäologische Quellen, müssen definitive Zuordnungen schon aufgrund der späten Niederschrift ungesichert bleiben. Auch sind die Aufzeichnungen keineswegs mehr authentische Wiedergaben der primär nicht als Lesetexte, sondern für den mündlichen Vortrag geschaffenen Dichtungen. Die missionarische Absicht, heidnische Überlieferung mit christlichem Denken zu verbinden und zu überformen, aber auch die Vertrautheit mit den Darstellungskonventionen der antiken Literatur haben die Auswahl und die Bearbeitung der überlieferten Verse mitbestimmt. Das heidnische Ethos der germanischen Heldendichtung wird in der schriftlichen Überlieferung der christlichen Deutung erschlossen, und selbst in ursprünglich volkstümlichen Gattungen wie der Rätseldichtung findet sich der Einfluss lateinischer Vorbilder.

Zeugnis von der mündlichen Tradition der angelsächsischen Dichtung gab der *scop*, der Dichter und Sänger, der in der Met-Halle zu festlichen Anlässen die Heldenlieder und Epen vortrug. Der *scop* hatte entweder einen Platz im Haushalt eines Fürsten, aus dem er jedoch, wie »The Complaint of Deor« berichtet, verdrängt werden konnte, oder er zog – wie der allerdings mit Sicherheit fiktive *Widsiþ* (›Weitfahrt‹) – als fahrender, an den Höfen stets willkommener Sänger umher. Ob der *scop* seinen Vortrag musikalisch begleitet hat, ist auch nach dem Fund einer Harfe im Schiffsgrab von Sutton Hoo (1939) nicht sicher.

Vers. Die altenglische Dichtung hat als gemeinsames Merkmal den Alliterationsvers, die Stabreimzeile. Diese Versart ist in Form und Gehalt Abbild der germanischen Versstruktur und hat ihre Entsprechung in der Poesie der alten Briten, der Urbevölkerung Großbritanniens. Sie ist nicht durch regelmäßige Abfolge von betonten und unbetonten Silben, noch durch den Endreim, wie in der uns heute geläufigen Dichtung, noch in der Abfolge langer oder kurzer Vokale nach dem quantitativen, d. h. dem musikalischen Akzent des antiken Versmaßes gekennzeichnet, sondern durch den Atemdruck des Wortanlautes betonter, sinntragender Wörter. Die altenglische Langzeile folgt somit dem dynamischen Betonungsmuster und beruht auf klanglicher Bindung in der Zeile selbst. Eine Stabreim-Langzeile gliedert sich in zwei jeweils zweihebige Kurzverse, den Anvers und Abvers, die durch Alliteration (Anlautreim, »Stab«) mindestens zweier, oftmals jedoch dreier Hebungen verknüpft sind. Es staben gleiche Konsonanten im Anlaut, während die Vokale aufgrund der vor ihrer eigentlichen Artikulation in den germanischen Sprachen zunächst gebildeten Behauchung (Kehlkopfverschlusslaut, »glottal stop«) frei untereinander staben können. Die Konsonantenverbindungen *sk*, *sp* und *st* staben nur mit sich selbst. Die Anzahl der unbetonten Silben zwischen den betonten Wortanlautungen spielt keine Rolle: Als ein Beispiel seien hier *Beowulf*, 703–705, und »Deor«, 24–26, zitiert:

Com on wanre niht
scriðan sceadugenga. Sceotend swæfon,
þa þæt hornreced healdan scoldon,
ealle buton anum.

(Da kam in dunkler Nacht / herangeschritten der Schattengänger. Die Krieger schliefen, / die die Giebelhalle bewachen sollten, / alle außer einem.)

Sæt secg monig sorgum gebunden,
wean on wenan, wyscte geneahhe
þæt þæs cynerices ofercumen wære.

(Es saß da mancher Mann in Sorge verstrickt, / In Erwartung von Leid, er wünschte häufig, / dass diese Herrschaft [des Leids] überwunden würde.)

Das Prinzip der lautlichen Wiederholung hat sein Korrelat in der inhaltlichen Wiederholung. Es gehört zum unverkennbaren Wesen altenglischer Dichtung, dass das jeweilige Thema durch Umschreibung und damit sprachliche Variation der einzelnen Gedanken sozusagen meditativ umkreist wird und sich der Dichter dem Sinngehalt dadurch allmählich annähert, so dass er für ihn und den Zuhörer Bedeutung erhält. Dies geschieht besonders auch durch eine reichhaltige Bildersprache, deren Vorherrschen sowohl aus der germanischen Poetik als auch aus dem bildlichen Denken des keltischen Erbes in England stammt. Auf diese Weise treten z. B. der Lobpreis Gottes in Cædmons Schöpfungshymnus, die Empfindungen der Helden (etwa Beowulfs an markanten Stadien seines Lebens) oder das Gefühl von Kummer und Ausweglosigkeit in den sog. Elegien plastisch hervor.

Bei der altenglischen Bildersprache handelt es sich um z. T. komplexe Wortverbindungen, die von den altisländischen Metaphern der Skálden, den sog. Kenningar (Einzahl: Kenning, ›[Er-]Kennung‹ eines Sachverhalts durch die dichterische Umschreibung), her, bekannt sind. *Sceadugenga*, »Schattengänger«, eine Bezeichnung für das nachts mordend umhergehende Ungeheuer Grendel, oder *misthlið*, »Nebelhügel«, als Benennung der Dunkelheit, die Verwendung von *ceol* (›Kiel‹) oder *wudu* (›Holz‹) als Synonyme für »Schiff«, Umschreibungen einfacher Begriffe wie *medu-benc*, »Met-Bank«, für die Bänke der großen Halle Heorot (›Hirsch‹; der Name der mit einem Hirschgeweih geschmückten Halle ist selbst ein Bild), *swanrad*, »Schwanenstraße« oder *hronrad*, »Walfischstraße«, im *Beowulf*-Epos nur zwei der vielen bildhaften Bezeichnungen für das Meer, sind für die angelsächsische Dichtkunst jener Zeit charakteristisch. In ihrem Ursprung sind diese Kenningar echte poetische Bilder, die sich durch beabsichtigte dichterische Findigkeit, ja sogar Verrätselung, auszeichnen und das Gemeinte keinesfalls auf den ersten Blick erschließen. Daher begegnen in altenglischer Dichtung auch immer wieder nur einmal belegte Bildwörter, in der antiken Rhetorik »hapax legomena« genannt, die eine besondere Zierde des Verses darstellen sollen.

Spruchdichtung. Aufgrund der späten Niederschrift hat christliches Gedankengut auch jene Texte mit überformt, die wie die der Spruchdichtung zugehörigen Zaubersprüche sehr alt sind und noch vorchristliche Vorstellungen bewahren. Von den rund 90 in verschiedenen Quellen wie dem *Læceboc* (›Arztbuch‹) und *Lacnunga* (›Arzneien‹) überlieferten *charms* sind zwölf in Versen mit teils ungewöhnlicher, sie als Frühwerke ausweisender Stabverteilung verfasst. In den Zaubersprüchen sucht der mittelalterliche Mensch die Hilfe des Übernatürlichen gegen die Widrigkeiten der Natur und des Lebens. Ein Zauber gegen den Hexenschuss findet sich ebenso wie ein Bienenzauber, der die Schwärme am Davonfliegen hindern soll. Hierfür gibt der Spruch auch einen nützlichen Rat: »wiððon forweorp ofer greot, þonne hi swirman« – »wirf Sand über [die Bienen], wenn sie schwärmen«. Ob dies mehr geholfen hat als das Besprühen mit Wasser, womit Imker heute Schwärme am Flug hindern, ist nicht überliefert. Doch wird hier eine Verknüpfung von Beschwörung und lebenspraktischer Hilfestellung sichtbar. Aufschluss über das Alltagsleben vermittelt die Tatsache, dass allein zehn der erhaltenen Zaubersprüche vor Diebstahl schützen sollen.

Ebenfalls über eine Vielzahl von Quellen verstreut sind die Merk-, Lehr- und Sinnsprüche. Sie finden sich in Sammlungen wie den *Maxims I* (Exeter-Spruch) und *Maxims II* (Cotton-Lehrspruch), aber auch eingebettet in *Beowulf*, in *Widsiþ* und in die Elegien. *Widsiþ* enthält drei Merkreihen (*þulas*), deren erste, der Herrscherkatalog, mit dem Stammvater Wotan beginnt und durch spätere Ergänzung bis zu Offa hinführt. Ein Völkerkatalog verzeichnet die Stämme und Völker, die der Sänger besucht haben will, und in einem Heldenkatalog berichtet Widsiþ von berühmten Männern, die er angeblich getroffen hat. Für die angelsächsischen Zuhörer vermittelten diese als Poesie wenig ansprechenden Listen lebendiges Wissen von Geschichte. Sie verweisen zugleich auf die Dichtungen, in denen die mit den Namen verknüpften Taten und Schicksale anschaulich werden.

Eine andere Art von Wissen wird in den auch als gnomische Dichtung bezeichneten Maximen tradiert. Die einprägsam verfassten Verse verzeichnen in für heutige Leser oft fremdartig anmutenden Verbindungen Erkenntnisse über die Natur (»der Frühling ist am längsten kalt«) mit Ermahnungen (»der König soll in der Halle / Ringe austeilen«), praktische Ratschläge (»ein Buckel soll auf dem Schild sein, / ein fester Schutz der Finger«) und sowohl christlich wie heidnisch geprägte Lehrsätze: »Die Kräfte Christi sind groß, / das Schicksal ist am stärksten«.

Von diesen auf den Gesamtzusammenhang menschlicher Erfahrung ausgerichteten normativen Sentenzen heben sich die ebenfalls im *Exeter Book* überlieferten moralisch-didaktischen Texte ab, die christlich fundierte Verhaltensregeln vermitteln. In den zehn Ermahnungen der *Precepts* warnt ein Vater seinen Sohn vor Sünden wie Unzucht und Trunkenheit und hält ihn zur Beachtung der Gebote Gottes an. Dass gleich Satan und den rebellischen Engeln fallen wird, wer vor Gott keine Demut zeigt, schildert »Vainglory«.

Rätsel. Wie ein ursprünglich volkstümliches Genre, das zu den frühesten Formen der Dichtung zählt, sich in altenglischer Zeit zur Kunstform entwickelt hat, verdeutlichen die Rätsel. In ihrer überlieferten Fassung ist an die Stelle der knapp verschlüsselten Frage eine manchmal episch breite Ausgestaltung getreten, die den Einfluss lateinischer Sammlungen erkennen lässt. Aldhelm verfasste lateinische Rätsel ebenso wie Tatwine, ein Erzbischof von Canterbury, oder auch Bonifatius. Tiere und Pflanzen sowie Objekte des Alltags gehören zu den Dingen, die zu erraten sind, ebenso sakrale Gegenstände wie Kreuz oder Hostienteller. Nicht selten finden sich auch sexuelle Zweideutigkeiten, und dies sogar bei biblischen Themen wie etwa im Rätsel 46 aus dem *Exeter Book*. Hier wird nach der Familie Lots gefragt, doch kann die beschriebene Familienkonstellation nur durch den Begriff »Inzest« erschlossen werden.

Dass in den Rätseln auch nützliches Wissen vermittelt wird, zeigt dagegen Nr. 26 (*Exeter Book*), dessen Lösung »Buch« lautet. Wie in vielen Rätseln ist das zu Erratende auch hier der Sprecher, der im ersten Teil die Entstehung eines Buchs von der Zubereitung des Pergaments über dessen Beschriftung bis zum kunstvollen Binden beschreibt. Der gleich lange zweite Teil ist ein lyrischer Preis des Nutzens und der Freude, die Bücher spenden können, in dem aber auch die Distanz zur volkstümlichen Rätseltradition zutage tritt.

Heldenlieder. Die in den Merkreihen des *Widsiþ* aufgeführten Helden, Herrscher und Völker gewinnen Gestalt in den Heldenliedern und in der epischen Heldendichtung. Hier werden auch die germanischen Welt- und Wertvorstellungen deutlich, die der Held exemplarisch verkörpert. Stets ist der germanische Held ein Krieger, der sich durch Tapferkeit und Treue auszeichnet. Seinen Gefährten und Untertanen ist er ein weiser und großzügiger Anführer, und sein Ruhm und seine Ehre gründen darauf, dass er nicht einmal um den Preis des eigenen Untergangs von den Geboten des vorbildlichen Handelns ablässt. Die mutige Akzeptanz des als unabwendbar erkannten Schicksals macht auch seine Niederlage noch ruhmvoll und preiswürdig.

Welches Konfliktpotential dieses kriegerische Ethos enthält, wird im *Finnsburgh*-Fragment sichtbar, dessen Handlungsgeschehen auch in *Beowulf* (1063–1159) resümiert wird. Als der Däne Hnæf mit seinen Gefolgsleuten seinen Schwager, den Friesen Finn, besucht, wird er unter Verletzung des Gastrechts von Finns Sohn und den Friesen überfallen. Dabei wird Finns Sohn getötet, und das Gebot der Blutrache erzwingt die Teilnahme des Vaters am Kampf, in dem Hnæf fällt. Doch können die Friesen die von den Dänen gehaltene Halle nicht erstürmen, und die erschöpften Gegner beschwören bis zum Frühjahr Frieden. Dies jedoch bringt Hengist, den die Dänen als Nachfolger Hnæfs gewählt haben, in Konflikt mit seiner Auffassung von Gefolgschaft und Eidestreue. Wie seine Krieger es erwarten, entscheidet sich Hengist für die Gefolgschaftstreue und tötet Finn in einem neuerlichen Kampf.

Mit den Dänen kehrt auch Hnæfs Schwester Hildeburg heim, die Bruder, Gatten und Sohn verloren hat und in *Beowulf* (1071–79) als unschuldiges Opfer der Fehde dargestellt wird. Davon berichtet das *Finnsburgh*-Fragment nichts. Mut und Kampfbereitschaft stehen hier im Mittelpunkt des anschaulich dargebotenen Handelns ebenso wie die wörtliche Rede, und der Text resümiert im Gegensatz zu *Beowulf* ohne Kommentierung in sprunghafter und verdichtender Darstellung die Höhepunkte der fünf Kampftage.

Von der Bewährung in der Schlacht berichten auch die spät-altenglischen Dichtungen *The Battle of Maldon* und *The Battle of Brunanburh*. Bei Maldon steht der Angelsachse Byrhtnoð den Wikingern gegenüber. Er weist die von den Wikingern angebotene Schonung gegen Tribut stolz zurück und gewährt um der Waffengleichheit willen den auf einer Insel versammelten Gegnern sogar ungehinderten Zugang zum Festland. Diese heroische Geste bezahlt Byrhtnoð ebenso mit seinem Leben wie seine Gefolgsleute, die den Tod ihres Anführers rächen wollen. *The Battle of Maldon* schildert in Einklang mit dem Geist des *Finnsburgh*-Fragments, zu dem es auch strukturelle Parallelen aufweist, die ruhmvolle Niederlage wie einen Sieg. Doch indem der Text auch explizit Byrhtnoðs Stolz – *ofermode* (89) – als die Ursache seines und seiner Mannen Untergangs ausweist, wird zugleich ein Zweifel am überzogenen Anspruch germanischer Kriegerehre fassbar. Demgegenüber zeigt die Chronikdichtung *The Battle of Brunanburh* ausgesprochen patriotische Züge. Der Text lässt in der Verwendung überlieferter poetischer Konventionen deutlich die wohl auch propagandistische Absicht erkennen, die militärischen Leistungen der Angelsachsen unter Aethelstan (895–940) in die offensichtlich noch immer geschätzte Tradition der Heldendichtung zu stellen. Doch fehlen dem eher annalistischen Nachvollzug des Schlachtverlaufs die ausdrucksstarken wörtlichen Reden der Helden ebenso wie die Unmittelbarkeit der Darstellung.

Heldenepen. Während im Heldenlied die schicksalhafte Entscheidungssituation im Mittelpunkt steht, zeigt die epische Heldendichtung den Helden in einem umfassenderen Lebens- und Entwicklungszusammenhang. Nur als Bruchstücke sind die beiden 1860 in Kopenhagen entdeckten *Waldere*-Fragmente überliefert, deren Protagonist der legendäre Walter von Aquitanien ist. Doch besitzt die altenglische Literatur in *Beowulf* auch das einzig vollständig erhaltene Heldenepos mit über 3000 Langzeilen. Das im 8. Jahrhundert im anglischen Dialekt Nordenglands niedergeschriebene, jedoch uns in dieser Form nicht überlieferte Werk wurde im 10. Jahrhundert in den westsächsischen Dialekt Südenglands umgeschrieben. Es ist das älteste uns erhaltene Epos aus dem germanischen Kulturkreis.

»Beowulf«. Der Hof des dänischen Königs Hroþgar, auf einem Berg zwischen Meeresküste und einer Moorlandschaft gelegen, wird jede Nacht von Grendel, einem menschenfressenden Unhold aus dem düsteren Moor mit übernatürlichen Kräften, heimgesucht. Grendel raubt und tötet die schlafenden Helden, von denen keiner sich er-

folgreich zur Wehr setzen kann. Der junge Beowulf, ein Verwandter des Königs, von Mitgefühl über dessen Unglück und von Gefolgschaftstreue bewegt, kommt aus dem Land der Gauten (Südschweden) zu Hilfe. Als sich das Untier – wie eine Verkörperung des metaphysischen Bösen in aller Schrecklichkeit der dunklen Nacht – nun wieder der Königshalle Heorot nähert (703–727), bricht es wie magisch die Tür auf und versucht unter grässlichem Schmatzen einen der Helden zu verschlingen, wird jedoch von Beowulf überwältigt. Grendel flieht, zu Tode verwundet, in seine Moorbehausung. Beowulf heftet den Arm, den er Grendel ausriss, am Giebel der Königshalle als Trophäe an. In der folgenden Nacht nimmt Grendels Mutter Rache. Sie tötet Aeschere, Hroþgars besten noch verbliebenen Krieger, und nimmt Grendels Arm in ihre Höhle unter dem Meer mit. Beowulf setzt ihr jedoch nach, taucht in voller Rüstung ins Meer und überwältigt das »mächtige Meerweib«, da seine Waffe versagt, in höchster Not mit einem riesigen, an der Wand hängenden Schwert übernatürlicher Kraft, das sodann im Blute des Untiers dahinschmilzt. Beowulf taucht mit dem verbliebenen Schwertknauf und dem Kopf des dort ebenfalls von ihm getöteten Grendel bei den Gefährten wieder auf. Es folgt Hroþgars Lob- und Mahnrede, die eine Synthese von christlichem Königsideal und heroisch-germanischem Heldenideal darstellt.

Nach seiner Heimkehr herrscht Beowulf fünfzig Jahre friedlich in seinem Reich, bis ein rachedurstiger Drache, dessen Hort entwendet wurde, das Land verwüstet. In nicht einsichtiger Weise wird Beowulf indirekt mit diesem Diebstahl in Verbindung gebracht. Er kämpft mit dem feuerspeienden Drachen, da ihn alle außer dem jungen Wiglaf im Stich lassen, bis er selbst, von dem giftigen Atem des Drachen versengt, tödlich verletzt wird. Dieser zweite Teil des *Beowulf*-Epos ist erfüllt von dunklen Vorahnungen des Todes und des Untergangs einer ganzen

Epoche, in der die Tugenden der Gefolgschaftstreue und des edlen Teilens von Schätzen und Reichtümern mit den Kriegern nicht mehr zu gelten scheinen und sich auch das Ende des Reiches der Gauten düster ankündigt.

Der Kampf mit dem Drachen ist Endpunkt einer Steigerung dreier heldenhafter, geradezu übermenschlicher Zweikämpfe, in die viele ältere Bestände des Heldenliedes eingingen und die durch viele Parallelen z. T. mit Variation kompositorisch untermauert sind. In beiden Höhepunkten des Werkes kann man im Sinne der Liedtheorie des Epos jeweils Kernpunkte eines Heldenliedes aus der mündlichen Überlieferung erblicken, die ein dichterisch hochbegabter Autor in weite Dimensionen fasste. Unter dem Einfluss antiker Vorbilder wie insbesondere der *Aeneis* des Vergil werden diese Episoden dann in der ausgesprochen intensiven Lateinkultur Nordenglands des 8. Jahrhunderts zu einem übergeordneten epischen Gefüge und zur Sinndeutung einer gesamten Weltsicht ausgestaltet.

Im Sieg über Grendel, der »Gottes Zorn trägt« (711) und als dessen Stammvater der von Gott verstoßene Kain genannt wird, sowie in der Befreiung der Dänen von dessen Heimsuchung, die sich im christlichen Sinne als Heimsuchung des Bösen deuten lässt, kulminiert der Aufstieg des Helden. Dieser Held ist von der in der *Germania* des Tacitus gerühmten Gefolgschaftstreue der Germanen (*comitatus*) beseelt. Sie beruht für ihn auf der Gleichheit der Krieger, die sich um einen Fürsten oder Helden scharen, der sich selbst trotz seiner überlegenen Kräfte nur als *primus inter pares* empfindet und damit die horizontale Gliederung einer vorfeudalen Gesellschaftsordnung verkörpert. Das freigebige »Spenden der Ringe«, die Verteilung der Schätze unter alle und nicht ihr Horten durch einen, sind Ausdruck dieser Denkungsart. Aus diesem Grund haben das Horten des Schatzes und dessen eifersüchtiges Bewahren durch den Drachen wie auch der

Diebstahl und die Habgier des Diebes selbst symbolische Bedeutung für den Untergang einer bestimmten Kultur und Geistigkeit. Haben die beiden Kämpfe im ersten Teil des Epos die Funktion, die Gesellschaftsordnung der *comitatus* durch Sieg über das Böse zu bekräftigen, so ist diese Perspektive im zweiten Teil nur noch durch die Treue Beowulfs zu seinen Idealen und deren potentielles Fortwirken lediglich in dem jungen Wiglaf gewährleistet, der Paradigmenwechsel aber unmissverständlich vorgezeichnet.

Dies wirft die Frage des heldischen Selbstverständnisses auf. Wenn auch in der Figur des Beowulf keine psychologische Differenzierung in heutigem Wortverständnis vorliegt, so hat der anonyme Dichter des Werkes doch ein nuancenreiches Bild des Helden entworfen. Wir sehen ihn einerseits als Menschen, der seinen Idealen von Anfang an treu ergeben ist, auch wenn er in der Jugend und im Vollbesitz seiner Kräfte überschwänglich zum Triumphieren neigt. Andererseits ist er aber realistisch, schätzt die Situation klug ein und dürstet keineswegs nach Heldentaten und Ruhm. Er weiß auch im ersten Teil des Epos um die Gefahr, die ihm droht, erachtet das Handeln jedoch als seine Pflicht. Es wird deutlich, dass er sie mit einem gewissen Maß an Fatalismus angeht, auch wenn er sich dann vom Gang der dramatischen Ereignisse mitreißen lässt. Dieser Fatalismus tritt dann im zweiten Teil immer deutlicher hervor und leitet in das Gefühl der Ausweglosigkeit und der Trauer des Untergangs über. Hierbei werden innere Kämpfe und tiefe Seelenregungen angedeutet. Der Schmerz löst den allerdings auch im ersten Teil des Gedichtes verhaltenen Triumph ab. Zu den älteren Beständen in der Anlage der Beowulf-Figur gehört es auch, dass der Gedanke einer christlich verstandenen Ordnung der zukünftigen Welt am Ende des Werks sehr geringen Raum einnimmt und keinen Trost zu bedeuten scheint. Der germanische Held ist in mancher Hinsicht unheldisch und widerspricht in seinem Wesen dem Bild, das spätere Zeiten, insbesondere das 19. Jahrhundert, von ihm zeichneten.

Andererseits trifft es aber auch zu, dass das Epos als Ganzes in Beowulf im Sinne des in mittelalterlicher Literatur immer primär intendierten *sensus spiritualis* (des geistlichen Sinngehaltes) ein paradigmatisch zu verstehendes Geschehen zeigt, in dem sich heidnische und christliche Ethik verbinden. Dies geht auch aus der Tatsache hervor, dass die Forderungen dieser Ethik in dem Gedicht ausführlich erörtert und durch das in mythischer Vorzeit angesiedelte Geschehen zugleich als allzeit gültig bestätigt werden. Der epische Entwurf bietet zudem Raum für die inhaltliche und stilistische Variation sowie für außerordentlich findige Kenningar. Stoffliche Elemente der nordischen Sage, der volkstümlichen Überlieferung des Schaurigen und des Wunderbaren, ja sogar der konkreten Historie in der ersten Hälfte des 6. Jahrhunderts durchdringen die Thematik des Heldenlieds, Genealogien und Digressionen erweitern den Kontext, epische Reizreden erzeugen dramatische Intensität.

Den in eingefügten Berichten und Episoden vorgestellten Figuren fehlt zwar die individuelle psychologische Differenzierung, doch schaffen die Verkörperungen idealisierter wie allgemeinmenschlicher Haltungen – der treue Gefährte Wiglaf, der neidische Unferþ – wirkungsvolle Kontraste. Parallele Episoden wie die eingangs beschriebene Beisetzung des Dänenkönigs Scyld Scefing und die abschließende Darstellung von Beowulfs Bestattung konstituieren im Text übergreifende Strukturen. Sie werden auch sichtbar in den Rückblicken oder im Bericht von Sigemunds Kampf mit dem Drachen, der am Ende des ersten Teils auf den Höhepunkt des zweiten vorausweist. An dieser Stelle wird, in der Beschreibung des Beowulf begleitenden *scop*, auch der Anspruch der Dichtung an sich selbst konkretisiert. Beowulfs *scop* ist mit der dichterischen Überlieferung wohlvertraut und kann auf ihrer

Grundlage Beowulfs jüngste Taten ausdrucksvoll und variantenreich – *wordum wrixlan*, »Worte kunstvoll formen« (874) – besingen.

In Wiglafs Totenrede für Beowulf und in Hroþgars Lob für die Befreiung von Grendel lassen sich Elemente des germanischen Preislieds erkennen, für das jedoch aus altenglischer Zeit keine Belege erhalten sind. Überdauert hat das Preislied nur in seiner christlichen Umgestaltung, die Cædmons Schöpfungshymnus »Nu sculan / herigan heofonrices weard«, »Nun wollen wir preisen des Himmelreiches Wächter«, bezeugt.

Mit Cædmon, von dem Beda berichtet, er habe im 7. Jahrhundert als Viehhirte im Kloster Whitby gelebt und auf Geheiß eines Engels mit dem Dichten begonnen, wird eine historisch eher fragwürdige Autorschaft begründet. Für den Aufbau der wenigen überlieferten Verse, die zunächst Gott als Schöpfer preisen und dann die Erschaffung von Himmel und Erde rühmen, finden sich Parallelen z. B. in *Beowulf* 92–98, die an Bedas Behauptung zweifeln lassen, Cædmon sei ohne jegliche Kenntnis der Überlieferung zum Dichter geworden. Doch konkretisiert der Hymnus jene Übertragung der germanischen Dichtungstradition auf christliche Vorstellungen und Inhalte, die für die religiöse Dichtung der altenglischen Zeit insgesamt charakteristisch ist. Wie diese Übertragung unabhängig von der göttlichen Inspiration verlief, erzählt wiederum Bedas Bericht über Cædmon. Ihm vorgelesene biblische Texte, so Beda, habe Cædmon als Dichtung neu gefasst und vorgetragen, und diese mündliche Version sei dann von den Mönchen aufgezeichnet worden.

Elegien. Von den inneren Spannungen, die den Prozess der allmählichen Überwindung heidnischer Vorstellungen prägen, zeugen die sog. Elegien. Bei ihnen handelt es sich um Rollengedichte, die dem Typus des *planctus*, des Klageliedes der lateinischen Dichtung des Mittelalters, verwandt sind, die aber auch die Schwermut und die Leiderfahrung der germanischen Seele thematisieren. In diesen durch ihre lyrische Strukturierung auch heutige Leser noch ansprechenden Texten erscheinen die Wertwelt der heidnischen Zeit und die Prüfungen des gegenwärtigen Lebens in einer desillusionierten, vielfach in krasser Form und ausdrucksstarken Bildern übermittelten Sicht. Nur einige dieser Elegien mildern gegen Ende den jeweils vorgetragenen Schmerz und das Gefühl äußerster Not und Verlassenheit durch die Hoffnung auf das christliche Erlösungsversprechen. Die Forschung hat diesen Ausblick als jünger, die Abwesenheit des christlichen Trostes im Sinne der mittellateinischen *consolatio* sowie die packende Klage über das unwendbare Schicksal wie etwa in »The Wife's Lament« (›Die Klage der Frau‹) oder »Wulf and Eadwacer« aber als älter und gleichsam vorchristlich bezeichnet. Einsamkeit und Verlassenheit sind die den monologischen Sprechern von »Deor«, »The Wanderer«, »The Seafarer« wie der Frau in »The Wife's Lament« gemeinsamen Erfahrungen, die der Seefahrer in die Worte kleidet,

þæt se mon ne wat
þe him on foldan fægrost limpeð,
hu ic earmcearig iscealdne sæ
winter wunade wræccan lastum,
winemægum bidroren […],
bihongen hrimgicelum; hægl scurum fleag. (12–17)

(Das weiß der Mann nicht, / dem es zu Lande wohlergeht, / wie ich elend auf eiskalter See / den Winter lebte wie ein Verbannter, / der lieben Verwandten beraubt, / behangen mit Eiszapfen; Hagel flog in Schauern.)

Stets ist die Leidenssituation mit großer lyrischer Intensität herausgearbeitet. In »Deor« vermitteln die refrainartigen Schlusszeilen der Strophen – »þæs ofereode, þisses swa mæg« (»das ging vorüber, so auch dies«) – die aus dem Wissen um die Vergänglichkeit und das Leiden geschöpfte Hoffnung. Deren christliche Fundierung wird jedoch nur in sieben der insgesamt 42 Verse deutlich. Eine komplexere Struktur zeigen demgegenüber die Klagen des Seefahrers und des Wanderers, die sich auch als allegorische Schilderungen der Lebensreise verstehen lassen. Aus dem subjektiv erfahrenen Leiden erwächst in beiden Texten das Verständnis für das Leiden der Welt und die Vergänglichkeit alles Irdischen. Es begründet die bewusste Hinwendung zu Gott, der sowohl mit noch heidnischen Zügen als Herr des unabänderlichen Schicksals wie als Quell der christlichen Liebe, der Gnade und des Trostes beschrieben wird.

Religiöse Dichtung. Mit der Ausdruckskraft der Elegien sind nur wenige der religiösen Dichtungen vergleichbar. Zur sog. Cynewulfschule werden »The Phoenix« und »The Dream of the Rood« gerechnet (im *Exeter-* bzw. im *Vercelli-Book*). Der mit lyrischer Intensität beschriebene Phoenix, der am Jüngsten Tag ins Paradies zurückkehrt, versinnbildlicht mit seinem Tod und seiner Wiedergeburt Christi Tod und Auferstehung. Während »The Phoenix« auf einer lateinischen Vorlage von Lactantius basiert, gilt »The Dream of the Rood« als eigenständige Schöpfung. In dieser meditativen Visionsdichtung, die als Traum erzählt wird und eines der gelungensten Werke altenglischer Dichtkunst darstellt, ist das Kreuz selbst der Sprecher. Es berichtet innerhalb des Traums von seiner Rolle im Leiden Christi und von seiner Wandlung vom Symbol der Strafe zum Zeichen der Erlösung. Christus wird sowohl als junger Held geschildert, der mutig sein Los auf sich nimmt, wie auch als das Opfer, das für die Errettung der Welt gebracht werden muss. Als Sprecher des letzten Teils bewertet der Träumer dieses Opfer aus subjektiver Sicht durch sein hymnisches Bekenntnis zum Glauben.

Auch in der christlichen Epik, den Legenden und in den erhaltenen Texten der Bibeldichtung bezeugen die Protagonisten in nunmehr christlicher Grundhaltung noch die Tugenden altenglischer Helden. Alttestamentarische Stoffe werden in *Genesis*, *Exodus* und *Daniel* gestaltet, doch wird die den Texten gemeinsame Zielsetzung der Glaubensvermittlung in der Volkssprache recht unterschiedlich realisiert. Während *Genesis* als Paraphrase der *Vulgata* konzipiert ist, zeigt sich in *Daniel* eine übergeordnete epische Struktur. Neben das Schicksal Daniels tritt mit erkennbarem Gegenwartsbezug die an Nebukadnezar und Belsazar erinnernde Thematisierung des Verhältnisses von Staat und Kirche. Die größte Freiheit bei der dichterischen Ausgestaltung des biblischen Stoffes offenbart jedoch *Exodus*, dem außer den 35 Bibelversen auch Avitus' Dichtung *De transitu maris rubri* (»Die Durchquerung des Roten Meeres«) aus dem 6. Jahrhundert zugrunde liegt. In den 600 Zeilen dominieren die Darstellungskonventionen der Heldenepik: Moses wird hier als heldenhafter Anführer einer »strahlenden Schar« herausgestellt. Plastisch ist der Untergang der Ägypter ausgemalt, während der theologische Gehalt der Errettung des Volkes Israel allenfalls in der Glaubenstreue offenbar wird, durch die sich Moses und die Israeliten auszeichnen. Auch in dem kurzen, Cynewulf zugeschriebenen *The Fates of the Apostles* erscheinen die Jünger Christi als germanische Gefolgsleute, die durch ihren Märtyrertod ihren Mut und ihre Treue bekräftigen.

Die Spannungen zwischen einer an den Konventionen der heidnischen Tradition orientierten Darstellung und der Vermittlung christlicher Glaubensinhalte auf der Grundlage lateinischer Quellen kennzeichnen auch jene altenglischen Dichtungen, die – was in heidnischer Zeit nicht möglich gewesen wäre – Frauenfiguren in den Mittelpunkt rücken (Judith, Juliana, Elene). In *Judith* verfügt die Heldin zwar über einen unerschütterlichen Glauben, aber ihr Triumph über das Böse gründet noch ausgeprägter in ihrer persönlichen Tapferkeit, die sie zur Rächerin ihres Volkes werden lässt. Die antithetische Gegenüberstellung von Gut und Böse ist wie in *Judith* auch für Cynewulfs Legende von Juliana kennzeichnend, doch ist hier die christlich-didaktische Darstellungsintention wesentlich deutlicher, wenngleich nicht unbedingt zum Vorteil der Gesamtwirkung ausgeprägt. In *Elene*, der um die Kreuzesauffindung durch Kaiser Konstantins Mutter Helena zentrierten Legendendichtung, löst sich Cynewulf dagegen stärker und öfter als in *Juliana* von seiner Vorlage und schafft dadurch einen anschaulicheren und poetisch ausdrucksvolleren Text.

In welchem Umfang die Distanz zu den Quellen und die freie Gestaltung unter Rückgriff auf die Ausdrucksmittel der germanischen Dichtungstradition die poetische Qualität der Texte bestimmen können, illustrieren schließlich der Vergleich der als *Guþlac A* und *Guþlac B* überlieferten Episoden aus dem Leben des heiligen Eremiten ebenso wie die im *Exeter-Book* enthaltenen drei *Christ*-Dichtungen. Dass die freiere poetische Ausgestaltung auch um den Preis der Eindeutigkeit der theologischen Botschaft realisiert worden ist, unterstreicht nur die Toleranz der angelsächsischen Kleriker gegenüber dem germanischen Erbe.

Prosa

Von der altenglischen Prosa sind wesentlich umfangreichere Zeugnisse überliefert als von der Dichtung. Ihre Anfänge gründen nicht in literarischen Bestrebungen, sondern in den Erfordernissen des Alltagslebens. Latein war die Sprache der kirchlichen wie der weltlichen Administration. Für den Alltag einer des Lateinischen nicht kundigen Bevölkerung sind jedoch in der Landessprache aufgezeichnete Gesetze und Urkunden unabdinglich, und hierfür finden sich Zeugnisse schon ab der zweiten Hälfte des 7. Jahrhunderts.

Ebenso wenig war der niedere Klerus, dessen Lateinkenntnisse, sofern überhaupt vorhanden, oft nur rudimentär waren, dazu befähigt, seine Aufgaben ohne muttersprachliche Hilfestellung wahrzunehmen. Die frühe kirchliche Prosa, Übersetzungen wie der um 870–875 entstandene sog. *Vespasianpsalter* oder das *Martyrologium* mit Evangelientexten und Legendenzusammenfassungen für den Gottesdienst, zielt deshalb auf den praktischen Gebrauch und nicht auf die Entfaltung eines eigenständigen literarischen Anspruchs. Auch die im 9. Jahrhundert anschwellende Predigtliteratur steht ungeachtet ihrer höheren stilistischen Qualität noch im Dienst einer konkreten Zielsetzung. Sie muss vor dem Hintergrund des von König Edgar (reg. 959–975) erlassenen sonntäglichen Predigtgebots gesehen werden, das die cluniazensischen Reformbestrebungen unterstützte.

Die über die primären Anforderungen des Alltags hinausgreifende, gleichwohl am praktischen Nutzen ausgerichtete Niederschrift von Texten in der Volkssprache beginnt unter Alfred dem Großen. In Alfred und den um ihn versammelten Gelehrten wird ein wachsendes Bildungsbedürfnis der Zeit sichtbar, dem Alfred selbst in seinem Vorwort zur Übersetzung von Papst Gregors *Cura Pastoralis* Ausdruck verleiht. Dort beklagt er den Verfall der Lateinkenntnisse, dem er durch die Übersetzung »einiger Bücher, die zu kennen für alle Menschen am notwendigsten ist«, begegnen will. Damit beginnt ein Prozess, der von dem Streben nach zunächst möglichst wortgetreuer Übersetzung der lateinischen Vorlagen zur Entwicklung einer selbstständigen und auch in literarischer Hinsicht ausdrucksvollen altenglischen Prosa hinführt. Das für die Unterweisung des Klerus gedachte Hirtenbuch Gregors, schreibt Alfred, habe er teils wörtlich – »worde be worde« –, teils dem Sinn nach übertragen. Neben den Schwierigkeiten der Übersetzung, die auch deshalb bestehen, weil Äquivalente für die dem Altenglischen fremde abstrakte Begrifflichkeit des Lateinischen gefunden werden müssen, tritt das Problem, dass Sinnzusammenhänge zu übertragen sind, die der germanischen Vorstellungswelt nicht entsprechen.

Chroniken. Zu den von Alfred angeregten Projekten zählt auch die systematische Geschichtsschreibung. Ab 891 stellt ein unbekannter Kleriker die verstreuten Informationen über die Geschichte Englands seit der Besiedlung zusammen. Abschriften dieser *Angelsächsischen Chronik* lässt Alfred 899 den Bischöfen und Äbten mit der Aufforderung zustellen, diese Aufzeichnungen fortzuführen. Der Text ist in sieben Versionen erhalten und reicht im *Peterborough Chronicle* bis zum Jahr 1154. In annalistischer Darstellungsweise verzeichnen diese Chroniken Lebens- und Regierungsdaten sowie denkwürdige Ereignisse. Die Diktion ist sehr einfach, das wiederkehrende *Her* (»Hier geschah …«) am Eintragsanfang sowie *and* (»und«) am Anfang der Sätze reiht die Fakten der Überlieferung aneinander. Ein Versuch zur kausalen Verknüpfung oder gar historiographischen Erörterung wird nicht unternommen. Jedoch werden die Eintragungen mit der Annäherung an Alfreds Regierungszeit ausführlicher, in der Syntax komplexer, und um die Wende zum 10. Jahrhundert wird der faktische Bericht auch durch die Angabe von Motiven ergänzt.

Zwar folgt diese annalistische Geschichtsschreibung römischem Vorbild, doch dürfen die Chroniken als eigenständige altenglische Prosatexte gelten. Der in ihnen erreichte Stand der Geschichtsdarstellung fällt jedoch ab im Vergleich mit Bedas schon 731 im Kloster Jarrow verfassten *Historia ecclesiastica gentis Anglorum.* Diese narrative

Geschichtsdarstellung, auf die sich für die Frühzeit auch der Verfasser der *Angelsächsischen Chronik* stützt, überspannt den Zeitraum seit Caesars Invasion. Darin eingefügt sind Kurzbiographien von bedeutenden Kirchenführern und Klerikern wie Gregor oder Aidan. Im Bericht über die Äbtissin Hilda von Whitby findet sich auch Bedas berühmte Darstellung von Cædmons Berufung zum Dichter. Wohl auf Anregung Alfreds ist Bedas Text gegen Ende des 9. Jahrhunderts in einer allerdings noch schwerfälligen Übersetzung ins Altenglische übertragen worden.

Die Schwierigkeiten der Übersetzung spiegeln sich gleichermaßen auch in den von und unter Alfred übertragenen theologischen und philosophischen Schriften. Eine signifikante Steigerung der Stilsicherheit ist dagegen für Alfreds Übersetzung von Boethius' *De consolatione philosophiae* wie in der Übertragung der *Soliloquia* Augustins festzustellen. Der Zuwachs auch an sprachlicher Kreativität kommt gerade in der Boethius-Übersetzung in einer Vielzahl von Wortschöpfungen – wie etwa der Lehnübersetzung *foresceawung* für *providentia* – zum Ausdruck. Hinzu tritt die Bearbeitung des Textes im Licht germanischer Vorstellungen wie des Schicksalsbegriffs, und die neoplatonisch begründete Argumentation des Originals wird umgeformt zur christlichen Ermahnung.

Predigt. Die durch Alfred eingeleitete Entwicklung erhält um die Wende zum 10. Jahrhundert neuen Auftrieb, als die von Cluny ausgehende benediktinische Reform auch in den englischen Klöstern zu einer geistigen Erneuerung führt. Deren bedeutendste literarische Vertreter sind der Benediktinerabt ÆLFRIC (um 955–1020) und WULFSTAN, 1002–23 Erzbischof von York, die eine umfangreiche Predigt- und Homilienliteratur hinterlassen haben. Auf religiöse Belehrung, aber auch Erbauung der mit den altenglischen Dichtungen vertrauten Gläubigen zielen die 120 von Ælfric verfassten Predigten und Heiligenlegenden, die in den *Catholic Homilies* und den *Lives of the Saints* gesammelt sind. Sie lassen in ihrer rhetorischen Strukturierung den Einfluss lateinischer Quellen erkennen, bleiben als eigenständige Kompositionen aber frei von den sprachlichen und syntaktischen Unzulänglichkeiten der frühen Übersetzungen. Alliteration und Rhythmus der Stabreimdichtung werden als dem Publikum vertraute Stilmittel genutzt, und in seinem Vortrag wechselt Ælfric zwischen volkstümlicher, anschaulicher Erzählung und der argumentativ pointierten Glaubensauslegung, die die Höhepunkte setzt.

Demgegenüber wirkt Wulfstans Predigtstil stärker affektiv und appellatorisch. Berühmt ist die in fünf Quellen überlieferte Predigt *Sermo Lupi ad Anglos* aus dem Jahr 1014, die mit insistierender Rhetorik den Verfall der staatlichen Ordnung wie der Moral, die Prüfungen der Kirche und das Leiden der Menschen anprangert. In der Bildhaftigkeit, mit der Wulfstan das drohende Ende der Welt beschwört und zur Umkehr mahnt, wie auch in den Stilmitteln verweist die Predigt auf die altenglische Dichtung.

Romanhafte Erzählung. Erst zum Ende der Epoche, im 11. Jahrhundert, findet sich ein Beleg, dass sich die Prosa von dem durch Alfred formulierten Anspruch des praktischen Nutzens zu lösen beginnt. Es ist das auf eine griechische Quelle zurückgehende, nach einer späteren lateinischen Version gestaltete Romanfragment *Apollonius of Tyre*. In diesem Text werden die Abenteuer und die romantischen Liebeskonflikte der Protagonisten anschaulich erzählt. Die auch in der Exotik der Schauplätze und des Geschehens begründete Unterhaltung verdrängt die Belehrung. Mit der altenglischen Fassung dieses später ebenfalls von Chaucer und dann wieder von Shakespeare gestalteten Stoffs zeichnet sich die zu den mittelenglischen Romanzen hinführende Entwicklung ab.

MITTELENGLISCHE LITERATUR

Einführung

Als Folge der normannischen Eroberung des Jahres 1066 kam es in England zu einer grundlegenden staatlichen und kulturellen Neuordnung. Zur Sicherung seiner Herrschaft begründete Wilhelm der Eroberer ein zentralistisch strukturiertes Feudalsystem, an dessen Spitze die normannischen Adligen als die neuen Grundherren standen. Die freien Bauern verloren ihre Rechte und wurden zu Hörigen. Den Grundbesitz ließ der König im *Domesday Book* (1086) aufzeichnen; seine Steuereintreiber erfassten den Handel und das sich entwickelnde Gewerbe. Auch die Kirche wurde in das Lehnssystem eingebunden. Ihr Beharren auf Eigenständigkeit führte unter Heinrich II. (reg. 1154–89) zum Konflikt mit Thomas Becket, dem Erzbischof von Canterbury, und zu dessen Ermordung 1170. Die Macht der Kirche, die Becket heiligspricht, vermochte die Krone nicht zu brechen, doch sank das Ansehen der Geistlichkeit bei der Bevölkerung aufgrund der Verweltlichung des Klosterlebens, des Klerus und der zunächst einflussreichen Bettelorden. Dadurch erhielten Reformbewegungen wie die John Wycliffes und der Lollarden ebenso Zulauf wie die mystischen Strömungen des 14. Jahrhunderts. Ein neues, sich von Thomas von Aquin und schon gar dem ihm vorausgehenden Anselm von Canterbury in der ersten Phase der Scholastik lösendes theologisches Denken, das Metaphysik und Theologie, Wissen und Glauben trennt, beförderten im 14. Jahrhundert die von den britischen Inseln stammenden Denker Duns Scotus (1266–1308) und William Occam (um

1300–1350), die dem englischen Gelehrten Roger Bacon (um 1210–1292) verpflichtet sind. Sie leiteten damit das Ende des Mittelalters und den Umbruch in das neuzeitliche Denken ein.

Unter Wilhelms Nachfolgern erweiterten auch die Feudalherren ihre Machtbefugnisse. Sie nutzten die Verstrickung der Krone in den Kampf um die Besitztümer in Frankreich für ihre Interessen. 1215 erzwangen die Barone mit der *Magna Charta Libertatum* von König Johann Ohneland eine schriftliche Garantie der Freiheitsrechte. 1265 ertrotzte Simon of Montfort, der als Schlächter der Katharer in die Geschichte eingegangen ist, die Erweiterung des »Great Council«, einer Vorform des Parlaments, um zwei Bürger aus jeder Stadt und um zwei Ritter aus jeder Grafschaft. Diese bildeten ab 1295 als »Commons« im *Model Parliament* gemeinsam den Dritten Stand. Auf dieser Grundlage konnte sich im 14. Jahrhundert der Anspruch der »Commons«, der Vertreter der Städte und Grafschaften, auf parlamentarische Mitsprache entwickeln.

Während sich ein Handel und Gewerbe tragender Mittelstand herausbildete, der allmählich in eine seiner wirtschaftlichen Bedeutung entsprechende politische und kulturelle Rolle hineinzuwachsen begann, blieben Krone und Adel in außen- und innenpolitische Auseinandersetzungen verstrickt. Im Hundertjährigen Krieg mit Frankreich (1337–1453) verlor England trotz vereinzelter spektakulärer Siege wie bei Crécy (1346) unter Edward III. und bei Agincourt (1415) unter Heinrich V. seine kontinentalen Besitzungen durch das Erstarken Frankreichs unter Führung der Johanna von Orléans fast gänzlich. Die Schwächung der Krone wird bereits 1399 deutlich, als das Parlament die Absetzung Richards II., des letzten Plantagenet, legalisierte. Doch erwies sich der Hochadel zu einer friedlichen Teilung der Macht unfähig. 1455 steigerte sich die Rivalität der Häuser Lancaster und York zum Bürgerkrieg, der erst dreißig Jahre später mit dem

Tod Richards III. in der Schlacht von Bosworth ein Ende finden sollte. Aus diesem »War of the Roses« ging Heinrich VII. Tudor aus dem walisischen Gebiet des Königreichs als Sieger hervor. Er begründet eine neue Dynastie und festigte wieder die Macht der Krone gegenüber dem geschwächten Adel.

Für die Zeugnisse der altenglischen Literatur wie auch für die Sprache selbst zeigte die normannische Aristokratie kein Interesse. Sie war nach Frankreich orientiert. Zwar blieb das Altenglische als Idiom der Bevölkerung bestehen und konnte sich neben Latein auch in der Kirche behaupten, doch die Sprache der Eroberer, das Anglonormannische, wurde zur Sprache der Verwaltung und der Gebildeten. Am Hof, der vom 11. bis zum 14. Jahrhundert Französisch sprach, wurden unter Heinrich II. und Heinrich III. provenzalische Dichter und französische Kultur nachhaltig gefördert. Die beste Überlieferung des Rolandslieds, des französischen Nationalepos, findet sich in einer Oxforder Handschrift, und Marie de France dichtete ihre bretonischen Kurzepen (Lai, *Breton Lay*) auf englischem Boden.

Während sich das Französische anglonormannischer Form neben dem Lateinischen auch als Schrift- und Literatursprache etablierte, schwand bis zum Ende des 12. Jahrhunderts die Bereitschaft, altenglische Texte durch Anfertigung neuer Kopien zu erhalten. Hierzu trug der wachsende Abstand zwischen geschriebener und gesprochener Sprache bei. Neuere Forschung belegt, dass das Frühmittelenglische des 12. Jahrhunderts bereits sehr stark mit anglonormannischem Wortmaterial durchsetzt war und sich eine faktische Zweisprachigkeit abzeichnete. Gänzlich geriet die überkommende Stabreimdichtung aber nicht in Vergessenheit, denn es kam im 14. Jahrhundert zu einer Neubelebung dieser Dichtungsart im Norden und Westen der Insel (*alliterative revival*). Dass die Sprache der Oberschicht langfristig nicht auch Volkssprache wurde, sondern sich aus dem englischen, lateinischen und französischen Wortschatz das Mittelenglische als eine zunächst mündliche Mischsprache entwickelte, war durch die skizzierten politischen Entwicklungen bedingt. Der Verlust der französischen Besitzungen und der damit einhergehenden Bindungen weckte auch bei der Aristokratie ein zunehmend national geprägtes Selbstverständnis, das durch die Vermischung mit Nachkommen des angelsächsischen Adels befördert wurde. Parallel hierzu drang der ökonomisch einflussreich und politisch selbstbewusster werdende Mittelstand darauf, in seiner Sprache gehört zu werden. Ab 1349 wurde in den Schulen in Englisch unterrichtet, und ab 1362, dem Jahr der ersten Parlamentseröffnung in englischer Sprache, wurde das Englische auch als Gerichtssprache eingeführt. Gegenüber den dialektalen Ausprägungen des Mittelenglischen setzte sich gegen Ende des 14. Jahrhunderts in der Schriftsprache das im Londoner Raum gesprochene Englisch durch, in dem der führende Literat der mittelenglischen Zeit, GEOFFREY CHAUCER (um 1343–1400), dichtet.

Mit der Öffnung Englands für die französische Kultur und kontinentale Einflüsse seit Eduard dem Bekenner (1042–66) veränderten sich in mittelenglischer Zeit bestehende Gattungen wie die Versdichtung in ihren Formen und Inhalten; neue Genres wie die zum Roman hinführenden Romanzen und das Drama sowie die Liebeslyrik nach dem Vorbild der französischen Troubadours bildeten sich heraus. Nicht weniger bedeutsam ist die beginnende soziale Differenzierung. Neben der von der Krone und von der Aristokratie zunächst geförderten höfischen Literatur entstand eine auch die Erfahrungs- und Vorstellungswelt des Bürgertums und der Unterschichten einbeziehende Literatur, deren Rezeption von der allmählichen Verbreiterung des Bildungsniveaus begünstigt wurde. Denn mit dem Ausbau der Verwaltung und des Rechtswesens steigerte sich der Bildungsbedarf ebenso wie durch die Expansion von Handel und Gewerbe. Aus den Kloster- und Kathedralschulen, seit dem späten 12. bzw. dem frühen 13. Jahrhundert auch aus den Universitäten von Oxford und Cambridge sowie den Rechtsschulen (Inns of Court), ging eine gebildete Schicht hervor, die auf eine nur mündliche Vermittlung literarischer Texte nicht mehr angewiesen war. Es entstand ein Lesepublikum, das nunmehr auch von den Autoren gezielt angesprochen wurde und dessen Bedürfnisse der 1476 von William Caxton eingeführte Buchdruck zunehmend befriedigen konnte. Beim Satz seiner Lettern und der sprachlichen Form des Englischen ließ sich Caxton von den besten Manuskripten der Werke Chaucers leiten und festigte somit das Englisch des Londoner Großraums als Normsprache für das ganze Land.

Dichtung

Ihren Höhepunkt erreichte die mittelenglische Dichtung in der zweiten Hälfte des 14. Jahrhunderts, wobei wichtige Werke der hier herausragenden Autoren WILLIAM LANGLAND (um 1332 – um 1400), JOHN GOWER (um 1330–1408) und Geoffrey Chaucer in der Regierungszeit Richards II. (1377–99) entstanden. An dieser Blütephase lassen sich die aus frühmittelenglischer Zeit erhaltenen Texte nicht messen. Hinsichtlich der quantitativen Verteilung der erhaltenen religiösen und weltlichen Werke gerade der frühmittelenglischen Zeit ist aber zu bedenken, dass die bis zur Mitte des 14. Jahrhunderts allein von Klerikern erstellten Abschriften auf dem Gebiet der weltlichen Dichtung eine nur in Grenzen repräsentative Auswahl vermitteln. Auch sind viele Texte durch Brand und sonstige Gewalteinwirkung zerstört worden.

Religiöse Dichtung. Der in der Überlieferung dominierenden religiösen Dichtung ist das um 1170 datierte »Poema Morale« zuzurechnen, ein Predigtgedicht, das im Argumentationsaufbau der antiken Rhetorik folgt und an Stelle des alliterierenden Stabreims den fünfzehnsilbigen Septenarvers und zweizeilige Strophen mit Endreim setzt. Auch der Verfasser des *Ormulum*, einer breit angelegten Evangeliendichtung aus dem frühen 13. Jahrhundert, verwendet den Septenarvers, jedoch ohne Endreim. Beide Texte sind Zeugnisse einer Übergangsphase, in der überlieferte formale und inhaltliche Konventionen fragwürdig geworden waren.

Zum Wandel der religiösen Dichtung gehört, dass die Bibelepik im 13. Jahrhundert an Bedeutung verliert und hinter der belehrenden Dichtung zurücktritt. Zu ihr zählt *Cursor Mundi* (um 1320), ein rund 30 000 Zeilen umfassendes Werk, das in volkstümlicher Sprache die in sieben Zeitalter gegliederte Geschichte der Welt von der Schöpfung bis zum Jüngsten Gericht darstellt.

Entscheidende neue Impulse für die religiöse Dichtung kommen aus der von den Bettelorden der Dominikaner (ab 1221) und der Franziskaner (ab 1224) geförderten Mystik und Marienverehrung. Sie sind Quelle einer reichhaltigen Meditationsdichtung. In den als Lied und Hymnus, Gebet und Klage konzipierten *lyrics* verleihen die anschaulichen und in bewusst einfacher Sprache gehaltenen Schilderungen der Freuden der Himmelsmutter Maria (*gaudia Mariae*-Gedichte) wie auch ihrer Leiden, in der Jesuslyrik auch Jesu selbst, sehr menschliche Züge. Sie sollen wie die auf Mitfühlen und persönliches Versenken angelegten Darstellungen der Passion Christi die emotionale Hinwendung der Gläubigen zu zentralen Glaubensinhalten befördern. Dieser frommen Zielsetzung wird auch die Bildhaftigkeit der französischen und lateinischen weltlichen Liebeslyrik dienstbar gemacht. Ihr ist die geistliche Dichtung in der Gestaltung der Strophen und der Verwendung des Reims verpflichtet. Über die Aneignung einzelner Motive und Konventionen weltlicher Dichtung in den geistlichen Kontrafakturen greift die Übernahme und Umbesetzung von bereits etablierten Formen wie etwa der *Pastourelle* (Werbung des Dichters oder eines Ritters um ein Mädchen) hinaus. In ihr wird eine Verweltlichung der religiösen Lyrik erkennbar. Zudem weicht die lyrische und sangbare Sprache im 14. Jahrhundert der dem Meditationsgedanken fremden deklamatorischen Darbietung.

Wie die Passions- und die geistliche Liebeslyrik zielen auch die *penitential lyrics*, die Bußgedichte, auf meditative Versenkung in den Glauben. Doch statt der durch Reue erst zu überwindenden Ferne von Gott wird hier die Nähe zum Erlöser betont. In der Stimmung düsterer und an die altenglische Zeit erinnernd sind dagegen die Vergänglichkeits- und Todesgedichte, die zur Abkehr von der Eitelkeit der Welt mahnen. Dies geschieht durch die Gestaltung des *ubi-sunt*-Motivs ebenso wie durch die direkte Beschwörung der Todesfurcht wie in »Doomsday«, das Tod, Verwesung und Höllenqualen (»harassing of hell«) drastisch ausmalt. Dass eine weltliche Sicht dieser Thematik auch eine ironische Seite abgewinnen kann, zeigt dagegen der unbekannte Verfasser von »All Too Late« (um 1275). Seine realistisch-suggestive Schilderung des Sterbens mündet in die Sentenz,

Thenne lith myn hous uppe myn nese,
Of al this world ne give ich a pese!

(Wenn dann mein Haus [Grab] auf meiner Nase liegt, /
Geb ich keine Erbse mehr für diese Welt.)

Eine klare Abgrenzung von religiöser und weltlicher Dichtung ist für viele mittelenglische Texte nicht einfach. In dem 897 Reimpaare umfassenden Streitgedicht *The Owl and the Nightingale* z. B., das nach Zahl der überlieferten Handschriften als beliebtes Beispiel einer populären Gattung gelten darf, verweisen die allegorisch zu verstehenden Dialogpartner in ihrer facettenreichen Argumentation zweier konträrer Mentalitäten ebenso auf Themen weltlicher Sprichwortsammlungen wie geistlicher Lehrgedichte. Auch sind die Naturbilder der weltlichen Lyrik nicht anders als die der religiösen Dichtung, und in der Darstellung der himmlischen wie der irdischen Liebe finden sich schon deshalb viele Gemeinsamkeiten, weil in der mittelenglischen Dichtung die religiöse und die weltliche Gestaltung der Liebesthematik parallel verlaufen. Augenfällig sind die Entsprechungen der zu verehrenden Himmelskönigin und der irdischen Herrin, der Minnedienst geleistet wird.

Dies ist nicht verwunderlich, denn auch die Lyrik der höfischen Minne, die im 12. Jahrhundert von der Provence ausgehend ihren Siegeszug durch Europa antrat, hat geistliche und geistige Wurzeln und entspricht somit auf weltlicher Ebene dem mittelalterlichen Prinzip des *sensus spiritualis* aller Dinge, auch der Dichtung. In Melodie, Strophenform und Gehalt lässt sich das Übergreifen religiöser Sinngebung auf den säkularen Bereich der Liebe auch auf englischem Boden nachweisen. Bereits ab der Mitte des 12. Jahrhunderts versammelte die Gemahlin Heinrichs II., Eleonore von Aquitanien, eine der bedeutendsten Frauengestalten des Mittelalters aus dem Süden Frankreichs und Förderin der schönen Künste, Troubadoure von Rang an ihrem Hof. Die französischsprachige Literatur der Insel hatte auf diese Weise direkten Anteil an der europäischen Entwicklung in der Lyrik, ja ihr Sohn, der spätere Richard Löwenherz, schrieb selbst Liebesgedichte dieser Inspiration. Die Forschung geht davon aus, dass in der zweisprachigen Mischkultur der damaligen Zeit alsbald Nachahmungen der Troubadour-Gedichte in mittelenglischer Sprache entstanden, auch wenn die besten Belege dieser Kunst erst in den sog. *Harley Lyrics* aus der

Zeit um 1330 überliefert sind, in deren Manuskript auch einschlägige mittellateinische und anglonormannische Gedichte aufgezeichnet wurden.

Weltliche Dichtung. Das große Thema der höfischen Lyrik ist auch in den Gedichten des englischen Mittelalters die Liebessehnsucht, der Lobpreis und die Verehrung der Geliebten sowie die Psychologie des unglücklich Liebenden, der unerhört zu schmachten und dabei den Verstand zu verlieren droht. Die Liebesmetaphorik ist voll von Gegensätzen: innere Wallung, Gefühlskälte; Krieg und Frieden; Trostlosigkeit und Hoffnung; Leid und Freude; Leben und glückende Werbung in der erwachenden Frühlingsnatur, Unglück und Traurigkeit in der Seele des Liebenden. Die gleichsam klassische Gedankenentwicklung dieser Liebeslyrik besteht in der Abfolge von Natureingang, Lobpreis der Geliebten, Beschreibung des Seelenzustandes des Liebenden, Bitte um Gehör und Erfüllung der Sehnsucht. Diese Struktur liegt z. B. in dem prominentesten Gedicht der Sammlung, »Alysoun (Byuene Mersh ant Aueril)«, vor. In ihm wird nicht nur ein hoher Grad von Anglisierung kontinentaler Formulierungen und Gedankengänge, sondern auch eine ausgesprochene Hochleistung der Struktur und der strophischen Gliederung des Themas sichtbar.

Einzelne Gedichte sind auch mit musikalischer Notierung überliefert, wie dies bei dem um 1250 entstandenen Frühlingsgedicht »Sumer is icumen in« (»Der Sommer ist angebrochen«) sowie in dem kurzen, ebenfalls sehr frühen »Foweles in þe frith« (»Vögel im Wald«) und »Bryd one brere« (»Vogel im Wald«) der Fall ist. In ihnen ist somit unübersehbar auf die Tatsache verwiesen, dass diese Poesie gesungene Poesie ist und die Musikalität eine große Rolle spielt. Einige dieser Gedichte weisen Elemente des im Volk sehr beliebten Tanzliedes auf, das mit den Eigenschaften der Kanzone eine glückliche Verbindung eingeht.

Zu den frühesten und bekanntesten Zeugnissen der mittelenglischen weltlichen Lyrik zählt auch »Lenten ys come wiþ loue to toune« (»Der Lenz ist mit der Liebe zu den Menschen [zu der Wohnung der Menschen, zur Stadt] gekommen«). In diesem Gedicht wird in der Schilderung der erwachenden Natur und Schöpfung, in der die Liebe einen natürlichen Platz hat, die Distanz zu den düsteren Naturbildern der altenglischen Elegien deutlich. In der Motivik und im Aufbau ist »Lenten ys come« der altfranzösischen Reverdie (»Frühlingserwachen«) verpflichtet, während der Klangcharakter nicht nur auf die Kanzone, sondern auch auf das *alliterative revival* verweist. Insofern zeichnet sich hier trotz der »volkstümlichen« Wirkung dieses und anderer Gedichte die Entwicklung der Liebeslyrik zur Kunstdichtung schon deutlich ab. Die Blütezeit der mittelenglischen Dichtung im späten 14. Jahrhundert prägt auch die Liebeslyrik, und im 15. Jahrhundert werden mit schon epigonalen Zügen die Freuden und Liebesqualen des Minnedienstes erneut beschworen. Doch bezeugen auch zahlreiche Parodien aus dieser Zeit, dass die Attraktivität des höfischen Liebeskults im Schwinden begriffen war. Sein Wiederaufleben in der Tudorzeit trägt einerseits restaurative Züge, ist aber andererseits von der frühen Einflussnahme der Sonettkunst Petrarcas beeinflusst und muss vor einem ästhetisch wie gesellschaftlich anderen Hintergrund gesehen werden.

Einen ausgeprägten volkstümlichen Charakter haben dagegen viele der um 500 aus dem 14. und 15. Jahrhundert überlieferten *carols*. Ihr Ursprung liegt in Tanzliedern, deren Vortrag zwischen Vorsänger und Chor wechselte. Aber auch in diesem Genre, dessen wesentlichstes gemeinsames formales Merkmal der voranstehende und dann nach jeder Strophe wiederholte Refrain ist, finden sich sehr kunstvolle Beispiele, die wahrscheinlich auf den Einfluss der Liebeslyrik und damit auf Verfasser außerhalb der unteren oder der mittleren Schichten verweisen.

Von ihrer Thematik her zählen viele der *carols* darüber hinaus zur religiösen Dichtung.

Politische Lyrik. Trotz der ihr ebenfalls eigenen thematischen Vielfalt und variierenden poetischen Komplexität lässt sich die Gruppe der politischen Gedichte leichter abgrenzen, für die im 13. Jahrhundert bereits zahlreiche lateinische Texte belegt sind. Zu den mittelenglischen Zeugnissen politischer Dichtung gehört der im *Harley*-Manuskript überlieferte »Song of the Husbandman«, die Klage des Landmannes. In diesem wahrscheinlich um die Wende vom 13. zum 14. Jahrhundert entstandenen Gedicht wird die Ausbeutung der Bauern eindringlich geschildert, denen man zuletzt sogar das Saatgut nimmt. Der Dichter prangert die Rechtlosigkeit der Landbevölkerung gegenüber den Grundherren an und die Willkür und Bestechlichkeit der Beamten. In zahlreichen Texten verdeutlicht die politische Dichtung die Bedrängnisse gerade der kleinen Leute, zu deren Unterdrückung, wie die Satire »On the Consistory Courts« belegt, die Kirche nicht unerheblich beiträgt. Der moralische Verfall des Klerus ist ein weiteres beliebtes Thema, das auch in dem 476 Versen langen, die Missstände unter Edward II. (reg. 1307–27) anklagenden *On the Evil Times of Edward II.* ausführlich behandelt wird. Neben diesen zeitkritischen Dichtungen sind jedoch auch sehr patriotische Werke überliefert. Dazu zählen die zwischen 1333 und 1352 entstandenen Gedichte des Laurence Minot, der den Preis der kriegerischen Erfolge Eduards III. mit der polemischen und spottenden Verunglimpfung seiner Gegner verknüpft.

Ballade. Zu einer populären Form der Dichtung – nicht nur in England und Schottland, das sich seit seiner Unabhängigkeit von England (1314) verstärkt an Frankreich ausrichtet – entwickelt sich im 14. und 15. Jahrhundert die Ballade, insbesondere im nordenglisch-schottischen Grenzbereich (*border ballads*). Auch hier ist die Vielfalt der Themen ein konstitutives Merkmal, und auch hier erweist sich die lyrische, epische und dramatische Strukturierung als variantenreich. *Outlaws* wie Robin Hood werden in den Balladen ebenso besungen wie die Protagonisten der Romanzen. Motive aus dem Volksglauben an das Elfen- und Feenreich sind Vorlage z. B. in »Thomas Rhymer« oder »Lady Isabel«, und die in den Schicksalsballaden wie »Edward«, »Sir Patrick Spense«, »The Three Ravens« (in der schottischen Version als »The Twa Corbies«) oder »Child Maurice« gestalteten persönlichen Verstrickungen wie Vater- oder Kindesmord kontrastieren mit den historischen Balladen, die wie etwa »The Hunting of the Cheviot« mittelalterliches Rittertum in Anlehnung an den Geist des altenglischen Heldenlieds rühmen.

In ihnen begegnen Darstellungstechniken wie das immer wieder neue Ansetzen zur Ausgestaltung eines Motivs oder Erzählvorgangs (*incremental repetition*), die auch im *Beowulf*-Epos anzutreffen sind, oder formelhafte, heute verwunschen und archaisch anmutende Wendungen, wie etwa die Nachstellung des Adjektivs hinter das Substantiv, dessen Inhalt dadurch besonderes Gewicht erhält. Auch das einfache Reimschema der in der Anzahl nicht festgelegten Strophen von jeweils vier Versen, das Interesse an der Alliteration, sowie die nicht immer regelmäßige Abfolge metrischer Hebungen und Senkungen begünstigen den gesungenen Vortrag dieser volkstümlichen, oftmals auch »zersungenen« und jeweils in vielen Varianten vorliegenden Dichtung auf Märkten, Plätzen und in Wirtshäusern. Refrain und Wiederholung, stehende Motive und Versatzstücke kennzeichnen diese sensationsreiche, in der mündlichen Überlieferung lebendigen Ästhetik von großer seelischer Tiefe in scheinbarer formaler Anspruchslosigkeit. Durch ihre suggestive Bildlichkeit, die Kunst der hintergründigen Andeutung, die Abwesenheit von Motivation, die z. T. krasse Faktizität, die übergangslose Setzung markanter Informationsblöcke und insbesondere auch die enorme emotionale Intensität vermögen diese Gedichte das Empfinden der Menschen zu allen Zeiten zu beeindrucken. So heißt es z. B. in »Sir Patrick Spens«, nachdem der Titelheld bei widriger See durch eine Laune des Königs nach Norwegen in sein sicheres Verderben geschickt ist, in Strophen 8 und 9:

O our Scots nobles were richt laith
To weet their cork-heeled shoon,
But lang owre a' the play were played
Their hats they swam aboon.

O lang, lang may their ladies sit,
Wi' their fans in their hand,
Or e'er they see Sir Patrick Spens
Come sailing to the land.

Balladen wie diese vermochten aufgrund ihrer intensiven thematischen Dichte auch stets jene Kritiker für sich einzunehmen, die wie Sir Philip Sidney im 16. und Joseph Addison im 18. Jahrhundert aus der Sicht neoklassischer Ästhetik für die Form dieser Dichtungen kein gutes Wort finden konnten. Jedoch trat bereits in der Vorromantik des 18. Jahrhunderts eine positive Würdigung des Kunstcharakters dieser Volksballaden ein, deren Bedeutung man vor allem in ihrer Natürlichkeit und Ursprünglichkeit erblickte.

Erzählende Dichtung. In der erzählenden Dichtung nehmen in mittelenglischer Zeit die Versromanzen den Platz der zwar noch erinnerten, aber nicht mehr fortgeschriebenen Heldenlieder ein. Der zu den Versromanzen hinführende Wandel deutet sich bereits in der chronikhaften Dichtung *Brut* des Klerikers LAGAMON an. Mit dem Titel dieser um 1250 entstandenen rund 16 000 Verse verweist der Verfasser natürlich völlig zu Unrecht auf Brutus, einen der Söhne des Priamos, als den sagenhaften ersten König Britanniens. Die Herleitung der Herrschaft über England aus der Antike ist dennoch sehr bezeichnend, hat sie doch in der englischen Renaissance ihre wesentlich kraftvollere Fortsetzung. Lagamon schildert die Herrscher und Helden Englands, doch seine eigentliche Hauptfigur ist Artus, der in mittelenglischer Zeit zum beispielhaften ritterlichen Helden stilisiert wird. Dass es sich bei *Brut* um eine der Tradition angelsächsischer Dichtung noch verpflichtete Bearbeitung des Artus-Stoffes handelt, wird im Vergleich mit der Vorlage deutlich. Lagamon stützt sich auf den anglonormannischen *Roman de Brut* (1155) des Wace, dem wiederum die um 1136 niedergeschriebene *Historia regum Britanniae* des Geoffrey of Monmouth als Quelle diente.

Unter den Romanzen des 13. Jahrhunderts finden sich Werke, die wie *Havelok* und *King Horn* (vor 1250) im Kontext der romantisierenden britischen Geschichte und der volkstümlich-märchenhaften Strukturierung angesiedelt sind, neben Stücken, die wie *Richard Coeur de Lion* oder die Alexander-Romanzen die Exotik der orientalischen Schauplätze herausstellen. Nicht psychologische Differenzierung oder Konfliktdarstellung bestimmen die Charakterzeichnung, sondern klare, holzschnittartige Konturen. An die Stelle komplexer höfischer Liebesthematik treten aktionsreiche, oftmals stereotype Handlungssequenzen; Eindeutigkeit gilt mehr als Symbolhaftigkeit. Gegenüber den anglonormannischen und französischen Vorlagen bleiben diese auch formal wenig anspruchsvollen Texte zurück. Sie zielen auf ein literarisch noch nicht sensibilisiertes bürgerliches Publikum, das sich an der bunten Geschichte wie auch dem vordergründigen, oft drastischen Effekt ergötzt.

An der vielfältigen Ausgestaltung von Themen und Episoden aus dem Artus-Stoff lässt sich zugleich die Entwicklung der Gattung konkretisieren. Gegenüber den frühen Romanzen zeigt der unbekannte Verfasser des *Ywain and Gawain* (um 1350) bereits eine größere Stilsicherheit. Zwar kürzt er die Vorlage des Chrétien de Troyes, des kontinentalen Begründers des höfischen Romans, zugunsten einer aktionsbetonten Darstellung stark, was auf Kosten der psychologischen Differenzierung geschieht, doch das schlüssig gegliederte Geschehen wird mit erzählerischem Geschick und sicherer Sprachbeherrschung dargeboten. Ein gewachsenes Gestaltungsbewusstsein bezeugt auch *Le Morte Arthur* (um 1370). Der dem *alliterative revival* zuzuordnende Text ist als tragische Dichtung konzipiert, innerhalb deren das Schicksal wie auch die Hybris des Helden den Fall bewirken. Als meisterhaft schließlich gilt die nicht dem Artus-Kreis zugehörige, sondern den Mythos von Orpheus in die ritterliche Welt transferierende und diesen zum Guten wendende Romanze *Sir Orfeo*. Aus der Vorlage wird die psychologische Motivierung übernommen. Nicht vordergründige Exotik, sondern symbolhafte Gestaltung kennzeichnet die Darstellung der Schauplätze, und die achtsilbigen Reimpaarverse vermeiden in Ausdruck, Metrum und Reim jegliche Monotonie.

»Sir Gawain«. Dem die Blütezeit mittelenglischer Dichtung repräsentierenden Autorenkreis wird der unbekannte Dichter von *Sir Gawain and the Greene Knight* zugerechnet, der auch als Verfasser der im gleichen Manuskript überlieferten Dichtungen *Pearl*, *Purity* (oder *Cleanness*) und *Patience* gilt. Die 2530 Verse des um 1370 entstandenen *Sir Gawain* gelten aufgrund sowohl der kunstvollen Konzeption wie der sprachlichen Gestaltung als Höhepunkt der Artus-Dichtung. Prüfung und Bewährung des Gawain und damit der ritterlichen Tugenden stehen im Mittelpunkt, wobei nicht ein absolut untadeliger und unwirklicher Held, sondern ein mit Versuchungen und den ethischen Postulaten des Rittertums ringender Cha-

rakter gezeigt wird. Gawain geht, wie seine Verwundung zeigt, aus diesem Ringen nicht unbeschädigt, aber gereift hervor und verleiht damit dem am Artushof selbst gefährdeten Ideal einer ethisch verantwortungsbewussten Lebensführung neues Gewicht. In dem Helden Sir Gawain begegnet erstmals in der englischen Literatur ein Mensch, der durch seine etwas konservativ wirkende Denkungsart leicht anachronistischen Charme aufweist: Die höfische Gesellschaft, der er seine Unwahrhaftigkeit bei der letzten von drei Prüfungen seiner Tugenden als Ritter zerknirscht gesteht, mokiert sich eher über seine Bedenken, als sie zu teilen. Es entspricht jedoch ihrer *gentilesse*, ihrer feinen höfischen Gesinnung, dass sie wie Gawain einen grünen Gürtel – das Geschenk der Schlossherrin und für ihn der Beweis seiner Schande – zum Zeichen ihrer Solidarität mit ihm und ihrer Wertschätzung seiner Person tragen will. Der grüne Gürtel hat zunächst erotische Konnotation, spielt aber sodann sowohl auf die Gründung des Hosenbandordens (*order of the garter*) als auch auf das Ende des Winters und die Vorankündigung der wieder erwachenden Natur im Frühjahr an. Die Prüfungen betreffen den ritterlichen Umgang mit der Schlossherrin, die sich in eindeutig verführerischer Absicht ihm nähert und deren Avancen er sanft und mit feinsinnigem Gespür mit dem Austausch eines Kusses, jedoch keiner weiteren Intimität, begegnet. Dass er das Geschenk des Gürtels, der sein Leben in dem bevorstehenden gefährlichen Kampf mit dem Schlossherrn retten soll, diesem gegenüber verschweigt, lässt sich aus der Sorge um sein Leben verstehen, ist nur allzu menschlich und erscheint verzeihlich.

Für die innere Organisation des Textes, der auch durch einen komplexen Wortschatz und den Perspektivenwechsel bei der Darstellung abwechslungsreich gestaltet ist, sind symmetrische Entsprechungen kennzeichnend, die insbesondere durch dreifache Korrespondenzen (drei Jagden des Schlossherrn, drei Versuchungen und Prüfungen

Gawains) deutlich werden. Selbst im Vers findet sich die Trias. Der Text setzt sich aus 101 Strophen mit einer nicht festen Zahl von stabreimenden Langzeilen zusammen. Jede Strophe mündet in fünf kurze Verse (sog. *bob-wheel*-Strophen), von denen der erste nur einen Jambus, die folgenden vier Verse dreihebige Jamben mit Kreuzreim aufweisen. Die Strophe verbindet damit das ältere mit dem damals zumeist bereits durchgängigen neueren metrischen System. Oftmals verdichten diese Verse sentenzartig die zuvor ausgeführten Themen. In der sprachlich wie stilistisch nicht minder anspruchsvollen Traumdichtung *Pearl* ist analog die heilige Zahl zwölf strukturbestimmend. 1212 Verse gliedern sich in zwölfzeilige Strophen, die aus der Klage des Vaters um die verlorene Tochter zur Schau des Paradieses und des himmlischen Jerusalem und von der Glaubenskrise zu erneuertem Gottvertrauen führen.

Langland. Wie die vom *Gawain*-Dichter hinterlassenen Werke verdeutlichen die anderen der Blütephase der mittelenglischen Dichtung zugehörigen Texte die Entwicklung des Mittelenglischen zu einem ausdrucksreichen, literarischen Ansprüchen nunmehr genügenden Medium. In die europäische, allegorisch-symbolhafte Traumdichtung reiht sich das in der alliterierenden Langzeile der heimischen Verstradition verfasste Monumentalwerk *Piers Plowman*, »Peter der Pflüger«, von WILLIAM LANGLAND (um 1330 – um 1390) ein. Anstoß für die zwischen 1362 und 1393 verfassten Visionen des Träumers William, der an einem lieblichen Frühjahrstag in den Schlaf sinkt, ist jedoch nicht wie in *Pearl* ein persönlicher Verlust, sondern die Befindlichkeit von Gesellschaft und Kirche, der Weltzustand. Bereits in seiner ersten Vision erblickt der Träumer auf einem Feld eine Allegorie der Welt, und aus der Interaktion allegorischer wie realistischer Protagonisten entwickelt Langland hier wie in den nachfolgenden Visionen die Debatten über die für seine Zeit konstitutiven Konflikte. Dabei spart Langland nicht an Kritik. Die Missstände der Zeit werden sowohl ausführlich erörtert wie bildhaft veranschaulicht, etwa wenn aus Furcht vor der Wahrheit die Falschheit zu den Bettelmönchen und die Lüge zu den Ablasshändlern flieht.

Aus der an Kirche und Staat aufgezeigten Krise der Wertvorstellungen resultiert die für Langland zentrale Frage nach der richtigen Lebensführung, für die er mit der spirituellen Entwicklung des einfachen Landmannes, des Pflügers Peter, eine Antwort zu geben versucht. *Dowel*, *Dobet* und *Dobest*, die Stadien des guten, besseren und besten Handelns, sind die sittlichen Entwicklungsstufen des Pflügers. Sie korrespondieren zugleich mit der gottgefälligen weltlichen Arbeit, dem sowohl kontemplativen wie helfend der Welt zugewandten klösterlichen Leben, das vom Geist der Liebe geprägt ist, und der von aller Verweltlichung freien Kirche, die Peter als Petrus und Verkörperung der Christenheit und nach Passus XV,206 auch Christi selbst in der *Vita de Dobest* begründet. Der Gegensatz zwischen der idealen Entwicklung Peters und dem tatsächlichen Weltzustand bleibt im *Piers Plowman* jedoch unaufgelöst. Er wird nur indirekt dadurch ausgeglichen, dass vor aller Beschäftigung mit den großen Problemen der Welt Piers zum Pflügen des Ackers und zur Bestellung des Bodens aufruft – ein bei den damaligen sozialen Umwälzungen durch massive Landflucht im Zuge der *enclosure*-Politik brisanter Aufruf, den auch der französische Aufklärungsphilosoph Voltaire in ähnlicher argumentativer Lage mit dem Ruf, »il faut cultiver son jardin«, »man muss (zunächst) seinen Garten bestellen«, äußerte.

Ausdrucksstärker als die Darstellung der Welt, wie sie sein sollte, ist Langlands Schilderung von Staat und Kirche, wie sie sich in der zweiten Hälfte des 14. Jahrhunderts tatsächlich darbieten. Hier wird eine geistige Nähe zu den Forderungen des großen Reformers und ersten Bibelübersetzers John Wycliffe (um 1328–1384) und der Lollarden, einer Erneuerungsbewegung auf der Grundlage vertiefter Frömmigkeit und Tugend, die mit Wycliffes Anhängern assoziiert wird, greifbar. In der Handhabung der Stabreimkonventionen ist die in der längsten Fassung (C) 7353 Verse zählende Dichtung ein herausragendes Beispiel des *alliterative revival.* Langland bedient sich einer eher direkten, wenngleich in den Umarbeitungen in der Sache manchmal nicht mehr eindeutigen Sprache, die den höfischen Stil meidet, dafür aber ihre Ausdruckskraft in der bildhaften Charakterisierung und Darstellung entfaltet.

Gower. Die Unterschiede zwischen der kulturellen und der literarischen Entwicklung in den westlichen und nördlichen Provinzen und der Hauptstadt, zwischen *alliterative revival* und höfischem Kulturkreis, verdeutlichen auch die Dichtungen des von Eduard IV. und Richard II. geförderten JOHN GOWER (um 1338–1408). In Französisch verfasste Gower sowohl Balladen wie sein erstes größeres Werk, den *Mirour de l'Omme*, »Der Spiegel des Menschen«. Gower bedient sich hier des achtsilbigen Verses, um das Ringen zwischen den Lastern und den Tugenden um den Menschen darzustellen, ähnlich wie das entstehende mittelalterliche Drama dies im *morality play* (Moralitätsspiel), insbesondere dann in *Everyman* (um 1485), »Jedermann«, dem besten Repräsentanten dieser Gattung, tut. Die insbesondere in der Ständekritik manifesten satirischen Züge in diesem Werk Gowers werden in der politisch-satirischen Allegorie noch deutlicher, die er unter dem Eindruck des Bauernaufstands von 1381 seinem wohl ursprünglich als Fürstenspiegel konzipierten lateinischen Werk *Vox clamantis*, »Die Stimme des Rufers« (um 1382), hinzufügte. Anders als Langland zeigt Gower jedoch kein Verständnis für die Forderungen der von ihm in Tiergestalten personifizierten Aufrührer um Wat Tyler, den Führer des Bauernaufstandes. Er fürchtet die Zerstörung der bestehenden gesellschaftlichen Ordnung und appelliert an den König, Einhalt zu gebieten.

Erst spät und auf Anregung Richards II. hin verfasst Gower mit der *Confessio amantis*, der »Beichte des Liebenden« (um 1386–93) sein englischsprachiges Hauptwerk. Gower fügt dem als Beichtspiegel angelegten Text mit dem Beichtvater Genius eine nach dem *Roman de la Rose* (»Rosenroman«) – Prototyp des allegorischen Liebesromans der damaligen Zeit in mittelfranzösischer Sprache – gestaltete Figur ein, die dem von der Liebesgöttin zur Beichte angehaltenen Amans (dem Erzähler, ›dem Liebenden‹) in 133 beispielhaften Geschichten erläutert, welche Vergehen gegen die Liebe aufgrund der sieben Todsünden möglich sind. Das nach diesen Sünden in sieben Bücher gegliederte Werk von insgesamt 33 444 Versen ermöglicht aufgrund der Vielzahl der exemplarischen Erzählungen die Ausweitung der Liebesthematik zum Zeitspiegel, dem aber die satirische Angriffslust der früheren Werke fehlt.

In den vielfach auf antiken Stoffen fußenden Erzählungen wird neben den Verirrungen, zu denen die Liebe den Menschen verleiten kann, auch der Wandel von einer höfischen zu einer bürgerlich-realistischen Sicht der Liebe deutlich. Dass diese erkennbar nicht mehr die seine ist, trägt zu dem mit ironischem Unterton formulierten Entschluss des Erzählers bei, nach aller ausführlichen Belehrung der Liebe dennoch zu entsagen. In den Geschichten selbst zeigt sich Gower als gewandter und flüssiger Erzähler, der die Möglichkeiten des vierhebigen Verses und des Paarreims stilsicher zu nutzen versteht. Kontrastive und vergleichende Bezüge sind im Aufbau der Bücher angelegt, und ausdrücklich will Gower, wie er im Prolog erklärt, sowohl belehren wie unterhalten. Doch greift er dabei über eine konventionelle Behandlung seines Materials nicht hinaus und zeigt zumindest im Vergleich mit Chaucer eine geringere Bereitschaft zur dichterischen Ausgestaltung seiner Vorlagen.

Chaucer. Bei dem einfachen Kleriker Langland und dem Adligen Gower prägen die Vorstellungswelt und die literarischen Vorlieben des eigenen Standes noch erkennbar die Wahl der Genres und der Perspektive. Im Vergleich mit ihnen erscheint GEOFFREY CHAUCER (um 1343–1400) nicht nur weltoffener, sondern vor allem als ein Dichter, der auf der Grundlage einer umfassenden Beherrschung der literarischen Konventionen konsequenter als seine Zeitgenossen den Schritt von der Nach- zur Neuschöpfung gewagt hat.

Als Page lernte der Sohn eines Weinhändlers höfische Kultur kennen, als Gesandter der Krone bereiste Chaucer Frankreich und Italien. Er hat zeitlebens angesehene öffentliche Ämter bekleidet und als Dichter John of Gaunt, den Herzog von Lancaster und damals reichsten Mann Englands, als seinen Gönner gewonnen. Seine Beisetzung in der Westminsterabtei bezeugt sein Ansehen ebenso wie die große Zahl der Manuskripte, in denen seine Werke überliefert sind.

Chaucers Orientierung auf den Hof hin erklärt die in seinen Gedichten und den Frühwerken prägenden französischen Einflüsse. Aber auch seine Vertrautheit mit Dante, mit Petrarca und mit Boccaccio tritt in den Texten zutage. Chaucer hat damit Anteil an der italienischen Frührenaissance und stellt eine gedankliche und formkünstlerische Brücke zur englischen Renaissance dar, die vor dem Ende der Rosenkriege und seiner bürgerkriegsartigen Wirren (1485) nicht Platz greifen konnte. Als die erste größere Arbeit Chaucers und imposanter Beleg seiner französisch beeinflussten Schaffensperiode gilt *The Romaunt of the Rose* (1369/70), im Wesentlichen seine Übertragung des ersten und für die höfische Liebe wichtigsten Teil des *Rosenromans*, dessen Bedeutung insbesondere für die am Hof gepflegte Literatur noch ungebrochen war. Vom *Rosenroman* noch beeinflusst ist auch die Organisation des Materials als Traumdichtung sowohl in *The Book of the Duchess* (1369–70), das Chaucer anlässlich des Todes von Gaunts erster Gattin Blanche schrieb, in dem unvollendeten *The House of Fame* (zwischen 1372 und 1386), und in *The Parliament of Fowls* (um 1382), dessen Anlass die Hochzeit Richards II. ist und das die Konventionen von Traumvision und Vogeldebatte verknüpft. Nicht erst in dieser Überschreitung von Genregrenzen zeigt sich ein für Chaucer charakteristisches Streben nach eigenständiger Gestaltung. Bereits *The Book of the Duchess* ist klagende und tröstende Dichtung zugleich, verbindet die Konventionen von *planctus* und *consolatio*, die gerade auch Boethius' (um 475–525) *De consolatione philosophiae*, von Chaucer unter dem Titel *Boece* übersetzt, verpflichtet ist. In seiner Lyrik zeigt Chaucer großes Interesse an komplexem Strophenbau und an Gedichten mit fester Form, so besonders an den *rondeaux* und den Tanzliedern (*ballades*) des mittelfranzösischen Dichters Guillaume de Machaut (um 1300–1377).

In *The House of Fame* der siebziger Jahre ergänzt Chaucer die auf Ovid und Vergil gründende konventionelle allegorische Thematisierung von *fama*, indem er die Doppeldeutigkeit des Begriffs als Ruhm und Gerücht herausstellt und in wirklichkeitsbezogenen, lebendigen Episoden illustriert. Er leitet damit seine italienische Schaffensphase ein, die der italienischen Renaissance in der Verarbeitung klassischer Stoffe verpflichtet ist und in *Troilus and Criseyde* (um 1385) ihren Höhepunkt erreicht. Dass Chaucer auch zeittypische Erwartungen zu bedienen wusste, zeigt die an höfischen Vorstellungen ausgerichtete Gestaltung der Liebesthematik in *The Legend of Good Women* (zwischen 1372 und 1386). Demgegenüber löst er sich in *Troilus and Criseyde* von Boccaccios Vorlage, gerade auch indem er die Frauenverachtung Boccaccios nicht übernimmt, und stellt dem höfischen Liebesideal des Troilus die illusionslose, eher humorvolle Liebesauffassung des Pandarus, der als Kuppler agiert, gegenüber. Zwischen beiden steht, psychologisch am meisten differenziert, Criseyde, bei Chaucer nicht mehr die in der Liebe grausame Herrin, sondern eine unerfahrene Frau, die nicht weiß, welchen Gefühlen und Ansprüchen sie folgen soll, auch wenn sie Troilus schnöde verlässt. Von der erhöhten Warte des Moralisten betrachtet der nach dem gesuchten Tod auf dem Schlachtfeld in den Himmel entrückte Troilus das Treiben der Menschen auf Erden und empfiehlt geduldiges Verständnis und die Zentrierung der Liebessehnsucht in der geistigen Liebe zu Christus. Er bekräftigt hierbei sowohl die eher realistische Sicht der Dinge als auch den Lobpreis der *patientia*, des geduldigen Ausharrens in der Auseinandersetzung als Antwort auf die Unbeständigkeit des Glücks (*fortuna*) oder das Walten eines unabwendbaren Schicksals, damit also letztlich das Anliegen des mittelalterlichen Denkens im Sinne des *sensus spiritualis* aller Literatur.

Auch sprachlich löst sich Chaucer von den Vorbildern. An die Stelle des Achtsilbler-Reimpaars tritt in *The Parliament of Fowls* und *Troilus and Criseyde* der fünfhebige Iambus und die als *rhyme royal* bezeichnete Chaucer-Strophe mit dem Reimschema *a b a b b c c*.

Chaucers Meisterwerk und Gipfelpunkt der mittelenglischen Literatur zugleich sind die *The Canterbury Tales*, die eine Synthese seines literarischen Schaffens darstellen und in der Forschung auch als Höhepunkt der englischen Periode des Dichters bezeichnet werden. Nach dem im Prolog entwickelten Plan hätte jeder der Pilger zum Schrein des Thomas Becket in Canterbury auf dem Hin- und Rückweg mindestens eine Geschichte erzählen sollen, was mehr als hundert *tales* ergeben hätte. Nur 24 hat Chaucer zwischen 1387 und 1400 zusammengefügt, die *Canterbury Tales* sind damit unvollendet. Innerhalb der Rahmenerzählung, die mit der Pilgerreise dem eher statischen Rahmengeschehen von Boccaccios *Decamerone* eine dynamische, zur differenzierten Charakteristik und Kommentierung weiterentwickelte Form entgegensetzt, führt Chaucer die für die mittelalterliche Literatur konstitutiven Themen und Formen in großer Fülle zusammen. Die Romanze findet sich unter den *tales* ebenso wie ihre Parodie, die Predigt wird gespiegelt in ihrer Karikatur. Allegorische Debatte und Ständesatire, Exempel und Traktat, Fabliau und Schwank, Tierepos, Legende und Heiligenleben bilden ein ebenso abwechslungsreiches wie beziehungsvolles Gefüge, innerhalb dessen Chaucer auch die genretypischen formalen Konventionen souverän handhabt. Die Komplexität seiner Komposition vertieft Chaucer noch weiter durch die jede Geschichte prägende Spannung zwischen den in den Prologen der *tales* porträtierten Erzählerfiguren von ganz unterschiedlicher sozialer Herkunft und den Erzählinhalten selbst. Um der Konkretisierung dieser Bezüge willen befreite sich Chaucer aus der Abhängigkeit von seinen Vorlagen, die er nicht nachgestaltet, sondern im Sinne seiner Darstellungsintention bearbeitet. Dadurch werden die *tales* auch für die Gestaltung zeittypischer Fragestellungen offen.

Ohne explizit didaktische oder moralisierende Intention, sondern mit viel Humor, Ironie und *common sense* entwirft Chaucer ein realistisches Panorama der Gesellschaft, die man in der Forschung auch als *comédie humaine* und in ihrer Summe als nuancenreiche Bestandsaufnahme der *condition humaine* bezeichnet hat. In dieser Gesellschaft veranschaulichen gerade auch die Liebes- und, übergreifend, die Geschlechterbeziehungen die aus idealen Ansprüchen, gelebter Wirklichkeit und der Suche nach verbindlichen Werten resultierenden Konflikte. Die Liebespsychologie hat für Chaucer ihren Platz auch in der Ehe, denn die Liebe edler, höfischer Definition konstituiert diese immer wieder neu, wie auch aus den Erzählungen hervorgeht, die speziell der Ehe gewidmet sind. Chaucer ist von der Beeindruckbarkeit des Menschen durch Edelmut und innere, personale Größe überzeugt, wie z. B. aus der *Franklin's Tale*, der Erzählung des bescheidenen Landadeligen, hervorgeht. Indem der Rivale des Ehemanns großmütig verzichtet, »for pite renneth sone in gentil herte«, »denn Erbarmen stellt sich bald in einem edlen Herzen ein«, verweist der Dichter auf das Prinzip der *gentilesse*, die eine Eigenschaft des Charakters und des Herzens, nicht jedoch nur der Abkunft ist – eine wahrhaft zukunftsweisende Definition des *Gentleman*-Ideals, die in der Folgezeit der englischen Kultur immer wieder aufgegriffen wurde.

Für eine fortdauernde Blütezeit der mittelenglischen Dichtung boten die Bürgerkriegswirren des 15. Jahrhunderts keine Voraussetzungen. Auch eine Chaucer gleichzusetzende Dichterpersönlichkeit findet sich nicht mehr, doch ist die sog. Chaucer-Nachfolge keineswegs nur epigonal. Als fruchtbarster Autor gilt JOHN LYDGATE (um 1370–1449), der als ein Nachahmer Chaucers beginnt, sein Vorbild aber mit dem kunstvoll-komplexen sog. *aureate style*, dem *ornatus* der hohen Stillage, sprachlich zu überbieten sucht. Zu Lydgates Werken zählen religiöse Lyrik, Liebesallegorien, so z. B. *Reason and Sensuality* sowie Fabel- und Legendendichtungen. Seine Versromane, die antike Stoffe in einer Art Vorgriff auf die englische Renaissance behandeln, zeigen wie das *Troy Book* (1412–20) eine starke Verbürgerlichung der heroischen Themen oder sind trotz der antiken Inhalte als Erweiterung der *Canterbury Tales* konzipiert, wie dies bei *The Siege of Thebes* (1420–21) der Fall ist. Sein mit 36 000 Versen umfangreichstes Werk, *The Fall of Princes* (1430–38), hat Boccaccios *De casibus virorum illustrium* als Vorbild, doch weitet Lydgate die am Schicksal großer Männer exemplarisch als Fürstenspiegel gestaltete *Fortuna*-Thematik zur Weltgeschichte.

Gegenüber diesem umfassenden Ansatz akzentuieren die Exkurse in THOMAS HOCCLEVES (1386–1450) Fürstenspiegel *The Regiment of Princes* (1411), Heinrich V. gewidmet, ebenso wie auch seine übrigen Werke explizit autobiographische Bezüge. Damit tritt eine Dichterpersönlichkeit hervor, die den Widerspruch zwischen konventionellen Erwartungen und dem Bedürfnis nach individueller Aussage als Konflikt empfindet und seine Thematik damit auf Fragestellungen ausweitet, die die englische Renaissance bereits ankündigen und für diese charakteristisch sind.

Chaucers Ausstrahlung auf die schottische Literatur, vermittelt auch durch König Jakob I., wird sichtbar bei Robert Henryson (um 1430–1506), der mit *The Testament of Cresseid* (vor 1492) Chaucers Vorlage zugleich fort- und umschreibt. Bei Henryson bleibt Troilus am Leben, und Cressida muss sterben, erhält aber zugleich Gelegenheit, ihr Verhalten zu erklären und zu rechtfertigen. Das dem Menschen Mögliche als Maßstab moralischer Wertung zeigt sich auch in Henrysons freier, den mittellateinischen *Romulus* und den Fuchsroman mit einbeziehender Bearbeitung der Fabeln des Äsop. Ebenfalls von Chaucer beeinflusst ist William Dunbar (um 1460–1520), der 1503 anlässlich der Hochzeit Jakobs IV. die Tierallegorie *The Thrissil and the Rois* in Anlehnung an *The Parliament of Fowles* gestaltete, sich aber ähnlich wie Lydgate gegenüber der Vorlage durch stilistischen Prunk auszuzeichnen sucht. Die Vertreter der *Scottish Renaissance* gingen, gerade weil sie sich auch den englischen Einflüssen öffneten, keinen Sonderweg, machten aber durch ihren Beitrag den schottischen Hof zugleich zum Zentrum einer weit bis in das 16. Jahrhundert reichenden eigenständigen literarischen Entwicklung.

Drama

Als neue Gattung entwickelte sich in mittelenglischer Zeit das Drama, von dessen antiken Texten den Gebildeten zunächst nur die Tragödien Senecas und die Komödien des Terenz und des Plautus bekannt waren. Die Kenntnis der griechischen Dramatiker dagegen war weitestgehend geschwunden und sollte erst in Folge der Eroberung von Byzanz durch die Türken (1453) und der Vertreibung der christlichen Gelehrten wieder aufleben. Ebenfalls in Vergessenheit geraten war das Wissen um die Aufführungspraxis des antiken Dramas, so dass im Mittelalter ein vom Einfluss der antiken Tradition freier Neubeginn möglich wird.

Inwieweit Brauchtum wie die kruden *Mummers' plays* um St. Georg und andere volkstümliche Darstellungen die Entwicklung der Gattung befördert hat, lässt sich schwer präzisieren. Zum eigentlichen Kristallisationspunkt und Ursprung szenischer Darstellung wurde vielmehr die Liturgie, deren Botschaft das Spiel veranschaulichen soll. Die in der Oster- und der Weihnachtsliturgie enthaltenen *quem quaeritis*-Tropen, die Suche der drei Marien nach dem auferstandenen Christus und die Suche der Hirten nach dem Heiland, wurden als erste darstellerisch vergegenwärtigt und blieben Kernszenen des dramatisierten Heilsgeschehens. Mit der Dramatisierung weiterer Episoden des Evangeliums (Apostelszene, Krämerszene für die Oster-, Stellaszene und Herodesszene für die Weihnachtsliturgie) entwickelte sich ein geistliches Spiel in lateinischer Sprache, dessen Aufführungsort die Kirche, zunächst der Altarraum, sodann der Raum unter der Vierung und schließlich der Platz vor dem Hauptportal, war. Allmählich ersetzte die Volkssprache, bereits vom Vierten Laterankonzil 1215 zur Verwendung in der Liturgie empfohlen, das Lateinische auch in diesen szenischen Darstellungen.

Mysterienspiele. Als Weiterentwicklung dieser geistlichen Spiele entstanden im 14. Jahrhundert die Mysterienspiele (am ehesten auf mittellateinisch *ministerium* ›Gottesdienst‹ rückführbar), zu deren Verbreitung die Feier des Fronleichnamsfestes seit dem 13. Jahrhundert beigetragen hat. Nunmehr wurde im Rahmen der Fronleichnamsfeiern entweder auf fahrbaren Wagen (*pageants*) z. T. mit Unter-

und Oberbühne oder auf eigens errichteten Bühnen alt- und neutestamentliche Geschehnisse in englischer Sprache innerhalb von Zyklen dargeboten, die von der Schöpfung bis zum Jüngsten Gericht reichen. Die Aufführung der einzelnen Episoden ging von den Liturgen auf die Handwerkergilden über, wobei berufliche ›Qualifikationen‹ berücksichtigt wurden. So stellten etwa die Goldschmiede die Heiligen Drei Könige; die Schiffsbauer oder, wie im *Chester Cycle*, die Wasserträger agierten als Noah und seine Söhne, und die Abendmahlszene wurde von den Bäckern ausgerichtet. Wenngleich die Texte wohl überwiegend von Klerikern verfasst worden sind, so haben doch auch die Veranstalter und Darsteller zu ihrer Veränderung und Ergänzung beigetragen. Um den Kern der religiösen Botschaft entfaltete sich so ein zunehmend wirklichkeitsbezogenes Geschehen, das wie in dem beliebten Streit zwischen Noah und seiner zänkischen Frau auch dem Unterhaltungsbedürfnis des Publikums Rechnung trug. Dabei wurde die oft recht derbe Sprache und Komik entsprechend der mittelalterlichen Denkungsart, in der unterschiedliche Inspirationen, Stillagen und Gattungen noch nicht als getrennt empfunden wurden, nicht als mit der religiösen Aussage unvereinbar verstanden. Die Länge der einzelnen Spielszenen ist unterschiedlich und variiert zwischen 180 und 800 Versen; variabel ist auch die Zahl der Protagonisten. Wie gespielt wurde, erläutern teils sehr konkrete Regieanweisungen, und erhaltene Rechnungen für Kostüme – auch Gagen wurden schon gezahlt – bezeugen die beträchtlichen finanziellen Aufwendungen für die Aufführungen.

Neben einigen einzelnen Spielen sind vier große Zyklen in Fassungen aus dem 15. Jahrhundert erhalten. Der *Chester Cycle* ist ab 1375 belegt und enthält 24 in Schweifreimstrophen verfasste Spiele, für die eine noch deutliche Ausrichtung auf die Glaubensbotschaft kennzeichnend ist. Als Vermittler der theologischen Aussage tritt hier in Gestalt eines Herolds auch ein »Expositor« auf. Eine solche Kommentatorfigur weist auch der als *Ludus Coventriae* bezeichnete, jedoch nicht in Coventry, sondern in Lincoln entstandene Zyklus auf. Dessen 42 Spiele sind in einem Manuskript aus dem Jahr 1468 erhalten. Wie im *Chester Cycle* wird die theologische Botschaft betont, doch treten nun neben den biblischen Protagonisten auch allegorische Figuren auf. Damit wird eine Anleihe aus dem gleichzeitig florierenden *morality play* sichtbar.

Mit 48 Spielen ist der ab 1378 belegte *York Cycle* am umfangreichsten. Hier zeichnet sich neben der volksnahen Ausgestaltung zahlreicher Spiele bereits eine die Entwicklung vom Rollenträger zum Charakter befördernde psychologische Differenzierung der Figuren ab. Sie erreicht einen Höhepunkt in *Secunda Pastorum*, im Spiel des zweiten Hirten aus dem *Wakefield Cycle* (um 1450), der nach der Familie, in deren Besitz sich das Manuskript befand, auch als *Towneley Cycle* bezeichnet wird. Als Verfasser von *Secunda Pastorum* sowie von fünf stilistisch und strukturell ähnlichen Spielen gilt der »Wakefield Master«, der die biblischen Gestalten zu realistisch gezeichneten mittelalterlichen Menschen formt. Damit findet, wie in der Schilderung der Not der Hirten in *Secunda Pastorum*, auch die gesellschaftliche Wirklichkeit Eingang ins Spiel. Sie steht dort nicht außerhalb und neben der theologischen Aussage, sondern wird über die durch Christi Geburt eingeleitete Entwicklung der Hirten mit der Heilsbotschaft verknüpft.

Stärker noch als die Überlieferung der Mysterienspiele hat der reformatorische Eifer des 16. Jahrhunderts die Überlieferung der Mirakelspiele beeinträchtigt, von denen nur noch wenige Beispiele erhalten sind. Es sind Dramatisierungen des Lebens von Heiligen und Märtyrern, wobei insbesondere die Bekehrung (Paulus, Maria Magdalena) ein beliebtes Thema gewesen zu sein scheint.

Moralitäten. Hier werden strukturelle Parallelen zu den Moralitäten (*morality play*) deutlich, die sich im 15. Jahrhundert neben den Mysterienspielen als zweites dramatisches Genre entwickeln. Im Mittelpunkt stehen keine biblischen Gestalten, sondern allegorische Verkörperungen des Ringens zwischen Gut und Böse, zwischen *virtues* und *vices* (Tugenden und Lastern), um die Seele des Menschen. Zwar fallen dem Bösen die Anfangserfolge zu, aber Gottes Gnade und die Bereitschaft des Menschen zur Buße garantieren die Erlösung. Es ist nicht die Erlösung des Einzelmenschen, sondern des *Humanum Genus* insgesamt, das als Held in *The Castle of Perseverance* (zwischen 1400 und 1425) agiert und auf das Titel wie *Mankind* (»Das Menschengeschlecht«, 1465–70) und *Everyman* (»Jedermann«, um 1500) verweisen. Von Art und Wirkungsweise der *morality plays* erhält der heutige Mensch einen Eindruck durch das alljährlich vor dem Salzburger Dom aufgeführte Spiel vom *Jedermann*, das Hugo von Hofmannsthal in Bearbeitung des englischen *Everyman* schuf.

In Einklang mit dem scholastischen Argumentationsabtausch steht die statuarisch-symmetrische Gruppierung der Protagonisten, sowohl in *The Pride of Life* (um 1350), das als die älteste überlieferte Moralität gilt, als auch in *The Castle of Perseverance.* Eine mit dem Text überlieferte Skizze zeigt, dass dort das Schloss, aus dem der Mensch in die Welt tritt, die Bühnenmitte beherrscht. Es ist umgeben von vier den Windrichtungen entsprechenden Spielflächen (*mansiones*), die Gott, der Welt, dem Teufel und dem Fleisch zugewiesen sind. Um die drei letzteren gruppieren sich die Laster und Todsünden. Erst mit *Mankind* beginnt sich die starre Anordnung der Figuren zugunsten einer dramatischeren Gestaltung zu lockern, die Komik und Intrige einschließt. Eine soziale Differenzierung zeichnet sich in dem auf dem niederländischen *Elckerlijk* basierenden *Everyman* ab. Zwar hat auch dieser »Jedermann« noch überpersönliche Repräsentativität, aber gezeigt wird er als ein Kaufmann, der angesichts des Todes die Wertlosigkeit allen irdischen Besitzes begreifen lernt und den nur die personifizierten Guten Werke über das Grab hinaus begleiten. Aufgrund ihrer klaren moralisch-didaktischen Ausrichtung blieben die Moralitäten von der Kritik der Reformatoren verschont und konnten sich, indem sie reformatorisches wie humanistisches Gedankengut aufnehmen, im 16. Jahrhundert weiterentwickeln. Da sie noch bis in die Shakespeare-Zeit aufgeführt wurden, haben sie auf die Neubegründung der Tragödie in jener Zeit neben den antiken Modellen entscheidenden Einfluss, so z. B. auf die antithetische Figurengruppierung in Shakespeares *King Lear.* Aber auch der Beginn der Historienstücke (*history plays*), in denen der König oftmals zwischen guten und bösen Beratern agiert, wie etwa *King Johan* (um 1540) von John Bale (1495–1563), ist dem *morality play* verpflichtet.

Die mittelalterliche und frühneuzeitliche Aufführungspraxis erstreckte sich zumeist über mehrere Stunden, in denen die Aufmerksamkeit der Zuschauer angesichts der Ernsthaftigkeit und der intensiven didaktischen Intention dieser Spiele zu erlahmen drohte. Aus diesem Faktum resultiert die allmählich sich einbürgernde Praxis, in sog. Interludien (*interludes*, ›Stücke zwischen den ernsthaften Spielteilen‹) für Entspannung durch den Einschub komischer Szenen und spaßhafter Spieleinheiten zu sorgen. Diese sind der Kern der späteren Komödie, aber auch der Ausgangspunkt von Stücken mit einem zentralen Liebesthema in der eher klassisch gebildeten Autorenschicht, so etwa in Henry Medwalls *Fulgens and Lucrece* (um 1497). Der Terminus *interlude* bezeichnete in der englischen Renaissance dann allmählich jede Art einer kurzen szenischen Darstellung und wurde auch zu Zwecken der politischen und gesellschaftlichen Satire, wie etwa in John Skeltons *Magnificence* (»Großartigkeit«, um 1516), oder in

David Lindsays *Satire of the Three Estates* (»Satire der drei Gesellschaftsstände«, 1540), verwendet.

Die Tragödie als charakteristische Form des Dramas im heutigen Begriffsverständnis gibt es im europäischen und somit auch im englischen Mittelalter nicht. Das jedoch existierende Wort *tragoedia* bezeichnet vielmehr ein erzählerisches, d. h. episches Motiv und bedeutet den Fall des Menschen aus glücklichem Zustand und zumeist auch hoher sozialer Stellung (sog. *de casibus*-Literatur, ›von den Fällen/Zufällen [die dem Menschen widerfahren]‹). Dieses Faktum ist für die Neubegründung der Tragödie als Gattung des Dramas in der englischen Renaissance in mehrfacher Hinsicht bedeutungsvoll. Zum einen ermöglicht es ein dramatisches Grundschema, durch das dem Fall der Aufstieg eines Protagonisten vorgeschaltet werden kann, so dass sich zwei Teile und ein Höhepunkt ergeben, nach dem der Fall der Handlung einsetzt. Zum anderen ist der Fall eines Menschen zumeist Produkt des Zufalls oder der wankelmütigen und auch blind zuschlagenden Fortuna, mit der der Protagonist innerlich ebenso zu ringen hat wie mit einem Laster, das ihn immer wieder befällt, oder einer schweren moralischen Verfehlung, einer Schuld, einer Sünde. Damit ist in der seelischen und moralischen Verarbeitung des Geschehens eine immer größere charakterliche Differenzierung des Protagonisten vorgezeichnet, wie wir sie alsbald in den großen Tragödien Shakespeares sehen. Schließlich beinhalten die Struktur vom Aufstieg und Fall des Menschen sowie die Herkunft aus der mittelalterlichen Begriffsvorstellung für die Tragödie auch die epische Entwicklung und damit eine relative Breite der Darlegung. Das heimische Erbe dieser Definition tritt damit in der Renaissance in einen letztlich für das Drama fruchtbaren Gegensatz zur konfliktzentrierten Festlegung der Gattung in der Poetik des Aristoteles, die man in der Renaissance wieder neu entdeckte und belebte. Die Synthese beider Prinzipien zeigen Shakespeares große Tragödien, die scharfsinnigsten Folgerungen aus dem aristotelischen Denken zeigen die besten Dramatiker des französischen Rationalismus, Pierre Corneille (1616–1684) und vor allem Jean Racine (1639–1699).

Prosa

Auch für den seit Alfred dem Großen erreichten hohen Stand der volkssprachlichen Prosa bedeutete die normannische Eroberung einen Einschnitt. Die oben erwähnte Fortschreibung der *Peterborough Chronicle* in mittelenglischer Zeit bildet eine Ausnahme, denn unter den neuen Herren wurde Latein wieder die Wissenschaft und Verwaltung beherrschende Sprache. Kontinuität ist nur dort möglich, wo die faktischen Bedingungen ein Festhalten an der Volkssprache zwingend machten. Dies ist in der Kirche der Fall, deren niederer Klerus einen ungebrochenen Bedarf an Predigt- und Erbauungsliteratur hatte. Zu den wenigen überlieferten Werken dieser Homilienliteratur zählen die fünf Texte der sog. *Katherine Group* mit zwei Predigten und den Legenden der Hl. Katharina, Juliana und Margareta (um 1200). In den Legenden wie in der Predigt *Hali Meiðhad* weist das Lob der Gott geweihten Jungfräulichkeit, der die Predigt eine desillusionierende Darstellung der Ehe gegenüberstellt, auf den Marienkult voraus. Um 1220 werden auch die *Ancrene Riwle*, die Regeln für drei Einsiedlerinnen, die als Anachoretinnen leben, niedergeschrieben, die von großer menschlicher Reife, Selbstständigkeit und für die Zeit überraschendem Freiheitsdenken künden. Dieser berühmte und, wie die Übersetzungen ins Lateinische und Französische zeigen, schon zu seiner Zeit populäre Text ist kein Paragraphenwerk, sondern ein in kunstvoller Sprache verfasstes, an

Gleichnissen reiches Erbauungsbuch, das als größtes Prosawerk der frühmittelenglischen Zeit gilt.

Wie die Dichtung erhält auch die Prosa neue Impulse aus der Mystik. Der kontinentalen Frauenmystik verwandt sind die *Revelations of Divine Love* der JULIANA VON NORWICH (1343–1413) und die Autobiographie der MARGERY KEMPE (um 1373–1438), *The Book of Margery Kempe*. Während hier persönliche Offenbarung und Verinnerlichung bestimmend sind, wollen WALTER HINTON (um 1330–1396) mit *The Scale of Perfection* und RICHARD ROLLE (um 1290–1349) mit der Epistel *The Form of Living* im Geist der Erbauungsbücher zugleich religiöse Unterweisung erteilen. Als Andachtsbuch, das den Weg zur mystischen Versenkung weisen will, ist auch das von einem unbekannten Autor verfasste *The Cloud of Unknowing* (um 1370–1380) angelegt, das als herausragender Beitrag zur mittelenglischen Mystik gilt.

Die oben skizzierte allmähliche Durchsetzung des Mittelenglischen als Amts- und Schriftsprache im 14. Jahrhundert spiegelt sich auch in der Prosa. Medizinische Texte wurden übertragen, mittelenglische ›Fachliteratur‹ wie *The Treatise on Hunting* wurde gängig, und auch Chaucer schrieb mit *The Treatise on the Astrolabe* (um 1391) ein wissenschaftliches Traktat in mittelenglischer Prosa. Den wichtigsten Beitrag leistete der Reformator JOHN WYCLIFFE (um 1328–1384), indem er die erste vollständige Bibelübersetzung anregte und selbst dazu beitrug. Sie ist in zwei Fassungen von ca. 1382 und, von sprachlichen Unbeholfenheiten befreit, aus der Zeit um 1390 erhalten.

Mit der wachsenden Leserschicht entstand auch ein Publikum für fiktionale Prosa. Wissensdurst, Neugier und ganz ausgeprägt auch das Bedürfnis nach Unterhaltung befriedigten die um 1357 veröffentlichten *Travels of Sir John Mandeville*. Das farbenfrohe Werk schildert die Erlebnisse eines vorgeblich aus St. Albans stammenden Ritters, der über Konstantinopel ins Heilige Land und dann nach Indien, China und Persien reist. Die englische Fassung ist die Übersetzung eines wohl in Lüttich entstandenen französischen Textes, der nicht auf eigener Erfahrung gründet, sondern dessen unbekannter Autor aus mittelalterlichen Quellen schöpfte. Dem Erfolg dieses in mehr als 300 Manuskripten überlieferten Reiseberichts war dies nicht abträglich.

Gestützt auf altfranzösische Prosaquellen wie auf die englischen Versromanzen legte THOMAS MALORY um 1469 mit *Le Morte Darthur* eine Prosafassung des Artusstoffes vor. Das in acht Erzählungen gegliederte Werk schließt auch die Tristan-Sage mit ein. Es verbindet die mit Arthurs Hof verknüpften Themen zu einem epischen Entwurf, der die Entwicklung, die Blüte und den Niedergang der Tafelrunde und der mit ihr verknüpften Ideale übergreift. Bei Malory wird deutlich, dass die höfischen Ideale in sich problematisch geworden sind. Nicht das Schicksal oder das Walten Fortunas führt das Ende der Tafelrunde herbei, sondern die in den Beziehungen gerade von Artus, Guinevere und Lancelot angelegten Konflikte. Mit ihnen kommen weder Lancelot noch Artus selbst zurecht, leiten sie doch die Desintegration der ritterlichen Welt und ihrer Ideale im ausgehenden Mittelalter ähnlich wie die Übermacht der im Grundsatz verbotenen Liebe unter Einschluss ihres körperlichen Vollzugs im Tristan-Motiv unübersehbar ein. Die realistische Sicht der unauflösbaren Verstrickungen von Liebe und Lehnstreue ist auch für den zeitlichen Hintergrund der Rosenkriege bedeutungsvoll und für dessen brutale Auseinandersetzungen und konfligierende Loyalitäten symptomatisch. Es ist bezeichnend, dass am Anfang des Werkes der Ehebruch steht, dem Artus selbst seine Zeugung verdankt und bei dem sein Vater die treibende Kraft war. Dessen ungeachtet begegnet uns in *Le Morte Darthur*, in vielsagender Weise als ›Der Tod des Artus‹ anglofranzösisch tituliert, eine oftmals nostalgisch wirkende Darstellung des Rittertums, die sich aber zugleich als zeitkritische Folie erweist. Malory erinnert den Adel, der sich im Kampf um die Macht zerfleischt, an das idealisierte Selbstverständnis, das ihm einst Leitbild war und das erst nach Ende des Rosenkrieges (1485) unter den Tudors wieder aufblühen sollte. Die von der Fiktion ebenfalls befriedigte Vorstellung von einer besseren, gerechteren und in den großen Gefühlen auch attraktiveren Ordnung erschließt Malory jedoch zugleich schon zu Lebzeiten bürgerliche Leserschichten, die ihm als Konsumenten der vielen Bearbeitungen von *Le Morte Darthur* bis in die Gegenwart erhalten geblieben sind.

LYRIK

Das ausgehende Mittelalter

Unter dem Einfluss der kontinentalen Lyrik und der kirchlichen Liturgie stellte sich in der mittelenglischen Zeit allmählich der Übergang von der Stabreimdichtung zur iambischen Skansion ein, in der Hebung und Senkung (betonte und unbetonte Silben) in regelmäßiger Abfolge platziert werden. In dieser neuen Verskonzeption findet sich auch zusehends der Endreim, der zur Organisation der Strophe besonders dann verwendet wird, wenn die Strophe, wie in der kontinentalen Kanzone, dem Medium der mittelalterlichen Liebeslyrik, in Anvers und Abvers gegliedert ist, wobei An- und Abvers jeweils eine eigene Melodie haben. Der Reim sowie eine begrenzte Abfolge regelmäßiger, wenn auch un-iambischer Hebungen und Senkungen sind dem altenglischen Alliterationsvers nicht unbekannt, hat doch die Forschung z. B. Reimstrukturen in *Beowulf* nachgewiesen. Auch wurde die Stabreimdichtung mit der immer stärkeren Ausrichtung an der Kultur des europäischen Festlandes nicht völlig aufgegeben. Es kommt vielmehr in den Randgebieten im 14. und 15. Jahrhundert zu einer Wiederbelebung dieser Reimkunst, noch dazu in ästhetisch sehr überzeugenden Belegen der Gattung. Kirche und Klöster waren durch die Praxis der sog. *Conductus*-Lyrik der liturgischen Gesänge und der geistlichen Versdichtung die Vermittler der Neuorientierung in der Lyrik. Vielfach waren die Dichter geistlicher lateinischer und weltlicher Lyrik Kleriker, Mönche und gebildete Schreiber, die auch in der Volkssprache dichteten. Aufgrund der noch nicht vorhandenen Trennung der Gesellschaftsklassen und durch die vielfältige Weltoffenheit dieser Dichter waren sie Elementen der zumeist mündlich weitergegebenen Dichtung (*oral poetry*) wie etwa dem Tanzlied oder der Ballade gegenüber ebenso offen wie der Lyrik der ›hohen‹ Stände der Gesellschaft, also der höfischen Lyrik der Troubadours, deren Namen nun allmählich auch bekannt werden, zumindest in Südfrankreich, Spanien, Italien und Deutschland.

Renaissance und Frühbarock

Das Sonett

Durch die Besitzungen in Frankreich – bis zum Hundertjährigen Krieg (1337–1453) fast drei Viertel des heutigen Frankreichs, insbesondere der Süden, der Ausgangspunkt der höfischen Lyrik – hatte England regen Anteil an den neuen Entwicklungen der literarischen Künste. Die bereits für die englische Literatur skizzierten Formeigenschaften der höfischen Lyrik waren in Süditalien zu besonderer Perfektion in den Händen Francesco Petrarcas (1304–1374) gelangt, in dessen Person sich mittelalterliche Impulse und solche der italienischen Frührenaissance verbinden. Er entwickelt durch Erweiterung der Kanzone auf 14 Zeilen eine ausgesprochene Virtuosität in den klanglichen Entsprechungen der Verszeile und der Reimgestaltung, so dass in Anvers und Abvers mit unterschiedlicher Melodie ein ausgesprochener Klangkörper als Text entsteht, der sich vorzüglich zur Musik fügt. Die Nachwelt hat diese Dichtung aufgrund ihrer großen Musikalität Sonette (*sonnets* von lat. *sonare* ›klingen‹) genannt.

Die Popularität dieser Sonette in der englischen Renaissance, in der es zu zahlreichen Nachdichtungen (›Übersetzungen‹ in nachdichterischer Form) kam, ergab sich aus zwei kulturgeschichtlichen Gründen. Zum einen erbrachte die mittelalterliche geistliche Lyrik außerordentlich intensive dichterische Leistungen, insbesondere auf dem Gebiet der englischen Mystik, der Marien- und der Jesuslyrik. Schon in altenglischer Zeit waren im Übrigen die christlichen Wurzeln der Kultur sehr stark, wie wir aus der gesamten angelsächsischen Dichtung ersehen können. Zu diesem sich fortsetzenden Idealismus gesellt sich in der mittelenglischen Zeit der Idealismus im Bereich des Themas der geistlichen und weltlichen Liebe, der an die edlen Seelenregungen des Menschen appelliert. Schließlich trat mit der Neubewertung der Philosophie des Plato und des Aristoteles in der Renaissance auch in England eine Potenzierung dieser idealistischen Strömungen des heimischen Kulturerbes ein. Edles Denken und Fühlen, die innere Bewegtheit – besonders betont etwa in Sir Philip Sidneys *Defense of Poesie* (1579–80) – werden darüber hinaus Kennzeichen des Bildungsideals in den Vorstellungen vom *gentleman*.

Der Bau des Sonetts bei Petrarca ist zweiteilig. Er besteht aus einem Anversteil von acht Zeilen, dem Oktett (*octave*), mit eigener Reimstruktur und Melodie (*a b b a a b b a*) und dem Abvers mit sechs Zeilen, dem Sextett (*sestet*), mit ebenfalls eigener Reimstruktur und Melodie (*c d e c d e*). Der formalen Unterschiedlichkeit beider Bauteile entspricht die inhaltliche: Das Oktett beschreibt den Sachverhalt, enthält die Basis oder die These, das Thema (*statement*); mit Beginn der 9. Verszeile setzt die gedankliche Verarbeitung des Themas, der dichterische ›Sprung‹ nach der deutschen Terminologie, nach der englischen die *resolution* (die Lösung, die Standortbezeichnung des Dichters) ein. Diese Gedankenbewegung übernehmen die englischen Sonettdichter der Frühzeit bis etwa 1550/60, beginnen dann jedoch zusehends, die Struktur des petrarkischen Sonetts zu erweitern. Indem sie eine Gliederung in drei vierzeilige Einheiten mit markantem, bei Petrarca auch schon angedeutetem abschließendem Gedanken in einem gereimten Zweizeiler (*couplet*) setzen, unterwandern sie die geistige Spannung des Sonetts zwar nicht, erhöhen jedoch die Länge des Oktetts, des *statement*-Teils, und verbinden ihn mit der *resolution*. Es entsteht somit größere Freiheit, größere Flexibilität, größere Reimfülle, auch größere Spannung widerstreitender Aussageelemente, denn der Spannungsbogen von Oktett zum Sextett im petrarkischen System bleibt weiterhin bezeichnet und tritt in Wettstreit zu der neuen Ausrichtung. Dieser Aufbau, in der Forschung gern als Typus des speziell englischen Sonetts bezeichnet, erlaubt eine prägnante, z. T. überraschende, oftmals auch paradoxe Schlusssetzung im Couplet, die dem gesamten Gedicht einen oft epigrammatischen Abschluss verleiht.

Die Begeisterung über das Sonett in der englischen Lyrik der Renaissance – alle führenden Literaten der Zeit dichteten in dieser Kunstform – erklärt sich nicht nur aus dem gedanklichen Idealismus oder der formalen Perfektion des petrarkischen Modells. Sie resultiert auch aus der Tatsache, dass seit der mittelenglischen Liebeslyrik dem kulturellen ›Langzeitgedächtnis‹ der Engländer Diktion, Metaphorik und in gewisser Weise sogar auch die strophische Gliederung des Sonetts vertraut waren: Die ganze Palette der Liebessehnsucht, die Paradoxa der Liebespsychologie, ja sogar das Goutieren der unglücklichen Sensibilitätslage waren somit nicht völlig neu, andererseits jedoch in überraschender, neu begeisternder Form präsentiert. Die Metaphorik des damit im Sonett kulminierenden Petrarkismus der englischen Lyrik, die bis zu Shakespeare als Sonettdichter reicht, kündet von Hitze und Kälte, Sommer und Winter der Gefühle, von Gesundheit und Krankheit der Seele je nach Gunstlage der Geliebten, von Kampf und Sieg, von Krieg und Frieden, von Tag und Nacht, in

Syntax von parataktischer Gegenüberstellung unverbundener Gedankenblöcke, vom Paradoxon, und reicht von der Hypotaxe zur gleichsam impressionistischen Setzung.

In Bezug auf die widerstreitenden Gefühle der Liebessehnsucht übersetzt Sir Thomas Wyatt (1503–1542) das Sonett 15 aus Petrarcas *In Vita*:

I find no peace and all my war is done;
I fear and hope, I burn and freeze like ice;
I fly above the wind, and yet can I not arise, (Z. 1–3)

und endet das Gedicht in dem Couplet

Likewise displeaseth me both death and life,
And my delight is causer of this strife.

Ähnlich antithetisch gebaut ist das Sonett »Alas, so all thing now do hold their peace« des Henry Earl of Surrey (1517–1547), dessen Tenor sehr an analoge Gedichte der provenzalischen, aber auch der mittelenglischen Liebeslyrik erinnert.

Es ist bemerkenswert, dass das Sonett der englischen Renaissance auch die Sensibilität, die von der Betrachtung der Natur ausgeht, thematisiert, getreu ebenfalls wieder dessen Modell Petrarca (etwa in seiner Beschreibung des Besteigens eines Berges).

In einer übersetzerischen Nachempfindung der *Aeneis* des Vergil (IV,522–528), einer Stelle, wo der Klassiker die Stille der Nacht und die Unruhe der Dido beschreibt, bevor sie Aeneas verlässt, beginnt Surrey sein Sonett folgendermaßen:

It was then night: the sound and quiet sleep
Had through the earth the wearied bodies caught;
The woods, the raging seas were fallen to rest;

Das Gedicht endet so:

> Her cares redouble; love doth rise and rage again,
> And overflows with swelling storms of wrath.

Shakespeare thematisiert im Sonett 18 die Natur und die wechselnden Jahreszeiten und setzt sie zu der Geliebten in Beziehung:

> Shall I compare thee to a summer's day?
> Thou art more lovely and more temperate:
> Rough winds do shake the darling buds of May,
> And summer's lease hath all too short a date: (Z. 1–4)

Das Sextett beginnt mit »But thy eternal summer shall not fade« und endet in dem *couplet*:

> So long as men can breathe or eyes can see,
> So long lives this, and this gives life to thee.

Einige Dichter loten das Thema der Liebe auch in einer ganzen Reihe von Sonetten, sog. Sonettketten (*sonnet sequences*) aus. Dies ist der Fall bei Shakespeare selbst, der in seinen 154 Sonetten sich auch an den Freund wendet, oder in Spensers *Amoretti*, 88 Sonetten, in denen er seine Werbung um seine spätere Frau besingt.

Die hier spürbare Gefühlsintensität darf jedoch nur mit großer Vorsicht als individuelle Empfindungsfähigkeit des Dichters und akutes Seelenbild interpretiert werden, denn die Sonettschreiber (*sonneteers*) komponieren in ihren Sonetten weitgehend Rollengedichte, projizieren also die Liebespsychologie in einer bestimmten Stillage, dem hohen Stil (*high style*), dem Geschmacksideal der Zeit. Sie loten die Liebespsychologie gleichsam imaginativ aus und sehen ihre Arbeit in gewisser Weise auch als Metier, nicht primär als Ausdruck personalen Gefühls in einer Art nach-romantischem Wortverständnis. Dessen ungeachtet tritt uns natürlich in den Sonetten von Sir Thomas Wyatt, Henry Surrey, Sir Philip Sidney (1554–1586), Edmund Spenser (1552–1599) und William Shakespeare (1564–1616), um nur die prominentesten von ihnen zu nennen, eine Empfindungsintensität entgegen, die auch auf die Zeitgenossen nicht ohne Wirkung geblieben sein kann und einen objektivierbaren Sensibilitätskult erzeugte, damit also auch pädagogisch gesehen an die edelsten Regungen der Zeitgenossen appellierte oder diese entwickeln half.

Das Versepos: Edmund Spenser, *The Faerie Queene*

Das große unvollendet gebliebene Versepos der englischen Renaissance ist *The Faerie Queene* (»Die Feenkönigin«), dessen erste sechs Bücher Edmund Spenser in der Zeit von 1590 bis 1596 veröffentlichte. In dem Einführungsbrief zum besseren Verständnis des Werkes sagte der Verfasser, er habe die zwölf aristotelischen Tugenden darstellen wollen. Die höchste Tugend der *Magnificence* (womit Großmut und höfischer Edelmut gemeint sind) stellt König Artus dar. Die mittelalterliche Welt der Tafelrunde bietet aber nur die »historical fiction«, den geistes- und kulturgeschichtlichen Rahmen, in dem ein vager, unbestimmter eher märchenhafter und feenhaft konzipierter Artus mit dem Begriff des Ruhmes (*glory*) und schließlich auf allegorisch-politischer Bedeutungsebene mit *Gloriana*, letztlich Elisabeth I. und gleichzeitig der Feenkönigin, verschmilzt. Ziel dieser »continued allegory, or dark conceit«, wie Spenser das Werk nennt, ist es, den Lobpreis der Königin zu bekräftigen, darüber hinaus aber »to fashion a gentleman or noble person in vertuous and gentle discipline«. *The Faerie Queene* erfüllt in ihrem zeitlichen Rahmen vier Funktionen: Sie thematisiert in fiktionaler Handlung ein ideales Menschenbild, sie bindet den politisch-religiösen Zeitrahmen in allegorischer Weise ein, sie spricht die existentiellen Fragen des Menschen, Gut und Böse, Wahr und Falsch, Licht und Dunkel, an, und schließlich kleidet sie all dies in einen imaginativ überzeugenden und romantisch hintergründigen Kunstrahmen, der weit über das bloße Übertragungsverfahren der Allegorie hinauswächst. Zu allen Zeiten haben englische Dichter diese Kunstsinnigkeit Spensers geschätzt.

Vor der Folie der zwölftägigen Hofhaltung Glorianas reitet der Held des ersten Tages und des ersten Buches, der Ritter mit dem roten Kreuz, unvermittelt in das Geschehen. Das rote Kreuz auf seinem Gewand weist ihn als St. Georg, die Verkörperung Englands, bis heute in der Staatsfahne sichtbar, aber auch als anglikanische Kirche und Frömmigkeit, das Kreuz Christi, aus. Sein Einsatz ist sogleich gefordert, denn die Jungfrau Una (gemeint ist die eine wahre Kirche, nämlich der Protestantismus) wird samt ihren Eltern vom Drachen der Sünde bedroht. Der Ritter und Una treffen auf dem Weg in Unas Land den Zauberer Archimago, der eine Trennung von Una herbeiführt und zu der Begegnung des Ritters mit Duessa, die Falschheit, zugleich die katholische Kirche und Mary Tudor (Königin 1553–1558) sowie Maria Stuart (1542–1587), überleitet. Una befreit den Red Cross Knight aus den Fängen Duessas. Er läutert sich in vielfacher Weise, überwindet *Foul Error* (Irrtum), *Orgoglio* (geistigen Hochmut) und andere Hindernisse. Er erfährt somit eine innere Entwicklung. Der Höhepunkt des ersten Buches ist schließlich der packend geschilderte Kampf mit dem Drachen. In diesem gelingt es dem Ritter, das Untier mit einem verzauberten Schild zu blenden und ihm dann den Kopf abzuschlagen. Die Drachenbrut trinkt von dem giftigen Blut und verendet an ihm qualvoll. Die Krönung dieser Entwicklungen ist die Heirat mit Una, die eine Vereinigung beider Protagonisten auf allen allegorischen Bedeutungsebenen darstellt.

Das zweite Buch berichtet von den Abenteuern Sir Guyons, des Ritters der Mäßigung (*Temperance*), der mit Pyrochles (der Wut) und Chymochles (der Gier) in den Höhlen Mammons sowie im Haus der Enthaltsamkeit kämpft und der Lady of the Idle Lake widersteht. Er siegt gegen Acrasia (die Unmäßigkeit, die Völlerei) und in der *Bower of Bliss* (Gemach der Wollust). In Sir Guyon thematisiert Spenser weniger die Askese als vielmehr das Maßhalten, die Selbstbeherrschung, die Urteilskraft und den rechten Vernunftgebrauch. Es ist kein Zufall, dass eine Chronik der britischen Könige von dem legendären Brutus bis zu Elisabeth I. diesen Teil des Epos abschließt, denn die genannten Eigenschaften sind für die Könige Englands vorbildlich.

Buch III thematisiert die Geschichte der Keuschheit (*chastity*), die an der Figur einer Frau, der britischen Königstochter Britomart, dargestellt wird, in der es nicht um die Absage an die Welt, sondern um tugendhafte Liebe geht. Auch die Figur der Belphoebe verkörpert auf ihre Weise die Keuschheit. Britomart sucht in mehreren Abenteuern nach Artegall, dem Ritter der Gerechtigkeit, seitdem sie sein Bild in einem Zauberspiegel erblickt und sich in ihn verliebt hat. Die Parallelen zur jungfräulichen, »keuschen« Königin Elisabeth sind gewollt.

Der Inhalt des IV. Buches ist die märchenhafte, von Chaucer her bekannte Geschichte Triamonds, des Ritters der Freundschaft, der mit Cambell zunächst der schönen Canacee wegen kämpft, mit diesem aber sodann ewige Freundschaft schließt.

Buch V benutzt die Abenteuer Artegalls, um auf allegorische Weise auf verschiedene historische Ereignisse der Regierungszeit Elisabeths hinzuweisen: so z. B. die Niederlage der Spanier in Holland, die Hinrichtung Maria Stuarts, die Verwaltung Irlands durch den in Buch II bereits eingeführten Lord Grey de Wilton.

In Buch VI exemplifiziert Sir Calidores höfisches Wesen (*courtesy*), eine der zentralen gesellschaftlichen Tugenden des mittelalterlichen Ritters, die weit wichtiger als gesellschaftliches Wohlverhalten ist. Vor dem Hintergrund eines pastoralen Rahmens verfolgt der Ritter das *Blatant Beast*, die Personifizierung der Verleumdung, und legt es in Ketten. Aber das Untier kann sich noch vor dem Ende des Buches wieder befreien.

Zwei Cantos des unvollendeten Buches VII, das der Tugend der Beständigkeit (*constancy*) gewidmet worden sein dürfte, legen nahe, dass die Unbeständigkeit nicht das Böse schlechthin sei, sondern auch Schönheit und Lebendigkeit besitze. Der Wechsel drückt vielmehr auf seine Art die Dauer aus, wie dies auf charmante Weise aus der Beschreibung der Jahreszeiten und der Monate im Jahreskreis hervorgeht, die das Fragment abschließt.

In *The Faerie Queene* liegt eine besondere Strophenform vor, in der sich die Chaucer-Strophe mit der italienischen *ottava rima* zu einer neunzeiligen Einheit verbindet, deren letzter Vers ein Alexandriner ist. Das Reimschema *a b a b b c b c c* erlaubt es, den Gedanken in einen vierzeiligen Anvers und einen davon unterschiedenen vierzeiligen Abvers zu gliedern. Der folgende Alexandriner schließt den Gedanken prägnant ab und verleiht ihm aufgrund seiner Länge Schlusskraft und Finalität. Diese Eigenschaften der Spenser-Strophe haben zu zahlreichen Nachahmungen in der Geschichte der Lyrik geführt, wie überhaupt Spensers Nachruhm im 17. und 18. Jahrhundert weit ausstrahlte.

Die Lyrik des Frühbarock: die »metaphysische« Dichtung

Der Lyrismus der Zeit – der im Euphuismus (s. S. 506) im Übrigen auch auf die Erzählprosa übergreift – kommt um die Wende zum 17. Jahrhundert hin allmählich aus der Mode. Der beginnende Frühbarock, in England durch die politischen Verhältnisse und Wirren des Bürgerkriegs, die Enthauptung des Königs 1649 und sodann die puritanische Herrschaft Cromwells bis 1660 im Vergleich zum Kontinent sehr gebrochen, stellt essentielle Fragen und findet den petrarkisch-platonischen Idealismus zusehends als nicht mehr mir dem konkret erfahrbaren Leben vereinbar. Seine glatte, gefällige, auf Harmonie abgestellte Diktion wird als hohl und sogar auch heuchlerisch empfunden. Der *ornatus* der hohen Stillage, z. T. manieristisch überhöht, wird suspekt. So geschieht es, dass an Stelle all dessen insbesondere in der Lyrik von JOHN DONNE (1572–1631), in seinen *Songs and Sonnets* (erst 1633 gesammelt veröffentlicht), das Kolloquiale, die lebendige Sprechsituation, die unharmonische Versgestaltung und Rhythmik, auch konkrete zeitgenössische Anspielungen, in der Lyrik stärker zum Zuge kommen.

In »The Sun Rising« eröffnet er z. B. das alte Liebesmotiv des Morgenliedes, das die Situation des Abschieds bei Sonnenaufgang in ganz anderer Weise thematisiert, als dies Shakespeare in *Romeo and Juliet* in petrarkischem Stil getan hat, völlig anti-petrarkisch:

> Busie old foole, unruly Sunne,
> Why dost thou thus,
> Through windowes, and through curtaines call on us?
> Must to thy motions lovers seasons run?
> Sawcy pedantique wretch, goe chide
> Late schoole boyes, and sowre prentices (Z. 1–6)

Das Gedicht »Song« eröffnet folgendermaßen:

> Goe, and catche a falling starre,
> Get with child a mandrake roote, …

Im Sinne des Barock (aus dem portugiesischen Wort *barocco*, die Perle mit unregelmäßigen, gegenüber dem Kreis in die Ellipse verschobenen Proportionen) fügt Donne ganz unterschiedliche, z. T. weit von einander entfernte und entlegene Wirklichkeitsbereiche ineinander und bindet sie in eine facettenreiche, gleichsam dynamische Aussage. Wenn er wie in »The Canonization« (»Die Heiligsprechung«) den körperlichen Akt der Liebe als Heiligsprechung der Liebenden bezeichnet, so hat er in der Sakralisierung selbst noch des Erotischen dem Liebesakt eine ausgesprochene, freilich nicht überall akzeptable, geistige Potenzierung verliehen. Sie ist, ausgehend von der geistigen Liebe, die in sinnlicher Diktion Sprache findet, bei den spanischen Mystikern Johann vom Kreuz und Teresa von Avila in vergleichbarer Weise präsent. In dieser Ineinsfügung des sich gegenseitig Ausschließenden liegt Donnes kühne *concetto*-Technik begründet (ital. *concetto*, aus lat. *conceptus* ›Begriff, geistiges Konzept‹, engl. *conceit*). Ein vergleichbarer Sachverhalt liegt vor, wenn Donne in Elegie XIX »Going to Bed« den nackten Körper der Geliebten, über den seine Finger streichen, mit der Bildersprache der Entdeckung und der kolonialen Eroberung der Zeit belegt (Donne war selbst einer der Aktionäre der East India Company, die letztlich zu Eroberungszwecken gegründet wurde):

> Licence my roaving hands, and let them go,
> Before, behind, between, above, below.
> O my America! My new-found-land,
> My kingdome, safeliest when with one man man'd,
>
> (Z. 25–28)

In »The Sun Rising« ist von der Geliebten und dem Bett, das die Liebenden angesichts der aufgehenden Sonne verlassen müssen, so die Rede:

> Looke, and to morrow late, tell mee,
> Whether both the' India's of spice and Myne
> Be where thou leftst them, or lie here with mee.
>
> (Z. 16–18)

In »A Valediction: Forebidding Mourning« fasst er als *conceit* das Abschiednehmen der Liebenden, das kein Weggehen voneinander ist, in dem geometrischen Bild des Zirkels, dessen Schenkel zwar bei der Kreisbewegung voneinander weggehen, aber durch ihre Aufhängung in der Schraube beieinander bleiben und schließlich auch wieder zueinander geschlagen werden. Er spart dabei im Vokabular nicht mit sinnlich-erotischen Anspielungen, führt jedoch auch das Bild des zu einem feinen Blatt geschlagenen Goldklumpens ein:

Our two soules therefore, which are one,
  Though I must goe, endure not yet
A breach, but an expansion,
  Like gold to ayery thinnesse beate. (Z. 21–24)

If they be two, they are two so
  As stiffe twin compasses are two,
Thy soule the fixt foot, makes no show
  To move, but doth, if the'other doe.

And though it in the center sit,
  Yet when the other far doth rome,
It leanes, and harkens after it,
  And growes erect, as that comes home.
(Z. 25–32)

Die geistige Grundlage dieser Bildtechnik ist die Analogie, die Entsprechung und Verbundenheit aller Dinge, wie immer unterschiedlich die Bereiche sein mögen, aus denen sie stammen. Donne und eine ganze Reihe von Dichtern seiner Zeit wie etwa George Herbert (1593–1633), Henry Vaughan (1621–1695) und der stärker geistlich und im Sinne des Katholizismus schaffende Konvertit Richard Crashaw (um 1612–1649), Thomas Traherne (um 1636–1674), der frühe Andrew Marvell (1621–1678), teilten diese Überzeugung. Man hat sie *the metaphysical poets* genannt. Warum? Weil sie, wie John Dryden schon 1693 richtig bemerkte, die Metaphysiker, d. h. die mittelalterlichen Scholastiker, imitieren (he »affects the metaphysics«). Den Terminus *metaphysical poets* selbst führt Dr. Johnson 1779 in die Literaturdiskussion ein. Für diese Dichter und das mittelalterliche Weltbild generell galt die Analogie, die Entsprechung (*correspondencie* nach Donne) aller Dinge und die Verbindung untereinander und letztlich auch zu Gott. Bei dieser Überzeugung erhellen Eigenschaften einer Sache Aspekte des Wesens einer anderen Sache, die man an ihr nicht vermutet hätte. Und in der Tat hebt Donnes *concetto*-Technik, die Bildersprache, die man auch *the metaphysical conceit* genannt hat, Eigenschaften der Liebe und des Liebesvollzugs ins Bewusstsein, die bis dahin kein Dichter so intensiv und doch auch zeitgemäß konkret benannt hatte: Die Analogie ist damit nicht nur dichterischer *ornatus* oder poetisches Spiel, sondern Wesensbestimmung mit eminent geistiger Potenz.

In einem Zeitalter wie etwa dem 18. Jahrhundert, das die Renaissance denkerisch fortsetzt, sind natürlich das in dieser Technik oftmals erzeugte Paradoxon und die schiere Unvereinbarkeit der zusammengeballten Bereiche problematisch, zumindest ästhetisch gesehen. Andererseits ist die erzielte Bezeichnungsleistung frappant, so dass man Dr. Johnsons abwägendes, wenn auch im Grunde ihn befremdendes, aber dennoch sachgerechtes Urteil als berechtigt akzeptieren kann. Bei Donnes *concetti* handle es sich nämlich um »a kind of *discordia concors*, a combination of dissimilar images, or discovery of occult resemblances in things apparently unlike«. Damit ist die klassizistische Geschmacksrichtung aller Zeiten bezeichnet.

Warum aber dichtet Donne in einer an der Antike selbstverständlich weiterhin orientierten Zeit nach der Renaissance in einer Weise, die ihn mit dem mittelalterlichen Denken in Verbindung bringt, wie Dryden ihm stellvertretend für viele andere vorhält? Antwort: Er ist der Meinung, dass das mit der Renaissance im Zusammenwirken mit einer Neudefinition der Naturwissenschaften entstandene Weltbild der vertikalen Differenziertheit und der Unterschiedenheit aller Dinge in einer Linie von unten nach oben die alte Ordnung von der gleichsam horizontalen Verbundenheit aller Dinge im Denken außer Kraft setzt und damit die Vorstellung eines komplexen Beziehungsgeflechts aller Dinge geopfert wird. Donne sieht alles dies verbunden mit dem Übergang von dem geozentrischen zum heliozentrischen Weltbild, das die alte Ordnung der Dinge, durch Jahrhunderte im Denken entwickelt und gefestigt, auch durch Philosophie und Theologie, preisgibt. In »An Anatomie of the World. The First Anniversary« klagt er daher:

> And new Philosophy calls all in doubt,
> The Element of fire is quite put out;
> The Sun is lost, and th' earth, and no mans wit
> Can well direct him where to looke for it.
> And freely men confesse that this world's spent,
> When in the Planets, and the Firmament
> They seeke so many new; they see that this
> Is crumbled out againe to his Atomies.
> 'Tis all in peeces, all cohaerence gone;
> All just supply, and all Relation: (Z. 205–214)

Von dem Gedanken der Analogie ist auch Donnes berühmte 17. Meditation durchdrungen, der die Idee der Korrespondenz im Bereich der Menschen vorträgt:

> No man is an island, entire of itself; every man is a piece of the continent, a part of the main … Any man's death diminishes me, because I am involved in mankind; and therefore never send to know for whom the bell tolls; it tolls for thee.

Auch in den geistlichen Sonetten, den *Holy Sonnets*, argumentiert Donne durch das *metaphysical conceit*, wie in den beiden berühmten Gedichten »Death be not proud« und »Batter my heart, three person'd God«, wo das Paradoxon am Ende des Gedichts lautet:

Take mee to you, imprison mee, for I
Except you enthrall mee, never shall be free,
Nor ever chast, except you ravish mee.

Wir werfen abschließend einen Blick auf Donnes Epigramme, in denen er ausgesprochene Hochleistung der Gattung, insbesondere im Couplet, vorlegt. Auch hier regieren Paradoxa, mehrdeutiger Sinn und scharfsinnig pointierte Geistigkeit:

Hero and Leander

Both rob'd of aire, we both lye in one ground,
Both whom one fire had burnt, one water drownd.

Pyramus and Thisbe

Two, by themselves, each other, love and feare
Slaine, cruell friends, by parting have joyn'd here.

Niobe

By childrens births, and deaths, I am become
So dry, that I am now mine owne sad tombe.

In dem Gegenüber von Titel, hier auf gleichsam mythische Erzählgestalten und ihr Schicksal bezogen, und Text ähneln diese Gedichte der in der Zeit sehr beliebten Emblemdichtung. In dieser ist der Gedichttext auf eine dem Gedicht vorangestellte bildliche Darstellung, oft ein Holzschnitt, bezogen und interpretiert das Bild. Ein beliebtes Thema der Gattung sind die vier Temperamente der klassischen Typologie des Menschen. Ein Meister dieser Kunst in der Donne-Zeit ist FRANCIS QUARLES (1592–1644), der *Emblemes* (1635) in fünf Büchern veröffentlichte. Es handelt sich bei dieser Gattung um einen der Vorläufer der Bildgeschichten, wie sie dann im 18. Jahrhundert der Maler und Kupferstecher William Hogarth (1697–1764) in *The Harlot's Progress* (1732), *The Rake's Progress* (1733–35) oder *Marriage à la Mode* (1743–45) schuf. Diese Bildgeschichten sind ihrerseits nun sozusagen der Vorläufer der heute so beliebten *Comics*.

Wir wenden uns nun weiteren Dichtern der *metaphysicals* des 17. Jahrhunderts zu. GEORGE HERBERTS Lyrik ist dem Ringen der Seele mit Gott gewidmet und auch von seiner pastoralen Tätigkeit als anglikanischer Geistlicher geprägt. Seine geistreiche und scharfsinnige Argumentation sowie die Kunst der Andeutung sind von Donne angeregt, jedoch sind seine Verse gefälliger und musikalischer. Einige seiner Gedichte nähern sich einfacher, geradezu idyllischer und entfernt vorromantischer Naturlyrik. Sein großes Thema ist die existentielle Gottbezogenheit des Menschen, wie er in »The Pulley« (»Der Flaschenzug«) oder auch in »The Collar« (»Der Kragen [des Geistlichen]«) ausführt. Grundsituationen der *conditio humana* werden thematisiert, so in »The Pilgrimage«, »Redemption«, »Man«, »Affliction«. Seine Vorliebe für barocke Emblematik führt ihn dazu, auch in der Anordnung der Verszeilen eines Gedichts ein Bild zu formen. Die Forschung hat diese Art von Gedichten, die im Grundsatz erst im 19. und 20. Jahrhundert in nennenswerter Zahl auftritt, »shaped verses« oder »pattern poetry«, speziell geformte Verse, genannt. Herberts Gedicht »The Altar« hat die Form einer dorischen Säule, »Easter Wings« erzeugt das abstrakte optische Bild zweier fliegender Vögel.

Der spanisch-katholischen Barocklyrik ist Richard Crashaw verpflichtet. Zwar ist in dem Titel des Gedichtbandes *Steps to the Temple* die Verbindung zu der postum veröffentlichten Gedichtsammlung Herberts *The Temple* angedeutet, aber die *concetti* Crashaws sind stärker der Sinnlichkeit des Katholizismus der Gegenreformation und der auch erotisch argumentierenden Mystik des spanischen Barock verwandt. Er ist an der Darstellung religiöser Ekstase interessiert, so z. B. in den hymnischen Gedichten, in denen er die Glaubenstiefe der heiligen Teresa von Avila dem Leser in paradoxen Formulierungen nahezubringen sucht.

Schließlich ist darauf hinzuweisen, dass der metaphysische Stil des englischen Frühbarock auch in der Lyrik der amerikanischen Kolonien unübersehbare Spuren hinterlassen hat, wie dies etwa im Werk von Anne Bradstreet (1612–1672) oder Edward Taylor (um 1644–1729), der sich Herbert und Crashaw, freilich in puritanischer Einfärbung, verpflichtet fühlt, der Fall ist. Die geschilderte Inspiration blieb wesentlicher Bestandteil der kolonialen Barockliteratur bis über das Ende des Jahrhunderts hinaus, als die klassizistischen Ideale des literarischen Geschmacks allmählich mit Verzögerung (der bekannte *colonial lag*) Platz griffen.

Nachzutragen ist ferner, dass die Gedichte der *metaphysicals*, lange Zeit in Vergessenheit geraten, im Zuge des *New Criticism* des frühen 20. Jahrhunderts, der sich nach einer längeren Periode idealistischer Literaturbetrachtung der formalen Kunstfertigkeit und der Struktur zuwandte, neu entdeckt und neu geschätzt wurden. Hierbei trat insbesondere auch T. S. Eliot (1888–1965) zusammen mit dem Literaturwissenschaftler Herbert Grierson (1866–1960) hervor.

Das christliche Epos: John Milton, *Paradise Lost*

John Milton (1608–1674) wird von manchen Forschern als der letzte große Dichter der englischen Renaissance bezeichnet, die die englische Kritik unter Missachtung des Frühbarock öfter bis zum Jahr 1660 heraufführt, als mit der Rückkehr der Stuarts aus dem französischen Exil der literarische Klassizismus im engeren Wortverständnis einsetzt. Die Würdigung John Miltons als Renaissance-Dichter puritanischer Prägung und auch als Klassizist trifft insofern zu, als er antikes Gedankengut und christliche Heilslehre miteinander in Einklang bringt und den barocken Stil, die biblische Tradition und Bildersprache sowie die antike Epentradition und die klassische Rhetorik in eine große Synthese fasst. Das Ergebnis dieser Inspiration ist das christliche Epos *Paradise Lost* (1667), das im Grundsatz auf europäischen Renaissance-Vorbildern fußt, wie etwa Guillaume Du Bartas' (1544–1590) Schöpfungsepos *La semaine* (1578, 1608 übersetzt), und nach Edmund Spensers *The Faerie Queene* (1598) und lange vor James Joyce' *Ulysses* (1922) das letzte Epos in englischer Sprache ist, in dem eine gesamte Weltsicht künstlerisch integriert wird.

Paradise Lost thematisiert nach antikem Vorbild in zwölf Büchern das Phänomen des Sündenfalls Luzifers und des Menschen sowie der Fürsorge Gottes für den sündigen Menschen. Milton entwirft in ihm Szenen, Geschehnisse und Handlungsräume von großer visueller Bildkraft und fesselt die Imagination durch kühne Entwürfe, weit gefasste Dimensionen, kosmische Konfrontationen und die souveräne Polarisation von Himmel und Erde.

Auch in seinem Menschenbild verbindet Milton Extreme und sucht den Ausgleich. Als Puritaner vertritt er zwar eine Art fundamentalistischen Standpunkt, er spricht sich jedoch für die freie Entscheidungsmöglichkeit des

Menschen und damit gegen die Prädestinationslehre Calvins aus. Nach Milton ist die Vernunft des Menschen im Grundsatz in der Lage, die Entwicklung zum Guten in allen Bereichen zu verwirklichen, und dies trotz des Sündenfalls. Entscheidend für diesen Optimismus sind das richtige Verständnis und der richtige Gebrauch der Vernunft (»right reason«). Aus theologischer Sicht sind das Vorwissen und die Fürsorge Gottes für den gefallenen Menschen auch gerade in der Person Christi (»till one greater Man / Restore us«, Z. 4 f.) die großen Hoffnungsträger. Ziel Miltons ist es, in dem großen Geschehen des Epos die »Eternal Providence« Gottes zu erweisen und Gottes Wege dem Menschen gegenüber zu rechtfertigen (Z. 24 f.). Im Bewusstsein der Gnade Gottes und im Vertrauen auf die dereinstige Erlösung verlassen deshalb Adam und Eva nach dem Sündenfall relativ gefasst das Paradies.

Das große christliche Epos ist kunstvoll in Stil und in der Handlungsführung gestaltet, was angesichts des allseits bekannten Stoffes der zentrale Ausweis imaginativer Schaffenskraft sein musste. Das Werk geht nach antikem Vorbild in Buch I *medias in res*: Satan und die gefallenen Engel liegen nach ihrem Sturz aus dem Himmel entmutigt auf dem brennenden See der Hölle. Die Hölle wird in großartigen Bildern entworfen: sie ist zugleich licht und dunkel, »darkness invisible« und Flammenmeer ohne Helligkeit (Z. 62 f.). Satan ist trotz aller Niedergeschlagenheit voll heroischer Energie, entfacht seine Gefolgschaft zu neuer Tatkraft, beruft einen großen Rat ein und lässt in einem Zug Pandämonium, seinen Palast, aus der Tiefe erstehen. Buch II führt in den großen Rat ein, der einer großen Staatsszene gleicht. Man beschließt, nicht erneut den Himmel anzugreifen, sondern eine neu von Gott geschaffene Welt mit bisher unbekannten Geschöpfen, den Menschen, auszukundschaften und diese Schöpfung aus Rache zu schädigen. Satan begibt sich auf die Reise zu dieser

Welt, unter Führung von Chaos, vorbei am Höllentor und dem Abgrund zwischen Himmel und Hölle. In Buch III erfolgt ein Szenenwechsel, der zugleich Parallele ist: Gott, der Licht ist, hält Rat im Himmel und sagt die Verderbnis des Menschen durch Satan voraus. Der Sohn Gottes, Satans großer Gegenspieler, bietet sich als Erlöser der Menschheit Gottvater an. Nach dieser Vorwegnahme des Geschehens kommt Satan auf der Erde an. In Buch IV betritt er den Garten Eden und belauscht die ersten Menschen, wodurch er das Verbot erfährt, von dem Baum der Erkenntnis zu essen. Er beschließt, die Menschen zu versuchen, wird jedoch entdeckt und muss vor den guten Engeln des Paradieses fliehen. In Buch V hat Satan im Schlaf Eva aufrührerische Gedanken eingegeben, die diese Adam erzählt. Adam beruhigt sie und erfährt vom Erzengel Raphael im Nachtrag die Rebellion der bösen Engel gegen den Messias sowie den Sündenfall. Buch VI setzt die Erzählung Raphaels fort: Die Erzengel Michael und Gabriel haben zunächst unentschieden gegen Satan gekämpft, bis Gottes Sohn selbst die Rebellen durch das Chaos in die Tiefe geschleudert habe.

Buch VII berichtet von der Schaffung der neuen Welt und des Menschen.

In Buch VIII erzählt Raphael, was Adam seit seiner Schöpfung selbst in Erinnerung behalten hat, und äußert insbesondere seinen Wunsch nach einer rational gesinnten Gefährtin, die ihm Gott in der Gestalt Evas schafft. Raphael schließt mit der Aufforderung zu vernunftgemäßem ehelichem Umgang und der Warnung vor der Sünde. Nach langer Unterbrechung nimmt das Geschehen in Buch IX die aus dem Buch Genesis bekannte Handlung wieder auf: Satan betritt in Gestalt einer Schlange das Paradies und bringt Eva durch raffinierte Rhetorik, die sie überfordert, zum Verzehr des Apfels. Adam erkennt, dass Eva verdammt ist, und entschließt sich, aus ungerechtfertigter Kameradschaft und falschem Heroismus – so Miltons Urteil – ihr Schicksal zu teilen. Zunächst berauscht sie der Verlust der Unschuld, bald aber klagen sie sich gegenseitig des Verderbnisses an. Im Buch X sendet Gott seinen Sohn zu den Sündern, die ihr Vergehen bereuen. Als Folge des Sündenfalls wandeln sich Mensch und Natur; Sünde und Tod, aus der Hölle aufgestiegen, etablieren sich auf der Erde. Satan aber, der seinen Sieg in der Hölle verkündet, wird mit seinem ganzen Gefolge für eine Zeit in eine Schlange verwandelt. Das Urteil über die sündigen Menschen folgt in Buch XI. Adam und Eva werden auf Bitten des Sohnes Gottes, dem sie sich voll anvertrauen, nicht zum Tode, sondern zum Verlassen des Paradieses verurteilt. Den Abschluss dieses Buches bildet der Bericht des Erzengels Michael, der vorausdeutend die weiteren Geschehnisse nach dem Buch Genesis (so z. B. die Geschichte von Kain und Abel und die große Sintflut) bis zu einem neuen Bund mit Gott erzählt. Buch XII berichtet den Inhalt des Neuen Testaments, insbesondere die Erlösung des Menschen durch Christus. Dabei wird die *felix culpa*-Theologie verbalisiert, werden aber auch die Verirrungen der Kirche bis zur endgültigen Wiederkehr Christi nicht verschwiegen. Im Verlauf der letzten Bücher wird eine Verinnerlichung des Bewusstseins der ersten Menschen als Resultat der Sündhaftigkeit erkennbar. Der Verlust des Paradieses wird ihnen tröstlich, da sie in dem »Paradise within …, happier far« (XII, Z. 587), der Gnade Gottes, ein neues großes Gut besitzen. Der Erzengel führt sie aus dem Paradies und schwingt das Feuerschwert hinter ihnen. Die Menschen sind damit der Rettung fähig, die gefallenen Engel aufgrund ihres Stolzes und ihrer Reuelosigkeit nicht. Ist am Anfang des Epos Satan Sympathieträger als der epische Held, so übernimmt ab Buch V Adam diese Rolle immer mehr, obwohl er es durch seine Anfälligkeit für die Sünde an »right reason« fehlen lässt.

An dem Bild von der Gnade Gottes trotz der menschlichen Unzulänglichkeiten haben sich Generationen von englischen Lesern bis hinein in das 19. Jahrhundert innerlich aufgerichtet. Zu allen Zeiten waren die Dichter von der Sprach- und Bildkraft des Epos begeistert und haben insbesondere in der Frühromantik und sodann der Romantik selbst Milton gepriesen und nachgeahmt. Die vielseitige Gestalt Satans hat Anlass zu zahlreichen Kommentaren und Kontroversen gegeben, die um das Prinzip der Freiheit und der Rebellion, zwei große romantische Themen, kreisten. Der Gedanke, dass Geist und Seele die Materie des Körpers mit göttlicher Kraft zu durchdringen vermögen, hat besonders die neueste Zeit fasziniert. – Mit *Paradise Regained* (1671) schuf Milton eine Fortsetzung, die die dichterische Qualität von *Paradise Lost* jedoch nicht erreicht.

John Miltons Lyrik

Milton ist auch als Lyriker hervorgetreten. Er dichtet in englischer, italienischer und lateinischer Sprache; seine Lyrik ist der Heiligen Schrift verpflichtet, so z. B. die Weihnachtsode »On the Morning of Christ's Nativity« (1629), in der er bereits in den sehr weiten Räumen eines ganzen Weltbildes denkt. Es folgt ein Maskenspiel mit dem Titel *Comus, A Mark Presented at Ludlow Castle* (1634), dessen volkstümliche, märchenhaft-mythische Bestände er stark ästhetisiert. Mit »L'Allegro« und »Il Penseroso«, ein Zwillingskonzept, lotet er zwei gegensätzliche Mentalitäten dichterisch aus, die er als »Mirth« (Freude, Fröhlichkeit) und »Melancholy« bezeichnet. Hier ist er der mittelalterlichen *debate* und der Allegorie ebenso verpflichtet wie der antiken Temperamentenlehre. Stilisierung und dichterisches Feingefühl charakterisieren auch diese Werke. Das persönliche Empfinden, einem vorzeitigen Tod gegenüberzustehen, hebt Milton in den Bereich des Allgemeinen in der Elegie »Lycidas« (1638), die er in die Gewandung der Schäferdichtung kleidet, in der er pastoral idealisiert, die zeitgenössische kirchliche Situation aus seiner Sicht benennt und in dem Gedanken an die Unsterblichkeit und den himmlischen Ruhm Trost findet.

Im Sonett beschreitet Milton neue Wege, indem er diese Kunstform zum Ausdruck seines persönlichen Erlebens und zur weiteren Sinndeutung dieses Erlebens heranzieht. Dies ist der Fall in dem bekannten Gedicht »On his Blindness«: In ihm thematisiert er den Schmerz seiner Erblindung, die ihn zur Nutzlosigkeit zu verurteilen scheint (Oktett). Er findet jedoch Trost im christlichen Glauben (Sextett), indem er auch die erzwungene Untätigkeit als Dienst vor Gott empfindet. Er bezieht sich dabei auf das Gleichnis von den Talenten bei Matthäus 25. Das Sonett ist durch die zahlreichen *enjambements* (*run-on lines*) der Gedankenentwicklung sehr stark angepasst und kündet von großer Flexibilität in seiner ganz neuen Thematik. Es endet mit der Feststellung:

> [...] His state
> Is kingly. Thousands at his bidding speed
> And post o'er land and ocean without rest:
> They also serve who only stand and wait.

Dem eher privaten Anliegen dient auch das Sonett »Me Thought I Saw my Late Espoused Saint«, mit dem er sich an seine verstorbene Frau wendet. Auch in einer anderen Hinsicht eröffnet Milton Neuland: Er führt in das Sonett, einst nur Medium der Liebeslyrik, die politische Argumentation ein und erweitert damit seinen Bedeutungsrahmen wesentlich. Mit »To the Lord General Cromwell« (Milton war Cromwells Latin Secretary, die damalige Bezeichnung für den heutigen Außenminister) und »On the late Massacre in Piedmont«, in dem er über die Abschlachtung waldensischer Protestanten im Piemont-Gebiet nachsann, eröffnet Milton die Reihe der politischen Sonette.

Diese Tradition führt Wordsworth in der Romantik und unter dem Eindruck der befürchteten Landung Napoleons in Kent mit Gedichten wie »Vanguard of Liberty, ye men of Kent« fort.

Klassizismus

Als mit der Restauration des Jahres 1660 die Herrschaft der Puritaner zu Ende war, kam es auch in der englischen Lyrik zur Herausbildung eines eindeutig klassizistischen Geschmacksideals. Den Lyrikern dieser Zeit, angeführt von ihrem Hauptrepräsentanten JOHN DRYDEN (1631–1700), waren die *concetto*-Technik und das Paradoxon der *metaphysical poets* suspekt, die Argumentation der Liebe unfein und unkultiviert, die Versgestaltung gewagt, die Melodik unharmonisch und das zugrunde liegende Prinzip der Analogie längst nicht mehr zeitgemäß. Der hohe Stil der Dichtung wurde stärker rationalisiert, sollte der einfachen und klaren Diktion weichen, die die Direktheit der Gefühle mit Kunstsinn in natürlicher Gestaltung besser zum Ausdruck brachte. Die klassischen Formen der Antike nahmen mehr und mehr Modellcharakter an. Dryden schreibt Oden nach klassischem Vorbild, allerdings in der unregelmäßigen Pindarischen Form, die Abraham Cowley 1656 einführte und die in der weiteren poetischen Praxis des 18. und 19. Jahrhunderts, insbesondere in der Romantik, ein flexibles, aussagekräftiges Medium dichterischer Kunst des anspruchsvollen Stils wurde. Die Aura heroischer Theatralik bei gleichzeitig raffiniertem Zusammenspiel von Rhythmik, Klang- und Reimkunst weisen die Oden »A Song for St. Cecilia's Day« (1687) und »Alexander's Feast; or the Power of Music« (1697) auf. Nicht in erster Linie der Lyrik zuzurechnen sind Drydens Verssatiren, in denen er das *heroic couplet*, den Paarreim, souverän handhabt und sich als echter *restoration wit* und geistreicher Autor beweist, der mit Präzision, epigrammatischer Kürze und ausgesprochener Zielsicherheit nuancenreich zu dichten versteht. Unter seinen Händen wird das *couplet* (der iambische Paarreim) zu dem Instrument klassischer Dichtung, das dann Alexander Pope im 18. Jahrhundert zusammen mit anderen zur Vollendung führte.

Alexander Pope (1688–1744) fasst als relativ junger Mann 1711 die Prinzipien des klassizistischen Geschmacks seiner Vorgänger und seiner Zeit in seinem *Essay on Criticism* zusammen. Originell sind nicht so sehr die Prinzipien, die damals als Allgemeingut galten, als vielmehr deren Präsentation mit Geist, Eleganz und feinem Kunstsinn. Joseph Addison nennt dieses Werk im *Spectator*-Essay 253 ein Meisterwerk seiner Art und stellt es in eine Reihe mit den großen Poetiken der Vergangenheit, wobei er es insbesondere mit der *Ars Poetica* des Horaz vergleicht. Nach klassischem Vorbild ist für Pope die physische und die menschliche Natur der Gegenstand der Kunst. Die Kunst bereitet die Natur so auf, dass ihr ideeller Gehalt, die Gesetzmäßigkeit ihres Waltens und die Schönheit ihrer lebendigen Vollzüge offenbar werden. Sie hebt damit das Typische und Werthaltige in der Natur ganz absichtlich durch stilistische und inhaltliche Raffinesse ins Bewusstsein. Die Antike und ihre Kunstformen haben dabei Modellcharakter, weil in ihnen die Empfindungen unmittelbar und gleichsam intuitiv in Perfektion zum Ausdruck kommen. Diese zu imitieren im Sinne von Nachgestalten aus ihrem Geist ist Aufgabe der Kunst. Dabei geht es weniger um neuartige Sujets als vielmehr um stilistische Meisterschaft:

> True wit is Nature to advantage dressed,
> What oft was thought, but ne'er so well expressed;
> (Z. 297 f.)

Nachdem von Vergil und Aristoteles die Rede war, heißt es:

Learn hence for ancient rules a just esteem;
To copy Nature is to copy them. (Z. 139f.)

Die Möglichkeit dichterischer Originalität bei Imitation der klassischen Autoren ist dadurch gewährleistet, dass das Sublime, das wahrhaft Große und Beeindruckende, ohne Filtrierung durch die Vernunft, die Beachtung von Regeln und Modellen, den Menschen direkt anzurühren versteht:

From vulgar bounds with brave disorder part,
And snatch a grace beyond the reach of art,
Which, without passing through the judgement, gains
The heart, and all its end at once attains. (Z. 154–157)

Der stilistischen Perfektion im Sinne des Klassizismus schreibt Pope große dichterische und zugleich erkenntniserhellende Kraft zu:

But true expression, like th' unchanging sun,
Clears and improves whate'er it shines upon;
It gilds all objects, but it alters none [...]
Appears more decent as more suitable. (Z. 315–319)

Von klassizistischem Überschwang und geringem Verständnis für organische Kulturentwicklung kündet der Abschluss des Essays, in dem eine Art geschichtliche Entwicklung des literarischen Geschmacks und seiner Ästhetik geboten wird. Hier preist Pope stellvertretend für viele Klassizisten die Antike und alle Epochen der Menschheitsgeschichte, die, wie implizit auch sein Zeitalter, antikes Gedankengut und antiken Kunstsinn ganz im Gegensatz zu dem »finsteren Mittelalter« (englisch bis heute oft als »the dark ages« apostrophiert), das Barbarei und Verfall in der Kultur herbeigeführt habe. Der Fall Roms ging seiner Meinung nach mit dem Verfall der Wissenschaft Hand in Hand, die dadurch heraufbeschworene Situation charakterisiert er so:

> With tyranny, then superstition joined,
> As that the body, this enslaved the mind;
> Much was believed, but little understood,
> And to be dull was construed to be good;
> A second deluge learning thus o'errun,
> And the monks finished what the Goths begun.
> (Z. 687–692)

Erst mit Erasmus in der Renaissance kam es seiner Vorstellung nach zur Eindämmung des »wild torrent of a barbarous age« (Z. 695), denn er vertrieb »those holy Vandals« (gemeint sind die Mönche, aber auch die scholastischen Denker) von der Weltbühne (Z. 696).

Popes *Essay on Man* (1732–34) ist ein philosophisches Gedicht, das die klassizistische Anthropologie und Ethik in vier Episteln zum Gegenstand hat und nach seinen eigenen Worten »the ways of God to man« rechtfertigen soll. Mit dem Problem des Bösen in einer Welt, welche die Schöpfung eines guten, wohlmeinenden Gottes ist, wagt er, der Katholik, sich in das dornenreiche Gebiet der Theodizee, der Verteidigung und Rechtfertigung Gottes, angesichts einer oftmals gottlos erscheinenden Welt. Gleichzeitig bezieht er damit Position gegenüber der rationalen Theologie seiner Zeit, dem Deismus, der weitgehend mit dem Anglikanismus identisch wurde. Er besagt, im Gegensatz zum Theismus, dass Gott die Schöpfung mit seinem Geist und seinem Ordnungsdenken ausstattete, sie aber danach sich selbst überließ, ohne in ihre Vollzüge und ihr Leben einzugreifen. Das Unglück des Menschen beruht damit in der Einwirkung des Bösen, dem der Mensch gleichsam schutzlos ausgesetzt ist, da die Einwirkung Gottes, nach dem christlichen Theismus durch Jesus, nicht gebührend herausgehoben wird. Nach Popes Überzeugung, die symptomatisch für sein Zeitalter ist, liegen das Übel und die Angefeindetheit des Menschen jedoch tiefer und letztlich in seiner zwiespältigen Natur als Geist- und als Sinneswesen begründet. Er greift die schon in der Renaissance getroffene Definition des Menschen als »one step lower than the angels, one step higher than the beasts« auf, wenn er mit Betroffenheit formuliert:

Know then thyself, presume not God to scan,
The proper study of mankind is man.
Placed on this isthmus of a middle state,
A being darkly wise, and rudely great:
With too much knowledge for the sceptic side,
With too much weakness for the stoic's pride,
He hangs between; in doubt to act, or rest;
In doubt to deem himself a god, or beast;
In doubt his mind or body to prefer;
Born but to die, and reasoning but to err;
Alike in ignorance, his reason such;
Whether he thinks too little, or too much:
Chaos of Thought and Passion, all confused;
Still by himself abused or disabused;
Created half to rise, and half to fall;
Great lord of all things, yet a prey to all;
Sole judge of truth, in endless error hurl'd:
The glory, jest, and riddle of the world!
(Epistel 2, Z. 1–18)

Pope leitet diese Standortbestimmung des Menschen mit der Folgerung nach nüchterner Selbsterkenntnis in dem Zweizeiler ein, der ihn und die mit der Renaissance aufkommende Denkensart berühmt gemacht hat: »Know then thyself, presume not God to scan, / The proper study of mankind is Man.« Der Dichter schließt in dieser apodiktischen Formulierung und dem anschließend folgenden Gedankengang aber nicht die Folgerung an, die Lord Shaftesbury (1671–1713) just zur gleichen Zeit in seinen *Characteristics of Men, Manners, Opinions and Times* (1711) publiziert: die Tatsache nämlich, dass die Selbsterkenntnis, das Sichversenken in die Kräfte der eigenen Persönlichkeit und Empfindungswelt zur Mobilisierung der ursprünglichen guten und edlen Kräfte führt und den Ausblick auf eine positive, glückliche Anthropologie eröffnet. Spätere Zeitgenossen im 18. Jahrhundert haben Shaftesbury jedoch so verstanden, wie z. B. das Menschenbild und das dichterische Selbstverständnis schließen lassen, die uns unter dem Stichwort »Know thyself« in Edward Youngs (1683–1765) *Conjectures on Original Composition* (1759) entgegentreten.

Popes eigene Lyrik kommt vorwiegend in klassischen Gattungen zum Ausdruck, deren Möglichkeiten er mit dem Geist seiner Zeit anreichert. Er träumt lange von der Dichtung eines Epos, das um König Artus und seine Tafelrunde kreisen soll; bekannt gemacht hat ihn jedoch eher das leicht satirische, zumindest komische Epyllion *The Rape of the Lock* (1712–14), einer antikisierenden Gattung, die man auf Englisch *mock heroic* nennt. Pope thematisiert hier eine zufällige Begebenheit in seiner Bekanntschaft. Es geht in diesem Werk um den Raub einer Haarlocke der schönen Belinda, dessen Umstände und Folgen mit dem gesamten Aufwand epischer Stilistik in spöttischer Weise und geistreichen *couplets* dargelegt werden. Die Satire, ebenfalls in Anlehnung an die Klassik, eher an Juvenal als an Horaz, nimmt in seiner Dichtung breiten Raum ein und grenzt des Öfteren an Beleidigung wie etwa in *The Dunciad* (anonym 1728), in der er den ihm inadäquat erscheinenden Shakespeare-Herausgeber Lewis Theobald (1688–1744) verspottet, der seinerseits Popes Shakespeare-Edition kritisierte. Es folgt 1742 *The New Dunciad*, in der ebenfalls wieder die Allegorie der *Dulness* herrscht.

Die Heroide, der fingierte heroische Liebesbrief nach antikem Vorbild, ist ebenfalls Teil seines Werkes. In *Eloisa to Abelard* wählt er zwar ein mittelalterliches Sujet, das auf Tatsachen beruht (Peter Abelard, 1079–1142, war ein brillanter scholastischer Theologe, Eloise seine Schülerin und sodann seine verführte Geliebte), die Ausarbeitung dieses Themas jedoch folgt strikt der heroischen Epistel des Ovid *Sappho an Phaon*. Popes Themen sind hier die Gefühle der ins Unglück geratenen und verlassenen Frau.

Popes Gedicht »Windsor Forest« (1713) ist zwar der Schäferdichtung (*pastoral poetry*) verpflichtet, unterscheidet sich aber von dieser durch klassizistische Ausgestaltung in poetischen Umschreibungen und gesuchten preziösen Formulierungen, für ganz alltägliche Sachverhalte, die spätere Zeiten, insbesondere die englische Romantik, als künstliche und wenig aussagekräftige Diktion (*poetic diction*) empfand, die jedoch sehr weit in das 18. Jahrhundert ausstrahlte. Hinzu kommt, dass »Windsor Forest« das sozusagen gebändigte und genau auskalkulierte Bild der Natur im Sinne des englischen Landschaftsgartens (*architectural garden*) ist, den der später zu Berühmtheit gelangte Lancelot Brown (1716–1783) kultivierte.

Im Sinne der Klassik ist der Wald von Windsor zwar Sitz der Musen und im antikisierenden Apparat in vielen Aspekten ausgearbeitet, aber dieser Wald ist auch der Sitz des englischen Königs, er kündet von dem Frieden und Überfluss, in dem ein Stuart (Z. 42, gemeint ist Königin Anna) regiert. Vor allem aber entzückt er das klassizistisch geschulte Auge und hebt die Harmonie der Natur im Sinne der »nature to advantage dress'd« (*An Essay on Criticism*, Z. 297) eindrucksvoll ins Bewusstsein:

Here hills and vales, the woodland and the plain,
Here earth and water seem to strive again;
Not chaos-like together crush'd and bruised,
But, as the world harmoniously confused:

Where order in variety we see,
And where, though all things differ, all agree. (Z. 11–16)

Die Kunst überhöht hier die Natur, sie sichert ihren ideellen Empfindungsgehalt und ihre Werthaltigkeit eindrucksvoll ab, ohne im Geringsten aufdringlich zu sein, denn sie verhüllt gleichsam ihre Existenz (nach dem klassischen Prinzip des *artem celare*) und scheint im Verborgenen zu wirken.

Das Sublime und die vorromantische Lyrik

Diese nicht auf den ersten Blick erkennbare hohe Kunstfertigkeit erzeugt in der klassizistischen Lyrik der besten Qualität den Eindruck des wahrhaft Sublimen. Dies ist z. B. die Wirkung, die von William Collins' (1721–1759) »Ode to Evening« (1748) ausgeht. In ausgeklügelter Lautmalerei im vokalischen und konsonantischen Bereich kreiert Collins den Eindruck des Abends, obwohl er die ganze Maschinerie der neo-klassischen poetischen Diktion (die Allegorie des Abends, preisende Epitheta des gleichsam wie eine Göttin vorgestellten Abends in großer Variationsfreudigkeit, das Bewusstsein seines Einwirkens auf den Menschen, im Stil der Ode mit dezenter Bitte um Gehör) einsetzt, verwendet er diese und andere rhetorische Formelemente diskret und ist auf Harmonie bedacht, auch indem er die Rundung durch die Allegorie der vier Jahreszeiten im Spiegel des Abends an das Ende der Ode setzt und diese mit der Beförderung von *Fancy*, *Friendship*, *Science* und *rose-lipped Health* verbindet:

If aught of oaten stop, or pastoral song,
May hope, chaste Eve, to soothe thy modest ear,

Like thy own solemn springs,
Thy springs and dying gales,
Oh nymph reserved, while now the bright-haired sun
Sits in yon western tent … (Z. 1–6)

In »Ode on the Poetical Character« (1746) spricht sich Collins über das Wesen des Dichters aus, den er in Anlehnung an die alte britische, d. h. keltische Poesie »the gifted Bard« nennt. Das Gedicht ist in die drei Teile Strophe, Epode und Antistrophe gegliedert und hat somit geradezu klassische Proportionen. Der Sprecher fühlt sich in allegorischer Ausarbeitung der »Young Fancy« (der Phantasie im Sinne der dichterischen Imagination) verpflichtet. Sie ist für ihn »divinest name« (Z. 17) und »prepared and bathed in Heaven« (Z. 18). Gott selbst, der Schöpfer aller Dinge, wird als »the loved Enthusiast« (Z. 29) bezeichnet, der die Erde wie eine Geliebte umwirbt, wobei *Enthusiast* im Gegensatz zum neo-klassischen Begriffsverständnis der Zeit positiv gesehen wird, da, wie wir Z. 41 lesen, die »dangerous passions« ausgeschlossen bleiben (»kept aloof«), und sich auf diese Weise durch die Imagination »ecstatic Wonder« (Z. 43) im echten Wortverständnis ergibt. In der allegorischen Ausgestaltung ist *Fancy* im intimen Gespräch mit Gott, er selbst setzt sie auf seinen saphirenen Thron (Z. 31–32).

Thomas Gray (1716–1771) steht Collins in der musikalischen Gestaltung seiner Verse ganz nahe, ebenso in der meisterlichen Beherrschung der lyrischen Formmittel der Zeit. In »Ode on a Distant Prospect of Eton College« (1748) personifiziert er gleichsam das College selbst ebenso wie die Themse (Z. 1 und 21). Sein Gegenstand ist, wie das Motto von Menander schon andeutet, das Gefühl der Melancholie und des Unglücks, welches das lyrische Ich in authentisch wirkender Erfahrung und nicht nur im allgemeinen Sinne des Wortes empfindet (Z. 15). Im weiteren Verlauf der Darlegung thematisiert er die Angefochtenheit des Menschen allegorisch, aber durchaus in drastischer Konkretisierung.

Mit »Elegy Written in a Country Churchyard« (um 1742–50) thematisiert das lyrische Ich anhand der abendlichen Natur zentrale Themen der Existenz des Menschen: Ruhm und Ruhmlosigkeit, Ewigkeit und Unsterblichkeit, die Gleichwertigkeit der Menschen, des sozial Niedrigen wie des Hohen, die Gleichheit aller vor dem Schicksal und dem Tod. Das Gedicht, das der Lyrik der Zeit den Stimmungsgehalt des Grabes und des Friedhofs (sog. Friedhofslyrik, *graveyard poetry*) vermittelt, ähnlich wie es Robert Blair (1699–1746) in dem programmatischen Gedicht »The Grave« (1743) tat, mündet in ein Epitaph ein, das auf einem der Grabsteine steht, zu dem der Sprecher des Gedichts den Zuhörer führt. Mit der Thematik der »Elegy« wählt Gray zwar ein klassisches Sujet, er eröffnet jedoch zugleich der Früh- oder Vorromantik weite Empfindungsbereiche, auch in sozialgeschichtlicher Hinsicht. In meisterlicher Kunst erzeugt er durch die unverbundene Parataxe und den syntaktischen Parallelismus bereits in der ersten Strophe den Eindruck des ruhigen Abends, der voller Harmonie ist, auch dank der ausgesprochenen vokalischen und konsonantischen Abstimmungen (besonders der Liquidlaute *l* und – damals noch gesprochen – *r*):

> The curfew tolls the knell of parting day,
>   The lowing herd wind slowly o'er the lea,
> The plowman homeward plods his weary way,
>   And leaves the world to darkness and to me.

Die »Elegy« ist in der Forschung als eine der großen Leistungen der Weltliteratur gewürdigt worden. Gray war ein Literat von hohem Bildungsstand. Sein Interesse galt neben der klassischen Literatur auch der englischen Literatur vor der Zeit Elisabeths I. (gest. 1603) sowie der altnordischen und der walisischen Dichtung, zu deren Wegbereiter er in dem ab 1707 Vereinigten Königreich wird. Er hat damit der sich damals allmählich etablierenden Altertumswissenschaft weitere Impulse gegeben und auch das imaginative Interesse an der Sensibilität vergangener Zeiten geweckt. In der großartigen Pindarischen Ode »The Bard« (1757) hat er den Kampf der Waliser, von ihren Barden, deren Rolle zugleich die von Dichtern, Priestern und kämpferischen Kriegern war, angeführt, zum Thema gemacht. Er schleudert dem schließlich siegreichen König Edward I. von England, dem Unterwerfer von Wales, kraftvolle Bilder der Freiheitsliebe, der nationalen Identität der Waliser und des Zornes über die hervorragend organisierte Kriegsmaschinerie der englischen Eroberer entgegen und stürzt sich dann als Unbesiegter von den Klippen ins Meer – ein beeindruckendes Bild des nationalen Geistes und der Unabhängigkeit. Es erstaunt im Übrigen, in welcher ästhetisch überzeugenden Weise Gray die klassische Form der Ode mit der zentralen walisischen Thematik des keltischen Freiheitsdranges vereint. Er liefert damit einen geglückten Beleg für das neo-klassische Prinzip der *imitatio* im Geiste, nicht notwendigerweise auch im Inhalt der klassischen Autoren.

Der Schotte James Thomson (1700–1748) wird in den vierziger Jahren des 18. Jahrhunderts der Naturdichter seiner Zeit. Er beginnt sein lyrisches Hauptwerk *The Seasons* (»Die [vier] Jahreszeiten«) 1727, es ist 1730 fertiggestellt, erfährt aber in der Folgezeit große Erweiterungen, so dass es schließlich über 5000 Verszeilen umfasst. Die Popularität und die Leitfunktion, die dieses Werk für die Lyrik der Zeit und in Bezug auf die spätere Romantik hatte, gehen aus der Tatsache hervor, dass es bis 1800 in fünfzig Auflagen gedruckt wurde. Auf diese Weise erlebten ganze Generationen von Lesern die Natur im Jahreskreis mit Thomsons Augen, Sinnen und Gefühlen. Thomson ist an Lichteffekten auf Blättern und Wolkenballungen interessiert und damit dem Impressionismus eines Thomas Gainsborough (1727–1788), des Hauptvertreters der Malerei dieser Zeit, verwandt. Er hat die Liebe zum Detail, verfolgt den Lauf eines Blattes im Wind, »zeichnet« die schlanken Füße des Rotkehlchens oder den feinen Eisfilm, der bei Frost am Ufer des Baches die Gräser bedeckt, mit den Mitteln dichterischer Kunst.

Dabei wechselt Thomson vielfach die Perspektive: sie ist die des fliegenden Vogels in den Lüften, des kleinen Insekts, des Schöpfergottes, des Malers oder des Naturwissenschaftlers. Er ist schlechthin der Dichter der Sensibilität und strahlt damit weit in die zweite Hälfte des Jahrhunderts hinein. Dadurch, dass er *The Seasons* bis zu seinem Tode ständig erweitert, reichert er sie mit ideeller Substanz verschiedener Genese immer weiter an. Auf diese Weise enthält das Gedicht Vorstellungen vom Menschen und der Gesellschaft in ihrer primitiven ebenso wie in ihrer mitzeitlichen, hoch zivilisierten Form; ferner Konzepte über die Schöpfung, den moralischen Sinn des Menschen; er thematisiert das Phänomen religiöser Erfahrung; er macht die Natur auch zum Gegenstand religiöser Verehrung und kontinuierlicher Selbstoffenbarung des Schöpfergottes, dessen Gegenwart die Welt erfüllt. Es ist bemerkenswert, in welchem hohen Maß Thomson damit zentrale Gedanken- und Entwicklungsgänge eines der Hauptvertreter der späteren ersten Generation der englischen romantischen Lyrik, nämlich William Wordsworth (1771–1851), ankündigt und also eine wesentliche Seite der englischen Romantik vorformt.

Noch in einer anderen Hinsicht hat Thomson seine Zeitgenossen beeindruckt: in der Verbindung von klassizistischer Naturlyrik mit nationalem Pathos. Unter diesem Gesichtspunkt ist eine sozusagen heimliche zweite Nationalhymne Großbritanniens zu nennen, nämlich die dann von dem damals einflussreichen Komponisten Thomas Arne (1710–1778) vertonte Ode »Rule, Britannia«, mit der Personifizierung der Nation in der Allegorie der Britannia und dem zündenden Refrain:

Rule, *Britannia*, rule the waves;
Britons never will be slaves.

Ist die nationale Gesinnung hier Kennzeichen der vorromantischen Inspiration, so wird sie dies erst recht in einer wichtigen Facette der folgenden Romantik, wie etwa in den *political sonnets* von Wordsworth. Sie weitet sich von hier zum Thema der politischen Emanzipation im eigenen Land und schließlich als generelle Einstellung, die als Frucht der französischen und der ihr vorausgehenden Revolution in den amerikanischen Kolonien zur Demokratisierung aller Lebensbereiche führen sollte.

Von der deutschen Literatur ist uns auch in der Lyrik die Zeit des sog. Sturm und Drang in der zweiten Hälfte des 18. Jahrhunderts bekannt. Sie hat eine englische Vorgeschichte und zugleich Parallele in der Einstellung zum Wesen der Dichtung und in der ausgesprochen intensiven dichterischen Praxis der ersten Jahrhunderthälfte. Die kulturellen Verbindungen zwischen England und Deutschland, insbesondere dem Herzogtum Hannover, waren ja seit Beginn des sog. *Hanoverian reign* mit Georg I. von England, der 1714 auf Königin Anna folgte und eine ganze Dynastie einleitete, besonders eng.

Man spürt etwas von dem Sturm und Drang, der auch die Lyrik in England in dieser Zeit erfasste, in der leidenschaftlichen Argumentation, in der Edward Young (1683–1765) in seinen *Conjectures on Original Composition* (1759) seinen Gegenstand, die originale dichterische Schöpfung, diskutiert. Ja, man könnte sogar sagen, dass sich in diesen Überlegungen eine Art vorromantisches dichterisches Manifest Bahn bricht.

Wenn auch Young noch in mancher Hinsicht Klassizist ist, so z. B. wenn er um das rechte Verständnis der *imitatio* ringt, die er wie Pope als Nachahmung der Inspiration und Geistigkeit der Antike sieht, so beschreitet er doch neue Wege. Voraussetzung für seine z. T. leidenschaftliche Argumentation ist eine positive Bewertung des Begriffes *enthusiasm*, die sich in seiner Zeit eingestellt hatte. War dieser Begriff im 17. Jahrhundert und noch in der ersten Hälfte des 18. Jahrhunderts als nicht der *ratio* unterworfener Überschwang der Affekte negativ belegt, so stellte sich unter dem Eindruck des moralischen Optimismus, den wir bei Shaftesbury und den Cambridger Platonikern am Werk sahen, allmählich eine positive Bewertung der Seelenkräfte und auch der inneren Begeisterung des Menschen ein. Vielleicht bedurfte es des Klassizismus und seiner Begeisterung für das Sublime, das wahrhaft Großartige, damit die seelische Feinheit der Affekte, denen der Rationalismus unter dem Einfluss der Philosophien Thomas Hobbes' (1588–1679) und des Franzosen René Descartes (1596–1650) misstraut hatte, in ihrer affirmativen, lebensfördernden Eigenschaft klar, wenn auch nicht unwidersprochen, zu Tage treten konnte. Die seelischen Regungen und die personale Sensibilitätsstruktur erfuhren also in jener Zeit eine beträchtliche Aufwertung, so dass in den siebziger und achtziger Jahren der *man of feeling*, der empfindsame Mensch, um den bekannten Titel von Henry Mackenzies Roman *The Man of Feeling* (1771) aufzugreifen, zum Idealtypus der Gesellschaft und des *gentleman*-Bildes wurde. Gefühl ist hierbei allerdings immer mit einer wichtigen Komponente der Vernunft und der mentalen Bewusstheit des ernsthaft gesinnten Menschen zu verstehen, ganz ähnlich wie dann in der Romantik Samuel Taylor Coleridge (1772–1834) den Begriff der dichterischen Imagination (*imagination*) verstand.

War nun für die zweite Hälfte des 18. Jahrhunderts die Begeisterungsfähigkeit des Menschen als charakterbildende Kraft voll anerkannt, so konnte Edward Young von ihr auch geradezu überschwänglich schwärmen, als er sein

Bild des Dichters zeichnete. Für ihn entspringt die dichterische Originalkraft aus seiner organisch-seelischen Natur, »it rises spontaneously from the vital roof of genius; it grows, it is not made.« Sie ist nicht »manufacture wrought up by those mechanics, art and labour«, womit er sich gegen die Vorherrschaft der Rhetorik und die Überbewertung der Kunstfertigkeit wendet, ähnlich wie das nach ihm Wordsworth tun wird, wenn er die *poetic diction* des Klassizismus angreift. Das natürliche dichterische Genie ist seiner Meinung nach dazu aufgerufen, sich selbst intensiv kennen zu lernen: »1st. Know thyself«, hierin Pope gleich, und als Folge daraus (und in merklichem Gegensatz zu Pope und dem Klassizismus): »2ndly, Reverence thyself.« Young vertritt diese Ansicht mit einer für das 18. Jahrhundert ungewöhnlich großen Begeisterung: » [...] dive deep into thy bosom [...] excite [...] every spark of intellectual light and heat [...] let thy genius rise [...] as the sun from chaos [...] *Worship* it ...«

In nahezu schon Wordsworthischer Formulierung heißt es ferner, der original schöpfende Dichter solle »the native growth of thy own mind« den »richest imports from abroad« vorziehen, denn der »divinely-inspired enthusiast« sei wie »the rising sun«, der »well-accomplished scholar« jedoch im Vergleich dazu nur wie der »bright morning star«. In der Frage des Vorzugs der antiken Dichter vor dem Dichter der Moderne (die sog. *querelle des anciens et des modernes*), die zu Anfang des Jahrhunderts an der Person Sir William Temples und auch Jonathan Swifts entbrannte, entscheidet sich Young eindeutig für die Moderne, ohne allerdings den antiken Autoren Genialität abzusprechen. Seine Gewährsmänner für das dichterische Genie sind John Milton und vor allem William Shakespeare, aber auch Edmund Spenser. Diese Autoren sollten in der Folgezeit die Ideale der romantischen Imagination werden. Es ist bezeichnend, dass etwa fünfzehn Jahre vor Youngs *Conjectures* Henry Fieldings Romandefinition als »a comic epic poem in prose« mit dem Zusatz »in imitation of Cervantes« schließt, womit das Modell für die Romankunst vorgegeben ist.

Die Ideen Youngs waren nicht isoliertes Gedankengut, sondern griffen immer stärker Platz, sie sind aber immer in klassizistisches Denken eingebettet und vorerst nur in dieser Einbettung voll akzeptabel, wenn sich die neuen Orientierungen auch im weiteren Verlauf der kulturellen Entwicklung durchsetzen. Aber auch die Romantik selbst ist zumindest für die erste Generation von Dichtern, besonders Wordsworth und Coleridge, aber auch angesichts der zum Teil durchaus antikisierend arbeitenden und denkenden Poeten der zweiten Generation Shelley, Byron und Keats, nur vor dem Hintergrund des Klassizismus wissenschaftlich sachgerecht zu verstehen. Es wäre Young sicherlich nie in den Sinn gekommen, dass er in seinen *Conjectures* Neuland betrat oder letztlich gar vom Klassizismus wegführte.

Dem eigenen Genius folgten in ihrer je eigenen Weise in der zweiten Hälfte des Jahrhunderts vor den Romantikern im eigentlichen Sinn des Wortes der Schotte James Macpherson (1736–1796), Thomas Chatterton (1752–1770) aus Bristol, Thomas Percy (1729–1811) sowie der schottische Romantiker Robert Burns (1759–1796).

Macpherson leitete mit *The Highlander* (1758), seinem heroischen Gedicht in sechs Cantos, den Schottlandkult im britischen Sprachraum ein. Die *highlands*, das schottische, auch nach der endgültigen Niederwerfung der Stuarts in der Schlacht von Culloden (1745) keltisch gebliebene Hochland, gab der romantischen Sensibilität beträchtliche Nahrung. Seine Menschen wurden als geheimnisvoll, in einem ursprünglichen Sinn des Wortes fern aller Zivilisation lebend empfunden, ihre Gefühle wurden als naturnah, primitiv im positiven Wortverständnis, unverdorben und voller Herzensbildung trotz der rauen Schale betrachtet. Dies ist auch das Bild, das der große schottische Dichter der Romantik, Sir Walter Scott (1771–1832), dann im nächsten Jahrhundert in seinen *Waverley Novels* (1814) vom schottischen Nationalcharakter zeichnen sollte. Macpherson untermauerte die Popularität Schottlands mit einer Publikation unter dem Titel *Fragments of Ancient Poetry, Collected in the Highlands of Scotland, and Translated from The Galic or Erse Language* (1760). Das Gerücht, es gebe ein gälisches Epos unbekannten Ursprungs, nutzte Macpherson geschickt aus und legte 1762 *Fingal, an Ancient Epic Poem in Six Books: together with several other Poems, composed by Ossian, the Son of Fingal. Translated from the Galic Language* vor. Er gab hierin vor, das Original des *Ossian* zu kennen, dessen Sensibilität aber so eigentümlich die des 18. Jahrhunderts oder seines Mittelalter- und Altertumsbildes war, dass Kenner des Gälischen und die damals aufstrebende Philologie alsbald Zweifel an der Authentizität des Originals hegten. In der Tat hatte Macpherson das Werk, das auf dem europäischen Festland, insbesondere in Deutschland, unter dem Titel *Ossian* bekannt wurde, selbst komponiert. Aber die Begeisterung über dieses geradezu mythische »Epos« nahm auch nicht ab, als es als Fälschung entlarvt wurde. Gerade in Deutschland wurde es auch von Goethe, Schiller und Herder mit Begeisterung ob seiner gedanklichen Tiefe, der Ursprünglichkeit und der Zartheit und Eleganz der in ihr vermittelten Gefühle hoch gepriesen. In Schottland zollte der einflussreiche Rhetorikprofessor Hugh Blair (1718–1800) dem Werk aufgrund seiner Großartigkeit und Sublimität großen Beifall, auch weil es »wild and romantic« war.

Thomas Chatterton hat in ähnlicher Weise wie Macpherson einen älteren Sprachstand in seiner Dichtung suggeriert, indem er sich in die Rolle eines fiktiven Dichters des 15. Jahrhunderts, Thomas Rowley, hineinträumt, Gedichte in diesem Stil schreibt und sie als die Rowleys veröffentlicht. Die Philologie der Zeit hat diese Gedichte schnell als Fälschung entlarvt, erkannte sie doch, dass Texte wie »An Excellente Balade of Charitie« (1777), das bekannteste seiner Werke, an Edmund Spensers dichterischer Sprache und Metrik sowie an Chaucer und am spätmittelalterlichen Sprachstand orientiert waren, jedoch moderner Thematik und Sensibilität entsprachen. An der »Excellente Balade of Charitie« werden Grundzüge vorromantischer Dichtung sichtbar: das archaische, geheimnisvolle Flair der Vergangenheit und des Mittelalters, die ausgesprochene Musikalität der Sprache, das lyrische Naturbild, in dem das Urtümliche und Elementare kraftvoll hervortritt, letztlich die soziale Anklage. Die Gefühlskälte der höheren Stände und der politisch Verantwortlichen (»Knights and Barons live for pleasure and themselves«) sollte dann das große Thema der Romantiker William Blake und Percy B. Shelley werden.

Thomas Percy, anglikanischer Bischof, ist in der englischen Literaturgeschichte vor allem wegen seiner Sammlung alter Balladen, insbesondere solche der spätmittelenglischen Zeit, in *Reliques of Ancient English Poetry* (1765) berühmt geworden, die ähnlich nachhaltige Wirkung wie der *Ossian* hatte. Zwar ist diese dreibändige Sammlung unphilologisch, enthält neben den alten Volksballaden z. T. eigene und solche, die Percy nach eigenem Gutdünken abwandelte. Er traf damit jedoch den Publikumsgeschmack seiner Zeit in hervorragender Weise, ganz zu schweigen davon, dass er die alten Volks- und Grenzballaden Nordenglands populär machte, die fortan zum Bestand der englischen Lyrik gehören sollten. Die Sammlung hat im übrigen Europa zu analogem Interesse an der Dichtung längst vergangener Zeiten geführt, so etwa in Deutschland, wo Johann Gottfried Herder (1744–1803) und sodann die Gebrüder Grimm altes Volksgut mit großer Begeisterung zu sammeln begannen. Auch hier wurde das alte heimische Erbe mit dem Geist der neuen Zeit erfolgreich verknüpft. Dass dieses Interesse wesentlich zur Herausbildung des heute romantisch genannten Empfindens beitrug, liegt auf der Hand.

William Cowper (1731–1800) stammt wie viele Dichter seiner Zeit aus einer Pfarrersfamilie. Empfindsam, zur Melancholie neigend, hin- und hergerissen zwischen dem Gefühl der Verdammnis und der Erlösung, schließt er sich der religiösen Erneuerungsbewegung des Evangelikalismus an. Dieser, geboren aus der *low church*, machte das Gefühl und die direkte Verbindung der Seele zu Gott im *inner light* nach der Lehre der Brüder Wesley zum Angelpunkt der religiösen Bindung des Menschen. Cowper ist ein Meister der leisen Töne, er widmet sich den Kleinigkeiten, »the trifles of the time«, und bringt die Erfahrungen seines Lebens (Krankheit, beruflicher Misserfolg, seelischer Zusammenbruch in London, Rückzug auf das Land) in die Dichtung ein. In seinem Hauptwerk *The Task*, das als Ausgangspunkt den trivialen Gegenstand eines Sofas hat, spricht er über sich selbst und seine Entwicklung. Es werden hier viele Parallelen zu dem späteren großen Gedicht von Wordsworth *The Prelude, or The Growth of a Poet's Mind* (1798–1805) sichtbar. Im dritten Buch, das dem häuslichen Glück im Kleinen gewidmet ist, charakterisiert sich Cowper als »a stricken deer« (»ein verwundetes Reh«), ein ausdrucksstarkes und treffendes Bild. Die Landschaftsschilderungen sind exakt und zeigen die Fähigkeit des liebevollen Sichversenkens in den Gegenstand. Seine Gedichte sind kleinen Impressionen des Alltäglichen gewidmet, wie etwa in »The Poplar Field«, das Feld von gerade gefällten Pappeln in seiner Nachbarschaft, aber auch in klassizistischer Manier »On a Goldfinch Starved to Death in a Cage« oder »Epitaph on a Hare«. Auch das Krankhafte und seine Verzweiflung thematisiert er wie etwa in »Lines Written during a Period of Insanity« oder »The Castaway«. Er ist auch durch die Komposition von Kirchenliedern evangelikaler Frömmigkeit, der sog. *Olney Hymns*, hervorgetreten. Es ist bezeichnend, dass der spätere Wordsworth von Cowper aufgrund der persönlichen Note seiner erst ab 1780 so richtig begonnenen Dichtung beeinflusst ist und er ihn auch nicht in seine Kritik an der Lyrik des 18. Jahrhunderts einbezieht.

Die nicht idyllische Sicht des Landlebens und keinesfalls den neoklassischen Topos des *procul negotiis* (»fern der geschäftigen Welt der Stadt«) bringen zwei Gedichte der vorromantisch argumentativen Lyrik zum Ausdruck. George Crabbe (1754–1832) thematisiert in dem Gedicht »The Village« (1783) die Härte und das Elend des Landlebens, eine Thematik, die in der Lyrik der ersten Hälfte des 18. Jahrhunderts für anspruchsvolle Dichtung noch undenkbar gewesen wäre. Diesem Gedicht, das die Tatsachen etwas verzerrt, geht ein anderes wesentlich bekannteres Gedicht des Iren Oliver Goldsmith (1730–1774) mit dem Titel »The Deserted Village« (1770) voraus. In ihm prangert Goldsmith die Härten der Einfriedung von Gemeindeweiden (den sog. *enclosures*) und die daraus resultierende Armut und Landflucht der einfachen bäuerlichen Bevölkerung an. Indem er das Klischee vom einfachen, aber tugendhaften Dorfleben im Gegensatz zur reichen, aber verderbten Stadt evoziert, steht er dem Klassizismus jedoch näher als Cowper. Aber Goldsmith' soziale Anklage der Verarmung und Vertreibung der ärmeren Landbevölkerung ist unüberhörbar, wie im Übrigen auch eine gewisse Wehmut über das unwiederbringlich Vergangene.

Romantik

Die erste Generation der Romantiker

Robert Burns (1759–1796) ist selbst ein handfester Landmann und wuchs auf einem Bauernhof in Südwestschottland auf. Er hat einen revolutionären Geist, ein hitziges Gemüt und neigt zu Ausschweifungen im Trunk und in

Liebesaffären. Eine Zeitlang wird er nach der Veröffentlichung seines ersten Gedichtbandes 1786 zum Liebling der Edinburgher Gesellschaft. Er brachte ähnlich wie seine Vorgänger ALLAN RAMSAY (1686–1758) und ROBERT FERGUSSON (1750–1774) die schottische Lyrik auch in England zu neuem Ansehen. Man schätzte an ihm die ungezwungene Ursprünglichkeit, die Freiheit von den Makeln der städtischen Kultur und der Zivilisation und das raue und zugleich charmante Wesen.

Seine Lyrik, auf weiten Strecken Liebeslyrik, hat alle Eigenschaften einer Erlebnisdichtung und vermittelt die Atmosphäre von Einmaligkeit und Ursprünglichkeit, obwohl er seine Diktion in vieler Hinsicht dem Zeitgeschmack anpasst. Die Gedichte zeichnen sich durch ausgesprochene Sangbarkeit aus und sind vielfach Liebeslieder, die von Engagement und Leidenschaftlichkeit künden. Seine poetischen Bilder sowie die Kürze und Schlichtheit von Vers und Reim entstammen oftmals dem Volkslied. Die Kritik hat in diesem Zusammenhang auf das Gedicht »Ye banks and braes o' bonnie Doon«, das die Klage der verlassenen Geliebten thematisiert, oder den leidenschaftlichen Liebesschwur in »O my luve's like a red, red rose« verwiesen:

> And I will luve thee still, my dear,
>   Till a' the seas gang dry. (Z. 7f.)
> […]
> And I will come again, my luve,
>   Though it were ten thousand mile. (Z. 15f.)

Bekannt geworden sind auch Lieder wie »My heart's in the Highlands« und »Auld Lang Syne«, in die Elemente verschiedener Volkslieder eingegangen sind. Wie an dem ersten Gedicht ersichtlich, kennt die Lyrik von Robert Burns auch die eindeutig patriotische Tonlage. In »Scots, wha hae wi' Wallace bled« schlüpft er in die Rolle des

Volkshelden Robert the Bruce, der seine Truppen vor der für ihn siegreich ausgegangenen Schlacht bei Bannockburn (1314) anfeuert. Mit dem Schlussvers spielt er allerdings auf den Zustand der Okkupation Schottlands durch England und die bei der Schlacht von Culloden (1745) erlittenen Schmach an, die der frühere Sieg des Wallace gleichsam wettmacht:

> Lay the proud usurpers low!
> Tyrants fall in every foe!
> Liberty's in every blow!
> Let us do, or die!

In seinem *Lowland Scots*-Idiom fühlt sich Burns wohler als im Englischen und glaubt, seine Empfindungen in größerer Ursprünglichkeit vermitteln zu können. *Scots* war aber damals nicht nur die Sprache der Landbevölkerung, sondern auch Idiom der höheren Schichten der Bevölkerung. Wieder andere Gedichte thematisieren das *Auld Licht* (engl. *Old Light*), die kalvinistische Kirche (*kirk*), die ihn immer wieder zu disziplinieren versucht. Er lässt auch die Teufel- und Hexenbesessenheit des schottischen Aberglaubens in einzelnen Gedichten zu Worte kommen: In »Address to the Deil [Devil]« nennt er den Teufel ironisch »auld Hornie«. Mit einer geschickten Mischung von Schrecken und Humor ist das erzählerische Gedicht »Tam o' Shanter« ausgestattet, das man auch als eine Art »mock heroic rendering of folk material« bezeichnet hat. In diesem Gedicht trifft Tam, in leicht angetrunkenem Zustand, auf dem Heimweg auf tanzende Hexen unter Führung des Teufels in der Kirche von Alloway. Tam spricht sie an und wird von ihnen verfolgt. Es gelingt ihm, die Brücke zu erreichen, bis zu der der Zauberbezirk der Hexen reicht. Der Schwanz des Pferdes ist noch innerhalb ihres Bereiches und wird deshalb von ihnen abgehackt. Burns ist in seiner Ursprünglichkeit und der Wiederbelebung des

Volksgutes in der Lyrik sowie der schlichten Sangbarkeit seiner Verse der Vermittler unmittelbarer Empfindungen und hierin ein echter Romantiker.

William Blake (1757–1827) ist zwar ein wichtiger Vertreter der ersten Generation romantischer Dichter, aber seine Lyrik unterscheidet sich wesentlich von der Lyrik der anderen Dichter dieser Generation, nämlich William Wordsworth, Samuel Taylor Coleridge und Robert Southey. Blake stammt aus bescheidenen Londoner Verhältnissen. Für die spätere Verbindung von Bild und Dichtung in seinem Werk ist es wichtig, dass er Unterricht in Malkunst haben kann und bei einem Kupferstecher in die Lehre geht, wo er das Illustrieren von Büchern erlernt. Schon sein erster Gedichtband, *Poetical Sketches* (1783), zeigt seine Unzufriedenheit mit der herrschenden Dichtkunst und ihren Medien. Er fühlt sich vielmehr den *metaphysical poets* des frühen 17. Jahrhunderts ob ihrer Spiritualität sowie Macpherson und Chatterton, also Dichtern außerhalb der Pope-Tradition, verpflichtet. Es geht ihm um den Ausdruck der Empfindungsfähigkeit im konkreten sozialen Umgang, um Nächstenliebe, Respekt vor dem Menschen und seinen geistigen Werten in allen Lebensbereichen. Unter dem Einfluss der Mystik Emanuel Swedenborgs (1688–1772), dem er jedoch in den frühen neunziger Jahren bereits entsagt, und seiner Bibelstudien reift er zum visionären Dichter mystisch-magischer Verse, deren Inhalt die geistige und geistliche Reife des Menschen ist. Dieses Thema präsentiert er wiederholt in bildkräftigen Antithesen, deren Wesen sich dem Leser nicht einfach erschließt. Zu den Werken leichteren Zugangs gehört *The Book of Thel* (1789), das die Frühphase seiner visionären Dichtung kennzeichnet, worin er eine Art persönlicher Mythologie entwirft, in der er sich sowohl der seiner Meinung nach materialistischen Philosophie des 18. Jahrhunderts als auch dem Diktat der aufgeklärten Vernunft und der repressiven puritanischen Form des Christentums entzieht. In der Figur des Thel thematisiert Blake die Auflehnung gegen Zwänge jeder Art und das heuchlerische Verhalten der Menschen. Ebenso eher leichter im Zugang ist *The Marriage of Heaven and Hell* (mit kolorierten Kupferstichen um 1790–93), sein Hauptwerk in Prosa, das aus einer Reihe paradoxer Aphorismen besteht und worin er dem gängigen Dualismus von Körper und Geist widerspricht. Visionäre Treffen mit Engeln und Propheten unterstützen seine Überzeugung, dass der Mensch keinen Körper besitze, der von der Seele getrennt ist, sondern vielmehr mit der Seele eine Einheit bildet. Er greift damit Gedanken auf, die der modernen Psychosomatik vorausgehen. Die seelisch-körperliche Einheit des Menschen ist gekennzeichnet durch ein enormes Energiepotential – die heutige Psychosomatik nennt dies Energiefluss. Tiefer in die visionäre Mythologie und die Kosmogonie reichen *The Book of Urizen* (1794), *The Book of Ahania* (1795) und *The Book of Los* (1795).

Neben diesen immer komplexer werdenden Dichtungen stehen die Werke politisch-revolutionären Inhalts wie etwa *The French Revolution* (1791), *America: A Prophecy* (1793) und *Visions of the Daughters of Albion* (1793; mit Albion ist Britannien gemeint). Protest gegen den Umgang des Menschen mit dem Menschen, die repressive Handhabung von Macht und Autorität, insbesondere die Staatsmacht, enthalten auch einzelne Gedichte der Sammlung *Songs of Experience* (1794), der die Gedichte der *Songs of Innocence* (1789) vorausgehen und die er als antithetisches Gegenüber 1795 in einem gemeinsamen Band veröffentlichte.

Wir wenden uns zunächst einigen Gedichten der *Songs of Innocence* zu. In ihnen unterscheiden sich Versgestaltung und Diktion radikal von der klassizistischen Dichtung. Sie sind kurz, haben kurze, oft nur dreihebige Verszeilen und eine sehr schlichte, fast kindliche Diktion, die sentimental wirkt und an die Sprache der Wiegen- oder Kinderlieder (*nursery rhymes*) erinnert. Sie ist voller absichtlicher Wiederholungen und Parallelen, nicht nur in den häufig verwendeten Kehrreimen.

In dem bekannten Gedicht »The Lamb«, dem Symbol der Unschuld auf vielen Bedeutungsebenen, lautet die erste Strophe:

Little Lamb, who made thee?
Dost thou know who made thee?
Gave thee life & bid thee feed,
By the stream & o'er the mead;
Gave thee clothing of delight,
Softest clothing wooly bright;
Gave thee such a tender voice,
Making all the vales rejoice!
Little Lamb who made thee?
Dost thou know who made thee?

Die Gründe für diese bewusst gesuchte Einfachheit ist die Thematisierung eines glücklichen, kindlichen Harmoniezustandes von Geschöpf und Welt, eines Zustandes, der in der europäischen Tradition lediglich als Durchgangsstadium zur Erwachsenheit, nicht aber in seinem beglückenden Eigenwert gesehen wurde. In ihm zeigt sich eine Zufriedenheit, die in sich ruht und im Grunde keiner Ergänzung durch die Erfahrung oder das spätere Leben bedarf. Die Musikalität und die Wiederholungen in kindlich, teils auch archaisch wirkender Sprache bekräftigen die Abgerundetheit der Dinge tonal. Wie anders dagegen ist das Titelgedicht der *Songs of Experience*, »The Tyger«, gebaut! Wir vergleichen die erste Strophe:

Tyger! Tyger! burning bright
In the forests of the night,
What immortal hand or eye
Could frame thy fearful symmetry?

In what distant deeps or skies
Burnt the fire of thine eyes? ...

Der Vers ist kompakter, er beginnt mit Anrufen des Erstaunens, des Entsetzens über das brennende Licht der Augen im Dunkel der Nacht. Der Tiger hat eine Furcht einflößende Gestalt (*fearful symmetry*, ein Terminus aus der Geometrie), man fragt sich, wer solch ein erschreckendes Wesen in die Existenz rufen konnte. Es kann doch wohl kein Gott sein, der solch ein Wesen schuf, das, wie Z. 5–6 wiederholen, solch brennende Augen hat. Diese Frage, wie alle die zahlreichen Fragen des Gedichts, bleibt unbeantwortet. Mit Ausnahme seiner letzten Zeile wird die erste Strophe am Schluss identisch wiederholt. Aber der Ersatz von *could* durch *dare* (»Dare frame thy fearful symmetry?«) macht nun gerade den Unterschied und fasst in der Frage »wer könnte es *gewagt* haben?« die Bestürzung des lyrischen Sprechers zusammen.

Wie anders dagegen »The Lamb« in der ersten Strophe. Hier wird sofort das Lamm als klein, kindähnlich apostrophiert und die Frage nach seiner Erschaffung ganz einfach und direkt ohne irgendwelche negativ mitschwingende Untertöne in familiärer Art gestellt (»Dost thou know ...«). Die Fortsetzung der Initialfrage in Z. 3–8 enthält schon eine affirmative Wesensbeschreibung des Lammes in ländlich-glücklichen Lebensumständen, die sich auch in der zarten Stimme des Tierchens zeigt, die überall Freude hervorruft. Schon allein die Disharmonie im Lautkolorit des Tigers bildet dazu einen unüberhörbaren Kontrast. In »The Lamb« deutet alles in der ersten Strophe auf die Schöpfung des Lammes durch den christlichen Gott hin, in der Tradition auf Christus, das Lamm Gottes, das auch als kleines Kind unter uns erschienen ist. Diese Antwort gibt die zweite und letzte Strophe, in der die Einfachheit der Aussage noch kindlicher und erfreuender wird:

> For he calls himself a Lamb;
> He is meek & he is mild,

He became a little child;
I a child & thou a lamb, (Z. 14–17)

In »The Tyger« hingegen werden die Schrecknisse der *experience* anhand weiterer beklemmender Bilder im Verlauf des Gedichtes multipliziert. Ja, das Gedicht besteht nur aus unbeantworteten Fragen, die sich in Z. 11–15 zu immer beängstigenderen Interjektionen gleichsam des industriellen Zeitalters (*hammer*, *chain*, *furnace*, *anvil*) verkürzen:

And when thy heart began to beat,
What dread hand & what dread feet?

What the hammer? what the chain?
In what furnace was thy brain?
What the anvil? …

Neben »The Lamb« und »The Tyger« gibt es auch noch andere Parallelgedichte in den beiden Sammlungen wie etwa »The Divine Image« und »The Human Abstract«, ja sogar in *The Songs of Experience* denselben Titel »The Divine Image« in ganz anderer Gestaltung, »Infant Joy« kontrastiert mit »Infant Sorrow«, auch »The Chimney Sweeper« figuriert zweimal. Den Kontrast zwischen beiden Mentalitäten thematisiert »The Clod & the Pebble« in einem Gedicht (*Songs of Experience*), der weiche Erdklumpen, der harte Kieselstein. Das bekannte Gedicht »London« aus *The Songs of Experience* thematisiert die Unfreiheit, die die Stadt atmet: die Straßen, selbst die Themse, sind allesamt durch einen Eigentumsbrief zum Privatbesitz gemacht, die Gesichter tragen »Marks of weakness, marks of woe« (Z. 4), aus jedem Schrei, aus jeder Stimme, jedem Verbot, jeder Ankündigung kann man die Fesseln und Unfreiheiten hören, die die Gehirne der Menschen ersonnen haben (»mind-forg'd manacles«, Z. 8). Die

Schreie der gequälten Menschen rinnen wie Blut die Palastwände hinunter – ein Zeichen des Entsetzens über das Verhalten der Obrigkeit (Z. 12), der Fluch der jungen Hure versengt die Träne des neugeborenen Kindes, die Hochzeit wird durch die Geschlechtskrankheit (»plagues«) zur Totenbahre:

But most thro' midnight streets I hear
How the youthful Harlot's curse
Blasts the new-born Infant's tear,
And blights with plagues the Marriage hearse. (Z. 13–16)

Was will Blake mit seinen beiden kontrastreichen Gedichtsammlungen ausdrücken? Wie er selbst sagt, zeigen die beiden Werke »the two contrary states of the human soul«. Der selige Zustand heiler, kindlicher Unschuld ist in nach-rousseauischer Denkweise ganz schlicht und einfach, völlig unklassisch bezeichnet. Er atmet Gnade, Erbarmen und Liebe, wie es in »The Divine Image« heißt. Der Zustand der Unschuld ist in der transzendenten Wesensbestimmung des Menschen begründet. Die Kinder seiner Gedichte müssen notwendigerweise im Heranwachsen in den schmerzlichen Zustand der *experience* hineinwachsen, in dem Elend, Grausamkeit, Furcht und Machtmissbrauch herrschen. Implizit argumentiert Blake, dass im Geist der Liebe und der mitfühlenden Vernunft diese Übel zu beseitigen wären, wenn der Mensch sich nur auf die geistigen Werte besinnen und diese konkret in die Tat umsetzen würde. Dies aber ist ein visionäres Ziel, weshalb Blake in seinem weiteren Schaffen auch in visionäre geistige Welten eintaucht.

Der Romantiker William Wordsworth (1770–1850) – zusammen mit Coleridge und Southey oft als *Lake poet* bezeichnet, weil er mit diesen eine Zeitlang im Seengebiet von Cumberland in Nordwestengland, einem besonders schönen und urtümlichen ländlichen Distrikt, dichtete –

ist, ähnlich wie Charles Dickens in der Romankunst, geradezu eine nationale Institution. Wordsworth gilt in Großbritannien als *der* Dichter der Natur und des intimen Verhältnisses des Menschen zu der Natur in einer Zeit, in der die industrielle Revolution allmählich die Natur einzuholen und zu übertrumpfen begann. Wordsworth wächst selbst im Lake District auf und hat uns in seinem autobiographischen Gedicht *The Prelude; or Growth of a Poet's Mind* (1798–1805) zahlreiche Beispiele überliefert, aus denen hervorgeht, wie sehr ihn die Natur seiner Heimat und gerade ihre Bergwelt in seiner Jugend beeindruckt haben. So erfühlt er z. B. in Buch I, Z. 357–400 die lebendige Gegenwart des Berges, der sich drohend in den Himmel erhebt und dessen Existenz ihm wie ein lebendes Wesen vorkommt. An anderen Stellen erhebt das Erlebnis der betrachteten Natur den Geist und den intuitiven Sinn (etwa Buch II, Z. 214 f., oder Buch XIV, Z. 90 und 448 f.). Seine frühe Begeisterung für die Französische Revolution – hierin Coleridge ähnlich – streift er unter dem Eindruck des Terrorregimes Robespierres 1793/94 und unter schweren inneren Kämpfen, auch in Gedanken an die französische Geliebte, die er schwanger in ihrem Land zurückließ, ab und wendet sich in patriotischer Gesinnung eindeutig gegen Napoleon. Auch von der Art, in der ihn die Alpen auf einer Bergwanderung beeindrucken, berichtet er und erschließt hierbei der späteren romantischen Inspiration ein weiteres ergiebiges Thema (so etwa für Mary Shelleys *Frankenstein*).

Der Grund für die Abfassung dieses autobiographischen Gedichts liegt einmal darin begründet, dass der Dichter sich über sein eigenes Leben und die Grundlagen seines Dichtertums klar werden will. Er betont also damit ausschließlich seine persönliche Sensibilität als Individuum, was ein Novum für die Zeit war, denn diese und vorangegangene Epochen der Lyrik haben stets von der Person des Dichters selbst abgesehen, seine eigenen Gefühle, seine Entwicklung nicht zum Gegenstand ihrer Lyrik gemacht, sondern vielmehr auf das generelle Empfinden des Menschen gezielt und Themen, die für den Menschen als repräsentativ erachtet wurden, zum Ausdruck gebracht. So sagt z. B. für seine Zeit und die klassizistische Epoche der englischen Literatur richtungweisend Samuel Johnson (1709–1784) in *The History of Rasselas* (1759), Kap. 10:

> The business of a poet [...] is to examine, not the individual, but the species; to remark general properties and large appearances: he does not number the streaks of the tulip, or describe the different shades in the verdure of the forest.

Noch der in den Umkreis der Romantik gehörende amerikanische Dichter und Philosoph Ralph Waldo Emerson (1803–1892) ist in *Representative Men* (1850) an dem Repräsentativen der Menschheit in den großen Männern der Vergangenheit und nicht in erster Linie an der Individualität interessiert. Bekanntermaßen hat die klassizistisch eingestellte Literaturkritik der Wordsworth-Zeit dessen Gedichte der *Lyrical Ballads* (1798) in der *Edinburgh Review* abgelehnt, weil der Ausdruck des Persönlichen, der dem Individuum Wordsworth eigenen Empfindungen als »geschmacklos« (»in bad taste«) anzusehen sei. Wordsworth gerät also wegen seiner Art, Gedichte zu schreiben, in Verruf und fühlt sich in die Rolle eines Verteidigers gedrängt. Er antwortet, indem er auf seine persönliche Entwicklung in *The Prelude* verweist und darin verständlich macht, wieso er dazu kam, solche Gedichte zu schreiben. Gleichzeitig schreibt er für die zweite Auflage der *Lyrical Ballads* (1800) ein Vorwort (*Preface*), in dem er sich indirekt dadurch verteidigt, dass er seine Dichtungsweise, seine Vorstellungen vom Dichter und von der Imagination beschreibt. Dieses *Preface* hat man in der Folgezeit zusammen mit Coleridges *Biographia Literaria* (1815–17) zu Recht als Manifest romantischen Geistes und romantischer Lyrik bezeichnet.

Die zentralen Ideen des Vorworts zu *Lyrical Ballads* sind diese: (1) Der Dichter ist ein Mensch wie alle anderen, er ist lediglich im Grad seiner Empfindungsfähigkeit von den anderen Menschen unterschieden. Er ist ferner in der Lage, tiefer zu sehen als andere, und hat den Blick für die größeren Zusammenhänge des Seins und der menschlichen Existenz. (2) Der Dichter hat ein Gefühl für die Rhythmik der Sprache und für alle Formeigenschaften der Lyrik (etwa auch in der Metaphorik), die das ästhetische Vergnügen (*pleasure*) beim Zuhörer und Leser erzeugen. Um dieses Vergnügens willen rechtfertigt er auch die Verwendung des Verses und die durch ihn konditionierte Wiederkehr eines bestimmten Klangmusters. Ungebundene Sprache, *free verse*, lehnt er deshalb ab. (3) Die Sprache der Lyrik ist die des einfachen Menschen (*common man*), allerdings in imaginativer Handhabung dieser Sprache (»throwing on them some colouring of imagination«). Sie ist keineswegs eine separate *poetic diction*, verwendet vielmehr Bilder, die Originalschöpfungen und keineswegs fertige Versatzstücke oder fixierte Umschreibungen oder Gemeinplätze sind. Die Sprache des einfachen Menschen rechtfertigt sich aus der Tatsache, dass diese Existenzform in großer Nähe zur Natur und ihren verschiedenen Vollzügen angesiedelt ist und intuitiv mit der Natur lebt. Sie ist daher ursprünglicher und übersetzt menschliche Empfindungen authentischer als die Sprache der Stadtmenschen oder der sog. Gebildeten. (4) Was ist Dichtung? Dichtung ist »das spontane Hervorbrechen starker Gefühle« (»the spontaneous overflow of powerful feelings«). Diese haben ihren Bezug in einem konkreten Erlebnis der Natur, das starke Gefühle im Dichter auslöst. Diese Gefühle und Empfindungen werden aber nicht direkt und ungefiltert im Kunstwerk übermittelt. Im Prozess des

Werdens wird das Erlebnis nach dessen ursprünglicher Erfahrung vielmehr in Ruhe nach einiger Zeit wieder erneut entfacht, indem der Dichter sich ihrer erinnert: Dichtung wird damit »emotion recollected in tranquillity«. Der Vorteil dieser Neubetrachtung der damaligen Gefühle ist vielfältig. Sie schafft einmal Distanz zur ersten Erfahrung und entkleidet sie aller Zufälligkeiten, die ihr anhaften könnten. Ferner hat die erste Erfahrung seines Empfindens im Bewusstsein oder Unterbewusstsein des Dichters in der Distanzspanne gelebt, wurde mit anderen Materialien, z. B. solchen moralischer oder philosophischer Art, angereichert und dadurch reifer und wertvoller. Schließlich ist die Re-Kreation der ersten Empfindung ähnlich intensiv wie die der ersten Impression. Der Nachteil einer kreativen Schöpfung nach Verlauf einiger Zeit besteht darin, dass die Unmittelbarkeit und Frische des ersten Eindrucks verloren gehen könnte. Wordsworth ist dieser Gefahr nicht unterlegen, wie allein schon aus seinem bekanntesten Gedicht der *Lyrical Ballads,* »Lines Composed a Few Miles Above Tintern Abbey, on Revisiting the Banks of the Wye during a Tour, July 13, 1798«, hervorgeht. In diesem Gedicht ist das Wiedererstehen der Erinnerung in voller Frische *das* große, erfolgreich vermittelte Thema.

Wie erklärt sich nun gerade diese Vorstellung des Prozesses dichterischer Kreation? Sie erklärt sich aus dem geistesgeschichtlichen Hintergrund der Philosophie des 18. Jahrhunderts, in der seit George Berkeley (1685–1753) die Wahrnehmung und das Wahrgenommenwerden (*percipere et percipi*) eine immer größere Rolle spielten, bis Berkeleys empiristischer Ansatz schließlich in der zweiten Hälfte des Jahrhunderts folgerichtig zu einer Assoziationspsychologie wurde. Sie wurde insbesondere von David Hartley (1705–1757) in *Observations on Man, his Frame, his Duty, and his Expectations* (1749) vertreten, und dann von David Hume, dem großen Denker der schottischen Aufklärung

(1711–1776), bestätigt. Nach dieser Denkrichtung sind dem Menschen nicht die Dinge selbst, sondern nur ihr Bild zugänglich, das sich in unserem Bewusstsein von ihnen bildet. Bei dieser Bewusstseinsbildung treten nun in einem Zeitalter der Empfindsamkeit wie dem 18. Jahrhundert ganz selbstverständlich Gefühle, Seelenregungen, Wertungen, Grundüberzeugungen zu dem empfundenen Sinneseindruck hinzu und werden in der Verarbeitung integraler Bestandteil des Sinneseindrucks, der beeindruckt, wie das Wort in seinem ursprünglichen Sinn ganz richtig sagt.

Der Vorbehalt, den man nun gegen die Anwendung dieser Psychologie auf die Entstehung von Dichtung äußern kann – und Coleridge hat das in seiner *Biographia Literaria* getan –, ist folgender: Die Imagination dieser Beschreibung bedarf immer eines Sinneseindrucks als ersten Auslösers, ist somit an ein konkretes Naturerlebnis zumeist gebunden, das vor dem geistigen und sinnlichen Auge erneut ersteht. Sie lebt also aus der Erinnerung und ist Erinnerungsinhalt, angereichert und veredelt durch das Wieder-Erinnern (*memory*), sie ist aber nicht freie imaginative Schöpfung, die der Geist des poetischen Genies aus dem Nichts schafft. Coleridge nennt sie deshalb nur »a mode of memory emancipated from the order of time and space« und kritisiert ihr Verhaftetsein an »fixities and definites« (*Biographia Literaria*, Kap. 13). Dass Wordsworth in ihr dennoch Werke großer künstlerischer Überzeugungskraft schuf, hat Coleridge weniger zu würdigen gewusst, wenn er dessen Muse *fancy*, nicht aber *imagination* nennt.

Aus der großen Zahl von Dichtungen eines langen Lebens können hier nur wenige Werke näher betrachtet werden. In gewisser Verbindung zu Blakes Gegenüberstellung von *innocence* und *experience* steht Wordsworths bekannte Ode mit dem Untertitel »Intimations of Immortality from Recollections of Early Childhood« (1802/07). Dies ist insofern der Fall, als er hier den paradiesartigen Zustand der Kindheit rühmt, dem gegenüber das Erwachsenwerden mit dem Gefühl eines Verlustes verbunden ist. Für Wordsworth selbst ist dies Anlass, über den zunehmenden Schwund seiner visionären Gestaltungskräfte beim Heranwachsen zu klagen, den er als »ein Stück existenzieller Tragik« bezeichnet (Standop/Mertner). Der Verlust durch die Preisgabe der Kindheit ist für ihn der Verlust einer Präexistenz der Seele in der göttlichen Harmonie, ähnlich wie es die platonische Tradition lehrt. Das Kind ist wegen seiner großen Nähe zum Urgrund des Seins (Str. 8 und 9) der wahre Prophet, Künder der Dinge und Philosoph. Der Trost für den Erwachsenen, um den es bei den künstlerischen Schöpfungen Wordsworth' immer in der einen oder der anderen Weise geht, ist die Verbundenheit mit der Natur und die philosophische Denkweise (*philosophic mind*).

Von der oben genannten Dichtungstheorie kündet das beliebte, relativ kurze Gedicht »I wandered lonely as a cloud« (1804/07), oft in Anthologien auch »The Daffodils« (»Die Osterglocken«) genannt. Hier wird der Eindruck eines großen Feldes voller Osterglocken (die in England oft schon im Januar oder Februar zu blühen beginnen) zum Thema: »Ten thousand saw I at a glance« (Z. 11), »I gazed – and gazed – but little thought« (Z. 17). In der letzten Strophe spricht er dann in schlichten Worten das an, was er »emotion recollected in tranquillity« nennt:

> For oft, when on my couch I lie
> In vacant or in pensive mood,
> They flash upon that inward eye
> Which is the bliss of solitude;
> And then my heart with pleasure fills,
> And dances with the daffodils.

In »Composed a Few Miles above Tintern Abbey« (1798), das Schlussgedicht der *Lyrical Ballads*, das in einem Zug und damit relativ rasch geschrieben wurde, um noch in die *Lyrical Ballads* aufgenommen werden zu können, ist diese

Verbundenheit mit der Natur sehr viel weiter ausgestaltet. Wordsworth geht es in ihm darum, zu zeigen, in welcher Weise der Sinneseindruck, den Tintern Abbey fünf Jahre zuvor bei ihm hinterlassen hat, sich in der Zeit bis zur Schöpfung des Gedichtes auf seine ganze Persönlichkeitsbildung ausgewirkt hat. Er sagt in Strophe 2:

> I have owed to them
> In hours of weariness, sensations sweet,
> Felt in the blood, and felt along the heart;
> And passing even into my purer mind,
> With tranquil restoration: – feelings too
> Of unremembered pleasure ... (Z. 26–31)

Nun, da er sich dieser Erfahrung erinnert, erkennt er: »That in this moment there is life and food / For future years. And so I dare to hope« (Z. 64 f.). Auf diese Weise wird die Natur für ihn »all in all« (Z. 75). Natur und Dichtung (»the language of the sense«, Z. 108) werden so für ihn zum

> [...] anchor of my purest thoughts, the nurse,
> The guide, the guardian of my heart, and soul
> Of all my moral being. (Z. 109–111)

In der Betrachtung der Natur ergibt sich eine trance-ähnliche Abgehobenheit der Sinne. »[The] breath of this corporeal frame / And even the motion of our human blood / Almost suspended, we are laid asleep / In body, and become a living soul. [...] We see into the life of things« (Z. 43–46, 49). Es ist daher nicht verwunderlich, dass Wordsworth am Schluss des Gedichtes von sich in gleichsam religiöser Terminologie als einem »worshiper of Nature« (Z. 152) und von seinem Verhältnis zur Natur »with far deeper zeal / Of holier love« (Z. 154 f.) spricht. In dieses Erlebnis schließt er seine Schwester Dorothy ein, ist sie doch hier und an anderen Stellen enge Teilhaberin seiner Empfindungen.

Bei Gedichten der *Lyrical Ballads* handelt es sich nur um wenige Balladen im echten Wortverständnis wie etwa in »Lucy Gray«, das im Balladenstil den Tod der Lucy besingt, die sich im Schnee verirrt und von einigen als Geist »upon the lonesome wild« (Z. 60) gesehen wird, der »a solitary song / That whistles in the wind« (Z. 63 f.) singt. Natürlich ist mit Coleridges großem Gedicht »The Rime of the Ancient Mariner« eine hervorragende Kunstballade im altertümlichen Stil in der Sammlung vorhanden. Wordsworth behandelt in *Lyrical Ballads* aber auch Themen des einfachen Volkes mit sensationellem Charakter: Die Kindsmörderin (»The Thorn«), die verlassene Frau (»The Mad Mother«), das geisteskranke Kind (»The Idiot Boy«) – Themen, die nach klassizistischem Geschmack für die Lyrik tabu sind. Das häufig zitierte Gedicht »The Solitary Reaper« thematisiert den gälischen Gesang des schottischen Hochlandmädchens, den der Sprecher nicht versteht, der aber auf wundersame Weise das ganze Tal ausfüllt (Z. 6–8). Er sinnt über den Gesang nach:

I listened, motionless and still;
And, as I mounted up the hill,
The music in my heart I bore,
Long after it was heard no more. (Z. 29–32)

Wordsworths »Ode to Duty« (1804/07) ist Thomas Grays »Ode to Adversity« nachgestaltet, die ihrerseits auf eine Ode des klassischen Dichters Horaz zurückgeht. Er apostrophiert *Duty* in der ersten Zeile als »Stern Daughter of the Voice of God« und bittet sie nach Odenart um ihre Hilfe: »I supplicate for thy control« (Z. 35) sowie »I myself commend / Unto thy guidance from this hour« (Z. 50 f.) und schließt mit der Bitte: »Give unto me … / The spirit of self-sacrifice … And in the light of truth thy Bondman let me live!« (Z. 53 f. und 56).

Unter den Sonetten Wordsworths ist das bekannteste

»Composed Upon Westminster Bridge, September 3, 1802«, das in bemerkenswerter Weise mit der Form des Sonetts dadurch verfährt, dass es Impressionen, Blicke des Dichters auf die Stadt bei Sonnenaufgang aneinanderreiht. Die erste Zeile setzt eine These, die im Folgenden an den verschiedenen Eindrücken als richtig erwiesen wird. Das lyrische Ich ist über diesen Anblick und den Eindruck der Ruhe, der von der Stadt (wohlgemerkt nicht in erster Linie von der Natur) ausgeht, tief ergriffen:

> Never did sun more beautifully steep
> In his first splendour, valley, rock, or hill;
> Ne'er saw I, never felt, a calm so deep! (Z. 9–11)

Der Abschluss des Gedichts greift ob dieser Stille in metaphysische Bezüge aus, wie das für Wordsworth charakteristisch ist:

> Dear God! the very houses seem asleep;
> And all the mighty heart is lying still!

Zu den politischen Gedichten gehört auch das Sonett »London 1802«, das mit einem Anruf an John Milton und der Bitte um innere Erneuerung durch seinen dynamischen Geist im Oktett einsetzt. Das Sextett preist in überschwänglicher Metaphorik die Kraft des großen puritanischen Dichters. Den Abschluss des Gedichts bilden die letzten drei Zeilen, in denen der Autor auf die für ihn so erstaunliche Demut Miltons hinweist:

> So didst thou travel on life's common way,
> In cheerful godliness; and yet thy heart
> The lowliest duties on herself did lay.

In Wordworths Händen wird das Sonett zur lyrischen Übermittlung einer ganzen Reihe unterschiedlicher Themen herangezogen, wie z. B. die Titel »It is a beauteous evening«, »The World is too much with us, Mutability«, »Surprised by Joy« und sogar »Steamboats, Viaducts, and Railways« (1833/35), in dem er die neue Technik freundlich begrüßt, beweisen.

In seinen *Poems Dedicated to National Independence and Liberty* ragt das Sonett 23, »Vanguard of Liberty, ye men of Kent« hervor, das die Männer von Kent, wo man die Invasion der Insel durch Napoleon befürchtete, zu patriotischem Widerstand anfacht. In seinem gleichsam epigrammatischen Abschluss im letzten Terzett wird diese Begeisterung besonders deutlich:

> No parleying now. In Britain is one breath;
> We all are with you from shore to shore; –
> Ye men of Kent, 'tis victory or death!

Interessant sind auch Wordsworths *Ecclestical Sonnets* (1821), insbesondere die Sonette über die Kathedralen Englands.

Samuel Taylor Coleridge (1772–1834) stammt, wie die meisten Dichter der Romantik, ebenfalls nicht aus der Oberschicht der englischen Gesellschaft. Wie Wordsworth verbrachte auch er einige Zeit in Deutschland, wo er sich den philosophischen Idealismus erschloss, der damals das Denken beherrschte und dem sowohl seine Dichtung als auch seine Poetik in *Biographia Literaria* in mancher Hinsicht verpflichtet ist. Dem Phänomen der Französischen Revolution und sodann Napoleon im weiteren Sinne des Wortes ist wohl Coleridges ausgesprochene Beweglichkeit zuzuschreiben. Mit seinem Freund Robert Southey engagiert er sich für eine Art Kommune, die er und andere unter dem Titel *Pantisocracy* (›gleiche Herrschaft aller‹) in Amerika gründen will. Das geplante Experiment scheiterte bei der Einschiffung in Portsmouth.

Ist Wordsworth vielleicht eher statisch veranlagt, so

kennzeichnet Coleridge eher die Dynamik, und das Streben nach dem Infiniten jenseits von Raum und Zeit, wie z. B. aus seinem bekanntesten Gedicht »The Rime of the Ancient Mariner« (1797/98) hervorgeht. Im Gegensatz zu Wordsworth bedarf es in seiner Vorstellung von Dichtung nicht des Stimulus der äußeren, physischen Natur, sondern eher des Intellekts und seiner Gedankenwelt, die auch das Magisch-Mystische, ja sogar das Übernatürliche, einschließt. Dessen ungeachtet haben auch einige seiner Gedichte ganz privaten Charakter, beruhen also auf konkreten Lebensumständen wie etwa »Frost at Midnight« (1798), in dem er neben seinem Kind in der Wiege über dessen Zukunft und dabei auch über seine eigene Kindheit nachdenkt, oder in »Dejection: An Ode« (1802), das aus einem Brief an seine Liebe Sara Hutchinson hervorging und nach der Lektüre von Wordsworths »Immortality Ode« verfasst wurde. Coleridge hat auch sog. *conversation poems*, ein Erbe der Dichtung des 18. Jahrhunderts, geschrieben.

Die Zusammenarbeit mit Wordsworth im Lake District Englands, die in der gemeinsamen Publikation der *Lyrical Ballads* kulminiert, war nicht von langer Dauer. Die Vorstellungen von Dichtung und dem Nexus zur Natur waren zu unterschiedlich. Coleridge kam immer mehr zu der Überzeugung, dass er Wordsworth auf dessen Weg in die Assoziationspsychologie, der Abhängigkeit von einem ersten Naturerlebnis und der »emotion recollected in tranquillity«, nicht folgen konnte. Für Coleridge ist die Imagination nämlich ein Akt souveräner Schaffenskraft des Geistes, der aus dem Nichts die Empfindungen ins Leben ruft und der aus dem Infiniten, nicht aus der finiten Erfahrungswelt, schöpft. Der Akt des Wiedererinnerns an einmal gefühlte Empfindungen ist ihm daher eine zu schmale Basis für die Dichtung. Im Gegensatz zu Wordsworth kommt er in *Biographia Literaria* zu einer geradezu hymnischen Formulierung über das Wesen der Imagination, wenn er sagt:

> The primary IMAGINATION I hold to be the living power and prime agent of all human perception, and as a repetition in the finite mind of the eternal act of creation in the infinite I AM. (Kap. 13)

Schon 1801 verwirft er Hartleys Assoziationsphilosophie als zu eng. In Kapitel 14 kommt es dann zu der zentralen Definition der dichterischen Einbildungskraft:

> He [der Dichter] diffuses a tone and spirit of unity that blends and [...] *fuses*, each into each, by that synthetic and magical power to which we have exclusively appropriated the name of imagination. This power [...] reveals itself in the balance or reconciliation of opposite or discordant qualities: of sameness, with difference; of the general, with the concrete; the idea, with the image; the individual, with the representative; the sense of novelty and freshness, with old and familiar objects; a more than usual state of emotion, with more than usual order; judgment ever awake and steady self-possession, with enthusiasm and feeling profound and vehement; and while it blends and harmonizes the natural and the artificial, still subordinates art to nature; the manner to the matter; and our admiration of the poet to our sympathy with the poetry.

Diese Formulierung ist in vieler Hinsicht glücklich, hebt sie doch den Dualismus im Widerstreit von Gegensätzlichkeiten auf und antwortet sowohl auf die Bedürfnisse des Klassizisten wie des Romantikers, indem sie bewusst Formleistung mit ideeller Größe verbindet. Hinzu kommt, dass sie am Schluss andeutet, in welcher Weise von Geist und Seelenzustand des konzipierenden Dichters abzusehen und das Interesse auf die Dichtung selbst zu lenken ist – ein Thema, das in der zweiten Generation der englischen Romantiker, die Wordsworth eine zu große Beschäftigung mit sich selbst und seinen persönlichen Empfindungen vorwarf, prominent werden sollte.

Man hat Coleridge ein etwas zu großes Maß an Übersinnlichkeit vorgeworfen und von dunkler, in ihrem Aussageinhalt schwer zu erschließender Lyrik gesprochen. Coleridge hat dieses Gefühl sicherlich durch Dichtwerke wie »Kubla Khan, Or, a Vision in a Dream. A Fragment« (1797/1816) genährt, das von orientalischer Sinnlichkeit ist und angeblich unter dem Einfluss von Opium geschrieben wurde, den Coleridge selbst genau in einer Art Prosavorwort beschreibt. Man sollte vielleicht in dem Einfluss der Droge das Bestreben entdecken, sich mit ihrer Hilfe in höhere Bewusstseinszustände zu versetzen, ähnlich wie das Thomas DeQuincey (1785–1859) tat, um auf diese Weise neue Bereiche des Infiniten und eine wachere Geistigkeit des Emotionalen für die Lyrik zu erschließen. Auch »Christabel« (1797/1801/1816), ein unvollendetes Fragment, das man »a medieval romance of the supernatural« genannt hat, gehört zu diesen etwas hermetischen Werken.

Auf Coleridges großes Gedicht »The Rime of the Ancient Mariner« (1797/98) trifft der Befund des Geheimnisvollen und Übernatürlichen in Aussage und gedanklich-formaler Ausführung ebenfalls zu. Den Kritikern dieser Geisteshaltung könnte man mit einer berühmt gewordenen Definition von Dichtung generell antworten, nämlich dass diese, wie Coleridge in *Biographia Literaria* (Kap. 14) sagt, darin bestehe, »to procure for these shadows of imagination that willing suspension of disbelief for the moment, which constitutes poetic faith.« Man hat dieses Gedicht von über 600 Verszeilen, im archaischen Stil der alten Balladen und im vierzeiligen Balladenmetrum verfasst, gepriesen, da es im Sinne der obigen Imaginationsbeschreibung des Autors Gegensätzliches verbindet, Natürliches in Übernatürliches fügt und bewusste dichterische

Formkunst mit den Mitteln volksmäßiger Inspiration zu einem Werk hoher Suggestivkraft verschmelzen lässt.

Die Handlung des »Rime of the Ancient Mariner« beginnt in einem realistischen Rahmen: Ein ruhelos umherwandernder alter Seemann hält einen Hochzeitsgast vor dem Betreten des Hochzeitsraums durch seinen magnetischen, wirren Blick auf, versetzt ihn und damit den Leser in eine Art Trance und erzählt in diesem Rahmen die bewegende Geschichte seines Lebens, wobei das Gedicht den Rahmen im Verlauf der Darlegung immer wieder ebenso wie am Schluss einblendet, um die Wirkungsweise der Worte zu verdeutlichen. Die Geschichte des Alten lässt sich so zusammenfassen:

Der namenlos bleibende Seemann, mit seinen Kameraden in die See im Bereich des Südpols geraten, erschießt in einer unerklärlichen Laune einen Albatros, den Boten des Guten und der Zuversicht. Die übrigen Seeleute führen die daraufhin einsetzende Windstille und Bewegungslosigkeit auf diese sinnlose Tat zurück und hängen dem Mann den toten Albatros zur Strafe um den Hals. Die Mächte des Übernatürlichen greifen nunmehr in das Geschehen ein: Ein Geisterschiff nähert sich, auf dem die allegorischen Figuren Tod und Leben-im-Tod um die Mannschaft würfeln. Alle müssen daraufhin sterben mit Ausnahme des *Mariner*. Ihm aber bleiben die entsetzliche Einsamkeit, der starre, auf ihn gerichtete Blick der Toten, die stumme Anklage und die Verfluchung durch die Kameraden.

Der Wendepunkt ergibt sich in einer inneren Regung des Seemanns: Die um das Schiff sich tummelnden Wasserschlangen lassen trotz ihrer Hässlichkeit in ihm eine tiefe Liebe zu Gottes Schöpfung aufkommen, so dass er die Tiere spontan segnet. Die Folgen dieses Geschehens sind vielfältig. Der Albatros fällt vom Hals des Mannes ab und versinkt im Meer, das Schiff bewegt sich, bedient von der zu geisterhaftem Leben erweckten Mannschaft. Zu Hause angekommen, geht das Schiff unter. Wiederum überlebt nur der Protagonist der Handlung. Zur Strafe muss er jedoch rastlos umherwandern und immer wieder seine Geschichte erzählen. Er trägt auf diese Weise allmählich seine Schuld ab und gibt damit ein Beispiel für die Liebe des Menschen zu allen Geschöpfen und die Ehrfurcht vor ihnen.

Diese Geschichte hat viele Quellen: exotische Südseegeschichten, die Sagen vom Totenschiff wie in Wagners *Fliegendem Holländer* und vom ewig umherwandernden Juden, den Typus der Bekehrung nach Schuld und nunmehr Sühne, das Gewissensmotiv, die Heiligkeit der Schöpfung und aller Geschöpfe, die Suggestivkraft des Magisch-Mystischen, die auch das Leben des realistisch denkenden *wedding-guest* verändert, denn »He went like one that hath been stunned / And is of sense forlorn: / A sadder and a wiser man, / He rose the morrow morn« (Z. 622–625).

Es ist bemerkenswert, dass der Albatros, dessen allegorische Auslegung man als Sieg des Verstandes über das Gefühl bezeichnen könnte, unter dem Einfluss des bekannten Gedichts des französischen Symbolisten Charles Baudelaire (1821–1867), »L'albatros« (1859), zum Symbol des romantischen Geistes in Europa wurde. Die Deutung, nach welcher man in dem Albatros, dem »Sturmvogel«, ein Zeichen für die erlösende Kraft Christi erblickt, ist vielleicht eher entfernt zu veranschlagen, wiewohl religiöse und metaphysische Bezüge dem Gedicht keinesfalls abzusprechen sind. Auch die biographische Deutung (der Tod des Albatros als Ausdruck der Depression und der verlorenen Selbstachtung des Dichters) ist erwogen worden. Szenen von grässlicher Schaurigkeit und elementarem Unglück, das auch Unschuldige erfasst, steigern die Tat des *Mariner* zu einem Akt des metaphysischen Bösen und entsprechen in ihrem abrupten, erklärungslosen Hervorbrechen vortrefflich dem Geist der alten Balladen. Die Formmittel der Wiederholung, der Variation eines Gedankens, die archaische Einfärbung des Wortschatzes und die zahlreichen klanglichen Entsprechungen verleihen der Thematik packende und beeindruckende Kraft.

Coleridge ist der englische Romantiker, der ähnlich wie nach ihm John Keats die Lyrik der Folgezeit am meisten vorgeprägt hat. Sein intellektueller und zugleich ästhetisch überzeugender Zugang zur Dichtung hat ihn zu einem Wegbereiter des späteren Symbolismus gemacht. Seine Wirkung auf Edgar Allan Poe (1809–1849), den großen amerikanischen Lyriker des 19. Jahrhunderts, ist unumstritten. Unumstritten ist auch die Tatsache, dass mit der Rezeption des Poe'schen Ästhetizismus in Frankreich Grundüberzeugungen Coleridges in die europäische und auch die weltweite Literatur Eingang fanden und ihrerseits dann den englischen Ästhetizismus eines Oscar Wilde (1856–1900) oder William Butler Yeats (1865–1939) mitprägten.

Der Romantiker Robert Southey (1774–1843) trat in seiner Zeit als Balladendichter hervor, ist aber heute weniger bekannt. Seine Gedichte enthalten eine makabre Mischung aus Elementen des Schauerromans der Zeit und des Humors wie etwa in »Bishop Hatto«, das die Sage vom Mainzer Erzbischof und dem Binger Mäuseturm thematisiert. Southey, von einem Anhänger zu einem dezidierten Gegner der Französischen Revolution gewandelt, war seit 1813 *poeta laureatus* (offizieller Hofdichter, eine Einrichtung, die bis zum heutigen Tag besteht). Als solcher wurde er für die zweite Generation der Romantiker zum Vertreter der sich etablierenden Reaktion. Byron betrachtete ihn als besonders verabscheuungswürdig.

Die zweite Generation der Romantiker

George Gordon, Lord Byron (1788–1824) gehört als einziger der englischen Romantiker der Oberschicht an, auch wenn er eher durch Zufall zu einem Lord mit Sitz im Oberhaus wurde. In seinem Werk tritt das klassizistische

Erbe in Form von Ironie und Satire wesentlich stärker als bei irgendeinem anderen Romantiker zu Tage.

Die klassizistische Autorität seiner Zeit, die *Edinburgh Review*, die schon Wordsworth scharf kritisierte und lächerlich zu machen versuchte, kritisiert auch seinen ersten Gedichtband *Hours of Idleness* (1807) in harschem Ton. Er antwortet mit einer Satire dieser Zeitschrift im Stile Popes, *English Bards and Scotch Reviewers* (1809). Auch in einigen seiner Gedichte, die ihn persönlich betreffen, z. B. in seinen Epigrammen, hält er die ironisch-satirische Stillage. Der romantischen Empfindungsfähigkeit näher stehen Gedichte wie »She walks in beauty« (1810/12), »When we two parted« (1815) oder »So, we'll go no more a roving« (1817), wenn auch hier keine überfließenden Gefühle zum Ausdruck kommen. Byron ist eher ein Meister der indirekten, oftmals auch, wie gerade am Gedichtabschluss, drastisch wirkenden Dichtkunst, die auch Sarkasmus und Selbstironie einschließt. Er ist Mann von Welt, Liebling der Londoner Gesellschaft, unglücklich verheiratet, hat trotz seines Klumpfußes zahlreiche Liebschaften, macht im Parlament als extremer Liberaler von sich reden, indem er für Freiheiten und soziale Belange eintritt, man sagt ihm ein Verhältnis mit seiner Halbschwester und sogar homosexuelle Beziehungen nach, so dass er sich schließlich 1816 gezwungen sieht, das Land zu verlassen. Er führt ein unstetes Leben in Italien und engagiert sich schließlich ernsthaft im griechischen Unabhängigkeitskampf, indem er die Griechen mit all seiner Kraft unterstützt. Von diesem Engagement kündet sein Gedicht »January 22nd. Missolonghi. On this day I complete my thirty sixth year« von 1824, seinem Todesjahr.

In allen seinen Werken und in der Art seiner Lebensführung hat Byron einen Menschentypus kultiviert, den man als den typischen Menschen der Romantik bezeichnet hat: den *Byronic hero*, nach französischer Lesart *le beau téné-*

breux. Er ist ein in seinem Inneren verwundeter Mensch, der seinen Schmerz oder auch das Bewusstsein einer nicht tilgbaren Schuld überspielt und bestenfalls in seiner gefassten, melancholischen Miene indirekt offenbart. Er ist schön, wegen seiner Traurigkeit und des Geheimnisses, das ihn umwittert, höchst attraktiv und der Liebling der Frauen. Er ist zu edlen, tiefen Gefühlen ebenso wie zu brutaler Grausamkeit und zu Sarkasmus fähig. Er hat etwas vom Prototypen des Schauerromans und wirkt oftmals unheimlich, abweisend und kalt. In den Frauen provoziert er den Drang, ihm zu helfen. Er ist freiheitsliebend, ungebunden, rebellisch und revolutionär in seiner Gesinnung; er passt vorzüglich in die etwas lose Gesellschaft der *Regency* (1811–20, die Zeit des Prinzregenten George, der nach dem Tod seines geistig umnachteten Vaters George III. als George IV. den Thron bestieg). Der Typus des *Byronic hero* hat ebenso wie Byrons Erzählwerke und sein Leben vielfältig auf die europäische Literatur eingewirkt. In der englischen Erzählliteratur ist die überzeugendste Verkörperung dieses Menschentyps Heathcliff in Emily Brontës Roman *Wuthering Heights* (1847), aber auch Mr. Darcy in Jane Austens Roman *Pride and Prejudice* (1813) hat in milderer und gesellschaftlich domestizierter Form Züge des *Byronic hero* – zumindest in der Sympathielenkung des Lesers und in den Augen Elizabeths.

Childe Harold's Pilgrimage (1818; *child* hat die mittelalterliche Bedeutung ›Knappe‹), in der neunzeiligen Spenser-Strophe und in Spensers Diktion mit dem abschließenden, zu pointierter Formulierung einladenden Couplet verfasst, ist eine Art Reisebericht und stellt uns einen solchen *Byronic hero* vor. In gewisser Weise intendiert Byron mit diesem Werk quasi eine Autobiographie, denn in der Manuskriptversion der ersten zwei *Cantos* (›Gesänge‹, wie im Epos) heißt der Titelheld *Childe Burun*, und *Burun* ist die frühe Form seines eigenen Familiennamens; im vierten Canto gibt Byron dann auch die *dramatis persona* auf und spricht offen von sich als »I«. Goethe sprach in Bezug auf *Childe Harold* von »Keckheit, Kühnheit und Grandiosität«, zollte aber dem romantischen Menschenbild, das Byron vertritt, uneingeschränkten Beifall. In der Figur des Manfred und in dem poetischen Drama dieses Namens (1817) begegnet uns wiederum dieser Menschentypus, nunmehr in einer Faustischen Gestalt, in der der Mensch in extremer Situation und im Griff des metaphysischen Bösen vorgestellt wird. In *Don Juan* (1818–24) legt Byron eine epische Satire im Stil Popes, Swifts, Voltaires oder Sternes vor, die nach Canto 16 unvollendet abbricht. Die Satire auf die gesellschaftlichen Bedingungen Englands sowie der modernen Zivilisation überhaupt ist in den letzten Cantos, den sog. *English Cantos,* am stärksten. Die Verbindung mit den Liebesgeschichten des Don Juan wirft auch auf diesen ein bezeichnendes Licht. Freilich dient die Figur des Don Juan eher als Faden durch eine geistreiche Erzählung, die man als *social comedy* oder *poetical novel* im klassizistischen Stil bezeichnet hat. Goethes Übersetzung von Teilen dieses Werkes trug trotz des als anstößig empfundenen Werkbeginns zur Popularität des *Don Juan* in Deutschland und Europa bei.

Einen rebellischen Geist, allerdings gepaart mit platonischem Idealismus, hat auch Percy Bysshe Shelley (1792–1822), und zwar bereits in seiner Studienzeit. In Oxford veröffentlicht er 1811 ein Pamphlet mit dem Titel *The Necessity of Atheism*, das sich nicht mit dem hehren Motto der Hochschule *Dominus illuminatio mea* (»Gott der Herr ist meine Erleuchtung«) verträgt, weshalb er Oxford ohne Abschluss verlassen muss. Im gleichen Jahr überwirft er sich mit seinem Vater und brennt mit der 16-jährigen Wirtstochter Harriet Westbrook nach Schottland durch, wo er sie heiratet. Schriften wie *An Address to the Irish People* (1812), eine demokratisch gesinnte Schrift mit dem Titel *A Declaration of Rights* (1812), *The Revolt of Islam* (1818), und das Gedicht »The Mask of Anarchy«

(1819), das den Ruf nach einer proletarischen Revolution erstmals vorträgt, zeugen in der Folgezeit von seinem revolutionären Geist. Seine Verbindung zu dem Sozialrevolutionär und Vordenker des Anarchismus William Godwin (1756–1836) verstärkt sich durch seine spätere Beziehung zu Mary Wollstonecraft (1797–1851), Godwins Tochter und Autorin des Schauerromans *Frankenstein; or the Modern Prometheus* (1818). In der Tat teilt er eine Reihe von Ideen Godwins.

In den Bereich der lyrischen Sprachgestaltung gehört auch das poetische Schauspiel *Prometheus Unbound* (1820). Man hat seine mythischen Bestände im Sinne der heutigen Diktion als ›Psychodrama‹ bezeichnet, aber wegen seiner politischen Implikationen auch als politische Allegorie. Shelley thematisiert hier den klassischen Mythos von Prometheus, der entgegen der Weisung der Götter den Menschen das Feuer vom Himmel brachte und damit den Beginn ihrer Zivilisation setzte. Sein großer Gegenspieler ist Jupiter, dem Shelley, geschult an John Miltons *Paradise Lost*, wie viele Romantiker, Züge Satans verleiht und den er als großen Unterdrücker brandmarkt. Das zentrale Konzept dieses lyrischen Ideendramas ist die Befreiung, die für Prometheus gleichzeitig Vereinigung mit seiner Geliebten Asia ist; diese ist, neben ihrer Bedeutung als Erdteil Asien mit seinen seelisch-bewusstseinsmäßigen Konnotationen, auch als Allegorie des Geistes der Liebe zu verstehen. Das Werk, das den Typus des *poetic drama* oder des *lyric drama of ideas* in die englische Literatur einführt, hat bis in die Mitte des 20. Jahrhunderts hinein (Christopher Frys *Comedies of the Seasons*, Peter Shaffers *The Royal Hunt of the Sun*) die Imagination der Literaten beflügelt.

Diesem Drama, das laut Vorwort in Prometheus »the highest perfection of moral and intellectual nature, impelled by the purest and the truest motives to the best and noblest ends« darstellt, sind Grundzüge des dichterischen Bekenntisses Shelleys vorangestellt, die in *A Defence of*

Poetry (1821) weiter ausgearbeitet wurden. In dieser Poetik geht es um idealistische Literatur- und Kunstbewertung im Sinne Platos, aber auch des Renaissance-Apologeten Sir Philip Sidney. Die Dichtung ist folglich für ihn wichtiger als alle anderen Künste, da sie die geistige Natur des Menschen hervorhebt und seine edlen Impulse kultiviert. Es ist daher nicht verwunderlich, dass Shelley das Argument zu der Feststellung steigert: »Poets are the unacknowledged legislators of the world.« Die Rolle des Dichters ist es deshalb auch, »die verborgene Schönheit der Welt« sowie die Liebe, »das große Geheimnis der Sittlichkeit«, in seinen Werken aufzuzeigen und damit »poetry in an universal sense« vor Augen zu führen. Von hier aus ergibt sich mühelos die romantische Idee des Gesamtkunstwerks, das alle Mittel der Sinne zur Erzeugung sublimer Freude zusammenfügt. *Prometheus Unbound* besitzt in der Vereinigung von Handlung, Mythos, Bild und lyrischer Sprache mit Liedern und Gesängen diese Qualität, die seit der Elisabethanischen Zeit die Maskenspiele und sodann die Oper zu vermitteln im Stande war. Der Spätromantiker Richard Wagner hat das Gesamtkunstwerk in seinem musikalischen Schaffen ebenfalls angestrebt und dabei auch manche Engländer, wie etwa George Bernard Shaw (1856–1950), begeistert.

Zu Shelleys idealistischer Grundhaltung passen Gedichte wie das Frühwerk »Queen Mab« (1813), das Jantha, die Verkörperung der tugendhaften menschlichen Seele, als reinen körperlosen Geist in das Reich der Feenkönigin Mab einführt. Der zu starken Abstraktion wirkt hier der Geist des Lebens und der Tat (»Spirit of activity and life«) entgegen, der die Erde befreit und den Menschen Glück, Freiheit und Gesundheit bringt. Shelleys idealistische Grundhaltung machen auch Gedichte wie »Hymn to Intellectual Beauty« (1816) oder sein Werk über die dichterische Seele, »Alastor, or the Spirit of Solitude« (1816), deutlich. Die »Hymn« preist die Schönheit der Freiheit und die Liebe zu dieser in den allegorischen Figuren der Schönheit, der Liebe, der Hoffnung, der Selbstachtung. Ihre Sicherstellung ist ein dynamischer antithetischer Prozess und damit eher Aristoteles als Plato verwandt.

Zu edlen Ausbrüchen des Gefühls kommt es in dem Spätwerk »Adonais« (1821), dem Nachrufgedicht auf den Tod von John Keats. Shelley erkennt in Keats einen ihm verwandten Geist und macht ihn in bewegten Worten zum Träger seiner eigenen poetischen und metaphysischen Haltung, kaum ahnend, dass er ihm schon bald danach, 1822, in den Tod folgen wird.

Shelleys Leben war nicht ohne persönliche Tragik. Seine erste Frau Harriet hat sich das Leben genommen, die kleine Tochter aus der Ehe mit Mary Shelley starb, er selbst war bei schlechter Gesundheit und hatte Sorgen zahlreicher Art. In dieser Situation schrieb er seine Verzweiflung in »Stanzas Written in Dejection – December 1818, near Naples« nieder. Von der Fragwürdigkeit der Macht und Größe zeugt das Sonett »Ozymandias«. Ozymandias ist der griechische Name des großen altägyptischen Königs Ramses II. aus dem 13. vorchristlichen Jahrhundert. Das Gedicht führt am Beginn einen Reisenden ein, der in der ägyptischen Wüste »two vast and trunkless legs of stone« und daneben im Sand halb versunken »a shattered visage« liegen sieht. Am Fuß der zerbrochenen Statue findet er die Inschrift:

> My name is Ozymandias, King of Kings,
> Look on my Works, ye Mighty, and despair!
> Nothing beside remains. Round the decay
> Of that colossal Wreck, boundless and bare
> The lone and level sands stretch far away. (Z. 10–14)

Eine ausgesprochene Hochleistung der englischen Lyrik liegt in Shelleys »Ode to the West Wind« (1820) vor, das in fünf Teilen die Struktur des Dramas auch im gedanklichen

Aufbau imitiert und dessen Teile jeweils 14 Zeilen, die Länge eines Sonetts, haben. Shelley thematisiert in dieser Ode den Umschlag vom Sommer zum Herbst, wie er ihn bei Florenz an den Ufern des Arno mit dem Einsetzen von Sturm und Regen selbst erlebt hat. Die Struktur der Strophen 1 bis 3 beginnt jeweils mit der Anrufung des Westwindes, der eine Reihe von Preisungen seiner Gottähnlichkeit im Stile der Prädikation einer Ode folgen, bis der also begonnene Hauptsatz am Ende der Strophe mit der Anrufung »O hear!« zu Ende kommt. Dieses Gedicht ist von der großen Dynamik der Kraft des Windes bewegt, in ihr quellen die poetischen Bilder zur Beschreibung des Windes geradezu in Fülle hervor und orchestrieren das große Thema des wilden Geistes, der laut Zeile 14 »Destroyer and Preserver« zugleich ist, da er die reifen Samen, »Yellow, and black, and pale, and hectic red, / Pestilence – stricken multitudes« (Z. 4 f.), in ihr »dark wintry bed« (Z. 6) treibt,

[...] where they lie cold and low,
Each like an corpse within its grave, until
Thine azure sister of the Spring shall blow

Her clarion o'er the dreaming earth, and fill
(Driving sweet buds like flocks to feed in air)
With living hues and odours plain and hill: (Z. 7–12)

Tod, Schlaf und zu erwartendes neues Leben charakterisieren auch die 2. und 3. Strophe. Dabei thematisiert das abschließende Couplet dieser *English sonnets* jeweils die gewaltige Kraft des Windes:

Vaulted with all thy congregated night

Of vapours, from whose solid atmosphere
Black rain and fire and hail will burst: O hear!
(Z. 26–28)

> [...] while far below
> The sea-blooms and the oozy woods which wear
> The sapless foliage of the ocean, know
>
> Thy voice, and suddenly grow grey with fear,
> And tremble and despoil themselves: O hear!
> (Z. 38–42)

In diesem Gedichtteil fallen neben der Bildersprache die ausgeklügelte klangliche Gestaltung der Strophen und die zahlreichen Enjambements (*run-on lines*), Formelemente der enormen Bewegtheit des Tempos und der hervorquellenden Bilder, auf.

Mit Strophen 4 und 5 tritt erstmals das lyrische Ich in Erscheinung und zwar gleich zu Anfang (»If I were a dead leaf«, Z. 43) und mit relativ starker Insistenz im folgenden Gedichtkorpus. In dem Bedingungssatz der Zeile 43 ändert sich die Struktur der Strophe; die Strophe wird stärker argumentativ, auch wenn die innere Bewegtheit des Sprechers als seelische Energie nach wie vor präsent bleibt. Das Thema ist nun der intensive Wunsch nach Vereinigung des Selbst mit der Kraft des Windes und der eigene Schmerz:

> Oh! lift me as a wave, a leaf, a cloud!
> I fall upon the thorns of life! I bleed!
>
> A heavy weight of hours has chained and bowed
> One too like thee: tameless, and swift, and proud.
> (Z. 53–56)

Der Klimax in der 4. Strophe folgt der durch die erneute Anrede des Windes etwas ruhiger wirkende Schlussgedanke und der Höhepunkt des Gedichtes: die De-facto-Identität des lyrischen Ich mit der ungeheuren Dynamis des Windes durch das Gedicht, das Werk, das der Welt diese

Dynamis und ihre geistige Dimension der visionären Erneuerung im Frühjahr verkündet. Die Kunst ist der große Hoffnungsträger des lyrischen Ich, durch die es sich der Natur des Windes gleichgestellt fühlen kann:

> Make me thy lyre [...] (Z. 57)

> Be thou, Spirit fierce,
> My spirit! Be thou me, impetuous one!
>
> Drive my dead thoughts over the universe
> Like withered leaves to quicken a new birth!
> And, by the incantation of this verse,
>
> Scatter, as from an unextinguished hearth
> Ashes and sparks, my words among mankind!
> (Z. 61–67)

Die Kunst ist damit der große Tröster im Unglück. In ganz neuer Weise wird hier der klassizistische Gedanke der *imitatio* der Natur durch die Kunst begründet und die Kunst im Zusammenhang dieser Ode gleichsam geheiligt, da sie analoge Kraft zu der des Windes besitzt und der Sprecher sein Glück in ihr finden kann. Die rhetorische Frage am Schluss des Gedichts, »Oh Wind, / If Winter comes, can Spring be far behind?« (Z. 69 f.), bekräftigt diese Überzeugung und lenkt das Augenmerk auf die verheißungsvolle Zukunft.

John Keats (1795–1821) ist der jüngste Lyriker der englischen Romantik. Er starb im Alter von 26 Jahren an der damals noch unheilbaren Tuberkulose, an der er 1818 erkrankte und deren Verlauf ihm vom analogen Schicksal seines Bruders Thomas bekannt war. Seine Entwicklung vom ärmlichen Apotheker (1816) zum Dichter ist rasant und äußerst intensiv. Sie ist an drei Gedichtbänden 1817, 1818 und 1820 ablesbar. Keats steht zunächst unter dem Einfluss Wordsworths, den er aber bald als »egotistical sublime« (Brief von 1818) ablehnt, da ihm der Ausdruck des Persönlichen zu eng erscheint und er auch den Schmerz unerlöst und ohne Trost einer Philosophie oder einer dezidierten Ethik als Gegenstand der Dichtung aushalten möchte, um die Lyrik nicht auf eine Art Therapie zu reduzieren. Sein Ideal wird Shakespeare. Wollte man den Charakter von Keats' Dichtung beschreiben, so könnte man sagen, dass er ein Meister der stillen und ganz intim-privaten Töne ist, ohne dass er sich als Individuum kultiviert oder gar zum Ausdruck der Dichtung macht. Sein Empfinden ist äußerst fein, sein Ruhm ist in den Sonetten, den Oden und in den Briefen begründet, in denen er sich über seine Vorstellung von Dichtung und vom Dichter ausspricht, ohne eine *ars poetica* im Sinne Wordsworths, Coleridges oder Shelleys vorlegen zu wollen.

Die Briefe der Jahre 1817–20 enthalten zentrale romantische Ideen, aber auch Formulierungen, die weit in die Zukunft der Dichtkunst im 19. Jahrhundert verweisen. 1817 schreibt er:

> I am certain of nothing but of the holiness of the Heart's affections and the truth of Imagination – What the imagination seizes as Beauty must be truth [...] for I have the same Idea of all our Passions as of Love they are all in their sublime, creative of essential Beauty.

Bemerkenswert ist hier die Nennung der Empfindungen des Herzens in einem Zug mit der Wahrhaftigkeit und Werthaltigkeit der Imagination. Ferner, die Schönheit, das ästhetisch Schöne, das zugleich Wahrheit und Echtheit ist. Unübersehbar ist auch der Bezug zum Sublimen, das Keats als schöpferische Aktivität und existentielle Tätigkeit empfindet. Wir sehen hier den Ansatz des späteren Ästhetizismus des 19. Jahrhunderts vorgeprägt, aber auch die Feststellung Edgar Allan Poes, nach der Dichtung »rhythmical creation of beauty« ist.

Folgerichtig fährt Keats in demselben Brief fort: »[I] have never yet been able to perceive how any thing can be known for truth by consequitive reasoning«, womit er das heutige »consecutive reasoning«, das Denken nach logischen Schritten, das logische Denken, meint. Schließlich ruft er hier wenig später aus: »O for a Life of Sensations rather than of Thought!« Bei seiner Definition der »negative capability«, der gleichsam unbeteiligten Neutralität des Künstlers, die ihn berühmt gemacht hat, geht er in einem Brief desselben Jahres von dem Effekt wirklich großer Kunst aus: »[The] excellence of every Art is its intensity, capable of making all disagreeables evaporate, from their being in close relationship with Beauty & Truth.« Hier wird die Begeisterungsfähigkeit der Kunst angesprochen, das innere Bewegtsein im Sinne des *movere* bei Sir Philip Sidney und letztendlich bei Aristoteles. Was ist nun »negative capability«? Sie ist die Fähigkeit des Dichters, sich Ungewissheiten, Schwierigkeiten, Zweifeln auszusetzen, ohne sie durch die Logik, durch Fakten, durch Philosophien oder Ideologien wegerklären oder beseitigen zu wollen, damit sie einen nicht mehr so existentiell anrühren oder bedrücken:

> [S]everal things dovetailed in my mind, & at once it struck me, what quality went to form a Man of Achievement especially in Literature & which Shakespeare possessed so enormously – I mean *Negative Capability*, that is when man is capable of being in uncertainties, Mysteries, doubts, without any irritable reaching after fact & reason [...]

Und wieder spricht er in diesem Zusammenhang von dem ästhetischen Schönen und seiner Wirkungsweise in der Kunst: »[T]hat with a great poet the sense of Beauty overcomes every other consideration, or rather obliterates all consideration.« Die Verweiskraft auf die Form des ästhetisch Schönen, den späteren Symbolismus, den Ästhetizismus, ja sogar auf die *decorative art* des Jugendstils im ausgehenden 19. Jahrhundert, ist hier besonders stark, wie auch aus der starken Konnotation des Verbums *obliterate*, ›auslöschen‹, hervorgeht.

Ein weiteres Prinzip literarischer Kunst, das dann erst in der zweiten Hälfte des Jahrhunderts unter französischem Einfluss auch in England und sodann bei T. S. Eliot voll zum Tragen kam, ist bei Keats vorformuliert: die Betonung des *métier*, der Kunstfertigkeit, des Absehens von den persönlichen Problemen und der Psyche des Dichters, seinen Leiden und seinen Inhibitionen:

> A Poet is the most unpoetical of any thing in existence; because he has no Identity – he is continually in for – and filling some other Body – The Sun, the Moon, the Sea and Men and Women [...] (the) poet [...] is certainly the most unpoetical of all God's Creatures. (1818)

Schon vorher hatte er in demselben Brief ausgeführt:

> [T]he poetical Character [...] is not itself – it has no self – it is every thing and nothing – It has no character – it enjoys light and shade; it lives in gusto, be it foul or fair, high or low, rich or poor, mean or elevated. [...] What shocks the virtuous philosop[h]er, delights the camelion Poet. It does no harm from its relish of the dark side of things any more than from its taste for the bright one [...]

Das Bild des Dichters, der wie das Chamäleon die Farbe seiner Umgebung annimmt und mit dieser zu verschmelzen scheint, ist gut gewählt, denn auch der Dichter geht ganz in seinem Sujet auf, sieht von sich selbst ab. T. S. Eliot hat, hierin Keats folgend, noch deutlicher formuliert:

> [T]he more perfect the artist, the more completely separate in him will be the man who suffers and the mind which creates; the more perfectly will the mind digest and transmute the passions which are its material.

Kurz vorher sprach er in demselben Text, *Tradition and the Individual Talent* (1920), von dem Dichter, der dem Katalysator einer chemischen Reaktion gleicht, der selbst nicht Gegenstand des chemischen Vorgangs, sondern nur dessen Auslöser ist: Der Dichter ist nicht mehr als dieser Katalysator.

Aus dem obigen Zitat geht aber noch eine weitere Dimension von Dichtung hervor, die in hohem Grade modern ist, nämlich der Einschluss auch der »dark sides of things«, der nicht ästhetisch gefälligen Seiten der Existenz, selbst des Hässlichen oder Bösen. Auch diese Bereiche der Wirklichkeit gehören zu den Dingen, denen der Dichter als Medium Körper und Sprache verleiht. Keats hat auf diese Weise wesentliche Feststellungen über die Dichtung getroffen, die nach vielen Seiten offen sind und auf die Moderne verweisen.

In seinen Sonetten legt sich Keats äußerste Konzentration auf. Er bevorzugt die petrarkische vor der englischen Form. Für ihn ermöglicht die Sonettform den Ausdruck ganz privater Gefühle und Begeisterungen, wie etwa über die Entdeckung der Werke Homers in Chapmans ungelenker Übersetzung, bei der er sich wie der Eroberer Cortez vorkommt, als er als erster Europäer den Pazifik erblickt:

> [...] when with eagle eyes
> He star'd at the Pacific – and all his men
> Look'd at each other with a wild surmise –
> Silent, upon a peak in Darien. (Z. 11–14)

Von besonderer Musikalität ist das Sonett »Keen, fitful gusts are wisp'ring here and there« (1817), wobei in dem eher kolloquial angelegten Oktett insbesondere die Liquide *l* sowie die Reibelaute neben der Vokalharmonie und den Assonanzen hervorragen. Die Begeisterung des Sprechers während der abendlichen Wanderung leitet im Sextett über zu seiner Begeisterung über Miltons Elegie *Lycidas* und Petrarcas Liebe zu Laura. Die Schlusskraft des Gedichts ist auch in dem syntaktischen Parallelismus begründet:

Of fair-hair'd Milton's eloquent distress,
And all his love for gentle Lycid drown'd;
Of lovely Laura in her light green dress,
And faithful Petrarch gloriously crown'd.

Keats macht den ihn bedrückenden Gesundheitszustand und die Gewissheit des nahenden Todes durchaus auch zum Thema seiner Lyrik. Aber er vermeidet jede persönliche Klage und stellt dieses Thema in den allgemeinen Zusammenhang von Dichtung und Leben. In dem Sonett »After dark vapours have oppress'd our plains« (1819/20) blickt er im Oktett alsbald auf den »gentle South«, der den Schmerz wegfegt. Das lyrische Ich lässt auf die Nennung des Sommers im Sextett sozusagen impressionsmäßig die Bilder folgen, die sich dem Empfinden aufdrängen, an dessen Ende in der Klimax allerdings »a Poet's death« steht:

[...] as of leaves
Budding – fruit ripening in stillness – Autumn suns
Smiling at eve upon the quiet sheaves –
Sweet Sappho's cheek – a smiling infant's breath –
The gradual sand that through an hour-glass runs –
A woodland rivulet – a Poet's death.

Dieses Sextett stellt einen Höhepunkt in den lyrischen Möglichkeiten des Sonetts dar. Die Stille, die Fragmenthaftigkeit der einzelnen Sinneinheiten fügen sich zu einer ruhigen, unaufdringlichen Klimax im letzten Halbvers, die an einen ähnlichen Erfülltheitspunkt in »Ode to a Nightingale« erinnert, wo es heißt:

Now more than ever seems it rich to die,
  To cease upon the midnight hour with no pain, (Z. 55 f.)

Epigrammatischen Schluss im Couplet des im Stil des englischen Sonetts gearbeiteten Gedichts bietet »Bright star, would I were stedfast as thou art« (1819/20), dessen Oktett in Impressionen endet, die die »priestlike task« der inneren Reinigung thematisieren:

The moving waters at their priestlike task
  Of pure ablution round earth's human shores,
Or gazing on the new soft-fallen mask
  Of snow upon the mountains and the moors –

»My fair love« ist das Thema des Sextetts; ihr Lobpreis endet in dem Couplet:

Still, still to hear her tender-taken breath,
And so live ever – or else swoon to death.

Die großen Oden von John Keats wurden in der Zeit von 1819 bis 1820 verfasst. In ihnen hat er nicht nur die generelle Odenstruktur von Apostrophe, Prädikation und Bitte um Gehör zum Ausdruck gebracht. Er hat ihr vielmehr innere seelische Dynamik verliehen, indem die feinsten Empfindungen und Empfindungsumschwünge übermittelt werden und zugleich ein ganz personaler, intimer, nicht ein repräsentativer Ton angeschlagen wird, der jedoch nicht ins Persönliche abgleitet oder nur den Schmerz thematisiert. Die in zehnzeiligen Strophen verfasste »Ode to a Nightingale« beginnt ganz entgegen dem Odenstil mit dem Ausdruck eines persönlichen Gefühls: »My heart aches, and a drowsy numbness pains / My sense [...]« Auch der Beginn der zweiten Strophe erhält angesichts der Lungenerkrankung des Dichters und des Bedürfnisses nach erfrischendem, kühlendem Wein, am besten mediterraner Sorte (»full of the warm South«, Z. 15), eine persönliche Note:

> O, for a draught of vintage! that hath been
> Cool'd a long age in the deep-delved earth (Z. 11f.)

Assoziativ ist der Übergang von Strophe 2 zu Strophe 3 durch das Thema des »fade away« und des Vergessens der »weariness«, des Fiebers und der ungestillten Sorge (Z. 23); Strophe 4 setzt das Thema mit »Away, away!« (Z. 31) fort und lenkt die Reise zu ihrem Medium, der »viewless wings of Poesy« (Z. 33). Die Empfindungen, die hier aufkeimen, fesseln das lyrische Ich im Spiegel des Gesangs der Nachtigall zur Ekstase (»such an ecstasy«, Z. 58), in der der Tod, in Strophe 3 bereits apostrophiert, sich nun wie eine Erfüllung einstellen würde (»Now more than ever seems it rich to die«, Z. 55). Der Dichter ruft sich jedoch durch die konkrete Existenz seinerseits zum Leben zurück: »Thou [die Nachtigall] wast not born for death, immortal Bird!« (Z. 61). Indem der Sprecher seinen Gedanken und Assoziationen in dieser siebten Strophe nachhängt, drängt sich ihm das Thema des Vergessens, des gedankenverlorenen Sinnens (»in faery lands forlorn«, Z. 70) auf, das die Brücke zur letzten Strophe schlägt. Er wird in die Wirklichkeit zurückversetzt, »thy plaintive anthem [der Gesang des Vogels] fades« (Z. 75), und das Gedicht endet mit der verwunderten Frage:

> Was it a vision, or a waking dream?
> Fled is that music: – Do I wake or sleep?

Die »Ode on Melancholy« setzt mit einer vehementen Ablehnung des Todesgedankens ein, wobei die griechische Lethe, der Fluss des Vergessens im Hades, eigenartig mit gängigen Giften, die in der damaligen Zeit auch wirklich genommen wurden, kontrastiert:

No, no, go not to Lethe, neither twist
  Wolf's-bane, tight-rooted, for a poisonous wine
(Z. 1f.)

Der Umschwung weg von der Melancholie vollzieht sich genau in der Mitte des dreistrophigen Gedichts (Z. 15). Es folgt ab hier zunächst die Aufzählung von Dingen, die vom Todesgedanken wegführen (Z. 15–20). Wie der Sprecher jedoch allegorisch argumentiert, sitzt die Melancholie auch inmitten des tiefgründigsten Entzückens:

Ay, in the very temple of Delight
  Veil'd Melancholy has her sovran shrine (Z. 25f.)

In der Bildersprache verweist der Gedichtschluss indirekt auf die große Macht der Melancholie, und preist somit im Odenstil allerdings sehr entfernt die Melancholie als eine Art höhere Macht.

Vielleicht ist die »Ode on a Grecian Urn« die größte Leistung von Keats in dieser Gedichtform. Sie zeigt nämlich nicht nur das Interesse an den Darstellungen auf der klassischen Vase und thematisiert damit die antike Inspiration des Dichters, sie äußert sich auch zu dem Verhältnis von darstellender Kunst und Leben sowie literarischer Kunst. Der Dichter spricht die Vase und ihre Darstellungen schon in der ersten Zeile thematisch absichtsvoll an:

Thou still unravish'd bride of quietness

– absichtsvoll, weil der nicht mögliche Vollzug der Ehe, als Schändung hier bezeichnet, auf dem Bildfries der Vase nicht stattfinden kann, denn diese stellt den Moment dar, bevor der Kuss ausgetauscht wird. Deshalb wird auch der

Liebende getröstet. Da die Zeit in dieser Liebe keine Geltung hat, kann sie auch diese Liebe nicht verändern oder verfälschen:

> Bold lover, never, never canst thou kiss,
> Though winning near the goal – yet, do not grieve;
> She cannot fade, though thou hast not thy bliss,
> For ever wilt thou love, and she be fair! (Z. 17–20)

Auch die Natur ist in diese Zeitlosigkeit und Unwandelbarkeit miteinbezogen, denn sie ist nicht dem Wechsel der Jahreszeiten unterworfen. Die Liebe insbesondere ist in diesem Stadium der Dinge

> For ever warm and still to be enjoy'd,
> For ever panting, and for ever young;
> All breathing human passion far above (Z. 26–28)

Strophe 4 kehrt zur Aneinanderreihung von verwunderten Fragen wie in Strophe 1 zurück: Was ist das für eine Szene? Was für Menschen? Welcher Landstrich? Welches Gebirge? Was für eine Stadt?

Strophe 5 enthält den Schlussgedanken: Die Darstellung der zeitlosen Lebendigkeit, diese pastorale Szene, holt den Beschauer aus der Zeitlichkeit seines begrenzten Denkens heraus und lenkt das Augenmerk auf die Ewigkeit:

> Thou, silent form, dost tease us out of thought
> As doth eternity (Z. 44f.)

Der Gedankengang gipfelt am Gedichtende in der berühmt gewordenen Feststellung:

> "Beauty is truth, truth beauty," – that is all
> Ye know on earth, and all ye need to know. (Z. 49f.)

Aus den verschiedenen Interpretationen dieser Feststellung ragt das simple Faktum hervor, dass der höchste Grad an Schönheit auch der höchste Grad an Wahrheit ist. Ferner, dass die Ästhetik nicht zu trennen ist von dem sittlichen Gehalt, den sie übermittelt, ja sogar dass sie eo ipso Sinngehalt im edelsten Wortsinn ist. Daher verbietet sich ein Ästhetizismus, der sich nur in seinen Formmitteln erschöpfen und die Form vom Gehalt trennen würde – dies ist im Hinblick auf den Ästhetizismus der zweiten Hälfte des 19. Jahrhunderts und auch die richtige Interpretation des Werks von Oscar Wilde (1854–1900) und anderer Ästhetizisten wichtig, die dies übrigens ebenso sahen. Das große Dokument dieser Denkungsart ist Wildes Roman *The Picture of Dorian Gray* (1891).

Die Thematik der Oden von John Keats erhält eine umfassendere Dimension, wenn man sie in den Zusammenhang der poetischen Romanze *Endymion* (1818) von über 4000 Verszeilen stellt. Hier wird nämlich in antiker pastoraler Landschaft und mythologischer Gestaltung das Streben nach Liebe und Schönheit mit der Wahrheit und dem letztlichen Sinn des Lebens (»fellowship with essence«, I,779) gleichgesetzt. Die Schwierigkeit des lyrischen Ichs ist dabei das Grundproblem der Romantik. Denn Endymion hat das Bild vollkommener Schönheit geschaut, ist aber selbst natürlich sterblich und träumt von einem überirdischen, unvergänglichen Ideal. Dessen ungeachtet erfährt er in Buch II eine Art ekstatischer Vereinigung mit der dreifachen Göttin des Mondes. Diese führt ihn schließlich in Gestalt eines indischen Mädchens in die Welt der Unsterblichkeit, wo sich sein Sehnen verwirklicht. Bemerkenswert ist, dass dieses Glück erst erreicht wird, als Endymion »Glück und Frieden in der Bejahung der Realität zu finden glaubt« (ebd.). Die Forschung hat darauf hingewiesen, dass in diesem Werk durchaus nicht nur Vergeistigung angestrebt, sondern auch geradezu eine Fülle sinnlicher, erotischer Impulse gesetzt wird.

Sir Walter Scott (1771–1832), der Begründer des historischen Romans und gleichsam *der* schottische Dichter, ist auch wegen seiner Sammlung von Grenzballaden und eigenen Imitationen in ihrem Geist hervorgetreten. Er wuchs auf einem Bauernhof im sog. *border country*, dem Grenzgebiet zwischen England und Schottland, auf der schottischen Seite auf. Es ist dies die Region, in der die alten, spätmittelalterlichen Balladen im Wesentlichen entstanden und sich großer Beliebtheit erfreuten. Diese *southern lowlands* Schottlands sind reich an historischer Erfahrung, und Scott konnte als Kind noch Erzählungen von dem schottischen Freiheitskampf und der großen Schlacht bei Culloden 1745 hören, die nach Meinung vieler Schotten den Niedergang ihres Landes bis heute einleitete. Schon von früher Kindheit an las Scott besonders gern Balladen und dichterische Romanzen. Er begann seine Karriere als Literat durch Übersetzung von romantischen deutschen Balladen, die damals sehr populär waren. Es folgt seine Balladensammlung *Minstrelsy of the Scottish Border* (1802–03), in die er auch eigene Gedichte einfügte. Seine Versromanzen entstanden in der Zeit von 1805 bis 1815; die bekanntesten sind »Marmion« (1808) und »The Lady of the Lake« (1810). Dem Zeitgeschmack entsprechend hat Scott auch kürzere lyrische Gedichte in längere Verserzählungen oder auch in seine Romane eingefügt; diese basieren oft auf Balladen oder sind im balladesken Stil geschrieben, wie etwa »Lochinvar«, das sich in »Marmion« eingeschoben findet. Die Naturbeschreibungen in Gedichten wie »The Dreary Change« (1817) zeigt die Verpflichtung gegenüber der Landschaftsmalerei des 18. Jahrhunderts – »the painter's dye« (Z. 18) ist auch eigens genannt. Scott hat in diesen Gedichten und besonders in seinem Interesse an der Bewahrung des dichterischen Volksgutes der romantischen Idee von der dichtenden Volksseele und der Weisheit der populären Inspiration eigens Nahrung gegeben und gehört daher zu den großen romantischen Dichtern Großbritanniens.

Viktorianisches Zeitalter

Die frühe und die mittlere Phase

Die Lyrik des nachromantischen 19. Jahrhunderts wird von dem großen *poeta laureatus* nach Wordsworth (gest. 1850), ALFRED LORD TENNYSON (1809–1892), beherrscht. Andererseits ist die Lyrik der Zeit durch das Hervortreten zahlreicher Entwicklungen gekennzeichnet, deren Wortführer Tennyson nicht ist: der dramatische Monolog Robert Brownings, die präraffaelitischen Gedichte Dante Gabriel Rossettis, das Aufwerfen grundsätzlicher Fragen der Existenz bei Matthew Arnold, die *sprung rhythms* von Gerard Manley Hopkins, der Symbolismus und der Ästhetizismus des William Butler Yeats.

Alfred Tennyson entstammt einem anglikanischen Pfarrhaushalt, der mit vielen Problemen belastet war, somit also eher der mittleren Gesellschaftsschicht. Schon in Cambridge, das er ohne Studienabschluss verlassen musste, zeigte sich sein dichterisches Talent. Den Durchbruch zur Popularität erreichte Tennyson mit der Veröffentlichung von *In Memoriam* (1833, publ. 1850), der großen Elegie auf den Tod seines Studienfreundes, des jungen Lyrikers Arthur Henry Hallam (1811–1833). Die Wirkkraft dieses in 131 Sektionen verfassten Gedichtes beruht in der Auseinandersetzung mit Hallams Tod, aber auch in der Tatsache, dass sich im Verlauf der Erörterung des Themas Schmerz und Verzweiflung zu gefestigter Zuversicht wandeln. Dieses Phänomen erinnert unmissverständlich an die zentrale Idee des Gedichtes »Tintern Abbey« von William Wordsworth, in dem ebenfalls der hoffnungsvolle Ausblick am Gedichtende eröffnet wird. Tennyson schließt in *In Memoriam* mit einer Hymne an die immerwährende Gegenwart des Toten und den Gedanken der Unsterblichkeit.

Man hat den Gedichtbänden von 1832 und 1842 den Rang seiner besten lyrischen Gedichte zuerkannt. In ihnen treten zwei Inspirationen deutlich hervor: die klassische Antike und das Mittelalter. Zu seinen *hellenics*, den Ersteren, gehören »The Lotos-Eaters«, »Ulysses« und »Tithonus«. In den »Lotos-Eaters« bezieht sich Tennyson auf die *Odyssee* des Homer, Buch IX, Z. 82–97, wo die Griechen, ermüdet nach dem Kampf um Troja, ihre lange Reise nach Hause nicht weiter verfolgen und sich vielmehr der Ruhe und dem angenehmen, aber umdämmerten Leben der »Lotophagi« hingeben wollen, die in der Droge Vergessen und Ende ihrer Mühsal finden. Tennyson versteht es meisterhaft, den Quietismus der Lotos-Esser durch ausgeklügelte Lautmalerei, Assonanzen- und Reimtechnik zum Ausdruck zu bringen, insbesondere in den acht Strophen des *Choric Song* der Männer des Odysseus, der sozusagen den »glückseligen« Zustand der Droge vorwegnimmt. Als Beispiel mag Strophe 7 dienen:

How sweet – while warm airs lull us, blowing lowly –
With half-dropped eyelid still,
Beneath a heaven dark and holy,
To watch the long bright river drawing slowly
His waters from the purple hill – (Z. 134–138)

Solche Formulierungen übermitteln zweierlei: das Thema der Ruhe, jedoch in einer Ausdrucksweise, die insgeheim negative Konnotation signalisiert. »Lull us«, »half-dropped eyelid«, »a heaven dark and holy«, »the river drawing slowly« sind bei genauerem Hinhören keine angenehmen Dinge, ja, sie ziehen die Wohltat, die aus dem Gefühl der Ruhe erwachsen soll, in Zweifel. Die Bilder in der längsten achten Strophe (z. B. das Bild der indifferenten Götter) verstärken diesen Eindruck. Der Abschluss des Gedichtes kündet von einer ähnlichen, eher negativ gemeinten Aussage:

Surely, surely, slumber is more sweet than toil, the shore
Than labour in the deep mid-ocean, wind and wave and
oar;
O, rest ye, brother mariners, we will not wander more.

Was will der Dichter seinen Zeitgenossen in dieser Widersprüchlichkeit für eine Botschaft übermitteln? Er antwortet auf die Tendenzen zum Quietismus und zum Hedonismus in seiner Zeit. Großbritannien hatte damals in der nach-napoleonischen Zeit den Höhepunkt seines machtvollen Imperiums beinahe schon erreicht. Das Land prosperierte allenthalben. Kolonien und Industrialisierung brachten ungeahnte Reichtümer, ein Ende des Wohlstandes der mittleren und oberen Gesellschaftsschichten war nicht in Sicht. Es ist daher nicht verwunderlich, dass der Ruf nach Ende aller Mühen, Sicherung des Vorhandenen und generellem Genießertum laut wurde. Ihm erteilt Tennyson eine Absage, denn er bedeutet Inaktivität, Erschlaffung der Kräfte, Abbau und ganz entfernt Untergang in selbstgefälliger Ruhe.

In »Ulysses«, das Homers Thema (*Odyssee*, Buch IX, Vers 82–97) mit der Bearbeitung durch Dante Alighieri (1265–1321), *Inferno*, 26. Gesang, verbindet, hat Tennyson nach eigenen Angaben sein Bedürfnis »of going forward and braving the struggle of life« nach dem Tode Hallams aufgearbeitet. Odysseus kann hier nicht ruhen: »I cannot rest from travel; I will drink / Life to the lees« (Z. 6 f.), ferner:

How dull it is to pause, to make an end,
To rust unburnished, not to shine in use! (Z. 22 f.)

Es ist, so heißt es in Zeile 57, nicht zu spät, eine neue Welt zu suchen, selbst wenn man bis jenseits des Abendsterns segeln würde und gar einst auf den Inseln der Glückseligen, dem Jenseits nach griechischer Vorstellung, ankäme

(Z. 60f., 63). Es kommt darauf an, »To strive, to seek, to find, and not to yield« (Z. 70, Gedichtende).

In »Tithonus« – so der Name eines Prinzen von Troja, den die Göttin der Morgenröte, Eos, liebte und dem sie ewiges Leben, aber leider nicht ewige Jugend schenkte – beklagt der Titelheld wieder in einem von ihm selbst gesprochenen Monolog seine Unsterblichkeit:

The woods decay, the woods decay and fall …
And after many a summer dies the swan.
Me only cruel immortality
Consumes; I wither slowly in thine arms, (Z. 1, 4–6)

Er bittet um Erlösung: »Let me go; take back thy gift« (Z. 27), er spricht von »happy men that have the power to die […] Release me, and restore me to the ground« (Z. 70, 72).

Das bekannteste, neuerdings auch vertonte Gedicht thematisiert das Schicksal einer jungen Frau der Sagenwelt des König Artus, »The Lady of Shalott«. Die neunzeilige Strophe dieses Gedichts in vier Teilen mit insgesamt 19 Strophen besteht aus zwei Einheiten, das Reimschema ist *a a a a b c c c b*, es liegt somit eine Schweifreimstrophe vor. Die *b*-Reime sind sehr geschickt gewählt: Bis Strophe 8 bestehen diese nämlich aus den Wörtern *Camelot* – der mythische Sitz des König Artus – und *Shalott* – das Schloss der jungen Frau. *Camelot* suggeriert in der Tennyson-Zeit sofort die heimische mittelalterliche Ritterwelt, die auch an vielen anderen Stellen im Werk des Dichters eine wichtige Rolle spielt und in der er zentrale Themen der Zeit diskutierte. In Strophe 9 ersetzt der Name des in die Stadt einreitenden Ritters Lancelot das Wort Camelot, so dass in höchst signifikanter Weise für das Thema dieses Teils III des Gedichts *Lancelot* mit *Shalott* reimt. In Strophe 12 reimen dann noch einmal *Camelot* und *Lancelot*. In dieser Strophe bricht im wahrsten

Sinne des Wortes Lancelot, der hervorragende Ritter der Tafelrunde, in die Welt der Lady of Shalott ein. Wenn danach wieder bis zum Gedichtschluss die alten Reimwörter den »Schweif« der Strophe bilden, so zeigt dies die Verwobenheit der Lady in diese mittelalterliche Gedankenwelt, die dieser Liebe offensichtlich keinen anderen Ausweg als den Tod ließ, hierin Ophelia in Shakespeares *Hamlet* ähnlich. Die Welt der Lady ist eine verzauberte Welt, die sie nie verlässt und in der sie ein magisches Tuch (»magic web with colours gay«, Z. 38) webt, sich aber auch eines Fluches bewusst ist, der auf ihrer Existenz lastet. Dieser tritt laut Zeile 40 f. ein, »if she stay / To look down to Camelot«. Dieser Fluch wird nun Wahrheit durch das Eintreffen Lancelots. Er ist für die Lady *der* Typ des »knight in shining amour«, des strahlenden Ritters. Die Ballade zeigt in abrupter Weise, wie der sprichwörtliche *coup de foudre* zuschlägt und das Leben der jungen Frau »schlagartig« verändert:

She left the web, she left the loom,
She made three paces through the room,
She saw the water-lily bloom,
She saw the helmet and the plume,
  She look'd down to Camelot.
Out flew the web and floated wide;
The mirror crack'd from side to side;
"The curse is come upon me," cried
  The Lady of Shalott. (Str. 13)

Die kurzen Kola, die lange, unverbundene syntaktische Gleichläufigkeit des Aussagesatzes, die Plötzlichkeit der Bewegung, in der Inversion »Out flew the web [...]« sehr schön bezeichnet, der Aufschrei, all das thematisiert die Gemütsbewegung hervorragend und bereitet auf das schaurige Ende in dem danach beginnenden vierten Teil des Gedichtes vor. Wie in Trance (Z. 128) macht sich die

Lady für den Tod in dem Boot bereit (Z. 136f.). Ihr Gesang (Z. 143, 145–148) ist ein Todesgesang, die Ritter der Tafelrunde bekreuzigen sich beim Anblick der Toten und geraten in Furcht (Z. 166). Dieser Schock kontrastiert eigenartig mit der relativ flachen Reaktion Lancelots, die sich schon in seinem nichtssagenden Gesang »Tirra lirra« (Z. 107) angekündigt hatte. Von dieser Reaktion heißt es am Schluss des Gedichts:

> But Lancelot mused a little space;
> He said, "She has a lovely face;
> God in his mercy lend her grace,
> The Lady of Shalott." (Z. 168–171)

Einerseits sind Lancelots Worte der Situation unangemessen, andererseits spricht er das christliche Schlusswort über das Drama, das, so banal es klingen mag, doch Tiefgang besitzt.

Tennysons Beschäftigung mit dem Mittelalter beginnt früh. Er veröffentlicht 1842 das Gedicht »Morte d'Arthur«, das 1869 in den größeren Zusammenhang des Werkes mit dem Titel »The Passing of Arthur« (»Der Tod des Artus«) gestellt wird. Das Gedicht thematisiert die letzten Momente des Königs nach dem Kampf mit seinem verräterischen illegitimen Sohn Mordred, bei dem er trotz seines Sieges zu Tode verwundet zurückbleibt. Tennysons Gedicht schließt mit einer Elegie über die Welt des Artus und die Tafelrunde, denn der Sprecher ist davon überzeugt, dass nunmehr eine neue Zeit beginnt. Das Bild des sterbenden Artus, der sein Schwert Excalibur im See versenkt, wo es eine geheimnisvolle Hand empfängt, ist ein in der viktorianischen Zeit weithin bekanntes Sinnbild. Tennysons Bearbeitung mittelalterlicher Themen, zusammengefasst in zwölf Gedichten unter dem Titel *The Idylls of the King* (1891), übernimmt jedoch nicht einfach den alten Stoff, der von Lagamon über Sir Thomas Malory bis zu ihm selbst reicht, sondern stattet ihn mit Ornamentik nach dem Zeitgeschmack, mit Detailschilderung und psychologischem Realismus aus. Bekanntlich waren die Ideale der Artuswelt, aber auch ihre Probleme, wie etwa das Problem der Loyalität, zentrale Denkformen des Viktorianismus. Zahlreiche Literaten und Künstler, wie etwa auch die Präraffaeliten, haben in ihnen gedacht. Die großen Bauwerke gotischer Kunst waren in der Zeit wegen der Geistigkeit, von der sie kündeten, besonders beliebt, und man schuf Werke im neugotischen Stil, wie etwa das Parlamentsgebäude in Westminster. Es ist also nicht verwunderlich, dass auch Tennyson in Gestalt der mittelalterlichen Welt zeitgenössische Themen, wie etwa die Vergangenheitsbewältigung, die Einstellung auf eine neue Zeit, die Industrialisierung und die wissenschaftliche Forschung, in der Lyrik zum Thema macht. Tennyson träumt von einer Art Synthese aller Dinge unter dem Vorzeichen der alten Ideale des Ritters und des Gentleman, in der auch die literarische Kunst und der Künstler selbst harmonisch mit dem konkreten Leben, der Moral und der Wissenschaft zusammenwirken, der Künstler sich also nicht in den sprichwörtlich gewordenen Elfenbeinturm zurückzieht. Solche Gedanken äußert Tennyson in »The Palace of Art« (1842), seinem künstlerischen Credo.

Die große innere Erschütterung in Tennysons Menschenbild trat mit der Publikation der Evolutionstheorie durch Charles Darwin, *On the Origin of Species by Means of Natural Selection* (1859) und deren Anwendung auf den Menschen in *The Descent of Man* (1871) ein. Alle geistigen, sittlichen und religiös begründeten Ideale erschienen plötzlich fragwürdig oder gar falsch. Es folgte eine tiefgreifende Desillusionierung, die fortan Tennysons Werk charakterisiert. Andererseits sind die Dichter aufgrund ihrer Sensibilität jedoch auch in der Lage, kommende Entwicklungen vorauszuahnen und gedanklich vorwegzunehmen. Diese Fähigkeit besitzt auch Tennyson, so z. B. in dem Gedicht »Break, Break, Break« (1842), in dem der Gedichtbeginn kreisschlussartig am Ende (Z. 14 und 15) wiederkehrt und somit die Finalität der Verzweiflung deutlich macht:

> Break, break, break,
> On thy cold gray stones, O Sea! (Z. 1 f.)

Auch das bekannte Gedicht »Tears, idle tears, I know not what they mean« von 1847 geht dem Darwinismus voraus. In ihm ist die Grundstimmung die Trauer über den zerstörten Optimismus, *sad* ist sein Schlüsselwort, der Mensch ist, wie es am Schluss, Z. 19 f., heißt, »wild with all regret; / O Death in Life, the days that are no more!« Weltbekannt ist auch das etwa 900 Blankverse umfassende Gedicht »Enoch Arden« (1864). Sein Thema ist balladenartig; es berichtet, wie der lange verschollene und tot geglaubte Seemann Enoch Arden in sein Fischerdorf in East Anglia zurückkehrt, dort aber seine Frau glücklich mit seinem Rivalen verheiratet vorfindet. Enoch, von Kummer erfasst, stirbt bald, ohne dass er sich seiner Frau zu erkennen gab. Die Zeitgenossen schätzten die Sentimentalität seines anrührenden Selbstopfers und die Größe seines Schmerzes.

Ein weiteres, sehr bekanntes Gedicht aus Tennysons Feder ist »The Charge of the Light Brigade« (1854). In diesem Gedicht hat er der Erinnerung an ein trauriges Missverständnis im Krimkrieg (1854–56), einen fälschlich erteilten Angriffsbefehl, Ausdruck verliehen, durch den in sinnloser Weise 400 Mann der englischen Reiterbrigade fielen. Tennyson hatte einen entsprechenden Bericht darüber in der Zeitung gelesen und fühlte sich aufgerufen, darüber eine *ballad*, wie er sagt, zu schreiben. Balladenartig ist in der Tat die Struktur. Sie beruht auf der Schweifreimstrophe und ist dem Bau des Gedichts »The Lady of Shalott« nicht unähnlich. Die ersten drei Strophen haben gleichen Bau, wobei in der ersten Strophe Zeile 4 in Zeile 8 identisch wiederholt wird. In der zweiten Strophe wird in der Zeile 4 der Grund für den Vorfall lapidar genannt: »Someone had blundered« (Z. 12). Dieser Feststellung entspricht in Zeile 16 und 17 der zweite Bestandteil des »Schweifs«: »Into the valley of Death / Rode the six hundred«:

"Forward, the Light Brigade!"
Was there a man dismayed?
Not though the soldier knew
  Someone had blundered.
Theirs not to make reply,
Theirs not to reason why,
Theirs but to do and die.
Into the valley of Death
  Rode the six hundred.

In den Strophen 3 und 4 ist der abschließende »Schweif« auf drei beziehungsweise auf vier Verszeilen ausgeweitet, es bleibt jedoch in der letzten Zeile immer der Verweis auf »the six hundred«, die zum größten Teil tragisch in den Tod gehen mussten. Der 4. Vers »Volleyed and thundered« der 3. Strophe wird an identischer Stelle in der 5. Strophe wiederholt; Zeile 5 der 4. Strophe kehrt in der abschließenden 6. Strophe wieder. Das Thema »Death« und »hell« wird ebenfalls orchestriert: In der 1. Strophe begegnet es in Zeile 3 und 7, in der 2. in Zeile 16, in der 3. in Zeile 24 und 25, in der 5. in Zeile 46 und 47. Die letzte Strophe enthält einen elegischen Nachruf auf die Opfer.

Als letztes Werk aller seiner Gedichtsammlungen hat Tennyson das vierstrophige Gedicht »Crossing the Bar« (1889) bestimmt. *Bar* ist dabei als lange Anhäufung von Sand oder Steinen unter der Wasseroberfläche bei der Ausfahrt aus einem Hafen zu verstehen, womit das Bild des Verlassens des Lebenshafens für den Übergang in eine transzendente Welt im Tode gefunden, die Ausfahrt sowie das ganze Gedicht also symbolisch zu verstehen sind.

Symbolisch gemeint sind auch alle Einzelheiten der Beschreibung dieser Fahrt (»sunset and evening star, / And one clear call for me!«, Z. 1 f.; »drew from out the boundless deep«, Z. 7; »And may there be no sadness of farewell, / When I embark«, Z. 11 f.). Die Bildersprache gipfelt in der Hoffnung, Gott, »my Pilot«, »meinen Steuermann«, im Jenseits vorzufinden:

> I hope to see my Pilot face to face
> When I have crossed the bar. (Z. 15 f.)

Robert Browning (1812–1889) umspannt ähnlich wie Tennyson fast das ganze Jahrhundert; er gilt neben diesem als der bedeutendste Lyriker der viktorianischen Zeit. Er fühlt sich stark von Shelley und Keats beeinflusst und findet nach verschiedenen dramatischen Versuchen ohne viel Erfolg zu einer Form von Lyrik, die ihn im Jahrhundert auch als Erneuerer der Gattung bekannt machte: die Gedichtform des dramatischen Monologs, dem sich auch Tennyson in einigen Gedichten anzunähern versuchte. Der dramatische Monolog führt einen Menschen im Selbstgespräch oder im Monolog in einer als dialogisch postulierten Grundsituation in einem besonderen Moment seines Lebens vor. Er umreißt sein Wesen und seine Persönlichkeit in gleichsam imaginativem psychologischem Realismus, in dem auch Schattenseiten der Persona sichtbar werden. Gute Beispiele sind dafür die Gedichte »The Bishop Orders His Tomb at Saint Praxed's Church« (1845) oder das in vielen Anthologien aufgenommene Gedicht »My Last Duchess« (1842) mit dem Untertitel »Ferrara«, das im Folgenden näher betrachtet werden soll. Alfonso II., Herzog von Ferrara, zeigt seinem Besucher, mit dem er den Vertrag über eine erneute Eheschließung aushandeln will, ein Bildnis der jungen, schon nach drei Ehejahren verstorbenen Herzogin. Er enthüllt dabei seine Hartherzigkeit und Grausamkeit gegenüber der Frau, die er ermorden ließ – »I gave commands; / Then all smiles stopped together« (Z. 45 f.) –, weil sie ihre Freundlichkeit auch anderen Menschen außer ihm gegenüber zeigte. Der Herzog, ein gleichsam unerträglicher Macho, betrachtet die Frau nicht als einen ihm ebenbürtigen Menschen, sondern als ein nur auf ihn ausgerichtetes Besitztum. Die Liebe zwischen beiden bezeichnet er als »My favours at her breast« (Z. 25), sich selbst als »My gift of a nine-hundred-year-old name« (Z. 33). Zum Schluss lenkt der Herzog den Blick auf eine Bronzestatue, die, in für die Aussage des Gedichts signifikanter Weise, den Meeresgott Neptun darstellt, wie er ein Seepferdchen zähmt – wodurch die Unterdrückung der Frau durch den Mann symbolisch benannt wird. Geschickt wird die Gesprächs- und die Dialogsituation in dem 56 Zeilen umfassenden Gedicht immer wieder evoziert: durch Fragen, die der Sprecher dann selbst beantwortet, Redefüllsel, kolloquiale Ausdrücke, Anreden, Ausrufe, Zwischenschaltungen, Befehle (wie etwa die Aufforderungen »Will't please you sit and look at her?«, Z. 5, und »Will't please you rise?«, Z. 47, die das Gedicht einrahmen). In Brownings dramatischen Monologen entstehen über das konkrete Thema hinaus auch gleichzeitig Zeitbilder wie etwa in »The Laboratory« (1844) mit dem Untertitel »Ancien Régime« (die Zeit Ludwigs XIV. von Frankreich), oder in »Fra Lippo Lippi« (1853–55), über die italienische Renaissance und Kunsttheorie in Florenz. Die Symbolik des Weges und der Zielfindung ist eine der menschlichen Grundsituationen, die der Dichter in »Childe Roland to the Dark Tower Came« (1852–55) thematisiert. Der große Vorzug des dramatischen Monologs ist insgesamt die Authentizität des Sprechens und Erlebens, aber im Besonderen auch die unterschiedlichen Aspekte eines Sachverhalts, deren Summe erst die Wahrheit oder die Totalität der seelischen Erfahrung ausmacht. Die Lyrik kündigt hier den Perspektivismus, der durch Henry James im weiteren Verlauf des

Jahrhunderts für die Erzählkunst berühmt wurde, im Rahmen ihrer Mittel an.

Elizabeth Barrett Browning (1806–1861) ist nicht nur Robert Brownings große Liebe, sondern auch eine Dichterin eigener Statur, hatte sie sich in ihrer Zeit doch schon einen Namen gemacht, bevor sie mit Browning 1846 durchbrannte, ihn heiratete und sich mit ihm in Florenz niederließ. In ihrem Werk kristallisieren sich Themen des Viktorianismus: Erleichterung der Lage der Kinder (»The Cry of the Children«, 1843), die Armut, die Härten der gerade erst aufgehobenen Sklaverei, die den Vater, einen westindischen Pflanzer, reich gemacht hatte, der tyrannische Vater, der die Tochter zur Invalidin degradierte.

Elizabeth Barrett Browning wird heute im Wesentlichen aufgrund der Sensibilität geschätzt, die sie in dem Zyklus *Sonnets from the Portuguese* (1850) anhand des Themas der Liebe zu Robert Browning, ihrem späteren Mann, entwickelt. Der Titel des Werks erklärt sich daraus, dass Browning die Dichterin privat als »the Portuguese« bezeichnete. In diesen Sonetten erweckt Elizabeth Barrett Browning den Eindruck, die Gedichte seien Liebesbriefe Catarinas an Luis de Camões, den großen portugiesischen Dichter des 16. Jahrhunderts (1524–1580). Die Forschung hat ihr Präzision in der Handhabung des italienischen Sonetts bescheinigt. Das zentrale Empfinden ist das allmähliche Reifen der Liebe und das sodann sichere, späte Liebesglück, aber auch – hierin typisch viktorianisch – die Demut und die Sorge, des so tatkräftigen Geliebten, auch aufgrund der eigenen Invalidität, nicht würdig zu sein.

So gipfelt das Sonett »Say over again, and yet once over again«, in dem das lyrische Ich sich immer wieder der konkreten Existenz dieser Liebe versichern will, in der Bitte: »Say thou dost love me, love me, love me […] only minding, Dear, / To love me also in silence with thy soul« (Z. 12–14). Dem in seiner Bildersprache etwas präraffaelitisch anmutenden Oktett in dem Sonett »When our two souls stand up erect and strong« erteilt das Sextett eine Absage, indem es auf die konkrete irdische Liebe im Jetzt und Nun verweist, auch wenn die Gefahr der Dunkelheit und der Todesstunde diese Liebe umschließt: »With darkness and the death-hour rounding it« (Z. 14). Das Sonett »How do I love thee? Let me count the ways« zählt anaphorisch die Weisen auf, in denen der Geliebte von ihr geliebt wird. Eine dieser Weisen ist die Freiheit: »I love thee freely, as men strive for Right« (Z. 7). Die Reinheit dieser Liebe, in Zeile 8 geradezu im selben Atemzug mit der Freiheit betont, leitet in den Gedanken der Geistigkeit der Liebe über, die sich in einem zukünftigen Leben fortsetzen wird: »and, if God choose, / I shall but love thee better after death« (Z. 13 f.).

Die Autorin hat ihr Hauptwerk, *Aurora Leigh* (1857), die Lebensgeschichte einer Schriftstellerin, in über 11 000 Versen, als »novel in verse« bezeichnet. In ihr hat sie zentrale Themen der Zeit, wie etwa die soziale Verantwortung des Menschen, die Mission des Schriftstellers oder die Frauenfrage und -lage dichterisch verarbeitet. Es ist im Zeitrahmen des Viktorianismus nicht weiter verwunderlich, dass ihre politisch orientierten Gedichte *Poems Before Congress* (1860) weniger Anklang fanden.

In der Lyrik der sog. Präraffaeliten sticht das Werk Dante Gabriel Rossettis (1828–1882), der auch als Maler aufgetreten ist, besonders hervor. Als Sohn eines italienischen Patrioten und Professors für italienische Philologie, der sich 1824 in England niederließ, erlebt er die Spannung zwischen zwei Kulturen und versteht sich als Mittler italienischer Geistigkeit in England. Er war führendes Mitglied der sog. Pre-Raphaelite Brotherhood (1848), der nach Meinung einiger Kunstkenner einzigen genuin englischen Kunstbewegung. Ihr Ziel war es, in Malerei und Dichtung zu der Schlichtheit im Ausdruck der Gefühlstiefe und insgesamt zu der Spiritualität der Zeit vor Raffael (1483–1520), also zur italienischen Frührenaissance eines Giotto (um 1267–1337) oder Fra Angelico (1387–1455), insgesamt des florentinischen Quattrocento zurückzukehren. Sie protestierten damit gegen die an Raffael orientierte Ausrichtung der Royal Academy of Arts, der führenden Kunstakademie des Landes. Das Organ der neuen Kunstrichtung, *The Germ* (1850), erschien jedoch nur in vier Nummern. Die Reaktion der Viktorianer auf diese Kunstauffassung war eher ablehnend, führte sie doch von der Idealisierung des Zeitgeschmacks weg hin zur lebendigen und detaillierten Sicht der Natur, zu einer manchmal eigenartig fleischlichen Sinnlichkeit, die eher malerisch als lebensnah war und etwas süßlich, entfernt dekadent wirkte.

Dies ist auch die Wirkung, die von manchen Gedichten Rossettis ausgeht, deren Sinn für das Dekorative und die etwas zu starke gedankliche Ausarbeitung unverkennbar sind. Man hat ihm die Befangenheit in einer halb säkularen, halb religiösen Gedankenwelt, einen vagen Mediävismus sowie einen morbiden Spät-Romantizismus vorgeworfen. Das Empfinden der Vergänglichkeit und der Verzweiflung, aber auch das ideelle Denken kennzeichnen sein bekanntestes Gedicht, »The Blessed Damozel« (1846–50), das in vier Versionen vorliegt. Das Gedicht, in der Ausgabe der *Oxford Standard Authors* 144 Zeilen umfassend, kündet von der Sehnsucht nach Vereinigung des lyrischen Sprechers mit der toten Geliebten in einem platonisch-christlichen Jenseits, bei Gott, wo sich die *damozel* (aus mittellateinisch *dominicella*, ›die junge, unverheiratete Frau oder Geliebte‹) bereits befindet. Rossetti entwirft kühne, sozusagen präraffaelitische Bilder dieses Jenseits, wobei er sich auch von der Imagination des großen italienischen Dichters Dante Alighieri leiten ließ. Die junge Frau lehnt sich »from the gold bar of Heaven« (Z. 2) herab, »She had three lilies in her hand, / And the stars in her hair were seven« (Z. 5 f.). Wie aus der zweiten und der dritten Strophe hervorgeht, umgibt der Sprecher des Gedichts die junge Frau mit der Aureole einer Seligen und rückt sie in Symbolik und Bildersprache in die Nähe der Jungfrau Maria. In seiner ›Geographie des Himmels‹, in der sich mystische Vorstellungen mit konkreten in eigenartiger Weise mischen, entwirft er Bilder von großer visueller Kraft, die einerseits den Schmerz der Trennung, andererseits die Hoffnung auf eine ideale gemeinsame Zukunft bei Gott thematisieren – allerdings mit unverkennbarer Wehmut und Anwandlungen von Hoffnungslosigkeit. Die junge Frau, die der Dichter das glückliche Zukunftsbild entwerfen lässt, spricht vom Kommen des Geliebten:

> When round his head the aureole clings,
> And he is clothed in white,
> I'll take his hand and go with him
> To the deep wells of light;
> We will step down as to a stream,
> And bathe there in God's sight. (Str. 13)

Geradezu malerisch werden die Heiligen beschrieben:

> Circlewise sit they, with bound locks
> And foreheads garlanded;
> Into the fine cloth white like flame
> Weaving the golden thread,
> To fashion the birth-robes for them
> Who are just born, being dead. (Str. 19)

»The Blessed Damozel«, das entfernt an das Lenore-Motiv, aber auch an Edgar Allan Poes berühmtes Gedicht »The Raven« (1845) erinnert, verdankt seine Überzeugungskraft auch der Balladenstrophe, die Rossetti wählt, da sie eine geheimnisvolle Welt evoziert. Die Mischung von religiöser Terminologie und konkreter, stellenweise fast naturalistischer Beschreibung vermittelt eine eigenartige Form von Spiritualisierung des Themas, ganz abgesehen davon, dass sie natürlich präraffaelitisches Programm ist. Trotz der mystischen Schau der Vereinigung der Liebenden im Jenseits bleibt diese ein wohl kaum zu realisierendes Ziel, wie die Parenthesen im Verlauf der Gedankenentwicklung des lyrischen Sprechers immer wieder andeuten (z. B. Str. 4, 11, 17), und insbesondere dann Strophe 24, der Gedichtabschluss, in dem Ideal und Wirklichkeit aufeinander treffen. Die Synästhesie im letzten Satz »(I heard her tears)« ist als Ausdruck akuter Traurigkeit bemerkenswert.

Ist Rossetti zusammen mit Morris und Swinburne ein Erneuerer der Ballade in der zweiten Hälfte des 19. Jahrhunderts, so hat er sich auch durch seine Sonettfolge *The House of Life* (1870) einen Namen gemacht. Auch in diesen 101 Sonetten kreisen seine Gedanken um seine bereits nach zweijähriger Ehe verstorbene Frau, den Kult der Schönheit, Liebesfreude und Liebesleid, Schmerz und Verlust der Geliebten, ja sogar das Gefühl der Sinnlosigkeit aller Dinge (z. B. in »Lost Days«, Sonett 40, oder »A Superscription«, Sonett 56).

Christina Georgina Rossetti (1830–1894), eine Schwester Dante Gabriels, war mit der Pre-Raphaelite Brotherhood verbunden und veröffentlichte fünf ihrer Gedichte in *The Germ*. Zu ihren bekanntesten Gedichten gehören »Up-Hill« und »A Birthday« (beide 1861). Unter dem Einfluss der Propagandisten des Oxford Movement, einer Erneuerungsbewegung innerhalb der anglikanischen Kirche (siehe dazu z. B. das Sonett »Cardinal Newman«, 1890), trat sie zum katholischen Glauben über. Ihr Hauptwerk *Goblin Market and Other Poems* erschien 1862; das Titelgedicht ist ein Märchen in Reimform, in dem zwei Mädchen, Lizzie und Laura, von den Kobolden zum Verzehr verbotener Früchte angeregt werden. Laura wird davon krank, Lizzie rettet Laura, indem sie den Versuchungen widersteht und den Kobolden den Saft der ausgepressten Früchte zurückbringt. Die Forschung hat in diesem Gedicht sowohl eine religiöse Allegorie als auch sexuellen Symbolismus sehen wollen. Christinas Themen entstammen dem Bereich der Fantasy-Inspiration, der Ballade, der Liebeslyrik (vorwiegend in ihren Sonetten) sowie der geistlichen Dichtung. Man hat ihr einen gewissen Hang zur Morbidität, zur Frustration in der Liebe, zur Mystik und zur Resignation (z. B. in »Sleeping at Last«, 1896) bescheinigt.

Nur mit Mühe gelang es CHARLOTTE BRONTË (1816–1855), der Verfasserin des Romans *Jane Eyre*, ihre Schwester EMILY BRONTË (1818–1848) zur Veröffentlichung einiger ihrer Gedichte zu überreden. Die Autorin zögerte wohl, weil ihre Gedichte – ähnlich wie ihr großer Roman *Wuthering Heights* – so ganz anders sind als die Lyrik, die Frauen im Viktorianismus üblicherweise schrieben. Die ganz im Privaten lebende Emily Brontë hatte sich zudem mehr als ihre beiden Schwestern Charlotte und Anne (1820–1849) in die Gedankenwelt eines imaginären Eilands, »Gondal«, eingesponnen, die sie privat die *Gondal saga* nannten. In dieser beschäftigt sich Emily mit Themen wie der leidenschaftlichen Liebe, der Rebellion, der politischen Intrige, dem Krieg, der Gefangenschaft und der Verbannung im Exil. Wie in ihrem einzigen Roman ging es der Dichterin immer wieder um den Ausbruch aus den Zwängen des gewöhnlichen Lebens, sei dies nun durch die Kraft der Imagination, die Vereinigung mit einem geliebten Menschen oder auch den Tod. Die Freiheit des Geistes und der Gefühle – ein gleichsam revolutionäres Programm im Viktorianismus – findet sie, wie sie z. B. in dem kurzen Gedicht »I'm Happiest When Most Away« (1838), im Bild der stürmischen Nacht und des klaren Mondes (Z. 3). In »When I am not and none beside« (Z. 5) fühlt sie sich frei, wandernd in den Weiten der Natur. Dann ist sie

> [...] only spirit wandering wide
> Through infinite immensity.

Die Kraft des Windes bewegt sie immer wieder neu. Unter seinem Einfluss transzendiert sie in »The Night-Wind« (1840) den menschlichen Bereich. In dem Gedicht »Remembrance« (1845) thematisiert sie den Schmerz des Liebenden schlechthin. Der gestirnte Himmel ist ihr Raum des Unendlichen und der Freiheit, wie es am Ende des Gedichts »Stars« (1845) heißt:

> O Stars and Dreams and Gentle Night;
> O Night and Stars return!
> And hide me from the hostile light
> That does not warm, but burn – (Z. 41–44)

Dem Gefangenen in »The Prisoner. A Fragment« (1845) bleibt nur der Ausblick auf die Erlösung im Tod:

> And robed in fires of Hell, or bright with heavenly shine,
> If I but herald Death, the vision is divine. (Z. 59f.)

Laut Charlotte Brontë ist »No Coward Soul is Mine« (1846) Emily Brontës letztes Gedicht. Hier bekennt sie sich gleich zu Beginn zu ihrem ungestümen und furchtlosen Gemüt:

> No coward soul is mine
> No trembler in the world's storm-troubled sphere
> (Z. 1f.)

Sie weiß, dass letztendlich ihr Glaube sie vor der Angst bewahrt (Z. 4) und Gott in ihr ist (Str. 2). Wie die letzte Strophe sagt, gibt es in Gott keine Leere, da Gott Sein und Atem ist, und folglich gibt es »no room for Death«.

Matthew Arnold (1822–1888) steht in gewisser Weise unter dem Einfluss seines Vaters, des großen Schulreformers Thomas Arnold, dem er Pflichtbewusstsein, Aufrichtigkeit und eine leichte Neigung zur Lehrhaftigkeit verdankt. Seit den Studien dem Griechentum verschrieben (vgl. das Sonett »To a Friend«, 1848), fühlt er sich in Oxford wohl, wo er 1857–67 als Professor für Poesie wirkt und sich danach mehr der Literatur- und Kulturkritik zuwendet. Sein lyrisches Werk ist nicht umfangreich; es entstammt seiner ersten Lebenshälfte. Nach seiner eigenen Einschätzung gibt dieses Werk die geistigen Strömungen wieder, die die zweite Hälfte, insbesondere das letzte Viertel des Jahrhunderts bewegten. In seinen Empfindungen, der Grundlage seiner Gedichte, ist er typischer Viktorianer, aber er schreibt vorwiegend aus der persönlichen Erfahrung, den Gefühlen der Einsamkeit und Isolation – auch in der Liebe –, dem Sehnen nach ruhiger Seelenverfassung, der Melancholie und dem Vergehen der Jugend. Er thematisiert aber auch – hierin schon unter dem Einfluss des Darwinismus – die Verzweiflung über eine Welt, in der Humanität eine immer geringere Rolle spielt. In »Stanzas from the Grande Chartreuse« (1855) beschreibt er sich selbst als

> Wandering between two worlds, one dead,
> The other powerless to be born [...]
> on earth I wait forlorn. (Z. 85–88)

Von der Resignation kündet das Gedicht »Isolation. To Marguerite« (1849), in dem die zentralen Begriffe des Endes einer Strophe gleichsam assoziativ im Beginn der folgenden Strophe wiederholt werden (»Farewell!«, 2. und 3. Strophe, »Back«, 3. und 4. Strophe, sowie anschließend »alone« und »happier men«). Auch der Titel »The Buried Life« (1852) deutet auf seine melancholische Grundhaltung. Das Gedicht »Memorial Verses« mit dem Untertitel »April 1850« ist eine Elegie auf den Tod von William Wordsworth, den Arnold sehr bewunderte. Es setzt die Nachrufgedichte der Romantik fort und bildet die Brücke zu ähnlichen Werken im 20. Jahrhundert, etwa bei W. H.

Auden (über Yeats und Freud). Das Gedicht apostrophiert in der ersten Strophe Goethe, den Arnold ebenfalls sehr schätzte, Griechenland und Byron:

> Goethe in Weimar sleeps, and Greece,
> Long since, saw Byron's struggle cease.
> But one such death remained to come;
> The last poetic voice is dumb –
> We stand today by Wordsworth's tomb. (Z. 1–5)

Arnold erweist sich in diesem Gedicht auch als Meister der Litotes, des untertreibenden Insinuierens:

> Wordsworth has gone from us – and ye,
> Ah, may ye feel his voice as we! (Z. 40f.)

> But where will Europe's latter hour
> Again find Wordsworth's healing power? (Z. 61f.)

Die Elegie »Thyrsis. A Monody, to Commemorate the Author's Friend, Arthur Hugh Clough who Died at Florence, 1861« beginnt im pastoralen Ton der Antike. Thyrsis ist der Prototyp des Schäferdichters. Der Realismus der düsteren Winterlandschaft Englands mildert den aus Milton und Shelley übernommenen elegischen Ton jedoch bald im Verlauf der Darlegung.

»The Scholar Gypsy« (1853) ist eines der längeren Gedichte Arnolds. Es erzählt in halb elegisch, halb melancholischem Ton die Geschichte eines armen Oxforder Gelehrten, der, in der Beförderung mehrfach übergangen, sich den Zigeunern anschließt und damit Zugang zu einer ganz neuen Welt und Lebensart findet. Das Gedicht gibt Anlass, über diese beiden ganz unterschiedlichen Welten nachzudenken, die des Gelehrten und die der modernen Alltagswelt, wobei die Moderne als krank empfunden wird:

Before this strange disease of modern life,
With its sick hurry, its divided aims,
Its heads o'ertaxed, its palsied hearts … (Z. 203–205)

Fast in allen Anthologien ist Arnolds bekanntestes Gedicht »Dover Beach« (1851) aufgeführt, das mit dem ganz anders gestimmten, eher von freudiger Erwartung kündenden »Calais Sands« (1867) kontrastiert. »Dover Beach« ist bemerkenswert, weil es anhand der Wellenbewegung des Meeres in einem »moon-blanched land« (Z. 8) »The eternal note of sadness« (Z. 14) thematisiert, aber auch weil es nach dem Verlust des Glaubens an einen wohlmeinenden Gott (Z. 21–23) und angesichts der Leere des Universums (Z. 25–28) in der Liebe zweier Menschen den einzigen noch verbleibenden Lebenswert sieht:

Ah, love, let us be true
To one another! (Z. 29 f.)

Allerdings ist auch diese Liebe und damit diese Perspektive prekär, denn beide sind in eine feindliche Welt, auch die Welt des erschreckenden Unterbewussten, eingebettet:

And we are here as on a darkling plain
Swept with confused alarms of struggle and flight,
Where ignorant armies clash by night.
(Z. 35–37, Gedichtende)

Matthew Arnold ist auch ein zentraler Kritiker und Erneuerer der Dichtung in seiner Zeit. In dem die Sammlung *Essays in Criticism* (1865) einleitenden Essay »The Function of Criticism at the Present Time« entwirft er die Grundzüge seiner Literaturkritik. Dabei heißt es zunächst programmatisch:

> The grand work of literary genius is a work of synthesis and exposition, not of analysis and discovery; its gift lies in the faculty of being happily inspired by a certain intellectual and spiritual atmosphere, by a certain order of ideas [...] of dealing divinely with these ideas, presenting them in the most effective and attractive combinations – making beautiful works with them, in short.

Zu diesem Zweck darf sich die englische Dichtung nicht selbstgefällig in einer Art »splendid isolation« (ein politischer Begriff, aber auch eine der Grundüberzeugungen der Viktorianer) selbst beweihräuchern. Sie muss sich vielmehr in den lebendigen Vollzug der Dinge auf sozusagen internationaler Ebene begeben, »which is the law of its being«. Dieses Gesetz des Seins besteht in »the idea of a disinterested endeavour to learn and propagate the best that is known and thought in the world, and thus to establish a current of fresh and true ideas.« Dabei sind zwei Dinge bemerkenswert. Zum einen das Prinzip der *disinterestedness*, das darin besteht, dass die Dichtung eine Größe eigenen Rechts ist und dass sie weder explizit im Dienst einer Ideologie oder Moral steht (dies in Abweichung von der Funktion, auf die die viktorianische Zeit Dichtung gern festlegte), noch einer »practical view of things« das Wort zu reden hat. Dichtung ist nach Arnold vielmehr »a free play of the mind on all subjects which it touches.« Es liegt auf der Hand, dass hier ein Standpunkt vertreten wird, der sich weitgehend mit dem Prinzip der *art for art's sake*, dem Ästhetizismus der zweiten Hälfte des Jahrhunderts, deckt. Zum anderen belebt Arnold die Vorstellung Europas als eines großen gemeinsamen Kulturraums, in dem die einzelnen Nationalliteraturen in regem Austausch miteinander stehen. Die fruchtbare Kritik ist die, »which regards Europe as being, for intellectual and spiritual purposes, one great confederation, bound to a joint action and working to a common result«.

Spätviktorianismus

Man hat Algernon Charles Swinburne (1837–1909) vor seinem Wandel ab 1879 als *enfant terrible* der Lyrik des 19. Jahrhunderts bezeichnet, riefen doch seine Angriffe auf das viktorianische Verständnis von Religion sowie seine *Poems and Ballads* (1866; erweitert in einer zweiten Sammlung 1878) einen Sturm der Entrüstung hervor. Auch die Verherrlichung des italienischen Freiheitskampfs in *Songs Before Sunrise* (1871) fand ein geteiltes Echo. Ganz im Sinne der Literaturkritik Arnolds und als Frucht seiner präraffaelitischen Neigungen wendet sich Swinburne dem damals in Europa als höchst attraktiv geltenden Symbolismus des französischen Lyrikers Charles Baudelaire (1821–1867) zu. Man hat seine *Poems and Ballads* folgerichtig als englische *Fleurs du Mal*, Baudelaires berühmte Sammlung von 1857, bezeichnet. Seine Elegie »Ave Atque Vale. In Memory of Charles Baudelaire« (1868) gehört zu den großen Elegien in englischer Sprache. Eine Reihe der Gedichte Swinburnes wurden als regelrecht anstößig empfunden: »Dolores«, »Laus Veneris«, »Faustine« oder »Anactoria« (der dramatische Monolog der lesbischen Sappho) sind der Wollust gewidmet, der Tod ist das Thema des Chores »We have seen thee, O Love, thou art fair« aus der Tragödie *Atalanta in Calydon* (1865), aber auch in »The Garden of Proserpine« (1862), »The Forsaken Garden« (1876), in »Death lies Dead« und in »Ave Atque Vale« (1868). Man hat diese Imaginationsart als bereits dekadent bezeichnet.

Swinburnes Vorliebe für die Antike und die Renaissance führt ihn zu einer geradezu dionysischen metrischen Virtuosität und Klangfülle voller Assonanzen, Alliterationen und miteinander konkurrierenden Rhythmen. Es geht ihm um den Appell an die Sinne und die imaginative Sinnlichkeit, weniger um Gefühlsentwicklung oder logische Gedankenfolge. Als Beispiel dieser Imagination, die den Zeitgenossen eher fremd war, mögen die oft zitierten Verse aus »The Triumph of Time«, Swinburnes langem autobiographischen Gedicht, gelten:

> There lived a singer in France of old
> By the tideless dolorous midland sea.
> In a land of sand and ruin and gold
> There shone one woman, and none but she. (Str. 41)

Ähnlich gebaut ist der Anfang des Gedichtteils »I will Go Back to the Great Sweet Mother«, ebenfalls aus »The Triumph of Time«:

> I will go back to the great sweet mother,
> Mother and lover of men, the sea.
> I will go down to her, I and none other,
> Close with her, kiss her, and mix her with me;
> (Str. 33, Z. 1–4)

Walter Horatio Pater (1839–1894) ist der Apologet des englischen Ästhetizismus. Er vertritt die These, die Kunst sei um ihrer selbst willen da (*art for art's sake*, die englische Version des französischen Standpunktes *l'art pour l'art*). Sie hängt von keiner übergeordneten Instanz ab, noch ist sie im Grundsatz im Dienst irgendeiner anderen Instanz. Die Gewissheit des Todes und die rasche Vergänglichkeit des Lebens verweisen auf die Kunst als den einzigen Bereich, in dem echte Freude empfunden werden kann und in dem die Wirklichkeit transzendierbar ist. Damit setzt Pater den alten Gedanken von dem Vorrang der Kunst vor der Natur oder auch dem Leben in neuer Gewandung fort. Wichtig ist jeweils die »special unique impression of pleasure«, wie aus seiner Beurteilung der Dichtung von William Morris (1834–1896) in *Aesthetic Poetry* (1868) und sodann *Appreciations* (1889) hervorgeht. Paters Vorstellungen haben nachhaltig auf die jungen Dichter und Leser der siebziger und achtziger Jahre eingewirkt, den Ästhetizismus in der Lyrik begründet und selbst noch das Entstehen der Mentalität des sog. *fin de siècle* und der *décadence* beeinflusst. Die größte Bedeutung räumt er dem »imaginative sense of fact« ein, und wie den Franzosen geht es ihm um das *mot juste*, den genau passenden Ausdruck, oder, wie T. S. Eliot im 20. Jahrhundert sagte, um das »objective correlative.« Der Stil als höchster Wert bedingt Dekadenz, aber auch Modernität.

So hat z. B. OSCAR WILDE (1854–1900), der Exponent dieser Mentalität in England, Paters Ästhetizismus als »absolutely modern, in the true meaning of the term modernity« gepriesen und darüber hinaus gesagt: »It is my golden book … But it is the very flower of decadence; the last trumpet should have been sounded the moment it was written.« Seiner Meinung nach besteht der Ästhetizismus aber nicht nur aus den französischen Symbolisten, sondern fußt auf den Präraffaeliten, Swinburne, und letztlich – völlig zu Recht – auf Keats. Wildes Verse aus dem Jahre 1881 wie etwa »Impression du Matin« (ein London-Gedicht) oder auch »The Harlot's House« sind im Grunde wenig ästhetizistisch, die Sonette »Hélas« und »E Tenebris« beklagen die vertanen Chancen und eröffnen den Blick auf eine gequälte Seele, die nach Erlösung schreit, zwar voller biblischer Anspielungen, aber ohne jegliches geistreiches *bon mot* ist. Insofern kündigen sie bereits die fast brutale Ehrlichkeit seiner Confessiones *De Profundis* (1905) oder der Gefängniserfahrung in *The Ballad of Reading Gaol* (1898) an. Den ästhetizistischen Standpunkt zeigen allerdings die Thesen, die Oscar Wilde dem Roman *The Picture of Dorian Gray* als *Preface* voranstellt, so z. B.

To reveal art and conceal the artist is art's aim […]
There is no such thing as a moral or an immoral book […]
All art is at once surface and symbol […]
All art is quite useless.

Diese Thesen, die der Roman anhand des Lebens Dorian Grays erprobt, werden jedoch im Ergebnis in ihr Gegenteil verkehrt: Die ewige Schönheit und Jugend endet im Ruin, der Hedonismus in Mord, die Genusssucht in Droge und Untergang.

Der frühe William Butler Yeats (1865–1939) war religiös gesinnt, glaubte aber nicht an die christliche Orthodoxie und ersetzte sie durch spirituelle Transzendenz und private Esoterik. Sein Mystizismus war dem William Blakes und dem Neuplatonismus Shelleys verwandt. Von Natur aus zu spirituellem Denken geneigt, teilte er zunächst in genereller Weise den Standpunkt der Präraffaeliten, schloss sich aber dann dem Symbolismus an, dessen Vorzüge er auch theoretisch bekräftigte. Sein Kunststudium von 1883 bis 1885 hat in dem Essay *Symbolism in Painting* (1898) einen späten Reflex. Darin preist er die spirituellen Vorzüge des Symbols und grenzt sie von der geistig gesehen niedriger stehenden Allegorie ab. Er führt aus: »All art [...] is symbolic [...] Symbolic art [contains a part of] the Divine Essence.« Die göttliche Wesenheit muss durch einen Prozess der Abstraktion in der Kunst freigesetzt werden. Symbole allein sprechen die Sprache der Perfektion und lassen der Imagination genügend Freiraum. In *The Symbolism of Poetry* (1900) geht es Yeats um die kreative Kraft der Symbole. Der »moment of contemplation«, den sie in der Dichtung generieren, entstammt der Fusion von Intellekt und Emotion. Um ihn voll zu empfinden, bedarf es einer völlig freien Seelenlage (»[freed] from every impulse of its own«). Den Zugang zu ihm eröffnen »energetic rhythms [...] wavering, meditative, organic rhythms, which are the embodiment of imagination«. Diese Rückkehr zur Imagination in einer Zeit des akuten Realismus und beginnenden Naturalismus greift stark auf den Imaginationsbegriff von Coleridge zurück. Die Bedeutung von Rhythmus und Musikalität in der sprachlichen Gestaltung entstammt ebenfalls der Lyrik der englischen Romantik, in der Brechung des Amerikaners Edgar Allan Poe, und sodann insbesondere der französischen Symbolisten – Paul Verlaine (1844–1896) hatte von der »musique avant toute chose« gesprochen. Unter dem Einfluss Friedrich Nietzsches (1844–1900) wendet sich Yeats ab etwa 1906 von dem dichterischen Ideal der spirituellen Idealität und dem Kult der »impersonal beauty«, wie er sagt, ab und deutlicher dem Realismus zu: Sein Ziel wird es nun, »[to] carry the normal, passionate, reasoning self [into poetry].« Dies geschieht auch unter dem Einfluss der immer tiefer verstandenen irischen Folklore, die ihn zwar zunächst in eine Traumwelt versetzt, dann aber immer stärker den irischen Nationalgedanken in ihm aufkeimen lässt.

Eine irische Legende ist Grundlage des Gedichts »The Madness of King Goll« (1884–88). Eher symbolhaft angelegt ist der Refrain in »The Stolen Child« (1889):

> Come away, O human child!
> To the waters and the wild
> With the faery, hand in hand,
> For the world's more full of weeping than you can understand.

Persönliches Erleben thematisiert Yeats in dem Liebesgedicht »Down by the Salley Gardens« (1889), das die Rekonstruktion eines alten Liedes darstellt, sowie in dem oft zitierten Gedicht »The Lake Isle of Innisfree« (1892). Der platonischen Idee ewiger Schönheit spürt »The Rose of the World« (1892) nach, die Rose als Symbol der Schönheit ist der Gegenstand des Gedichts »The Secret Rose« (1897), in dem er das biblische Thema der Anbetung der Heiligen Drei Könige mit der irischen Mythologie verbindet. Seine unglückliche Liebe zu der irischen Schauspielerin und Nationalistin Maud Gonne thematisiert Yeats in einer Reihe von Gedichten, so z. B. in »No Second Troy« (1908), in dem er sich durchaus kritisch über ihr Temperament äußert, dann aber im Sinne des Mythos von Troja und seiner Zerstörung fragt:

> Why, what could she have done, being what she is?
> Was there another Troy for her to burn? (Z. 11 f.)

Eine ganz andere Art der Erneuerung der Lyrik strebte GERARD MANLEY HOPKINS (1844–1889) an, der unter dem Einfluss des Oxford Movement und Henry Kardinal Newmans, aber auch Matthew Arnolds und Walter Paters stand, 1866 zum Katholizismus konvertierte und sich 1868 der Gesellschaft Jesu, den Jesuiten, anschloss. Seine Lyrik wurde erst postum 1918 veröffentlicht. Seine kreative Phase begann 1876, als er »The Wreck of the Deutschland« mit dem Untertitel »To the happy memory of five Franciscan nuns, exiles by the Falck Laws, drowned between midnight and morning of Dec. 7th, 1875« schrieb. Man könnte diesen Tod als Symbol des Leidens und des Übergangs zur Erlösung des Menschen betrachten. Das Gedicht hat Züge einer geistlichen Übung im Sinne des Ordensgründers Ignatius von Loyola, ist aber in der Beschreibung des Schiffsuntergangs geradezu nüchtern realistisch; andererseits ist natürlich der Name des Schiffs, die Deutschland, symbolisch ausgedeutet. Der Preis Christi in der Gestalt des Martyriums der Schwestern (Strophe 28 ff.) leitet zu der Frage über:

> Jesu, heart's light,
> Jesu, maid's son,
> What was the feast followed the night
> Thou hadst glory of this nun? (Str. 30, Z. 1–4)

Die Hymnik äußert sich in kühnen Wortzusammenstellungen, ein Markenzeichen von Hopkins' Lyrik, so insbesondere in Strophe 34, zum Preis Gottes:

Now burn, new born to the world,
Double-naturèd name,
The heaven-flung, heart-fleshed, maiden-furled
Miracle-in-Mary-of-flame,
Mid-numberèd he in three of the thunder-throne!
(Z. 1–5)

Die letzte Zeile des Gedichts mit ihrem syntaktischen Parallelismus, der Komprimierungsleistung in den Genitiven und den verschränkten Alliterationen ist zugleich ein Beispiel für den sog. *sprung rhythm*, die besondere Musikalität der Verse des Dichters:

Our hearts' charity's hearth's fire, our thoughts' chivalry's throng's Lord.

Unter *sprung rhythm* versteht Hopkins eine feste Anzahl metrischer Hebungen bei gleichzeitig variabler Anzahl von metrisch unbetonten Silben, ähnlich wie dies bei dem altenglischen Alliterationsvers der Fall ist. Der Dichter erkannte in diesem Rhythmus den natürlichen Rhythmus der englischen Prosa, den dynamischen Akzent, zu dem die metrische Skansion in Konkurrenz und gleichzeitig dialektische Spannung tritt. Er unterscheidet folglich auch zwischen normaler Hebung und besonders starker Hebung, die er »great stress« nennt. Diese Technik verleiht dem jeweiligen Gegenstand der Dichtung unverwechselbare Identität und bewusste Schöpferkraft, die Hopkins in Anlehnung an die Theologie des Duns Scotus (um 1266–1308) *inscape* (›In-eins-Schaffen‹) nennt. Das Produkt der *inscape* ist eine dynamische, in Bewegung befindliche Identität des vom Dichter geschaffenen Gegenstandes, in ihr geht das Schöpfen als geistige Energie und Kraft, *instress*, auf. Die individuelle Identität, das Ergebnis der *instress* der Kunst, ist das Brandzeichen gottgleicher Schöpfung. Daher führen *instress* und *inscape* immer wieder auf den Schöpfergott und Christus als dessen Verkörperung zurück. Das Konzept des *sprung rhythm* hat ebenso wie *instress* Konsequenzen für die sprachliche und inhaltliche Kondensierungsleistung in den Wortzusammenfügungen, den Neuschöpfungen und dem Bruch mit der traditionellen Syntax in kühnen Ellipsen, die vom Leser eine intensive geistige Entschlüsselungsfähigkeit verlangt. Der Beginn des Sonetts »The Windhover« (»Der Turmfalke«) als Symbol für Christus, mit dem Untertitel »To Christ our Lord« ist dafür ein gutes, oft zitiertes Beispiel:

I cáught this mórning mórning's mínion, kíng-
dom of dáylight's dáuphin, dapple-dáwn-drawn Fálcon,
in his ríding
Of the rólling level úndernéath him steady áir, and
striding ...

Aufgrund solcher und ähnlich radikaler Dichtungsart hat man Hopkins in der einflussreichen Anthologie *The Faber Book of Modern Verse* (1936) in eine Reihe mit T. S. Eliot, W. H. Auden und Dylan Thomas, den großen Erneuerern der englischen Lyrik der Moderne, gestellt.

»The Windhover« (1877) setzt die Sonettstruktur bewusst ein, indem das Sextett die gerade geschaute, atemberaubende Bewegung des Turmfalken deutet. Zeile 9 enthält im sog. »Rapportatus«-Schema eine deutende These:

Brute beauty and valour and act, oh, air, pride, plume,
here
Buckle! [...]

War Zeile 9 analytisch, in »act« auch theologisch, so ist der Gedichtabschluss sinnlich-visuell und deutet zugleich auf das Martyrium des Todes Christi in einem geradezu rauschhaften Klangbeispiel:

[...] and blue-bleak embers, ah my dear,
Fall, gall themselves, and gash gold-vermilion.

»The Windhover« bringt das Sonett geradezu an die Grenzen seiner Leistungs- und Aussagekraft. Es stellt sicherlich einen Höhepunkt dieser Lyrikgattung dar. Den Gedanken, dass die Individualität die endgültige Perfektion aller Schöpfung ist, thematisiert Hopkins in »Duns Scotus's Oxford« (1879). Das Sextett wendet sich nach der Beschreibung Oxfords und der Kritik an seinem Anblick in neuerer Zeit Duns Scotus selbst zu, »who of all men most sways my spirits to peace« (Z. 11), und »Of realty the rarest-veinèd unraveller« (Z. 12) ist. In bündiger, fast untertreibender Weise preist die letzte Sonettzeile den Theologen als begeisterten Verteidiger der unbefleckten Empfängnis Mariens: »Who fired France for Mary without spot.« Der Zehnzeiler »Pied Beauty« (1877), »Schönheit aus zwei unterschiedlichen Färbungen«, preist Gott als den Schöpfer des Zusammenwirkens unterschiedlicher Dinge:

Glory be to God for dapple things – (Z. 1)

He fathers-forth whose beauty is past change:
Praise him. (Z. 10)

In dem Sonett »Andromeda« thematisiert Hopkins an dem antiken Mythos der Andromeda und des Perseus das Verhältnis Christi zu seiner Kirche. Perseus lässt Andromeda nicht im Stich, wie die rhetorische Frage »Her Perseus linger and leave her tó her extremes? –« (Z. 9) sagt. Während Andromeda, die Kirche, trotz ihrer Schmerzen in geduldiger Zuversicht seiner Herabkunft harrt (Z. 11), stößt er mit Macht auf ihre Feinde nieder:

[...] then to alight disarming, no man dreams,
With Gorgon's gear and barebill, thongs and fangs.
(Z. 13 f.)

In den Gedichten, die die Kritik seine »terrible sonnets« genannt hat, ist Hopkins nicht zum ekstatischen Lobpreis Gottes fähig. In ihnen isoliert die Individualität eher von Gott und führt zu Verzweiflung, die für die Moderne charakteristisch ist. Die dunklen Nächte der Seele gehören aber für ihn, ebenso wie für Ignatius von Loyola, zum Bestand christlicher Existenz.

In dem Sonett »Carrion Comfort« (1885) setzt sich der Dichter gegen die grimmige Befriedigung zur Wehr, die im Nachgeben der Verzweiflung besteht:

Not, I'll not, carrion comfort, Despair, not feast
on thee;
Not untwist – slack they may be – these last strands
of man
In me ór, most weary, cry *I can no more*. I can;
Can something, hope, wish day come, not choose not
to be. (Z. 1–4)

Das Gedichtende stellt die vielen zweifelnden Fragen in den Kontext des Ringens mit Gott, dem Gott des lyrischen Ichs. Bereits die Titel »No Worst, There is None« (1885) sowie »I Wake and Feel the Fell of Dark, Not Day« (1885) weisen auf dieselbe Thematik. Die Hoffnung auf Gott bleibt dessen ungeachtet in »Thou Art Indeed Just, Lord« (1889), dem Hopkins ein Zitat aus Jeremia 12,1 beifügt und das so endet: »Mine, O thou lord of life, send my roots rain.«

Die Lyrik von George Meredith (1828–1909) hat mehr Ablehnung als Zustimmung gefunden, insbesondere die Folge von 50 Gedichten unter dem Titel *Modern Love* (1862), von denen jedes 16 Zeilen umfasst und deren

Bau dem Sonett nicht unähnlich ist. In dieser Sequenz erzählt und analysiert Meredith die Leiden eines Ehepaars, dessen Ehe zerbricht, eine Ehe, die auch autobiographische Züge hat. Die Viktorianer schätzten die Offenheit dieser Gedichte sozusagen in der Zeit vor dem Naturalismus eines Ibsen oder Strindberg nicht, widersprach sie doch ihrem offiziellen Ehebild radikal. Die Sequenz beginnt mit:

By this he knew she wept with waking eyes [...]
The strange low sobs that shook their common
bed [...] (Z. 1, 3)

Her giant heart of Memory and Tears
Drink the pale drug of silence, and so beat
Sleep's heavy measure [...] (Z. 9–11)

Like sculptured effegies they [i. e. the couple] might be
seen
Upon their marriage tomb, the sword between;
Each wishing for the sword that severs all. (Z. 14–16)

Pessimistisch gestimmt ist auch »Dirge in the Woods« (1870, »Totengesang im Wald«), das mit dem Bild der fallenden Früchte im Herbst den Tod des Menschen identifiziert. Eine düstere Landschaft bewohnt der Teufel in »Lucifer in Starlight« (1883); er ist »tired of his dark dominion« (Z. 2), Sünder sind für seinen Stolz »poor prey« (Z. 5), er erinnert sich seiner Rebellion gegen Gott, er sinkt beim Anblick der Sterne in sich zusammen (Z. 11 f.). Das Sonett schließt mit dem Blick auf die Unabänderlichkeit seines Schicksals:

Around the ancient track marched, rank on rank,
The army of unalterable law. (Z. 13 f.)

Die Wertschätzung der Gedichte Thomas Hardys (1840–1928) ist in den angelsächsischen Ländern größer als in der übrigen Welt, auch wenn er heute weitgehend in Vergessenheit geraten ist. Hardys Lyrik thematisiert, im Gegensatz zu Hopkins' Glaubensgewissheit und daraus resultierendem Optimismus, den schmerzlichen Verlust des Glaubens (»the disappearance of God«) und eine Art grimmigen Ausharrens in Traurigkeit und Pessimismus. Diese Geisteshaltung entspricht dem im ausgehenden Jahrhundert herrschenden Naturalismus, dessen Hauptvertreter in der Romankunst Hardy ist, aber auch dem Gefühl der Dekadenz und des *fin de siècle*, ein Gefühl, das bei Hardy weit in das 20. Jahrhundert hineinreicht, begann er doch erst nach dem Misserfolg seines letzten Romans *Jude the Obscure* (1895) Lyrik in größerem Umfang zu schreiben.

Die Gedichte Hardys verleihen Grundüberzeugungen des Dichters Ausdruck, die sich bereits in seinen Romanen widerspiegelten: die Perversität von Schicksal und ironischem Zufall (so in dem schon vom Titel her charakteristischen Sonett »Hap«, 1866), das Empfinden eines großen Verlustes in »The Walk« (1912) oder die programmatischen Gedichte »A Broken Appointment« (1902, dessen beide Strophen jeweils von »You did not come« bzw. »You love not me« umschlossen werden), »She Hears the Storm« (1909, das hintergründig in »He has won that storm-tight roof of hers / Which Earth grants all her kind« endet), »The Ruined Maid« (1866) oder »A Trampwoman's Tragedy« (1902). Das Jahrhundertgedicht »The Darkling Thrush« (1900), in dem beziehungsreichen Wort »darkling« bereits ominös genug, sollte ursprünglich »By the Century's Death-Bed« heißen. Die Titel der drei Gedichte »In Tenebris« (1896) mit jeweils biblischen Mottos sind in ihrer Bedeutung »In der Finsternis« evident, sie sollten ursprünglich »De Profundis« (»Aus der Tiefe [schreie ich zu dir, Herr]«; ebenfalls biblisch) lauten.

20. Jahrhundert bis etwa 1950

Imagismus und Lyrik des Ersten Weltkriegs

Das 20. Jahrhundert beginnt in England mit einer weiteren Ausformung des *fin de siècle* und zugleich einer Neuerung: dem Imagismus. In seiner ersten Phase 1908–09 ist der Imagismus von Thomas Ernest Hulme (1883–1917) geprägt. Er legte diese Lyrik *en miniature* auf ein zentrales Bild, ja sogar darauf fest, dass jedes Wort eines solch kurzen Gedichts »an image seen, not a counter« ist, wobei er *counter* als abgegriffenes, erstarrtes Bild, eine Art *poetic diction*, sieht, das keinerlei konkrete Lebendigkeit mehr besitzt. Von den Ästhetizisten des 19. Jahrhunderts übernimmt er die Akkuratesse in der Präsentation des Gegenstandes und die penible Suche nach dem *mot juste*. Trotz einer gewissen Manieriertheit bleibt Hulme im Konkreten. Er erreicht diese Wirkung auch dadurch, dass er den Anflug von Sublimität in die Alltäglichkeit herabholt, ohne ihn allerdings zu verfremden, denn sein Ziel ist gerade die konkrete, alltägliche Erfahrung. Dies ist z. B. der Fall in »Above the Dock« (1912), in dem die lyrische Stimmung der Mondnacht in die Niederung eines Luftballons hinuntergeführt wird:

> Above the quiet dock at midnight,
> Tangled in the tall mast's corded height,
> Hangs the moon. What seemed so far away
> Is but a child's balloon, forgotten after play.

In »Autumn« (1909) wird der Mond als »red-faced farmer« (Z. 4) bezeichnet, der sein Gesicht über der Hecke zeigt (»lean over a hedge«, Z. 3). Die *wistful stars* werden als »white faces like town children« (Z. 7) identifiziert. Bis in die Metaphorik hinein ist diese Gegensätzlichkeit in

»The Embankment« (1909) greifbar: »warmth's the very stuff of poesy« (Z. 4), »the old star-eaten blanket of the sky, / That I may fold it round me and in comfort lie« (Z. 6 f.). In ihr wird hohes Empfinden in einer Art Trivialisierung auf das Normalmaß reduziert und umgekehrt das Triviale poetisch überhöht.

Die zweite Phase des Imagismus reicht von 1912 bis 1914, sie steht unter dem deutlich erkennbaren Einfluss des Amerikaners Ezra Pound (1885–1972), der dieser Art von Dichtern auch ihren Namen, auf französisch *les imagistes*, gab. Ihr Charakteristikum ist die noch größere Präzision, die noch stärkere Reduktion auf ein Bild und die größere Kürze. Von Pound stammt auch die Definition: »An ›Image‹ is that which presents an intellectual and emotional complex in an instant of time.« Diese Definition ist dem Begriff der *imagination* bei Coleridge geradezu abgelauscht. Pounds Vorbilder sind neben der kurzen griechischen Lyrik die französischen Symbolisten, die Apologeten des *vers libre* (*free verse*) und insbesondere das japanische Haiku. In dieser Phase beginnt auch die theoretische Reflexion, wie aus Pounds Begriffsdefinition des *image* aus »A Few Don'ts by an Imagiste« (1912) und F. S. Flints (1885–1960) Essay *Imagisme* (1913) hervorgeht. Über das Wesen des imagistischen Dichters hatte jedoch bereits Hulme in imagistischer Weise in *The Poet* nachgedacht:

> Over a large table, smooth, he leaned in ecstasies,
> In a dream.
> He had been to woods, and talked and walked with trees.
> Had left the world
> And brought back round globes and stone images,
> Of gems, colours, hard and definite.
> With these he played, in a dream,
> On the smooth table.

Lyrik ist hier eine Frage von innerer Ekstase, Traum und präziser Arbeit am (Schreib-)Tisch, wie die Parallelen von Gedichtanfang und -ende ausführen. Sie entsteht aus Bildern, die harte Konturen haben und klar umrissen sind, aber das Spiel mit ihnen, die Grundlage des Gedichts, erlauben.

Pounds bekanntestes imagistisches Gedicht, dem Haiku nachempfunden, ist sicherlich der Zweizeiler »In a Station of the Metro« (1913); gemeint ist die Untergrundbahn in Paris. In diesem Gedicht ist die unverbundene Aneinandersetzung zweier Bilder bemerkenswert: Man kann sich das plötzliche Auftauchen einer Welle von Fahrgästen, vielmehr Gesichtern, geradezu plastisch vorstellen, wobei »apparition« durchaus mehrdeutig zu verstehen ist. Dieser Anblick wird mit Blütenblättern auf einem nassen, schwarzen Zweig – vielleicht Magnolien, neben der Lilie die Lieblingsblume des Jugendstils – gleichgesetzt. Die Nebeneinandersetzung wirkt wie das Pendant von Feststellung und imaginativer Deutung, in Miniform an die Struktur des Sonetts erinnernd und durch die für das Verständnis notwendige Überschrift die moderne, auch die technische Welt einschließend:

> The apparition of these faces in the crowd;
> Petals on a wet, black bough.

Oft zitiert wird auch »L'Art« (1910), das durch den Kontrast der Jugendstilfarben, aber auch die Zerstörung der Erdbeerfrucht wirkt; das Erlebnis für die Augen (»feast«) ist durchaus doppelsinnig:

> Green arsenic smeared on an egg-white cloth,
> Crushed strawberries! Come, let us feast our eyes.

Die Situation der »Alba«, des Morgengedichts nach der Liebesnacht, thematisiert das gleichlautende Gedicht. Lilie, Kühle und Blässe verleihen der Geliebten eine doch sehr ambivalente Wesensbestimmung:

> As cool as the pale wet leaves of the lily-of-the-valley
> She lay beside me in the dawn.

Es fällt auch die Antiklimax in der zweiten Zeile auf. – Die der griechischen Lyrik nachempfundenen Gedichte »Doria«, »Imerro« und »The Spring« sind mit Ausnahme von »Imerro« (das griechische Wort für »Ich sehne mich nach dir«) etwas länger. Auch den dem Haiku nachempfundenen Gedichten haftet eine gewisse, gleichsam *fin-de-siècle*-artige Traurigkeit oder Resignation an:

> "Fan-Piece, for her Imperial Lord"
> O fan of white silk,
> clear as frost on the grass-blade,
> You also are laid aside.

> TS'AI CHI'H
>
> The petals fall in the fountain,
> the orange-colored rose-leaves,
> Their ochre clings to the stone.

Pound hat auch die erste Anthologie imagistischer Dichtung mit dem französischen Titel *Des imagistes* (»Von den Imagisten«) herausgegeben, in der englische und zunehmend auch amerikanische Imagisten ihre Werke veröffentlichten.

Die dritte Phase der imagistischen Lyrik steht unter dem Einfluss der Amerikanerin Amy Lowell (1874–1925); Pound hat diese Phase daher scherzhaft *Amyism* genannt. Lowell bewahrt noch den Impuls der Kürze und auch der japanischen Enigmatik im Haiku:

The Pond

Cold, wet leaves
Floating on moss-colored water,
And the croaking of frogs –
Cracked bell-notes in the twilight.

Hier ist das Interesse an der Synästhesie, dem Zusammenwirken mehrerer Sinneswahrnehmungen, bemerkenswert. An Hulme erinnert der Abschluss des Gedichts »Meditation«, nicht jedoch in seiner auch humorvollen Hintergründigkeit:

A wise man,
Watching the stars pass across the sky,
Remarked:
In the upper air the fireflies move more slowly.

Aber auch bei Lowell werden ähnlich wie bei JOHN GOULD FLETCHER (1886–1950), D. H. LAWRENCE (1885–1930), WILLIAM CARLOS WILLIAMS (1883–1963) oder auch ARCHIBALD MACLEISH (1892–1982), letzterer z. B. in der Poetik dieser Phase, die er *Ars Poetica* nennt, neuere Tendenzen sichtbar.

Das bekannteste Gedicht dieser Inspiration von CARL SANDBURG (1878–1967) ist »Fog«:

The fog comes
on little cat feet.

It sits looking
over harbor and city
on silent haunches
and then moves on.

Die amerikanischen Lyriker des späten Imagismus neigen unter dem Einfluss des europäischen Impressionismus stärker zur Vereinzelung der Verszeile auf einen Gedankeninhalt oder auch eine syntaktische Fügung, so z. B. William Carlos Williams in »The Locust Tree in Flower«:

Among
of
green

stiff
old
bright

broken
branch
come

white
sweet
May

again

Noch radikaler setzt E. E. Cummings (1894–1962) diesen Gedanken fort, indem er in »Impression V« das Gedichtende in der letzten, isolierten Zeile auf ein Phonem, den stimmhaften Reibelaut [z], reduziert. Die Informationsinhalte gleiten angesichts der fehlenden Interpunktion gänzlich ineinander. Auf diese Weise wird bis zum Extrem die Überzeugung deutlich, »that each word must be an image seen«. Das Bild ist somit in dieser Lyrik nicht rhetorischer Schmuck, sondern das Wesen der Aussage (*essence*) selbst. Gleichzeitig ist es »a moment of revealed truth«, vergleichbar dem Prinzip der *epiphany* in der Kurzgeschichtentheorie von James Joyce. Die Forschung hat darauf verwiesen, dass das unmittelbare und sozusagen schlagartige Erfassen eines Sachverhalts im Bild *das* Kennzeichen des Imagismus ist und dass der Unterschied zum Symbol in der größeren Präzision des Bildes, des *image*, liegt.

Die Lyrik, die die Erfahrung des Ersten Weltkriegs thematisiert, die sog. *War Poetry*, hat zwei Gesichter: zum einen kündet sie von dem edlen Heldentod für das Vaterland wie in »The Soldier« (1914) von Rupert Brooke (1887–1915), zum anderen entstanden Gedichte, die aus der Schützengraben-Erfahrung die Schrecken des Krieges konkret und schonungslos benennen, wie das insbesondere in der Lyrik von Wilfred Owen (1893–1918) der Fall ist. In Brookes »The Soldier« wird der Tod eines Soldaten und seine Bestattung fern der Heimat als »richer dust concealed« (»in that rich earth«; Z. 4), der Tote bezeichnet als

> A body of England's, breathing English air,
> Washed by the rivers, blest by suns of home. (Z. 7f.)

Der Tote gibt der Fremde englisches Wesen:

> [...] this heart [...]
> Gives somewhere back the thoughts by England given,
> Her sights and sounds; [...]
> And laughter, learnt of friends; and gentleness
> In hearts at peace, under an English heaven.
> (Z. 9, 11–14)

In St. Paul's Cathedral als Teil einer Predigt vorgelesen, gab dieses Sonett auch den Patriotismus wieder, den Winston Churchill in der *Times* pries. Brookes Gedichtsammlung *1914 and Other Poems* (1915) mit ähnlichem Tenor war in ihrer Zeit ungeheuer populär, entsprach sie doch edler Gesinnung und nationalem Patriotismus.

Der Idee des *dulce et decorum est pro patria mori* (»edel und ehrenvoll ist es, für das Vaterland zu sterben«, Horaz, *Oden* 3,2,12) widersprach Wilfred Owen in der ironischen Note seines Gedichttitels »Dulce et Decorum Est« (1917/18) entschieden. Das Dasein des Soldaten wird gleich zu Anfang des Gedichts krass beleuchtet:

> Bent double, like old beggars under sacks,
> Knock-kneed, coughing like hags, we cursed through
> sludge, (Z. 1 f.)

> Gas! Gas! Quick, boys! – An ecstasy of fumbling,
> Fitting the clumsy helmets just in time [...] (Z. 9 f.)

Wie ein Soldat unter diesen Umständen stirbt und was mit seiner Leiche geschieht, berichtet in erschreckenden Termini das Hauptkorpus des Gedichts ab Zeile 11. Den Schluss bildet das volle Zitat nach Horaz, das nun zu Recht voll bitterer Ironie ist. In ähnlicher Weise argumentieren die Gedichte »Strange Meeting« (1918) sowie »Disabled« (1918), das die Situation der verstümmelt und unter Schock stehenden Überlebenden krass thematisiert. Die letzte Strophe hat folgende Inhalte:

> Now, he will spend a few sick years in institutes [...]
> And take whatever pity they may dole.
> Tonight he noticed how the women's eyes
> Passed from him to the strong men that were whole.
> (Z. 40, 42–44)

Die Lyrik bis zur Jahrhundertmitte

Unter dem Einfluss Nietzsches kam es zu einer Fokusänderung in der Lyrik W. B. Yeats' (s. S. 191 f.), die die Hauptphase seines lyrischen Werkes einleitet. Er war ab etwa 1906 eher daran interessiert, »the normal, passionate, reasonable self, the personality as a whole« in seiner Dichtung zum Ausdruck zu bringen, wie er selbst sagte. Vom Stil her gesehen, verband er in dieser zweiten Schaffensphase das Formale mit dem Kolloquialen und die Idee mit dem Faktischen. Die bekanntesten Gedichte dieser Zeit sind »Easter 1916« (1916), »The Wild Swans of Coole« (1917) in der gleichnamigen Anthologie von 1919 und »In Memory of Major Robert Gregory« (1918).

Nach wachsender Desillusionierung über die irische Politik in den Jahren 1912 und 1913 fasste Yeats in »Easter 1916«, dem großen Gedicht über den schlecht vorbereiteten Aufstand in Dublin zu Ostern 1916, wieder Vertrauen zu dem heroischen Charakter des irischen Volks. Er nennt die Hauptbeteiligten der Revolte, skizziert ihr Leben vor und in der Revolte selbst und kommt zu dem Schluss, dass *the Easter Rising* das Leben radikal verändert hat:

> All changed, changed utterly:
> A terrible beauty is born.

Diese beiden Gedanken schließen Strophen 1, 2 und 4 ab, wobei der Abschluss der ersten Strophe in der vierten identisch wiederkehrt. Durch ihre Abweichung von diesem Strophenschluss ist der Abschluss von Strophe 3 mit ihrem Verweis auf das Leben und im Kontrast dazu die Leblosigkeit des Steins besonders hervorgehoben:

> Minute by minute they live:
> The stone's in the midst of all.

Der abschließende Vers »A terrible beauty is born« trifft durch das Oxymoron »terrible beauty« eine zwiespältige Aussage, denn die Schönheit des patriotischen Anliegens ist nicht ohne Tod, Schrecken und beklagenswerte Charakterveränderung der Beteiligten möglich. Eine leise Kritik mag mitschwingen in »For England may keep faith /

For all that is done and said. / We know their dream; enough / To know they dreamed and are dead« (Z. 68–71). Das lyrische Ich reflektiert darüber, ob nicht ein Übermaß an Liebe zum eigenen Land diese Menschen bis in den Tod hinein verwirrt haben könnte (Z. 72 f.). Yeats lässt den Zweifel bestehen, fasst seine Gedankenführung aber dann in nationales Pathos als Abschluss des Gedichts, allerdings mit der Einschränkung der zwiespältigen Botschaft der refrainartigen beiden letzten Zeilen.

»The Wilde Swans of Coole« thematisieren eine Herbstimpression (»The trees are in their autumn beauty«, Z. 1), erlebt in Coole Park, dem Landsitz Lady Gregorys (1852–1932), der Yeats als Patriotin, Dichterin der »Irischen Renaissance«, Propagandistin des keltischen Sagengutes und des Theaters sowie als langjährige Vertraute eng verbunden war. In diesem Gedicht blickt er auf seinen ersten Besuch in Coole Park neunzehn Jahre zuvor zurück und findet alles seither sehr verändert (Z. 7, 15). Die Schwäne jedoch fliegen weiterhin gemeinsam, »lover by lover« (Z. 18), »Their hearts have not grown old« (Z. 21). Zum Schluss stellt sich ihm die Frage, wo die Schwäne hinziehen, wo sie ihr Nest bauen werden, wo sie sein werden, »when I awake some day / To find they have flown away?« In der Elegie »In Memory of Major Robert Gregory«, im Strophenbau von Abraham Cowley (1618–1667) beeinflusst, ist das Thema der Künstler Gregory, der aus seinem Traum in eine kurze, todbringende Phase des Handelns und der Kraftentfaltung ausbricht. Der Held der Elegie nimmt gleichzeitig symbolhaft die Gestalt des Künstlers und des Dichters an, der im Tod das erreichte, was Yeats »the Union of Being« (»die Einheit des Seins«) nannte.

In dem Zwölfzeiler »The Cold Heaven« (1910) hatte Yeats bereits die Frage nach dem spirituellen Leben im Tode und im Jenseits gestellt und sich gefragt:

[...] is it [i. e. the ghost, ›die Seele‹] sent
Out naked on the road, as the books say, and stricken
By the injustice of the skies for punishment? (Z. 10–12)

Yeats beginnt das Gedicht in der sorgfältig abgewogenen Vokalfolge von velaren Vokalen zu dem Diphthong [ai] und den palatalen Vokalen [i] und [e:]:

Suddenly I saw the cold and rook-delighting heaven
That seemed as though ice burned and was but the more
ice,
And thereupon imagination and heart were driven
So wild ... (Z. 1–4)

Die späte Phase im Schaffen des großen irischen Dichters und Nobelpreisträgers ist die mystisch-visionäre Phase, die schon 1919 mit »The Second Coming« (»Die zweite Ankunft [Christi]«) einsetzt und sodann mit dem Entwurf eines symbolisch-spirituellen Systems in »A Vision« (1925) volle Gestalt annimmt. »Leda and the Swan« (1924), ein Sonett, sinnt über den antiken Mythos von Leda und Zeus in Gestalt eines Schwanes nach, in dem mit dem Zeugungsakt die ganzen folgenden Schrecknisse (der Trojanische Krieg, »some violent annunciation«, wie er selbst sagte) der Geschichte ausgelöst wurden. »Sailing to Byzantium« (1926) ist das charakteristische Gedicht dieses Lebensabschnitts. Es erinnert in seiner Mystik sowohl an Blake als auch an die Präraffaeliten, ist aber sehr viel stärker kondensiert. Gleichzeitig reflektiert es die damalige Begeisterung über den byzantinischen (oströmischen) Mosaikstil und dessen Vergeistigung des sinnlichen Eindrucks (z. B. in Z. 17–18). Die Hoffnung des lyrischen Ichs besteht darin, dass sein Herz wie in Feuer in einer spiralenartigen Bewegung verzehrt und entrückt werde:

Consume my heart away; sick with desire
And fastened to a dying animal [i. e. der Körper]
It knows not what it is; and gather me
Into the artifice of eternity. (Z. 21–24)

Solchermaßen situiert, sind Herz und Seele in die Weisheit des Seins eingetreten, und künden singend »Of what is past, or passing, or to come« (Z. 32). Es ist interessant, dieses Gedicht mit dem Gedicht »Byzantium« (1930) zu vergleichen, das die Gedankenwelt des oströmischen Reiches um das Jahr 1000 thematisieren soll. Es ist dies eine Welt des Geistes:

Where blood-begotten spirits come
And all complexities of fury leave,
Dying in a dance,
An agony of trance (Z. 28–31)

In dieser Welt rufen die bekannten Bilder immer wieder neue Bilder hervor, um dann in »That dolphin-torn, that gong-tormented sea« (Z. 40) zu kulminieren. Auch in diese Phase fällt das Gedicht »Among School Children« (1926), in dem der Dichter, ausgehend von einem dienstlichen Besuch in einer Schule – Yeats war Schulinspektor –, über einzelne Stadien der Menschheitsgeschichte nachdenkt. Sein Bogen spannt sich von der griechischen Mythologie (der Hinweis auf Helena, Z. 9) über Platos Philosophie, den Neuplatonismus des 3. Jahrhunderts nach Christus, zur italienischen Frührenaissance (»Quattrocento«, Z. 26), zurück zu Plato und Aristoteles, der der *idea* die *forma*, das dynamische Prinzip, zugesellte (Str. 6). Das Erkennen des wahren Wesens der Dinge wird abschließend als schwierig dargestellt, da es in allen Einzelheiten gleichzeitig lebt:

O chestnut tree, great-rooted blossomer,
Are you the leaf, the blossom, or the bole?

O body swayed to music, O brightening glance,
How can we know the dancer from the dance? (Z. 61–64)

In den Bereich der Schriftsteller, die zwischen den beiden Weltkriegen die intellektuelle Linke vertraten, gehört STEPHEN SPENDER (1909–1995), dessen ursprüngliche Idee es war, den Bereich der modernen Technologie für die Lyrik zu erschließen. Mit seinen Gedichten »The Pylons« (1933, »Die Telegraphenmasten«) und »The Landscape near an Aerodrome« (1933), in denen er die Bildersprache des industriellen Zeitalters in die Lyrik einzuführen versuchte, erntete er allerdings wenig Anerkennung. Der Titel *The Pylon School* für Dichter ähnlicher Inspiration ist nicht unbedingt ehrenvoll. Hier wäre auch Louis MacNeice (1907–1963) zu nennen, der in seinem Frühwerk das Thema der Eisen- und Straßenbahn mit technischer Virtuosität erschließt.

Spenders Gedicht »Ultima Ratio Regum« (1939, »Das letzte Argument, das die Könige besitzen«), auf Geheiß Ludwigs XIV. von Frankreich allen Kanonen eingraviert, wird noch heute in manchen Anthologien aufgeführt. Es ist ein pazifistisches Gedicht, dessen Thema »the boy lying dead under the olive trees« ist, wahrscheinlich eine Erfahrung des Dichters aus dem spanischen Bürgerkrieg, dem er sich auf der Seite der Republik anschloss. Das Leben dieses jungen Mannes war unbedeutend in den Augen der Welt: er durchmaß nie gläserne Restauranttüren (Z. 8), er war »intangible as a Stock Exchange rumour« (Z. 12), dieses Leben war »valueless / In terms of employment, hotel ledgers, new files« (Z. 19f.). Das Gedicht beginnt mit einer These laut Überschrift:

The guns spell money's ultimate reason
In letters of lead on a Spring hillside.

In Strophe 3 wird dann von dem Tod des jungen Mannes – »too young and too silly« (Z. 4) – im Maschinengewehrfeuer berichtet, wobei die äußere Natur in eigenartigen Kontrast zum Kriegsgeschehen tritt. Die Strophe zyklisch einrahmend, wird in einer Art *understatement* auf die Mütze verwiesen, die er »too lightly« wegwarf (Z. 13) und die nun in den Nesseln verrottet (Z. 18). Die letzte Strophe wendet sich im Sinne einer Schlussziehung mit zweimaligem Imperativ »consider« (Z. 19, 21), fortgesetzt in »Ask« (Z. 22) an den Leser. Spender wiederholt Formulierungen der ersten Strophe, indem er die rhetorische Frage mit schmerzlichem innerem Engagement über den Sinn dieses Todes stellt:

> Ask. Was so much expenditure justified
> On the death of one so young, and so silly
> Lying under the olive trees, O world, O death?
> (Z. 22–24)

Der Sozialist, Freudianer, Goethe-Kenner, Oxforder und Humanist WYSTAN HUGH AUDEN (1907–1973) war in seiner Studienzeit von alt- und mittelenglischer Lyrik beeindruckt. Sein erster Gedichtband wurde von T. S. Eliot 1930 ediert und wohlwollend aufgenommen. Auden schrieb auch Dramen und wirkte unter dem Einfluss Brechts als Erneuerer dieser Kunstgattung. Er engagierte sich im spanischen Bürgerkrieg und war mehrfach in Deutschland.

Das bekannteste seiner Gedichte ist »Musée des Beaux Arts« (1939), das sich äußerlich auf das Museum der schönen Künste in Brüssel und insbesondere das Bild von Pieter Breughel (um 1520–1569) mit dem Titel *Icarus* (um 1566 gemalt), also den Mythos von Dädalus und Ikarus darstellend, bezieht. Das Gedicht beginnt mit der These: »About suffering they were never wrong, / The Old Masters …« Diese These führt zu dem Thema, dass das Leid mitten in der Alltäglichkeit der Dinge stattfindet und dass die Welt sich um dieses nicht im Geringsten kümmert. Die erste Gedichtstrophe illustriert diese Überzeugung wahrscheinlich anhand eines anderen Breughel-Bildes, *Das Massaker der unschuldigen Kinder* (zwischen 1565 und 1567 gemalt). Das Martyrium »must run its course / Anyhow in the corner, some untidy spot / Where [...] the torturer's horse / Scratches its innocent behind on a tree« (Z. 11–13). Auch in der 2. Strophe in dem Bild des vom Himmel ins Meer fallenden Ikarus kümmert sich niemand um das Desaster des Ertrinkenden. Vielmehr wenden sich alle ab (Z. 14 f.): Der Pflüger pflügt weiter, die Sonne scheint auf die weißen Beine des Jungen, der schon halb im Wasser verschwunden ist, das »expensive delicate ship« (Z. 19) kommt ihm nicht zu Hilfe. Die Forschung hat in dieser Unbetroffenheit und in dem Wegsehen der Menschen die Kritik an der Tatenlosigkeit der Verantwortlichen vor dem Ausbruch des Zweiten Weltkrieges gesehen. Metaphorisch spricht Auden die unverkennbaren Vorzeichen des Krieges in den Aktivitäten des Faschismus und Nationalsozialismus an. Auf den Schrei hin, den man einfach gehört haben muss (Z. 16), regt sich nichts, weder der einfache Mensch noch das hochtechnisierte und feingliedrige Schiff, die Gebildeten und die Lenker der Staaten, fühlen sich zum Handeln oder zur Solidarität aufgerufen. In formaler Hinsicht ist »Musée des Beaux Arts« ein Meisterwerk. Es ist in nahezu prosaartigem Rhythmus, umgangssprachlichen Formulierungen und einem ausgeklügelten Reim- und Assonanzensystem gestaltet, dessen Korrespondenzen in der 2. Strophe deutlicher werden.

Bekannt sind auch weiterhin seine Elegien »In Memory of W. B. Yeats. d. Jan. 1939« und »In Memory of Sigmund Freud. d. September 1939«. Der dreiteilige Nachruf auf Yeats beginnt prosaisch-faktisch, jedoch ist die thematisierte Kälte hintergründig symbolhaft zu verstehen:

He disappeared in the dead of winter:
The brooks were frozen, the airports almost deserted,

The snow disfigured the public statues;
The mercury sank in the mouth of the dying day.
(Z. 1–4)

Zyklisch greift die letzte Strophe des ersten Teils auf das Ende seiner ersten Strophe zurück:

What instruments we have agree
The day of his death was a dark cold day.

Teil 2 ist der knappen Würdigung des Dichters Yeats gewidmet (»mad Ireland hurt you into poetry«, Z. 34). In kurzen Couplets, nicht mehr wie vorher in Assonanzen, findet Auden zu hymnischer Sprache über den großen Toten im dritten Teil:

Earth, receive an honoured guest:
William Yeats is laid to rest.
Let the Irish vessel lie
Emptied of his poetry. (Z. 42–45)

Der nächste Vierzeiler thematisiert die Kriegssituation:

All the dogs of Europe bark,
And the living nations wait,
Each sequestered in its hate; (Z. 47–49)

Der lyrische Sprecher ruft abschließend zu dichterischer Durchdringung von Übel und Leid »To the bottom of the night« (Z. 55) und »In a rapture of distress« (Z. 60) auf, so dass er doch letztlich dem freien Menschen den Lobpreis lehren kann (»Teach the free man how to praise«, Z. 64). In »In Memory of Sigmund Freud« geht »An important Jew who died in exile« (Z. 24) zurück zur »earth in London« (Z. 23). Es folgen die dichterische Würdigung seiner Arbeit, die Ablehnungen (Str. 12 und

13) und der Verweis auf das Hinabsteigen in die Untiefen der Seele:

> [...] down
> To the stinking fosse where the injured
> Lead the ugly life of the rejected. (Z. 54–56)

Freuds Bedeutung geht über die einer Einzelperson hinaus:

> To us he is no more a person
> Now but a whole climate of opinion,
>
> Under whom we conduct our differing lives; (Z. 67–69)

In der letzten, der 28. Strophe schließt der Dichter den Lobpreis des Gelehrten, indem er dessen durchaus nicht überall angenehme Lehre benennt:

> One rational voice is dumb; over a grave
> The household of Impulse mourns one dearly loved.
> Sad in Eros, builder of cities,
> And weeping anarchic Aphrodite.

Das siebenstrophige Gedicht »Paysage Moralisé« (1933) thematisiert die spirituelle Interpretation einer Landschaft nach ethischen und psychologischen Gesichtspunkten, die die Grundlagen der Bedeutung der Malerei des 17. und 18. Jahrhunderts war. In diesem Gedicht kreist die Imagination um die Begriffe »valleys«, »cities«, »water«, »mountains«, »islands« als Ausblick oder Reise zu einer Zukunftsvision, und »sorrow«, das Leiden der Menschen. Sie sind, wie in der Gedichtform der Sestina üblich, die Reimwörter aller sechs Strophen und orchestrieren die Gedankenentwicklung, insbesondere den Gedanken des Ausbruchs aus den »valleys« in unbekannte Gefilde, den wenige nur schaffen (Str. 5 und 6). Das dreizeilige *envoi* (›Geleit‹), in dem alle Reimwörter wieder begegnen, richtet den Blick auf das Ende des Leids, durch das Regeneration möglich wird:

It is our sorrow. Shall it melt? Then water
Would gush, flush, green these mountains and these
valleys,
And we rebuild our cities, not dream of islands.

Das längere argumentative Gedicht »In Praise of Limestone« (»Lobpreis des Kreidefelsens«, 1951) hat vier in freien Rhythmen gebaute Strophen, in denen verschiedene Mentalitäten der Menschen anhand von Gesteinsarten beschrieben werden, die man ihnen zuordnen könnte. Die beiden ersten Strophen beschreiben die weiche Beschaffenheit des Kreidegesteins, nach der alle sich sehnen, »[a]re consistently homesick for, this is chiefly / Because it dissolves in water« (Z. 2 f.). Die Kreide ist leicht, sie respondiert (Z. 29), sie ist zugänglich und konkret, weder monströs noch unverständlich (Z. 37, 40). Sie ist jedoch nicht geeignet für die Besten und nicht für die Übelsten (denen, wie Strophe 3 zeigt, die Härte des Granits, Z. 47, am besten entspricht). Sie sind entweder »Saints-to-be« (»potentielle Heilige«, Z. 49) oder »intendant Caesars« (Z. 54). Die »really reckless« (Z. 55) jedoch ertragen Einsamkeit, Sinnlosigkeit und Trauer:

'I am the solitude that asks and promises nothing;
That is how I shall set you free. There is no love;
There are only the various envies, all of them sad.'
(Z. 57–59)

Der Abschluss der letzten Strophe ist nach Ratlosigkeit, auch der Ratlosigkeit des Dichters, versöhnlich: Wenn Sünden vergeben werden und es eine Auferstehung von den Toten gibt, dann findet diese in der Bewegung und Mentalität des Kreidegesteins ihre bereits säkulare Erfüllung:

> [...] but when I try to imagine a faultless love
> Or the life to come, what I hear is the murmur
> Of underground streams, what I see is a limestone
> landscape. (Z. 91–93)

Der Amerikaner Thomas Stearns Eliot (1888–1965) ließ sich 1915 auf Dauer in England nieder, wurde 1927 englischer Staatsbürger und übernahm das anglikanische Bekenntnis der Hochkirche. Er hat als Dramatiker, Literaturkritiker und Lyriker die englische Literatur nachhaltig beeinflusst. 1922 gründete er die einflussreiche Zeitschrift *The Criterion*, die er bis 1939 herausgab und in der wesentliche Werke der Zeit veröffentlicht oder besprochen wurden. Er war einer der Hauptvertreter des sog. *New Criticism*, der den Text als autonomes Kunstwerk betrachtete und durch Struktur- und Formanalyse (*close reading*) literarische Texte erschloss. Unter seinen zahlreichen Essays zur englischen Literatur ragt »The Metaphysical Poets« (1922) hervor, ein Essay, in dem er der Moderne den Zugang zu der bedeutenden, aber bis dahin längst vergessenen Dichtung der ersten Hälfte des 17. Jahrhunderts eröffnete und zu vielen weiteren Einzelstudien anregte. In *The Sacred Wood: Essays on Poetry and Criticism* (1920) erschienen seine bekannten Essays »Hamlet and his Problems« sowie »Tradition and the Individual Talent«, die sein dichterisches Credo enthalten: Dichtung als gleichsam handwerkliches *métier*, Über-Persönlichkeit von Dichtung, in der der Dichter nur Katalysator des dichterischen Prozesses und der künstlerischen Übermittlung von Gefühlen und Emotionen, nicht aber selbst ein Agens ist (»poetry [...] is not an expression of personality but an escape from personality«); schließlich der Gegenstand der

Kunst als »objective correlative«, in der Bedeutung von »a set of objects, a situation, a chain of events which shall be the formula of that *particular* emotion«. Als Kulturmorphologe hatte Eliot zudem in »The Metaphysical Poets« auf die sog. »dissociation of sensibility« verwiesen, die zwischen dem 17. und dem 19. Jahrhundert entstanden war und die er als die Trennung von intellektueller und emotional-reflektiver Inspiration, die ehemals eine Einheit bildeten, bezeichnete. Der Begriff wurde in seiner Zeit ähnlich berühmt wie die Vorstellung des »objective correlative«.

Im Jahre 1917 erschien der dramatische Monolog »The Love Song of J. Alfred Prufrock«, dem ein Zitat aus Dantes Inferno beigegeben ist und der schon im Titel einen ironischen Kontrast zwischen dem romantischen Thema des Liebesliedes und dem langweiligen und prosaischen J. Alfred Prufrock impliziert. Hier wird auch bereits Eliots Arbeitstechnik sichtbar: er setzt Bilder unverbunden und ohne Übergänge oder Erklärungen nebeneinander und streut nur undeutlich erkennbare Anspielungen oder echoartige Wiedergaben verschiedenster Literaten und Philosophen ein. Die Person Prufrocks ist schillernd. Er ist gefangen zwischen Ironie und Pathos; ist unsicher, unausgeglichen, unfähig zu konsequenter Liebe, ein Mensch, der schon langsam in die Jahre kommt und voll Frustration über das moderne Leben und die Sterilität der Kultur der Oberschichten der Gesellschaft ist. Auch *The Waste Land* (1922) ist ein literarisches Dokument einer desillusionierten Generation – gleichsam Eliots Form der *lost generation* oder der amerikanischen *expatriates* in Europa nach dem Ersten Weltkrieg. Chaos, Sterilität und Verzweiflung über die Welt sind seine Themen.

Das »Wüste Land«, dessen Publikation in *The Criterion* einen Eklat auslöste, etablierte Eliot als Dichter einer desillusionierten Generation. Es ist ein symbolisch zu verstehendes Land, es ist steril und ohne Hoffnung, von einem kraftlosen König beherrscht. Die fünf Teile des Gedichts sind: »The Burial of the Dead« (der Totenritus des anglikanischen *Book of Common Prayer*, die Voraussetzung für die Wiedergeburt nach dem fruchtlosen Winter), »The Game of Chess« (Glanz der Vergangenheit und Bedrückung der Moderne), »The First Sermon« (Predigt Buddhas gegen die fleischliche Lust und andere zerstörerische Leidenschaften der Moderne), das kurze »Death by Water« (die Vision eines ertrunkenen Phöniziers mit der – oder auch ohne die – Hoffnung auf Auferstehung), »What the Thunder Said« (der Gang nach Emmaus aus dem Neuen Testament, das Herannahen an die *Chapel Perilous* aus der Gralslegende, der Verfall der modernen Welt). Man hat in den 433 Zeilen des Gedichts eine wahrhafte Fülle von Anspielungen oder literarischen Nachempfindungen und Analogien, Bestände der Kunst- und der Volksüberlieferung, Passagen aus sechs verschiedenen Fremdsprachen einschließlich des Sanskrit, sowie ganz unterschiedliche Metren und Rhythmen je nach Gegenstand entdeckt. Diese Orchestrierung versucht, in der Lyrik eine Totalität von Welt zu erzeugen, ähnlich wie das James Joyce in dem ganz anderen Medium der Erzählkunst in *Ulysses* (1922) getan hat. In »Ash-Wednesday« (1930) legt Eliot ein sechsteiliges Gedicht vor, in dem er nach Ruhe und Seelenfrieden sucht. Es ist voller biblischer, liturgischer und mystischer Anspielungen und thematisiert die Bußgesinnung des anglikanischen Bekenntnisses. Andererseits lebt es aus der Spannung von Zweifel und Glauben und objektiviert so die Situation und das Empfinden des Glaubenden. Wahrheit findet das lyrische Ich im Glauben an die Tradition der Kirche. Bewusst setzt Eliot Teile aus Dantes *Divina Commedia* (um 1314–20) und eine Predigt von Lancelot Andrewes (1555–1626) zur Vertiefung seiner Argumentation ein. Seine »Four Quartets«, ein Gedichtzyklus (1943), enthalten religiöse und philosophische Meditationen, deren Rhythmen jeweils den Titeln der vier Teile angepasst sind. Eliots Thematik ist hier existentiell: Vergangenheit, Gegenwart, Zukunft, Zeitlosigkeit, Ewigkeit, Erinnerung, Bewusstsein, die Mystik des Ortes.

Das Thema des Krieges wird in der Zeit des Zweiten Weltkrieges ganz anders in lyrische Sprache umgesetzt als in der Zeit des Ersten Weltkrieges. Während des sog. *Battle of Britain* flog die deutsche Luftwaffe viele Angriffe auf London und andere große englische Städte. Dame Edith Sitwell (1887–1964) hat die Not der Menschen in dieser Situation zum Thema ihres Gedichts »Still Falls the Rain« mit dem Untertitel »The Raids, 1940. Night and Dawn« (1942) gemacht. Jede Strophe dieses Gedichts beginnt mit dem Titelsatz, in dem »rain« als die Bombe oder als das Geschoss, die Erde als »The Field of Blood« (Z. 10) zu verstehen ist. Sitwell führt den Krieg dieses Verständnisses auf die Gier (»greed«, Z. 11) des menschlichen Geistes zurück, »that worm with the brow of Cain« (Z. 11). Sie versucht, eine Sinngebung im Gebet zu finden: »Christ that each day, each night, nails here, have mercy on us – / On Dives and on Lazarus« (Z. 14 f., ähnlich auch Str. 6). Bei allem Leiden bleibt die Christus in den Mund gelegte Schlussfeststellung bestehen: »Still do I love, still shed my innocent light, my Blood, for thee« (Z. 35).

In der Tradition des *light verse*, zumindest seit Edward Lear (1812–1888) und Lewis Carroll (1832–1898) beliebte Form der englischen Verskunst, und einer Art *gentlemanly optimism* gewürzt mit Ironie, steht das Gedicht »In Westminster Abbey« (1940) von John Betjeman (1906–1984), der 1972 zum *poeta laureatus* ernannt wurde. Hier wird der Besuch eines *evening service* in der Kathedrale (Z. 27) zwar schon zum Gebet, aber auch zu allerlei sarkastischen Feststellungen verwendet, auch wenn sich der Sprecher einleitend und abschließend der Würde des Ortes (»Here, where England's statesmen lie«, Z. 5, ähnlich Z. 39) bewusst ist. Die Gedanken des Gedichts sind als »a lady's cry« apostrophiert (Z. 6). Die zweite Strophe endet in:

> But, gracious Lord, whate'er shall be,
> Don't let anyone bomb me. (Z. 11 f.)

Ironie geht auch von der Bitte um den Schutz für das Empire in Strophe 3 aus:

> Keep our Empire undismembered [...]
> Protect them Lord in all their fights,
> And, even more, protect the whites. (Z. 13, 17 f.)

Die Bitte in Strophe 5 schließt mit »And do not let my shares go down« (Z. 30). In der 7. Strophe freut sich der Sprecher über die doch immerhin recht selbstgefällige Erbauung im Gebet: »What a treat to hear Thy Word« (Z. 38) und schließt mit dem Couplet:

> And now, dear Lord, I cannot wait
> Because I have a luncheon date. (Z. 41 f.)

Der Waliser Dylan Thomas (1914–1953) ist ein Erneuerer der Lyrik seiner Zeit, seine Syntax ist schwierig, seine Bildkraft kühn, stellenweise schwer zugänglich, sein Enthusiasmus über die Schöpfung und das Leben jedoch ist genuin. Die Weite seines Denkens, die alle Seinsbereiche in »God's rough and tumbling grounds« (»Author's Prologue«) gleichsam total zu umgreifen sucht und insbesondere das Gegensätzliche ähnlich wie die *metaphysical poets* des 17. Jahrhunderts in eine Einheit bindet, hat ihm eine große Anhängerschaft beschert, andererseits aber auch zu Ablehnung geführt, steht diese Dichtung doch nur indirekt im Bereich der traditionellen englischen Lyrik (des *mainstream*). Man hat Dylan Thomas aufgrund dieser Eigenschaften sowie der dynamischen Rhythmik seiner Verse, beides unzweifelhaft walisisches Erbe, zu den Dichtern der sog. *New Apocalypse* der vierziger Jahre gezählt, die durch ähnlich bewegte und turbulente, teils hermetische Bildersprache und Versgestaltung hervortraten und damit gegen den ›Klassizismus‹ W. H. Audens protestierten. Diese Bewegung führt zu drei Anthologien einschlägiger Dichtung (1940–45).

Das lyrische Werk des Dichters ist nicht umfangreich, aber jeweils hochkarätig, wie insbesondere aus der Sammlung *Deaths and Entrances* (1946) hervorgeht. Seine *Collected Poems 1934–1952* (1952) waren in der Nachkriegszeit ein voller Erfolg. Besonderes Interesse entfachten verständlicherweise die Gedichte, die den Bombenkrieg auf London und verschiedene andere Städte Englands thematisieren. Thomas war davon überzeugt, dass alle Dinge und Gegensätzlichkeiten zu einer großen lebendigen Synthese und Einheit verschmelzen, und betrachtete die Lyrik als adäquates imaginatives Mittel, diese Einheit zum Ausdruck zu bringen. So heißt es in dem nach seiner ersten Zeile benannten Gedicht: »The force that through the green fuse drives the flower / Drives my green age [...]« (Z. 1 f.; 1933), ein Gedankengang, der am Anfang einer jeden Strophe variiert wird. Das Strophenende ist ebenfalls jeweils parallel gestaltet und leitet in das *envoi* über:

And I am dumb to tell the lover's tomb
How at my sheet goes the same crooked worm.
(Z. 21 f.)

Die hier schon angedeutete Einheit von Leben und Tod in einer auch theologisch begründbaren Einheit des Lebendigen führt ihn dazu, den Tod eines Kindes im Londoner Blitzkrieg in »A Refusal to Mourn the Death, by Fire, of a Child in London« (1946) nicht zu bedauern:

> The majesty and burning of the child's death.
> I shall not murder
> The mankind of her going [...] (Z. 13–15)
>
> Deep with the first dead lies London's daughter,
> Robed in the long friends, [...] (Z. 19–20)
>
> After the first death, there is no other. (Z. 24, letzte Zeile)

Wesentlich dynamischer und stellenweise dunkel metaphorisch ist das dreiteilige Gedicht »Ceremony after a Fire Raid« (1946), in dem gleich zu Beginn in »Myselves / The grievers / Grieve« (Z. 1–3) eine grammatische Unsagbarkeit vorliegt und in dem noch weitere grammatische Grenzfälle begegnen. Die Sprache des Gedichts ist der Würde einer öffentlichen Veranstaltung mit religiösem Einschlag (»ceremony«) angemessen, sie ist angesichts ihrer Wiederholungen und der Imperative in dem ersten Teil litaneiartig und sieht die lyrischen Sprecher oder die versammelten Individuen (»myselves«) als Büßer, die um Vergebung bitten (»Forgive / Us forgive / Us your death«, Z. 17–19). Der Abschluss von Strophe 3 und 4 (»Till the blood shall spurt, / And the dust shall sing like a bird«, Z. 21 f.; »[...] we chant the flying sea / In the body bereft«, Z. 28 f.) bereitet das Thema des Lebens im Tode, Teil III des Gedichts, bereits vor. Teil II stellt die Frage nach dem ersten Tod: Adam und Eva, der heilige Stier, das weiße Opferlamm, die heilige Jungfrau, die nun alle mit dem toten Kind »On the altar of London« (Z. 38) liegen. In der sechsten Strophe (Strophe 2 in Teil II) nennt sich das lyrische Ich selbst, das den Totengottesdienst abhält (»I know the legend [...]«, Z. 47; »in my service«, Z. 49). Es bezeichnet die ganze Menschheitsgeschichte seit Adam und Eva, »Beginning crumbled back to darkness« (Z. 58). In Teil III setzt die Hymne ein. Eine Einheit voll Bewegung mit mehrfachen syntaktischen Parallelismen und ungeheurer rhythmischer Kraft fasst die gesamte Szene des Luftangriffs und seiner feurigen Zerstörung als hereinstürmende Masse des Meeres und bringt sie in einem mächtigen Gloria zur Eruption:

> The masses of the sea [...] (Z. 72)
>
> Erupt, fountain, and enter to utter for ever
> Glory glory glory
> The sundering ultimate kingdom of genesis' thunder.
> (Z. 75–77, Gedichtende)

Das Gedicht »I, in my intricate image, stride on two levels« (1952) thematisiert die Natur des Menschen als Wesen aus Materie und Geist, eingebunden in den Kreislauf aus Zeugung, Tod und Wiedergeburt als Prinzip des Lebens. Aus ihm scheint auch die Bildkraft des Dichters zu stammen, da er am Gedichtende sagt: »And my images roared and rose on heaven's hill« (Z. 108).

Häufig zitiert wird auch die Villanelle »Do Not Go Gentle into that Good Night« (1951). Dieser Gedichttypus der französischen Renaissance mit pastoralem Inhalt, auch bekannt durch das Gedicht »Are you not weary of ardent ways« in James Joyce' *A Portrait of the Artist as a Young Man* (1916), wird hier zur Reflexion des lyrischen Ich über den Tod des langsam sterbenden Vaters des Dichters. Diesem ruft er in der Titelzeile sowie der dritten, bewegten Zeile den Protest gegen den Tod zu:

> Do not go gentle into that good night,
> Old age should burn and rave at close of day;
> Rage, rage against the dying of the light.

Strophe für Strophe betrachtet das Gedicht Existenzformen: »wise men«, »good men«, »wild men«, »grave men«, um schließlich wieder zu »you, my father« (Z. 16) zurückzukehren. Jede Strophe wird entsprechend der Technik der Villanelle abwechselnd mit der ersten und mit der dritten Verszeile des Gedichts orchestriert, wobei in der letzten Strophe beide Verszeilen den Gedichtabschluss bilden.

Eine persönliche Note haben die Gedichte »Fern Hill« (1946) und »After the Funeral (In Memory of Ann Jones)« (1938). Fern Hill ist der Name des Bauernhauses seiner Tante in Wales, deren Tod er in der Elegie beklagt. »Fern Hill« thematisiert in geradezu entfesselt wirkender Rhetorik und Bildersprache die Erinnerung an eine glückliche Kindheit auf dem Lande und in der Natur. Man hat in dieser Freude des ungezwungenen Lebens eine Überwindung eines auch angstvollen Lebensgefühls erblickt und auf die leicht implizierte ironische Distanzierung des Sprechers in »Now as I was young and easy under the apple boughs / [...] and happy as the grass was green« (Z. 1 f.) sowie »And once below a time I lordly had the trees and leaves« (Z. 7) verwiesen. Am Schluss des Gedichts kommt die Metaphorik der Lebendigkeit trotz der inneren Zwänge (»in my chains«) wieder zum Tragen:

> Oh as I was young and easy in the mercy of his
> [i. e. time's] means,
> Time held me green and dying
> Though I sang in my chains like the sea. (Z. 52–54)

Der Preis der toten Tante in »After the Funeral«, den das lyrische Ich, »I, Ann's bard on a raised hearth« (Z. 21), vorträgt, ist z. T. hyperbolisch in der Sprachgestaltung:

> [...] dead, humped Ann
> Whose [...] heart once fell in puddles
> Round the parched worlds of Wales and drowned
> each sun (Z. 13–15)

Gegen Ende ist von ihrer Totenstarre die Rede (»her scrubbed and sour humble hands / Lie with religion in their cramp«, Z. 31 f.), am Schluss jedoch von dem Leben, das ihr Tod im Sprecher generiert:

> These [...] hands [...]
> Storm me forever over her grave until
> The stuffed lung of the fox twitch and cry Love
> And the strutting fern lay seeds on the black sill.
> (Z. 36, 38–40)

Nach dem Zweiten Weltkrieg bis etwa 1970

Die Lyrik der fünfziger Jahre geht auf Distanz zur *New Apocalypse*. Sie ist an der sozialen Realität des Lebens, an nüchterner, illusionskritischer Sicht der Welt interessiert, die sie eher mit Rückgriff auf die englische Dichtungstradition in Maßen poetisiert. Der Dichter ist nach Meinung führender Köpfe einer Bewegung, der man im *Spectator* 1954 den Namen *The Movement* gab, unromantisch, rational, gegebenenfalls sarkastisch, er vertraut auf korrekte Syntax, nicht der Montage von gar noch diffusen Bildern; er ist vielmehr alltäglicher Mensch, der zu anderen alltäglichen Menschen spricht. Sein Lebensraum ist viel eher die Provinz als die Metropole London. Er arbeitet nicht experimentell und ist eher durch seine Alltäglichkeit innovativ, erschließt er doch dem Durchschnittsmenschen den Zugang zur Lyrik.

Der typische Vertreter dieses Lyriktypus nach 1945 ist Philip Larkin (1922–1985). Man hat seine Themen als punktuell, kolloquial, alltäglich, sozial eher im kleinen Milieu angesiedelt, z. T. ironisch und etwas traurig bezeichnet, obwohl er auch beglückende Empfindungen einzufangen vermag. In »The Whitsun Weddings« (1964) wäre das junge Paar am Bahnhof, der Krankenhausbesucher in »The Building« (1972) zu nennen. Es werden aber auch die schäbige Junggesellenwohnung, der Landstreicher im Park, Reklame oder Provinzstädte thematisiert. Von sexueller Freizügigkeit ist in »High Windows« (1974), von einer Art städtischen Pastorale in »Here« (1961) die Rede. Die Gedichte künden auch von einem autobiographisch geprägten lyrischen Ich, das von Sujets wie Illusionen und Wirklichkeit (»Poetry of Departures«, 1954), Arbeit, Erfolg, Versagen (»Toads Revisited«, 1962), Nachsinnen über Ehe- und Kinderlosigkeit anhand eines Besuches in der alten Schule und dem Klassenraum (»Dockery and Son«, 1963) und Angst vor dem Tode (»Aubade«, 1977) geprägt ist.

Häufig zitiert wird das Gedicht »Church Going« (1954), in dem der Sprecher des Gedichts im Zuge eines Radausflugs eine ihm wertlos erscheinende Dorfkirche besichtigt (Z. 18). Er denkt in recht umgangssprachlichen Formulierungen über die Kirche und den Grund seines Besuchs nach und ist erstaunt, dass es ihm gefällt, in ihr zu stehen (Z. 54). Er kommt zu dem Schluss, dass sie ein »serious house on serious earth« (Z. 55) ist, »In whose blent air all our compulsions meet, / Are recognised, and robed as destinies« (Z. 56f.). Ferner kommt ihm der Gedanke einer höheren geistigen Ausrichtung des Menschen:

> Since someone will forever be surprising
> A hunger in himself to be more serious,
> And gravitating with it to this ground, (Z. 59–61)

Der nächste bekannte Vertreter des *Movement* ist THOM GUNN (geb. 1929), der mit dem Titel der Sammlung *The Sense of Movement* (1957) auch in verstechnischer Hinsicht eine Art dichterisches Programm vorlegte. In ihr veröffentlichte er Gedichte, die ihn, von Donne beeinflusst, als »modern metaphysical poet«, aber auch wegen seiner Verpflichtung gegenüber Jean-Paul Sartre als existenzialistischen Denker ausweisen. Bis etwa 1961 war er als Dichter des *Movement* an Zeitphänomenen, wie den jugendlichen Halbwüchsigen (*Teddy boys*), die er in San Francisco erlebt hat, oder auch an der Ausstrahlung Elvis Presleys in dem nach Letzterem benannten Gedicht interessiert. Hervorragend ist das Bild der Halbwüchsigen auf ihren Motorrädern und ihrer inneren Zwänge in »On the Move« (1957) mit dem Untertitel ›Man, you gotta Go‹ (›Mann, du musst dich bewegen‹) gestaltet. In ihm wird die instinkthafte Bewegung der Vögel, die im Gleichgewicht sind, mit der hektischen, unbewussten und heftigen Bewegung der *Boys* verglichen. Diese bewegen sich unsicher, sie täuschen in ihren schwarzen Sonnenbrillen, den Lederjacken und im scharfen Motorradfahren nicht vorhandene Sicherheit vor:

> One moves with an uncertain violence
> Under the dust thrown by a baffled sense (Z. 6f.)

> [...] their hum
> Bulges to thunder held by calf and thigh.
> In goggles, donned impersonality,
> In gleaming jackets trophied with the dust,
> They strap in doubt [...] (Z. 11–15)

In der dritten der fünf Strophen wertet Gunn diese Existenzform: keine Entwicklung der *Boys*, trotz verschiedener Eigenschaften, insbesondere der des Willens. Strophe 4 wird aus existenzialistischer Sicht deutlicher: Die Bewegung (»Afloat on movement«, Z. 28) ist »a part solution« (Z. 25), denn man lebt »in a valueless world« (Z. 30), in der man sich zumindest immer irgendwohin bewegt: »One moves as well, always toward, toward« (Z. 32). Die letzte Strophe erklärt, dass diese Jugendlichen im Gegensatz zu den Vögeln und den Heiligen »their purposes« (Z. 37) nicht erfüllen können, weil sie solche Zwecke nicht haben. Dafür aber sind sie »in motion« (Z. 38), denn – ganz im Sinne des Sprichworts »Rolling stone does not grow moss« (und einer Rock-'n'-Roll-Band, die sich einige Jahre später den Namen »Rolling Stones« gab) –

> Reaching no absolute, in which to rest,
> One is always nearer by not keeping still.
> (Z. 39f., Gedichtende)

In »Elvis Presley« (1957) enthalten die ersten beiden der vier Strophen eine drastische Beschreibung des Auftritts des bekannten Rocksängers. Sein Vortrag ist

> [...] the sigh
> Of this one, in his gangling finery
> And crawling sideburns, wielding a guitar. (Z. 3f.)

Aber dieses Erscheinungsbild ist auch das unsere: »Our idiosyncrasy and our likeness« (Z. 8), denn »We keep ourselves in touch with a mere dime« (Z. 9). Kurz streift Gunn die sexuellen Konnotationen der Vortragsart und Körperbewegung des Sängers in Zeile 6 und 7 (weshalb er anfangs im Fernsehen nur vom Gürtel aufwärts präsentiert werden durfte). Abschließend ergeht der Verweis auf die Aggressivität, die von der Performanz des Elvis Presley ausgeht: »Which [...] may be posture for combat« (Z. 15f., Gedichtende).

Die Reaktion auf die Dichtung des *Movement*, auch *New Lines* genannt, wird angeführt von Charles Tomlinson (geb. 1927), der sich zu dem Einfluss der Malerei auf seine Lyrik, zu der französischen Phänomenologie und der amerikanischen Moderne bekannte. Wie er 1957 sagte, geht es in der Lyrik darum, die Schöpfung in neuer Weise als Zusammenwirken verschiedener Dinge, als

»continuum outside ourselves« und als »mystery« in einer Sprache zu sehen, die »instress [and] sensuous depth« erkennen lässt. Bekannt ist sein Gedichtband *Seeing is Believing* (1958), in dem er diese Überzeugungen lyrisch vermittelt. Hier findet er auch zu seiner großen Thematik der Begegnung und Wechselwirkung der Dinge miteinander, die ihn bereits in »Relations and Contraries« (1951) beschäftigte: Natur und Kultur, Leben und Tod, Krieg und Frieden in »Arizona Desert« (1966), Nehmen und Geben, Aktivität und Passivität (»Swimming Chenango Lake«, 1969). Stasis, Stockung, gibt es nach Tomlinson nicht (»Sea Change«, 1955). In »The Dialogue« (1955) reflektieren Er und Sie über ein nicht näher bezeichnetes Es. Dabei entsteht eine Bewegung von Er und Sie zu Beiden. Winterliche Landschaften hat der Dichter immer wieder lyrisch verarbeitet: »Winter Piece« (in *A Peopled Landscape*, 1963), »Maine Winter« (*American Scenes and Other Poems*, 1966). Das bekannteste von ihnen ist »Winter Encounters« (1959), das bezeichnenderweise in einem Block ohne strophische Gliederung geschrieben ist. Das Grundthema dieses Gedichts ist die Begegnung unterschiedlicher Seinsformen: Mensch und Natur sind bereits in der ersten Verszeile benannt (»House and hollow; village and valleyside: / The ceaseless pairings«). Bis Zeile 14 sind die Dinge genannt, die sich alle »towards encounter« bewegen. Bei dieser Begegnung verschwindet die Gegensätzlichkeit (Z. 15: »The distinction fails in these brisk exchanges«). Die Beispiele zur Illustration dieser These schließen z. B. den Regen ein, der insgeheim den Frühling in sich trägt (Z. 21 f.) »[H]aving met, one meets with more / Than the words can witness« (Z. 26 f.). Man empfindet dann, so das Gedichtende, die *coincidentia oppositorum*, um mit Nikolaus Cusanus zu sprechen: »Calmness within the wind, the warmth in cold.«

Viele Anthologien verzeichnen Gedichte von TED HUGHES (geb. 1930), der mit der amerikanischen Lyrikerin Sylvia Plath verheiratet war. Ähnlich wie Tomlinson ist ihm das Sujet der bloßen Alltäglichkeit der Dinge geistig zu flach. Hughes strebt hingegen eine Entidealisierung des herkömmlichen, oft romantisch gefärbten Naturbildes an und ersetzt dieses durch die stellenweise schwer durchdringliche Mystik von Energien, Trieben und Gewalten, die die natürlichen Abläufe der Dinge charakterisieren. Der unerbittliche Lebenskampf ist Thema von »The Thistles« (1967). Ähnlich wie in Gunns Gedicht »On the Move« ist Hughes Botschaft in »Thrushes« (1960), da die Instinktsicherheit der Drosseln dem Empfinden der zögernden und reflektierenden Menschen überlegen ist. Die Herrschaft der Gewalt verkündet das Gedicht »Hawk Roosting« (1960). Ein sinnloses Kriegslied in einem sinnlosen Kosmos scheint in »Pibroch« (1967) vorzuliegen. Das Wort *Pibroch* bezeichnet die einförmige Kriegsmusik der Bergschotten. In dieser ›Musik‹ wird ein Panorama des Seins ›besungen‹: »The sea cries with its meaningless voice, [...] / Probably bored with the appearance of heaven [...] / Without purpose, without self-deception« (Z. 1, 3, 5), »Stone likewise« (Z. 6), dem die Strophen 2 und 3 gewidmet sind, Baum, Mensch, schließlich Engel und Sterne. Das Fazit der letzen Strophe ist:

> Minute after minute, aeon after aeon,
> Nothing lets up or develops. (Z. 21 f.)

Diese Situation ist aber laut Gedichtende in apodiktischer Formulierung das Normale:

> This is where the staring angels go through.
> This is where all the stars bow down.

In »A Childish Prank« (1971) geht es in relativ rüden Worten um den Geschlechtsakt, über dessen Bedeutung sich »Man« und »Woman« gar nicht klar sind. Die Krähe mokiert sich über den Menschen, sie hat in nicht ganz erkennbarer Sinnfälligkeit »the Worm, God's only son« in zwei Hälften zerhackt (Z. 7f.) und sie triumphiert in ihrem Lachen noch über Gott, der weiterhin schläft (Z. 19 und 20, Gedichtende). In anderen Gedichten, wie z. B. »Crow« (1970) ist die Krähe ein bösartiger Trickbetrüger, der Anti-Adam mit schwarzer Seele, eine Art Gegengeschöpf Gottes. In ihm waltet ein amoralischer Lebenserhaltungstrieb, er ist Exponent einer nihilistischen Welt, die sich von Leere zu Leere erstreckt. In »Prometheus on his Crag« (1971) wird der Feuerraub des Prometheus nicht als Zivilisationsbeginn, sondern als Unfall in der Zivilisationsgeschichte gedeutet, da der Mensch durch ihn die Hinwendung zum Rationalitätsprinzip vollzogen habe.

Das Gedicht »River« (1983) beginnt mit rätselhafter Syntax und Information:

> Fallen from heaven, lies across
> The lap of his mother, broken by world. (Z. 1f.)

Im Folgenden wird dem Wasser Leben erzeugende und geradezu erlösende Kraft zuerkannt (Z. 12f.). Der Fluss, der das Wasser trägt, ist ein Gott (Z. 14). Über ihn heißt es am Schluss:

> It is a god, and inviolable.
> Immortal. And will wash itself of all deaths. (Z. 17f.)

Neuere Tendenzen

Das *Penguin Book of Contemporary British Poetry* (1982) bezeichnet in seinem Vorwort die angestrebte »new poetry« als »vorrangiges Ergebnis der Imagination« sowie als »potential source of tenderness and renewal.« In gewisser Weise sind damit die Poetisierung der alltäglichen Erfahrung und eine Art insgeheime säkulare Romantisierung bei gleichzeitigem Bekenntnis zu gegebenenfalls notwendiger Verfremdung vorgezeichnet. Der bedeutendste Autor dieser Anthologie ist SEAMUS HEANEY (geb. 1939), der als katholischer Nordire die Erfahrung des gespaltenen Irland in sich trägt und diese zum Thema der Identität seiner Lyrik macht. Zur »Heilung« der gebrochenen Identität wendet er sich der Verschmelzung von Vergangenheit und Gegenwart, der Landschaft und dem Mythos zu. Das Titelgedicht seines ersten Lyrikbandes, »Digging« (1966), enthält Reminiszenzen an seinen Vater, einen Torfstecher – »by God, the old man could handle a spade« (Z. 15) –, dessen Leben sich wie das des Großvaters in seiner Arbeit erschöpfte. Das lyrische Ich aber kann, wie es zyklisch am Gedichtanfang und -ende versichert, in der Dichtung nur in anderer Weise »graben« (und sich ähnlich abmühen):

> Between my finger and my thumb
> The squat pen rests; snug as a gun. (Z. 1f.)

> Between my finger and my thumb
> The squat pen rests.
> I'll dig with it. (Z. 29–31)

Das Torfmoor wird hier zur Metapher für die Arbeit des Dichters, die fachmännisch und unaufdringlich vonstatten geht. In der Folgezeit wird das Torfmoor ein Leitmotiv seiner Dichtung, so z. B. in *North* (1975) oder in »The

Tollund Man« (1972; Tollund ist ein dänischer Ort, in dessen Torfmoor Leichen von Ritualopfern gefunden wurden, ein Sachverhalt, den Heaney zu der Lage des modernen Irland in Beziehung setzt). Er sagt am Gedichtschluss:

Out there in Jutland
In the old man-killing parishes
I will feel lost,
Unhappy and at home. (Z. 41–44)

Die Parallele zwischen der im Moor entdeckten Leiche einer Vierzehnjährigen aus dem ersten nachchristlichen Jahrhundert, wahrscheinlich wegen Ehebruchs hingerichtet, erlaubt in dem Gedicht »Punishment« (1975) Parallelen zu den Fememorden der »Irisch-Republikanischen Armee« an jungen Frauen, die Umgang mit englischen Soldaten haben. »Station Island« (1984) thematisiert eine Reihe von Traumbegegnungen mit Geistern auf der gleichnamigen Insel in County Donegal, die auch *St. Patrick's Purgatory* genannt wird. In »A Ship of Death« (1987) behandelt Heaney die Bestattung des Scyld Scefing in *Beowulf*, Z. 26–52. Hier ahmt er Diktion und Variationstechnik des altenglischen Stabreimverses nach. Er lenkt abschließend den Blick auf das Boot, das nach germanischer Sitte den Toten mit reichen Gaben auf das Meer hinausträgt. Niemand vermag zu sagen, was aus diesem Boot und seiner Ladung wurde (Z. 25–27). Neuerdings liegt auch eine Nachdichtung des gesamten *Beowulf*-Epos aus seiner Feder vor.

Geoffrey Hill (geb. 1932) ist an historischen und religiösen Sujets interessiert, ganz besonders wenn sie mit Gewaltanwendung zu tun haben (z. B. in »For the Unfallen«, 1959; »King Log«, 1968; »Tenebrae«, 1978). Seine Lyrik strebt eine Verbindung von intellektueller Kraft und sinnlicher, leidenschaftlicher Direktheit an. Er ist hierin den metaphysischen Dichtern des 17. Jahrhunderts verwandt, zu denen er sich insbesondere in seiner Jugend hingezogen fühlte. Hill ist ein Meister des indirekten, entschlüsselungsbedürftigen Arguments und liebt die feine Anspielung. Die Gedichtenden lassen den Leser oft im Zweifel – bewusst, denn der Dichter selbst bekennt: »I want the poem to have this dubious end; because I feel dubious; and the whole business is dubious.« Sein Bemühen um Unpersönlichkeit im dichterischen Prozess stammt von Keats. Er hält sie selbst in dem langen Gedicht »Mercian Hymns« (1971) aufrecht, in dem er in die Person König Offas von Merzien (757–796; s. S. 16) schlüpft, der in seiner Zeit England südlich des Humber beherrschte (»the presiding genius of the West Midlands«). In diesem Gedicht kommt es zu einer beständigen Mischung der Gegenwart des Dichters mit den fernen Ursprüngen des Landes in altenglischer Zeit, indem die Dialektik von rationaler Ordnung und Gewaltanwendung thematisiert wird. Hill nennt den König anlässlich eines umfassenden Dammbaus gegen die keltischen Briten »a typical creator of order and beauty«. Seine Suche nach Sedimentierung des Menschen in der Vergangenheit reicht in dem Gedicht »Genesis« (1959) bis an die Ursprünge der Menschheitsgeschichte, in der der Fall des Menschen und die Schöpfung miteinander vereinigt werden. Das lyrische Ich ist das des Schöpfergottes, das auf mysteriöse Weise jedoch nicht mit Gott selbst identisch zu sein scheint. Der sechste Schöpfungstag ist auch der Tag, an dem auf die Erlösung durch Christi Blut verwiesen wird (Z. 43 f.). Aber auch hier bleibt am Schluss ein Hauch von Zweifel: Die Gebeine der Toten »Under the rough pelt of the sea« (Z. 45) sind »bones that cannot bear the light« (Z. 47). Hills Themenbereich erstreckt sich von der Historie, wie z. B. auch in »Requiem for the Plantagenet Kings« (1959), bis hin zu der Problematik der Konzentrationslager in »September Song. born 19. 6. 32 – deported

24. 9. 42« (1968). Die Bedeutung seiner Formulierungen und Bilder ist voll hintergründigen Sinns.

Man hat TONY HARRISON (geb. 1937) als einen »working-class British expatriate« bezeichnet. Er ist nicht nur Lyriker, sondern auch Dramatiker. Er weiß sich ähnlich wie Geoffrey Hill der Historie verbunden, sieht sich aber eher als Kritiker der Politik, die ihn zum Anwalt der Ausgebeuteten und Unterdrückten werden lässt. Wie in »Heredity« (1978) verleiht er den Sprachlosen seine Stimme. Ironie ist in »National Trust« (1978) unverkennbar, das die Schließung von Kohlebergwerken in Derbyshire und Cornwall und deren Umwandlung in ein nationales Kulturerbe geißelt, da diese Maßnahme die Mentalität der Arbeiterschaft und das soziale Leben in diesen Gegenden beseitige und zerstöre. Das Gedicht endet mit einer Zeile in der Sprache Cornwalls:

> Mes den hep tavas a-gollas y dyr
> (Cornish) –
> “the tonguless man gets his land took.”
> (Z. 15 f.)

Harrison hat auch eine Reihe von Gedichten von 16 Zeilen Umfang geschrieben, die er in Anlehnung an George Meredith' Gedichtzyklus *Modern Love* Sonette nennt. Er veröffentlichte sie unter dem Titel *The School of Eloquence* (1978), *Continuous* (1981) sowie *Selected Poems* (1987). Man hat ihm eine geschickte Handhabung in der Reimkunst und der Poetisierung der Umgangssprache bescheinigt, was z. B. in dem zweiten »Sonett« von »Book Ends« (1978) oder in dem ersten von »Long Distance« (1981) besonders deutlich wird. In »Turns« (1981) ist dies am Beispiel eines Arbeiters der »working class« (Z. 1) und seines Sohnes, der »your dad's cap« trägt (Z. 4) – die Kappe, die leitmotivisch das Gedicht durchzieht –, besonders deutlich. Bereits in der Sammlung *The Loiners*

(1970) liegt eine Verbindung von postkolonialer Afrikaerfahrung, Erotik, Humor und ernsthaftem politischen Argument vor. Themen der Zeitgeschichte behandelte er in »A Cold Coming« (1991, Golfkrieg) und »The Shadow of Hiroshima« (1995).

Auch die postmoderne Spielart ist in der englischen Lyrik des ausgehenden 20. Jahrhunderts vorhanden. Sie verkörpert der Nordengländer CRAIG RAINE (geb. 1945), wie die meisten der zuvor aufgeführten Dichter ebenfalls mit bester Universitätsausbildung und von Beruf akademischer Lehrer. Von seinem Vater hat er einen gewissen komödiantischen Einschlag ererbt. Er führt in »An Inquiry into Two Inches of Ivory« (1978) vor Augen, wie die Phantasie alltägliche Dinge im Akt des Wahrnehmens verfremdet. Die Wahrnehmung durch das Auge ist Raines großes Thema, sie ersetzt das lyrische Ich:

> Daily things. Objects
> In the museum of ordinary art.
> Two armless Lilliputian queens
> Preside, watching a giant bathe [...]
> Water painlessly breaks his bent
> Picasso legs. (Z. 13–21)

Skurril und amüsant ist das Gedicht »A Martian Sends a Postcard Home« (1979), denn der Marsmensch findet vieles wie etwa das Auto »Model T« (Z. 13) oder das Telefon, »a haunted apparatus [...] / that snores when you pick it up« (Z. 19f.), sonderbar und bietet somit ein eigenartig verzerrtes Bild unserer Wirklichkeit. Es löste Gedichte ähnlicher Struktur in einer Lyrikrichtung aus, der man den Namen »Martian School« gab.

Die neueren Tendenzen in der Lyrik werden in der Anthologie *A Various Art* (1987, hrsg. von Andrew Crozier und Tim Longville) sichtbar, in der es stärker als in anderen Gedichten um die Autonomie der Sprache geht (wie es z. B. in »The Glacial Question, Unsolved« von J. H. Prynne, geb. 1936, der Fall ist).

Adrian Mitchell (geb. 1932) ist einer der Dichter, die der *Underground Poetry* der sechziger und siebziger Jahre zugeordnet werden. Diese haben Freude am sprachlichen Experiment, demonstrieren auch in ihrer Lyrik gegen Krieg und für eine alternative Gesellschaftsstruktur. Einen guten Überblick über ihre Werke bietet die Penguin-Anthologie *Children of Albion: Poetry of the ›Underground‹ in Britain* (1969). Mitchells Gedicht »Autobahnmotorwayautoroute« (1971) verarbeitet in skurriler, origineller Weise das Thema des Zusammenwachsens Europas (1973 erfolgte Englands Beitritt zur Europäischen Wirtschaftsgemeinschaft, heute Europäische Union – nach durchaus kontroversen Diskussionen innerhalb des Landes). Dem Gedanken einer europäischen Gleichmacherei unter den Mitgliedsländern verleiht schon der Titel des Gedichtes eine ironische Note, indem das deutsche Wort »Autobahn« mit seinen englischen und französischen Gegenstücken in ein Wort zusammengefügt wird. Weitere einfallsreiche Neubildungen solcher Art füllen in Vers 12, 13 und 15 jeweils eine ganze Zeile aus. Die originellste Formulierung betrifft vielleicht das gesamteuropäische Chaos in Verkehrskreiseln: »Trafficjamroundaboutagain« (Z. 12). Damit ist das zweite Thema des Gedichts benannt: die Allherrschaft des Autos und des Konsumismus in den Industriestaaten. Mitchell protestiert gegen beides und sieht in der angeblichen Verkehrsmobilität das eigentliche Übel der Moderne:

But the car's a circle
No front no back
No driver no steering wheel no windscreen no brakes no
(Z. 23–25)

Lyrik aus dem Commonwealth

Abschließend sollen zwei Dichter aus dem Bereich der sog. Commonwealth-Literatur zu Wort kommen: FLEUR ADCOCK (geb. 1934) und DEREK WALCOTT (geb. 1930). Fleur Adcock stammt aus Neuseeland. Sie hat seit 1964 kontinuierlich Gedichtbände publiziert, den bisher letzten mit *Time Zones* (1991). Im Jahre 1983 gab sie das *Oxford Book of Contemporary New Zealand Poetry* heraus. Adcock repräsentiert die vorwiegend weiße Bevölkerung des ehemaligen britischen Dominions, verwendet jedoch Elemente der Maori-Mythologie. Einerseits wahrt sie im Stil der englischen Tradition oftmals Dekorum und Distanz gegenüber Gewalt und Heftigkeit des Lebens. Andererseits ist sie gerade im sexuellen Bereich keinesfalls prüde und nennt offen die Dinge beim Namen, so z. B. in »The Ex-Queen Among the Astronomers« (1979, etwa Z. 26–29). Sie beherrscht aber auch die zarteren Töne wie etwa in »The Soho Hospital for Women« (1979), in dem es um krebserkrankte Frauen und ihre medizinische Behandlung geht. Auch hier nennt sie die Sachverhalte klar und deutlich (Z. 13, 25, 35, 55 f.), zeigt jedoch viel Feingefühl, insbesondere im vierten Teil des Gedichts, wo das lyrische Ich, eine geheilte Krebskranke, wieder ein normales Leben in aller Alltäglichkeit zu führen beginnt. Das Gedicht »Poem Ended by a Death« (1979) setzt mit einer Klage vor dem toten Geliebten oder Gatten ein: »They will wash all my kisses and fingerprints off you / and my tearstains« (Z. 1 f.). In der zweiten Strophe nennt die Sprecherin ganz realistisch, was nach dem Waschen der Leiche geschehen wird. Sie beschließt diese Feststellungen mit einem Bekenntnis zu ihrem eigenen Wesen: »This is my laconic style« (Z. 13), der dem Toten trotz seiner eigenen Schnörkelhaftigkeit (»your intricate pearled / embroideries«, Z. 14 f.) immer gefallen habe. Die gegenseitige Akzeptanz unterschiedlicher Wesenhaftigkeit habe die Liebenden laut Auskunft des Gedichtschlusses immer zusammengehalten, »[...] these links laced us together, / plain and purl across the ribs of the world [...]« (Z. 15 f.).

Derek Walcott (geb. 1930), Nobelpreisträger für Literatur des Jahres 1992, stammt aus dem britischen Westindien. Er hat als Kritiker, Dramatiker und Lyriker, u. a. als »poet in residence« an amerikanischen Universitäten, bei seiner Leserschaft viel Anklang gefunden. Er verbindet die englische literarische Tradition mit seinem Bewusstsein als *black poet*, das ihn zum Sprecher seines unterdrückten Volks macht. Das bekannte Gedicht »A Far Cry from Africa« (1962) fängt das afrikanische Milieu bereits in der ersten Strophe geschickt ein (Verweis auf den Mau Mau Krieg in Kenia, Z. 2); das *velt* als offenes, nicht kultiviertes Land, (Z. 3). Es folgt die Kritik am Menschenbild der weißen Zivilisation: »[...] but upright man / Seeks his divinity by inflicting pain« (Z. 16 f.), der »white peace« ist »contracted by the dead« (Z. 21). In Strophe 3 wird der »dirty cause« des Westens (ähnlich wie im spanischen Bürgerkrieg) angeprangert (Z. 23, 24) und die Unvergleichbarkeit der Akteure brutal benannt: »The gorilla wrestles with the superman« (Z. 25). Das lyrische Ich versucht beide Mentalitäten zu verbinden, ist sich aber des Erfolgs dieses Bemühens durchaus nicht bewusst, weshalb das Gedicht mit unbeantworteten Fragen endet: »I who am poisoned with the blood of both, / Where shall I turn, divided to the vein?« (Z. 26 f.). Der Sprecher fühlt sich in der zwiespältigen Akkulturation überfordert, ist er doch »divided to the vein« (Z. 27). Wie soll er wählen »Between this Africa and the English tongue I love?« (Z. 30). Schließlich ergibt sich die existenzielle Frage, die das Gedicht abschließt: »How can I turn from Africa and live?« (Z. 33). Das Gedicht »Midsummer« (1984), in Trinidad situiert, verbindet die Natur der Westindischen Inseln mit der Einflussnahme der amerikanischen Zivilisation: »Certain things here are quietly

American – «, heißt es bereits in der ersten Zeile. In den folgenden Zeilen werden die Züge dieser Zivilisation mit eher trauriger, lebloser Indifferenz gesehen, denn die Ursprünglichkeit der Inselnatur ist im Zuge dieser Akkulturation nicht bewahrt geblieben. Symptomatisch dafür ist z. B. das Bild vom Kerosingeruch, der unter den Casuarinabäumen zurückgeblieben ist: »The night left a rank smell under the casuarinas« (Z. 12). Die einheimische Bevölkerung wird als »illegal immigrants from unlucky islands« (Z. 14) gesehen. Resignation greift Platz: »[...] we all know that the dust / is industrial and must be suffered« (Z. 18 f.). Das eigene Wesen (»My own corpuscles«, Z. 23) ändert sich so schnell, wie industriell erzeugter Niederschlag fällt, die Veränderung ist zunächst nahezu unmerklich:

> the starry pattern they make – the flag on the post office –
> the quality of the dirt, the fealty changing under my foot.
>
> (Z. 25 f.)

Bemerkungen über die Lyrik nach dem Zweiten Weltkrieg

Die englische Lyrik nach dem Zweiten Weltkrieg thematisiert vorwiegend Sachverhalte und Empfindungsweisen des modernen Lebens. Sie ist an der Art interessiert, wie der Mensch diese handhabt. Es handelt sich dabei um Bewusstseinslagen des Durchschnittsmenschen im Bereich seiner Alltagserfahrung. In der kaum merklichen inneren Verarbeitung, die sich selten in den Vordergrund spielt, wird aber durch die unaufdringlichen Mittel poetischer Durchdringung eine geistige Dimensionierung und vorsichtige Sinnsetzung, wenn auch oftmals ex negativo, sichtbar. Im Prozess der poetischen Verarbeitung ergibt sich dabei ein interessantes Zusammenspiel von umgangssprachlicher, z. T. auch wenig gewählter Ausdrucksweise und kaum merklicher formaler Durchstrukturierung, die nicht ohne künstlerischen Anspruch ist. Dies ist besonders bei Philip Larkin, jedoch auch bei Douglas Dunn (geb. 1942) der Fall, der Larkins dichterische Impulse fortsetzt. Im Grundsatz wählen die Dichter indessen die mittlere Stillage, in der sie sich aber nie über die mitmenschliche Empfindungslage ihrer Leserschaft erheben. Selten geht die Metaphorik über das Mittelmaß hinaus, auch wenn die Gedankenführung anspruchsvoll und die geistigen Impulse bemerkenswert sind. Private Mythen und Symbole sowie nicht eingängige, hermetische Ausarbeitungen erscheinen in der Lyrik schwierig und werden kaum gewählt. Eine Ausnahme bildet hierin Ted Hughes.

Die neueste englische Lyrik ist wenig an experimenteller Formgebung interessiert, sie hat Ideen und Konzepte; sie ist kreativ; ihre Spiritualität bei der Darstellung der Natur, der ihr innewohnenden Kräfte und ihres geheimnisvollen Innenlebens ist beträchtlich und besitzt trotz zurückhaltender Metaphorik große imaginative Kraft – dieses Interesse verbindet so unterschiedliche Autoren wie Charles Tomlinson und Seamus Heaney. Das Bemühen dieser Lyrik um Psychologisierung ist, mit Ausnahme von Alfred Purdy (geb. 1918), eher gering; existenzialistische und agnostische Tendenzen werden ohne Dogmatik und eher untertreibend vertreten (Thom Gunn, Philip Larkin, Tony Harrison); das christliche Erbe ist an verschiedenen Stellen erkennbar (allerdings nie so dynamisch wie bei Dylan Thomas). Es lassen sich moderate postmoderne Züge, z. B. in der Selbst-Ironisierung des lyrischen Ich oder im Humor, feststellen. Dezidiertes politisches Engagement wird nicht sichtbar, vielleicht mit Ausnahme der Nordirlandthematik, die jedoch bei aller Brutalität deutlich poetisiert und in den größeren gedanklichen Zusammenhang der Mitmenschlichkeit oder zurückliegender historisch-kultureller Räume gestellt wird. Hierin stimmen Seamus Heaney, Geoffrey Hill, aber auch der späte Ted Hughes überein. Die politische Wirklichkeit wird hierbei, ganz ähnlich wie in der dichterischen Verarbeitung des Postkolonialismus (z. B. bei Derek Walcott und Edward Brathwaite, geb. 1930), weniger als entschlossener Protest oder zündende Anklage, sondern vielmehr als Trauer über Mensch und Natur schädigende Entwicklungen verbalisiert, somit also in die Sensibilität personaler Betroffenheit hineingenommen.

Literarisches und politisches Engagement verbinden sich im Werk von James Fenton (geb. 1949), der den Holocaust in dem umfangreichen Gedicht »A German Requiem« (1982) stellvertretend für das Leiden in der Welt auch in neuerer Zeit aufzuarbeiten versucht und hierin Geoffrey Hill nicht unähnlich ist. Die poetische Verarbeitung naturwissenschaftlicher Fragestellungen, dereinst von W. H. Auden und Stephen Spender in die englische Lyrik eingeführt, ist auch gegen Ende des 20. Jahrhunderts greifbar, wie z. B. im Werk von J. H. Prynne (geb. 1936).

Die Tendenz zu relativer Gedichtlänge, z. B. gerade bei der Ergründung älterer historischer Räume, wie etwa im Werk von Geoffrey Hill, lässt sich einerseits aus dem Bemühen um gleichsam meditatives Ausloten, andererseits aus der Tatsache erklären, dass viele moderne Lyriker Lektorate und Professuren an englischen Hochschulen innehaben. Dieser Sachverhalt erklärt auch das durchaus erkennbare, wenn auch als problematisch empfundene Bemühen um Ästhetik und Sinnstiftung in einer offensichtlich sinnentleerten Zeit. Im Gegensatz zu dem relativ großen Einfluss der sog. *New Literatures in English* (aus dem ehemaligen Kolonialbereich oder dem Commonwealth) auf die neueste englische Erzählkunst ist ein analoger Einfluss auf die englische Lyrik der letzten zwanzig oder dreißig Jahre nicht zu verzeichnen, auch wenn die poetischen Qualitäten dieser Dichtung beträchtlich sind und gebührend wahrgenommen werden.

DRAMA

Von der Reformation bis zur Restauration

Die Anfänge des kommerziellen Theaters

In Shakespeares *Hamlet* besucht eine fahrende Schauspieltruppe Schloss Helsingör. Hamlet verändert das von ihnen dargebotene Stück so, dass es die vermuteten Umstände des Todes seines Vaters nachstellt, und erhält durch die Reaktion seines Onkels Claudius auf die Aufführung den Beweis, dass der Geist seines Vaters kein Versucher aus der Hölle ist, sondern die Wahrheit gesprochen hat. Theater enthüllt, entlarvt die Wirklichkeit, und dieser gesellschaftskritische Anspruch des Theaters hat zu dessen Blüte in der Tudor- und Stuartzeit entscheidend beigetragen.

Allerdings verlaufen die Entwicklungslinien von den Mysterienspielen und Moralitäten (vgl. S. 60) zum elisabethanisch-jakobäischen Theater keineswegs geradlinig. Was sich rückblickend darbietet, ist ein Zusammenwirken von geistesgeschichtlichen, politischen und auch kommerziellen Faktoren. Die bei der Bevölkerung beliebten und durch den Wettstreit der Zünfte auch immer opulenter gewordenen Mysterienspiele, ursprünglich zur Festigung des Glaubens gedacht, konnten von der Reformation nicht unberührt bleiben. Wie die Bibel mussten sie dem gewandelten Glaubensverständnis angepasst werden – wenn sie nicht von vornherein der von der Krone ebenfalls verfügten Abschaffung vieler religiöser Feiertage wie etwa Fronleichnam zum Opfer fielen. Wohl nicht zu Unrecht wurden die Mysterienspiele als Bollwerke des »alten Glaubens« verdächtigt, und es ist sicherlich kein Zufall, dass 1569 die letzte Aufführung des schon ›überarbeiteten‹, theologisch angepassten York-Zyklus (vgl. S. 70) im gleichen Jahr erfolgte wie der von den katholischen Earls of Northumberland und Westmoreland angeführte erfolglose Aufstand gegen Elisabeth I.

Während das mittelalterliche Volkstheater sich nicht nur überlebte, sondern gezielt zurückgedrängt wurde, hatten sich neue dramatische Formen herausgebildet. *Interludes*, »Zwischenspiele« oder, genauer, Kurzstücke kamen in Mode, und sie dienten als *moral interludes* sowohl der moralischen Erbauung, indem sie religiöse Forderungen wie die Einhaltung der Zehn Gebote thematisierten, aber ab dem 16. Jahrhundert dann überwiegend der Unterhaltung, als komische dialogische Zwischenspiele, die entweder zwischen den Gängen eines Banketts oder als Einschub in ein »ernsthaftes« Stück inszeniert wurden. Aufgeführt wurden diese *interludes* von wandernden Schauspielergruppen, von professionellen oder zumindest semi-professionellen Darstellern, die schon in den Mysterienspielen und den Moralitäten die Laiendarsteller aus den Zünften verdrängt hatten. Robert Medwalls *Fulgens and Lucrece* von 1497, das früheste erhaltene *interlude*, kann hier als Beispiel gelten. In diesem Streitgespräch zwischen Vater und Tochter geht es um die Gattenwahl. Lucrece muss sich zwischen einem moralisch zweifelhaften Adligen und einem ökonomisch erfolgreichen Vertreter des Bürgertums entscheiden, und mit der Zurückweisung des adligen Verehrers trifft sie auch die im Sinne der Zeit ideologisch richtige Entscheidung – Disraelis Unterscheidung zwischen *aristocracy* und *meritocracy* im 19. Jahrhundert, die unter anderen Vorzeichen Margaret Thatcher im 20. Jahrhundert neu beleben sollte, hatte Heinrich VIII. schon vorweggenommen, indem er anstatt auf den in den »Rosenkriegen« erschöpften Adel normannischen Ursprungs auf die *gentry* setzte und sich in ihr eine verlässliche Klientel schuf. Zu den populären Interludien zählten auch John Skeltons (um 1460–1529) politische Satire *Magnificence* von 1516, in der gute und böse Ratgeber um Einfluss auf den Herrscher ringen, und John Heywoods (um 1497–1580) *The Four P's* (um 1543), in dem ein Ablasshändler (»Pardoner«), ein Apotheker (»Poticary«), ein Hausierer (»Pedlar«) und ein Wallfahrer (»Palmer«) darum wetteifern, wer die größte Lüge erzählen kann.

Parallel zu dem Vordringen der Interludien fand das Drama jedoch noch andere Förderer. Dazu gehörten die Universitäten und der Hof. 1564 wurde für Elisabeth I. in der Kapelle des King's College in Cambridge Plautus' *Aulularia* aufgeführt – doch konnte Cambridge da schon auf eine lange Tradition von Klassikeraufführungen zurückblicken, die 1510 mit Terenz begonnen hatte. Um die Mitte des 16. Jahrhunderts waren Aufführungen der griechischen und römischen Dramatiker in der Originalsprache fester Bestandteil des akademischen Lebens in Oxford und Cambridge.

Zu einem weiteren Zentrum des sich herausbildenden säkularen Dramas entwickelten sich die Londoner *Inns of Court*, in denen Englands Juristen ausgebildet wurden. Hier entstand Thomas Nortons und Thomas Sackvilles *Gorboduc, or The Tragedy of Ferrex and Porrex* (1561), eine nach dem Vorbild Senecas konzipierte Tragödie in Blankvers, der zur dominierenden sprachlichen Form des elisabethanisch-jakobäischen Theaters werden sollte. Der Bruderzwist zwischen Ferrex und Porrex, dem Monmouths *Historia Regum Britanniae* als Quelle dient, stürzt das Gemeinwesen ins Chaos, und die Frage, welchen Gefährdungen der Staat ausgeliefert ist, wenn sich seine Herrscher als für ihre Aufgabe nicht reif und qualifiziert genug erweisen, wird in der Nachfolge von Norton und Sackville zu einem zentralen Thema der Tragödie des 16. Jahrhunderts.

Gefördert wurden Drama und Theater auch von der Krone. Heinrich VIII. sah sich in der ritterlichen Tradition und verstand sich zugleich als einen dem aufklärerischen Geist der Renaissance verpflichteten Herrscher, der Religion und Staat gleichermaßen zu erneuern sowie die Künste zu fördern trachtete. Seine besondere Förderung galt den Chorschulen wie der von St. Paul's, der größten des Landes. Die Chorknaben sangen nicht nur bei den Gottesdiensten, sie spielten auch Theater und erhielten hierfür sogar eine rhetorische Ausbildung. Der Umbau des aufgelösten Dominikanerklosters Blackfriars in ein Theater im Jahr 1576 geschah auf Veranlassung von Richard Farrant, dem Leiter des königlichen Knabenchors von Schloss Windsor.

Neben dem Adel und der Krone, den Universitäten und Rechtsschulen gab es jedoch auch schon private Förderer. John Rastell (um 1470–1536), der Schwager Thomas Mores, ließ in seinem Garten eine Bühne errichten. Seine Theaterbegeisterung wurde wohl von der Familie geteilt, denn seine Tochter heiratete John Heywood. Aus dem Zusammenwirken all dieser Einflüsse entwickelte sich ein immer stärker auch kommerziell geprägtes Theater, das unter Elisabeth I. und ihrem Nachfolger James I. einen Höhepunkt erreichte.

Bühnen und Publikum, Manager und Schauspieler

Ein anschauliches Bild eines elisabethanischen Theaters vermittelt der von dem amerikanischen Schauspieler Sam Wanamaker initiierte und 1997 eröffnete Nachbau des Globe Theatre von 1599, zu dessen Teilhabern William Shakespeare (1564–1616) gehört hatte. Um 1600 gab es bereits – private Bühnen wie die Rastells nicht eingerechnet – dreizehn Theater in London, die jedoch nicht alle gleichzeitig bespielt wurden. Das Zentrum des Theaterlebens lag allerdings außerhalb der Stadtmauern, in Bankside auf dem südlichen Themseufer. Dort, wo schon im 13. Jahrhundert der Bischof von Winchester Bordelle betreiben ließ, war Londons Vergnügungsviertel bis weit über die frühe Neuzeit hinaus, und heute stehen, wo im 19. Jahrhundert dann die Lagerhäuser des Londoner Hafens errichtet wurden, inzwischen auch wieder Theater (neben dem Globe das 1976 eröffnete Royal National Theatre), Konzerthallen und Museen. An die unmoralische Vorgeschichte erinnert nur noch der Name eines Pub, »Dogget's«, benannt nach den Dogget-Schwestern Margery und Isobel, zwei berühmten Prostituierten aus dem späten 13. Jahrhundert.

Bankside, wiewohl keineswegs ein völlig rechtsfreier Raum, lag außerhalb der Jurisdiktion des Londoner Magistrats, der in der Regierungszeit Elisabeths I. und ihres Nachfolgers immer mehr von puritanisch gesinnten, das Theater als nicht gottgefällige Unterhaltung ablehnenden Bürgern dominiert wurde. Auf dem Südufer der Themse, gegenüber den Stadtmauern, standen neben Bordellen und Kneipen auch die Arenen für die unter den Tudors noch immer beliebten Bärenhatzen, und deren Bauplan – ein Rundbau – wurde für die Theater übernommen.

Aus Stichen, unter anderem von Pieter Breughel, ist überliefert, wie die umherziehenden Schauspielertruppen spielten. Als »Theater« dienten ihnen die Innenhöfe von *inns*, von Gasthäusern, denn sie boten den Vorteil, dass sie abschließbar waren – bei Aufführungen auf Märkten verabschiedeten sich zu viele Zuschauer, wenn die Sammelbüchse herumging. Noch heute lautet der englische Begriff für die Theaterkasse *box office* und verweist zurück auf das Behältnis, in das der Eintritt gezahlt wurde. Die Bühne, der sich der Zuschauer dann gegenübersah, war allerdings zumeist spartanisch: Bretter, die man über alte Fässer gelegt hatte, damit auch die hinten stehenden Zuschauer das Stück verfolgen konnten.

Gemessen an diesen improvisierten Bühnen waren die Londoner Theater professionell. In die Arena der Bärenhatzen wurde ein Bühnenhaus gesetzt. Die Bühne war überdacht, ebenso wie die Sitzplätze auf den dreistöckigen Galerien. Nur die *groundlings*, jene, die den billigsten Eintrittspreis gewählt hatten und um die Bühne standen, blieben der Unbill des Wetters ausgesetzt. Denn die Theater auf der Bankside waren Tageslichtbühnen, auf denen Nachmittags gespielt wurde. An der Rückwand hatte die Bühne zwei Türen für die Auftritte der Darsteller. In der Bühnenmitte war eine Falltür für jene Protagonisten eingelassen, die der »Unterwelt« entstiegen oder wie Christopher Marlowes Faust in die Hölle gerissen wurden. Teil der Rückwand war ein Balkon, der entweder den das Bühnengeschehen untermalenden Musikern Platz bot, aber auch, wie in Shakespeares *Romeo and Juliet* als Schauplatz für die Vereinigung der Liebenden oder in *Richard II* als die Zinnen der belagerten Festung Flint Castle dienen konnte. Im Dach der Bühne waren Seilzüge untergebracht, so dass auch Gegenstände auf die Bühne herabgelassen werden konnten. Das elisabethanische Theater kam jedoch mit ganz wenigen Requisiten aus und kannte weder die späteren bemalten Flachkulissen noch ein naturalistisches Bühnenbild. Schauplätze und Schauplatzwechsel wurden im Text benannt; man spricht von der »Wortkulisse«. Demgegenüber aufwendig waren die Kostüme, wobei es jedoch nicht auf historische oder geographische Treue ankam. Auch Römertragödien wurden in elisabethanischen Gewändern gespielt.

Die größten dieser Theater wie das 1587 errichtete »The Rose«, »The Swan« (1595) oder Shakespeares »The Globe« boten zwischen drei- und viertausend Zuschauern Platz und wurden bereits professionell gemanagt. Ein für die Zeit typischer Theatermanager war Philip Henslowe (gest. 1616). Durch die Eheschließung mit der Witwe seines Dienstherren verschaffte er sich das Startkapital, um sich 1584 am Little Rose Playhouse, dem Vorläufer des Rose Theatre zu beteiligen. Mit dem hier verdienten Geld erwarb er einen Anteil am Swan Theatre, und gemeinsam mit dem Schauspieler Edward Alleyn finanzierte er 1600 den Bau des Fortune Playhouse. Zuvor hatte er sich auch das Aufführungsmonopol für Bären- und Bullenhatzen gesichert, und diese fanden in dem letzten von ihm im Jahr 1613 errichteten Theaterbau, dem Hope Playhouse, ebenso statt wie Theateraufführungen.

Allerdings verlagert sich in der Stuartzeit das Theater allmählich zu überdachten Bühnen wie dem Blackfriars Theatre hin, das nur Platz für gut 600 Zuschauer hatte und dessen Eintrittspreise deshalb auch höher waren: der billigste Sitzplatz kostete *sixpence*, ein gegenüber den Stehplätzen in den Theatern der Bankside, für die nur 1 Penny verlangt wurde, abschreckend hoher Betrag. Zur Verlagerung des Theaters auf kleinere, überdachte Bühnen trug der Einfluss der italienischen Theaterarchitektur bei. An Fürstenhöfen wie Vicenza oder Sabbioneta existierten bereits Hoftheater, und der italienische Architekt Andrea Palladio (1508–1580) fand in Inigo Jones (1573–1652) einen englischen Schüler, der nicht nur für die beim Adel immer beliebter werdenden Maskenspiele Kulissen entwarf, sondern auch als erster englischer Theaterarchitekt gelten darf.

Da den Besitzern der Theater in der Regel die Hälfte der Einnahmen aus den Plätzen auf den Galerien zustand, konnten erfolgreiche Manager wie Henslowe erhebliche Vermögen erwerben. Auch Shakespeare reichte das in London verdiente Geld für einen materiell wohlgesicherten ›Lebensabend‹ in Stratford. Es wurde jedoch in einem weder vom Adel noch vom Bürgertum wirklich respektierten Umfeld erworben. Denn ob Bärenhatz oder Bühnenspektakel, die großen Besucherzahlen, die sich in den Theatern einfanden, zogen auch weniger respektable ›Gewerbetreibende‹ an. Prostituierte boten sich feil und Taschendiebe gingen ihrem Handwerk nach: die zeitgenössischen Quellen sind voller Klagen über das amoralische und kriminelle Treiben innerhalb der und um die Theater. Kaum weniger verdächtig waren die Schauspieler selbst

(Schauspielerinnen kannte des elisabethanische Theater noch nicht; Frauenrollen wurden von jungen Männern dargestellt). Das fahrende Gewerbe der Schauspieler war sozial nicht anerkannt und galt als Sammelbecken für Vagabunden und Strolche. Doch wurde hier 1572 relative Rechtssicherheit geschaffen, indem man die Schauspielertruppen durch Gesetz verpflichtete, einen adligen Patron zu finden, dessen guter Name die Rechtschaffenheit der Truppe verbürgte. Königliche Patronage schützte »The King's Men« und »The Queen's Men«; aber auch hohe Adlige wie der Earl of Leicester oder Sir Francis Walsingham, Elisabeths einflussreicher Minister, legitimierten mit ihrem Namen Schauspielertruppen, die oft genug handgreiflich um die Gunst des Publikums rivalisierten. Diese adlige Patronage – äußerlich auch dadurch verdeutlicht, dass die Schauspieler die Livree ihres Schutzherrn trugen – schützte die Schauspieler zugleich vor der puritanischen Kritik, aus deren Sicht die Darsteller und das von ihnen Dargestellte gleichermaßen unmoralisch waren. Schauspielertruppen, die keinen Patron fanden, galten dagegen als rechtlos und mussten damit rechnen, wie Kriminelle behandelt zu werden.

Das Publikum dieser Schauspieltruppen war keineswegs homogen. Während heute in den Theatern die sogenannte gebildete Mittelschicht dominiert, profitierte das elisabethanisch-jakobäische Theater von einem Unterhaltungsbedürfnis, das Krone und Adel, Bürgertum und Handwerker gleichermaßen erfasst hatte. Zwar bekannten sich Dramatiker wie Ben Jonson (1572–1637), der seine satirische Komödie *Volpone* (1605; gedruckt 1607) den Universitäten Oxford und Cambridge widmete, zu dem von Horaz vorgegebenen Auftrag der Kunst, *delectare et prodesse*; aber sie waren auch pragmatisch genug, die moralische Erbauung gegenüber dem Unterhaltungsanspruch des Publikums nicht allzu sehr zu forcieren. Deshalb existiert im elisabethanisch-jakobäischen Theater ein Miteinander von

Anspielungen auf die antiken Autoren sowie philosophisch und moralisch komplexen Fragestellungen einerseits und ziemlich plumpen Scherzen und Zoten andererseits, ganz zu schweigen von Geister- und Hexenszenen wie in *Hamlet* oder *Macbeth*, die von einem dem Mittelalter nur allmählich entwachsenden Publikum viel intensiver rezipiert wurden als von heutigen Theaterbesuchern.

Das elisabethanische Theater brauchte die Protektion des Hofs und des Adels – aber es brauchte auch die zahlenden Zuschauer aus allen Ständen, und dies erklärt mit die vom elisabethanischen Publikum allerdings nicht als abträglich empfundene Heterogenität vieler Texte. Als Beispiel sei hier Shakespeares Komödie *A Midsummer Night's Dream* genannt, die zwischen 1594 und 1598 uraufgeführt wurde. Zu Shakespeares Quellen zählen Chaucers »The Knight's Tale« aus den *Canterbury Tales*; aber auch Plutarchs Biographien und Ovids *Metamorphosen*; Texte, die ihm mangels geringer Kenntnis der klassischen Sprachen in Übersetzungen zugänglich waren. Fraglich muss aber bleiben, wie viele der elisabethanischen Zuschauer erkannten, dass die zur Parodie entgleisende Aufführung der Handwerker von »Pyramus and Thisbe« zugleich Arthur Goldings Übersetzung der *Metamorphosen* von 1567 parodierte, und inwieweit etwa Shakespeares Theseus Plutarch verpflichtet ist. Was beim Publikum ›ankam‹, war wohl eher die Verschränkung von Geisterwelt – die Handlung um Titania, Oberon und seinen Gehilfen Puck, der, dem mittelalterlichen *villain* nachempfunden, zunächst nur Schaden anrichtet, indem er menschliche Beziehungen beschädigt – und Menschenwelt, in der die Partnerwahl schmerzhafte Lernprozesse impliziert, bevor ein *happy ending* möglich wird.

Gerade weil das elisabethanisch-jakobäische Theaterpublikum heterogen war, waren die Dramatiker gefordert, sehr unterschiedliche Unterhaltungsinteressen zu bedienen. Zum Erfolg Shakespeares im Theater seiner Zeit und in den Jahrhunderten danach hat deshalb wesentlich beigetragen, dass er die ›Schnittmenge‹ des Publikums richtig zu kalkulieren wusste: für die gebildeten Zuschauer bot er genügend Stoff zum Nachdenken; für das primär an *sensations* interessierte Publikum gab es Geister- und Hexenszenen und auch zunächst an der Grenze zur Karikatur gezeichnete Figuren wie Falstaff, der dann aber doch noch tragische Größe entwickeln kann, ›weise‹ Narren wie in *King Lear* und sich ihrer selbst zu sichere, zum *clown* entgrenzte *fools* wie Touchstone in *As You Like It*.

Unter Elisabeth und ihren unmittelbaren Stuart-Nachfolgern James I. und Charles I. (reg. 1625–49) fand das Theater einen festen, aber keineswegs unbestrittenen Platz im öffentlichen Leben. Seine Gegner in der Geistlichkeit und im puritanischen Bürgertum wurden nicht müde, den moralischen Verfall anzuprangern, der angeblich von den Bühnen gefördert wurde. Wenn, was mehrmals der Fall war, die Pest eine Schließung der Theater erzwang – eine aus hygienischer Sicht vernünftige präventive Maßnahme, zumal die Theater auch keine Toiletten hatten und das Gedränge die Verbreitung jeglicher ansteckender Krankheiten begünstigte –, wurde das aus dem Lager der Gegner auch moralisch untermauert: die Theater verbreiten nicht nur die Pest, sie sind selbst eine Pest, die es auszurotten galt. Die Stunde der Gegner des Theaters kam allerdings erst mit dem Bürgerkrieg. Als sich nach anfänglichem Zögern London dem Aufbegehren gegen die Krone anschloss, konnten sich die puritanischen Eiferer endlich durchsetzen, und 1642 verfügte der Magistrat die Schließung aller Bühnen.

Text- und Gattungsverständnis

1616 ließ Ben Jonson *The Workes of Beniamin Jonson* drucken und erregte damit Aufsehen. Denn der Folioband enthielt nicht nur Episteln, Satiren und Epigramme – Texte, deren literarischer Anspruch nach dem Verständnis der Zeit unstrittig war –, sondern auch neun Dramen sowie Maskenspiele. Diese durch den Einbezug in »Gesammelte Werke« als bewahrenswerte Literatur auszuweisen, das war neu und blieb nicht unwidersprochen. Das elisabethanisch-jakobäische Theater kannte nicht nur kein Urheberrecht, es maß zunächst auch dem Dramatiker keinen besonderen Status zu. Man überquerte nicht die Themse, um Shakespeare oder Christopher Marlowe (1564–1593) Reverenz zu erweisen, sondern um ein Stück zu sehen, und man kann vermuten, dass manche Theaterbesucher, die sich auf den Weg machten, noch nicht einmal wussten, was überhaupt gespielt wurde. Denn angekündigt wurden Aufführungen vor allem dadurch, dass auf dem Dach des Theaters eine weithin sichtbare Fahne gehisst wurde.

In Jonsons Entscheidung, seine Stücke zu veröffentlichen, wird ein wachsendes Selbstbewusstsein der Dramatiker deutlich, und ohne die Veröffentlichung seiner *Workes* hätten sich die Schauspieler Heming und Condell 1623 wohl nicht der Mühe unterzogen, sieben Jahre nach Shakespeares Tod dessen teils in konkurrierenden Fassungen vorliegende, teilweise sogar noch ungedruckte Stücke in dem *First Folio* herauszugeben. Die unbekümmerte Einschätzung, Dramen seien eher beliebig abänderbare Gebrauchsware denn literarische Kunstwerke aus der Feder bedeutender Autoren, hat besonders hinsichtlich der Stücke Shakespeares unzählige Quellenprobleme verursacht und auch die inzwischen allesamt als haltlos widerlegten Spekulationen ermöglicht, Shakespeare sei gar nicht oder nur zu einem geringen Teil der Verfasser der ihm zugeschriebenen Werke.

Der Mangel an Respekt vor Autor und Werk ging einher mit einem sehr liberalen Gattungsverständnis. Eine strikte Befolgung einer normativen Poetik, wie sie für die Lyrik selbstverständlich war, wurde von den Dramatikern nicht erwartet. Dies begünstigte die Entstehung von

Mischformen. In *Hamlet* II,2,390 ff. zählt Polonius auf, was die am Hof eingetroffenen Schauspieler im Repertoire haben. Sie sind:

> The best actors in the world, either for tragedy, comedy, history, pastoral, pastoral-comical, historical-pastoral, tragical-historical, tragical-comical-historical-pastoral, scene individable, or poem unlimited. Seneca cannot be too heavy nor Plautus too light [...].

Zwar hat diese Auflistung parodistische Züge, aber wirklichkeitsfremd ist sie nicht, denn auch das Shakespeares Truppe im Mai 1603 von James I. gewährte Patent genehmigt ausdrücklich die Aufführung von »Comedies, Tragedies, histories, Enterludes, moralls, pastoralls, Stage-plaies, and suche others«. Ausweislich solcher Belege war es für die Beurteilung eines Stückes nicht wirklich entscheidend, ob es in Anlehnung an Aristoteles die Einheit des Ortes wahrte (*scene individable*) oder nicht (*poem unlimited*). Ebensowenig wurde erwartet, dass die Tragödie durchgängig den hohen Ton aufrecht erhielt – eher das Gegenteil war der Fall. In *Macbeth* geht dem Königsmord an Duncan der Auftritt eines Pförtners voraus, der das Publikum mit kruden volkstümlichen Witzen unterhält, und in *Richard III* lässt der Titelheld seinen heißblütigen Bruder Clarence in einem Faß Malvasier, einem Wein, der »hitzig« macht, ertränken. Man muss davon ausgehen, dass das Publikum solche Anspielungen goutierte, ebenso wie die vielen überwiegend sexuellen Doppeldeutigkeiten, für die es nicht nur in den Tragödien Shakespeares zahllose Belege gibt. Auch die Komödie war nicht nur komisch. In *The Merchant of Venice* steht neben der Liebeshandlung die Vernichtung Shylocks. Als Jude durfte er nicht mit der Sympathie des Publikums rechnen, aber ob seine Klage, auch ein Jude habe Anspruch auf Mitmenschlichkeit, nur verlacht wurde und nicht vielleicht auch Nachdenken bewirkte, muss offen bleiben.

Trotz der Toleranz des Publikums gegenüber Gattungsentgrenzungen, so unübersichtlich, wie es Polonius darstellt, war das Bühnenangebot nicht. Als Grundformen bildeten sich die Tragödie, die Komödie und die Historie heraus, wobei letztere auf die Darstellungsstrukturen der Tragödie zurückgreift und durch ihre Inhalte – die Dramatisierung der Nationalgeschichte –, nicht aber aufgrund der Form eine eigenständige Gruppe bildet. Hinsichtlich der Tragödie hatte das Publikum eine klare Erwartungshaltung: Tragödien zeigten den Fall großer Männer, den Sturz von Königen und Fürsten vom Höhepunkt ihrer Macht. Hierin wirken Vorstellungen weiter, die neben Giovanni Boccaccios *De casibus virorum illustribus* (1355–1360) auch das ebenfalls über das Mittelalter hinaus populäre Bild vom Rad der Fortuna einbeziehen. Die volle Drehung des Rads der Fortuna vom Aufstieg zur Macht hinab zu deren Verlust illustrieren Protagonisten wie Marlowes Tamburlaine oder Shakespeares Macbeth und Richard III. Demgegenüber stehen bei Lear oder Othello die Umstände im Mittelpunkt, die den Fall bewirken. Stets hat der hohe soziale Stand der Protagonisten, ihre »Fallhöhe« jedoch Folgen für das Gemeinwesen, das durch den Sturz des Herrschers oder zumindest Hochgestellten in seinen Grundfesten erschüttert wird und dessen Ordnung durch eine neue, moralisch legitimierte Herrscherfigur wiederhergestellt werden muss.

Im Sinne des klassischen, von Aristoteles und Seneca hergeleiteten Tragödienverständnisses zeigt die Tragödie große Leidenschaften, doch erlaubt der Fall von hohem Rang als zentrales handlungsbestimmendes Element den Dramatikern der Zeit, gleichermaßen die Spielräume von Schicksalstragödie und Charaktertragödie auszuschöpfen. Romeo und Julia, Abkömmlinge und Hoffnungsträger zweier Adelsfamilien, werden als »starcrossed lovers« unverschuldet zum Opfer eines Familienzwists, gegenüber dem ihre Liebe sich nicht behaupten kann. Auch Hamlet findet sich ohne eigenes Zutun in einem Konflikt, den er nicht heraufbeschworen hat und der ihn mitsamt allen Beteiligten vernichten wird. Charakterschwäche, ein »tragic flaw«, bringt dagegen den Fall derer herbei, die wie Marlowes Faust Gott versuchen oder sich wie Macbeth und Richard III. durch Ehrgeiz zum Griff nach der Macht verleiten lassen. Diese Handlungsmuster gelten auch für die Untergruppe der beim Publikum beliebten Römertragödien, deren vorgebliche Distanz zur Gegenwart eine allerdings nur in Grenzen freiere Kritik an zeitgenössischen Verhältnissen legitimierte.

Unter den Stuarts wird dann die Rachetragödie populär, die insofern eine Variante des beschriebenen Grundmusters darstellt, als hier nicht der Fall von hohem Rang, sondern die Anprangerung des moralischen Verfalls der Mächtigen in den Vordergrund rückt – der Schauplatz ist zwar zumeist ein italienischer Hof, doch der eigentliche Kontext sind die Intrigen am englischen. In der Rachetragödie können, wie in John Websters *The Duchess of Malfi* (1623), in dem nicht die im Titel genannte Herzogin, sondern der ehemalige Galeerensklave Bosola die eigentliche Hauptfigur ist, auch Personen niederen Standes in den Vordergrund rücken. Bürgerliche Protagonisten als Handlungsträger gelten in der elisabethanisch-jakobäischen Tragödie jedoch noch nicht als wirklich tragikfähig, auch wenn sich hierfür in der anonymen, möglicherweise von Thomas Kyd verfassten Tragödie *Arden of Feversham* (1592) die zukünftige Entwicklung bereits abzeichnet.

Noch ausgeprägter als bei der Tragödie ist die strukturelle Offenheit der Komödie, in der sich Konventionen des Volkstheaters mit Motiven der antiken Komödie ohne Rücksicht auf normative poetologische Vorgaben vermischen können. Die sog. »romantische Komödie« der elisabethanischen Zeit, der sich auch die Mehrzahl von Shakespeares Komödien zurechnen lässt, ist in ihrer pastoralen Ausrichtung sowohl von der antiken Komödie wie von den mittelalterlichen Romanzen beeinflusst, Quellen, die insbesondere schon die frühen Komödien John Lylys (um 1554–1606) prägen. Aber bereits bei Lyly führt die aus der klassischen Komödie übernommene Doppelung der Handlung auf der Ebene der Hauptfiguren durch die Nebenhandlung auf der Ebene ihrer Dienstboten zum Einbezug burlesker, dem Volkstheater entnommener Handlungsstrukturen. Während die »romantische Komödie« Liebeskonflikte und die aus ihnen resultierenden moralischen Herausforderungen in den Vordergrund rückt, an mythologischen Anspielungen reich ist und überwiegend an für die Zeit exotischen, märchenhaften, zumeist mediterranen Schauplätzen spielt, entwickelt sich, maßgeblich von Ben Jonson beeinflusst, ein stärker satirisch ausgeprägtes Komödienverständnis, das an die Stelle der Liebeshandlung den Sittenspiegel setzt, die *comical satire*. Deren Schauplätze sind nicht länger märchenhaft, sondern englisch und lebenswirklich, und in Einklang mit Sidneys These, die Komödie solle »private and domestical matters« darstellen, rücken hier bürgerliche Protagonisten in den Vordergrund, deren Schwächen, sei es Geiz oder Habgier, Lüsternheit oder Bigotterie, Einfalt oder Gerissenheit gleichermaßen zur Unterhaltung und zur Abschreckung bloßgestellt werden.

Marlowe, Shakespeare, Jonson

Es schmälert weder den Beitrag der elisabethanischen Vorläufer noch die Leistung der späten jakobäischen Dramatiker, wenn man feststellt, dass die literarische Bedeutung der englischen Renaissance-Dramatik ganz wesentlich auf den Leistungen der drei Autoren Christopher Marlowe, William Shakespeare und Ben Jonson beruht. Allerdings hat sich allein Shakespeare dauerhaft auf den Bühnen der Welt behaupten können, und es gibt keinen namhaften Regisseur, der sich nicht an seinen Stücken versucht hat. Aus Ben Jonsons dramatischem Werk hat dagegen allein *Volpone* Bestand – außerhalb Großbritanniens, wo die staatlich subventionierten Bühnen, vorab das Royal National Theatre und die Royal Shakespeare Company, aufgrund ihrer Statuten zur Traditionspflege verpflichtet sind, werden seine anderen Stücke so gut wie nicht aufgeführt. Mit Marlowes *Tamburlaine the Great* in der Regie von Peter Hall und mit Albert Finney in der Titelrolle wurde 1976 das Olivier Theatre, die größte Bühne im Royal National Theatre, eröffnet. Die Kritik zollte dem Bemühen, einem großen britischen Dramatiker Reverenz zu erweisen, Respekt. Doch das Publikum stimmte mit den Füßen ab. Unvorbereitet auf die wortgewaltigen, aber auch repetitiven Blankverse Marlowes und die scheinbar ebenso repetitive Handlung – von Tamburlaine unterworfene Herrscher werden stets aufs Neue in Triumphzügen über die Bühne gezerrt –, nutzten viele Zuschauer die Pause, um den Abend anderswo kurzweiliger zu beenden. Mit Hamlet, den Albert Finney, ebenfalls in der Regie Peter Halls, zur Eröffnung des Lyttelton Theatre, der zweiten großen Bühne des Royal National Theatre, zuvor gespielt hatte, war der beim Publikum vor allem wegen seiner Verkörperung des Tom Jones in der Verfilmung von Henry Fieldings Roman beliebte Schauspieler erfolgreicher gewesen.

Die spätere Rezeption der bedeutendsten Dramatiker der englischen Renaissance ist jedoch nicht deckungsgleich mit der Wertschätzung, die ihre Stücke zu ihren Lebzeiten erfuhren. CHRISTOPHER MARLOWE, im gleichen Jahr wie Shakespeare geboren (1564), stammte als Sohn eines Schuhmachers aus sogenannten »einfachen Verhältnissen«, genoss aber dennoch eine für die Zeit privilegierte Ausbildung. Er besuchte die »King's School« in seiner Geburtsstadt Canterbury und studierte danach in Cambridge. Dort erhielt er seinen ersten akademischen Grad, den Bachelor of Arts, im Jahr 1584. Seinen M. A. (1587) wollte ihm die Universität verweigern, da er mehr als erlaubt abwesend gewesen war, doch wurde der Fall durch ›höhere‹ Intervention beigelegt: wahrscheinlich war Marlowe damals schon einer der vielen Agenten, die Elisabeths I. um die Staatssicherheit besorgter Minister Lord Walsingham beschäftigte. Noch bevor ihn Cambridge schließlich ehrenvoll entließ, war Marlowe in London, und hier fand er anscheinend schnell Zugang zum Kreis der sogenannten »Freidenker« um Sir Walter Raleigh und Henry Percy, Earl of Northumberland. Zu diesem Zirkel, der sich »The School of Night« nannte und sich an geheimen Orten traf, zählten, die ständische Ordnung übergreifend, Adlige wie Bürger – ausschlaggebend waren ›fortschrittliche‹ Interessen in Geographie und Astronomie (Marlowes Geburtsjahr war nicht nur dasjenige Shakespeares, sondern auch Galileos und des Earl of Northumberland), und in Philosophie und Kunst. Ob Marlowe den Kontakt aus intellektueller Neugier oder als Spion der Regierung suchte, lässt sich nicht mehr verifizieren. Für ihn wurde die Nähe zu den »Freidenkern«, die in den Augen der Regierung Atheisten waren, jedoch verhängnisvoll. 1593 geriet, wohl auch aufgrund von seinem Freund, dem Dramatiker Thomas Kyd (1558–1594) unter der Folter erpresster Aussagen, Marlowe in den Verdacht der Ketzerei. Doch anstatt ihm den Prozess zu machen und ihn ebenfalls zu foltern, was die Möglichkeit kompromittierender Aussagen gegen die adligen Führer der »Freidenker« impliziert hätte, wählte die Obrigkeit einen anderen Weg. Trotz der schon erhobenen Anklage und entgegen den Gepflogenheiten der Zeit blieb Marlowe auf freiem Fuß. Als er jedoch am 30. Mai 1593 in Deptford, außerhalb der Stadtgrenzen Londons, mit Freunden in »Dame Eleanore's Bull's Tavern« tafelte, gab es, ausweislich des Protokolls des Sheriffs, Streit um die Rechnung, und Marlowe wurde durch einen Dolchstich ins Auge getötet. Die Umstände seines Todes lassen es mehr als wahrscheinlich erscheinen, dass der angebliche Streit um die Rechnung nur ein Vorwand war und in der Kneipe in Deptford ein Agent, der übergelaufen war und sich die Vorstellungen der präsumptiven Feinde der gottgewollten Regierung Elisabeths I. zu eigen gemacht hatte, der zudem aufgrund seines Auftretens der Homosexualität – einer Todsünde – verdächtig war, im Interesse der Staatsraison ausgeschaltet wurde.

In den Kreis der »Freidenker« wäre Marlowe wohl kaum aufgenommen worden, wenn er nicht mehr als einer der vielen Absolventen der Universität Cambridge gewesen wäre. Was ihn für den Kreis um Sir Walter Raleigh empfahl, war sein Debüt als erfolgreicher Dramatiker. Wahrscheinlich schon 1587 (erstmals gedruckt 1590) wurde *Tamburlaine the Great* uraufgeführt. Das Stück provozierte gleich eine Verdächtigung Marlowes als »atheist«. Beim zeitgenössischen Publikum war *Tamburlaine the Great* dagegen ein Erfolg, und Marlowe schrieb noch im gleichen Jahr die Fortsetzung. Beide Teile folgen dem vom Publikum vorausgesetzten Handlungsmuster des »rise and fall of princes«. Im ersten Teil dominiert Tamburlaines Machtwille (sein Name ist eine Verballhornung von »Tamerlane« bzw. »Timur the Lame«, doch von physischer Behinderung ist Marlowes Held nicht beeinträchtigt), und hier steigt, getragen vom »wheel of fortune«, der skythische Schafhirte zuerst zum Herrscher Persiens, dann der Türkei und schließlich Ägyptens auf. Der Machtwille, wenn nicht Machthunger, mit dem sich Tamburlaine zum Herrn Vorderasiens aufschwingt und den er in eindrucksvollen Blankversen artikuliert, wird von Marlowe zunächst nicht kritisiert, sondern erregt Staunen und Bewunderung. Jedoch zeigt Tamburlaine in seiner Liebe zu Zenokrate, der Tochter des ägyptischen Sultans, auch eine menschliche Seite, durch die zugleich die Thematisierung des absoluten Herrschertums mit dem Tugend- und

Schönheitsideal verknüpft wird. Gemessen an dem klaren Aufbau des ersten Teils ist der zweite Teil stärker episodisch strukturiert. Im Mittelpunkt steht hier die Veränderung, die der Tod Zenokrates in Tamburlaine bewirkt. Gegen die Einsicht, dass er den Tod nicht besiegen kann, setzt er tyrannische Demonstrationen seiner Macht, die darin gipfeln, dass er schließlich sogar den Koran verbrennen lässt. Selbst ein tödliches Fieber kann seinen inzwischen zur Raserei gewordenen Machtwillen nicht brechen, denn sterbend fordert er von seinen Söhnen die Eroberung der ganzen Welt. In Tamburlaines Aufstieg und seiner Unterwerfung durch den Tod illustriert Marlowe das Rad der Fortuna, zeigt aber nicht mehr einen nur mechanisch verlaufenden Schicksalsentwurf, sondern weitet diesen durch den Charakterwandel des Titelhelden.

In *The Famous Tragedy of the Rich Jew of Malta*, die Marlowe um 1589 schrieb, tritt an die Stelle des absoluten Machtwillens die Gier nach Reichtum und implizit der Macht, die dieser verleiht. Allerdings ist die Geschichte des Juden Barabas auch eine Rachetragödie mit teils komödiantischen Szenen, die das Stück zur Tragikomödie hin entgrenzen. Endgültig zum Außenseiter wird Barabas erst, als er sich weigert, die Hälfte seines Vermögens zu opfern, damit Malta den Tribut an den Sultan bezahlen kann, und dafür mit der Konfiskation seines ganzen Besitzes bestraft wird. Verstecktes Gold ermöglicht es Barabas jedoch, seine Rache zu finanzieren, der erst der Sohn des Gouverneurs und dann die eigene Tochter, die sich von ihm abwendet, zum Opfer fallen. Barabas beseitigt nachfolgend auch seinen Diener, der ihn erpresst, und seine Rache erreicht ihren Höhepunkt, als er Malta den Türken ausliefert und von ihnen als Gouverneur eingesetzt wird. Doch nun dreht sich das Rad der Fortuna für ihn nach unten – als er die Seiten wechselt und mit den Christen paktiert, um Malta von den Türken wieder zu befreien, verraten ihn seine neuen Verbündeten, und der Tod, den er dem Sohn des Sultans in einem Kessel siedenden Öls bereiten wollte, ereilt ihn selbst.

Den Prolog zu *The Jew of Malta* spricht Machiavelli. Während in *Tamburlaine* der Machtwille im Sinne von Machiavellis Forderungen an den idealen Herrscher noch positive Züge hat, wird Barabas zur Demonstration des Anti-Machiavellismus, zum auch rassistisch überzeichneten Intriganten, der sich schließlich in den Schlingen, die er gelegt hat, selbst verfängt. Das elisabethanische Publikum genoss die Ingenuität, mit der sich Barabas in der Tradition des *villain* zunächst jeder Bedrohung durch ausgeklügelte Morde entzieht, aber es applaudierte auch seinem Ende. Die Sympathie der Zuschauer hatte der machiavellistische Jude nicht. Auch die für spätere Zuschauer eher tragische denn tragikomische Dimensionierung des Titelhelden wäre aus elisabethanischer Perspektive nur schwer nachvollziehbar gewesen, zumal Barabas alle rassistischen Vorurteile der Zeit in seiner Selbstcharakteristik im zweiten Akt bestätigt:

> We Jews can fawn like spaniels when we please;
> And when we grin, we bite; yet are our looks
> As innocent and harmless as a lamb's.

Dass nicht nur der Hunger nach Macht und die Gier nach Reichtum zerstörerisch sein können, sondern auch der Hunger nach Wissen, zeigt Marlowe in *The Tragicall History of D. Faustus*. Der Stoff geht auf das 1587 in Frankfurt am Main erschienene *Faustbuch* zurück. Von Marlowes Stück sind zwei Fassungen von 1604 und 1616 erhalten, doch entstand das Faust-Drama wahrscheinlich schon um 1589 und wurde möglicherweise 1592 nochmals von Marlowe überarbeitet, nachdem das *Faustbuch* ins Englische übersetzt worden war. Inwieweit alle ans Possenhafte grenzenden Szenen, die Faust als Magier am Hof des Papstes, des Kaisers und beim Herzog von Vanholt zeigen, aus der Feder Marlowes stammen, ist ungewiss. Mit Sicherheit kann ihm jedoch die Charakterkonzeption des Titelhelden zugeschrieben werden.

Wie auch der spätere Faust Goethes ist Marlowes Faust der Schulwissenschaften überdrüssig, und er bedient sich der Magie, um sich neue, nicht nur theoretisch-spekulative, sondern lebenswirkliche Erfahrungsbereiche zu erschließen. Da er nicht an die Unsterblichkeit der Seele glaubt, kann er sich dem Teufel verschreiben, der ihm für 24 Jahre alle Wünsche erfüllen muss. In der Selbstgewissheit, mit der Marlowes Faust den Pakt diktiert, zeigt sich seine *superbia*. Sein Vertragspartner ist Mephistophiles, nicht mehr der eher als Karikatur gezeichnete Teufel der Moralitäten, sondern ein gefallener Engel, dessen innere Zerrissenheit aufgrund der Gottesferne Faust eigentlich abschrecken müsste. Mit Mephistophiles bereist Faust die Welt, ohne jedoch die Erfüllung zu finden, die er sucht. Erst als Mephistophiles Helena beschwört, deren Schönheit Faust in glühenden Blankversen preist – »Was this the face that launched a thousand ships [...]?« –, findet Faust die wenngleich illusorische lebensweltliche Erfüllung, nach der er gesucht hat, dies jedoch um den Preis seiner endgültigen Verdammnis. Auch seine Entwicklung folgt dem Rad der Fortuna und führt von *superbia* zu *desperatio*: als sein Pakt mit der Hölle ausläuft, wird sich Faust qualvoll bewusst, dass sein irdisches Ende ihn nicht vor der ewigen Verdammnis bewahren wird. Sein eindrucksvoller, durch die Glockenschläge der verrinnenden Zeit gegliederter Schlussmonolog ist ein Ringen mit sich selbst, ein Flehen um Hoffnung, wo es keine Hoffnung mehr gibt, ein Schwanken zwischen Selbstbehauptung und Verzweiflung, und in diesen Spannungsbögen demonstriert Marlowe das dramatische Potenzial großer Monologe nicht minder eindrucksvoll als Shakespeare.

Tamburlaine, Barabas und Faust sind paradigmatische Figuren der Renaissance. Sie verkörpern den humanistisch inspirierten Drang nach Grenzüberschreitungen und illustrieren zugleich die Gefahren, die Gefährdungen, die dies impliziert. Ihr Scheitern rechtfertigt jedoch nicht die Annahme, Marlowe sei ein reaktionärer Dramatiker gewesen, der, auch um nicht mit der Zensur in Konflikt zu geraten, systemkonformen Dramenschlüssen den Vorzug gab. Denn noch in ihrem Scheitern zeigen Tamburlaine und Faust, deutlicher als »der Jude« Barabas, Größe, und es ist anzunehmen, dass auch das elisabethanisch-jakobäische Publikum dies nicht übersehen hat.

Mit *The Troublesome Raigne and Lamentable Death of Edward the Second, King of England*, wahrscheinlich 1592 verfasst, partizipierte Marlowe an dem wachsenden Interesse des elisabethanischen Publikums an Geschichtsdramatik. Seine Darstellung der zwanzig Regierungsjahre Edwards II. (1307–27), die er auf einen Handlungsablauf von etwa einem Jahr verkürzt, rückt die Homosexualität des Königs als Ursache seines Scheiterns, aber auch als Ausdruck seiner Menschlichkeit in den Mittelpunkt. Alle Quellen zur Biographie Marlowes deuten daraufhin, dass er selbst homosexuell war. Was jedoch im privaten Bereich toleriert wurde – auch Shakespeares Sonette verweisen auf homoerotische Beziehungen –, musste nicht unbedingt auf der Bühne sympathielenkend thematisiert werden. Für seine verhängnisvolle Liebe zu seinem Günstling Gaveston wurde der König von seinen Widersachern durch anale Pfählung hingerichtet, eine nach dem Empfinden der Zeit angemessene Strafe für eine Todsünde. Dies, wie Marlowes Titel es ankündigt, als »lamentable death« darzustellen, war provokativ, denn wer sich durch sein Sexualverhalten außerhalb der als »natürlich« postulierten Ordnung stellte, durfte nicht auf Verständnis hoffen. So gesehen ist *Edward the Second* das provozierendste Stück, das Marlowe hinterlassen hat, auch wenn es im Aufbau dem konventionalisierten Handlungsentwurf folgt. Zunächst ist Edward verblendet, unfähig, zu sehen, wie er durch seine Liebe zu Gaveston nicht nur sich, sondern das Reich gefährdet und schließlich in einen Bürgerkrieg stürzt, der von dem Earl of Mortimer, dem Geliebten der Königin Isabella, angeführt wird. Nach Gavestons Ermordung und als Gefangener Mortimers wandelt sich Edward jedoch. Er muss mit seiner Hinrichtung den Preis für seine Schwäche als Herrscher zahlen, aber Marlowe zeigt ihn nun als Opfer und Dulder, während sich Edwards Gegner Mortimer von dem um das Staatswohl besorgten Rebellen zum Tyrannen wandelt, der, womit Marlowe schließt, beseitigt werden muss, damit das Gemeinwesen sich unter einem neuen, gerechten Herrscher erneuern kann.

Edward the Second hat nicht nur Shakespeare in seiner Gestaltung Richards II. beeinflusst, und nicht allein wegen der für das 16. Jahrhundert mutigen Thematisierung von Homosexualität ist dieses Drama außergewöhnlich. Bei aller Konventionalität der Handlungsführung rückt *Edward the Second* nicht die Herrscher›figur‹, sondern den Menschen, der zum Amt des Herrschers weniger geboren als verurteilt ist, in bis dahin nicht erreichter psychologischer Differenzierung in den Vordergrund. An die Stelle der noch innerhalb allegorischer Bezüge interpretierbaren Protagonisten Tamburlaine, Barabas und Faust tritt damit ein Protagonist, dessen wesentliches Merkmal seine Individual-Identität ist.

Die Vorstellung von der elisabethanisch-jakobäischen Epoche als erster Hochblüte der englischen Dramatik ist mit keinem Namen so sehr verbunden wie mit dem William Shakespeares. Über seine Biographie ist wenig überliefert, was immer wieder zu Spekulationen Anlass gegeben hat, wie der derzeit neuesten, die ihn in den »dunklen«, d. h. nicht dokumentierten Jahren zwischen 1579 und 1592 im katholischen Untergrund vermutet. Shakespeare wurde am 23. April 1564 in Stratford geboren. Er war Sohn eines angesehenen Handschuhmachers und besuchte wahrscheinlich die örtliche Lateinschule, jedoch nachfolgend keine Universität. Im Alter von 18 Jahren heiratete er die acht Jahre ältere Anne Hathaway, und aus der Ehe gingen drei Kinder hervor. Anfang der neunziger Jahre ist Shakespeare in London, wo er sich als Schauspieler und Autor den Lord Chamberlain's Men anschließt, aus denen nach der Thronbesteigung Jakobs I. die »King's Men« wurden. Dass Shakespeare den Kontakt nach Stratford nicht abreißen ließ, bezeugt 1597 der Erwerb des Anwesens New Place, das zu den ansehnlichsten Gebäuden der Stadt gehörte. 1599 wird Shakespeare Teilhaber des überwiegend für die Aufführungen seiner Truppe errichteten Globe Theatre, und wohl gegen 1612 zog er sich aus London nach Stratford zurück.

Die Liste der von Shakespeare hinterlassenen Stücke ist beeindruckend:

1590–91	*Two Gentlemen of Verona*
	The Taming of the Shrew
1591	*Henry VI*, Teil 2
1592	*Henry VI*, Teil 1 und Teil 3
	Titus Andronicus
1592–93	*Richard III*
	The Comedy of Errors
1594–95	*Love's Labour's Lost*
1595	*Richard II*
	Romeo and Juliet
	A Midsummer Night's Dream
1596	*King John*
1596–97	*The Merchant of Venice*
	Henry IV, Teil 1
1597–98	*The Merry Wives of Windsor*
	Henry IV, Teil 2
1598	*Much Ado About Nothing*
1598–99	*Henry V*
1599	*Julius Caesar*

1599–1600	*As You Like It*
1600–01	*Hamlet*
1601	*Twelfth Night*
1602	*Troilus and Cressida*
1603	*Measure for Measure*
1603–04	*Othello*
1604–05	*All's Well That Ends Well*
1605	*Timon of Athens*
1605–06	*King Lear*
1606	*Macbeth*
	Antony and Cleopatra
1607	*Pericles*
1608	*Coriolanus*
1609	*The Winter's Tale*
1610	*Cymbeline*
1611	*The Tempest*

Die Shakespeares *Complete Works* ebenfalls zugerechneten Stücke *Henry VIII* (1613) und *The Two Noble Kinsmen* (1613–14) entstanden vermutlich in Zusammenarbeit mit John Fletcher (1579–1625), einem gewandten, eher zur Teamarbeit denn zum großen Einzelwerk begabten Autor, der ab etwa 1610 für Shakespeares Truppe zu schreiben begonnen hatte.

Auch wenn nicht alle aufgelisteten Datierungen unabweisbar gesichert sind, so wird doch deutlich, dass sich aus der Werkchronologie eine eindeutige Entwicklungslinie des Autors nicht herleiten lässt. Blickt man auf das zweite Schaffensjahrzehnt ab 1600, so ist eine Gewichtsverlagerung hin zur Tragödie nicht zu übersehen, und auch die von der Forschung später als »problem plays« oder »düstere Komödien« eingestuften Stücke wie *Measure for Measure*, *The Winter's Tale* und *The Tempest* akzentuieren den Eindruck einer sich verdunkelnden Weltsicht. Doch ist auch hier Vorsicht angebracht, und die komplexere Figurenkonzeption im Spätwerk sollte nicht den Blick dafür verstellen, dass die im ersten Schaffensjahrzehnt dominierenden Historien in ihrem skeptischen Menschenbild den späteren Tragödien nicht nachstehen.

Shakespeare kam nicht als Frühvollendeter nach London, der gleich welchen thematischen Vorwurf zu einem Meisterwerk zu gestalten wusste. Es mindert seinen Status als der Welt größter Dramatiker nicht, dass er auch weniger gewichtige Stücke verfasst hat. Bei solchen Wertungen ist allerdings der Unterschied zwischen dem heutigen Dramenverständnis und dem Zeitgeschmack zu berücksichtigen. In der Spielzeit 2000/01 etwa wurden auf deutschsprachigen Bühnen, die in der Shakespeare-Pflege mit den englischsprachigen rivalisieren, jeweils mehr als zwanzig Inszenierungen von *Hamlet* und von *A Midsummer Night's Dream* gezeigt, und auch *Romeo and Juliet*, *The Tempest*, *Lear* und *Othello* wurden, ebenso wie die Komödien *As You Like It* oder *Twelfth Night*, von zahlreichen Theatern angeboten. Demgegenüber findet sich oft über Jahre hinweg keine Inszenierung von *The Two Gentlemen of Verona*, von *Cymbeline* oder dem überaus blutigen und gerade deswegen beim elisabethanischen Publikum einst populären *Titus Andronicus*. Bislang hat sich jede Epoche ›ihren‹ Shakespeare neu definiert, und wenn etwa gegenwärtig die Historien nur selten auf die Bühne gebracht werden, so sagt dies mehr über gegenwärtiges Geschichtsverständnis aus als über Shakespeare.

Shakespeare: Die Geschichtsdramen

Mit den Geschichtsdramen, die in Shakespeares erstem Schaffensjahrzehnt einen so breiten Raum einnehmen, bediente Shakespeare vorhandene Bedürfnisse. Der Sieg über die spanische Armada (1588) war noch gegenwärtig und beflügelte ein nationalistisches Selbstverständnis, das sich aber nicht nur außenpolitischer Bedrohung bewusst war.

Auf dem Thron saß eine, gemessen an der Lebenserwartung der Zeit, schon alte und zudem kinderlose Monarchin. Dass deren Hinscheiden das Königreich in blutige Adelskriege, wie sie der Tudor-Herrschaft vorangegangen waren, zurückwerfen könnte, war keine unbegründete Befürchtung. Der Aufstand von Elisabeths Günstling, des Earl of Essex im Jahr 1601, unterstrich nur, wie gefährdet die staatliche Ordnung war. Vor diesem Hintergrund erwies sich die Frage nach dem wenn nicht idealen, so doch zumindest bestmöglichen Herrscher als eine mehr als nur humanistisch-philosophisch zu klärende Problemstellung.

Shakespeares Historien überspannen die Zeit von der Entmachtung Richards II. (reg. 1377–99), des letzten Plantagenet, bis (lässt man hier *Henry VIII* außer Acht) zu der Machtübernahme durch den ersten Tudor-Herrscher Henry VII., der 1485 Richard III. in der Schlacht bei Bosworth besiegte und dem euphemistisch als »Rosenkriege« bezeichneten Machtkampf der Adelsfamilien Lancaster und York ein Ende setzte. Ordnet man Shakespeares Historien nach der Abfolge der dargestellten Herrscherschicksale, dann ergibt sich eine Lesart, die Shakespeare als Apologeten einer gottgewollten Tudor-Herrschaft ausweisen könnte, als staatstragenden Dramatiker, der eigentlich eine besondere Förderung durch den Hof verdient hätte. Die in der Forschung lange kolportierte These, Shakespeare sei ein Propagandist des sog. »Tudor myth« gewesen, wird allerdings nicht nur dadurch in Frage gestellt, dass der Earl of Essex seinem Putsch eine Aufführung von *Richard II* vorangehen ließ; eine Darstellung eines schwachen, zum Machterhalt nicht befähigten Herrschers. Nach dem Scheitern der Rebellion wurde diese Aufführung für Shakespeares Truppe beinahe existenzgefährdend, denn wo es um den Verdacht der Komplizenschaft beim Hochverrat ging, zeigten Elisabeths Minister wenig Toleranz.

Shakespeares Historien folgen in ihrer Entstehung nicht dem Geschichtsverlauf. Zur sog. ersten Tetralogie zählen die drei Teile von *Henry VI* und *Richard III*. Die zweite Tetralogie, beginnend mit *Richard II*, sowie nachfolgend die beiden Teile von *Henry IV*, und vollendet mit *Henry V*, vergegenwärtigt die Usurpation und die Herrschaft der Lancaster-Dynastie bis zum Ausbruch der Rosenkriege. Die drei Teile von *King Henry VI* werden heute kaum noch, es sei denn stark gekürzt, aufgeführt. Shakespeares maßgebliche Quellen für das von ihm gezeichnete Geschichtsbild waren Chroniken, vor allem diejenige Raphael Holinsheds von 1577. Er beginnt mit der Beisetzung Henrys V. und beschließt die Trilogie mit der Ermordung Henrys VI. durch Richard Gloucester. Jedoch hat jeder der Teile eine eigene thematische Schwerpunktsetzung, so dass die Stücke auch einzeln gespielt werden können. Im ersten Teil steht der Kampf um die französischen Besitzungen Englands im Mittelpunkt, wobei sich Lord Talbot und Johanna von Orléans, die als Hexe gezeichnet wird, gegenüberstehen. Das Stück beklagt mit einer für die Zeit erstaunlichen Deutlichkeit die mangelnde Unterstützung der in Frankreich kämpfenden Truppen und zeigt in dem sich anbahnenden Konflikt der Häuser Lancaster und York, die sich eine rote und eine weiße Rose als Embleme wählen, wie die Eigeninteressen des Adels den Blick auf das Gemeinwohl verstellen. Im zweiten Teil bleibt der herangewachsene König auch nach seiner Heirat mit Margareta von Anjou ein schwacher Herrscher. Komödiantische, aber keineswegs unkritische Züge hat dieser Teil im Aufstand Jack Cades, der dem offenen und für den Staat viel gefährlicheren Krieg der Adelsgeschlechter vorangeht. Im dritten Teil ist Henry VI. zum Thronverzicht zugunsten der Yorks und zur Enterbung des eigenen Sohns bereit, in dessen Namen jedoch die Königin zu den Waffen greift. Sowohl der Herzog von York wie der Kronprinz fallen dem Machtkampf zum Opfer, den nach der Ermordung des Vaters durch die Königin die Söhne Yorks siegreich beenden. Die Brüder erschlagen den Kronprinzen, und der spätere Richard III.

nimmt es auf sich, mit dem gefangenen König auch das letzte Hindernis vor dem Thron zu beseitigen.

Shakespeares Trilogie ist überreich an vom zeitgenössischen Publikum zweifellos geschätzten Kampfszenen, die von oft bramarbasierender Rhetorik umrahmt werden. Blass bleibt sie dagegen in der Charakterzeichnung. Dies gilt insbesondere für die Titelfigur, die keine Entwicklung zeigt. Henry VI. ist durchgängig ein schwacher Herrscher, ein frommer, aber wirklichkeitsfremder Gelehrter und darin genau das Gegenteil seines geschichtsmächtig handelnden Vaters. Dieser Rollenentwurf wird auch in der Konfrontation mit seinem Mörder Gloucester nicht mehr differenziert. Dass schwache Herrscher trotz persönlicher Integrität eher eine Gefahr für das Gemeinwohl sind, daran lässt Shakespeare keinen Zweifel. Denn wenn, wie in *King Henry VI*, der Staat zur umkämpften Beute des Adels wird, leidet in jedem Fall das Volk. Shakespeare zeigt das im dritten Teil an dem Vater, der seinen Sohn, und an dem Sohn, der den Vater unwissentlich auf dem Schlachtfeld getötet hat.

Unterstellt man Shakespeares erster Tetralogie mit aller begründeten Vorsicht einen Gesamtentwurf, so erweist sich Richard III. als der nicht minder extreme Gegenpol zu dem sich der Wirklichkeit verweigernden Heinrich VI. Shakespeares voller Titel für diese Historie ist programmatisch, aber im Sinne der Zeit auch Werbung: *The Tragedy of King Richard The Third. Containing His treacherous Plots against his brother Clarence: the pittieful murther of his innocent nephews: his tyranicall usurpation: with the whole course of his detested life, and most deserved death.* Der Mörder Heinrichs VI. zeigt nicht nur keine Skrupel bei der Beseitigung eines legitimen Herrschers. Um selbst die Krone als höchstes Ziel zu erlangen, verwirft er auch jegliche natürliche Bindung. In dem berühmten Eingangsmonolog zu *Richard III* ordnet sich Richard dramatischen und philosophischen Konzepten gleichermaßen zu.

In der Tradition des Volkstheaters ist er ein *villain*, ein teuflischer Schurke, der aus dem Erfolg seiner Intrigen Genuss zieht. Bildhaft wird dies in der Werbung um Lady Anne an der Bahre Heinrichs VI.: er hat ihr den Schwiegervater und den Gatten gemordet, und dennoch erliegt sie seinen geheuchelten Liebesschwüren. Gerade in diesem Dialog zeigt sich aber auch die machiavellistische Dimensionierung der Figur, denn Richard will vor allem beherrschen, Einzelne ebenso wie den Staat. Wer dagegen auch nur in den Verdacht gerät, sich seinem unbedingten Machtwillen entgegenzustellen, wird beseitigt. Mit dieser Figurenkonzeption geht Shakespeare über seine Quellen, die wie insbesondere Edward Halls *The Union of the Two Noble and Illustrious Families of Lancaster and York* (1548) eine negativ überzeichnete Herrschaft Richards III. vorgaben, noch hinaus. Bei seinem ausschließlich egoistisch motivierten Griff nach der Macht wiederholt Richard alle Greuel, die in den Rosenkriegen begangen wurden, und hypostasiert sie zugleich. Deshalb fordern sowohl dramaturgische Vorgaben – das Rad der Fortuna – wie auch poetische Gerechtigkeit und politische Vernunft seinen Sturz. Doch auch für *Richard III* gilt, dass differenzierende Charakterentwicklung hinter Typisierung zurücksteht. Über fünf Akte hinweg bleibt Richard der Intrigant, als der er sich dem Publikum im Eröffnungsmonolog offenbart hat, ein machiavellistischer Zyniker, verkrüppelt an Körper und Geist, wie ihm sein Opfer im letzten Teil von *Henry VI* vorhält. Shakespeares erste Tetralogie zeigt zwei ihrem Wesen nach konträre Könige, die aber beide der Vorstellung vom idealen Herrscher nicht genügen können.

Kontrastiv angelegte Herrscherporträts bestimmen auch die zweite Tetralogie. Richard II., der kinderlose letzte Plantagenet, ist ein schwacher, selbstverliebter Herrscher, in seiner Abhängigkeit von seinen homosexuellen Günstlingen nach dem Vorbild von Marlowes Edward gezeichnet. Aber er ist auch der gottgesalbte Monarch, dem Shakespeare in einem bewegenden Monolog vor seiner Ermordung die Königs- und die Menschenwürde zurückgibt. Was Richard nicht gelingt – das Reich zusammenzuhalten –, dies vollbringt Henry V., den Shakespeare zum idealen Herrscher stilisiert und damit bis in die Gegenwart zur Identifikationsfigur gemacht hat. Zwischen diesen beiden so gegensätzlichen Monarchen steht Henry IV., der bereits in *Richard II* eher als Taktierer denn als tatkräftig Handelnder eingeführt wird. Er greift sich nicht die Krone, sondern Richard verliert sie an ihn, und die beiden Teile der *Historie of Henrie the Fourth* zeigen ihn als einen von seinem Gewissen gepeinigten Zauderer, der weiß, dass er mit der Usurpation die Pandorabüchse der Adelsrivalitäten geöffnet hat. Vor diesem Hintergrund kann Shakespeare dem als Kronprinz Hal eingeführten späteren Henry V. Konturen verleihen. Er zeigt ihn in komödiantischen Szenen als Kumpanen Falstaffs, doch wahrt Hal gegenüber dieser anarchischen Vaterfigur ebenso Distanz wie gegenüber seinem königlichen Erzeuger. Zugleich zeigt sich Hal reifer und kontrollierter als sein Gegenspieler Hotspur, der noch das mittelalterlich-ritterliche, aber auch im ›modernen‹ Sinn der Renaissance unpolitische Selbstverständnis des Adels verkörpert. In den beiden Teilen von *Henry IV* entwickelt der Kronprinz jene Qualitäten, die ihn zum vorbildlichen Herrscher prädestinieren: er erweist sich als tapfer, wo persönliche Tapferkeit gefordert ist, doch bleibt er dabei besonnen. Er ist volksnah und studiert das Leben seiner späteren Untertanen. Aber durch seine Nähe zu Falstaff begreift er auch, dass das Land vor allem einen Herrscher braucht, der innere Ordnung durch Gerechtigkeit garantiert. Wenn er nach der Krönung Falstaff zurückweist, der sich Hoffnungen auf das Amt des Oberrichters gemacht hat, verbannt er nicht den Menschen, sondern die Anarchie, die Falstaff verkörpert. *The Chronicle History of Henry the*

Fifth verdichtet diese positiven Charakterzüge zu einem Herrscherbild, das in seiner Idealisierung auch die Hoffnungen und Sehnsüchte der Zeit offenbart: den Traum von einem Herrscher, dessen Legitimation nicht nur seine Geburt, sondern sein Mut und auch seine Demut, seine Tapferkeit und seine Gerechtigkeit, seine Gottesfurcht und sein Realismus sind.

Im Vergleich zur ersten Tetralogie zeigt die zweite psychologisch komplexere Herrscher, und diese Differenzierung schließt auch die Nebenfiguren und deren Relationierung zum zentralen Handlungsgeschehen ein. Die Versatilität, mit der in der zweiten Tetralogie Tragödie, Historie und auch Komödie zur Veranschaulichung der Nationalgeschichte eingesetzt werden, dokumentiert aus biographischer Perspektive Shakespeares Fortschritte als Dramatiker in seinem ersten Schaffensjahrzehnt. Sie verweist aber implizit auch darauf, dass mit den wachsenden Vergleichsmöglichkeiten das elisabethanische Publikum anspruchsvoller geworden war.

Shakespeare: Die Tragödien und die »problem plays«

Shakespeare hat die Frage nach dem idealen Herrscher nicht allein in den Historien gestellt. Sie steht auch im Mittelpunkt sowohl der sogenannten »großen« und immer wieder aufgeführten Tragödien seines zweiten Schaffensjahrzehnts wie auch der »problem plays«, die von seinen Zeitgenossen aufgrund ihrer *happy endings* jedoch wohl viel unproblematischer, nämlich als Komödien rezipiert wurden. Frei von der Notwendigkeit, dem Publikum noch bekannten historischen Zusammenhängen Rechnung tragen zu müssen, hinterfragen die Tragödien den Konstitutionsgrund von Macht und die Veränderungen, die sie in Menschen bewirken kann. Als erfolgreicher Heerführer hat Macbeth einen geachteten und bewunderten Platz in der Gesellschaft, die er durch sein Handeln stabilisiert. Als er jedoch der Versuchung erliegt, statt des alten und schwachen Königs selbst zu herrschen und damit seinem Ehrgeiz, seinem »tragic flaw« nachgibt, zerstört er um des Machtgewinns und nachfolgend des Machterhalts willen sowohl das Gemeinwesen wie sich selbst. Bei Shakespeare wird Macbeth zum Gegenentwurf der »king-becoming graces«,

> As justice, verity, temp'rance, stableness,
> Bounty, perseverance, mercy, lowliness,
> Devotion, patience, courage, fortitude [...]
>
> (*Macbeth* IV,3,92–94)

und dies erkennt nicht nur das Publikum. Am Ende seines Weges begreift auch Macbeth, dass er »that which should accompany old age, / As honour, love, obedience, troops of friends« (V,3,24 f.) verwirkt hat. Es bleibt ihm nur die aus späterer Sicht existenzialistisch-zynische, vor dem Hintergrund eines christlichen Weltbilds jedoch blasphemische Erkenntnis, »Life [...] is a tale / Told by an idiot, full of sound and fury, / Signifying nothing« (V,5,26–28).

Shakespeare führt Macbeth zur späten, für ihn zu späten Einsicht in die Konsequenzen seines Tuns, und hierin kontrastiert er mit Hamlet, der über das Reflektieren der Konsequenzen, die Handeln mit sich bringen könnte, nicht hinausgelangt, auch dann noch nicht, als er sich mit den Mitteln des Theaters, das der Wirklichkeit den Spiegel vorhält, vergewissert hat, dass der Geist seines Vaters kein höllischer Versucher war. *The Tragicall Historie of Hamlet, Prince of Denmark* ist nach der Zahl der Verse doppelt so lang wie *Macbeth*, und etwa 40 Prozent des Textes entfallen auf den Titelhelden. Gewiss nicht ohne Hintergedanken hat Shakespeare jedoch die zentralen Konflikte der Titelfigur und der Gesellschaft, in der er sich behaupten muss, in den Text eines Schauspielers geschrieben. Der »Player King« verkündet in *Hamlet* III,2,177–206 zeitgenössische Binsenweisheiten wie: »What to ourselves in passion we propose / The passion ending, doth the purpose loose«. Aber in seinem Katalog konventioneller Erfahrungen verbergen sich zugleich Feststellungen, die direkt auf Hamlet zielen: »what we determine oft we break. / Purpose is but the slave to memory [...]«. Der »Player King« pointiert diese Verweise, wenn er am Schluss seiner Rede erklärt, »Our wills and fates do so contrary run / That our devices still are overthrown; / Our thoughts are ours, their ends none of our own.« Hamlets Klage über eine aus den Fugen geratene Welt ist, so gesehen, nicht das Lamentieren eines Melancholikers, sondern wird durch eine in Intrigen verstrickte Hofgesellschaft bestätigt, die vor dem Hintergrund der Machtkämpfe an Elisabeths Hof keineswegs künstlich, sondern wirklichkeitsnah gezeichnet ist. Mit Ausnahme der Freundschaft zwischen Hamlet und Horatio erweisen sich alle zwischenmenschlichen Beziehungen als Zweckbündnisse, die der Absicherung der eigenen Position dienen, und diesem Ziel werden Gatten (Hamlets Vater), Töchter (Ophelia), Söhne (Hamlet und Laertes) und Freunde (Rosencrantz und Guildenstern) geopfert. In sieben Monologen, in denen dem vierten, »To be or not to be«, zentrale Bedeutung zukommt, offenbart Hamlet dem Publikum, wie er durch die wachsende Einsicht in die Welt, die er zunächst nur als Außenstehender wahrnimmt, reift, und wie aus dem Wittenberger Studenten eine Herrscherpersönlichkeit wird, »likely, had he been put on, / To have proved most royally« (V,2,351 f.). Statt eines Philosophen bekommt Dänemark jedoch den machtbewussten Fortinbras als nächsten Herrscher – für einen Hamlet auf dem Thron ist, daran lässt Shakespeare keine Zweifel, die Zeit noch nicht reif.

Auch in der *True Chronicle Historie of the Life and Death of King Lear and His Three Daughters* gehen die

Guten zugrunde. In diesem von großen Gefühlen noch deutlicher als *Hamlet* geprägten Stück verknüpft Shakespeare mit Lear, der die ihn wahrhaft liebende Cordelia, und Gloucester, der seinen legitimen Sohn Edgar verstößt, zwei tragische Handlungsstränge. Lears Schuld ist jedoch die größere. Gloucester wird von seinem Bastard Edmund getäuscht, Lear in seiner Hybris dagegen täuscht sich selbst und zerbricht, als er begreifen lernt, dass er als König weder Menschenkenntnis noch Selbsterkenntnis besaß. In Shakespeares Tragödien durchlaufen die Herrscherfiguren Lernprozesse, doch enden diese tödlich. Auf dem Höhepunkt der Einsicht lässt sich Fortunas Rad nicht mehr zurückdrehen, und dies wird auch dadurch nicht wirklich gemildert, dass, wie in *King Lear*, auch die Bösen ihre Strafe finden. Verblendung, bildhaft in der grausamen Blendung Gloucesters, durch die er ›sehend‹ wird, zerstört in *King Lear* nicht nur zwei Familien, sondern auch den Staat. Der aber bedeutet dem sterbenden Lear nichts mehr. Als ihm Albany mit seinem Loyalitätseid die alte Macht restituiert, nimmt er dies nicht mehr auf. Seine Gedanken gelten seinem toten Narren, der ihm als weiser Narr vergeblich den Spiegel vorgehalten hat, und Cordelia, an deren Leichnam er sich klammert. Lear stirbt – und die Ehrerbietung, die dem ›umnachteten‹ König an seinem Sterbebett entgegengebracht wird, lenkt gezielt den Blick darauf – als leidender, verzweifelter Mensch. Anders als John of Gaunt in *Richard II*, der in seinem berühmten Monolog auf dem Sterbebett die Größe der Nation beschwört, ist Lear auf sich selbst und seine persönliche Tragik zurückgenommen. Aus den Trümmern des Gemeinwesens eine neue Ordnung zu errichten, ist denn auch nicht Lears Vermächtnis, sondern ein Auftrag Albanys an Kent und Edgar: »Rule this realm, and the gored state sustain« (*King Lear* V,3,296). Beim zeitgenössischen Theaterpublikum war die Unerbittlichkeit des Scheiterns, die Shakespeare in *King Lear* zeigt, kein

Erfolg. Erst spätere Bearbeitungen wie die Nahum Tates von 1681, in dem es ein *happy ending* für Cordelia und Edgar gibt, konnten sich auf den englischen Bühnen durchsetzen.

Die Themen der großen Tragödien variiert Shakespeare auch in den »Roman plays«. Antike Stoffe hatten in der Renaissance Vorbildcharakter und wurden viel nachdrücklicher als heute mit Blick auf die eigene Wirklichkeit rezipiert. Die Hybris, mit der Iulius Caesar, darin Lear verwandt, sich als das Macht- und Kraftzentrum des römischen Reichs begreift und dadurch für keinen Rat mehr zugänglich wird, wurde vom zeitgenössischen Publikum ebenso registriert wie das Scheitern von Brutus' selbstlosem Versuch, Rom zur Republik zurückzuführen. Brutus' Gegner Marc Anton, aber auch sein Verbündeter Cassius erliegen dagegen der Versuchung der Macht, die jedoch in die Hände Octavians fällt, des taktisch geschicktesten, weil leidenschaftslos agierenden Mitspielers um die Herrschaft. In *The Life of Antony and Cleopatra* kann Octavian deshalb die Selbstzerstörung seines Gegenspielers abwarten. Er rüstet gegen ihn erst, als Antonius sich durch die Heirat mit Cleopatra – »He hath given his empire / Up to a whore« (III,7,66f.) – so weit diskreditiert hat, dass dem Volk die Beseitigung des Rivalen als staatsmännische Pflicht dargestellt werden kann. Selbst das Staatsbegräbnis, das Octavian Antonius und Cleopatra gewährt, wird zur politischen Demonstration. Octavians Armee ehrt einen großen Gegner, mehrt damit aber zugleich des Siegers Ruhm.

Wo Octavian auch deshalb triumphiert, weil er das römische Volk zu manipulieren weiß, scheitert Coriolan, der seine Verachtung für die Plebejer nicht verhehlen kann. *The Tragedie of Coriolanus* zeigt einen befähigten, aber politisch unreifen, kompromisslosen Heerführer, der den Sieg auf dem Schlachtfeld aus aristokratischem Hochmut bei der politischen Umsetzung verspielt und sich so in eine ausweglose Situation manövriert, die nur durch seinen Tod aufgelöst werden kann.

Obwohl Shakespeare sich in seinem zweiten Schaffensjahrzehnt von der englischen Geschichte gelöst hat – Macbeth, Lear und Cymbeline sind mythische, der erinnerten Geschichte entrückte Herrscher –, bleibt die Frage nach dem idealen Monarchen thematischer Vorwurf. In *Measure for Measure* vertraut der Herzog von Wien zwar die Herrschaft seinem Stellvertreter Angelo an, doch behält er ihn im Auge, so wie Gott jeden Herrscher überwacht, der in seinem Namen regiert. Als Angelo versagt und die anvertraute Macht missbraucht, greift der Herzog ein und restituiert Gerechtigkeit und Ordnung. Spätere Rezipienten haben sich an dieser Deus-ex-Machina-Auflösung gestört, auch an Isabella, die um ihres keuschen Lebensentwurfs als Nonne willen bereit ist, das Leben ihres Bruders Claudio zu opfern, aber dann in die Ehe mit dem Herzog ohne Zögern einwilligt. Zu krass erscheint auch der Gegensatz zwischen der Ernsthaftigkeit der Debatten um Sünde und Gnade und der kruden Sprache der Bordellszenen. Für das zeitgenössische Publikum waren diese Widersprüche wahrscheinlich weniger evident. Zwar hat es sicherlich das tragische Potenzial des Stückes wahrgenommen, aber angesichts der komödiantischen Nebenhandlungen auch auf ein *happy ending* vertraut, und Shakespeare hat es darin nicht enttäuscht.

In *The Tempest* zeigt Shakespeare mit Prospero einen ehemals wirklichkeitsfremden, buchgelehrten Herrscher, der als Herzog von Mailand Heinrich VI. durchaus ähnlich ist, dem aber ein gleichermaßen blutiges Ende erspart wird. Stattdessen kann er im Exil der Insel zum wahren, Ordnung durch Aussöhnung stiftenden Herrscher reifen, dem das Glück der ihm nachfolgenden Generation, verkörpert durch Miranda und Ferdinand, wichtiger ist als der Rückgewinn persönlicher Macht. Vordergründig der englischen Wirklichkeit entrückt sind auch die Protagonisten in *The Winter's Tale*, wo die unbegründete Eifersucht des Königs Leontes alle Protagonisten ins Unglück stürzt, aber die tief empfundene Reue des Herrschers auch Voraussetzung für das *happy ending* wird.

In den späten Stücken zahlen die Herrscher für ihre Unzulänglichkeit und ihre Vermessenheit nicht mehr mit dem Leben, sondern werden für ihre Lernfähigkeit und ihre Reue mit dem Glück ihrer Kinder belohnt. Nach heutigem Verständnis sind Shakespeares späte Stücke zu ernsthaft in ihrem tragischen Potenzial, um auf der gleichen Ebene wie etwa *The Taming of the Shrew* als Komödie rezipiert zu werden. Man darf eine solch differenzierende Wahrnehmung auch dem zeitgenössischen Publikum unterstellen, selbst wenn wahrscheinlich ist, dass es angesichts der märchenhaften, entrückten Schauplätze in den späten Stücken eher auf die Komödie als auf die potenzielle Tragödie blickte.

Diesen vermutbaren Perspektivenwandel stützt, dass im Spätwerk die persönliche, private Verstrickung der Herrschenden gegenüber den Konsequenzen ihres Tuns für das Gemeinwesen in den Vordergrund rückt. Insofern knüpfen die späten Stücke an Tragödien wie *Othello* und *Romeo and Juliet* an und zeigen zugleich, dass thematisch nahe Vorwürfe sowohl tragisch als auch, im Sinne des *happy ending*, komödienhaft aufgelöst werden können. Othello erliegt Jagos Einflüsterungen und wird zum Mörder der Frau, die ihn bedingungslos liebt und deshalb sogar den Tod durch seine Hand hinnimmt. In *Othello* erfolgt die Aufdeckung von Jagos Intrige zu spät, um das Verhängnis zu wenden; in *Much Ado About Nothing* wird Don John jedoch rechtzeitig genug entlarvt, um Schlimmstes zu verhindern. Romeo und Julia vernichtet ein Konflikt der Elterngeneration, den sie weder auflösen noch über den sie sich hinwegsetzen können. Demgegenüber zeigen die Komödien, dass dieser Widerstand überwindbar ist und das *happy ending* nur aufschieben, aber nicht verhindern kann.

Zur Ausweitung der Perspektive hin auf private Beziehungen gehört, dass Shakespeare in den Tragödien und den »problem plays« den Frauenfiguren größere Bedeutung einräumt. In den Historien stehen die Frauen im Einklang mit der Vorstellung, dass dem weiblichen Geschlecht geschichtsmächtiges Handeln versagt ist – woran auch die Tatsache einer Monarchin auf dem Thron prinzipiell nichts änderte –, am Rande und bleiben überwiegend unausgeformt. Sie können wie Queen Margaret in *Richard III* das Handeln der Männer mit beredten Worten anklagen, beeinflussen können sie es nicht. In den Tragödien ist dies anders. Volumnia und Gertrude, Mutterfiguren wie Margaret, stehen nicht am Rande des Handlungsgeschehens, sondern ihre persönliche Tragik – beide opfern, wenngleich aus ganz unterschiedlichen Motiven, ihre Söhne Coriolanus und Hamlet – ist integraler Bestandteil der Tragödien. Lady Macbeth, auch wenn sie früher als Macbeth unter der Last der Schuld zerbricht, ist eine nicht minder ›starke‹ Frau, und Cleopatra keineswegs die Hure, als die Octavianus sie verleumdet. Sie ist eine politisch bewusste Monarchin, die aber gleichzeitig auch zu großen Gefühlen fähig ist und sowohl ihre rationale Einschätzung der Machtverhältnisse wie ihre Leidenschaft eindringlich artikulieren kann.

Auch die jungen Frauen in Shakespeares Tragödien, seien es Julia, Ophelia, Cordelia, Desdemona oder Cressida, erweisen sich als reifer, als man es von ihrem Alter her erwarten dürfte. Ophelia versteht Hamlet nicht nur intuitiv, sie begreift auch, dass sie ihn aus seiner Abkapselung gegenüber der intriganten Hofgesellschaft nicht befreien und es deshalb für ihre Liebe zu ihm keine Zukunft geben kann. Cordelia ist keineswegs Lears nur naive, gutherzige Tochter. Bei der Reichsteilung zeigt sie sich sehr wohl dessen bewusst, dass ihre Schwestern auf der Klaviatur von Sex und Macht spielen, und ihre Weigerung, hier gleichzuziehen, begründet ihre moralische Autorität. Desdemona hat sich – »I saw Othello's visage in his mind, / And to his honours and his valiant parts / Did I my soul and fortunes consecrate« (*Othello* I,3,252–254 – eher in eine idealistische Projektion denn einen wirklichen Menschen verliebt. Als sie erkennen muss, wie emotional verunsicherbar der erfolgreiche Heerführer Venedigs wirklich ist, wankt sie trotzdem nicht in ihrer Treue, wodurch sie zur eigentlichen Zentralfigur der Tragödie wird. Othellos nicht nur reuevolle, sondern auch sich selbst bemitleidende finale Selbstcharakteristik als »one that loved not wisely but too well« (V,2,353) kann davon nicht ablenken.

Nicht weniger unbedingt als Desdemona liebt Julia, die, kaum dass sie sich ihrer Liebe zu Romeo bewusst geworden ist, sich ebenfalls über gesellschaftliche Widerstände, hier die Feindschaft der Montagues und Capulets, hinwegsetzt und Romeo heimlich heiratet. Gemessen an ihrem Partner ist sie in Empfinden und Ausdrucksfähigkeit die komplexere Figur. Denn wo Romeo sich bei aller Intensität der Gefühle eher konventioneller Rhetorik verhaftet zeigt, kann Julia den Wandel, den sie als Liebende durchläuft, subjektiver und damit nachhaltiger zum Ausdruck bringen. Allerdings zeigt Shakespeare nicht nur junge Frauen, die in ihrer Liebesfähigkeit über sich selbst und ihre Partner hinauswachsen. Der angesichts der Konsequenzen nicht weniger tragische Gegenentwurf zu Julia ist Cressida, die nach der Liebesnacht mit Troilus zwar gegen ihren Willen ins Lager der Griechen ›überstellt‹ wird, sich aber in der »Kuss-Szene« (IV,6), in der Agamemnon und seine Heerführer sie als Sexualobjekt willkommen heißen, ihrer Kommodifizierung bewusst und gegenüber neuen Bindungen aufgeschlossen zeigt. Thersites kommentiert dies in einem »aside« mehr als sarkastisch: »[Her] mind is now turned whore« (*Troilus and Cressida* V,2,116).

Shakespeare: Die Komödien

Welchen Wechselfällen Geschlechterbeziehungen unterliegen können, dies war nach den Vorstellungen des elisabethanisch-jakobäischen Publikums allerdings eher dramatischer Vorwurf der Komödie als der Tragödie. Das impliziert, dass in den später populärsten Komödien Shakespeares die Frauenfiguren sich, exemplarisch Rosalind in *As You Like It* oder Beatrice in *Much Ado About Nothing*, den für sie bestimmten Partnern erst hingeben, nachdem sie ihre intellektuelle Unabhängigkeit hinreichend unter Beweis gestellt haben. Zwar sind sie, wie Portia in *The Merchant of Venice*, innerhalb einer patriarchalischen Ordnung zunächst noch dazu gezwungen, den Partner, der sie erwählt hat, zu akzeptieren. Aber nicht nur die »Kästchenwahl« als Liebesprobe relativiert ihre Verfügbarkeit. Als »weiser« Richter demonstriert Portia auch, dass Frauen Konflikte, die in der legalistischen Welt der Männer unlösbar erscheinen, intuitiv, scharfsinnig und im Sinne der Zeit gerecht auflösen können – hieran ändern die späteren, berechtigten Zweifel an ihrer Rechtsbeugung zum Schaden Shylocks nichts.

Die Emanzipation, die Shakespeares Frauenfiguren durchlaufen sollten, war in *The Two Gentlemen of Verona* allerdings noch nicht und in *The Taming of the Shrew* allenfalls im Rückblick absehbar. In den frühen Komödien experimentierte Shakespeare mit konventionalisierten Vorgaben, machte sich aber zugleich das auf Lyly zurückverweisende Prinzip der romantischen Komödie zu eigen. Alle Komödien Shakespeares sind Liebeskomödien, in denen die für die Zuschauer durch die Exposition füreinander bestimmten Paare zueinanderfinden. Dieses genretheoretisch eher vage Dramenverständnis ließ für Experimente breiten Spielraum. In *The Comedy of Errors* greift Shakespeare auf das Motiv der plautinischen Zwillinge zurück, nimmt sich aber zugleich die Freiheit, es durch ein Dienerpaar zu duplizieren. *Twelfth Night, or What You Will*, die letzte von Shakespeares romanzenhaften Komödien, greift in den Verwechslungen der als Page verkleideten Viola und ihres Zwillingsbruders Sebastian das Doppelgängermotiv nochmals auf. Jedoch tritt das komödiantische Potential von Verwechslungen hier zurück. Die drastische Komödie wird in die Nebenhandlung verlagert, während sich auf der Ebene der zentralen Protagonisten Viola und Sebastian als katalytische Charaktere erweisen, die, weil sie selbst liebesfähig sind, Orsino und Olivia aus ihren melancholischen Selbsttäuschungen befreien können.

Twelfth Night bildet zusammen mit *A Midsummer Night's Dream*, *Much Ado About Nothing* und *As You Like It* die Gruppe der »romantischen Komödien«, die auch als »mature comedies« bezeichnet werden. Ihnen ist gemeinsam, dass sie im Handlungsaufbau, aber auch sprachlich komplexer als die frühen Komödien konzipiert sind. Die Haupthandlungen haben wie in *Twelfth Night*, wenngleich mit jeweils unterschiedlicher Intensität, durchaus ernsthafte Elemente, während in den Nebenhandlungen Sprachkomik und komische Figurenzeichnung dominieren. Allerdings variiert Shakespeare dieses Grundmuster in jeder Komödie neu. In *A Midsummer Night's Dream* wird für die jungen Liebenden Hermia und Helena, Lysander und Demetrius, die Nacht im Wald vor Athen zur eher schmerzlichen und deshalb nur für das Publikum, das um die Ursachen der Verstrickungen weiß, vergnüglichen Erfahrung. Für die jungen Paare kann es keine Erfüllung geben, solange in der Nebenhandlung um Oberon und Titania der Zwist im Elfenreich nicht beigelegt ist. Diesen wiederum verzahnt Shakespeare durch Titanias Liebe für den in einen Esel verwandelten Weber Bottom mit der dem Volkstheater entlehnten Komik des Spiels der Handwerker, die durch ihr naives Theaterverständnis die von ihnen aufgeführte Tragödie »Pyramus and Thisbe« zur Farce werden lassen.

Eine zwar vom Eingriff des Übernatürlichen freie, aber noch komplexere Verschränkung von Haupthandlung und Nebenhandlungen realisiert Shakespeare in *As You Like It*. Nach der Exposition ist es dem Publikum klar, dass Orlando und Rosalind füreinander bestimmt sind. Denn schon bei der ersten Begegnung bekennt Rosalind, »Sir, you have wrestled well, and overthrown / More than your enemies« (I,2,244f.). Im Wald von Arden wird die für die Haupthandlung zentrale Liebesbeziehung jedoch durch die Nebenhandlungen perspektiviert. Der ansonsten kluge Narr Touchstone sucht bei der einfältigen Ziegenhirtin Audrey allein sexuelle Befriedigung, und deshalb muss, wie Rosalind am Schluss andeutet, die Zukunft dieser Beziehung eher skeptisch beurteilt werden. Den Schäfer Silvius macht seine Liebe zu Phebe blind für die Wirklichkeit, für die Phebe ebenfalls blind ist, denn sie erkennt nicht, dass sie in »Ganymed«, der verkleideten Rosalind, eine Frau liebt. Indem sie Silvius dann doch als ›zweite Wahl‹ akzeptiert, geht sie nicht nur nach heutigen Vorstellungen eine ›Vernunftehe‹ ein, gegenüber deren Dauerhaftigkeit ebenfalls Zweifel angebracht sind. Kaum ausgeformt ist dagegen Celias Beziehung zu Orlandos Bruder Oliver, eher von dramaturgischen Zwängen bestimmt als durch Charakterentwicklung legitimiert. Diese ›love-at-first-sight‹-Beziehung hat nur in der pastoralen Welt, in der Celia und Oliver verbleiben wollen, eine Zukunft.

Eingebettet in diese Beziehungskontexte entfaltet sich die Handlung um Rosalind und Orlando als Lern- und Reifungsprozess, der auch vor dem Hintergrund gesehen werden muss, dass sie ein zukünftiges Herrrscherpaar sein werden. Die Erziehung, die sein eifersüchtiger Bruder Orlando verweigert hat, übernimmt Rosalind. Sie lehrt Orlando, wie man sich am Hof zu verhalten hat, doch wird die Lehrerin in den Rollenspielen mit Orlando zugleich auch zur Lernenden, die sich der Intensität ihrer Gefühle bewusst werden muss. Das *happy ending* dieses Paars, das sich außerhalb der Welt des Hofes findet, aber dorthin gereift zurückkehren wird, verweist darauf, dass auch in den Komödien die Frage nach dem idealen Herrscher gegenwärtig ist.

As You Like It verspricht im Titel, Zuschauererwartungen zu erfüllen, und dies geschieht auch mit dem *happy ending* für Rosalind und Orlando. Für die literarisch Gebildeten bot die Komödie jedoch mehr, denn sie dekonstruiert und ironisiert mit der Pastorale und in dem Melancholiker Jaques zwei populäre zeitgenössische Darstellungskonventionen. Der Wald von Arden ist keine pastorale Idylle in der Tradition von Lyly und Shakespeares unmittelbarer Quelle, Thomas Lodges Prosaromanze *Rosalynd, or Euphues' Golden Legacy* (1590), sondern wird realistisch und gerade auch in den Liebesbeziehungen als der Wirklichkeit nicht entrückt bzw. entrückbar gezeichnet. Durch diese realistische Perspektive wird auch die Pose des Melancholikers der modischen Aura, die sie hatte, entkleidet. Trotz aller scharfsinniger Beobachtungen bleibt Shakespeares Jaques ein Außenseiter. Seine eher misanthropische denn melancholische »Seven Ages of Man«-Rede wie auch seine weiteren Äußerungen stellen die Entwicklungsfähigkeit und Selbstbestimmtheit des Menschen in Frage. Die Nebenhandlungen um Touchstone und Audrey, Silvius und Phebe bestätigen dies zwar vordergründig; die Haupthandlung jedoch widerlegt ihn. *As You Like It* verwirft die mittelalterliche Vorstellung, dass die Beschaffenheit der Körpersäfte den Charakter determiniert, zugunsten der neoplatonischen Auffassung, dass der Mensch entwicklungs- und lernfähig ist. Deshalb kann es in der für Rosalind und Orlando projektierten Zukunft auch keinen Platz für Jaques mehr geben.

In der Werkchronologie steht *Much Ado About Nothing* zwischen *A Midsummer Night's Dream* und *As You*

Like It. Gemessen an beiden ist *Much Ado About Nothing* ärmer an Nebenhandlungen, deren eine, der Liebeskrieg von Beatrice und Benedick, sogar die Haupthandlung zu überlagern scheint, während sich die andere, dem Volkstheater entlehnte um Dogberry für das *happy ending* der Haupthandlung als instrumental erweist. Höfische, von Intrigen – böswilligen, wie diejenige Don Johns gegen Hero und Claudio, und gutwilligen, wie jene, welche Beatrice und Benedick zusammenbringen sollen – bestimmte Erfahrungswelt, die aufgrund der Intrigen aber auch künstlich und unwirklich erscheint, sowie intellektuell schlichte, aber stets aufrichtige, redliche Wirklichkeit kontrastieren in diesem Stück, das wie kein anderes unter den romantischen Komödien einerseits die potenzielle Nähe der Komödie zur Tragödie akzentuiert und dennoch, was auch der Titel unterstreicht, zugleich als vorgeblich leichtgewichtige Unterhaltung rezipiert werden kann.

Was *Much Ado About Nothing* auch für ein heutiges Publikum noch interessant macht, ist die kontrastive Konzeption der Frauenfiguren. Hero, deren Beziehung zu Claudio durch Don Pedro eingefädelt wurde, unterwirft sich naiv und arglos, sich in den verliebend, den man ihr zuspielt, den Spielregeln einer patriarchalischen Ordnung, die sich jedoch durch Don Johns Intrige gegen sie wendet und sie zu zerstören droht. Ihre Cousine Beatrice verweigert sich, auf Kate in *The Taming of the Shrew* zurückverweisend, dagegen diesem patriarchalischen Rollenentwurf für Frauen. Dabei unterdrückt sie aber, nicht anders als Rosalind in deren Hosenrolle als Ganymed, ihre Weiblichkeit und ihre wahren Gefühle. Auch *Much Ado About Nothing* veranschaulicht Lernprozesse für beide Geschlechter. Hero und Claudio müssen erfahren, dass vorbehaltlose Liebe auf den ersten Blick auch leicht zu gefährdende Liebe ist; Benedick und Beatrice dagegen lernen, dass alle rationalen Vorbehalte gegen die Liebe auch auf den Prüfstand der Gefühle müssen und, zumindest im

Kontext einer Komödie, hier auch ein Ausgleich im Sinne einer partnerschaftlichen Gemeinsamkeit möglich ist.

Mit den in *As You Like It* und *Much Ado About Nothing* dargestellten Konfliktlösungen für Geschlechterbeziehungen hat Shakespeare zwar nicht unmittelbar, aber langfristig und gerade auch den Komödien des späten 19. und des 20. Jahrhunderts Vorgaben geliefert. Junge Männer, die wie Orlando von schon intellektuell reiferen Partnerinnen erst für eine verlässliche Partnerschaft ›erzogen‹ werden müssen, gehören bis in die Niederung von *soap operas* inzwischen ebenso zum Repertoire der Komödie wie die Nachfolgerinnen Beatrices, von ihrem Verstand geleitete Frauen, die ihr Misstrauen gegenüber vermeintlich patriarchalischen Ansprüchen überwinden müssen, um ihre Liebesfähigkeit zu entdecken. Shakespeares komplexe, emanzipierte Frauen in den Tragödien wie in den Komödien haben zu seinem ungebrochenen Erfolg als Dramatiker ganz wesentlich beigetragen. Zu seiner Zeit verstörten sie aber auch all diejenigen, deren puritanisches Weltbild Frauen auf Gottesfurcht, Gehorsam und Mutterschaft reduzierte.

Als Ben Jonson 1637 starb, war seine Beisetzung in Westminster Abbey unstrittig. Adel und prominente Bürger erwiesen ihm das letzte Geleit und verdeutlichten damit auch indirekt die gewandelte Vorstellung vom möglichen gesellschaftlichen Status eines Dramatikers. Obwohl er nach dem Besuch der Westminster Public School, einer der angesehensten des Landes, nicht studierte, sondern im Maurergeschäft seines Stiefvaters eine Lehre begann und dann als Soldat in den Niederlanden diente, hatten die Universitäten Oxford und Cambridge durch *honorary degrees* Jonson geehrt, wofür er ihnen 1607 zum Dank *Volpone* widmete. Jonson war seit 1618 Ehrenbürger Edinburghs, und zwei Jahre zuvor hatte ihn James I. zum *poet laureate*, zum Hofdichter ernannt.

Es war die Gunst des Hofs, die Jonson zu Ansehen verhalf, und in diese Gunst gelangte er, indem er für James I. mehr als dreißig Maskenspiele, die sogenannten *royal* oder *court masques* schrieb. Maskenspiele, die wie die *Masque of Beauty* (1608) mythologische Themen moralisierend gestalten, stehen *anti-masques* gegenüber, die im Kampf zwischen Gut und Böse das Groteske stärker akzentuieren. Bei der Inszenierung dieser Maskenspiele arbeitete Jonson häufig mit Inigo Jones zusammen, der für die Kulissen und die Ausstattung zuständig war. Aus diesen Maskenspielen sollten die Kulissen auch auf die Theaterbühnen vordringen, und man kann das Zusammenwirken von Ben Jonson und Inigo Jones als die erste wirkliche Kooperation von Autor, Regisseur und Bühnenbildner in England bezeichnen.

Allerdings gründet Jonsons Ansehen bei der Nachwelt nicht auf den Maskenspielen, sondern auf den abendfüllenden Stücken, die er hinterlassen hat. Wie kein anderer englischer Dramatiker der Renaissance fühlte sich Jonson den antiken Vorbildern, insbesondere Seneca in den Tragödien und Plautus in den Komödien, verpflichtet. Auch an den aristotelischen Einheiten hielt Jonson fest. In *Volpone* etwa erfährt das Publikum in der Exposition, dass der Titelheld die ihn mit Geschenken überhäufenden Erbschleicher bereits seit drei Jahren an der Nase herumführt. Das Handlungsgeschehen jedoch konzentriert sich auf den Morgen und den Nachmittag eines einzigen Tages.

Man kann Jonson nicht unterstellen, dass er mit seiner Bildung prahlt, aber er unterschlägt sie auch nicht, und vor dem Hintergrund der unzähligen komplexen Anspielungen in seinen Stücken, auf die er auch dann nicht verzichtet, wenn er Protagonisten von niedrigem sozialem Stand sprechen lässt, wird deutlich, dass er die ›Schnittmenge‹ des von ihm avisierten Publikums enger fasste als Shakespeare.

Wie wenig Jonsons Gelehrsamkeit seiner Breitenwirkung förderlich war, bezeugen seine beiden Tragödien

Seianus His Fall (1603) und *Catiline His Conspiracy* (1611). Beide Stücke basieren auf ausführlichen Quellenstudien Jonsons, auf die er im Vorwort zu *Seianus His Fall* ebenso verweist wie auf den Horaz'schen Bildungsauftrag. Aus seinen Quellen entwickelt Jonson für *Seianus* einen keineswegs undramatischen Handlungsentwurf. Am Hof des alternden, deutlich nach der negativen Charakteristik bei Tacitus gezeichneten Tiberius hat sich Sejan eine Vertrauens- und Machtposition aufgebaut, die ihm jedoch nicht genügt. Er verführt Livia, die Gattin von Tiberius' Sohn Drusus, der von beiden vergiftet wird, und versucht sich bei Tiberius als dessen Nachfolger einzuschmeicheln. Tiberius durchschaut jedoch diese Machenschaften, und mit Hilfe von Macro, der Sejans Nachfolger als Anführer der Prätorianer werden sollte, unterläuft er die Ambitionen Sejans. In einem Brief an den Senat, der vorgeblich Sejans Wahl zum Konsul empfiehlt, aber nicht weniger intrigant als die Grabrede Marc Antons in Shakespeares *Julius Caesar* Lob und Tadel mischt, führt Tiberius einen Stimmungsumschwung im Senat herbei, der Sejans Verhaftung beschließt. Auf dem Weg ins Gefängnis wird Sejan von dem ebenfalls gegen ihn aufgewiegelten Volk in Stücke gerissen.

Wie Sejan ist auch Catilina von Ehrgeiz motiviert. Um die römische Republik zu stürzen, versammelt er eine von Eigeninteresse motivierte und von Jonson sarkastisch gezeichnete Verschwörergruppe um sich, vor deren Gefährlichkeit Cicero vergeblich warnt. Erst als mithilfe der Liebesdienerin Fulvia – heute würde man sie euphemistisch als »high society escort« bezeichnen – das ganze Ausmaß von Catilinas Hochverrat öffentlich wird, wendet sich die Republik auch militärisch gegen ihn, und er fällt, wenngleich nicht ohne seine persönliche Tapferkeit unter Beweis zu stellen, in der Schlacht.

Formal folgt Jonson in beiden Tragödien Seneca, aber zugleich weicht er auch in beiden Fällen von seinem Vorbild in einer Weise ab, die den Blick auf das Grundmuster seiner wesentlich erfolgreicheren Komödien lenkt. Einerseits gilt für Sejan wie für Catilina, was Jonson in »The Argument« zu *Sejanus* über die exemplarische Bedeutung des Titelhelden schreibt:

> This [Sejans Ermordung durch das aufgebrachte Volk] we do advance as a mark of terror to all traitors; to show how justly the heavens are pouring and thundering down a weighty vengeance on their unnatural intents, even to the worst princes [...].

Aber auch Antihelden wie Sejan und Catilina können eine aufklärerische und damit katalytische Funktion erfüllen. Der Tod Sejans restituiert für das römische Kaiserreich keine bessere, moralisch höhere Ordnung. Jonson setzte bei seinem Publikum voraus, dass es wusste, wie Tiberius laut der antiken Quellen enden würde – von Macro auf Capri mit einem Kissen erstickt. Im Einklang mit Tacitus, dessen polemische Perspektive gegenüber dem römischen Kaisertum Jonson ebensowenig wie irgendjemand in seiner Zeit aufgrund der verfügbaren Quellen hätte durchschauen können, ist denn auch mit dem noch jungen Caligula ein weiterer, Tiberius an (ungerechtfertigt unterstellter) Perversion noch maßlos übertreffender, zukünftiger römischer Imperator bereits im Handlungsgeschehen gegenwärtig.

Auch in *Seianus* bestätigt der Fall des Hochverräters nicht die bestehende Ordnung, denn es triumphiert trotz des »Argument« nur ein Intrigant über den anderen. Catilinas Ende wird und kann, das wussten Jonsons belesene Zeitgenossen, die römische Republik nicht retten. In beiden Tragödien tritt die moralisch und politisch begründete Legitimation einer neuen, besseren Ordnung hinter der Bloßstellung der Schwächen des nach der Niederwerfung der Usurpatoren fortbestehenden Systems zurück, und dies unterscheidet Jonsons Tragödien von Seneca. *Seianus* entlarvt eine korrumpierte Adelsgesellschaft; *Catiline* entgrenzt in den mit Fulvia verknüpften Boudoir-Szenen die Tragödie zur Satire. Allerdings wird in beiden Stücken der gesellschaftskritische Ansatz des »emplotment« von Jonsons Selbstverpflichtung auf Quellentreue überlagert.

Vorbildcharakter hat das klassische Drama auch für Jonsons Komödien, doch auch dort folgt er den antiken Vorlagen nicht sklavisch. Jonson knüpft an deren Aufbau an, aber bereits seine erste erfolgreiche Komödie, *Every Man In His Humour* (1598) verlagert den Schwerpunkt von der die Handlung befördernden Intrige zu den Figuren. Für die Beförderung der Intrige ist der Diener Brainwell zuständig, und seine Machenschaften bewirken, dass sich auf der Bühne immer mehr Charaktere einfinden, die, bestimmt von ihren »humours«, ihre Schwächen offenbaren. Nach der Humorallehre, der Theorie von den Körpersäften, lassen sich die Menschen in Phlegmatiker, Melancholiker, Sanguiniker und Choleriker einteilen. Jonson verknüpft diese nach dem Verständnis der Zeit biologische Disposition mit Manifestationen sozialen Fehlverhaltens wie Habgier und Wollust, Eifersucht und Neid, Eitelkeit und Egoismus. In *Every Man In His Humour* ist die Auflösung der komplex verschachtelten Intrigen Brainwells deshalb nicht das eigentliche Ziel der Komödie, sondern die satirische, aber didaktisch intendierte Bloßstellung der Schwächen ihrer Protagonisten.

Mit diesem Komödienverständnis ging Jonson nicht nur auf Distanz zu den romantischen Liebeskomödien Shakespeares, die auf Aussöhnung angelegt sind und die Lern- und Besserungsfähigkeit des Menschen bekräftigen. Durch sein Insistieren darauf, dass auch die Komödie sich an den klassischen Vorbildern orientieren müsse, entfremdete er sich seinen Schriftstellerkollegen. Zum »war of the theatres«, den Jonson mit den Dramatikern John Marston (um 1575–1634) und Thomas Dekker (um 1570 – um

1632) austrug, gehört Jonsons allegorische Satire *The Poetaster* (1601), die Horaz und Vergil als vorbildliche Dichter zeigt, während Ovid und seine Anhänger – gemeint sind Marston und Dekker – von Augustus verbannt bzw. bestraft werden. Dekker beantwortete *The Poetaster* mit *Satiromastix*, wo in der Gestalt des Horaz Jonson als ein selbstgefälliger, dem Publikumsgeschmack entfremdeter Gelehrter dargestellt wird.

Das Publikum nahm an dem »war of the theatres« nur geringen Anteil und stimmte ein weiteres Mal mit den Füßen ab. Jonsons *Every Man Out of His Humour* (1599), das an den Erfolg von *Every Man In His Humour* anknüpfen sollte und die Intrige zugunsten der satirischen Entlarvung von »humours« noch weiter zurückdrängte, hat als Sittenbild der jakobäischen Gesellschaft zwar im 20. Jahrhundert Anerkennung gefunden, aber nicht bei den Zeitgenossen. Dies hinderte Jonson nicht daran, in seinen realistisch-satirischen Komödien der Gesellschaft weiterhin den Spiegel vorzuhalten. *Epicoene, or The Silent Woman* (1609), *The Alchemist* (1610) und *Bartholomew Fair* (1614) entlarven in aus späterer Sicht fast schon surrealen, gleichermaßen auf Hieronymus Bosch zurück- und auf Ionesco vorausweisenden Szenen vor allem die Selbstgefälligkeit und die intellektuellen Beschränkungen eines sich seiner wirtschaftlichen Bedeutung immer stärker bewussten, aber zur kritischen Selbstreflexion noch nicht befähigten Bürgertums. Auch der einfältige, lüsterne und geldgeile Adel, in Gestalt von Sir Epicure Mammon in *The Alchemist* oder des Bartholomew Coke, der auf der Bartholomew Fair sein Geld und seine Braut verliert, wird von Jonson nicht ausgespart. Jonsons schärfste Kritik gilt jedoch den puritanischen Heuchlern, die ihre Sittenstrenge paradieren und zugleich bis aufs Mark korrumpierbar sind. Deacon Ananias und Tribulation Wholesome in *The Alchemist* ebenso wie Rabbi-Zeal-of-the-Land Busy in *Bartholomew Fair* legen die Diskrepanzen zwischen prätendierter Frömmigkeit und Wirklichkeit bloß, und durch die schonungslose Demaskierung dieser Protagonisten hatte auch Jonson seinen Anteil an der von den Puritanern verfügten Schließung der Theater.

Unter Jonsons satirischen Komödien erzielte *Volpone, or, The Foxe* (1605–06) die nachhaltigste Wirkung. Das schon in der römischen Komödie beliebte Thema der Habgier, die zu Fall kommt, gestaltet Jonson als Erbschaftsjagd. Unterstützt von seinem Diener Mosca, gaukelt Volpone den Erbschleichern Voltore, einem Anwalt, dem mit der schönen, jungen Celia verheirateten Corbaccio und dem Kaufmann Corvino vor, sein Ende sei nahe und er müsse einen Erben erwählen. Geschenke der Erbschleicher sollen ihnen diesen Platz sichern, doch genügen Volpone und Mosca rein materielle Zuwendungen nicht. Obwohl bis ins Mark eifersüchtig, führt Corbaccio Volpone seine tugendhafte Frau zu, und Corvino lässt sich überreden, seinen Sohn Bonario zugunsten Volpones zu enterben. Die aus den Fabeln Äsops entlehnten Tiernamen – der Fuchs stellt sich tot, um die Aasvögel anzulocken – unterstreichen das von Jonson angeprangerte unnatürliche Verhalten. Im Aufbau folgt Jonson der antiken Komödie, entgrenzt sie jedoch nicht nur durch Interludien. Gegenüber der in sein Schlafzimmer gezwungenen Celia offenbart sich der vermeintlich todkranke Greis Volpone als potenter Liebhaber, der zunächst, auf Catull zurückverweisend, in einer Parodie pastoraler Dichtung um Celia wirbt. Als dieser Angriff an Celias Tugend scheitert, wird aus der pastoralen Werbungsszene ein brutaler Vergewaltigungsversuch, den Bonario jedoch unterbinden kann. Bis zur Schlussszene stellt Jonson die tugendhaften Charaktere Celia und Bonario als Opfer dar. Ihre Vernichtung wird nur dadurch verhindert, dass Mosca sich gegen seinen Herrn wendet und ihn um sein Vermögen betrügen will. Der für tot erklärte Volpone, dem die Manipulation seiner Opfer stets mehr bedeutete als deren Geschenke, kann nicht akzeptieren, selbst Opfer eines geschickt eingefädelten Betrugs zu werden, und offenbart sich, in dem Wissen, dass auch er der Bestrafung nicht entgehen wird, dem Gericht. Die harten Urteile gegen die Betrüger wie die von ihnen Betrogenen stellen zwar die Ordnung wieder her, doch überwiegt beim Zuschauer der Eindruck einer korrumpierbaren Gesellschaft, für die, was auch die Nebenhandlung um Sir Politic Would-Be und dessen Frau Madame Would-Be unterstreicht, Einfalt, Eitelkeit und Gier konstitutiv sind.

Zwar hat der im 18. Jahrhundert einsetzende Shakespeare-Kult die Rezeption Jonsons, der im Vergleich als zu traditionell und zu formalistisch eingestuft wurde, zunächst behindert. Dennoch hat Jonson auf die Entwicklung der englischen Komödie nicht weniger Einfluss genommen als Shakespeare, und die gelungene Synthese zwischen romantischer und satirischer Komödie wurde schon lange vor Oscar Wildes *The Importance of Being Earnest* (1899) zum Darstellungsziel von Dramatikern.

Zeitgenossen

Das dramatische Werk Marlowes, Shakespeares und Jonsons markiert die Höhepunkte des elisabethanisch-jakobäischen Theaters. Sie wären allerdings nicht denkbar ohne das Schaffen von Zeitgenossen, die, wie im »war of the theatres«, Rivalen um die Gunst des Publikums waren, mit denen man aber auch aus nachvollziehbaren ökonomischen Gründen kollaborierte.

Als Shakespeare nach London kam, war Thomas Kyds (1558–1594) *The Spanish Tragedy* (um 1585) bereits ein ›Dauerbrenner‹ und sollte es in immer neuen Umschreibungen, auch unter Beteiligung Jonsons, bis zur Schließung der Theater bleiben. Die für die *Spanish Tragedy* handlungsleitenden Motive wie Rache, Wahnsinn und

Selbstmord, dazu Geistererscheinung und Spiel-im-Spiel hatten nicht nur unmittelbaren Einfluss auf die Konzeption des *Hamlet*, sie prägten auch die intrigenreichen Rachetragödien, die unter den Stuarts immer populärer werden sollten. John Marston (1576–1634) verfasste noch in der Regierungszeit Elisabeths I. mit *Antonio's Revenge* (1599) ein ›sequel‹ zu seiner erfolgreichen, satirischen Komödie *The History of Antonio and Mellida*, in der er das von Kyd begründete Repertoire der Rachetragödie voll ausschöpfte und sich damit Jonsons Spott zuzog. Anspruchsvoller waren die Rachetragödien John Websters (um 1580 – um 1634), der in *The White Devil* (1612) und, eindrucksvoller noch in *The Duchess of Malfi* (1614) am Beispiel zweier Frauenschicksale, einer Kurtisane und einer Herzogin, eine allen humanistischen Idealen entfremdete und zur Selbstzerstörung verdammte höfische Welt zeigt. Nicht weniger kritisch ist Cyril Tourneurs (um 1575–1626) Perspektive in *The Revenger's Tragedy* (gedruckt 1607). Auch hier ist der Hof nicht der Sitz eines idealen Herrschers, sondern Mord, Inzest und Vergewaltigung dominieren das Geschehen, wobei die Figuren jedoch durch ihre Namensgebung auf die mittelalterlichen Moralitäten und deren Ordnungsverständnis zurückverweisen. Ehebruch und Inzest sind auch die handlungsleitenden Motive in den Tragödien *The Changeling* (1622) und *Women Beware Women* (1625–27), mit denen Thomas Middleton (1580–1627) in Zusammenarbeit mit William Rowley (um 1585–1642) zur Vielfalt der Rachethematik beitrugen. Intrigen an französischen Höfen stehen im Mittelpunkt der Rachetragödien George Chapmans (um 1559–1634), wobei er, wie etwa in *The Revenge of Bussy D'Ambois* (1607) tatsächliche Ereignisse aus der jüngeren Geschichte als dramatischen Vorwurf wählte.

Die Lokalisierung der Handlung dieser Rachetragödien auf mediterranen Schauplätzen täuschte das zeitgenössische Publikum nicht darüber hinweg, dass hier unter dem

Deckmantel der Verfremdung und spektakulärer Handlung nicht ›exotische‹ Missstände, sondern das Versagen der eigenen Adels- und Hofgesellschaft thematisiert wurde. Für ein heutiges, mit elisabethanisch-jakobäischem Rezeptionsverhalten, soweit es rekonstruierbar ist, nicht vertrautem Publikum sind diese Stücke sperrig, und dies erklärt, weshalb sie kaum noch inszeniert werden. Ausnahmen hiervon sind *The Duchess of Malfi* und JOHN FORDS (1586 – um 1640) *'Tis Pity She's a Whore* (zwischen 1629 und 1633). Webster gibt der Herzogin, die aus Liebe unter ihrem Stand heiratet, aber vor allem Bosola, der von den durch Dünkel und Inzestwunsch geprägten Brüdern der Herzogin zum Mörder instrumentalisiert wird, eine psychologisch überzeugende Charakterkonzeption. Ford gelingt es, die inzestuöse Liebe zwischen Annabella und ihrem Bruder Giovanni als eine nachvollziehbare und glaubwürdige, aber gerade deshalb auch tragische Verirrung darzustellen – in leidenschaftlichen Versen, die Tom Stoppard im 20. Jahrhundert seinem Stück *The Real Thing*, einer sprachlich ganz andersartigen, aber nicht weniger nachhaltigen Thematisierung der ›wahren‹ Liebe, inkorporiert.

Immer reichhaltiger wurde auch das Angebot an Komödien, zu dem alle genannten Dramatiker beitrugen. Hervorzuheben sind FRANCIS BEAUMONT (1584–1616) und JOHN FLETCHER (1579–1625). Sie verfassten zusammen nicht weniger als 34 Dramen, von denen insbesondere *The Knight of the Burning Pestle* (1609) und *The Scornful Lady* (1610) Publikumserfolge wurden. Auch Beaumont und Fletcher stellen die Selbstgefälligkeit des Londoner Bürgertums bloß und erinnern darin an Jonson. *The Knight of the Burning Pestle*, konzipiert als Parodie von THOMAS HEYWOODS (1573–1641) *The Four Prentices of London with the Conquest of Jerusalem*, macht die Vorliebe des Bürgertums für ritterlich-heroische Stoffe lächerlich. Jedoch geschieht dies, und darin unterscheiden sich Beaumont und Fletcher von Jonson, aus einer aristokratischen Perspektive, die auf das Theater der Restaurationszeit vorausweist. Dass sie Heywood als Objekt ihrer Parodie auswählten, verweist auf dessen bürgerfreundliche Themenwahl und Darstellung. In *A Woman Killed With Kindness* (1607) wendet sich Heywood gegen den unerbittlichen Ehr- und Rachekodex des Adels, an dessen Stelle er Vergebung und Versöhnung setzt, und damit bereitet er dem bürgerlichen Trauerspiel den Weg. Am Ende der elisabethanisch-jakobäischen Blüte des Theaters zeichnet sich eine zunehmende Polarisierung der aristokratischen und der bürgerlichen Rezeptions- und Erwartungshaltung ab, zu der auch Philip Massinger (1583 – um 1640), ein Schüler Fletchers, beitrug. In seinen Komödien, am ausgeprägtesten in *A New Way To Pay Old Debts* (um 1621) wählt er die satirisch entlarvende Perspektive Ben Jonsons, während Massingers Tragödien dem wachsenden Zweifel an einer sich auf das Gottesgnadentum berufenden, aber sich zunehmend absolutistisch und damit aus sich selbst legitimierenden Herrschaft der Krone und des Adels Ausdruck verleihen.

Was sich am Ende der Regierungszeit Charles' I. als Konflikt von Erwartungshaltungen an das Drama abzeichnet, wurde 1642 durch die Schließung der Theater nicht aufgehoben, sondern nur aufgeschoben.

Von der Restauration bis zum 18. Jahrhundert

Rückgriff und Neubeginn

Am 29. Mai 1660 zog Charles II. in London ein, und nicht nur die politischen Erwartungen an den heimgekehrten Herrscher waren hoch. Charles II. eilte der Ruf des Theaterliebhabers voraus. Im französischen Exil hatte er die

Stücke Pierre Corneilles (1606–1684) gesehen und den Aufstieg Molières (1622–1673) noch miterleben können. Dass das Theater unter seiner Herrschaft wieder eine Zukunft haben würde, daran bestand kein Zweifel. Unklar blieb zunächst, in wessen Taschen der Profit gelangen sollte.

So wirksam die 1642 verfügte Schließung der Theater für den Zeitraum von 18 Jahren insgesamt auch war, eine vollständige Unterdrückung des Dramas hatte nicht durchgesetzt werden können, und auch die finanziellen Folgen der Schließung mussten von der puritanischen Stadtregierung mitbedacht werden. *The Actor's Remonstrance*, ein Pamphlet aus dem Jahr 1643, beklagt beredt, dass ein ganzer Berufsstand seinen Broterwerb verloren hatte. Nicht wenige Schauspielertruppen wichen auf den Kontinent aus, ohne sich jedoch dort dauerhaft etablieren zu können. Für diejenigen, die in England zurückblieben, wurde das Theater zum gefährlichen Spiel außerhalb der Legalität. Die »King's Men« hatten sich im beginnenden Bürgerkrieg auf die Seite ihres Patrons gestellt, und zur Strafe wurde ihr Theater, »The Globe«, 1644 zerstört. Andere, politisch weniger exponierte Truppen, versuchten trotz des Verbots weiterzumachen. Das Fortune Theatre wurde mehrmals wegen illegaler Aufführungen durchsucht, und dokumentiert ist auch, dass 1647 eine Aufführung von Beaumont und Fletchers *A King and No King* durch das Militär beendet wurde.

Ebensowenig stand es in der Macht der Regierung, private Aufführungen dauerhaft zu unterbinden, zumal, wenn diese auf den Besitzungen einflussreicher Familien stattfanden. Solche privaten Inszenierungen mit professionellen Schauspielern wurden auch dadurch erleichtert, dass die Schließung der Theater einen unvorhergesehenen Nebeneffekt hatte, denn mehr und mehr Stücke wurden nun gedruckt. Solange die Theatertruppen miteinander um die Gunst des Publikums rivalisiert hatten, war das Drucken von Stücken ein finanzielles Risiko. Zwar konnten der Autor und die Truppe davon profitieren, aber die Schauspielertruppe, in deren Auftrag er das Stück verfasst hatte, musste damit rechnen, dass die Konkurrenz das Stück ihren Repertoires einverleiben würde. Theatertruppen hatten deshalb an der Veröffentlichung von Dramen kein unmittelbares Interesse und verpflichteten darum zumeist die Autoren, dass keine Drucklegung ohne ihre Zustimmung erfolgen dürfe. Nach der Schließung der Theater wurde die Veröffentlichung von Stücken unter der Maßgabe, dass Autor und Schauspieler sich den Gewinn teilten, jedoch zur Möglichkeit, die ökonomischen Konsequenzen der Schließung der Theater zu mindern. Die zwischen 1642 und 1660 veröffentlichten Dramen, darunter der 1647 publizierte Folio-Band der Dramen Beaumonts und Fletchers, bezeugen, dass das Theaterverbot das Verlangen nach Bühnentexten nicht zu eliminieren vermocht hatte.

Zum Weiterleben des Theaters in der Grauzone der Illegalität und in privaten Aufführungen trug auch bei, dass Cromwells Regierung keine stringente Politik verfolgte. Die großen Theater blieben geschlossen, aber gelegentliche Aufführungen von Ausschnitten aus Stücken wie etwa die Darbietung von *Pyramus and Thisbe* durch die Handwerker in *A Midsummer Night's Dream* wurden toleriert. Eine Sammlung dieser als *drolls* bezeichneten, zumeist possenhaften Exzerpte veröffentlichte 1662 der Buchhändler Francis Kirkman unter dem Titel *The Wits*. Nachsichtig war man auch dort, wo Text und Musik verbunden wurden. Sir William Davenant (auch D'Avenant, 1606–1668), der nach Ben Jonsons Tod die *court masques* inszeniert hatte, ihm als *poet laureate* nachfolgte und zunächst als Royalist für zwei Jahre eingekerkert worden war, begann das Experiment mit dem Musiktheater 1656 in einer Privataufführung, aus der mit *The Siege of Rhodes* die erste englische Oper hervorging. Es gehört somit zu den Ironien der englischen Theatergeschichte, dass die Unterdrückung des Dramas durch die Puritaner der Oper in England den Weg bereiten sollte.

Zu denen, die einsichtig genug waren, dass ein fortdauerndes Theaterverbot sich auch angesichts der Entwicklungen auf dem Kontinent nicht würde durchsetzen lassen, zählte auch John Milton. Er plädierte für ein »reformiertes«, erneuertes und moralisch engagiertes Theater, für das er sogar eine Liste geeigneter biblischer und historischer Themen erstellte. Allerdings wurden solche Hoffnungen auf ein gottgefälliges und bildungsorientiertes Drama mit der Restauration zerstört.

Neue Bühnen, neue Spieler

Noch bevor der König seinen Fuß auf englischen Boden gesetzt hatte, formierten sich aus den Mitgliedern der alten Theatertruppen neue Kompanien. Im ehemaligen Cockpit Theatre führte John Rhodes, der einst zum Blackfriars Theatre gehört hatte, eine Truppe junger Schauspieler zusammen, zu der auch Edward Kynaston (um 1640–1706) gehörte. Er ist in die britische Theatergeschichte als der letzte (berühmte) Darsteller von Frauenrollen eingegangen. Neue Theatertruppen spielten auch im Red Bull und im Salisbury Court Theatre. Fraglich war jedoch, welche dieser hastig gegründeten Kompanien durch königliche Patronage eine Lizenz erhalten würden.

Aus der Rivalität um Theaterpatente gingen zwei Sieger hervor: Thomas Killigrew (1612–1683) und Sir William Davenant. Killigrew, der als nur mäßig erfolgreicher Dramatiker begonnen hatte, war Charles II. 1647 ins Exil gefolgt und begleitete ihn auch auf dem Schiff, das den König nach England zurückbrachte – seine Theatertruppe durfte sich »The King's Men« nennen. Davenant konnte auf seine Verdienste unter Charles I. und seine Loyalität gegenüber den Stuarts verweisen. Seine Truppe, »The

Duke of York's Men«, hatte die Patronage Jakobs, des Bruders des Monarchen. Mit Killigrew und Davenant beginnt die lange Geschichte der rivalisierenden »legitimized theatres« oder »patent theatres«, aber auch die der Rivalität dieses Duopols mit den nicht durch königliche Patronage gesicherten »illegitimate theatres«, die bis zum »Theatres Act« von 1843 andauern sollte. In der Entwicklung zum 19. Jahrhundert hin liefen Theatertruppen, die ohne königliches Patent spielten, zwar nicht mehr Gefahr, als Vagabunden behandelt zu werden, aber sei es auf Druck der lizenzierten Theater, die unliebsame Konkurrenz ausgeschaltet wissen wollten, oder auch weil sie sich politisch exponiert hatten, waren sie stets von einem Aufführungsverbot bedroht. Erst die Abschaffung des Duopols im Jahr 1843 gewährleistete die Sicherheit der stets hohen Investitionen vor einem als immer willkürlich empfundenen, aber juristisch nicht anfechtbaren Eingriff des Staats.

Killigrew und Davenant beförderten, was sich vor der Schließung der Theater schon abgezeichnet hatte: den Wechsel von der »Freilichtbühne« der Bärenhatz-Arenen in geschlossene Räume. Dem französischen Vorbild folgend, verwandelten sie Tennis- und Reithallen in Theater. Diese Hallen ermöglichten aufgrund ihrer Bauweise Tageslichtaufführungen, aber es konnte auch bei künstlicher Beleuchtung gespielt werden. Allerdings waren sie nur ein Entwicklungsschritt auf dem Weg hin zu den Theatern, wie wir sie heute als auf eine einzige Funktion hin angelegte Zweckbauten kennen. Für Killigrew, dessen Theater, eine ehemalige Reithalle in der Bridges Street, 1672 abgebrannt war, entwarf Sir Christopher Wren einen Neubau, der zwei Jahre später fertiggestellt und bis 1791 bespielt wurde. Wie auch die nachfolgenden Theaterbauten verfügte das Theatre Royal, Drury Lane über eine weit in den Zuschauerraum ragende Proszeniumsbühne, welche die eigentliche Spielstätte abgab. Nach hinten öffnete sich die Proszeniumsbühne zur sog. »scenic stage«, auf der gestaffelte Flachkulissen den Eindruck räumlicher Tiefe erzeugten und den Blick auf einen die Bühne abschließenden Prospekt lenkten. Die Darsteller betraten die Proszeniumsbühne durch jeweils zwei Türen auf jeder Bühnenseite, und über diesen Türen, an den Seitenwänden des Zuschauerraums, und an der Rückwand befanden sich Logen. Zwei Balkone an der Rückwand ergänzten das Platzangebot, das ursprünglich etwa 1000 Sitze betrug. Zwar fielen mit der Einführung des Eisernen Vorhangs als Brandschutz für den Zuschauerraum (erstmals 1782 in Lyon) die Logen auf den Seiten der Bühne weg, doch ansonsten waren mit Wrens Entwurf die Theaterneubauten bis in das 20. Jahrhundert hinein bereits vorgezeichnet.

In dem Maß, wie sich von der Restaurationszeit an immer aufwendiger bemalte Flachkulissen durchsetzten, verschwand auch die »Wortkulisse« des elisabethanisch-jakobäischen Theaters aus den Dramentexten. Eine weitaus einschneidendere Veränderung als die illusionslenkende Durchsetzung von Bühnenbildern bewirkte jedoch eine ebenfalls durch das französische Theater beeinflusste Neuerung: Frauenrollen wurden von nun an tatsächlich von Frauen gespielt, und in deren bald populären »Hosenrollen« wurde die sexuelle Prätention der ehemaligen »boy players« sogar umgekehrt. Vermutlich die erste Schauspielerin auf einer englischen Theaterbühne, zumindest in einer tragenden Rolle, war Margaret Hughes, die in *The Moor of Venice*, Killigrews Bearbeitung des *Othello*, den Part der Desdemona übernahm. Noch vor ihr soll eine Mrs. Coleman in Davenants Musikdrama *The Siege of Rhodes* aufgetreten sein, und bereits 1661 zählten zu Davenants Truppe acht Schauspielerinnen. Zu ihnen gehörte Mary Saunderson, die ihren Kollegen Thomas Betterton (um 1635–1710) heiratete. Beide brillierten in Shakespeare-Rollen, und Bettertons Hamlet wurde ebenso gerühmt wie Saundersons Lady Macbeth. Als Tragödin noch erfolgreicher war die von dem Earl of Rochester protegierte Elizabeth Barry (1658–1713), die auch die Heldinnen Thomas Otways (1652–1685) verkörperte. Demgegenüber machte Nell Gwynn (um 1650–1687) in komischen Rollen auf sich aufmerksam, bevor sie sich als Mätresse Charles' II. von der Bühne zurückzog.

Emanzipation fand jedoch nicht nur auf der Bühne statt. Zur Geschichte des Theaters der Restaurationszeit gehört mit APHRA BEHN (1640–1689) auch die erste professionelle britische Dramatikerin. Behn erzielte nach einem ›abwechslungsreichen‹ Leben, das Virginia Woolf als »shady and amourous« charakterisierte, und in dem sie auch Charles II. als Spionin gedient hatte, ihren ersten Bühnenerfolg mit *The Forced Marriage, or, The Jealous Bridegroom* (1671). Noch erfolgreicher waren die beiden Teile von *The Rover, or, The Banished Cavalier* (1677, 1681). Gefördert wurde Aphra Behn von Thomas Killigrew, der mit sicherem Blick für Bühnenwirksamkeit erkannte, dass die für die Komödien Behns charakteristische sexuelle Freizügigkeit der Sprache und Handlung vom Publikum umso mehr goutiert wurde, weil sie aus der Feder einer Frau kam.

Das Theater und der Hof: Oper, *heroic drama* und *Restoration comedy*

Unmittelbar nach der Restauration mussten, um den Unterhaltungsbedarf befriedigen zu können, sowohl Davenant wie Killigrew auf elisabethanisch-jakobäische Erfolgsstücke zurückgreifen, die allerdings in ihrer ursprünglichen Fassung nicht mehr als spielbar galten. Auf den Einfluss des französischen Neoklassizismus ist zurückzuführen, dass auch Shakespeare nicht mehr unbearbeitet aufgeführt wurde. Die lange Reihe der Umschreibungen und Überarbeitungen, die, mit sich wandelnder Rechtfertigung, bis ins 19. Jahrhundert reichen und aus heutiger Sicht nur eine Kette von ›Verschlimmbesserungen‹ darstellen, obwohl diese jeweils von zeitgenössischen Autoritäten – wie im 18. Jahrhundert von Dr. Johnson – sanktioniert wurden, beginnt bereits 1660. Zu den auf der Bühne erfolgreichsten Shakespeare-Adaptoren zählte Nahum Tate (1652–1715), dessen Version von *King Lear* (1681) den weisen Narren ebenso ausspart wie Gloucesters Blendung und Cordelia in der Ehe mit Edgar ein *happy ending* bereitet. Tates *King Lear* verharmlost Shakespeares Tragödie zum Familienkonflikt, aber gerade durch diese Reduktion auf die beim bürgerlichen Publikum in Konkurrenz zu der *heroic tragedy* populär werdende *domestic tragedy* vermochte sich Tates Bearbeitung für nahezu zwei Jahrhunderte auf den britischen Bühnen zu halten. Davenant und John Dryden (1631–1700) fügten 1667 in ihre Bearbeitung von *The Tempest* Schwestern für Miranda und Caliban ein, und in Drydens Bearbeitung von *Troilus and Cressida* (1679) ist die Zahl der schuldigen und unschuldigen Opfer um der spektakulären Effekte willen noch höher als bei Shakespeare.

Allerdings war das Restaurationsdrama in seiner Ausrichtung zunächst auf die Präferenzen des Hofs und nachfolgend dann, im 18. Jahrhundert, auf den Geschmack eines sich seiner ökonomischen Bedeutung auch für die Theater zunehmend bewussten Bürgertums, keineswegs nur epigonal oder derivativ. Das britische Theater öffnete sich, wozu die wachsende Verbreitung gedruckter Dramentexte ganz wesentlich beitrug, nach der Restauration neben den französischen Vorbildern auch den Einflüssen der italienischen *commedia dell'arte* und des durch Calderon de la Barca und Lope de Vega verkörperten spanischen Theaters in sowohl seiner komödiantischen wie heroisch-tragischen Ausprägung. Aus der Summe dieser Einflüsse entwickelten sich die »britische« Oper in der Form des »drama with music«, das *heroic drama* und die *Restoration comedy* als eigenständige britische Kunstformen.

Sowohl für die Oper wie für das *heroic drama* hatte Davenant mit *The Siege of Rhodes* Maßstäbe gesetzt. Auf den Erfolg der beiden Teile von *The Siege of Rhodes* folgten *The Cruelty of the Spaniards in Peru* (1658) und *The History of Francis Drake* (1659). Davenants Stücke fanden Nachahmer. John Dryden schrieb *Albion and Albanius* (1685) und *King Arthur* (1692) für das Musiktheater, und mit ELKANAH SETTLES (1648–1724) *The World in the Moon* (1697) wurde die erste britische komische Oper uraufgeführt. Unter dem maßgeblichen Einfluss Georg Friedrich Händels (1685–1759) wandte sich mit dem Adel und dem Hof das britische Publikum jedoch nach 1712 der italienischen Oper zu.

Das *heroic drama*

Davenant führte *heroic drama* als Genrebezeichnung in das Theatervokabular ein, als Charakterisierung von *The Siege of Rhodes* in der gedruckten Fassung von 1663. Der Titel verweist zurück auf ein historisches Ereignis, die Belagerung von Rhodos im Jahr 1522, als eine zahlenmässig weit unterlegene Truppe von Ordensrittern die Insel ein halbes Jahr lang gegen die Türken verteidigte. Allerdings ist Davenant an historisch-politischer Thematik nicht interessiert. Sein Stück erzählt die Geschichte der sizilianischen Fürstin Ianthe, die ihrem mit den Ordensrittern eingeschlossenen Mann Alphonso zu Hilfe eilt und von den Türken gefangengenommen wird. Sultan Soliman verliebt sich in die tapfere Fürstin und gewährt ihr freies Geleit nach Rhodos, was Alphonsos Eifersucht weckt. Im zweiten Teil verhandelt Ianthe mit Soliman über die Bedingungen der Übergabe von Rhodos und freundet sich dabei mit Solimans zunächst ebenfalls eifersüchtiger Gattin Roxana an. Alphonso unternimmt aus Eifersucht einen Ausfall und gerät in türkische Gefangenschaft, doch Roxana, die seine Gefühle verstehen kann, schenkt dem Gatten ihrer neu gewonnenen Freundin die Freiheit. Am Schluss zeigt auch Soliman Großmut und gewährt den Belagerten einen ehrenvollen Abzug.

Im Mittelpunkt des Geschehens stehen Liebe und Ehre, die Fähigkeit, niedere Regungen wie Eifersucht überwinden zu können, und Tapferkeit. Insofern verweist *The Siege of Rhodes* zurück auf Davenants 1649 veröffentlichtes, aber schon weitaus früher gespieltes Stück *Love and Honour*. In der Restaurationszeit gibt *The Siege of Rhodes* das Handlungsmuster für das heroische Drama vor, in dem von nun an Protagonisten von zumeist übermenschlicher Statur agieren, die jedoch in ihrer zumeist ausschließlichen Festlegung auf einen prägenden Charakterzug eindimensional wirken. Den großen Gefühlen, die von diesen Figuren beschworen werden, trägt auch die Sprache des *heroic drama* Rechnung. Ihre Merkmale sind Pathos und Bildhaftigkeit, beides oft übersteigert und weitschweifig. Nach dem Vorbild der französischen Dramatik verfasste Davenant *The Siege of Rhodes* in *heroic couplets*, in Paarreimen, und auch darin war er zunächst stilprägend. Allerdings wurden die metrischen Zwänge des *heroic couplet* zunehmend als beengend empfunden, und nicht zuletzt unter dem Einfluss Drydens (mit *All For Love*, 1677) kehrte das *heroic drama* zum Blankvers, dem im elisabethanisch-jakobäischen Theater bewährten *iambic pentameter* zurück.

John Dryden, Thomas Otway, Thomas Shadwell

Davenants Nachfolger als *poet laureate* wurde John Dryden, der sich die Gunst des Hofs 1668 allerdings nicht nur als Dramatiker, sondern vor allem als Lyriker erworben hatte – *Astrea Redux* (1660) hatte, wenngleich nicht ganz frei von ironischen Zwischentönen, die Rückkehr des

Königs gefeiert, und *Annus Mirabilis* (1667), seine Schilderung des englisch-holländischen Kriegs, wurde als patriotische Dichtung gerühmt. Dass er an Kenntnis des europäischen Dramas seiner Zeit wie auch der antiken Dramatiker Davenant nicht nachstand, sondern sogar weit überlegen war, bezeugte Dryden 1668 mit seinem *Essay of Dramatic Poesy*, einem antikisierenden Streitgespräch, in dem darüber disputiert wird, welchen Vorbildern das englische Drama nun folgen sollte. Die vier Teilnehmer verständigen sich auf eine Definition des Dramas als »[a] just and lively image of human nature, representing its passions and humours, and the changes of fortune to which it is subject, for the delight and instruction of mankind«. Damit tragen sie sowohl dem Horaz'schen *delectare et prodesse* wie der aus dem elisabethanisch-jakobäischen Theater vertrauten Vorstellung vom Rad der Fortuna Rechnung. »Passions and humours« verweist zurück auf Ben Jonson. Während die Disputanten Einverständnis darüber erzielen können, dass die Liebe »the most frequent of all passions« sei, divergieren ihre Auffassungen darüber, ob Nebenhandlungen, auch wenn das antike Drama sie schon kennt, wirklich wünschenswert seien. Strittig bleibt auch die Verwendung von Vers und Reim.

Mit dem *Essay of Dramatic Poesy* präzisierte Dryden nicht nur seine eigenen Vorstellungen über das *heroic drama*. Indem er, ohne seine ästhetischen Kriterien unterzuordnen, die Frage nach dem »idealen« Drama als offenen Diskurs präsentierte und deutlich machte, dass jegliche normativ verabsolutierte Forderung an das Theater angreifbar war, beeinflusste er zugleich das dramatische Schaffen seiner Zeitgenossen. Die dem *Essay* implizite Kritik an Dramen, die – wie Roger Boyles *The History of Henry V* (1664) oder *The Black Prince* (1667) – allzu eindeutig am französischen Vorbild ausgerichtet waren, trug den englischen Zuschauererwartungen Rechnung, die Dryden selbst befördert hatte. Zusammen mit seinem

Schwager Sir Robert Howard hatte er bereits 1664 *The Indian Queen* verfasst, und dieses Stück wurde nicht zuletzt aufgrund der aufwendigen Bühnenbilder und auch der Musik Henry Purcells ein Publikumserfolg, an den Dryden allerdings mit dem nachgeschobenen *The Indian Emperor* 1665 nicht ankpüfen konnte. Maßstäbe für das *heroic drama* setzte Dryden jedoch mit *The Conquest of Granada by the Spaniards* (uraufgef. 1670), das er mit *Almanzor and Almahide, or The Conquest of Granada, the Second Part* (uraufgef. 1671) fortsetzte.

Die beiden Teile von *The Conquest of Granada* sind in der Endphase der »Reconquista« lokalisiert, der Befreiung Spaniens von der maurischen Herrschaft durch Ferdinand und Isabella. Aber wie bei Davenant ist der historisch-politische Kontext von bestenfalls untergeordneter Bedeutung. Almanzor ist ein idealisierter Krieger, der aus Ehr- und Pflichtgefühl seinem schwachen und feigen Herrn, dem Mauren Boabdelin, wider besserer Einsicht die Treue hält. Diese Loyalität wird auch dadurch strapaziert, dass Almanzor die Boabdelin versprochene Almahide liebt. In jeweils fünf Akten entfaltet Dryden den Untergang der maurischen Herrschaft in Spanien als ein Panorama von Verrat und Intrigen, in dem sich Ehre und Liebe immer neuen Gefährdungen ausgesetzt sehen, aber am Schluss dennoch triumphieren. Zum Ende des zweiten Teils erweist sich der maurische Krieger Almanzor zudem als der Sohn eines spanischen Herzogs, den er fast im Zweikampf getötet hätte, und durch Vermittlung Isabellas erhört ihn auch die ebenfalls zum Christentum konvertierte Almahide.

Im Handlungsgeschehen nicht weniger spektakulär ist *Aureng-Zebe* (1675). Der Schauplatz ist nun Indien, um dessen Krone der Almanzor vergleichbare, heldenhafte Aureng-Zebe mit seinem intriganten Bruder Morat streitet. Beide begehren zudem die Prinzessin Indamora, und zu den Verwicklungen der Handlung trägt entscheidend bei, dass der Vater der Prinzen sich ebenfalls in Indamora verliebt und deshalb Aureng-Zebe verbannt. Deutlicher als in *The Conquest of Granada* wird in *Aureng-Zebe* Eifersucht als handlungsleitendes Motiv eingesetzt, aber auch hier variiert Dryden nur die von Davenant vorgegebenen Komponenten des Genres. Sowohl *The Conquest of Granada* wie *Aureng-Zebe* dokumentieren in der Wahl historischer bzw. exotischer Schauplätze jedoch bereits die Glaubwürdigkeitskrise des *heroic drama*. In der Wirklichkeit des 17. Jahrhunderts konnten dessen an den Heldenepen ausgerichteten *emplotments* nicht mehr überzeugend verankert werden. Wenn *Aureng-Zebe* ausweislich der Aufführungsdaten trotzdem auch vom Publikum des 18. Jahrhunderts noch favorisiert wurde, so deshalb, weil Exotik, große Gefühle und nicht zuletzt aufwendige Bühnenbilder das Publikum fesselten. Damit wurde das *heroic drama* zum Wegbereiter des Melodramas, des populärsten dramatischen Genres des 19. Jahrhunderts.

Die Entwicklung des *heroic drama* zum Ausstattungsstück, die Dryden entscheidend befördert hatte, wurde von ihm allerdings auch wieder eingeschränkt. In *All For Love: or, The World Well Lost*, das der späteren Kritik als sein bedeutendstes *heroic drama* gilt und das bis ins frühe 20. Jahrhundert gespielt wurde, verwirft Dryden das *heroic couplet* zugunsten des einem natürlichen Sprachduktus näheren Blankverses. Ebenso verzichtet er auf ausufernde Nebenhandlungen und wahrt nach französischem Vorbild auch die Einheit des Schauplatzes und der Zeit. *All For Love* ist eine Bearbeitung von Shakespeares *Antony and Cleopatra*. Doch an die Stelle eines zwischen Italien und Ägypten wechselnden Handlungsgeschehens, in dem Shakespeare die tragische Liebe der Protagonisten in den Machtkampf um die Herrschaft über Rom einbettet, tritt bei Dryden die Konzentration auf die letzte Phase der Beziehung zwischen Antonius und Cleopatra. Der Schauplatz ist Alexandria, wo der bei Actium geschlagene

Antonius das Eintreffen von Octavian und dessen Heer erwartet. Sein Freund Ventidius beschwört Antonius, Cleopatra zu verlassen, doch ist dies ebenso vergeblich wie der Versuch einer Aussöhnung zwischen Antonius und seiner Gattin Octavia, die erkennt, dass sie den an Cleopatra verlorenen Platz nicht wieder zurückgewinnen kann. Als Antonius die falsche Nachricht erhält, Cleopatra habe sich getötet, stürzt er sich in sein Schwert, und die zu dem Sterbenden eilende Cleopatra kann ihm nur noch ihre Liebe beteuern, bevor sie ihm in den Tod folgt. Auch *All For Love* ist Theater der großen Gefühle, zugunsten deren eine differenzierende Charakterentwicklung geopfert wird, weist aber durch seine Konzentration auf den privaten Konflikt im Gegensatz zu den vorausgegangenen Stücken weniger auf das Melodrama als auf die Weiterentwicklung der Tragödie zur *domestic tragedy* voraus.

Zu denen, die Drydens Rückkehr zum Blankvers und den Übergang vom heroischen Drama zur *domestic tragedy* vorbereiteten, gehörte auch THOMAS OTWAY, der nach einer nur kurzen Karriere als Dramatiker völlig mittellos starb. Otways Biographie hätte selbst Vorwurf einer *domestic tragedy* sein können. Seine große Liebe galt Elizabeth Barry, der Darstellerin seiner Frauenfiguren und der Mätresse des Earl of Rochester. Als der nur vier Jahre ältere Rochester 1680 den Preis für sein ausschweifendes Leben zahlen musste, glaubte Otway, endlich erhört zu werden, und wurde erneut enttäuscht: Elizabeth Barry hatte noch vor Rochesters Ableben eine Liaison mit Sir George Etherege begonnen, für dessen Komödienhelden Dorimant in *The Man of Mode* (1676) die Zeitgenossen unschwer Rochester als Vorbild erkannten. Offensichtlich war sozialer Status für Elizabeth Barry ein Kriterium für die Auswahl ihrer Liebhaber, und deutlicher noch als die wachsende Zahl heute unbekannter Schauspielerinnen, die sich aufgrund ökonomischer Zwänge aushalten ließen, trugen ›Stars‹ wie Barry dazu bei, den Ruf des Theaters als »unmoralischer« Anstalt zu konsolidieren.

Nach einem erfolglosen Versuch als Schauspieler in Aphra Behns erstem Drama *The Forced Marriage* erzielte Otway einen Bühnenerfolg mit *Don Carlos, Prince of Spain* (1676), einem Stück, das er dem Earl of Rochester gewidmet hatte. Leidenschaft und Eifersucht sind auch hier die handlungsbestimmenden Motive dieser in *heroic couplets* verfassten Tragödie. Philipp II. von Spanien löst das Verlöbnis zwischen seinem Sohn Don Carlos und Elisabeth von Frankreich, um diese selbst zu heiraten und ohne danach seine Eifersucht beherrschen zu können. Dieser Eifersucht fallen Don Carlos und Elisabeth schließlich zum Opfer – Philipp lässt sie ermorden. Zu spät durchschaut der König die Intrige der Gräfin Eboli und seines Ministers Ruy-Gomez. Zwar werden die Schuldigen bestraft, aber der nun von der Unschuld seines Sohns und seiner Gattin überzeugte Herrscher verfällt in geistige Umnachtung.

Don Carlos folgt den Darstellungskoventionen des *heroic drama*, und alle Protagonisten sind von hohem sozialen Rang. Aber im Gegensatz zu Drydens Aureng-Zebe, der in einer vergleichbaren Situation agiert, ist Don Carlos kein strahlender Held, der sich überwiegend in bombastischer Rhetorik artikuliert, sondern ein in seinem Verhalten gegenüber dem Vater wie gegenüber der zur Stiefmutter gewordenen Verlobten bereits ein psychologisch differenzierterer und deshalb glaubwürdigerer Protagonist.

Nachfolgend versuchte sich Otway mit nur mäßigem Erfolg an Adaptionen von Racine und Molière (*Titus and Berenice*; *The Cheats of Scapin*; beide 1676). Demgegenüber trugen seine nächsten Stücke, *The Orphan, or The Unhappy Marriage* (1680) und *Venice Preserved, or, A Plot Discovered* (1682) zur Substitution des *heroic drama* durch die *domestic tragedy* entscheidend bei. *The Orphan* schildert die Rivalität der Brüder Castalio und Polydore um Monimia, das Mündel ihres Vaters. Da Polydore nichts von der heimlichen Ehe zwischen Castalio und Monimia weiß, aber auf deren Bevorzugung Castalios eifersüchtig ist, schleicht er sich bei Nacht in Monimias Schlafzimmer und gibt sich als Castalio aus. Als die Wahrheit ans Licht kommt, sucht der beschämte Polydore im Duell mit dem Bruder den Tod, Monimia vergiftet sich, und der über den Verlust von Gattin und Bruder verzweifelnde Castalio begeht ebenfalls Selbstmord. An die Stelle der übermenschlich dimensionierten, sich gegenüber allen Herausforderungen bewährenden Protagonisten des *heroic drama* treten damit Charaktere, deren Verstrickung als unverschuldet, schicksalhaft und deshalb als Mitleid erregend gezeigt wird.

Auch *Venice Preserved, or, A Plot Discovered* (1682) akzentuiert am Beispiel der zum Scheitern verurteilten Liebe zwischen Jaffeir und Belvidera eine glaubwürdige tragische Verstrickung. Beim zeitgenössischen Publikum fand *Venice Preserved* jedoch vor allem deshalb Anklang, weil es in Otways Darstellung des von Jaffeir und seinen Freunden geplanten Staatsstreichs, der Venedig den Spaniern ausliefern soll, eindeutige Parallelen zu dem »Popish plot« von 1678 erkannte. Nicht weniger goutierte es die satirischen Anspielungen auf den Earl of Shaftesbury, der den Widerstand der Whigs gegen die absolutistische Politik Charles' II. anführte.

Die am Beispiel Otways aufzeigbare Entwicklung des *heroic drama* hin zur *domestic tragedy* vollzog sich innerhalb von nur zwei Jahrzehnten. Dazu, dass sich das *heroic drama* in der von Davenant und Dryden zunächst etablierten Form nicht länger auf den Bühnen zu halten vermochte, trug entscheidend bei, dass sich seine eigentlichen Adressaten, der Adel und der Hof, mit den im *heroic drama* propagierten Werten schon zu dessen Entstehungszeit nicht länger identifizierten. Bereits 1671 parodierte George Villiers, Duke of Buckingham, in der Burleske *The Rehearsal* den rhetorischen Schwulst des *heroic drama*, und die Zueignung des *Don Carlos* hinderte den Earl of Rochester nicht daran, in seinem satirischen Gedicht »A Session of the Poets« Otway gemeinsam mit anderen Dramatikern, darunter Thomas Shadwell (um 1642–1692), als intellektuelle Leichtgewichte zu verspotten.

Shadwell findet inzwischen, wenn überhaupt, nur noch als Objekt von Drydens komischem Epos *Mac Flecknoe. A Satire upon the True-blue Protestant Poet T. S.* (1682) Erwähnung, obwohl sein Beitrag zum Theater der Restaurationszeit nicht weniger als 14 Stücke und zwei Opern umfasst. Shadwell sah sich, und dies gehört zu der Kontroverse mit Dryden, in der Nachfolge Ben Jonsons, weshalb er die Hinwendung zum *heroic drama* nicht mitvollzog.

The Libertine (1675) ist die erste britische Bearbeitung des Don-Juan-Stoffes. Shadwells Held Don John steht den Protagonisten des *heroic drama* an übermenschlicher Größe nicht nach, doch übermenschlich ist diese Figur nicht in ihren Tugenden, sondern in ihren Lastern. Don John ist ein skrupelloser Vergewaltiger und Mörder: »Some thirty Murders, Rapes innumerable, frequent Sacrilege, Patricide; in short, not one in all the Catalogue of Sins have scap'd you«, hält der Diener Jacomo seinem Herrn vor. Diese Missachtung aller menschlichen Gesetze und göttlicher Gebote rechtfertigt Don John durch eine, wenngleich vulgarisierende, Berufung auf Thomas Hobbes. Hobbes, der im französischen Exil zeitweilig auch Tutor Charles' II. gewesen war, hatte in *Human Nature, or The Fundamental Elements of Policy* (1650) und noch nachdrücklicher und ausführlicher 1651 im *Leviathan* den Menschen aus jeglicher theologisch begründeten Ordnung gelöst. Sein mechanistisch-materialistisches Menschenbild verneint die Willensfreiheit und das vernunftgeleitete Handeln. Hobbes sieht den Menschen als einen seinen Sinnen unterworfenen Egoisten, dessen destruktives Potential nur durch einen starken Staat diszipliniert werden kann. Als *libertine* weist Don John jedoch jegliche Begrenzung seiner sensualistischen Selbstverwirklichung zurück und ist auch angesichts der Teufel, die ihn in die Hölle reißen werden, gegenüber den Mahnungen des Komturs taub und zur Reue unfähig.

In der Konsequenz, mit der Don John als *libertine* in den Tod geht, unterscheidet sich Shadwells Figur von ihrem lebensweltlichen Vorbild, dem Earl of Rochester. Dieser faszinierte zwar als Anführer der *libertines* um Charles II. die Zeitgenossen durch die Nachhaltigkeit, mit der er als *rake*, als Wüstling lebte. Aber auf dem Sterbebett wurde der Earl dann doch zum reuigen Sünder. Als ein Versuch, die Konventionen des *heroic drama* für die Kritik an einer den propagierten Idealen des Genres entfremdeten, hedonistischen Adelsgesellschaft zu instrumentalisieren, musste Shadwells *The Libertine* eine Ausnahme bleiben, dies nicht zuletzt auch deshalb, weil Krone und Adel keine Infragestellung der durch sie repräsentierten Ordnung noch ihres Lebensstils zu tolerieren bereit waren. Vorgeblich war Shadwells Stück deshalb nichts anderes als eine englische Bearbeitung eines inzwischen in Europa zum Allgemeingut gewordenen Stoffes. Von den Zeitgenossen wurde die puritanisch inspirierte Kritik jedoch aufmerksam registriert. Als Dryden nach der »Glorious Revolution« das Amt des *poet laureate* verlor, ernannte der »true-blue protestant« Wilhelm von Oranien Thomas Shadwell zu Drydens Nachfolger.

Die *Restoration comedy*

Ebensowenig wie das *heroic drama* stellt die Restaurationskomödie ein einheitliches, in sich geschlossenes Genre dar, doch gibt es im Entwicklungszusammenhang der Stücke auch hier genügend übergreifende Merkmale. In ihren

Anfängen war die *Restoration comedy* noch ganz überwiegend auf das Unterhaltungsbedürfnis von Hof und Adel ausgerichtet und folgte dabei ebenso wie das heroische Drama dem französischen Vorbild. Insbesondere Molière hat über Davenant, Dryden, Etheredge und Wycherley bis hin zu Vanbrugh den britischen Dramatikern Handlungsentwürfe, Szenen und Figuren vorgegeben. Aber wiederum beließen es die Dramatiker nicht nur bei der Nachahmung. Die Restaurationskomödie greift in ihrer Entlarvung sozialer oder intellektueller Prätentionen auch auf die satirische Komödie Ben Jonsons zurück, und wenn sich die Protagonisten zuweilen eingestehen müssen, dass sie mit Gefühlen nicht nur intellektuell spielen können, dann erinnern die Dialoge auch an die Liebeskomödien in der Shakespeare-Tradition, an Beatrice und Benedick in *Much Ado About Nothing* ebenso wie an *As You Like It.*

Als »comedy of manners«, als Sittenkomödie, spiegelte die Restaurationskomödie in ihren Anfängen vor allem das Selbstverständnis des Hofs und dessen Entourage. Zwar posierte der Earl of Rochester als Verkörperung des *libertine*, aber er war auch stets darauf bedacht, in dieser Rolle seinem Monarchen nicht den Rang streitig zu machen. Nach außen gab sich Charles II., eingedenk des Schicksals seines Vaters, als bürgernah und beteiligte sich aus diesem Grund auch demonstrativ an den vergeblichen Löschversuchen während des großen Feuers 1666. Doch wirklich volksnah war der Hof nicht. Für die libertinistische Grundhaltung der intellektuell ebenso wie in ihrem Sexualverhalten zynischen »court wits« um Charles II. setzte der Monarch durch seinen promisken Umgang mit Mätressen Maßstäbe. Die *libertines* verlachten in Anlehnung an Hobbes aus intellektuellen, aber auch aus politischen Gründen die weiterhin puritanisch geprägten Moralvorstellungen des Bürgertums, und das umso mehr, wenn dieses ansonsten im Auftreten den Lebenswandel des Adels nachzuahmen trachtete. Damit war ein für die

Restaurationskomödie auf lange Zeit konstitutiver Klassenkonflikt vorgegeben: Bürgern, die sich aus der Sicht des Adels mehr anmaßten, als ihnen gebührte, musste ihr Platz in der Gesellschaft gezeigt werden, und dies konnte nicht nachdrücklicher geschehen als dadurch, dass man sie hörnte und ihnen die sexuelle Verfügbarkeit ihrer Frauen oder Töchter vorführte. Wenn dagegen soziale Gleichrangigkeit von Mann und Frau gegeben ist, verläuft der Liebeskonflikt als intellektuell-frivoler, scharfzüngiger Zweikampf von *wits*, in dem Sexualität explizit thematisiert wird.

Zum Bühnenpersonal der Restaurationskomödie gehört der geistreiche, in der Gesellschaft und bei den Frauen beliebte junge Adlige, der sein Vermögen durchgebracht hat und sich durch die Heirat mit einer vermögenden Dame den gewohnten Lebensstandard weiterhin sichern will. Dies schreibt den Frauen, auch wenn sie den eigentlich eheunwilligen *rake* schließlich bändigen, zunächst eine klar umrissene Objektrolle zu. Im Verlauf der Entwicklung des Genres wandeln die Frauenfiguren sich jedoch zu den Männern intellektuell ebenbürtigen Partnerinnen. Beim Publikum nicht weniger beliebt war auch das Paar, das aus dem Alltag der Ehe auszubrechen versucht, indem sich beide jüngeren Partnern zuwenden. Zu den Darstellungskonventionen gehört, dass dieser Versuch scheitert, aber bis aus dieser Konstellation zwei in ihren Gefühlen gereifte Paare hervorgehen, bleibt genügend Zeit, um Liebe, Sexualität und Eifersucht in geistreichen Dialogen zu thematisieren.

Auf den Einfluss der französischen Vorbilder verweisen nicht nur im Titel sowohl Drydens *Marriage-à-la Mode* von 1671 wie Sir George Ethereges *The Man of Mode, or, Sir Fopling Flutter* (1676). Dryden hatte seinen Ruf als auch für Komödien begabter Dramatiker bereits mit *The Wild Gallant* (1663), *The Rival Ladies* (1664), *Secret Love* (1667) und dem von Samuel Pepys hoch gepriesenen *Sir*

Martin-Mar-all (1667) unter Beweis gestellt. In *Marriage-à-la Mode*, dessen vorgeblicher Schauplatz Sizilien den Bezug auf die englische Gesellschaft nicht wirklich zu verschleiern sucht, verknüpft Dryden einen ernsten Handlungsstrang nach dem Vorbild des *heroic drama* mit einer weitestgehend eigenständigen Komödie um die Freunde Palamede und Rodophil. Der ehemüde Rodophil begeistert sich für Palamedes junge Braut Melantha, während Palamede die Vorzüge von Rodophils reiferer Gattin Doralice entdeckt. Es kommt zwar nicht zur Ausführung des Ehe- bzw. Beziehungsbruchs, dem die beiden Frauen keineswegs abgeneigt sind, was sie auch freizügig artikulieren, doch lässt das Arrangement, das die Paare am Schluss ihres frivolen Spiels mit Liebe und Treue treffen, Optionen offen.

Freizügiger als Dryden zeigte sich Etherege (1636–1692) im Umgang mit den französischen Vorbildern. Mit *Comical Revenge, or, Love in a Tub* (1664) hatte auch er noch der Tragikomödie Tribut gezollt, aber mit *The Man of Mode* löste er sich, darin sicherlich nicht unbeeinflusst von der Hofgesellschaft, zu deren »court wits« er selbst zählte, von der Verknüpfung der Komödienhandlung mit einem *heroic drama*. *The Man of Mode* ist eine von heroischem Pathos unbelastete Sittenkomödie, deren Titelheld, Sir Fopling Flutter, ein eitler Geck, der sich auf der Höhe französischer Lebensart wähnt, dem Spott der Protagonisten und dem Amüsement der Zuschauer preisgegeben wird. Allerdings ist Sir Fopling nichts anderes als die Kontrastfigur für den eigentlichen Helden, den nach dem Vorbild des Earl of Rochester gezeichneten Dorimant, der Liebesabenteuer zu seinem Lebensinhalt gemacht hat. Der welt- und redegewandte Dorimant erliegt schließlich dem Charme, der Attraktivität, dem *wit* und nicht zuletzt auch dem verlockenden Reichtum von Harriet Woodwill, die sich entgegen dem für die frühe Restaurationskomödie geltenden Gegensatz von *town* und *country*, von Urbanität und ländlicher Biederkeit, als Edelfräulein vom Lande in der Londoner Gesellschaft erfolgreich behauptet.

Als eine mit den in der Londoner Gesellschaft geltenden laxen Moralvorstellungen völlig unvertraute ›Unschuld vom Lande‹ erweist sich dagegen WILLIAM WYCHERLEYS (1641–1716) Margery Pinchwife in *The Country Wife* (1675). Wycherley hatte seinen ersten Erfolg mit der Verwechslungskomödie *Love In A Wood, or, St. James Park* (1671), und für die Intrigenkomödie *The Gentleman Dancing Master* (1672) lehnte sich Wycherley an Calderons *El Maestro de Danzar* an. Während hier in einem *happy ending* die Liebe triumphiert und die junge Hippolita die Heiratspläne ihres Vaters für sie durchkreuzt, indem sie ihren Geliebten als vorgeblichen Tanzlehrer ins Haus holt und durch eine List heiratet, zeichnet Wycherley in *The Country Wife* ein weitaus illusionsloseres Bild von Liebe und Sexualität. *The Gentleman Dancing Master* verlacht jene Gecken, die wie Hippolitas Vater und der von ihm ausgewählte Bräutigam einem affektierten spanischen oder französischen Lebensstil huldigen. *The Country Wife*, für das Wycherley auf Molières *L'École des Femmes* und *L'École des Maris* zurückgriff, exponiert dagegen eine permissive Gesellschaft, in der alles Denken um sexuellen Lustgewinn kreist.

Wycherleys Held Horner – er trägt einen sprechenden Namen – lässt nach seiner Rückkehr vom Kontinent durch einen Quacksalber das Gerücht verbreiten, er sei als Folge seiner Ausschweifungen impotent geworden. Das trägt dem einst als *rake* bekannten Horner den Spott der Männer ein, doch seine List verschafft ihm ungehinderten, weil unverdächtigen Zugang zu den Boudoirs der Gattinnen, die er sehr schnell von seiner ungetrübten Manneskraft überzeugen kann und die den vermeintlichen Eunuchen auch an ihre Freundinnen weiterempfehlen. Zu den Männern, die Horner verspotten, zählt auch Pinchwife, der aus Eifersucht seine junge Frau Margery nicht auf dem Lande zurücklassen wollte und nun in London umso mehr für ihre Tugend fürchten muss. Die naive, von ihrem ältlichen Gatten enttäuschte Margery träumt von der großen Liebe, und so fällt es Horner nicht schwer, auch sie zu verführen. Er macht ihr jedoch auch eindeutig klar, dass sie für ihn nicht mehr als eine weitere Affäre bedeutet. Als Margery ihren Ehebruch beichtet, läuft Horner kurzzeitig Gefahr, entlarvt zu werden. Doch die erzürnten Gatten glauben nur zu gern dem Quacksalber, der Horners Impotenz erneut bestätigt. Deshalb kann Horner sein Treiben fortsetzen, und die nicht länger naive Margery lernt von ihren Geschlechtsgenossinnen, dass Ehebruch zu den angenehmen Selbstverständlichkeiten des Lebens gehört.

In *The Country Wife* sind aus der Sicht der Männer Frauen nichts anderes als Lustobjekte. Diese Perspektive wird bereits in der ersten Szene deutlich, als Horners Freund Dorilant den Status einer Mätresse definiert:

> A mistress should be like a little country retreat near the town; not to dwell in constantly, but only for a night and away, to taste the town the better when a man returns.

Trotz dieser eindeutigen und im Text durchgängig überaus expliziten Kommodifizierung der Frauen wäre es falsch, *The Country Wife* als ein misogynes Stück zu sehen. Denn die Frauen sind, was Shadwell im gleichen Jahr mit *The Libertine* bestätigt, nicht weniger amoralisch als ihre Gatten oder Liebhaber. Auch sie ordnen die im *heroic drama* propagierten Vorstellungen von Liebe und Ehre dem Lustgewinn unter und sind entschlossen, sich die gleichen Freiheiten zu nehmen wie die Männer. Im Gegensatz zu diesen können sie sich aber nicht mit ihren Eroberungen brüsten, sondern müssen den Schein der Ehrbarkeit wahren.

Wycherleys *The Country Wife* ist die sexuell explizitesste Restaurationskomödie. Dies trug zu ihrem Erfolg beim

Publikum ebenso bei wie die schon beinahe farcenhafte, aber stets erotisch aufgeladene Situationskomik der Verführungsszenen. Wycherley zeigt eine auf ihre Ausschweifungen fokussierte Gesellschaft, aber er kritisiert sie nicht explizit, denn eine dem Komtur in Shadwells *The Libertine* vergleichbare strafende und rächende Instanz gibt es nicht. Allerdings wurden schon im 18. Jahrhundert die explizite Sprache und Handlung als anstößig empfunden. David Garricks Bearbeitung *The Country Girl* (1766) entschärfte *The Country Wife*, das im 19. Jahrhundert dann als pornographisch und nicht mehr aufführbar galt.

In seiner kritischen Sicht der Gesellschaft eindeutiger ist Wycherleys *The Plain Dealer* (1676). Das Stück verbindet Handlungselemente von Molières *Le Misanthrope* und Shakespeares *Twelfth Night* zu einem Geschehen, das nicht primär sexuelle Freizügigkeit thematisiert, sondern in der Tradition Jonsons Eitelkeit und Korrumpierbarkeit durch Bloßstellung bestraft. Thematisch näher an *The Country Wife* ist dagegen EDWARD RAVENSCROFTS (1644–1707) *The London Cuckolds* von 1681, das nach langer Vergessenheit 1998 vom National Theatre in einer Bearbeitung durch Terry Johnson mit großem Erfolg wieder aufgeführt wurde. Ravenscrofts Hahnreie sind drei angesehene Londoner Bürger, die sich selbstgefällig der Treue ihrer jungen Frauen sicher fühlen. Diese jedoch, von Ravenscroft charakterisiert als »an innocent, and country bred«, als »a pretender to wit« und als »a hypocrite«, sind nur allzu gern bereit, der Werbung des jungen *rake* Ned Ramble nachzugeben. Allerdings gelangt dieser aufgrund situationskomischer Verwicklungen niemals in den Genuss seiner Eroberungen, sondern diese fallen seinem eher an einem guten Wein als an Frauen interessierten Freund in den Schoß.

Realisierte oder auch nur intendierte Promiskuität sowie die Ridikulisierung von *fops* bleiben in den ersten zwei frivolen Jahrzehnten der Restaurationskomödie bevorzugte Themen, deren Popularität bei der Hofgesellschaft auch Aphra Behn mit Stücken wie *The Dutch Lover* (1673), *The Town Fop, or, Sir Timothy Tawdrey* (1676), den beiden Teilen von *The Rover, or, The Banished Cavaliers* (1677; 1681) Tribut zollte. Als sie jedoch *The Lucky Chance* (1686) veröffentlichte, hielt sie es bereits für angebracht, dessen Sprache und Handlung in einem Vorwort gegen den Vorwurf der Immoralität zu verteidigen.

Noch bevor durch die »Glorious Revolution« mit Wilhelm von Oranien ein im Vergleich mit den Stuarts nicht nur weniger theaterfreundlicher, sondern auch sittenstrengerer Herrscher den britischen Thron bestieg, hatte bereits ein Wandel des Publikumsgeschmacks eingesetzt. Der Einfluss der »court wits«, der »old courtly crew« um Charles II., war sichtbar im Schwinden begriffen. Ein zahlenmäßig wachsendes bürgerliches Publikum war gleichzeitig durchaus gewillt, seinen Unterhaltungsbedarf mit Komödien zu befriedigen – aber es wollte auf der Bühne nicht länger ›vorgeführt‹ werden, und es erwartete, dass Sprache und Handlung sich stärker an seiner Erfahrungswirklichkeit als an den promisken Vergnügungen einer »leisure class« orientierten.

Die Dramatiker vollzogen diesen Wandel mit. Doch bevor die *comedy of manners* für die *sentimental comedy* des 18. Jahrhunderts den Platz räumte, erreichte sie mit William Congreve (1670–1729) noch einen neuen Höhepunkt. Congreve entsexualisierte die Restaurationskomödie nicht, aber er setzte an die Stelle der nur promisken Frivolität, die vornehmlich aus dem Verlangen nach Lustbefriedigung motiviert ist, den intellektualisierten Liebeskampf, in dem zwei ebenbürtige Partner libertinistische Zweifel an der Dauerhaftigkeit von Beziehungen überwinden und zueinanderfinden. *Love for Love* (1695) zeigt in Valentine und Angelica ein für diese gewandelte Perspektive prototypisches Paar, das sich seiner Liebe vor dem *happy ending* vergewissern muss. Angelica zweifelt, ob der junge, von Enterbung bedrohte *rake* Valentine sie wirklich liebt und nicht nur ihr Vermögen begehrt. Aber sie ist es auch, die handlungsbestimmend alle der glücklichen Vereinigung entgegenstehenden Hindernisse ausräumt. Sie verhindert Valentines Enterbung und kann ihm, der nun nicht mehr auf ihr Vermögen angewiesen ist und dennoch glaubhaft seine Liebe beteuert, das Jawort geben. Congreve hatte diese gewandelte Sicht von Liebesbeziehungen bereits mit *The Double-Dealer* (1693) vorbereitet. Dort scheitern der Titelheld Maskwell, ein intriganter *rake*, ebenso wie seine libertinistische Komplizin in ihrem Versuch, aus sexueller Begierde das Glück eines füreinander bestimmten jungen Paars zu zerstören. Auch in *The Way of the World* (1700), das als Congreves komplexeste und beste Komödie gilt, aber beim zeitgenössischen Publikum wegen seiner nach dem Verständnis der Zeit nicht mehr genrekonformen Figurenkonzeption nur verhaltenen Anklang fand, wird die auf Liebe und gegenseitigem Respekt begründete Beziehung zwischen Mirabell und Millimant von sexuell und materiell begehrlichen Protagonisten bedroht. Mirabell hat eine Vorgeschichte als *rake*, aber Congreve zeigt ihn als gereiften *wit*, der im Intrigenspiel intellektuell überlegen ist und dabei zugleich moralisch verantwortungsvoll handelt. Hierdurch gewinnt er Millimant, die ihm ausweislich der von beiden geführten geistreichen Wortgefechte an Reife und Verstand ebenbürtig ist. Congreves Stücke ersetzen in Bezug auf die Heldinnen und Helden Eroberung durch Bewährung und modifizieren dadurch die in der frühen Restaurationskomödie vorgegebenen libertinistischen Geschlechterrollen, die nun von den intriganten Nebenfiguren verkörpert und als amoralisch bloßgestellt werden.

Der hier erkennbare Wandel des Gattungsverständnisses zeichnet sich auch in den Stücken des Iren George Farquhar (1673–1707) und John Vanbrughs (1664–

1726) ab. In Farquhars *The Recruiting Officer* (1706) ist der Titelheld Captain Plume kein wirklicher *rake* mehr, er posiert nur als solcher. Dies durchschaut die von ihm umworbene Bürgerstochter Silvia, die sich einer libertinistischen Beziehung verweigert, aber in einer Hosenrolle – sie lässt sich von Plume anwerben – zugleich mit Erfolg alles daran setzt, den geliebten Captain zu gewinnen. Für das Publikum war eine Ehe zwischen einem armen, aber adligen Offizier und einer gut situierten Bürgerstochter durchaus lebensnah, und es applaudierte der Liebesheirat ebenso wie der Situationskomik der Nebenhandlung um Plumes Sergeanten Kite. Auch mit *The Beaux Strategem* (1707) hatte Farquhar Erfolg. Wiederum sind die Helden Aimwell und Archer, worauf auch Aimwells Name verweist, nur noch im Gebaren *rakes*. Sie haben sich zusammengetan, um auf Mitgiftjagd zu gehen, aber diese findet nicht mehr in London statt, sondern auf dem Lande, und in ihrem Handeln wird die eher materielle denn erotische Motivation sehr schnell von echten Gefühlen überlagert, die in dem *happy ending* ihre Erfüllung finden. Auch materiell steuern die Paare in einen sicheren Hafen. Nachdem Aimwell der jungen Erbin Dorinda gestanden hat, dass er mittellos sei, und trotzdem erhört wird, erhält er die Nachricht vom Tod seines Bruders und damit Titel und Besitz. Deshalb kann er die stattliche Mitgift Dorindas seinem Freund Archer und dessen zukünftiger Frau überlassen. Diese muss sich jedoch zuvor aus einer von beiderseitiger Abneigung bestimmten Ehe befreien. Dramaturgisch wird dies alles durch wenig plausible Zufälle möglich, aber Farquhars Schilderung der Beziehung des Ehepaars Sullen, in der die Partner keinerlei Gemeinsamkeiten finden konnten, ist ebenso komisch wie von einem für das Genre neuen Realismus.

Kaum weniger eindeutig als Farquhar kommt Vanbrugh dem bürgerlichen Geschmack entgegen. Bevor er seine nur kurze Karriere als Autor gegen die eines Architekten eintauschte und durch den Bau der prunkvollen Schlösser Castle Howard für Lord Carlisle und Blenheim Palace für den Herzog von Marlborough berühmt wurde, verfasste er zwei vielbeachtete Dramen. Seine erste Komödie *The Relapse, or, Virtue in Danger* (1696) war als Parodie von Colley Cibbers (1671–1757) im gleichen Jahr uraufgeführtem Stück *Love's Last Shift* angelegt, das als erste sentimentale Komödie gilt. Cibbers Held Loveless, der auf dem Kontinent ein Jahrzehnt ausschweifend gelebt hat, ist nach seiner Rückkehr von der unverbrüchlichen Liebe und Treue seiner Gattin Amanda so beeindruckt, dass er reuevoll Besserung gelobt. Vanbrughs realistischere Version lässt den bekehrten *rake* rückfällig werden, als der Amandas attraktiver und liebeserfahrener Kusine Berinthia begegnet, aber auch er macht dem neuen Zeitgeschmack Konzessionen, indem er die enttäuschte Amanda der Versuchung widerstehen lässt, ebenfalls Ehebruch zu begehen. In *The Provok'd Wife* (1697) greift Vanbrugh auf eine ähnliche Konstellation zurück. Hier ist die von ihrem Mann gedemütigte Lady Brute zwar zum Ehebruch bereit, aber er findet nicht mehr statt. An dessen Stelle tritt die Demütigung ihres feigen und ehrlosen Gatten, während es für das aufrichtig liebende Paar der Nebenhandlung, Belinda und Heartfree, ein *happy ending* gibt.

Zum Ende der Restaurationskomödie hat sich das Frauenbild gewandelt und mit ihm die thematisierten Normen und Erwartungen. Die Frauenfiguren der Haupthandlungen sind nicht länger willfähriges Lustobjekt in einem frivolen, libertinistischen Spiel, das von dem beiderseitigen Vergnügen an der amoralischen Grenzüberschreitung befeuert wird. Sie wandeln sich zu intellektuell ebenbürtigen und in ihrer praktischen Lebensklugheit oftmals sogar überlegenen Partnerinnen, die nur eine in gegenseitiger Liebe und gegenseitigem Respekt begründete Beziehung einzugehen bereit sind. Diesem modifizierten Frauenbild musste auch die Konzeption des *rake* angepasst werden, und dessen Wandel wird nicht zuletzt auch in der Namensgebung der Helden deutlich. Auf Wycherleys in seinen Eroberungen triebhaften Horner folgt Congreves intellektuell definierter Mirabell, und wenn ein jugendlicher und ganz und gar nicht promisker *rake* schließlich Aimwell heißt, dann wird deutlich, dass gegenüber der Sittenkomödie die Liebeskomödie wieder die Oberhand gewonnen hat.

Empfindsamkeit und poetische Gerechtigkeit

Der für das 18. Jahrhundert charakteristische Genrewandel, aus dem die *sentimental comedy* und das bürgerliche Trauerspiel hervorgehen, war nicht nur soziologisch, d. h. durch den Publikumswandel vom Hof hin zum Bürgertum bedingt, sondern auch dramentheoretisch legitimiert. Bereits 1677 hatte der eher als Kritiker denn als Dramatiker erfolgreiche THOMAS RYMER (1641–1713) in dem Essay *Tragedies of the Last Age Considered* poetische Gerechtigkeit, die Belohnung von Tugend und die Bestrafung von Laster, als normative Vorgabe für das Drama eingefordert. Unmittelbaren Einfluss auf die Dramenproduktion hatte er damit nicht, aber seine Kritik blieb auch nicht ungehört. 1693 erneuerte er sie in dem Essay *A Short View of Tragedy*, einem Text, der durch die Abqualifizierung von Shakespeares *Othello* als »a bloody farce without salt or savour« in Erinnerung blieb. Dass poetische Gerechtigkeit nach dem Vorbild des antiken Dramas unabdingbar sei, bekräftigte Rymer nochmals in dem *Essay Concerning Critical and Curious Learning* (1698). Mehr Aufsehen erregte in diesem Jahr jedoch JEREMY COLLIERS (1650–1726) *A Short View of the Immorality and Profaneness of the English Stage*. Es ist, anders als es der Titel vermuten lässt, kein kurzer Essay, sondern eine 280 Seiten lange detaillierte Untersuchung.

Auch Collier rechtfertigt seine Kritik durch Verweis auf die antiken Autoren. Seine Argumentation greift im Kern jedoch auf die bekannten Vorwürfe der Puritaner gegen das elisabethanisch-jakobäische Theater zurück. In sechs ausführlichen Kapiteln geißelt Collier die Unanständigkeit des zeitgenössischen Dramas, dessen gottlose Sprache und die Verunglimpfung des Klerus. Für Collier ermutigt das Theater Unsittlichkeit, wofür er im fünften Abschnitt Belegstellen von zeitgenössischen Dramatikern, darunter Dryden, Wycherley, Congreve und auch aus Vanbrughs *The Relapse* als Beispiele anführt. Im letzten Kapitel, einem Rundumschlag gegen das Theater schlechthin, greift Collier Rymers Argumente auf und fordert, dass auf der Bühne Leidenschaft und Laster nicht länger sanktioniert oder zumindest billigend dargestellt werden dürfen.

Tragödie und bürgerliches Trauerspiel

Das Insistieren auf dem Vorbildcharakter des antiken Dramas blieb für das *heroic drama*, wie es Dryden zu begründen gesucht hatte, im 18. Jahrhundert nicht ohne Folgen. Vereinzelt wirkte es noch nach wie in COLLEY CIBBERS *Xerxes* (1699), in CHARLES GILDONS *Love's Victim* (1701) oder in EDWARD YOUNGS (1683–1765) *Busiris, King of Egypt*, das 1719 im Drury Lane Theatre einen Achtungserfolg erzielte. Aber der Zeitgeschmack huldigte einer strengeren Ausrichtung des Dramas am klassizistischen Kunstverständnis, und hier galt das französische Theater weiterhin als Maßstab, was sich auch an der Zahl der Bearbeitungen erkennen lässt. Wie lange dieser Einfluss fortdauerte, zeigen die Aufführungsdaten. AMBROSE PHILIPS (1675–1749) griff für *The Distrest Mother* (1712) auf Racines *Andromaque* zurück, Young noch 1753 in *The Brothers* auf Corneilles *Persée et Démétrius*. Sowohl das Geschichtsdrama, das bis weit über die Jahrhundertmitte populär war, wie auch die Thematisierungen mythologischer Vorwürfe – James Thomsons (1700–1748) *Agamemnon* von 1738 ist hier beispielhaft – folgten ebenfalls dem französischen Vorbild, suchten aber zugleich der von Rymer eingeforderten poetischen Gerechtigkeit Rechnung zu tragen. Zu den Konzessionen an den Geschmack des britischen Publikums gehörte auch, dass die beliebten Gewaltszenen nicht gänzlich gestrichen wurden. Während sie in Einklang mit Horaz auf der Vorderbühne nur geschildert wurden, fanden sie als pantomimische »dumb show« auf der Hinterbühne statt und entlasteten das Publikum von der Notwendigkeit, den Inhalt des Botenberichts oder der Mauerschau zu imaginieren.

Auf die britische Tragödie des 18. Jahrhunderts übte Joseph Addison (1672–1719) mit *Cato* (1713) einen nachhaltigen, wenngleich aus ganz unterschiedlichen Gründen resultierenden Einfluss aus. *Cato* wahrt in der Schilderung des Endes des von Caesar 46 v. Chr. in Utica belagerten Republikaners strikt die Einheiten von Ort, Zeit und Handlung. In der Erkenntnis seiner ausweglosen Situation wählt der von seinen Verbündeten verratene Cato mit stoischer Gelassenheit den Freitod als die letzte Möglichkeit, die von ihm gelebten Ideale zu bekräftigen. Damit löst Addison die »Liebe und Ehre«-Verknüfung des *heroic drama* auf. Catos philosophisches und sittliches Handeln – vor dem Freitod sichert er die Rettung der ihm verbliebenen Freunde – rückt in den Mittelpunkt. Gänzlich wird die Liebesthematik jedoch auch in *Cato* nicht preisgegeben, sondern in die Nebenhandlungen um Catos Töchter Marcia und Lucia verlagert.

Neben Dr. Johnson zählte George Washington zu Addisons größten Bewunderern. Washington versäumte nicht nur keine Inszenierung von *Cato*, das schnell seinen Weg auf den Kontinent und auch über den Atlantik gefunden hatte, er ließ es auch 1777 vor der Schlacht von Valley Forge für seine Truppen aufführen, um deren republikanischen Kampfgeist zu stärken. Bei der Uraufführung war zwar nicht vorhersehbar, dass *Cato* einmal den amerikanischen Unabhängigkeitskrieg legitimieren sollte, doch Addisons Erfolg gründete schon damals auf einer politisierten Rezeption. Unter Queen Anne (reg. 1702–14) hatten entgegen der von den Whigs seinerzeit mit der Inthronisierung Wilhelms von Oranien verknüpften Erwartungen die Tories 1710 die Macht zurückerlangt. Addison war Anhänger der Whigs, weshalb er 1711 alle von diesen ihm verliehenen Staatsämter verlor. In *Cato*, mit dessen politischer Aussage sich die Whigs uneingeschränkt identifizierten, rechnete er mit deren und seinen politischen Gegnern ab.

Der Beifall, der Addison zuteil wurde, lässt sich jedoch nur vor diesem Hintergrund nachvollziehen. Für spätere Leser erweist sich *Cato* trotz seiner durchgängigen Popularität im 18. Jahrhundert als ein eher hölzernes und in den Dialogen steriles Stück. Da die moralische Positionierung der Protagonisten bereits im ersten Akt festgeschrieben wird, bleibt für Charakterentwicklung kein Raum, und im Argumentationsaustausch ist die politische Intention des Verfassers ebenso offenkundig wie dominant. Insofern war der stilprägende Einfluss, den Addison mit *Cato* auf die Tragödie im 18. Jahrhundert ausübte, der Entwicklung der Gattung eher abträglich.

Die den französischen Vorbildern huldigenden Tragödien des 18. Jahrhunderts sind aus späterer Sicht nur in ihrer Abhängigkeit vom Zeitgeschmack rezipierbar. Aus diesem ästhetischen und auch politischen Kontext gelöst, sprechen sie kein Publikum mehr an. Dass sie sich auf der Bühne halten konnten, war zu einem guten Teil auch Verdienst des für seine Verkörperung tragischer Rollen berühmten Schauspielers David Garrick (1717–1779). Garrick gewann das Londoner Publikum 1741 in seiner Verkörperung Richards III., und nicht weniger gerühmt wurde seine Interpretation des Shylock, die an Stelle der clownesken Darbietung eine zugleich böse und tragische Figur setzte. Auch für komische Rollen war sich Garrick nicht zu schade, doch als er sich 1747 in das Management des Theatre Royal, Drury Lane eingekauft hatte, forcierte er die Inszenierung von Tragödien. Sein Hamlet und sein Macbeth, für den er Shakespeare um einen Monolog des sterbenden Macbeth ergänzte, wurden gerühmt. 1766 verabschiedete er sich als Schauspieler von der Bühne, verblieb aber im Management des Theatre Royal bis 1776, als er seinen für 8000 £ erworbenen Anteil für 34 000 £ verkaufte. 1769 organisierte Garrick das »Shakespeare Jubilee« in Stratford und begründete damit einen bis heute fortdauernden Kult des Barden. Finanziell war dieses *Jubilee*, nach heutigen Kriterien ein Festival, ein Misserfolg, doch Garricks Ruhm tat dies keinen Abbruch, und es störte das Publikum keineswegs, dass er Shakespeares Helden in dem Zeitgeschmack adaptierten Fassungen verkörpert hatte.

Zu denen, die dem bürgerlichen Trauerspiel bereits zu Beginn des Jahrhunderts den Weg bereiteten, zählte NICHOLAS ROWE (1674–1718), der Empfindsamkeit als zentralen, handlungsbestimmenden Vorwurf auch durch die Wahl von Titelheldinnen akzentuierte. In *The Fair Penitent* (1703) sind der Vater und der Verlobte Calistas zwar noch von adliger Geburt, aber im Prolog, wo es heißt,

> Long has the fate of kings and empires been
> The common bus'ness of the tragick scene,

stellt Rowe zugleich klar, dass der von der Heldin ausgetragene Konflikt nicht aus ihrem sozialen Stand bedingt ist: Calista wird das Opfer männlicher Grausamkeit und gilt als das wahrscheinliche Vorbild für Richardsons Clarissa Harlowe (vgl. S. 549). Die allmähliche Hinwendung des Dramas zu bürgerlichen Wertvorstellungen erreichte ihren Höhepunkt mit GEORGE LILLOS (1693–1734) *The*

London Merchant, or, The History of George Barnwell (1731). In dieser Prosatragödie, deren Stoff einer Ballade aus dem 17. Jahrhundert entnommen ist, erzählt Lillo die Geschichte des Londoner Kaufmannsgehilfen George Barnwell, der gemeinsam mit seinem tugendhaften Freund Trueman im Dienste des Kaufmanns Thorowgood steht. Thorowgood verkörpert, was sein Name impliziert: er ist ein gütiger, gerechter, gottesfürchtiger und ehrenhafter Mann, erfolgreich und geachtet. In Thorowgood sah sich das bürgerliche Publikum so repräsentiert, wie es sich sehen wollte, nicht länger vom Adel verlacht, sondern staatstragend.

Auch George Barnwell hat die Anlagen, so zu werden wie sein Dienstherr, und da ihn dessen Tochter Maria im Stillen liebt, winkt ihm eine glückliche Zukunft. Aber der noch unreife Barnwell begegnet der adligen Kokotte Milwood, deren Verführungskünsten er schnell verfällt. Nachdem sie seine Ersparnisse aufgezehrt hat, verleitet Milwood Barnwell erst dazu, Thorowgood zu bestehlen, und überredet ihn dann zum Mord an seinem reichen Onkel. Sowohl Milwood als auch Barnwell müssen für ihr Verbrechen mit dem Tod auf dem Schafott büßen, und Milwood geht ohne ein Zeichen der Reue in den Tod. Barnwell dagegen, dem Maria ihre heimliche Liebe offenbart hat, beklagt sein Tun bis zur Hinrichtung so reuevoll, tränenreich und bußfertig, dass ihm Thorowgood verzeiht.

Aus heutiger Sicht müssen die Schwarzweißzeichnung von tugendhaftem Bürgertum und adliger Sittenverderbnis, die damit einhergehende eindimensionale Figurenkonzeption sowie der Empfindsamkeit in langatmige Rührseligkeit der Dialoge steigernde fünfte Akt, in dem Barnwells fortdauernde Reuebekenntnisse zugleich die moralische Integrität des Bürgertums herausstreichen, als dramaturgische Mängel gelten. Lillos Melodramatik begeisterte jedoch das zeitgenössische Publikum. *The Lon-*

don Merchant erlebte nicht nur 22 Aufführungen im Uraufführungsjahr, eine davon in Anwesenheit von Queen Caroline, sondern wurde bis 1747 96 Mal inszeniert. Dazu arrangierte die Londoner Kaufmannsgilde zur moralischen Erbauung ihrer Angestellten bis 1819 jährlich besondere Aufführungen an Weihnachten und Ostern.

Lillo knüpfte an den Erfolg von *The London Merchant* 1736 mit *Fatal Curiosity; A True Tragedy in Three Acts* an, das Henry Fielding im Haymarket Theatre inszenierte. Diese Geschichte eines aus Armut begangenen Verbrechens entstammt ebenfalls einer alten Ballade. Mit beiden Stücken fand Lillo auch auf dem Kontinent Beachtung, besonders in Deutschland, wo Lessing ein Jahr nach der Erstaufführung von *The London Merchant* mit *Miss Sara Sampson* (1755), in dem Lady Marwood nach dem Vorbild von Milwood gezeichnet ist, das deutsche bürgerliche Trauerspiel langfristig begründete. In England dagegen war Lillos Wirkung weniger nachhaltig und reichte nicht über die Jahrhundertmitte hinaus, obwohl Edward Moore (1712–1757) mit der Prosatragödie *The Gamester* (1753), deren Held Opfer seiner Spielleidenschaft wird, nochmals erfolgreich an Lillo anknüpfen konnte.

Die Komödie im 18. Jahrhundert

Burleske und *ballad opera*

Zu Beginn des Jahrhunderts schien es, als ob sich die Binnendifferenzierung der Komödie weiter fortsetzen würde. Eine neue komödiantische Form, die Burleske oder besser das satirische Kurzstück, fand beim Publikum schnell Anklang. Gewöhnlich wurden diese Stücke innerhalb einer »double bill« nach einem ernsten Drama aufgeführt. Mit

Unterstützung von Arbuthnot und Pope verfasste John Gay (1685–1732) die Satire *Three Hours After Marriage* (1717), deren explizite und derbe Sexualkomik jedoch beim bereits sensibilisierten Publikum weniger Anklang fand als die Farce *The What D'ye Call It* (1712), einer Parodie der zeitgenössischen Tragödie, mit der Gay als Dramatiker debütiert hatte. Henry Fielding (1707–1754) schrieb bis 1737 mehr als zwanzig Farcen und satirische Komödien, darunter *The Author's Farce*, eine Satire über die Londoner Theater- und Literaturszene, und *The Tragedy of Tragedies, or, The Life and Death of Tom Thumb the Great* (beide 1730). *The Tragedy*, deren Held, der Däumling, von den Protagonisten des heroischen Dramas umgeben ist, parodiert durch Zitate aus nicht weniger als 42 Texten das Pathos und die Gewaltszenen der Tragödie in der Tradition Drydens und Davenants.

Auch die unter dem Einfluss Händels nach italienischem Vorbild immer schwülstiger gewordene Oper blieb von der Satire nicht verschont. 1728 wurde Gays *The Beggar's Opera* mit großem und unerwartetem Erfolg uraufgeführt. Wie der Titel ankündigt, verlegte Gay die Handlung ins Unterschichtenmilieu. Seine Protagonisten entstammen, wie der einflussreiche Hehler Peachum und der – sympathisch gezeichnete – Gauner Macheath der Welt von Newgate, in der allerdings nicht weniger strenges Standesdenken herrscht als in der Oberschicht. Peachum hatte für seine Tochter Polly eine Heirat in bessere Kreise geplant, und als er erfahren muss, dass sie heimlich den von den Frauen umschwärmten Macheath geheiratet hat, setzt er alles daran, den unerwünschten Schwiegersohn an den Galgen zu bringen. Das für die Oper gemäße tragische Ende wird jedoch durch eine Intervention des ebenfalls dem Ensemble angehörenden Komponisten abgewendet, der sich von dem »Player«, mit dem er gemeinsam den Prolog gesprochen hat, zu einem *happy ending* für Macheath und Polly überreden lässt.

Gays Stück war so erfolgreich, dass es mit der *ballad opera* ein neues Genre begründete und zum Wegbereiter für die komische Oper und letztlich des Musicals wurde. Auch Fielding trug mit *The Welsh Opera, or, The Grey Mare the Better Horse* (1731) zur Durchsetzung der *ballad opera* bei. Wenn dieses Genre im 18. Jahrhundert dennoch nur kurzlebig war, so hatte dies keine künstlerischen, sondern politische Gründe.

Der *Licensing Act*

The Beggar's Opera begeisterte das Publikum nicht nur als Opernparodie, sondern ganz nachhaltig auch als politische Satire. In dem wenig sympathischen, intriganten Hehler Peachum und dessen Komplizen erkannte es ein unzweideutiges Porträt des Premierministers Sir Robert Walpole und dessen korrupter, wenig populärer Regierung. Auch Fieldings *The Welsh Opera* akzentuierte die politische Invektive, die Fielding mit *The Historical Register For the Year 1736* (1737), einem direkten Angriff auf Walpole, fortsetzte. Allerdings war Walpole nicht der Mann, der die in der *ballad opera* und auch der Burleske erkennbare Tendenz, literarische Parodie mit zunehmend schärferer politischer Satire zu verknüpfen, hinzunehmen bereit war. Um sich in dem gegenüber politischer Zensur zunächst nicht aufgeschlossenen Parlament eine Mehrheit zu sichern, verbündete sich Walpole mit den Besitzern der beiden »legitimate theatres«, deren Rechtstitel er zu sichern versprach, und denen, die in der Nachfolge Colliers weiterhin die Unmoral der Bühne beklagten. Im Juni 1737 hatte er eine Mehrheit für ein euphemistisch als *Licensing Act* eingebrachtes Zensurgesetz zusammen.

Indem Walpole nicht nur neue Stücke der Zensur unterwarf, sondern auch jegliche Bearbeitung bereits existierender Texte unter den Zensurvorbehalt stellte, ließ er den

Dramatikern, den Theaterbesitzern und auch den Schauspielern kein Schlupfloch. Bis 1968, d. h., bis zu einem Zeitpunkt, als in Großbritannien schon lange Pressefreiheit für alle anderen literarischen Publikationen galt, blieb das (aufgeführte) Drama der Zensur unterworfen. Der *Licensing Act* schützte, was Walpoles eigentliches Ziel gewesen war, die Regierung vor politischer Kritik auf der Bühne. Er setzte aber auch sexuell freizügiger Sprache in der Tradition der Restaurationskomödie ein Ende. Von den vielen »Lords Chamberlain«, die mit diesem Titel bis 1968 das Amt des Zensors ausübten, wurde der *Licensing Act* je nach den politischen Erfordernissen und nach persönlicher Auffassung mit unterschiedlicher Strenge gehandhabt. Flexibilität in der Anwendung der Zensur gab es nach 1737 jedoch nur noch hinsichtlich des Handlungsaufbaus. Anspielungen auf die Monarchie, aber auch nur mild blasphemische Formulierungen wie das expletive »Christ!« sowie jegliche als sexuell anstößig interpretierbaren Konnotationen wurden dagegen konsequent aus den Texten gestrichen.

Zu denen, die illusionslos die Konsequenzen des *Licensing Act* für das Theater und das Drama durchschauten, zählte Henry Fielding, der sich nach 1737 von der Bühne ab und dem Roman zuwandte.

Die empfindsame Komödie

Zur Durchsetzung der emfindsamen Komödie trugen nicht unerheblich Frauen bei, die nach dem Vorbild Aphra Behns ihren Broterwerb durch die Feder zu sichern suchten. Dass dieses Vordringen von Frauen auf die Bühne auch Neid provozierte, bezeugt die 1697 in Drury Lane uraufgeführte anonyme Burleske *The Female Wits*. Dieses dramaturgisch schwache Stück veralbert die Dramatikerinnen Catherine Trotter (1679–1749), Mary Delariviere Manley (1672–

1724) und Mary Pix (1666–1709). Trotter, die sich nach dem frühen Tod ihres Vaters durch gezieltes Selbststudium weitergebildet hatte, fand Zugang zu den intellektuellen Zirkeln Londons und wurde bei ihren ersten dramatischen Versuchen von William Congreve beraten. 1700 wurde ihre Komödie *Love at Loss; or, Most Votes Carry It* erfolgreich uraufgeführt, und 1726 überarbeitete sie ihre Komödie *Love at Last* zu *The Honorable Deceivers.* Manley, die als junge, schwangere Frau verlassen worden war, debütierte als Komödienautorin 1696 erfolgreich mit *The Lost Love; or, The Jealous Husband.* Noch erfolgreicher war sie im gleichen Jahr mit *The Royal Mischief.* Mary Pix war die Tochter eines Vikars und wurde mit 18 Jahren mit einem Schneider verheiratet, der, soweit rekonstruierbar, wohl früh verstarb. Ihre Komödie *The Spanish Wives* wurde ebenfalls 1696 uraufgeführt.

Zu den erfolgreichsten unter den mehr als sechzig nachweisbaren Autorinnen, die vom späten 17. Jahrhundert an für die Bühne schrieben, zählte auch Susannah Centlivre (1669–1723). Zwischen 1700 und 1719 verfasste sie nicht weniger als 19 Dramen, und sie beendete ihre Karriere auch nicht, als sie in einer Ehe materielle Absicherung fand. In *The Gamester* (1705) steht sie zwar noch in der Tradition der Sittenkomödie Aphra Behns, aber sie thematisiert bereits dort für die Zeit provokativ die Kritik, die Autorinnen entgegengebracht wurde:

> And why this Wrath against the Womens
> Work? Perhaps you'll answer, because they
> Meddle with things out of their Sphere:
> But I say, no; for since the Poet is born,
> Why not a Woman as well as a Man?

Die Dramatikerinnen des späten 17. und des 18. Jahrhunderts verbindet, was ihre private Situation betrifft, die Notwendigkeit, sich gegen männliche Konkurrenz behaupten zu müssen. Deshalb findet sich die Klage über eine misogyne Rezeption in fast allen Stücken. Aber aufgrund ihrer persönlichen Erfahrungen, ihrer Entbehrungen und ihrer Abhängigkeit von zumeist sexuell ausgebeuteter Protektion, zeichnen die Autorinnen auch ein anderes, im Kontext der Zeit allerdings utopisches Frauenbild. Trotter wie Centlivre bringen nach den Vorstellungen der Zeit ›Emanzen‹ auf die Bühne, Frauen, die sich nicht bereitwillig männlicher Dominanz unterordnen, sondern wie Centlivres Mrs. Plotwell in *The Beau's Duel; or, A Soldier for the Ladies* (1702) ihre Unabhängigkeit erfolgreich verteidigen.

Zu den Wegbereitern der empfindsamen Komödie zählte auch Colley Cibber (1671–1757), der sich durch Vanbrughs Parodie auf *Love's Last Shift* nicht von dem eingeschlagenen Weg abschrecken ließ. Als erfolgreicher Schauspieler wusste er, welche Rollen und Themen beim Publikum ankamen. In *She Wou'd and She Wou'd Not* (1702) und in *The Careless Husband* (1704) bringt er zwar keine im Sinne Trotters und Centlivres wirklich emanzipierten Frauen auf die Bühne, aber er gestaltet Frauenfiguren, die sich, wie auch in *The Lady's Last Stake* (1707) und *The Provoked Husband; or, A Journey to London* (1728) im Kampf um ihr Liebesglück behaupten. Dass Cibber Liebesglück mit Eheglück gleichsetzte, brachte ihm zusammen mit dem oftmals unglaubwürdig altruistischen Verhalten seiner Heldinnen den Spott von Zeitgenossen ein, die die Geschlechterbeziehungen realistischer sahen. Das Publikum goutierte jedoch die melodramatischen Versöhnungsszenen zwischen zeitweise entfremdeten Partnern, und die Wertschätzung, die der Autor genoss, wie auch der gewandelte Zeitgeschmack, fanden 1730 in Cibbers Ernennung zum *poet laureate* Ausdruck.

In der Kritik gilt Richard Steele (1672–1729) als der auf dem Gebiet der empfindsamen Komödie erfolgreichere Dramatiker. Ein Vergleich der Texte Cibbers und Steeles relativiert dies jedoch. Steeles erste Komödie, *The Funeral; or, Grief-à-la Mode* (1701), steht noch in der Tradition der Restaurationskomödie. Mit Hilfe seines treuen Dieners Trusty entlarvt der seinen Tod vorspiegelnde Lord Brumpton die Intrigen seiner berechnend ihre Reize einsetzenden zweiten Gattin. Heuchelei wird exponiert, aber in Einklang mit den Prämissen der sentimentalen Komödie obsiegen nun in der Auflösung die wahren und ehrenhaften Gefühle. Deren Triumph untermauern auch *The Lying Lover; or, The Ladies Friendship* (1703) und *The Tender Husband; or, The Accomplished Fools* (1705). In *The Conscious Lovers* (1722, nach Terenz' Komödie *Andria*) sind die Protagonisten nicht wirklich glaubwürdiger als die Charaktere Cibbers, und auch die Handlungsführung ist in ihrer Konstruiertheit Cibber nicht überlegen. Jedoch lesen sich Steeles Dialoge flüssiger, und dies erklärt seine größere Bühnenwirksamkeit.

Oliver Goldsmith und Richard Brinsley Sheridan

Der in der empfindsamen Komödie praktizierte und propagierte Altruismus im Bereich der Geschlechterbeziehungen wurde immer öfter bis zur Unglaubwürdigkeit übersteigert. 1757 folgte William Whitehead (1715–1785) Cibber als *poet laureate* nach, und mit seiner Komödie *The School of Lovers* (1762) knüpfte er auch an Cibbers *The Careless Husband* an. Während bei Cibber die betrogene Gattin mit kaum nachvollziehbarem Verständnis auf den Ehebruch reagiert, schlägt Whiteheads Sir John Dorilant mit noch größerem Edelmut ganz uneigennützig seiner wesentlich jüngeren Braut vor, ihr einen vom Alter her passenderen Gatten zu finden, und wird dafür mit dem Eingeständnis einer unverbrüchlichen Liebe belohnt. Die »court wits« um Charles II. hätten über diese aus ihrer Sicht unfreiwillige Komik Tränen gelacht.

Aber auch im zeitgenössischen Publikum wuchs angesichts der Überlagerung der Komödienhandlung durch gefühlvolle Bekenntnisse der Widerstand gegen das fortschreitende Abgleiten der Komödie in Sentimentalität.

1772 veröffentlichte Oliver Goldsmith (um 1728–1774) seine *Essays on the Theatre; or, A Comparison between Laughing and Sentimental Comedy*. Goldsmith forderte nicht die Rückkehr zur Restaurationskomödie, deren Freizügigkeit angesichts der Zensur auch nicht mehr vorstellbar war. Die *Essays* verweisen vielmehr darauf, dass in der empfindsamen Komödie die Balance zwischen originärer Komödie (*laughing comedy*) und Rührseligkeit verloren gegangen war, und dass gegenüber den gefühlvollen Bekenntnissen Charakter- und Situationskomik wieder akzentuiert werden müssten. Diesem Ziel war bereits Goldsmiths erste Komödie, *The Good-Natured Man* (1768) verpflichtet, und in seiner zweiten und letzten Komödie, *She Stoops to Conquer; or, The Mistakes of a Night* (1773) verzichtet Goldsmith dann auf eine vergleichbar explizite Dekonstruktion der Konventionen der empfindsamen Komödie. *She Stoops to Conquer* ist zuvorderst *laughing comedy*, eine turbulente Verwechslungskomödie, in der aufgrund eines Streichs der schüchterne Charles Marlow das Elternhaus der ihm zugedachten Braut Kate Hardcastle für einen Gasthof hält. Als Kate den Irrtum durchschaut, spielt sie freiwillig die Rolle der Wirtstochter weiter, bis Charles ihr über die vermeintlichen Standesgrenzen hinweg die Ehe anträgt. Situationskomik bestimmt die Haupthandlung ebenso wie die Nebenhandlung um Marlows Freund, der die mit ihm heimlich verlobte Kusine Kates entführen will. Aber Goldsmiths Situationskomik lässt der Charakterentwicklung der zentralen Protagonisten Raum, so dass sie in ihrem Empfinden glaubwürdiger sind als die auf übermenschlichen Altruismus festgelegten Figuren der empfindsamen Komödie. Deshalb zählt *She Stoops to Conquer* auch zu den wenigen Stücken des 18. Jahrhunderts, die dauerhaft auf den Spielplänen des Theaters verblieben sind.

Ebenso wie Goldsmith suchte auch RICHARD BRINSLEY SHERIDAN (1751–1816) dem Abgleiten der Komödie in die Sentimentalität gegenzusteuern. Sheridan, in Dublin geboren und in Harrow erzogen, begann seine Karriere als Komödienautor mit *The Rivals* (1775), das im Covent Garden Theatre uraufgeführt wurde. Die als *humours* konzipierten Protagonisten, allen voran die sprichwörtlich gewordene Mrs. Malaprop, eine komische Alte mit einer Vorliebe für Fremdwörter, die sie stets verwechselt, verweisen auf Jonsons Komödien zurück, und zu den Vorläufern von Mrs. Malaprop zählt auch Dogberry in Shakespeares *Much Ado About Nothing*. In den Hauptfiguren, insbesondere in der reichen Erbin Lydia Languish, die sich lieber als enterbte, verfolgte Unschuld sähe, aber auch in der durch die Eifersucht ihres Verlobten gequälten Lydia Melville parodiert Sheridan gleichermaßen die empfindsame Komödie wie den empfindsamen Roman. *The Rivals* steht an Situationskomik *She Stoops to Conquer* kaum nach, ist aber in der Entlarvung wirklichkeitsfremder sentimentaler Attitüden *The Good-Natured Man* ähnlicher.

Dass die intellektuelle Brillanz der Restaurationskomödie, befreit von der Fokussierung des Diskurses auf Sexualität, auch für die Komödie des späten 18. Jahrhunderts noch vorbildlich sein sollte, stellte Sheridan zwei Jahre nach *The Rivals* 1777 mit *The School for Scandal* unter Beweis. Die Antagonisten dieses Stücks sind der Empfindsamkeit und Moral prätendierende, aber in Wahrheit geldgierige Joseph Surface und sein in der Tradition des *rake* verschwenderischer, aber tatsächlich gutherziger und aufrichtiger Bruder Charles. Mit Hilfe Lady Sneerwells, der »Präsidentin« der Lästerschule, die ihr Vergnügen darin findet, Lügen und Klatsch zu verbreiten, intrigiert Joseph gegen seinen Bruder, und nur die Intervention von

Sir Oliver Surface, des als reicher Mann aus Indien zurückgekehrten Onkels der beiden Brüder, kann den Erfolg der Intrige verhindern. Wie der Nachname der Protagonisten suggeriert, werden »surfaces«, wird Schein entlarvt. *The School for Scandal* reaktiviert den intellektuellen Schlagabtausch der Restaurationskomödie für die Kritik an klischeehafter, in diesem Fall prätendierter Empfindsamkeit. Aber indem das Stück echte Gefühle auch nicht bezweifelt, sondern obsiegen lässt, stellt es eine Synthese zwischen der Restaurationskomödie und der empfindsamen Komödie dar.

Seit 1776 war Sheridan Teilhaber am Theatre Royal, Drury Lane, und seine letzte Komödie *The Critic; or, A Tragedy Rehearsed* (1779) spiegelt die dort als Manager gewonnenen Erfahrungen. Stilistisch knüpfte Sheridan an Buckinghams Burleske *The Rehearsal* ebenso an wie an Fieldings *Tom Thumb*, und auch *The Critic* parodiert den hohen, aber hohl gewordenen Ton der Tragödie. Allerdings sollte Sheridan die eigene Kritik einholen. Nachdem er ab 1780 dem Theater zugunsten einer politischen Karriere auf der Seite der Whigs den Rücken gekehrt hatte und dabei in immer größere Geldnöte geriet, bearbeitete er 1799 unter dem Titel *Pizarro* August von Kotzebues (1761–1819) *Die Spanier in Peru; oder, Rollas Tod* (1795). An der Schwelle des 19. Jahrhunderts suchte Sheridan mit *Pizarro* nochmals an das heroische Drama in der Tradition Drydens anzuknüpfen und dessen große Gefühle zugleich mit dem gewandelten Verständnis von Empfindsamkeit zu vereinbaren. Dass dieser Versuch misslang, bezeugt Byron, der Sheridan zwar bewunderte und ihm auch noch als finanziell Gescheitertem die Freundschaft bewahrte, ihm aber in *English Bards and Scotch Reviewers* auch ganz unmissverständlich riet,

> Abjure the mummery of German schools;
> Leave new Pizarros to translating fools [...].

Ausweislich zeitgenössischer Rezensionen und Aufzeichnungen war *Pizarro* nicht als heroische Tragödie, sondern wegen des aufwendigen exotischen Bühnenbilds und der zahlreichen *sensation scenes* ein Publikumserfolg. Insofern weist es, zumindest was die Rezeption betrifft, weniger auf das Drama des 18. Jahrhunderts zurück als auf das spektakuläre Melodrama des 19. Jahrhunderts voraus.

Romantik und Viktorianisches Zeitalter

Das englische Theater zwischen Kunst und Kommerz

Wie keine andere Epoche steht das 19. Jahrhundert im Verruf, in Großbritannien bis zur Erneuerung des Dramas durch Shaw und Wilde außer einer Handvoll von literarisch anspruchsvollen, aber nicht bühnenwirksamen Lesedramen nur seichtes, rückblickend als Melodrama subsumiertes Unterhaltungstheater hervorgebracht zu haben. Auch wenn nicht strittig sein kann, dass im 19. Jahrhundert der Roman als nunmehr populärste literarische Form das Drama als Medium der gesellschaftskritischen Auseinandersetzung zurückgedrängt hat, bleibt doch zu fragen, ob das Drama der Zeit wirklich so schlecht war? Diese Frage stellt sich vor allem auch deshalb, weil mit dem unterstellten Absinken des künstlerischen Niveaus eine geradezu explosionsartige Ausweitung des Angebots an Spielstätten einherging.

Walpoles für die Durchsetzung des *Licensing Act* geschlossener Pakt mit den »legitimate theatres« hatte sich schon im 18. Jahrhundert als in der Praxis nicht haltbar erwiesen. Eine beliebte Methode, das Theaterverbot jenseits des Angebots der beiden »legitimate theatres« zu unterlaufen, war die Anbindung einer kostenlosen »Theaterprobe« an ein Konzert, für das die Besucher Eintritt zahlten. In der Provinz wollten während der Sommersaison zudem die zahlungskräftigen Kurgäste der Bäder, allen voran die Sommerfrischler in Bath, ebenfalls nicht auf Theater verzichten. 1750 wurde in Bath ein Theater errichtet, und nach langwierigen Verhandlungen erhielt es 1768 ein königliches Patent. Damit war das Privileg der beiden Londoner Bühnen durchbrochen. In den Jahren danach folgten weitere Patente für Theater in Hull, Liverpool, Manchester, Bristol, Brighton, Windsor und Newcastle. Gerade auch die aufstrebenden Industriestädte forderten ihr Recht auf Bühnen ein. Ab 1788 lag es zudem in der Hand der Kommunen, Aufführungslizenzen für eine Spielzeit von maximal sechzig Tagen zu erteilen, wodurch das Tourneetheater eine rechtliche Grundlage erhielt und zu expandieren begann.

In London suchten die »legitimate theatres« in Rückzugsgefechten ihr Monopol so weit als möglich zu schützen. Aber auch hier entstanden neue Bühnen, auf denen, zumeist durch den Einschub von Gesangseinlagen in das Sprechtheater, das geltende Recht unterlaufen wurde. Bei großzügiger Auslegung konnte sogar eine *Othello*-Inszenierung mit kaum hörbarer Klavieruntermalung als Musiktheater durchgehen. 1843 spielten in London nicht mehr nur zwei, sondern bereits zwanzig Theater, und angesichts der offenkundigen Diskrepanz zwischen Rechtslage und Wirklichkeit entschloss sich die Regierung mit dem *Act for Regulating Theatres* in diesem Jahr zur Aufhebung des Theatermonopols. Damit entstand Rechtssicherheit für zukünftige Investitionen, und 1899 zählte London bereits 61 Bühnen, die meisten davon mit einem Angebot von jeweils weit über 2000 Plätzen.

Diese Expansion war nur aufgrund tiefgreifender sozioökonomischer Veränderungen möglich. Erst durch die fortschreitende Urbanisierung Großbritanniens, am augenfälligsten im Wachstum Londons sowie der seit der

Wahlrechtsreform von 1832 auch politisch emanzipierten Industriezentren wie Liverpool, Birmingham oder Manchester, bildete sich ein Publikum heraus, das die neuen Theater füllen konnte. Ab der Mitte des Jahrhunderts profitierte vor allem London von dem Aufbau und Ausbau des Eisenbahnnetzes, das für ein zunehmend größer werdendes Umland einen Tagesbesuch in der Metropole ermöglichte. Die Verbindung eines Einkaufsbummels mit einer Matineevorstellung, oder, wenn es die Zugverbindungen erlaubten, sogar einem Abend im Theater, wurde gerade für die expandierende Mittelklasse zu einer bis heute beliebten Möglichkeit, das kostengünstigere Leben in der Provinz mit den kulturellen Attraktionen und dem Unterhaltungsangebot der Hauptstadt zu verbinden.

Langfristig, und dies impliziert die Entwicklung über das 19. Jahrhundert hinaus, sollte sich die gebildete bürgerliche Mittelschicht als das theatertragende Publikum erweisen. Für die erste Hälfte des 19. Jahrhunderts ergibt sich jedoch ein anderes Bild. In diesem Zeitabschnitt tritt neben die Aristokratie und das sich seiner ökonomischen Bedeutung bewusst gewordene Bürgertum eine exponential zunehmende Arbeiterklasse, die ebenfalls Bühnenunterhaltung einforderte. Adel und Bürgertum allein konnten die vielen neuen Theater nicht mehr füllen. Deshalb war es zwingend, dass die Theater, nicht anders, als sie es bereits im 18. Jahrhundert getan hatten, den soziologischen Veränderungen Rechnung trugen. Manifest wurde dieser Publikumswandel bereits in den »Old Price Riots« von 1809, als das Management des Covent Garden Theatre die Eintrittspreise insbesondere für die günstigen Plätze der *pit* erhöhte, was allabendlich zu Tumulten führte, bis nach zwei Monaten die Preiserhöhung wieder zurückgenommen wurde.

Die Erfolgsgeschichte des Melodramas und auch der Farce im 19. Jahrhundert lässt sich nur im Kontext dieses Publikumswandels verstehen. Dabei ist auch zu bedenken, dass keine der Bühnen des 19. Jahrhunderts subventioniert wurde. Sie brauchten zahlendes Publikum, um zu überleben, und das bedeutete, dass die Zuschauer den Maximalanspruch künstlerischer Herausforderung definierten. Die Spielpläne im 19. Jahrhundert sind gekennzeichnet durch das Nebeneinander von Farce und Komödie, Melodrama und Tragödie. Die erprobten Erfolgsstücke des 18. Jahrhunderts wurden weiter gespielt, und auch Shakespeares Dramen blieben, nunmehr in dem Zeitgeschmack entsprechenden historisierenden Inszenierungen mit aufwendigen dreidimensionalen Bühnenbildern, fester Bestandteil des Angebots.

Den Theatern erwuchs ab der Mitte des 19. Jahrhunderts durch die *music halls* eine zusätzliche Konkurrenz um das Massenpublikum. Das Programm der *music halls*, eine variable Mischung aus Gesangsdarbietungen, *stand-up comedy*, Artistik, Zauberkunst und Clownerie, angeheizt durch Darstellerinnen in für die Zeit freizügigen Kostümen und, soweit es die Zensur erlaubte, auch freizügiger Sprache, appellierte gezielt an ein literarisch nicht interessiertes Publikum. Es fand dieses hauptsächlich, aber keineswegs ausschließlich, in der Arbeiterklasse.

Im Kampf um jene Zuschauer, die spektakuläre optische Anreize gleich welcher Art bevorzugten, suchten die Theater durch aufwendige *sensation scenes* und auch durch semi-pornographische *tableaux vivantes* mitzuhalten, doch dies ohne nachhaltigen Erfolg gegenüber den hier überlegenen *music halls*. Zur Geschichte des englischen Theaters im 19. Jahrhundert gehört, dass es trotz anfänglicher Erfolge aufgrund der Attraktivität des Melodramas die Arbeiterklasse als beständiges Publikum nicht gewinnen konnte, sondern an die *music halls* verlor. An deren Ende wiederum stehen die »working men's clubs« des 20. Jahrhunderts mit ihren »Sunday morning events«. Während Frau und Kinder zum Gottesdienst gingen, erfreute sich der Familienvater mit seinen Arbeitskollegen im Klub, wo der einzige *stand-up comedian* nur noch das ›künstlerische‹ Feigenblatt für Striptease-Darbietungen abgab. Zum Ende des 19. Jahrhunderts zeichnete sich zudem ein weiterer mächtiger Konkurrent für das Theater ab: 1896 wurde in einer Londoner *music hall* der erste Film gezeigt.

Hinsichtlich der Organisationsform hielten die Theater zunächst an dem bewährten »actor-manager«-System fest. In der Tradition von Cibber und Garrick stehen für das Theater des 19. Jahrhunderts so bedeutende Darsteller wie Edmund Kean (1787–1833), William Charles Macready (1793–1873) oder Henry Irving (1838–1905), der ab 1878 gemeinsam mit Ellen Terry das Lyceum Theatre leitete und 1895 als erster britischer Schauspieler in den Adelsstand erhoben wurde. Auch »Squire« Bancroft (1841–1926) und seine Frau, die Schauspielerin Mary Wilton, waren als »actor-manager« erfolgreich. Aber schon früh im 19. Jahrhundert zeichnete sich auch ab, dass selbst dann, wenn mehrere als Schauspieler oder als Dramatiker der Bühne verpflichtete Gesellschafter ihre Mittel zusammenlegten, der für den Neubau und Betrieb eines Theaters inzwischen notwendige Kapitaleinsatz immer schwerer zu erbringen war. Als 1808 das Theatre Royal, Drury Lane erneut abbrannte, war Sheridan ruiniert. Seine Anteile erwarb kein anderer Autor oder Schauspieler, sondern das Geld für den Wiederaufbau kam schließlich von dem Brauereimagnaten Samuel Whitbread, der in ein neues Geschäftsfeld investierte. Im Verlauf der Epoche sollte sich diese Finanzierung von Theaterneubauten durch Geldgeber, die am künstlerischen Betrieb der Bühne selbst kein Interesse hatten, durchsetzen. Dadurch trat an die Stelle des »actor-manager« der Impresario, dem es oblag, im Interesse der Kapitaleigner das oder die von ihm verwalteten Theater entweder selbst zu betreiben oder möglichst langfristig für Produktionen zu vermieten. Neben anderen Faktoren, zu denen etwa die immer aufwendigeren Bühnenbilder zählten, trug auch dies dazu bei, dass das bislang dominierende Repertoire-Angebot von dem noch heute im Londoner West End praktizierten »long-run«-System abgelöst wurde, in dem ein Stück Abend für Abend so lange aufgeführt wird, bis die Nachfrage erschöpft ist und die Einnahmen die Betriebskosten zu unterschreiten beginnen.

Lesedrama vs. Melodrama

Für die mit Ausnahme Byrons unter notorischem Geldmangel leidenden Hauptvertreter der englischen Romantik bot das Theater zwar eine potentielle Möglichkeit zusätzlichen Broterwerbs, doch haben sie mehrheitlich eine Karriere als Dramatiker niemals konsequent betrieben. Von William Blake (1757–1827) ist ein von seinen Freunden als Privatdruck veröffentlichtes frühes dramatisches Fragment, *King Edward the Third* (1783) als Teil der *Poetical Sketches* erhalten. Es bezeugt den Einfluss Shakespeares auf den jungen Blake, aber auch unter den Bedingungen eines anderen Zeitgeschmacks wäre das Stück, hätte Blake es je vollendet, wohl kaum ein Bühnenerfolg geworden. William Wordsworth (1770–1850) schrieb 1796/97 als Jugendwerk *The Borderers*, eine Blankverstragödie in fünf Akten, die den ideologischen Einfluss William Godwins erkennen lässt, jedoch von Wordsworth erst nach umfangreicher Überarbeitung 1842 veröffentlicht wurde und die Bühne nicht erreichte. Deutlicher als Wordsworth suchte Samuel Taylor Coleridge (1772–1834) die Nähe zum Theater. Coleridge übersetzte Schillers *Die Piccolomini* und *Wallensteins Tod*, dies auch in der Absicht, dem Einfluss Kotzebues auf das bürgerliche Trauerspiel in England entgegenzuwirken. Gemeinsam mit Robert Southey verfasste Coleridge 1794 zudem die Tragödie *The Fall of Robespierre*, ein Stück, dessen langatmige, theoretisierende Dialoge das Streben nach tagespolitischer Aktualität konterkarierten. Die meisten von Coleridges dramatischen Versuchen blieben jedoch schon im Entwurf Fragment. Einen begrenzten Bühnenerfolg erzielte er allein mit *The Remorse* (1813), einer Tragödie, deren erste Fassung Sheridan 1797 als für die Bühne ungeeignet zurückgewiesen hatte.

Aus dem Kreis der jüngeren Romantiker ist von John Keats (1795–1821) eine postum veröffentlichte, gemeinsam mit Charles Brown 1819 geschriebene (und nie aufgeführte) Blankverstragödie mit dem Titel *Otho the Great* erhalten, deren Darstellung des Ottonenkaisers ebenfalls dem Vorbild Shakespeares folgt. Aus der Feder von Keats stammen die Dialoge, den Handlungsaufbau überließ er Brown. Im gleichen Jahr knüpfte Percy Bysshe Shelley (1792–1822) in *The Cenci* an die Inzest- und Gewaltthematik der elisabethanisch-jakobäischen Rachetragödie an. Das blutige Aufbegehren der entehrten Gattin und Tochter gegen den blutschänderischen Grafen Cenci war wegen der Inzest-Thematik jedoch für die Bühne des 19. Jahrhunderts nicht mehr akzeptabel. Das Stück wurde von Covent Garden abgelehnt, und selbst die späte, postume Uraufführung 1886 musste, da der Lord Chamberlain das Stück nicht freigab, noch als Privatvorstellung stattfinden. Shelley, der hinsichtlich seiner Begabung als Bühnenautor starke Selbstzweifel hegte, hat nach *The Cenci* keinen weiteren Versuch unternommen, sich als Dramatiker zu profilieren.

Unter den Hauptvertretern der englischen Romantik war es neben Coleridges Versuch, den Einfluss Kotzebues einzudämmen, allein George Gordon, Lord Byron (1788–1824), der sich nachhaltig mit dem Theater seiner Zeit auseinandersetzte. Byron gehörte bis 1816, als er England verließ, dem »Drury Lane Committee« an, das die Theatereigner bei der Auswahl der zur Aufführung geeigneten eingereichten Stücke beriet. Ebenso wie Sheridan war Byron, der nach Möglichkeit keine Premiere versäumte, gegenüber dem Vordringen des bürgerlichen Trauerspiels und der empfindsamen Komödie skeptisch. Für Byron war Sheridan der erfolgreichste und begabteste Dramatiker seiner Zeit, und von Sheridan erhoffte Byron die Erneuerung des »klassischen«, des an den antiken Vorbildern und der elisabethanisch-jakobäischen Tradition gleichermaßen ausgerichteten Dramas. Erst als Sheridan mit *Pizarro* diese Erwartungen enttäuschte, versuchte Byron sich selbst, allerdings mit nicht weniger Selbstzweifeln als Shelley, als Dramatiker. 1815 begann Byron *Werner*, eine klassizistische Tragödie, die in der zweiten, Goethe gewidmeten Fassung von 1822, klassizistische Strenge der Form und romantische Expressivität zu vereinigen suchte.

Byrons Dramen entstanden allerdings zu einem Zeitpunkt, als er den Kontakt zur Londoner Theaterszene bereits verloren hatte. Im selbstgewählten italienischen Exil vollendete er das noch in England begonnene Versdrama *Manfred* (1817). *Marino Falieri* (1820) ebenso wie *The Two Foscari* (1821) streben in der Form danach, die klassizistische Tragödie als Historiendrama mit aktuellem Bezug auf das italienische Ringen um einen Nationalstaat zu realisieren. Ausweislich Byrons Briefwechsel kokettierte er mit dem Gedanken, dass seine Stücke Bühnenerfolge werden könnten. Aber für das britische Theaterpublikum war die von Byron angestrebte Verbindung von klassizistischer Form und historisch verankerter, aber aus Byrons Sicht aktueller Thematik nicht attraktiv genug. Die tragischen Verstrickungen venezianischer Dogen in Loyalitätskonflikte gegenüber einem formal republikanischen, de facto aber aristokratischen Staat waren für ein Publikum, das sich lebensweltlich mit dem Wandel Großbritanniens zu einer Industriegesellschaft auseinandersetzen musste, nicht mehr nachvollziehbar. Deshalb konnte Byron auch mit *Sardanapalus* (1821), das die Tagespolitik zu transzendieren versucht und die im elisabethanisch-jakobäischen Theater zentrale, aber inzwischen obsolet gewordene Frage nach dem idealen Herrscher erneut aufgreift, die englische Bühne nicht mehr erreichen.

Marino Falieri, *The Two Foscari* und *Sardanapalus* waren Versuche, für die Bühne geeignete Stücke zu schreiben. Dass Byrons seine dramatischen Texte übergreifende Vorstellung von einer Synthese klassizistischer Form und romantischem Verständnis von Individual-Identität jedoch eher bühnenfern waren, bezeugen sowohl *Manfred* wie die ebenfalls 1821 verfasste Blankverstragödie *Cain*. *Manfred*, im Untertitel als »A Dramatic Poem« ausgewiesen, instrumentalisiert geographische Exotik, in diesem Fall die Majestät der Alpen, nicht weniger wirkungsvoll, als dies Sheridan in den »sensation scenes« von *Pizarro* getan hatte. Aber an die Stelle der spektakulären, plastisch realisierten Bühnenbilder in *Pizarro* setzt Byron eine zu imaginierende Szenerie, die sich nur im Bewusstsein des Lesers aufbauen kann und die sich deshalb als ›realistische‹ Theaterkulisse nicht adäquat umsetzen lässt. Bühnenfern in *Manfred* wie auch in *Cain* ist zudem die Konzentration des Handlungsgeschehens auf die innere Zerrissenheit der Titelfiguren, die in ihrem überwiegend monologischen Zweifel an der christlichen Weltdeutung keine auf Bühnenwirksamkeit angelegten Widersacher haben. Aus den gleichen Gründen war und ist auch Shelleys *Prometheus Unbound* (1819), untertitelt als »A Lyrical Drama in Four Acts«, für die Bühne ungeeignet.

In der Bevorzugung des Lesedramas gegenüber spielbaren Bühnentexten folgten die viktorianischen Dichter dem Vorbild der Lyriker der Romantik. Alfred Lord Tennyson (1809–1892), *poet laureate* in der Nachfolge Wordsworths seit 1850, wandte sich der dramatischen Form erst spät zu und bevorzugte Historiendramen. 1875 veröffentlichte er *Queen Mary*, ein Jahr später *Harold*, 1884 *Becket* und 1891 *The Foresters: Robin Hood and Maid Marian*. Tennyson griff auf historische Stoffe zurück, dramatische Vorwürfe der englischen Geschichte, die Shakespeare nicht behandelt hatte, aber spielbar waren seine Dramen trotz der intendierten Shakespeare-Nachfolge nicht. Erst in der Bearbeitung durch den Theaterpraktiker Henry Irving wurde *Becket* nach Tennysons Tod zum Bühnenerfolg.

Für William Charles Macready schrieb ROBERT BROWNING (1812–1889) mit *Strafford* ebenfalls ein historisches Drama, das zwar 1837 die Uraufführung erlebte, aber beim Publikum keinen Anklang fand und nach nur kurzer Spielzeit abgesetzt wurde. Auch ALGERNON CHARLES SWINBURNE (1837–1909) versuchte sich als Dramatiker. *The Queen Mother. Rosamund. Two Plays* (1861), zwei elisabethanisch inspirierte Blankverstragödien, blieben jedoch unbeachtet. Die von Swinburne nachgeschobene Maria-Stuart-Trilogie *Chastelard* (1865), *Bothwell* (1874) und *Maria Stuart* (1881) war für die Bühne gedacht, erzielte aber bei weitem nicht die Resonanz, die Swinburne 1865 mit dem als sexuell provokant empfundenen Lesedrama *Atalanta in Calydon* hervorgerufen hatte.

Zu den schon für das Lesedrama der romantischen Dichter charakteristischen überlangen lyrisch-monologischen Passagen, in denen der Bedarf des Theaters an sprechbaren und dramaturgisch wirkungsvollen Texten hintangestellt worden war, traten, im Einklang mit dem neuen wissenschaftlichen Geschichtsverständnis, in den Dramen der viktorianischen Dichter zusätzlich ausufernde Fakteninformationen, die als Digressionen die Spielbarkeit der Stücke noch weiter beeinträchtigten. Als primär poetische Reflektionen über Geschichte und zeitgenössische Gegenwart haben die historischen Dramen der Viktorianer mehr Aufmerksamkeit verdient, als ihnen zuteil geworden ist. Für die Bühne tauglich waren sie jedoch weder zu ihrer Entstehungszeit noch danach.

Während das Lesedrama an die Imaginationsfähigkeit der Rezipienten appellierte und intellektuelle Partizipation einforderte, war das Melodrama auf die Befriedigung deutlich weniger anspruchsvoller Bedürfnisse hin angelegt. Im Handlungsaufbau und der Charakterkonzeption reduziert es die im bürgerlichen Trauerspiel und der sentimentalen Komödie schon zurückgenommenen Ansprüche auf Plausibilität noch weiter, indem es dem Prinzip der poetischen Gerechtigkeit absoluten Vorrang einräumt. Das Melodrama belohnt die Guten mit einem *happy ending*, das durch moralische Bewährung erkämpft werden muss. Somit ist das *happy ending* stets zugleich auch ein Triumph über das Böse, dessen Vertreter in spektakulären Szenen ihre gerechte Strafe finden.

Ein solcherart eindeutig moralisches Verständnis der Handlung erlaubt deren Reduktion auf wenige zentrale Protagonisten. Im Mittelpunkt steht das Schicksal von Held und Heldin, die beide von einwandfreiem Charakter und deshalb uneingeschränkt sympathisch sind. Ihr Glück wird durch den Schurken, den *villain*, bedroht, der aus sexueller, manchmal zusätzlich auch materieller Begehrlichkeit die ihm widerstrebende Heldin in seine Gewalt bringen will. Seine Intrigen treiben das Handlungsgeschehen voran, und damit dieses seinen Höhepunkt der Bedrohung erreichen kann, muss der Held zunächst abwesend sein. Unterstützung findet die schutzlose Heldin derweil nur durch eine oder zwei gutwillige, aber dem Schurken nicht gewachsene und meist komisch angelegte Nebenfiguren. Erst wenn sich der Schurke seines Sieges schon sicher wähnt, kehrt der Held wie eine Deus-ex-Machina-Figur in das Handlungsgeschehen zurück und wendet, zumeist in einer dramatischen physischen Konfrontation mit dem *villain*, das Schicksal zum Guten.

Handlungs- und Charakterkonzeption des Melodramas gründen in Stereotypen, die hinsichtlich der psychologischen Differenzierung der Protagonisten allenfalls geringen Spielraum lassen. Diesen Mangel an differenzierten Charakteren kompensieren Sensationsszenen, die im Einklang mit den Fortschritten der Bühnentechnik immer aufwendiger gestaltet wurden. Zur Erfolgsgeschichte des

Melodramas gehören Schneestürme, Pferderennen auf Laufbändern wie in der Dramatisierung von *Ben Hur*, Seeschlachten, realistisch dargebotene Eisenbahnunglücke und sogar für das Theater und das anwesende Publikum nicht ungefährliche, realistisch inszenierte Feuersbrünste wie in DION BOUCICAULTS (1820–1890) Erfolgsstück *The Poor of New York* von 1857.

Für den kommerziellen Erfolg waren diese Sensationsszenen wichtig. Sie verdeutlichen aber zugleich, dass im Melodrama, auch wenn schließlich das Gute triumphiert, nicht nur heile Welt dargestellt wurde. Wenn der *villain* in der Gestalt eines Vermieters sich die schutz- und mittellose Heldin gefügig zu machen versucht, weil sie ihre Miete nicht mehr zahlen kann, oder wenn Schicksalsschläge wie ein Brand oder ein Eisenbahnunglück Lebensentwürfe bedrohen, verbildlicht das Melodrama durchaus Situationen, die dem Publikum aus seiner Erfahrungswirklichkeit geläufig waren. Insofern diente das Melodrama jenseits der Unterhaltung, die es bot, auch als Ventil für die lebensweltliche Konfrontation mit einer sich schnell wandelnden und als immer komplexer empfundenen Gesellschaft. Das Melodrama zeigte die Welt nicht als heil, aber als noch heilbar, solange Einvernehmen über gesellschaftliche Werte besteht. Zur moralischen Differenzierung von Held und Heldin einerseits und *villain* andererseits gehört deshalb auch ganz zentral, dass erstere sich uneingeschränkt zum viktorianischen Tugendkatalog bekennen und ihn vorbildlich leben, während der *villain* ihn zynisch bezweifelt und hedonistisch zu unterlaufen versucht.

Melodrama und Gesellschaftskritik

Aufgrund seiner strukturellen Vorgaben war das Melodrama für eine differenzierende Auseinandersetzung mit gesellschaftlichen Konflikten nicht geeignet. Es gehört jedoch zur Geschichte des Genres, dass es sich für diese zu öffnen versuchte, ohne dabei bereits konventionalisierte Publikumserwartungen zu enttäuschen. Dies wird bereits an einem frühen und beim Publikum lange populären Beispiel deutlich, *Black-Ey'd Susan* (1829) von Douglas William Jerrold (1803–1857). Mit diesem Stück begründete Jerrold, der selbst in den letzten Jahren der napoleonischen Kriege in der Flotte gedient hatte, die Tradition des »nautical melodrama«, das die Mythen um Nelson und Britanniens Herrschaft über die Meere vermarktete.

Jerrolds *villain* Doggrass hat zwar selbst kein sexuelles Interesse an dem »beautiful, black-eyed, tender little angel« Susan, aber er sucht, während Susans Ehemann William als einfacher Seemann für England kämpft, ihre materielle Bedrängnis auszunutzen und sie als sexuell begehrenswerten Preis in seine Schmuggelgeschäfte einzubinden. Insoweit folgt Jerrold den Konventionen des Genres, indem er die sexuelle Attraktivität der Heldin und materielle Begehrlichkeit verknüpft. Die für die Handlung entscheidende Konfrontation erfolgt jedoch innerhalb eines Paradigmenwechsels. Nachdem Williams Schiff zurückgekehrt ist, Held und Heldin wieder vereint sind, ist es nicht Doggrass, der den finalen dramatischen Konflikt herbeiführt, sondern Captain Crosstree, der Kommandant von Williams Schiff. Der betrunkene Crosstree, dessen Leben William auf See gerettet hatte, versucht, Susan zu vergewaltigen. William rettet die Ehre seiner Frau im letzten Moment, indem er Crosstree niederschlägt. Doch dafür, dass er seinen vorgesetzten Offizier angegriffen hat, wird er nach geltendem Recht zum Tod verurteilt. Die Offiziere des Kriegsgerichts bekunden ihre Sympathie für Williams Verhalten, aber sie müssen dem Gesetz folgen. Doggrass, der in einem Boot auf das Urteil des Kriegsgerichts gewartet hatte, springt aus Freude über das Todesurteil über seinen Widersacher William auf, fällt ins Meer und ertrinkt.

Damit findet der *villain* seine verdiente Strafe, aber den durch die Handlung um Crosstree und William thematisierten Konflikt zwischen Recht und Humanität kann und will Jerrolds Melodrama nicht vertiefen. Die Härte des Gesetzes wird von den Protagonisten zwar beklagt, aber selbst von William nicht in Frage gestellt. Was William schließlich rettet und das *happy ending* ermöglicht, ist eine genretypische Deus-ex-Machina-Auflösung. Captain Crosstree hatte aus Dankbarkeit für seine Rettung William schon aus der Marine entlassen, bevor William ihn um der Ehre seiner Frau willen angreifen musste. Doggrass hatte jedoch die diesbezüglichen Papiere unterschlagen, und es ist der genesene und sein Verhalten bereuende Crosstree, der im letzten Augenblick William vor dem Galgen bewahrt, indem er bezeugt, dass William, als er Susan verteidigte, schon nicht mehr unter seinem Kommando stand.

Der Widerstreit zwischen dem Bestreben, gesellschaftlich relevante Themen im Melodrama aufzugreifen, ohne damit gleichzeitig den gesellschaftlichen Konsens in Frage zu stellen, zeigt sich auch in TOM TAYLORS (1817–1880) *The Ticket-of-Leave Man* (1863), das sich für die Resozialisierung von Straftätern engagiert und über vierhundert Aufführungen erlebte. Dafür, dass der charakterlich einwandfreie, aber in falsche Gesellschaft geratene Bob Brierly, »a Lancashire Lad«, für den Gauner »Tiger« Dalton unwissentlich eine gefälschte Banknote wechselt, muss er ins Gefängnis. Nach Verbüßung seiner Strafe findet er mit Unterstützung seiner Verlobten einen Arbeitsplatz, den er jedoch an seinem Hochzeitstag verliert, als seine Vorstrafe bekannt wird. Erst als Brierly einen Einbruch »Tiger« Daltons bei seinem ehemaligen Arbeitgeber vereitelt, wird er als vollwertiges Mitglied der Gesellschaft anerkannt und erhält seinen Arbeitsplatz zurück. Taylors Engagement für Resozialisierung ist unstrittig, aber es ist ebenso deutlich, dass er der eigentlichen Debatte über das Verhalten der Gesellschaft gegenüber Menschen, die ihre Straftat gesühnt haben, ausweicht.

Taylor hat diese ambivalente Behandlung des Themas Resozialisierung rückblickend in *The Theatre in England. Some of Its Shortcomings and Possibilities* (1871) zu rechtfertigen versucht, einem Text, der für die Öffnung des Dramas für gesellschaftliche Konflikte plädiert, aber zugleich deutlich macht, dass die Publikumserwartungen einer stärker differenzierenden Darstellung entgegenstanden. Auch zu Beginn des letzten Drittels des Jahrhunderts wurde ein kritischer Beitrag des Theaters zur gesellschaftlichen Veränderung noch restriktiv beurteilt. Um im Sinne moralischer Autorität ernst genommen zu werden, musste das Theater sich zudem erst von dem tradierten Ruch der Immoralität befreien. Auch hierzu suchte Taylor beizutragen. Gemeinsam mit CHARLES READE (1814–1884) verfasste er die melodramatische Komödie *Masks and Faces* (1852), in deren Mittelpunkt die Schauspielerin Peg Woffington (1714–1760) steht. Woffington, zu deren zahlreichen Bewunderern und Liebhabern auch Garrick zählte, war zu ihrer Zeit als leichtlebig und sexuell freizügig bekannt. Bei Taylor und Reade ist diese Leichtlebigkeit nur eine Maske, hinter der sich ein »honest face« verbirgt. Ihre Peg Woffington ist eine, was Beziehungen angeht, moralisch handelnde, aber vor allem mitfühlende und nach dem Verständnis des 19. Jahrhunderts sozial engagierte Frau, die »charity«, Nächstenliebe lebt, indem sie den mit seiner Familie hungernden, erfolglosen Dramatiker Triplet unterstützt und ihm schließlich sogar zum Durchbruch verhilft.

In den Porträts der Kritiker Snarl und Soaper wird in *Masks and Faces* die Theatersatire des frühen 18. Jahrhunderts erneuert. Das im Vordergrund stehende, sentimentalisierende Porträt Peg Woffingtons vermittelte dem viktorianischen Publikum jedoch die Botschaft, dass das Theater stets besser gewesen sei als sein Ruf und deshalb auch moralische Autorität beanspruchen dürfe. Insofern ist die Wirkung, die *Masks and Faces* erzielte, höher anzusetzen als die literarische Qualität des Stücks. Es beförderte den Wandel in der Einstellung der Viktorianer zum Theater ihrer Zeit, an dessen Ende die gesellschaftlich nicht mehr strittige Erhebung von Schauspielern und Dramatikern in den Adelsstand möglich wird.

Eine gesellschaftspolitisch eindeutige und nach dem Verständnis der Zeit liberale Position bezieht das viktorianische Melodrama, auch in seinen Mischformen wie der Verschränkung von Melodrama und Komödie, nur zu einem Thema: zu der durch Liebe begründeten Heirat über Klassengrenzen hinweg. Mit der Bearbeitung von Gerald Griffins Roman *The Collegians* (1829), den er unter dem Titel *The Colleen Bawn* 1860 zunächst in den USA auf die Bühne brachte, erzielte DION BOUCICAULT seinen größten Erfolg und begründete zugleich eine Irland romantisierende Bühnentradition, die er selbst mit *Arrah-na-Pogue* (1865) und *The Shaughraun* (1875) fortsetzte und deren Auswüchse George Bernard Shaw 1905 in *John Bull's Other Island* parodierte. In *The Colleen Bawn* obsiegt die Liebe des zum anglo-irischen Landadel gehörenden Hardress Cregan für die junge und schöne, als armes, aber empfindsames Naturkind gezeichnete Eily O'Connor (»the colleen bawn«: »a fair girl«) über den Widerstand einer auf eine Geldheirat drängenden Mutter.

Der Widerstand einer standesbewussten Mutter gegen die unstandesgemäße Ehe des einzigen Sohns ist auch in THOMAS WILLIAM ROBERTSONS (1829–1871) melodramatischer Komödie *Caste* (1867) handlungsbestimmend. George D'Alroy, dessen Mutter in zweiter Ehe mit einem französischen Marquis verheiratet ist, heiratet heimlich die aus der Arbeiterklasse entstammende Tänzerin Esther. Als die Marquise zufällig von dieser Ehe erfährt und George sich zu seiner Frau bekennt, findet die Marquise nur beleidigende Worte für ihre Schwiegertochter. Was die Auflösung des Konflikts betrifft, ist Robertsons Stück nicht weniger künstlich als Boucicaults. Dennoch gibt es augenfällige Unterschiede. An die Stelle eines romantisierten Irland setzt Robertson eine vergleichsweise realistische Gesellschaftsdarstellung, die Arbeiterklasse, Mittelklasse und Aristokratie einbezieht.

Die Arbeiterklasse wird, und das lässt Rückschlüsse auf das Theaterpublikum zu, von Robertson differenzierend dargestellt. Esthers Vater ist ein arbeitsscheuer Trinker, der seiner Tochter keinerlei Unterstützung geben kann und der vor dem Hintergrund der Diskussionen um die Ausweitung des Wahlrechts, das 1867 eineinhalb Millionen neue männliche Stimmbürger zuließ, als zwar zur politischen Mitsprache zukünftig berechtigt, aber sozial verantwortungslos dargestellt wird. Sein Gegenentwurf ist der aus der Arbeiterklasse in die Mittelklasse aufsteigende Sam Gerridge, der im *happy ending* verdient und erfolgreich um Esthers Schwester Polly wirbt. Er kämpft zwar nicht wie George D'Alroy für das Empire, was ihm Polly, die ihn an ihrem Schwager George misst, vorhält, aber er konterkariert diesen Vorwurf selbstbewusst mit: »No! I pay rates and taxes.« Robertsons *Caste* lässt die Zuschauer nicht darüber im Zweifel, wer die Kriege des Empire finanziert. Moralische Integrität und soziale Mitverantwortung rechtfertigen in *Caste* den Anspruch auf sozialen Aufstieg. An die Stelle einer sich nur auf ihr Geburtsrecht berufenden »aristocracy«, wie sie D'Alroys Mutter verkörpert, soll eine »meritocracy« treten. Aber Robertson schwächt seinen kritisch-progressiven Ansatz aus Vorsicht wieder ab, wenn er am Schluss von *Caste* George D'Alroy erklären lässt, dass für Männer nur »exceptional merit« und für Frauen »love« die Öffnung der Schranken zwischen den Klassen legitimieren.

Das viktorianische »problem play«

Obwohl Robertson auch in *Society* (1865), *Ours* (1866) oder *School* (1869) viktorianische Grundwerte niemals radikal in Frage stellte und dem Melodrama entlehnte Konfliktlösungen bevorzugte, zählt er doch zu den Wegbereitern des realistischen Dramas in England. Seine Versuche, durch eine, gemessen an seinen Zeitgenossen, realistischere Figurenkonzeption die schematische Charakterkonstellation des Melodramas aufzubrechen, wurden durch außerenglische Einflüsse begünstigt. In Frankreich hatten Eugène Scribe (1791–1861) und Victorien Sardou (1831–1908) mit ihren »pièces bien faites« eine über das Melodrama hinausweisende Form des Gesellschaftsdramas entwickelt, die, wenn auch zunächst nur vorsichtig, auch Émile Zolas (1840–1902) Forderung nach naturalistischen, wirklichkeitsnahen Charakteren und realistischer Konfliktdarstellung Rechnung zu tragen versuchte. Auf Scribe, der nicht weniger als 374 Stücke verfasste, und auf Sardou geht die Dramaturgie des »well-made play« zurück, die das englische Drama bis über die Mitte des 20. Jahrhunderts bestimmen sollte und die zumindest in weiten Bereichen des Boulevardtheaters noch immer grundlegend ist.

Den Erfolg des »well-made play« erklärt dessen einfachen, für den Zuschauer stets nachvollziehbarer Handlungsaufbau. In einer knappen Exposition werden die zentralen Protagonisten samt ihrer Vorgeschichte, soweit sie handlungsrelevant ist, eingeführt. Auch der zentrale Konflikt wird hier bereits benannt. Mit diesem Wissen kann das Publikum die nachfolgenden Komplikationen der Handlung verfolgen, die zunächst auf ein Scheitern des Helden oder der Heldin hinauszulaufen scheint. Auf dem Höhepunkt des dramatischen Konflikts kommt es in der *scène à faire*, die im englischen Theatervokabular zutreffend *obligatory scene* heißt, jedoch zur Umkehr. Diese wird aber nicht mehr wie im Melodrama durch eine Deus-ex-Machina-Auflösung herbeigeführt, sondern ein in der Regel dem Publikum, nicht aber dem Helden oder der Heldin bereits bekannter Sachverhalt führt die Wendung herbei. An die Stelle des Zufalls tritt damit eine kausallogisch begründete Konfliktlösung. Im Vorwort zu *La Haine* (1874) hat Sardou bekannt, dass er für viele seiner Stücke erst die *scène à faire* geschrieben und aus ihr dann das Stück entwickelt hat, und es gibt Grund zu der Annahme, dass ihm britische Dramatiker hierin gefolgt sind.

Auch wenn der Handlungsaufbau des »well-made play« nicht weniger schematisch ist als der des Melodramas, so bedeuteten die kausallogische Konfliktdarstellung und die nunmehr psychologisch glaubwürdige Charakterkonzeption dennoch einen wesentlichen Schritt hin zu mehr Realismus auf der Bühne. Damit wurde es auch möglich, ohne, wie von Taylor noch unterstellt, Tugend und Laster zu konfundieren, das Drama allmählich für komplexere, auch gesellschaftskritische Themen zu öffnen, deren Darstellung sich einer Schwarz-Weiß-Zeichnung entzog. Indem sie die formalen Vorgaben des »well-made play« befolgten, inhaltlich aber die Auseinandersetzung mit der spätviktorianischen Gesellschaft immer mehr in den Vordergrund rückten, begründeten die britischen Dramatiker das bis weit in das 20. Jahrhundert erfolgreiche Genre des »problem play«.

In ihrer Hinwendung zum »problem play« wurden die Dramatiker von fortschrittlichen Kritikern unterstützt, die über die britische Theaterszene hinaus auch die Entwicklungen auf dem Kontinent im Blick hatten. 1891 gründete der für eine Erneuerung des britischen Theaters eintretende J. T. Grein das dem modernen zeitgenössischen Drama verpflichtete Independent Theatre. Für die Uraufführung wählte er Hendrik Ibsens (1828–1906) *Gespenster* (1881) aus. Da der Lord Chamberlain diesem in vielen Ländern umstrittenen Stück die Lizenz verweigerte, musste die erste Premiere des Independent Theatre als

Privataufführung stattfinden. Nachhaltiger noch als J. T. Grein setzte sich William Archer (1856–1924) für Ibsen ein, den er in Übersetzungen und in theoretischen Schriften wie *About the Theatre* (1886) oder, in Anspielung auf Taylor, *Masks or Faces?* (1888) dem britischen Publikum nahezubringen suchte. Dabei fand Archer zunächst die Unterstützung George Bernard Shaws (1856–1950), dessen Anfänge als Kritiker und Dramatiker er maßgeblich gefördert hatte. In *The Quintessence of Ibsenism* (1891) verteidigte Shaw die Dramen Ibsens zwar gegen ihre britischen Kritiker, doch lässt Shaws Deutung Ibsens als Sozialreformer erkennen, dass seine eigenen Vorstellungen über eine Erneuerung des Dramas über Ibsen bereits hinauszielten.

Einen wesentlichen Anteil an der Entwicklung hin zum »problem play« hatte der 1909 in den Adelsstand erhobene Sir Arthur Wing Pinero (1855–1934). Dass er sein Schaffen als Beitrag zu den Veränderungen im englischen Theater verstand, bezeugt seine späte Komödie *Trelawny of the »Wells«* (1898), die in der Nebenhandlung um Tom Wrench eine Hommage an T. W. Robertson und dessen Bedeutung für das Theater des 19. Jahrhunderts enthält. Pinero hatte seinen ersten Bühnenerfolg mit der farcenhaften Komödie *The Magistrate* (1885) erzielt. Nach weiteren Komödien versuchte er sich erstmals mit *The Profligate* (1889) an einer Tragödie, die strukturell bereits als »problem play« angelegt ist. Dass Pineros Protagonist aufgrund der Einsicht in das Scheitern seiner Ehe seinem Leben mit Gift ein Ende setzt, wurde vom Publikum jedoch als zu krass empfunden, und erst nachdem Pinero in einer Neufassung den Beziehungskonflikt versöhnlich auflöste, wurde das Stück ein Erfolg. Eine vergleichbare Konzession an den Publikumsgeschmack machte er in *The Second Mrs. Tanqueray* (1893) jedoch nicht mehr. Hier scheitert Paula Fay, die als »zweite« Mrs. Tanqueray sich in der Ehe mit einem Witwer von ihrer Vergangenheit gelöst hat, bei dem Versuch, bürgerliche Respektabilität zu leben, und wählt den Freitod.

Wenngleich die melodramatischen Elemente in *The Second Mrs. Tanqueray* noch immer augenfällig sind, so muss man Pineros Stück doch daran messen, wie das Thema der Frau mit Vergangenheit zuvor im Melodrama behandelt worden war. Repräsentativ ist hier C. H. Hazlewoods (1820–1875) Dramatisierung von Mary Elizabeth Braddons Romanerfolg *Lady Audley's Secret* (1863). Hier verschweigt die Titelheldin ihrem reichen, älteren Gatten Sir Audley, dass sie bereits verheiratet ist, aber keinen Kontakt mehr zu ihrem ersten Mann hat. Nachdem dieser jedoch unerwartet wieder auftaucht, versucht Lady Audley ihn zu ermorden und auch alle vermeintlichen Mitwisser um ihre frühere Verbindung zu beseitigen. Als sie in der Schlussszene mit ihrem verbrecherischen Tun konfrontiert wird, verfällt sie bühnenwirksam, aber völlig unglaubwürdig dem Wahnsinn und stirbt augenblicklich.

Als *villain* verkörpert Lady Audley das gesellschaftlich nicht reflektierte, individualisierte Böse. Auch Paula Tanqueray ist von persönlicher Schuld nicht frei, denn sie hat ihre Vorgeschichte als die Summe von nach Auffassung der Zeit moralisch fragwürdigen Entscheidungen zu verantworten. Aber Pinero zeigt, wie sie sich in ihrer Ehe wandelt und moralisch richtige Entscheidungen zu treffen lernt, ohne dafür jedoch durch gesellschaftliche Akzeptanz belohnt zu werden. Dies begründet eine Mitschuld der Gesellschaft an ihrem Freitod, die von Pinero allerdings nur angedeutet und nicht explizit ausgesprochen wird.

Neben Pinero beförderte vor allem Henry Arthur Jones (1851–1929) die Durchsetzung des »problem play«, für das er auch in theoretischen Schriften wie *The Renascence of English Drama* (1895) und *The Foundations of a National Drama* (1913) eintrat. Wie Pinero war auch Jones zunächst als Komödienautor erfolgreich, bevor er sich dem Gesellschaftsdrama zuwandte. 1884 adaptierte er unter dem Titel *Breaking a Butterfly* Ibsens *Nora, oder Ein Puppenheim* für die englische Bühne. Allerdings fand Jones mit seinen ersten ernsten Stücken, *Saints and Sinners* (1884) und *Michael and His Lost Angel* (1896) weder beim Publikum noch bei der Kritik Anklang. Aus konservativer Sicht erschien die Thematisierung viktorianischer Sexualmoral noch zu freizügig, während die fortschrittliche Theaterkritik einen Mangel an gesellschaftskritischem Engagement beklagte. Erst *Mrs. Dane's Defence* (1900) fand uneingeschränkten Zuspruch. Höhepunkt dieses Stücks ist die als Kreuzverhör angelegte *obligatory scene*, in der der Richter Sir Daniel Carteret die in die Kleinstadt Sinningwater zurückgekehrte Mrs. Dane zu dem Eingeständnis zwingt, jene Felicia Hindemarsh zu sein, die vor Jahren in Wien aufgrund einer Affäre mit einem verheirateten Mann den Selbstmord von dessen Frau verschuldet hatte. Mrs. Dane bleibt die öffentliche Bloßstellung erspart, doch ist der Preis hierfür der Verzicht auf die Ehe mit Sir Carterets Sohn Lionel und damit auf die Rückkehr in die Gesellschaft. Um diese Schlüsselszene gruppiert Jones Figuren, die wie die moralisch engstirnige Mrs. Bulsom-Porter oder deren liberale Antagonistin Lady Eastney die unterschiedlichen gesellschaftlichen Auffassungen zur Frage der »Frau mit Vergangenheit« verkörpern. Durch diese Protagonisten weitet Jones die Perspektive. Nicht das persönliche Schicksal der Mrs. Dane steht im Mittelpunkt, sondern die Ambiguität von Sein und Schein in einer Kleinstadt, die den sprechenden Namen »Sinningwater« trägt und auf gesamtgesellschaftliche Repräsentativität hin angelegt ist.

»Problem play« und Komödie bei Oscar Wilde

Im letzten Jahrzehnt des 19. Jahrhunderts war kein anderer Dramatiker so erfolgreich wie Oscar Wilde (1854–1900), bis er aufgrund seiner homosexuellen Beziehung zu dem jungen Lord Alfred Douglas 1895 zu zwei Jahren Zuchthaus mit Zwangsarbeit verurteilt und seine Stücke abgesetzt wurden. Im Februar 1892 gewann Wilde mit der Uraufführung von *Lady Windermere's Fan* erstmals das Londoner Publikum. *Lady Windermere's Fan* wurde bis Ende Juli vor meist ausverkauftem Haus gespielt und ging dann auf Tournee. 1893 knüpfte Wilde mit *A Woman of No Importance* an diesen Erfolg an, und 1895 wurden bis zu Wildes Verhaftung *An Ideal Husband* und *The Importance of Being Earnest* gleichzeitig in London gezeigt.

Der Erfolg dieser auch heute noch aufgeführten Stücke hat Wilde den Ruhm eines Erneuerers der englischen Komödie eingebracht. Demgegenüber sind seine frühen Stücke, die Tragödie *Vera; or, The Nihilists* (1880), *The Duchess of Padua* (1883), das Wilde selbst zur Veröffentlichung ungeeignet befand, und auch *Salomé* (1891), dessen Aufführung in London vom Lord Chamberlain verboten wurde, heute weitestgehend vergessen. Die Uraufführung von *Salomé* fand auf Betreiben Sarah Bernhardts, die für die Londoner Inszenierung bereits die Hauptrolle geprobt hatte, 1896 in Paris statt, während Wilde seine Strafe verbüßte.

Wildes spektakulärer Durchbruch als Dramatiker fand in einer an Komödien keineswegs armen Theaterszene statt. Jene Restaurationskomödien, die den moralischen Ansprüchen der Viktorianer genügten, wurden weiter gespielt, und auch Sheridans *The School for Scandal* hatte an Beliebtheit nichts eingebüßt. An die sentimentale Komödie hatte der inzwischen hauptsächlich wegen seiner historischen Romane in Erinnerung gebliebene Edward Bulwer-Lytton (1801–1873) erfolgreich mit *Money* (1840) angeknüpft, und auch James Alberys (1838–1889) *Two Roses* von 1870, worin der junge Henry Irving in der Rolle des Digby Grant brillierte, ist dieser Tradition verpflichtet. Pinero und Jones, der mit der Gesellschaftskomödie *The Liars* (1897) seinen größten finanziellen Theatererfolg erzielte, trugen zur Befriedigung des Bedarfs an komödiantischer Unterhaltung ebenso bei wie die auch heute noch aufgeführten »Savoy Operas« von SIR WILLIAM SCHWENCK GILBERT (1836–1911) und ARTHUR SULLIVAN (1842–1900).

In diesem Umfeld vermochte Wilde sich durchzusetzen, weil er mit sicherem Blick für den Zeitgeschmack über Genregrenzen hinweg zusammenführte, was beim spätviktorianischen Publikum beliebt und erfolgreich war. Formal handelt es sich bei Wildes ersten drei Erfolgsstücken um »well-made plays«, die auf eine wirkungsvolle *scène à faire* hin angelegt sind. Inhaltlich greift Wilde auf das »problem play« zurück, indem er das populäre Thema der »Frau mit Vergangenheit« variiert. In *Lady Windermere's Fan* versucht Mrs. Erlynne, die Mutter der Titelheldin, die ihre Familie einst verlassen hat, mit Hilfe des Gatten ihrer Tochter in die Londoner Gesellschaft zurückzukehren. Als die hinsichtlich der Identität ihrer Mutter ahnungslose Lady Windermere, die ein Verhältnis zwischen Mrs. Erlynne und ihrem Mann vermutet, sich ihrem Verehrer Lord Darlington anvertrauen will, bewahrt Mrs. Erlynne jedoch ihre Tochter vor einem Skandal, dies allerdings um den Preis ihrer Rückkehr in die Gesellschaft. In *A Woman of No Importance* erkennt Mrs. Arbuthnot in Lord Illingworth, der gerade im Begriff ist, ihren Sohn Gerald als Privatsekretär einzustellen, den Mann, der sie einst als Schwangere verlassen hatte, und sie kann verhindern, dass Gerald unter den schädlichen Einfluss seines Vaters gerät. Dass der Schatten der Vergangenheit nicht nur auf Frauen, sondern gerade auch auf Männern lasten kann, zeigt Wilde an dem aufstrebenden und von seiner Gattin verehrten Politiker Sir Robert Chiltern in *An Ideal Husband*. Dieser wird von Mrs. Cheveley erpresst, die einen Brief Chilterns als Beweis dafür hat, dass er einst Kabinettsgeheimnisse an einen Finanzier weitergegeben hatte. Chiltern zeigt sich gegenüber dem Erpressungsversuch standhaft. Vor dem politischen und privaten Ruin bewahrt ihn sein Freund Lord Goring, der Mrs. Cheveley als Diebin entlarvt und als Preis für sein Schweigen den Chiltern belastenden Brief erhält.

Als spätviktorianische »problem plays« wären Wildes Erfolgsstücke allerdings schon lange vergessen, wenn Wilde die Konventionen des »problem play« nicht mit denen der Sittenkomödie verschränkt hätte. Aus der »comedy of manners« übernimmt Wilde die Figur des *wit*, der in der Gestalt des vom Ästhetizismus in der Nachfolge Walter Paters geprägten und von Wilde selbst als Lebensentwurf kultivierten »Dandy« auf die Bühne zurückkehrt. Lord Darlington und Lord Goring sind Männer von Welt, die das Geschehen um sie herum souverän zu kommentieren wissen und die keinem intellektuellen Schlagabtausch ausweichen. Auch Lord Illingworth behauptet sich erfolgreich als Dandy, wenngleich ihn Mrs. Arbuthnot schließlich aus moralischer Überzeugung als »a man of no importance« von sich weist.

In Wildes Stücken, am ausgeprägtesten in Lord Goring in *An Ideal Husband*, sind die Dandys die dominierenden Figuren. Ihnen gegenüber tritt die realistische Abbildung der gesellschaftlichen Wirklichkeit, auf die das »problem play« eigentlich abzielte, in den Hintergrund und wird durch den pointierten, in der Tradition der »comedy of manners« scharfzüngigen, vor allem aber geistreichen Diskurs über die Gesellschaft ersetzt. In diesem Diskurs, den Wilde als ein Feuerwerk von Aphorismen, Aperçus und publikumswirksamen Paradoxa zelebriert, ist für psychologisch differenzierende Charakterentwicklung kein Platz, und auch die Handlung tritt gegenüber den Dialogen in den Hintergrund.

Was hier als Distanznahme gegenüber realistischen Darstellungskonventionen sichtbar wird, war theoretisch untermauert. In dem dialogischen Essay »The Decay of Lying« (1889) erklärt Wildes Alter Ego Vivian, »as a method, realism is a complete failure«. Zu einem Zeitpunkt, als Realismus auf der Bühne noch emphatisch als Neuerung eingefordert wurde, dachte Wilde bereits darüber hinaus und verteidigte die Autonomie der Kunst gegenüber deren Festlegung auf eine Widerspiegelung des Lebens. Von diesem Kunstverständnis zeugt *Salomé*, das Wilde selbst als sein wichtigstes Stück galt und das sich in der bewussten Stilisierung der Protagonisten Salome, Herodes und Jochanaan ebenso wie in der an rhetorischen Stilmitteln reichen, bildhaften Sprache und in den intertextuellen Bezügen, unter anderem auf Flaubert und Maeterlinck, vom zeitgenössischen realistischen Theater bewusst abhebt.

Salomé erreichte die englische Bühne erst fünf Jahre nach Wildes Tod, und auch das nur in einer Privataufführung. Dass der Anspruch auf Wirklichkeitsnähe des Dramas jedoch stets durch dessen Kunstcharakter begrenzt bleibt, führte Wilde dem englischen Publikum noch mit *The Importance of Being Earnest* vor Augen. Zu diesem Stück wurde Wilde wahrscheinlich durch E. M. Robsons Farce *The Foundling* von 1894 angeregt. Statt einer Farce schrieb Wilde jedoch eine »well-made comedy« von hintergründiger Artfizialität. Mit den Vorgaben des »well-made play« konform erweist sich in der Exposition Jack Worthings ungeklärte Herkunft als der zu lösende Konflikt, denn Lady Bracknell verweigert deshalb Worthings Heirat mit ihrer Tochter Gwendolen. Diesen Konflikt löst die *obligatory scene*, in der sich Worthing als der als Baby von der Gouvernante auf einem Bahnhof versehentlich in einer Reisetasche zurückgelassene und seitdem verschollene Bruder von Algernon Moncrieff erweist. Die Konfliktlösung ist kausallogisch korrekt, aber parodiert in ihrer lebensweltlichen Unwahrscheinlichkeit zugleich den Anspruch des »well-made play« auf Plausibilität und Nachvollziehbarkeit.

Die Spanne zwischen der Exposition und der Konfliktlösung, aus der nicht nur ein, sondern drei glückliche Paare hervorgehen, füllt Wilde mit nicht weniger artifiziellen Verwicklungen. Auf dem Lande spielt Worthing seinem Mündel Cecily Cardew den moralisch korrekten Vormund vor, hat aber, um in London als »Dandy« das Leben genießen zu können, einen leichtlebigen Bruder erfunden, den er angeblich aus immer neuen Schwierigkeiten retten muss. Auch Algernon Moncrieff, nicht weniger ein Dandy als Worthing, lebt eine Lüge. Wann immer er sich gesellschaftlichen Verpflichtungen entziehen will, und das sind zumeist langweilige Diners bei seiner Tante Lady Bracknell, gibt er vor, einem Invaliden namens Bunbury zur Seite stehen zu müssen.

Wildes unwahrscheinliche Figurenkonstellation parodiert nicht nur den kausallogischen Wirklichkeitsanspruch des »well-made play«, sie eröffnet auch den Freiraum für die Gesellschaftssatire. In dem von Algernon erfundenen Invaliden Bunbury wird »charity« zur Farce. Der als moralisches Vorbild posierende, aber »Dandyism« lebende Jack Worthing verkörpert den Widerspruch von Schein und Sein, und Gwendolen und Cecily sind in ihren festgeschriebenen Vorstellungen über ihren zukünftigen Lebenspartner Parodien der »new woman«, der emanzipierten, selbstbestimmten Frau. Ebenso wenig bleibt die sich als moralisch unangreifbar gerierende Lady Bracknell von der Satire verschont. Ihre hohen gesellschaftlichen Ansprüche werden als krasser Materialismus entlarvt, denn ihre ursprüngliche Zurückweisung Cecilys ändert sich sofort, als sie erfährt, dass ihr Neffe Algernon die Zuneigung einer vermögenden Frau gewonnen hat.

Inwieweit Wildes Publikum die satirische Infragestellung viktorianischer Grundwerte wirklich durchschaute oder nur als vermeintliche Farce goutierte, lässt sich auf der Grundlage der überlieferten Kritiken nicht mit Sicherheit feststellen. Ebenso muss offen bleiben, ob den Zuschauern bewusst war, dass die auf die Spitze getriebene Artifizialität von *The Importance of Being Earnest* auch eine intendierte Kritik am Realismusanspruch des spätviktorianischen Dramas implizierte. Denn anstatt in *The Importance of Being Earnest* Wirklichkeit abzubilden, lässt Wilde innerdramatisch Fiktionen Wirklichkeit werden. Für die Komödie im frühen 20. Jahrhundert setzten nicht zuletzt die Dialoge in *The Importance of Being Earnest* Maßstäbe. Wildes theoretische wie praktische Beiträge zur Thematisierung der Fiktionalität von Drama und Theater wurden jedoch erst später, am nachhaltigsten von Tom Stoppard, wieder aufgegriffen.

20. Jahrhundert bis zur Gegenwart

George Bernard Shaw und das »play of ideas«

Der in Dublin geborene George Bernard Shaw (1856–1950) kam 1876 nach London, wo er sich zunächst als Kritiker durchzuschlagen versuchte. William Archer, der ihn dabei unterstützte, erinnerte sich, wie er Shaw erstmals in der British Library begegnete, wo dieser abwechselnd Karl Marx' *Das Kapital* und Wagner-Partituren studierte. Neben H. G. Wells und der Suffragette Emmeline Pankhurst zählte auch Shaw 1884 zu den Gründungsmitgliedern der Fabian Society, die nach dem römischen Feldherrn Quintus Fabius benannt ist, der den Beinamen *cunctator* erhielt, weil er den Zeitpunkt seiner Schlachten bis zum günstigsten Augenblick hinauszögerte. Nicht durch Revolution, sondern durch Überzeugungsarbeit wollten und wollen die »Fabians« die englische Gesellschaft verändern. Als bekennender Sozialist und Aufklärer fühlte sich Shaw den sozialreformatorischen Anliegen der Fabian Society sein Leben lang verpflichtet. Dass er auch zu den Mitbegründern der London School of Economics gehörte, erklärt sich hieraus ebenso wie seine Mitarbeit am Parteiprogramm der Independent Labour Party von 1893.

Shaws gesellschaftskritisches Engagement prägt auch sein dramatisches Schaffen, das mehr als fünfzig Stücke umfasst. Mit weitaus größerer Deutlichkeit als etwa Dickens, der für sich in Anspruch genommen hatte, dass jeder seiner Romane ein gesellschaftliches Problem aufgreife, thematisierte Shaw die Konflikte seiner Zeit. Damit war eine strukturelle Nähe zu realistisch-naturalistischen Darstellungskonventionen vorgegeben, die Shaw in dem bereits erwähnten Essay *The Quintessence of Ibsenism* (1891) auch verteidigt hatte. Aber Shaw war, wie seine Entwicklung als Dramatiker zeigen sollte, nicht bereit, sich dramaturgischen Zwängen zu unterwerfen. Wie Wilde nutzte er die Popularität des »well-made play« und dachte zugleich schon über dessen Möglichkeiten hinaus. Dies zeigt sich bereits in seinem ersten Stück *Widower's Houses* (1892), das zunächst von keiner Bühne angenommen wurde und erst in J. T. Greins Independent Theatre zur Aufführung gelangte. *Widower's Houses* prangert den »slum-landlordism« an, die nicht nur für den Londoner Osten typische Ausbeutung der sozial Schwächsten durch die Vermietung von Elendsquartieren. Gegen diese Praxis protestiert der junge Arzt Harry Trench, der zu seiner Betroffenheit von dem »slum-landlord« Sartorius jedoch erfahren muss, dass sein eigenes bescheidenes Einkommen aus Hypotheken auf Slum-Quartieren resultiert. Am Ende ist er selbst korrumpiert. Er stimmt Sartorius' Grundstücksspekulationen zu und wird auch dessen Tochter Blanche heiraten, von der er sich wegen der Geschäfte ihres Vaters zuvor getrennt hatte.

Was Shaw anklagt, ist nicht das Fehlverhalten von Einzelnen, wie es schon Dickens getan hatte, sondern, und hierin distanziert er sich vom »well-made play«, das Versagen der viktorianischen Gesellschaft, die sich der Lösung von sozialen Konflikten verweigert. Diese Perspektive bestimmt auch *Mrs. Warren's Profession* (1893), dessen Aufführung der Lord Chamberlain untersagte und das auf einer englischen Bühne erstmals 1902 im New Lyric Theatre gezeigt wurde. Das Aufführungsverbot wurde dadurch umgangen, dass sich das Theater zu einem privaten Klub erklärte und mit der Eintrittskarte eine Mitgliedschaft im Klub erworben wurde – eine Praxis, die langfristig dazu beitragen sollte, die Zensur durch den Lord Chamberlain auszuhöhlen.

Als Begründung für das Aufführungsverbot von *Mrs. Warren's Profession* diente Shaws Thematisierung der Prostitution. In ihrer Jugend stand Mrs. Warren vor der Wahl zwischen einer Zukunft als Fabrikarbeiterin oder der Entscheidung, aus ihrem Aussehen Kapital zu schlagen. Diese Vorgeschichte enthüllt die gesellschaftlich arrivierte Kitty Warren im Gespräch mit ihrer Tochter Vivie, die gerade ihr Studium in Cambridge abgeschlossen hat und von Shaw als emanzipierte »new woman« gezeigt wird. Vivie zeigt Verständnis für die Vergangenheit ihrer Mutter. Sie wendet sich jedoch trotz Mrs. Warrens Flehen um Zuneigung von ihr ab, als sie erfährt, dass deren Wohlstand darin gründet, dass sie gemeinsam mit dem Industriellen Sir George Croft auf dem Kontinent mehrere Bordelle betreibt. In Kitty Warren, am deutlichsten jedoch in Croft, kritisiert Shaw eine kapitalistische Gesellschaft, in der Ausbeutung Selbstverständlichkeit ist. Wie immer sich junge Frauen entscheiden, ob für die Fabrik oder die Prostitution, die Crofts werden stets mitverdienen. Aus diesem Teufelskreis kann nur ausbrechen, wer wie Vivie die Chance bekommen hatte, sich weiterzubilden. Dass hier eine gesellschaftliche Verpflichtung besteht, daran lässt der Fabianer Shaw keinen Zweifel.

Im kommerziellen Theater war für solche explizite Gesellschaftskritik kein Platz, weshalb Shaw seine frühen Stücke 1898 zunächst als *Plays Unpleasant* (*Widower's Houses*; *The Philanderer*; *Mrs. Warren's Profession*) und

Plays Pleasant (*Arms and The Man*; *Candida*; *The Man of Destiny*; *You Never Can Tell*) veröffentlichte. Dem Theaterpublikum wurden sie erst zugänglich, als J. E. Vedrenne (1867–1930) und Harley Granville-Barker (1877–1946) von 1904 bis 1907 das Court Theatre übernahmen. Neben Maeterlinck, Hauptmann, Schnitzler oder Yeats zählte auch Shaw zu den Autoren, die von ihnen als Vertreter eines neuen Theaters und Dramas vorgestellt wurden.

Für Shaw war das Theater ein Ort der Aufklärung, und diesem Verständnis sind die *Plays Pleasant* ebenso verpflichtet wie die nachfolgenden Komödien und ernsten Stücke. Am Beispiel des »chocolate soldier« Bluntschli in *Arms and The Man* (1894) und Napoleons in *The Man of Destiny* (1897) ebenso wie in *Caesar and Cleopatra* (1898) entlarvt Shaw falsches Heldentum und Heldenkult. Nicht minder falsche Vorstellungen über Liebe und Ehe werden in *Candida* (1895) diskutiert, während *John Bull's Other Island* (1904) das romantische Irlandbild auf der Bühne und in der Literatur dekonstruiert, das Boucicault mit *The Colleen Bawn* begründet hatte. Dass Klassengrenzen nicht unüberwindbar sind, zeigte Shaw in *Pygmalion* (1913), wo der Phonetikprofessor Higgins dem Blumenmädchen Eliza Dolittle nicht nur ihren Cockney-Akzent austreibt, sondern aus ihr auch eine Dame macht, die in der Gesellschaft bestehen kann. Zu einem Welterfolg wurde die Musical-Fassung von *Pygmalion* unter dem Titel *My Fair Lady*, die 1956 erstmals am Broadway gezeigt und von George Cukor 1964 mit Rex Harrison und Audrey Hepburn verfilmt wurde. Allerdings verändert das Musical Shaws Stück in einem entscheidenden Punkt. Für Shaws Professor Higgins ist Eliza nur ein Versuchsobjekt, dessen Individualität und Empfindungen ihm nichts gelten, was ihm auch von Eliza vorgehalten wird, die sich von ihm löst. Das Musical schwächt dagegen diese Konfrontation ab und deutet ein *happy ending* an.

Bei allem Streben nach sozialreformatorischer Aufklärung war sich Shaw allerdings immer bewusst, dass ein Theaterpublikum vor allem auch unterhalten werden will. Hieraus erklärt sich sein Experimentieren mit dramatischen Formen, das das Melodrama, das »well-made play«, die Farce und das Historiendrama übergreift. Dem Unterhaltungsbedürfnis des Publikums trug Shaw jedoch vor allem durch den Sprachwitz seiner Dialoge Rechnung, durch die Fähigkeit, komplexe Sachverhalte bildhaft in einem Paradoxon oder mit aphoristischer Brillanz zum Ausdruck zu bringen. Dabei gelang es ihm, Oscar Wilde noch zu übertreffen. Das *Oxford Dictionary of Quotations* führt etwa fünfzig Zitate aus Wildes Werk an, und mehr als hundert aus der Feder Shaws.

Die Intellektualität der Dialoge kann allerdings nicht den Blick dafür verstellen, dass Shaw sich von seinen frühen Stücken an immer konsequenter von der handlungsbezogenen Struktur des »well-made play« und des »problem play« abgewandt hat. An die Stelle der Handlung tritt noch ausgeprägter als bei Wilde die Debatte, der intellektuelle Schlagabtausch, und dementsprechend wandelt sich auch die Funktion der *obligatory scene*, die keinen wirklichen Wendepunkt mehr bringt, sondern nun die Debatte zu ihrem Höhepunkt führt und Shaws kritische Position exemplifiziert. Aus dem »well-made play« wird bei Shaw ein »play of ideas«, Ideendrama.

Bereits um die Jahrhundertwende wird Shaws Ideendrama jedoch thematisch immer einseitiger. Zwar schwindet das sozialkritische Engagement nicht, aber es wird nun verknüpft mit und schließlich überlagert von Shaws Vorstellungen über die Evolution des Menschen und die den Menschen antreibende »life force«. Beeinflusst wurde Shaw hierin von seinem Freund Samuel Butler (1835–1902), den er 1897 kennenlernte und der eine spirituelle Deutung der Naturgeschichte propagierte. Aber auch der Einfluss Lamarcks, von Nietzsches »Übermensch« und von Schopenhauers Philosophie ist erkennbar. Für Shaw ist die »life force« eine der Natur und dem Menschen innewohnende Kraft, die bewusst oder unbewusst das Streben nach Höherentwicklung bis zur Vollkommenheit vorantreibt. Für die Bühne artikulierte Shaw diese Vorstellungen erstmals explizit in *Man and Superman* (1903), das den Untertitel »A Comedy and a Philosophy« trägt. Hier verkörpert die junge Ann Whitefield, die sich entschlossen hat, keinen anderen zu heiraten als ihren Vormund John Tanner, das Prinzip der »life force«. Denn nur in der Ehe mit Tanner, der erfolglos vor seinem Mündel bis nach Spanien flieht, wird Ann über gesellschaftliche Konventionen hinauswachsen und als Mutter ihren Beitrag zur Evolution erbringen können. Ungekürzt würde das Stück eine Spielzeit von mehr als acht Stunden beanspruchen, und dementsprechend selten wurde es in voller Länge inszeniert (erstmals 1915 in Dublin), während das literatur- wie ideengeschichtlich amüsante Zwischenspiel »Don Juan in Hell«, das die Figur des Don Juan entgegen ihrer Tradition interpretiert und ebenfalls in den Kontext der »life force« stellt, öfters zur Aufführung kam.

Noch weit ausführlicher als *Man and Superman* behandelt *Back to Methuselah* (1921), das den Untertitel »A Metabiological Pentateuch« trägt, Shaws Vorstellungen von der Evolution. Die fünf Stücke zeichnen die Menschheitsgeschichte vom Sündenfall (*At the Beginning*) bis zu jenem fernen Punkt (*As Far as Thought Can Reach*) nach, wo der Übermensch Wirklichkeit geworden ist: Mit zwanzig Jahren schlüpft er voll entwickelt aus einem Ei und sieht einer Lebensspanne von über zweihundert Jahren entgegen. *Back to Methuselah* ist eher philosophisches Bekenntnis denn Drama, denn diese langatmige, an Wiederholungen reiche diskursive Erörterung der Evolutionstheorie ist nicht spielbar. Wie sehr dieses Thema jedoch Shaw beschäftigte, bezeugt auch sein nach der Zahl der Inszenierungen erfolgreichstes Stück *Saint Joan* (1923), in dem die Titelheldin, über ihre Zeit, über mittelalterliche

Vorstellungen hinausweisend, ebenfalls das Wirken der »life force« verkörpert.

1925 wurde Shaw für sein literarisches Gesamtwerk mit dem Nobelpreis ausgezeichnet. Er akzeptierte die Ehrung, verzichtete aber auf das Preisgeld. Mit der Preisverleihung wurde sein Beitrag zur Durchsetzung des Theaters als Ort der Aufklärung und des kritischen Hinterfragens ausdrücklich gewürdigt, und der Nobelpreis festigte Shaws Status als bedeutendster zeitgenössischer britischer (und irischer) Dramatiker in der ersten Hälfte des 20. Jahrhunderts. Er selbst sah seinen Beitrag und seine Rolle kritischer. Bereits 1895 hatte er, auch und gerade mit Blick auf sein eigenes Engagement, festgestellt, »a drama with a social question for a motive cannot outlive the solution of that question«. Die Konflikte, die Shaw thematisiert hat, sind zwar keineswegs alle gelöst, aber im 21. Jahrhundert unterliegen sie veränderten Bedingungen, und dies erklärt, weshalb seine Stücke nur noch selten aufgeführt werden.

Das Drama der »Irish Literary Renaissance«: Yeats, Synge, O'Casey

Bereits zwei Jahre vor Shaw war ein weiterer irischstämmiger Autor mit dem Nobelpreis ausgezeichnet worden. William Butler Yeats (1865–1939) erhielt ihn 1923; außer ihm stand Thomas Mann zur Wahl. Obwohl Yeats vor allem als bedeutender moderner Lyriker in die Literaturgeschichte eingegangen ist (s. S. 191f.), zählen zu seinem Schaffen nicht weniger als 26 Dramen, darunter auch zwei Bearbeitungen, *Sophocles' King Oedipus* (1928) und *Sophocles' Oedipus at Colonus* (1934).

Im Gegensatz zu Shaw, der seinen Lebensmittelpunkt in England fand, blieb Yeats seiner irischen Heimat nicht nur treu, sondern engagierte sich vor dem Hintergrund des Ringens um die politische Unabhängigkeit Irlands auch nachhaltig für die Bewahrung der irischen kulturellen Identität. Der irische Freistaat dankte ihm dies mit der Erhebung zum Senator. In seinen Bemühungen, das kulturelle Erbe Irlands lebendig zu erhalten, wurde Yeats von Lady Isabella Augusta Gregory (1852–1932) unterstützt, deren Landsitz Coole Park zur Begegnungsstätte irischer und britischer Literaten wurde. Gemeinsam mit Lady Gregory und dem Dramatiker Edward Martyn (1859–1923) gründete Yeats 1903 das Irish National Theatre, und bereits 1904 konnte mit der finanziellen Unterstützung Annie Hornimans, deren Familie im Teehandel reich geworden war, in der Old Abbey Street in Dublin ein geeignetes Gebäude erworben werden. Das Abbey Theatre ist bis heute Irlands Nationaltheater, und als erstes englischsprachiges Theater überhaupt wurde es seit 1925 aus öffentlichen Mitteln unterstützt.

Im Vorwort zu seinen *Collected Plays* schrieb Yeats 1934, dass bis auf *Calvary* (1920) alle seine Stücke auch im Abbey Theatre gezeigt worden waren. Für die Theaterbesucher um die Jahrhundertwende und in den vier Jahrzehnten danach – Yeats' letzte Dramen, *Purgatory* und *The Death of Cuchulain*, datieren von 1939 – bot Yeats allerdings keine leichte Kost. Den Darstellungskonventionen des »well-made play« und des »problem play« wie auch des »play of ideas« Shaws entzog sich Yeats, indem er überwiegend Versdramen verfasste, die schon durch die Wahl der Stoffe Abstand gegenüber realistischer Wirklichkeitsabbildung signalisierten. Yeats' Protagonisten entstammen wie die Countess Cathleen, wie Deirdre oder der in mehreren Stücken thematisierte Krieger Cuchulain überwiegend der irischen Mythologie, und selbst jene Figuren, die nicht mythologisch verankert sind, agieren in Kontexten, die sie zumeist der Alltagswirklichkeit entrücken.

Bereits in seinem ersten Drama, *The Countess Cathleen* (1892), greift Yeats auf eine Legende zurück. In dem von einer Hungersnot gepeinigten Irland ziehen zwei dämonische Händler übers Land und kaufen Seelen. Cathleen rettet sie, indem sie um den Preis ihrer eigenen Seele diese Seelen zurückkauft und dafür auch ihre Liebe zu dem Dichter Aleel preisgibt. Als Cathleen stirbt, wird ihr Opfer jedoch belohnt, denn ein Engel erscheint dem trauernden und verzweifelten Aleel und verkündet, dass Cathleens Seele vor der Verdammnis gerettet sei. Auch in *Cathleen Ni Houlihan* (1902) zeichnet Yeats Cathleen als Verkörperung Irlands. Das Land befindet sich im Krieg, und während gerade Michael Gillanes Hochzeit vorbereitet wird, erscheint ein altes Weib, das den Bräutigam umwirbt: Sie erzählt ihm, dass um ihretwillen schon viele junge Männer in den Tod gegangen seien. Trotz dieser düsteren Perspektive bringt sie Michael dazu, seine Braut zu verlassen und ihr zu folgen. Als er seinem Elternhaus an ihrer Seite den Rücken kehrt, verwandelt sich das alte Weib jedoch in »a young girl, [with] the walk of a queen«.

Cathleen Ni Houlihan ist vor dem Hintergrund des Kampfes um die Unabhängigkeit von England zu sehen; *The Countess Cathleen* verweist zurück auf die Hungersnot zwischen 1845 und 1849, die durch die Kartoffelfäule verursacht worden war. Für das irische Publikum hatten diese Stücke trotz ihres Verzichts auf realistische Darstellungskonventionen einen unmittelbaren Bezug zur Gegenwart, und deshalb wurden sie auch intensiver rezipiert als das spätviktorianische Versdrama in England. Politisch gelesen wurde auch *The King's Threshold* (1904), wo der König den Dichter Seanchan aus dem Staatsrat verstößt, worauf dieser sich auf der Schwelle des Palastes zu Tode hungert, damit, dem Volksglauben gemäß, Schande über den Herrscher komme. Yeats thematisiert hier das Verhältnis von Macht und Geist und stellt im Vorgriff auf die nationale Unabhängigkeit die Frage, welche Bedeutung die Kunst im Freiheitskampf und im befreiten Irland haben werde. Auch *The Unicorn From the Stars* (1908) umkreist noch diese Problematik.

Demgegenüber treten in den ebenfalls mythologisch verankerten Stücken *On Baile's Strand* (1904) und *Deirdre* (1907) zwar immer noch über die Protagonisten hinausweisende, aber nun nicht mehr explizit politisch grundierte tragische Konflikte in den Vordergrund. In *On Baile's Strand* wird Cuchulain durch seinen Lehnseid zu einem Zweikampf gezwungen. Als er erfährt, dass der junge Mann, den er getötet hat, sein eigener, einst mit Aoife gezeugter Sohn war, schlägt der verzweifelte Cuchulain mit seinem Schwert auf das Meer ein, bis ihn die Fluten verschlingen. *Deirdre* ist eine Liebestragödie, in der Deirdre und ihr Gatte Naoise der Eifersucht des Königs Conchubar zum Opfer fallen, der Deirdre einst hatte aufziehen lassen, um sie dann zur Frau nehmen zu können. Deirdre jedoch flüchtete vor dieser Ehe und folgte Naoise. Yeats lässt diese Vorgeschichte durch einen Sänger erzählen und konzentriert sein Stück auf das tragische Ende des Beziehungskonflikts. Conchubar hat mit falschen Versprechungen Deirdre und Naoise an seinen Hof zurückgelockt und lässt Naoise ermorden. Als Deirdre dies erfährt, entzieht sie sich dem König ein zweites Mal, indem sie den Freitod wählt.

In *The Death of Cuchulain* (1939), seinem letzten Stück, schlägt Yeats nochmals die Brücke zwischen Mythologie und irischer Gegenwart, indem er den mythologischen Helden Cuchulain mit Pearse und Conolly, den Helden des Osteraufstands von 1916, verknüpft.

Yeats' Bereitschaft zum nicht-realistischen Experimentieren auf der Bühne wird am deutlichsten in den Stücken *At the Hawk's Well* (1917), *The Only Jealousy of Emer* (1919), *The Dreaming of the Bones* (ebenfalls 1919) und *Calvary*, die als *Four Plays for Dancers* (1921) eine eigene Werkgruppe bilden. Durch Ezra Pound, den Yeats 1912 kennen gelernt hatte und der 1913–14 sein Sekretär war, erfuhr Yeats von den Darstellungskonventionen des japanischen Nô-Theaters, dessen äußere Merkmale eine gestisch stilisierte Darstellung zu Musikbegleitung sind. Zugunsten der gestischen Darbietung wird der Text reduziert, und die Schauspieler tragen Masken oder sind maskenähnlich geschminkt. All dies übernahm Yeats in den *Four Plays for Dancers* und versuchte, für die Bildhaftigkeit des japanischen Theaters, dessen Symbolsprache er allerdings nicht wirklich durchschaute, Äquivalente zu finden.

In seiner Lösung von realistischen Darstellungskonventionen war Yeats auch von Edward Gordon Craig (1872–1966) beeinflusst, der in *On the Art of the Theatre* bereits 1911 eine Abkehr von dem realistischen, dreidimensionalen, aber inzwischen schon auf einen »well-made drawing-room« reduzierten Bühnenbild gefordert hatte. Craig wollte es durch eine ausgefeilte, die Atmosphäre einer jeweiligen Szene sichtbar werden lassende Lichtregie und auch durch Musik ersetzen. Die *Four Plays for Dancers*, in denen Bühnenanweisungen wie »the stage is any bare place« bereits auf Peter Brooks ein halbes Jahrhundert später als Neuansatz gefeierte Forderung nach einem Theater in einem »empty space« ebenso vorausweisen wie auf die leere Bühne von Samuel Becketts *Waiting for Godot*, tragen Craigs Forderungen bereits Rechnung. Vorausweisend war Yeats aber auch noch in anderer Hinsicht. Als Bertolt Brechts Theater in der zweiten Hälfte des 20. Jahrhunderts Großbritannien erreichte, wurden die zwischen dem dramatischen Geschehen und dem Publikum vermittelnden Kommentator-Figuren als dramaturgische Neuentdeckung gefeiert. In Yeats' Dramen sind sie von *The Countess Cathleen* an bereits vorgegeben in der Gestalt von Bettlern, von weisen Narren, von Blinden, die als die wirklich Sehenden agieren, und von Musikern, die in der Tradition der Barden das sich der Rezeption entziehende, symbolistisch überformte Geschehen für das Publikum nicht nur beschreiben, sondern in ihren Kommentaren übersetzen und dabei die Brücke schlagen zwischen der »Mauerschau« des Chors im antiken Drama und der ironischen Distanznahme. Damit reicht Yeats' Einfluss auf das Drama des 20. Jahrhunderts über seinen Beitrag zur Erneuerung des poetischen Dramas hinaus.

Dass Yeats auch innerhalb realistischer Darstellungskonventionen hätte erfolgreich sein können, bezeugt der komische Einakter *The Pot of Broth* (1904). In dieser komödiantischen Vignette schwatzt ein hungriger Landstreicher einer einfältigen Bäuerin das für den Pfarrer vorgesehene Essen ab, indem er ihr weismacht, er habe einen Zauberstein, den man nur mit Wasser kochen müsse, und welches auch immer gewünschte Mahl, ja sogar Whisky, werde den Topf füllen. Als Direktor des Abbey Theatre war Yeats für realistisch ernsthafte wie für komödiantische Darstellungen der irischen Alltagswelt durchaus aufgeschlossen, zog es aber vor, sie anderen zu überlassen.

Ende 1896 hatte Yeats in Paris John Millington Synge (1871–1909) kennen gelernt, der nach Abschluss seines Studiums in Dublin den Kontinent bereiste und sich nun in Paris sowohl auf dem Gebiet der französischen Literatur wie in der noch jungen Disziplin Keltologie weiterbildete. Yeats gelang es, Synge dazu zu überreden, die akademische Forschung am Schreibtisch zugunsten der Feldforschung im Westen Irlands aufzugeben, und 1898 zog Synge auf die kargen Aran-Inseln in der Bucht von Galway, mit dem Ziel »[to] express a life that has never found expression«.

Unmittelbaren Niederschlag fand diese Erfahrung des entbehrungsreichen Lebens auf den Aran-Inseln in dem Einakter *Riders to the Sea* (1904). Synges Protagonisten werden hier glaubhaft, weil sie ihr tragisches Schicksal in Worte und Bilder fassen, die ihrem Erfahrungshorizont entsprechen, aber zugleich von poetischer Intensität sind. So realistisch sie auch erscheinen, Synges Figuren sind keineswegs nur nach dem Leben gezeichnet. In die Dialoge hineingewoben sind Verweise auf Mythen und Legenden, und der Aufbau von *Riders to the Sea* folgt, beginnend mit der Vorahnung der alten Maurya bis hin zur resignativen Akzeptanz des Schicksals, dem Vorbild der griechischen Tragödie. Synges Stücke sind intertextuelle Synthesen von Folklore und dramatischen Konventionen. Gegenüber deren normativem Anspruch war Synge durchaus unbefangen, wie sich in der Vereinnahmung Ibsens in seinem ersten Stück, dem komischen Einakter *In The Shadow of the Glen* (1903), zeigt. Das gilt auch für die Komödie *The Tinker's Wedding* (1907), die erst 1909 in London uraufgeführt wurde, weil Synges antiklerikale Botschaft als für das Abbey Theatre zu brisant erachtet worden war. Im Vorwort zu *The Tinker's Wedding* schreibt Synge:

> The drama, like the symphony, does not teach or prove anything. Analysts with their problems, and teachers with their systems, are soon as old-fashioned as the pharmacopoeia of Galen – look at Ibsen and the Germans – but the best plays of Ben Jonson and Molière can go no more out of fashion than the blackberries on the hedges.

Aus dieser Einstellung heraus kann Synge in *Deirdre of the Sorrows* (1910) in gewolltem Gegensatz zu Yeats' Version, die dem Vorbild der antiken Tragödie folgt, Deirdres Geschichte als episch angelegtes Drama gestalten, in dem Deirdres Amme Lavarcham die Kommentator- und Mittlerrolle zufällt. Synge hat sein letztes Stück mehrfach überarbeitet, ohne es endgültig abschließen zu können. In *The Playboy of the Western World* (1907), seinem erfolgreichsten Werk, fügt er Satire in der Tradition Ben Jonsons, Sittenkomödie und Farce zu einer Tragikomödie zusammen, die auf die Ödipus-Thematik zurückverweist. Mit der Geschichte, er habe seinen tyrannischen Vater mit einem Spaten erschlagen, wird Christie Mahon zum romantischen Helden, der eine ganze Dorfgemeinschaft, vor allem die junge Wirtstochter Pegeen begeistert. Doch der tot geglaubte Vater taucht auf der Suche nach seinem Sohn auf, und um sein Ansehen insbesondere bei Pegeen zu retten, schlägt Christie den Vater erneut nieder. Aber nun wendet sich die Dorfgemeinschaft, die angesichts realer Gewalt die romantische Gewaltverklärung abschüttelt, gegen Christie, der fürchten muss, gelyncht zu werden. An diesem Punkt erscheint Christies Vater, der auch den zweiten Angriff überlebt hat, erneut. Stolz darauf, dass aus seinem ehemals schüchternen Sohn ein Mann geworden ist, rettet er Christie und verlässt mit ihm das Dorf. Als tragische Verliererin bleibt Pegeen zurück, die sich des Unterschieds zwischen Christie und ihrem schwächlichen, dem Priester hörigen Verlobten Shawn voll bewusst geworden ist. Allerdings wurde die Uraufführung in Dublin zum Skandal, da sich das Publikum sowohl in seinem Nationalstolz wie in seinem Moralverständnis verletzt fühlte. Yeats weigerte sich, das Stück abzusetzen, und während der »Playboy riots« wurde vor dem Abbey Theatre demonstriert, während drinnen die Vorstellung unter Polizeischutz stattfand.

Wie empfindlich das irische Publikum zu reagieren vermochte, wenn es sich verfälscht dargestellt wähnte, sollte auch Sean O'Casey (1880–1964) erfahren, der sich aus einer sozialistischen Grundhaltung heraus expliziter als Yeats oder Synge mit der politischen Wirklichkeit Irlands auseinandersetzte. Als Dramatiker erzielte er erst mit seinem fünften Stück, dem Zweiakter *The Shadow of a Gunman* (1923), einen Erfolg. O'Casey rechnet hier kritisch mit der Heldenverklärung ab, die aus dem Kampf der irischen Nationalisten gegen die »Black and Tans«, die zum großen Teil aus Kriminellen rekrutierten Hilfstruppen der Briten, hervorgegangen war. Heldenhaft verhält sich in diesem Stück keiner der männlichen Protagonisten, sondern allein die junge Minnie Powell, die während einer Razzia eine Tasche voller Handgranaten zu verstecken versucht, dabei verhaftet wird und dann in einem Feuergefecht zwischen den Briten und den irischen Nationalisten als »collateral damage« den Tod findet.

Auch die Tragikomödie der Familie Boyle in *Juno and the Paycock* (1924) rückt eine Frau in den Mittelpunkt. Juno Boyle versucht vergeblich, die an der Armutsgrenze lebende Familie zusammenzuhalten. Ihr Mann, der »Pfau«, ist ein arbeitsscheuer, dem Alkohol verfallener Schwadroneur, und ihr Sohn Johnny wird von den Nationalisten als Verräter ermordet. Unterstützung findet Juno zunächst bei ihrer Tochter Mary, aber diese verliebt sich in einen Engländer, der sie sitzenlässt, als sie ein Kind erwartet. Als sich schließlich eine vermeintliche Erbschaft, die zum Beginn des Stücks insbesondere bei »Captain« Jack Boyle aberwitzige Träume von sozialem Aufstieg auslöst, als Illusion erweist, trifft Juno eine weitreichende Entscheidung. Sie trennt sich von ihrem Mann, um gemeinsam mit Mary deren Kind aufzuziehen. Zurück bleiben in *Juno and the Paycock* lebensuntüchtige Männer, die wie Boyle und sein Saufkumpan Joxer in der Schlussszene voller Selbstmitleid den Weltzustand bejammern, denen für Verantwortung und Veränderung aber die Kraft fehlt. Wie die mythologische Juno mit ihrem heiligen Pfau ist auch Juno Boyle die ›Schutzheilige‹ der Familie. Doch indem sich Juno Boyle von ihrem »Pfau« trennt, dekonstruiert O'Casey zugleich die Mythisierung der Familie, die in Irland, wo bis in die jüngste Vergangenheit Scheidung, Verhütung und Abtreibungen verboten waren, vor allem von der katholischen Kirche betrieben wurde. Im zeitgeschichtlichen Kontext war Juno Boyles Entscheidung revolutionär.

Juno and the Paycock ließ man nicht zuletzt wegen des hohen Unterhaltungswerts dieser Tragikomödie O'Casey noch durchgehen. Als er jedoch in *The Plough and the*

Stars (1926), das in vier Akten die Vorgeschichte des Osteraufstands von 1916 sowie dessen Verlauf kritisch beleuchtet, die Heroisierung der Protagonisten dieses politisch wie militärisch von vornherein aussichtslosen Unterfangens in Frage stellte und, statt staatstragend die Glorifizierung der Helden des »Easter Rising« fortzuschreiben, die tragischen Konsequenzen der Erhebung in den Vordergrund rückte, kam es zum Eklat. Auch gegen *The Plough and the Stars* demonstrierten irische Nationalisten, und dem als »Nestbeschmutzer« angeprangerten O'Casey wurde bewusst, dass er als Dramatiker in Irland keine Zukunft mehr haben würde. O'Casey ging nach England ins Exil.

Mit *The Plough and the Stars*, dessen Titel sich auf die Fahne der Irish Citizen Army bezieht, begann sich O'Casey zugleich von den Darstellungskonventionen des »well-made play« zu lösen. Expressionistischer Stilmittel, die auf den Einfluss Strindbergs und O'Neills zurückverweisen, bediente sich O'Casey in *The Silver Tassie* (1928). Symbolistisch geprägt ist *Within the Gates* (1933), während in *The Star Turns Red* (1940) und *Red Roses for Me* (1942) die Distanznahme gegenüber realistischen Darstellungskonventionen hinter dem politischen Lehrstück zurücktritt.

Auf spezifisch irische Themen ging O'Casey nochmals in seinem Spätwerk mit den Dramen *Cock-A-Doodle Dandy* (1949), *The Bishop's Bonfire* (1955) und *The Drums of Father Ned* (1958) ein. Hier verbindet sich die Kritik an der reaktionären Politik von Staat und Kirche mit dem Appell an die Jugend, Irland in eine fortschrittlichere Zukunft zu führen. Naturalistisches Theater mischt sich in diesen Stücken mit poetischer Überhöhung, mit Romanze und Satire, und O'Casey entgrenzt die Wirklichkeitsdarstellung bis hin zum Märchenspiel.

Indem sich die Dramtiker der »Irish Literary Renaissance« in ihren Stücken über den normativen Anspruch der Poetik des »well-made play« hinwegsetzten, beeinflussten sie deren Überwindung auch in England. Yeats wurde zum Wegbereiter für die Erneuerung des poetischen Dramas, Synge zeigte die Vereinbarkeit von Realismus und Intertextualität, und O'Casey genoss nicht nur die Wertschätzung Samuel Becketts, sondern auch jener sozialkritisch engagierten jungen Dramatiker, die nach 1956 hervorgetreten sind und sich ebenfalls vom »well-made play« gelöst haben.

Für Irland begründeten Yeats, Synge und O'Casey aber auch eine eigenständige Theatertradition, in der Gegenwartsdramatiker wie Brian Friel und Thomas Kilroy, Anne Devlin, Frank McGuiness oder Sebastian Barry stehen. Sie werden zwar alle auch in Großbritannien gespielt, aber sie gehören in den Kontext der irischen Nationalliteratur und sind für eine Geschichte der englischen Literatur nicht mehr vereinnahmbar.

Realistisches und poetisches Drama bis zur Jahrhundertmitte

Während das irische Drama aufblühen konnte, weil das Abbey Theatre in Yeats einen als Dichter der Moderne verpflichteten Direktor hatte, dominierte im kommerziellen Theater Englands das Festhalten am »well-made play«, dessen Realismusanspruch vom Publikum nicht in Frage gestellt wurde. Ohne sich den Kopf darüber zerbrechen zu müssen, welche Bedeutungsfunktion nicht-realistischen Darstellungskonventionen zukommen könnte, konnten sich die Zuschauer auf die Handlung, auf den ihr zentralen Konflikt konzentrieren, und dies in der Gewissheit, dass dieser kausallogisch nachvollziehbar aufgelöst werden würde.

Zu denen, die diesen Bedarf bedienten, zählt Harley Granville-barker (1877–1946). Aus seiner Kenntnis der

Grenzen des kommerziellen Theaters heraus versuchte er zusammen mit J. E. Vedrenne im Court Theatre eine Plattform für neue Dramatiker zu schaffen, und gemeinsam mit William Archer forderte er in *Scheme and Estimates for a National Theatre* (1904), dass anspruchsvolles Theater staatlicher Förderung bedürfe. Einen bedeutenden theoretischen Beitrag lieferte er auch mit den *Prefaces to Shakespeare* (1927–46), die seine eigenen Shakespeare-Inszenierungen zum Ausgangspunkt nehmen. Als Dramatiker war Granville-Barker jedoch eher darauf bedacht, den Publikumserwartungen gerecht zu werden. Seine Stücke spielen in der Welt des gehobenen Bürgertums und thematisieren Konflikte aus dessen Erfahrungswelt. Dabei versuchte Granville-Barker allerdings, nach den Maßstäben der Zeit fortschrittliche Positionen zu beziehen. In *The Marrying of Anne Leete* (1901) griff er am Beispiel eines Geschwisterpaars das noch immer populäre Thema der Heirat über Standesgrenzen hinweg auf. Beide Geschwister geben dem Zwang zu sozialer Konformität nicht nach und entscheiden sich für einen sozial nicht ebenbürtigen, aber menschlich wertvollen Partner. In *Waste* (1907) wird der aufstrebende Politiker Henry Trebell, der im Interesse seiner Karriere auch eine neue Beziehung mit einer verheirateten Frau aus der Oberschicht eingeht, von seiner verlassenen Geliebten damit konfrontiert, dass das Verhältnis nicht ohne Folgen geblieben ist. Als Folge einer misslungenen Abtreibung sterben Mutter und Kind, und Trebells Karriere ist ruiniert, noch bevor sie richtig begonnen hat. Die Abtreibung steht nicht im Mittelpunkt von Granville-Barkers Stück, sondern hat die Funktion, Trebells Fehlverhalten zu verdeutlichen. Für den Zensor reichte dies allerdings für ein Aufführungsverbot, und *Waste* wurde 1936 erstmals öffentlich gezeigt.

Waste und auch *The Madras House* (1910) entgrenzen nach dem Vorbild Shaws das »well-made play« zum »play of ideas« und sind eher diskursiv denn handlungsorientiert angelegt. Seinen größten Erfolg erzielte Granville-Barker mit dem formal konventionelleren *The Vosey Inheritance* (1905). Jedoch unterläuft Granville-Barker das konventionalisierte *happy ending* als Affirmation des Guten und Richtigen. Belohnt wird die Unmoral, und gezeigt wird, wie die Gesellschaft einen ursprünglich moralisch verantwortungsbewussten Menschen korrumpieren kann.

Auch in den Stücken des vor dem Ersten Weltkrieg erfolgreichen St. John Hankin (1869–1909) treten an die Stelle der *happy endings* Konfliktlösungen, die als *unhappy happy endings* die Ambivalenz gesellschaftlicher Konstellationen in den Vordergrund rücken und implizit kritisieren, ohne jedoch eine ideologisch legitimierte Veränderung einzufordern. In *The Two Mr. Wetherbys* (1903) und *The Return of the Prodigal* (1905) variiert Hankin das Motiv der ungleichen Brüder in der Tradition von Sheridans *The School for Scandal* und hinterfragt mit Figuren wie Richard Wetherby und Eustace Jackson erfolgreich die prätendierte Moral des edwardianischen Dramas. *The Cassilis Engagement* (1907) und *The Last of the De Mullins* (1908) brechen mit dem Klischee, dass über Klassengrenzen hinweg geschlossene Ehen ausnahmslos zu glücklichen Partnerbeziehungen führen.

Dass bei der Darstellung von Frauen mit außerehelichen sexuellen Erfahrungen die rigide Position der Viktorianer, die in dem Diktum »the woman always pays« zum Ausdruck kommt, ein Gesinnungswandel zugunsten eines wachsenden Verständnisses für die Situation der Frauen soziologisch unumgänglich war, bestätigt auch Stanley Houghton (1881–1913) in *Hindle Wakes* (1912). In der kleinen Industriestadt Hindle hat sich die Spinnereiarbeiterin Fanny Hawthorn auf eine Affäre mit dem bereits verlobten Sohn des Fabrikbesitzers, Alan Jeffcote, eingelassen. Fannys Eltern drängen auf eine Legalisierung der Messalliance, und auch Alans Vater fordert den Sohn auf, sich den Konsequenzen seines Tuns zu stellen. Als dieser

Fanny darob einen Heiratsantrag macht, wird er jedoch als ein »lad« zurückgewiesen, der ihrer nicht würdig sei: »The chap Fanny Hawthorn weds has got to be made of different stuff from you!«. Fanny bekräftigt, dass Frauen ebenso wie Männer ein Recht auf ein sexuelles Abenteuer haben und sich deswegen nicht binden müssen. Auch John Galsworthy (1867–1933) hat eine vergleichbare Thematik nicht ausgespart, etwa in *The Eldest Son* (1912).

Im Kontext ihrer Zeit waren die von den Autoren realisierten Konfliktlösungen provokativ. Aber wie Shaw es vorausgesehen hatte, konnten die Stücke ihre Aktualität nur so lange behaupten, wie Emanzipation ein dominierendes gesellschaftliches Thema war. Das gilt auch für jene Stücke, in denen nicht das Verhältnis der Geschlechter im Kontext sozialer Konstellationen erörtert wird, sondern soziale Fragen als Klassenkonflikte dargestellt werden. Hankin, Houghton und auch Galsworthy zählen zur sogenannten Manchester-Schule, die Teil der Repertoiretheaterbewegung in England war. Repertoiretheater, die als Alternative zur Londoner Theaterszene verstanden wurden, entstanden zwischen 1908 und 1913 in Industriestädten wie Glasgow, Liverpool, Birmingham und Manchester, wo Annie Horniman 1908 ein zweites Mal das Geld für ein Theater, das Gaiety Theatre, bereitstellte. Vom Gaiety Theatre gingen wesentliche Impulse für ein sozialkritisch engagiertes Theater aus, das nicht nur Mittelschicht-, sondern auch Unterschichtkonflikte auf der Bühne zeigen wollte. Zu diesem sozialkritischen Engagement gehört die Wahl programmatischer Titel für die Stücke, was Hankins *Waste* ebenso exemplifiziert wie Houghtons *Independent Means* (1909) oder *The Fifth Commandment* (1913). Mit *Strife* (1909) verweist Galsworthy schon im Titel darauf, dass hier der Klassenkonflikt am Beispiel eines Streiks analysiert wird, und in *Justice* (1910) zeigt er, wie ein kleiner Angestellter, der Geld veruntreut hat, weil er eine Frau aus ihrer unglücklichen

Ehe befreien will, von einer nur nach dem Buchstaben des Gesetzes richtenden Justiz vernichtet wird. Mit *Justice* gab Galsworthy immerhin den Anstoß für eine Justiz- und Gefängnisreform. Auch vor dem Thema Rassismus schreckte er nicht zurück. Als in *Loyalties* (1922) ein nur wegen seines Reichtums in der Gesellschaft geduldeter Jude von seinen Gastgebern verlangt, die Polizei solle aufklären, wer ihm die Summe von fast 10 000 £ – was 1922 ein Vermögen bedeutete – aus seinem Zimmer gestohlen habe, wird das Opfer für diese als unangemessen empfundene Forderung sozial geächtet.

Als Dramatiker am erfolgreichsten war Galsworthy mit seinem ersten Stück *The Silver Box* (1906), das ebenfalls Klassenjustiz anprangert. Aber auch wenn bei Galsworthy das Handlungsmuster des »well-made play« sich wieder dem der Tragödie annähert, so hat das realistische Drama vor dem Ersten Weltkrieg trotz seines unstrittigen sozialkritischen Engagements auf die Weiterentwicklung der Gattung keinen nachhaltigen Einfluss gehabt. Die »Edwardians« modifizierten in inhaltlicher Hinsicht die von den viktorianischen Dramatikern bezogenen Positionen, ohne jedoch gleichzeitig einen dramenästhetischen Neuanfang anzustreben.

Sieht man davon ab, dass die Regierung 1916 mit der »Entertainment Tax« eine relativ hohe Vergnügungssteuer einführte, so blieb der Erste Weltkrieg für die Theaterindustrie ohne wirklich tiefgreifende Folgen. Aus Furcht vor einem Einbruch der Besucherzahlen hatten die Manager bei Kriegsbeginn die Gehälter der Schauspielerinnen und Schauspieler bis um die Hälfte gekürzt, doch erwies sich diese Vorsichtsmaßnahme als unbegründet. Da in England selbst keine Kampfhandlungen stattfanden und Darsteller, die als Stars galten, entweder gar nicht oder nur kurzfristig einberufen wurden, konnte der Theaterbetrieb weitergehen. Dem patriotischen Enthusiasmus, der den

Kriegseintritt begleitete, suchte man allerdings auch auf der Bühne Rechnung zu tragen. LECHMERE WORRALLS und HAROLD TERRYS *The Man Who Stayed at Home* (1914) steht am Anfang einer Reihe von Stücken, die bereits mit Titeln wie *The War Baby*, *The Enemy in Our Midst* oder *Are We Downhearted? No!* ihre vaterländische Gesinnung und die unerschütterliche Gewissheit des Sieges über die »Hunnen« propagierten. Aus dramenästhetischer Sicht waren diese Stücke bedeutungslos.

Dass angesichts des Krieges das Theater verstärkt ernsthafte Themen auf die Bühne bringen sollte, dachten auch anspruchsvollere Manager wie Granville-Barker, der aus Thomas Hardys dramatischem Gedicht *The Dynasts* (1904–08) jene Passagen inszenierte, in denen die Briten siegreich sind. Auch in Shakespeare-Inszenierungen wurde die nationalistische Deutung in den Vordergrund gerückt. Allerdings zeigte sich sehr schnell, dass die auf Heimaturlaub befindlichen Soldaten, für die Sondervorstellungen zu ermäßigten Preisen angeboten wurden, am ernsthaften Drama wenig Interesse zeigten. Wesentlich populärer waren Revuen mit suggestiven Titeln wie *Hot Lips* oder *High Heels and Stockings*. Von dem Bedürfnis nach eskapistischer Unterhaltung, das Heimaturlauber und große Teile der Zivilbevölkerung einte, profitierte vor allem das Musical. *Chu Chin Chow* etwa, das 1916 im Her Majesty's Theatre inszeniert wurde, erzielte mit insgesamt 2238 Aufführungen einen neuen Rekord.

Die hier erkennbare Tendenz, auf der Bühne die Auseinandersetzung mit den Konsequenzen der Kriegserfahrungen für den Einzelnen wie für die britische Gesellschaft eher zu verdrängen als zu verarbeiten, wird auch darin evident, dass nur wenige Stücke diese Thematik aufgreifen. Der zur Manchester-Schule um Annie Hornimans Gaiety Theatre zählende ALLAN MONKHOUSE (1856–1936) erzielte mit *The Conquering Hero* (1924) kaum mehr als einen Achtungserfolg. Wie britische Soldaten den

Grabenkrieg erlebten, versuchte R. C. SHERRIFF (1896–1975) in *Journey's End* 1928 zu zeigen, wo die Zentralfigur, Captain Stanhope, längst den Hurra-Patriotismus verloren hat und angesichts des sinnlosen Opfertods seiner Männer zum Alkoholiker geworden ist. Für den jungen Laurence Olivier war der Part des Captain Stanhope (den später auch einmal der nachmalige britische Premierminister Tony Blair in einer Schulaufführung spielen sollte) eine seiner ersten bedeutenden Rollen, und im Gegensatz zu den anderen Stücken über den Ersten Weltkrieg hat sich *Journey's End*, das auch verfilmt wurde, bis in die jüngste Gegenwart auf der Bühne halten können. Dagegen scheiterte SOMERSET MAUGHAM (1874–1965) mit *For Services Rendered* (1932), einer bitteren Studie über verlorene Ideale, die bereits im Schatten des nächsten Weltkriegs steht, beim Publikum. NOEL COWARDS (1899–1973) *Post Mortem* von 1930, in dem ein verwundeter Soldat vor seinem Tod noch einmal London besucht, blieb bis 1968 unaufgeführt. Mit Ausnahme von O'Caseys bereits erwähnten *The Silver Tassie* folgen die den Ersten Weltkrieg thematisierenden Stücke den Konventionen des »problem play«.

Mit Maugham und Coward rückte zwischen den Weltkriegen eine neue Generation von Dramatikern in den Vordergrund, zu der auch TERENCE RATTIGAN (1911–1977) und JOHN BOYNTON PRIESTLEY (1894–1984) zählen. Bis 1956 dominierten sie die britischen Bühnen und wurden für ihre Verdienste um das britische Theater und die britische Literatur entweder in den Adelsstand erhoben oder, wie Priestley, zumindest mit dem Order of Merit ausgezeichnet. Gemeinsam ist ihnen auch, dass sie sich als Dramatiker sowohl auf dem Gebiet der Komödie wie am ernsthaften Gesellschaftsdrama versuchten, wobei in den Stücken die Grenzen manchmal fließend sind. Der umfangreichste Beitrag zum ernsthaften Gesellschaftsdrama bis zur Jahrhundertmitte kam aus der Feder Priestleys, der insgesamt vierzig Dramen, einige davon mit Koautoren, geschrieben hat.

Im Vorwort zu der 1948 erschienenen Gesamtausgabe der von ihm bis dahin verfassten Stücke wehrt sich Priestley gegen den Vorwurf, er habe sich den im kommerziellen Theater bevorzugten Darstellungskonventionen des »well-made play« widerspruchslos untergeordnet:

> [...] the theatrical tradition of our time is a naturalistic tradition, and so I have in the main had come to terms with it. But [...] actually I have always fretted and conspired against downright naturalism. I have spent a good many of my working hours devising means to conjure audiences away from the prevailing tradition, after persuading them, perhaps for the first half-hour of a play, that they were safely within its bounds.

Dass Priestleys Anspruch, er habe die Darstellungskonventionen des »well-made play« aufzubrechen versucht, nicht unberechtigt ist, zeigt bereits sein erstes Stück, *Dangerous Corners* (1932). Es beginnt auf noch dunkler Bühne melodramatisch mit einem Revolverschuss, doch der kommt aus dem damals noch neuen Medium Radio und beendet ein mehrteiliges Hörspiel, das den sprechenden Titel »The Sleeping Dog« trägt. Um »schlafende Hunde« geht es in den drei Akten von *Dangerous Corners*, denn hinter der Fassade der Protagonisten aus der gehobenen Mittelschicht werden Konflikte deutlich, die ihre Wurzeln in emotionalen Verstrickungen haben, in denen es um Drogenmissbrauch und Mord geht, und die mit dem Selbstmord des Gastgebers enden. Aber genau an diesem Punkt, der mit der konventionellen *obligatory scene* zusammenfällt, nimmt Priestley sein Stück auf die Eingangsszene zurück. Das Radio wird ausgeschaltet, und das Publikum muss sich fragen, was es eigentlich gesehen hat – lebenswirkliche Konflikte, oder eine szenische Präsentation des Hörspiels, das die Bühnenfiguren gehört haben, bevor sich der Vorhang hob? Denn im »replay« endet der Abend harmonisch, weil sich die Protagonisten hüten, ihre wahren Gefühle und ihre Vergangenheit preiszugeben.

In seinem Experimentieren mit der Zeitstruktur des Dramas war Priestley durchaus auf der Höhe der wissenschaftlichen Diskussion seiner Zeit. Er versuchte, Theorien über das Wesen der Zeit, wie sie J. W. Dunne 1927 in *An Experiment With Time* und P. D. Ouspensky in *A New Model of the Universe* (1931) entwickelt hatten, für das Drama fruchtbar zu machen. Die linear progressive Zeitstruktur des »well-made play«, die von der Präzisierung des Konflikts in der Exposition zu dessen Lösung hinführt, bricht er auch in *Time and the Conways* (1937) auf. Der erste Akt spielt an einem Herbstabend 1919 und zeigt die Geburtstagsfeier Kays, einer der Töchter der verwitweten Mrs. Conway. In diesem Akt offenbaren Mrs. Conway, ihre Kinder und deren Freunde ihre Zukunftsprojektionen, ihre Träume und Wünsche. Der zweite Akt, obwohl er laut Regieanweisung äußerlich scheinbar nahtlos an den ersten anschließen soll, erweist sich als Vorausblende, denn er spielt im Aufführungsjahr 1937 und zeigt das Scheitern fast aller Hoffnungen. Im dritten Akt kehrt Priestley auf die Zeitebene des ersten zurück. Dadurch erhalten die Zuschauer die Möglichkeit, das Handeln und Denken der Protagonisten aus der Kenntnis der diesen noch verborgenen Zukunft zu beurteilen. Sie werden, auf das Theater nach 1956 vorausweisend, zu einem nicht nur rezipierenden, der Entfaltung der Handlung folgenden, sondern zu einem intellektuell partizipierenden Publikum.

Um Zeit, in diesem Fall festgemacht an dem Thema der Reinkarnation, geht es auch in *I Have Been Here Before* (1937). Priestley war aber auch mit eher konventionell gebauten Stücken erfolgreich. *Laburnum Grove* (1933), untertitelt »an immoral comedy in three acts«, ist eine Beziehungskomödie, die in einer Londoner Vorstadt spielt, während das ebenfalls komödiantische *Eden End* (1934) die Verwicklungen zwischen den Mitgliedern eines Provinztheaters beleuchtet. Seinen nachhaltigsten Bühnenerfolg erzielte Priestley jedoch 1946 mit *An Inspector Calls.* Im Haus Arthur Birlings, eines erfolgreichen Industriellen, für den die Erhebung in den Adelsstand bevorsteht, feiert man im Familienkreis die Verlobung seiner Tochter Sheila mit Gerald Croft. Außerdem anwesend sind Sheilas Bruder Eric und ihre Mutter Sybil. Das familiäre Zusammensein wird unterbrochen durch die Ankunft eines Polizeiinspektors names Goole, der mitteilt, dass eine junge Frau, Eva Smith, Selbstmord begangen hätte und es hinsichtlich des Motivs hierfür Fragen gäbe. Im Verlauf der Befragung stellt sich dann heraus, dass jeder der Anwesenden Mitschuld an Eva Smiths Freitod trägt. Vor diesem Hintergrund formuliert der Inspektor Priestleys moralische Botschaft:

> Eva Smith's gone. You can't do her any more harm … One Eva Smith has gone – but there are millions and millions and millions of Eva Smiths and John Smiths still left with us, with their lives all intertwined with our lives. We don't live alone. We are members of one body. We are responsible for each other. Good night.

Diese Aussage bliebe melodramatischer Appell, wenn Priestley an dieser Stelle den Vorhang hätte fallen lassen. Nach dem Abgang des Inspektors halten sich die Birlings jedoch nicht lange mit Selbstvorwürfen auf, sondern beginnen, an der Identität des Inspektors zu zweifeln. Tatsächlich stellt es sich heraus, dass es keinen Inspektor Goole bei der Polizei gibt und dass an diesem Abend auch keine junge Frau Selbstmord begangen hat. Damit wird es allen Beteiligten möglich, sich über die Infragestellung ihres Verhaltens hinwegzusetzen, wogegen sich allein Sheila wendet, die eine im Vergleich mit den anderen nur geringe Schuld trägt. Aber gerade als Arthur Birling seine Tochter als »hysterisch« zu Bett schicken will, klingelt das Telefon erneut, und wieder ist es die Polizei, die das Eintreffen eines Inspektors ankündigt …

An Inspector Calls wurde aufgrund des Aufrufs zu gesellschaftlicher Mitverantwortung nicht nur im Nachkriegs-England, sondern auch auf dem Kontinent und in den USA ein Erfolg. Demgegenüber wurde die theatergeschichtliche Bedeutung dieses Stücks lange unterschätzt. Bis zum zweiten Anruf der Polizei, der das Drama beendet und die Birlings betroffen zurücklässt, folgt Priestley den Darstellungskonventionen des »well-made play« konsequent. Auf Ibsen zurückverweisend werden in diesem »drawing-room drama« Vorgeschichten als in ihren Konsequenzen tragisch enthüllt. In diesen Enthüllungen wird der Realismusanspruch des »problem play« von Priestley jedoch zugleich kritisch thematisiert. Dass ausgerechnet die Mitglieder einer einzigen Familie – Gerald Croft hier zugerechnet – alle zum tragischen Ende einer Jedermann-Figur beigetragen haben, ist textimmanent zwar kausallogisch schlüssig begründet, aber lebensweltlich nicht plausibel. Mit *An Inspector Calls* hinterfragt Priestley den Realismusanspruch des Theaters seiner Zeit, indem er Wirklichkeit nicht abbildet, sondern fingiert. Der Zweifel der Birlings an der Identität des Inspektors, dessen Name zudem die Vorstellung von einem Nachtmahr (*ghoul*) anklingen lässt – für die Birlings verläuft der Abend in der Tat wie ein schlechter Traum –, trägt der Skepsis des Publikums gegenüber dem Handlungsverlauf Rechnung. Dies war von Priestley beabsichtigt. *An Inspector Calls* ist eine fiktionale Konstruktion von Wirklichkeit, die ihre Fiktionalität nicht zu verschleiern versucht und damit auf das Theater in der zweiten Hälfte des 20. Jahrhunderts vorausweist, wo der Schwerpunkt des Dramas vom Abbild hin zum Bild verlagert wird. Dass dadurch der Wirklichkeitsbezug im Sinne der moralisch-gesellschaftskritischen Aussage nicht aufgehoben wird, sondern sogar intensiviert werden kann, unterstreicht Priestley mit dem zweiten Telefonanruf der Polizei.

Rücksichtnahme auf konventionalisierte Ansprüche prägt das Werk Terence Rattigans. Er war der Sohn eines britischen Diplomaten, dessen Karriere jedoch ein abruptes Ende fand, als er eine Liaison mit der Königin von Griechenland begann. Die Gesellschaftsschicht, der er selbst entstammte, ist auch die Welt von Rattigans *dramatis personae*. Seinen ersten Bühnenerfolg erzielte er mit der Boulevardkomödie *French Without Tears* (1936), in der eine Gruppe von Engländern, die ihren Frankreichurlaub mit einem Sprachkurs verbinden wollen, sich der Avancen der jungen Diana Lake erwehren muss. In der Uraufführung wurden die Hauptrollen von Rex Harrison, Trevor Howard und Jessica Tandy gespielt, damals allesamt noch junge, unbekannte Talente. Nicht zuletzt aufgrund ihrer engagierten Darstellung erlebte *French Without Tears* insgesamt 1030 Aufführungen.

Dass er auch ernsthafte Themen zu gestalten wusste, zeigte Rattigan 1946 mit *The Winslow Boy*, das den Archer-Shee-Prozess von 1908 für die Bühne aufbereitet. Damals hatte der Bankier Archer Shee erfolgreich gegen die Marine prozessiert, nachdem sein Sohn wegen eines angeblichen Scheckbetrugs von einer Kadettenanstalt verwiesen worden war. Höhepunkt von Rattigans Stück ist ein Kreuzverhör, in dem sich der von Arthur Winslow engagierte Staranwalt Robert Morton vor der Übernahme des Falls vergewissert, dass der junge Ronnie Winslow tatsächlich unschuldig ist. Danach setzt Morton Ronnies Rehabilitierung gegen alle Widerstände durch, dies allerdings um einen hohen Preis. Nach dem Sieg vor Gericht ist Arthur Winslow finanziell und gesundheitlich am Ende, und auch Ronnies Geschwister bezahlen den Preis für den Sieg des Rechts mit. Seinem Bruder kann das Studium in Oxford nicht mehr finanziert werden, und seine Schwester muss ihre Verlobung mit einem konservativen Offizier lösen. In der Tradition Galsworthys instrumentalisiert Rattigan in *The Winslow Boy* die Kritik am Rechtssystem zur Kritik an einer auch nach dem Zweiten Weltkrieg noch nicht von Klassenvorurteilen freien Gesellschaft.

Nicht nur der zeitgenössischen Kritik galt *The Deep Blue Sea* (1952) als Rattigans gelungenstes Gesellschaftsdrama. Es beginnt mit dem Selbstmordversuch Hester Collyers, die ihren Mann, einen Richter, verlassen hat, um mit dem jüngeren Freddie, einem ehemaligen Airforce-Piloten, zusammenzuleben. Basis dieser Beziehung ist allein sexuelle Attraktion, und als diese auf Seiten Freddies erloschen ist, dreht Hester Collyer den Gashahn auf. Was sie rettet, ist allein, dass die in die Gasheizung eingeworfenen Münzen für eine tödliche Dosis nicht reichen. Am Ende unternimmt Hester Collyer, obwohl sich ihre private Situation in keiner Weise verändert hat, keinen weiteren Selbstmordversuch. Sie entschließt sich zu einem Neuanfang und will, wenig glaubwürdig, aber dazu von einem anderen »outcast« ermutigt, ihre Zukunft durch Malerei finanzieren.

Weshalb Rattigan diesen affirmativen Schluss wählte, hat er im Vorwort zu seinen *Collected Plays* deutlich gemacht. Dort erklärt die fiktive »Aunt Edna« als Repräsentantin des zeitgenössischen Theaterpublikums, warum sie künstlerische, über den Realismus des »well-made play« hinausweisende Experimente auf der Bühne für nicht angebracht hält. Ebensowenig will sie Stücke, die Themen behandeln, über die »anständige« Menschen nicht sprechen. Was sie vom Theater hinsichtlich der Konfliktlösungen erwartet, ist »a little moral uplift«, und das läuft auf eine Bestätigung ihres Welt- und Menschenbilds hinaus. Rattigan räumt in seinem Vorwort durchaus freimütig ein, dass er um des Erfolgs willen dieser Erwartungshaltung

Rechnung getragen hat. Jedoch definiert diese Rücksichtnahme auch die Grenzen seines Beitrags zum Theater des 20. Jahrhunderts.

Wie Rattigan entstammte auch Somerset Maugham (1874–1965) einer Diplomatenfamilie, und wie jener siedelte auch er seine Stücke in der eigenen gesellschaftlichen Erfahrungswelt an. Sein erstes Stück *A Man of Honour* (1903), ein Versuch auf dem Gebiet des ernsthaften Dramas, war allerdings ein Misserfolg. Den Durchbruch als Dramatiker erzielte Maugham mit der Komödie *Our Betters* (1923), in der sich die reiche Amerikanerin Pearl mit einem Ehebruch dafür revanchiert, dass ihr aristokratischer britischer Gatte eine Mätresse hat. Dieser Ehebruch wird zwar nicht auf der Bühne gezeigt, sondern findet im Garten in einem Teehaus statt, aber er bildet den Hintergrund aller Dialoge des zweiten Akts. Für den Lord Chamberlain war dies Grund genug für ein Verbot, so dass auch *Our Betters* nur als Klub-Aufführung gezeigt werden konnte. Dass hinsichtlich sexueller Freiheit den Frauen die gleichen Rechte zugebilligt werden sollten wie den Männern, bekräftigt auch *The Constant Wife* (1926), in dem Maugham nicht nur im Titel auf die Restaurationskomödie anspielt. Allerdings thematisierte Maugham in *The Circle* (1921) auch die Implikationen solch unkonventioneller Verhaltensweisen. Hier entscheidet sich die junge Elisabeth Champion-Cheney gegen ihre Ehe mit einem begüterten Politiker und für einen mittellosen, aber romantischen jungen Pflanzer, obwohl ihr von ihrer Schwiegermutter, die einst den gleichen Schritt getan hat, eindringlich vor Augen gehalten wird, wie kurzlebig romantische Liebe sein kann.

Maugham wetteiferte als Komödienautor mit Rattigan und Coward um die Gunst des Publikums. Auf dem Gebiet des Gesellschaftsdramas war er jedoch weder mit *For Services Rendered* noch mit *Sheppey* (1933) erfolgreich.

Weder die sozialkritische Aussage noch die Abweichungen von realistischen Darstellungskonventionen fanden beim Publikum Anklang, und der enttäuschte Maugham wandte sich von der Bühne ab und konzentrierte sich auf seine Karriere als Prosaschriftsteller.

Auch Noel Coward (1899–1973) versuchte sich in seinen Anfängen, etwa dem frühen *The Vortex* (1924), mit allerdings bescheidenem Erfolg an ernsten Stoffen. Im Gegensatz zu Maugham hatte Coward allerdings kein Sendungsbewusstsein. Als Schauspieler hatte er gelernt, dass das Publikum vor allem gut unterhalten werden wollte, und als Autor genügte es ihm, genau dies zu bieten und dabei in den eigenen Stücken noch als Darsteller zu glänzen. Cowards Stücke sind »well-made« Beziehungskomödien, die aber auch die Lust an der Provokation erkennen lassen. In *Fallen Angels* (1925) verabreden zwei Frauen ein Treffen mit dem Mann, mit dem sie beide eine Affäre hatten, bevor sie ihre jetzigen, langweiligen Ehemänner heirateten. Als der ›Ex‹ nicht zur Verabredung erscheint, werden die ehemaligen Geliebten sentimental und betrinken sich. Selbst im Kontext der in den Jahren vor der Weltwirtschaftskrise kultivierten Laszivität war der Freimut, mit dem in *Fallen Angels* Beziehungen diskutiert werden, gewagt, und von der konservativen Theaterkritik wurde das Stück als »slander on British womanhood« gegeißelt.

Coward blieb von dieser Kritik unbeeindruckt. Bereits durch Titel wie *Hay Fever* (1925) oder *Private Lives* (1930) signalisierte er seinem Publikum, dass es bei ihm nicht um Gesellschaftskritik, sondern um Beziehungskonflikte geht. In *Private Lives*, wo er ein weiteres Mal auch die Hauptrolle spielte, stoßen Elyot und Amanda Chase nach ihrer Scheidung zusammen mit ihren neuen, aber langweiligen Partnern wieder aufeinander. Beide erkennen, dass sie trotz der Unvereinbarkeit ihrer Charaktere gemeinsam ein aufregenderes und vor allem sexuell erfüllteres Leben führen können als in ihren neuen Beziehungen, aus denen sie deshalb auch wieder ausbrechen. Cowards Komödien wurden fast alle Kassenschlager, sowohl im West End wie am Broadway. 1941 erzielte er nochmals einen spektakulären Bühnenerfolg mit *Blithe Spirits*, einer Farce, in der der Schriftsteller Charles Condomine zunächst von dem Geist seiner ersten Frau und, nachdem diese den Unfalltod seiner zweiten Frau bewerkstelligt hat, sogar von den aufeinander eifersüchtigen Geistern beider Gattinnen heimgesucht wird.

Obwohl nicht nur die Theaterwelt darum wusste, dass Coward homosexuell war, hat er dies niemals öffentlich eingestanden und nach außen hin durch seine Freundschaft mit der Schauspielerin Gertrude Lawrence die Fassade heterosexueller Respektabilität aufrecht erhalten. Auch Rattigan war homosexuell, und Maugham lebte sowohl in homoerotischen wie in heterosexuellen Partnerschaften. Was eingedenk des Schicksals von Oscar Wilde keiner öffentlich eingestehen konnte oder wollte, hat jedoch ihre Stücke geprägt. Gezeigt werden zwar nur heterosexuelle Protagonisten, aber in den Plädoyers für offene Beziehungen, für die sexuelle Emanzipation der Frauen und für das Recht auf sexuelle Erfüllung jenseits aller gesellschaftlichen Repression wird zugleich auch immer die eigene, von ihnen als einengend empfundene Situation mit thematisiert. Am weitesten wagte sich hier Coward hervor, der 1933 in *Design for Living* eine *ménage à trois* zwischen den Protagonisten Otto, Leo und Gilda zeigte. Für den aufmerksamen Zuschauer lässt dieses Stück keinen Zweifel an der homoerotischen Bindung zwischen Otto und Leo. Über Rattigan schrieb rückblickend David Rudkin:

> I detect in his plays a deep personal, surely sexual pain, which he manages at the same time to express

> and to disguise. [...] I really think that the Aunt Edna business and the ethic of the well-made play are but the most outward manifestations of this.

Es ist allerdings fraglich, inwieweit diese Spannung zwischen der Konventionalität der Form und den progressiv-subversiven Inhalten vom Publikum in der ersten Hälfte des 20. Jahrhunderts wirklich empfunden wurde. Vor dem Hintergrund der Weltwirtschaftskrise war gesellschaftskritische Komödie, wie sie J. M. Barrie (1860–1937) mit *The Admirable Crichton* (1902) noch geschrieben hatte, weniger gefragt als Cowards Eskapismus, der das Publikum in die Welt einer zumindest materiell nicht gefährdeten »leisure class« entführte. Aber Cowards Dominanz im West End weckte auch Widerstände. Zu der wachsenden Zahl derer, die bereits vor dem Zweiten Weltkrieg mit der thematischen Verkürzung des Dramas auf nahezu ausschließlich sexuell begründete Beziehungskonflikte unzufrieden waren, gehörte z. B. auch George Devine, der spätere Gründungsdirektor der English Stage Company.

Gegenüber dem durch Coward repräsentierten Drama hatten andere allerdings einen schweren Stand, und Dramatiker wie etwa James Bridie (1888–1951), der bevorzugt, wie in *Jonah and the Whale* (1930), biblische Themen dramatisierte und nur mit der Lebensgeschichte einer Alkoholikerin (*Daphne Laureola*, 1949) Aufmerksamkeit erzielte, konnten sich nicht dauerhaft durchsetzen. Zu einer echten Infragestellung des West End-Eskapismus kam es deshalb erst durch die von Yeats mit inspirierte Erneuerung des poetischen Dramas in Großbritannien, innerhalb der T. S. Eliot (1888–1965) die Schlüsselrolle zufiel.

Bevor sich Eliot als Dramatiker versuchte, war er bereits als Dichter hervorgetreten und hatte vor allem mit *The Waste Land* (1922) Aufsehen erregt. Sein von Aristophanes inspiriertes dramatisches Fragment *Sweeney Ago-*

nistes, das er 1926/27 im *Criterion* veröffentlichte, erscheint im Rückblick wie eine Fingerübung, nimmt aber bereits wesentliche Positionen eines die Konventionen des realistischen Dramas fortschreibenden und zugleich transzendierenden Theaters vorweg. Alltagssprache wird in *Sweeney Agonistes* zur Verssprache, die den Synkopen des Jazz folgt, der dem Text unterlegt ist, und Sweeney ist nicht mehr konventionelle, kausallogisch erklärte Hauptfigur, sondern ein ambivalenter Charakter, dessen Identität als Sexualverbrecher gleichermaßen imaginiert wie real sein könnte. Seine Distanz gegenüber realistisch-naturalistischen Darstellungskonventionen hat Eliot in einem Essay, dem »Dialogue on Dramatic Poetry«, 1928 erläutert:

> When the age has a set religious practice and belief, then the drama can and should tend towards realism, I say *towards*, I do not say arrive at. The more definite the religious and ethical principles, the more freely the drama can move towards what is now called photography. The more fluid, the more chaotic the religious and ethical beliefs, the more the drama must tend in the direction of liturgy. [...] I do not suppose for a moment that either Shaw, or Pinero, or Mr. Coward has ever spent one hour in the study of ethics. Their cleverness lies in finding out how much their audiences would like to behave, and encouraging them to do it by exhibiting personages behaving that way.

Diese Forderung nach einer spirituellen Erneuerung des Dramas ist vor dem Hintergrund von Eliots Eintritt in die anglikanische Kirche zu sehen. Eliot setzte sie erstmals um in den religiösen Festspielen *The Rock* (1934), das im Sadler's Wells Theatre einen Achtungserfolg erzielte, und in *Murder in the Cathedral* (1935), das als Auftragsarbeit des Erzbischofs von Canterbury entstand und auch in Canterbury uraufgeführt wurde, bevor es ins Londoner Old Vic wechselte. *Murder in the Cathedral* thematisiert den Märtyrertod Thomas Beckets, der 1170 von vier Adligen Heinrichs II., dem Becket zuvor als Kanzler gedient hatte, in der Kathedrale von Canterbury ermordet wurde. In dem Versuch, die allegorische Tradition des mittelalterlichen Dramas mit einem dem antiken Drama entlehnten Chor zusammenzuführen, und in der Verbindung von Vers und Prosa sowie in der direkten Ansprache des Publikums durch die Barone, die den Mord als politisch notwendig zu rechtfertigen versuchen, ist, gemessen am Theater der Zeit, *Murder in the Cathedral* aufgrund seiner ritualisierenden Dramaturgie ein kühnes und innovatives Stück. Aber Eliot war sich auch bewusst, dass es seine volle Wirkung nur an Spielstätten wie der Kathedrale von Canterbury entfalten konnte und für die in den Theatern vorherrschende Guckkastenbühne nicht wirklich geeignet war.

In seinen nachfolgenden Stücken *The Family Reunion* (1939), *The Cocktail Party* (1949), *The Confidential Clerk* (1953) und *The Elder Statesman* (1958) versuchte Eliot deshalb, das im Londoner West End dominierende, durch Coward repräsentierte Drama subversiv zu verändern, indem er vordergründig dessen Strukturen übernahm. Die Regieanweisungen zu *The Family Reunion*, »a country house in the North of England«, »the drawing room after tea«, suggerieren den durch Coward repräsentierten Boulevard. Dieser wird jedoch nicht nur durch die Verssprache der Protagonisten unterlaufen. Denn für den theatergeschichtlich gebildeten Zuschauer wird bereits in der Exposition deutlich, dass Eliot in *The Family Reunion* auf den letzten Teil von Aischylos' *Orestie* zurückgreift und *Die Eumeniden* in einen zeitgenössischen britischen Kontext übersetzt, in dem ausweislich des Dramenschlusses die Erlösung christlich umgedeutet wird. Von der Kritik und vom Publikum wurde *The Family Reunion* nur verhalten angenommen und bereits nach fünf Wochen wieder abgesetzt.

Nach diesem Misserfolg zögerte Eliot ein Jahrzehnt, bevor er mit *The Cocktail Party* einen neuen Versuch zur Spiritualisierung des Dramas seiner Zeit unternahm. *The Cocktail Party* zitiert und variiert eine Figurenkonstellation, wie sie Coward in *Private Lives* schon vorgegeben hatte. Edward Chamberlayne und seine Frau Lavinia sind sich schon lange fremd, aber was sie nicht voraussehen konnten, war, dass sich Lavinias Liebhaber Peter Quilpe und Edwards Geliebte Celia Coplestone ineinander verlieben könnten. Cowards Elyot und Amanda Chase finden nach primär komischen Verwicklungen wieder zusammen; für Edward und Lavinia gestaltet sich das Zurückfinden in ihre Ehe als ein schmerzhafter Prozess der Selbsterkenntnis, in dem einem zunächst mysteriösen, unidentifizierten Gast der Cocktail Party, der sich als der Psychiater Sir Henry Harcourt-Reilly entpuppt, die Schlüsselrolle zufällt. *The Cocktail Party* hat Euripides' *Alkestis* als Vorlage, und Harcourt-Reilly verweist zurück auf Herkules, der König Admet die Gattin zurückbrachte. Allerdings ist der Preis, den die Eheleute für ihre Versöhnung zahlen, hoch, denn im letzten Akt, bei einer neuerlichen Cocktail-Party, erfährt das Publikum, dass Celia Coplestone, der Harcourt-Reilly als Ersatz für erotische Selbstverwirklichung einen spirituellen Lebensentwurf vorgeschlagen hat, als Missionarin in Afrika einen Märtyrertod gestorben ist.

Zum Erfolg von *The Cocktail Party* beim Edinburgh Festival 1949 trug bei, dass Alec Guinness die Rolle des Sir Harcourt-Reilly übernommen hatte. Das Londoner Publikum reagierte weit weniger enthusiastisch, und mit *The Confidential Clerk*, das ebenso wie *The Elder Statesman* bei Edinburgh Festivals uraufgeführt wurde, erzielte Eliot nur noch Achtungserfolge bei der Kritik, die dem etablierten Dichter, der 1948 den Nobelpreis erhalten hatte, den Respekt nicht versagen wollte. Aber auch für ein wohlmeinendes Publikum, das vom Theater mehr erwartete als Beziehungskomödien, erwiesen sich Eliots Versuche, »well-made play« und antikes Drama, Vers und Prosa mit dem Ziel christlicher Sinnstiftung zu synthetisieren, als zu angestrengt und gekünstelt.

Christliche Sinnstiftung kennzeichnet auch die Stücke Christopher Frys (geb. 1907), des neben Eliot bedeutendsten Versdramatikers vor und nach dem Zweiten Weltkrieg. Als Autor religiöser Festspiele war Fry nach *The Boy with a Cart* (1937) und *Thor, with Angels* (1948) vor allem mit *A Sleep of Prisoners* (1951) erfolgreich, einem Traumspiel, in dem vier in einer Kirche eingesperrte Kriegsgefangene die Menschheitsgeschichte in biblischen Szenen vergegenwärtigen, die vom Brudermord Kains über Absaloms Aufstand gegen David sowie die Opferung Isaaks bis zur Geschichte der Jünglinge im Feuerofen reichen. Aus diesem Zyklus der Gewalt, in dem der biblische Feuerofen für den Atomkrieg steht, befreien sich die Protagonisten durch den Nachvollzug im Traum und können sich geläutert wieder dem Leben zuwenden.

Ein breiteres Publikum erreichte Fry mit seinen Verskomödien *The Lady's Not For Burning* (1948), *Venus Observed* (1950) und *The Dark Is Light Enough* (1954), die zugleich jahreszeitliche, auf Frühling, Herbst und Winter bezogene Stimmungsbilder sind. In dem um 1400 spielenden *The Lady's Not For Burning* will sich der des Krieges und Mordens überdrüssige Soldat Thomas Mendip aufhängen lassen, findet durch die Liebe zu der als Hexe angeklagten Jennet jedoch zum Leben zurück. Die »winter comedy« *The Dark Is Light Enough* hat den Aufstand der Ungarn gegen Österreich von 1848/49 als Hintergrund, aber im Mittelpunkt steht nicht das historische Geschehen, sondern die todkranke Gräfin Rosmarin als Verkörperung von Humanität und des Glaubens an das Leben und an die Kraft der Liebe. Erfolgreich waren diese Stücke nicht zuletzt auch deshalb, weil Starschauspieler wie John Gielgud und Laurence Olivier die Hauptrollen übernahmen und Fry *The Dark Is Light Enough* explizit für

Edith Evans geschrieben hatte. Allerdings ließ das Scheitern des Ungarnaufstands von 1956 die Lebensgläubigkeit der Gräfin Rosmarin in einem neuen Licht erscheinen, und es mehrten sich die Zweifel, dass, wie von Fry und auch von Eliot propagiert, die Erfahrung des Zweiten Weltkriegs und das Wissen um die Opfer, die er gefordert hatte, wirklich zu einer humaneren Gesellschaft hinführen würden. Den Kritikern, die Fry zunächst gefeiert hatten, galt seine Versdramatik nun als zu artifiziell, und seine Stimmungsbilder und seine Charaktere als zu wirklichkeitsfremd. Mit dem »memory play« *Curtmantle* (1961) versuchte Fry vergeblich, an seine früheren Erfolge anzuknüpfen, und beschränkte sich danach auf die Übersetzung und Bearbeitung überwiegend französischer Dramatiker für die englische Bühne.

Die Theaterlandschaft nach dem Zweiten Weltkrieg

Anders als im Ersten Weltkrieg mussten aufgrund der Angriffe der deutschen Luftwaffe im Zweiten Weltkrieg die Theater schließen. Einzige Ausnahme in London war das im Vergleich winzige Windmill Theatre nahe dem Picadilly Circus, dessen Zuschauerraum keine Evakuierungsprobleme bereitete, da das Publikum bei Luftalarm direkt in den als Luftschutzbunker genutzten Untergrundbahnhof flüchten konnte. Bis zu seiner Umwandlung in ein Casino warb das Windmill Theatre stolz mit dem Slogan, »We never closed!« Als die Theater nach Kriegsende wieder öffneten, schien der Übergang von der Vorkriegszeit zur Nachkriegszeit trotzdem scheinbar nahtlos, denn zumindest was die prominenten Dramatiker betraf, gab es keine Veränderungen. Sie kehrten mit neuen Stücken auf die Bühnen zurück.

Für das Publikum nicht unmittelbar ersichtlich waren die kriegsbedingten ökonomischen Veränderungen der

Theaterlandschaft. Die Schließung der Theater hatte für die Besitzer gravierende Einnahmeverluste nach sich gezogen. Außerdem waren bei Kriegsende ein Fünftel der Londoner Theater entweder gänzlich zerstört oder durch die Bombenangriffe so beschädigt, dass sie zunächst nicht bespielbar waren. Beim Wiederaufbau waren Theaterkonzerne wie die H. M. Tennent-Gruppe, die nur einen Teil ihrer Bühnen verloren hatte und mit den verbliebenen relativ schnell wieder Einnahmen erzielen konnte, im Vorteil. Es kennzeichnet die für die Nachkriegsjahre charakteristische Konzentration auf dem Theatermarkt, dass ein weiterer Konzern, der Prince-Littler-Trust, in den fünfziger Jahren 18 der 42 Theater im West End und dazu 70 Prozent der Tourneetheater kontrollierte.

Wie schon nach dem Ersten Weltkrieg war das Massenpublikum an einer Aufarbeitung der Kriegserfahrung auf der Bühne nicht wirklich interessiert, und ein ambitionierter Impresario wie Henry Sherek war deshalb gezwungen, seine Inszenierungen T. S. Eliots aus dem Ertrag von recht freizügigen Revuen im Dorchester Hotel zu finanzieren. Zur fortschreitenden Kommerzialisierung des Nachkriegstheaters trug ganz wesentlich bei, dass den Theatern durch den Film, insbesondere den Farbfilm, eine immer stärkere Konkurrenz erwuchs. Außerdem hatte die BBC schon 1947 mit der Ausstrahlung regelmäßiger Fernsehprogramme begonnen, und bereits 1956 wurde in Großbritannien das kommerzielle Fernsehen zugelassen. Dieser Herausforderung suchten die Theaterkonzerne zu begegnen, indem sie mit noch mehr Komödien und mit noch aufwendigeren Musicals das Unterhaltungsangebot intensivierten.

Gegenüber dieser Entwicklung waren Versuche, ein Gegengewicht zum rein kommerziellen Theater zu schaffen, chancenlos, obwohl namhafte Schauspieler versuchten, an die Tradition des *actor-manager*-Systems anzuknüpfen, nicht zuletzt, um ihre Fähigkeiten in »großen« Rollen anstatt auf Boulevardniveau beweisen zu können.

Donald Wolfit (1902–1968) übernahm 1949 das Bedford Theatre, Laurence Olivier (1907–1989) ging 1950 für zwei Spielzeiten als *actor-manager* an das St. James Theatre, und John Gielgud (1904–2000) leitete für ein Jahrzehnt, bis 1955, das Haymarket Theatre. Aber auch sie konnten sich nicht dem Zwang entziehen, zumindest kostendeckend zu spielen, und das setzte dem Repertoire, vor allem aber dem Engagement für neue, noch unbekannte Dramatiker Grenzen.

Allerdings hatte sich hinsichtlich der Beteiligung der öffentlichen Hand im kulturellen Sektor bereits vor Kriegsbeginn ein Umdenken abgezeichnet. 1939 wurde das Council for the Encouragement of Music and the Arts (CEMA) gegründet, das die Labour-Regierung unter Attlee 1946 in das Arts Council of Britain umwandelte, mit der satzungsmäßigen Aufgabe, »to develop and improve the knowledge, understanding and practice of the arts«, und, »to increase the accessability of the arts to the public throughout Britain«. Zwar dachte man bei der Gründung keineswegs primär an eine Förderung des Theaters, aber bereits nach einem Jahrzehnt sollte sich hier ein Schwerpunkt herausbilden. Im Gründungsjahr beliefen sich die vom Arts Council verteilten öffentlichen Mittel auf 235 000 £. 1956 waren es bereits 820 000 £, und für 2003/04 wurden vom Arts Council, dem inzwischen auch substantielle Zuschüsse aus der National Lottery zufließen, 335 Millionen £ vergeben.

Mit Fördergeldern des Arts Council wurden zwar auch Produktionen in den regionalen Repertoiretheatern unterstützt, aber bereits in dem Jahrzehnt nach 1956 bildeten sich drei besondere Förderungsschwerpunkte heraus: die Royal Shakespeare Company, das National Theatre, das mittlerweile auch mit dem Zusatz »Royal« firmiert, und die English Stage Company at the Royal Court. Gemeinsam ist ihnen, dass sie – auch hinsichtlich ihrer Lage – Abstand halten vom West End. Die Royal Shakespeare Company ging 1961 aus dem Shakespeare Memorial Theatre in Stratford hervor. 1960 bezog sie im Londoner Aldwych Theatre eine zusätzliche, ganzjährig bespielte Bühne, bevor sie 1982 auf zwei technisch modern ausgestattete Bühnen im neu erbauten Barbican Centre wechselte. Zwar steht die Pflege von Shakespeares Erbe noch immer im Mittelpunkt, aber bereits mit der Anmietung des Aldwych Theatre als zweiter Spielstätte öffnete die Royal Shakespeare Company auch ihr Repertoire. Dies geht vor allem auf den Einfluss der Regisseure Peter Brook (geb. 1925) und Peter Hall (geb. 1930) zurück, der 1960 künstlerischer Leiter der Company wurde. Mit spektakulären Inszenierungen wie Peter Weiss' *Marat/Sade* (1964) führte Brook das Londoner Publikum an das Welttheater heran, während Hall bereits 1955 durch die Weltpremiere der englischen Fassung von Becketts *En Attendant Godot / Waiting for Godot* auf sich aufmerksam gemacht hatte. Hall öffnete die Royal Shakespeare Company für das Experiment mit noch unbekannten zeitgenössischen Autoren und wurde zum Wegbereiter Harold Pinters.

Harley Granville-Barkers und William Archers Entwurf eines Nationaltheaters von 1903 sollte 1949 endlich Wirklichkeit werden, als durch Parlamentsbeschluss das National Theatre begründet wurde. Aber es dauerte noch bis 1962, bevor es mit Laurence Olivier einen Gründungsdirektor erhielt. Da mit dem Theaterneubau am Südufer der Themse, für den bereits 1951 der Grundstein gelegt worden war, noch längst nicht begonnen war, fand das National Theatre zunächst im Old Vic Unterkunft. Erst 1976 wurde der heutige Theaterkomplex des National Theatre eröffnet. Die Vollendung wurde auch durch den Streit darüber verzögert, ob man, wie von Olivier zunächst befürwortet, alle Bühnen als traditionelle Guckkastenbühnen bauen sollte. Fertiggestellt wurden nach langen Debatten schließlich eine Raumbühne für das »Olivier«, eine Guckkastenbühne für das »Lyttelton« und die Studiobühne des »Cottesloe«. Als der Umzug endlich stattfand, hatte der von der Royal Shakespeare Company abgeworbene Peter Hall bereits Laurence Olivier als künstlerischen Leiter abgelöst. Zum Gründungsauftrag des National Theatre gehört sowohl die Pflege der Dramentradition wie die Förderung neuer Dramatiker. Olivier hatte den Schwerpunkt bei der Traditionspflege gesetzt, Hall öffnete das National Theatre auch für junge Talente.

Die Erneuerung des britischen Dramas wäre allerdings allenfalls zu einem Phänomen der sechziger und siebziger Jahre geworden, wenn nicht die English Stage Company hierfür die Weichen bereits gestellt gehabt hätte und durch ihre Erfolge mit neuen Dramatikern auch Einfluss auf die beiden Nationaltheater ausübte. Die English Stage Company war eine private Gründung aus dem Geist des Widerstands gegen das kommerzielle West End heraus. Zu den Gründungsmitgliedern von 1955 zählten der als Dramatiker unbedeutende Ronald Duncan, der Theater- und Filmproduzent Oscar Lewenstein, der Komponist Benjamin Britten sowie der erfolgreiche Unternehmer Neville Blond, dessen Zuwendungen die Gründung erst ermöglichten. Zum künstlerischen Leiter wurde George Devine (1910–1966) berufen, und Devines Absicht war es, ein »playwrights' theatre«, ein Theater für neue Autoren aufzubauen. An diesem Ziel hat die English Stage Company bis heute festgehalten. Sie war es auch, die als erstes Theater jungen Dramatikern die Möglichkeit bot, als »playwright in residence« mit erfahrenen Regisseuren und Schauspielern zusammenzuarbeiten. Durch Devine, der, als er als künstlerischer Leiter 1965 abtrat, erklärte, »We fought the commercial theatre, and won«, und durch seine Nachfolger, darunter so bedeutende Regisseure wie William Gaskill und Max Stafford-Clark, wurden Generationen von Dramatikern und Dramatikerinnen in ihrer Arbeit ermutigt und mit den künstlerischen und technischen Erfordernissen des Theaters vertraut gemacht.

Diese von den beiden Nationaltheatern nachfolgend partiell kopierte enge Zusammenarbeit von Dramatikern und Regisseuren hatte aber auch ihren Preis, denn erfolgreiche Regisseure wie Trevor Nunn oder Terry Hands bei der Royal Shakespeare Company, Bill Bryden oder Peter Gill am National Theatre, oder Lindsay Anderson und John Dexter am Royal Court Theatre haben auch die Vorstellungen junger Autoren von Bühnenwirksamkeit ganz wesentlich mit geprägt. Aber es waren nicht nur die Regisseure der subventionierten Theater, die sich für die Zusammenarbeit mit jungen Autoren einsetzten. Im Londoner Osten bezog Joan Littlewood (1914–2002), Absolventin der Royal Academy of Dramatic Art, das heruntergekommene Theatre Royal Stratford East und begann mit Inszenierungen, die nicht allein die bürgerliche Mittelschicht als Zielgruppe hatten, sondern auch Arbeiter ins Theater locken sollten.

Mit der wachsenden Bedeutung der Regisseure öffnete sich das britische Drama auch für ausländische Einflüsse. 1956 gastierte Bertolt Brechts Berliner Ensemble in London, und insbesondere die Regisseure begeisterten sich für den Gedanken, ebenfalls mit einer eigenen Truppe zu arbeiten. Brechts Schriften waren damals jedoch noch nicht übersetzt, so dass die Brecht-Rezeption zunächst auf die visuellen Elemente des epischen Theaters beschränkt blieb. Zu den kontinentalen Einflüssen zählten auch Antonin Artaud, dessen *Le théâtre et son double* (1938) eine kurzfristige Begeisterung für das »Theater der Grausamkeit« auslöste, sowie die Arbeiten des polnischen Regisseurs Jerzy Grotowski (1933–1999), der das Ideal eines »armen Theaters« verfocht. Aber in den sechziger Jahren gewannen auch die Ideen amerikanischer Regisseure, wie sie Ellen Stewart ab 1961 in ihrem »Café La Mama«-Theater in New York entwickelte, oder Joseph Chaikins Inszenierungen mit dem Open Theatre an Bedeutung.

Tradition und Erneuerung nach 1956: John Osborne, Arnold Wesker, John Arden

In der wachsenden Unzufriedenheit mit dem britischen Theater, die das Ende des ersten Nachkriegsjahrzehnts charakterisiert, spiegelt sich auch die wachsende Unzufriedenheit über eine als restaurativ empfundene Gesellschaft wieder. Attlees Labour-Regierung, die mit der Einführung des Wohlfahrtsstaates Hoffnungen auf eine schnelle Bewältigung der ökonomischen Kriegsfolgen geweckt hatte, war bereits 1951 wieder von Churchill abgelöst worden, und auch die Wahlen von 1955 gewannen die Konservativen unter Führung Anthony Edens, der allerdings nach der gescheiterten Intervention in der Suez-Krise von 1956 zugunsten Harold Macmillans zurücktrat.

Bis 1956 fehlte es an Stücken, die diesem Zeitgefühl Rechnung trugen. Das änderte sich mit der Uraufführung von *Look Back in Anger.* John Osborne (1929–1994) schlug sich, nachdem er die Schule ohne Abschluss verlassen hatte, zunächst als Schauspieler und *actor-manager* für kleine Tourneetheater durch und begann nebenbei mit dem Schreiben. Als er 1956 in *The Stage* ein Inserat Devines las, die English Stage Company suche neue Stücke, schickte er *Look Back in Anger*, das bereits von zahlreichen Bühnen abgelehnt worden war, an das Royal Court Theatre. Unter mehreren hundert Einsendungen, die bezeugten, wie viel aufgestautes Talent vorhanden war, wurde sein Stück für eine Inszenierung ausgewählt. Die Premiere verlief unspektakulär. Erst nachdem Kenneth Tynan (1927–1980), der Theaterkritiker des *Observer*, in seiner Rezension erklärte, dies sei endlich ein Stück, das den Gefühlen der jungen Generation Ausdruck verleihe, kam der Durchbruch, und Osborne wurde, nicht ohne eigenes Zutun, zur Verkörperung der Generation der »angry young men«.

Im Rückblick erscheint die Begeisterung, die *Look Back in Anger* ausgelöst hat, nur schwer nachvollziehbar, denn

Osbornes Dreiakter durchbricht nirgendwo die Konventionen des »well-made play«. Sein Held Jimmy Porter, ein Hochschulabsolvent, der mangels besserer Chancen einen Süßwarenstand betreibt, ist ein leidenschaftlicher Kritiker des *establishment*, hat aber eine Frau, Alison, aus eben dieser Gesellschaftsschicht geheiratet. Für ihre Herkunft muss Alison ständig büßen, denn in Jimmys Tiraden gegen das System wird sie gezielt gedemütigt. Zu diesen Demütigungen gehört auch, dass Jimmy eine Affäre mit Alisons Freundin, der Schauspielerin Helena, beginnt, worauf die schwangere Alison die gemeinsame Wohnung verlässt. Allerdings trägt die Hassliebe, die Jimmy und Helena verbindet, ebenfalls nicht. Am Ende des Stücks erklärt Helena im Stil von Priestleys anonymem Inspektor und zur Genugtuung der »Aunt Ednas« im zeitgenössischen Publikum,

> Tonight, I see what I have really known all along. That you can't be happy when what you are doing is wrong, or hurting someone else.

Helena verlässt Jimmy; Alison, obwohl sie ihr Kind verloren hat, kehrt zurück, und sie und Jimmy söhnen sich aus.

Osbornes Versuch, dem privaten Konflikt gesellschaftliche Repräsentativität zu verleihen, ist keineswegs durchgängig gelungen, auch wenn Jimmy pathetisch beklagt, dass es für seine Generation keine »good causes« mehr gäbe, für die sich der Einsatz lohne. Wodurch sich *Look Back in Anger* jedoch vom zeitgenössischen Drama abhob, war die Sprache. Jimmy Porters systemkritische Tiraden sind leidenschaftlich und aggressiv, ebenso bösartig wie satirisch-witzig. Dadurch erhielt das Stück eine Lebendigkeit, die als befreiend empfunden wurde.

Osborne erzielte bereits im nächsten Jahr mit *The Entertainer* (1957) einen weiteren Erfolg, der nun auch eine Lösung von starren Darstellungskonventionen erkennen ließ. In *The Entertainer*, das vor dem Hintergrund der Suez-Krise spielt, wird der Untergang der *music hall* zum Gleichnis für den Verfall des Empire. Vergeblich versucht der Komödiant Archie Rice, den bei der Premiere Laurence Olivier spielte, seine *music hall* zu füllen, indem er Striptease-Nummern in sein Programm einbaut. Das Stück alterniert zwischen dem Zuhause von Archies Familie und *Vaudeville*-Szenen in der *music hall.* In diesen Szenen bedient sich Osborne eines wirkungsvollen Effekts, indem er Archie das reale Theaterpublikum direkt als das fiktive Publikum seiner *music hall* ansprechen lässt. Natürlich reagierte das reale Publikum nicht auf die Aufforderung zur Illusionsdurchbrechung – zumal, wenn sie von Laurence Olivier kam – und blieb stumm, was Archies Scheitern als Komödiant umso eindrucksvoller illustrierte.

The Entertainer steht am Anfang einer Reihe von Stücken, in denen Osborne mit sehr unterschiedlichem Erfolg die Darstellungskonventionen des »well-made play« wenn nicht wirklich zu durchbrechen, aber doch auszuweiten versucht hat. Einen Achtungserfolg erzielte er mit *Luther* (1961), wo er zwar formal an die verfremdenden Konventionen des epischen Theaters anknüpfte, aber keineswegs ein dialektisches Lehrstück auf die Bühne brachte, sondern eine psychologisierende Studie der inneren Befindlichkeit seines Titelhelden, der um seine Identität, seine Berufung und um sein Verhältnis zu Gott ringt. Demgegenüber waren das Musical *The World of Paul Slickey* (1959), der Versuch einer »Comedy of Manners with Music«, und *A Bond Honoured* (1966), in dem Osborne Antonin Artauds Vorstellungen von einem »Theater der Grausamkeit« umsetzen wollte, Fehlschläge. Wie *Luther* ist auch *A Patriot for Me* (1965) Geschichtsdrama. Osborne zeigt in Alfred Redl, einem Oberst im österreichischen Generalstab, eine tragische Figur. Redl ist ein sozialer Aufsteiger und Außenseiter in der Offizierskaste, der in seiner Vereinsamung Liebe sucht und aufgrund seiner Homosexualität erst erpressbar und dann in den Selbstmord getrieben wird. Während in *Luther* die Innenperspektive dominiert, die psychologische Durchdringung des Titelhelden, wählte Osborne für *A Patriot for Me* die Außenperspektive, die unterstreicht, dass Redl stets nur Manipulationsobjekt war. Mittel- und Angelpunkt des Stücks ist der *drag-ball* in der ersten Szene des zweiten Akts, der Redls emotionale Vereinsamung ebenso überzeugend herausarbeitet wie seine Objektrolle.

Dass Osborne als Helden eher Protagonisten bevorzugte, die an der Gesellschaft und an sich selbst zerbrechen, zeigt auch *Inadmissible Evidence* (1964), ein überwiegend monologisches Bewusstseinsdrama, in dem der beruflich erfolgreiche Scheidungsanwalt Bill Maitland über sich selbst zu Gericht sitzt und seine innere Leere, seine Bindungsunfähigkeit und seinen Lebensüberdruss offenbart. In *Inadmissible Evidence* verfließen die Grenzen zwischen den von Maitland imaginierten und den ›realen Szenen‹.

Osbornes Luther, geschichtlich entrückt, kann noch den inneren Frieden finden; Redl wird am Vorabend des Ersten Weltkriegs durch das System, dem er sich in der Hoffnung auf sozialen Aufstieg untergeordnet hat, in den Tod getrieben. Maitland, keine historische Figur, sondern der Gegenwart zugehörig, bleibt nach seiner schonungslosen Selbstanalyse mit dem Scherbenhaufen seines Lebens zurück und nimmt damit bereits paradigmatisch die Situation der Protagonisten in Osbornes späten Dramen vorweg. *Time Present* und *The Hotel in Amsterdam* (beide 1968), *West of Suez* (1971), die Komödie *The End of Me Old Cigar* und vielleicht am eindrucksvollsten *Watch It Come Down* (beide 1975) umkreisen die Sinnfrage, die schon Jimmy Porter gestellt hatte, deren Konsequenzen aber in der lebensweltlich wie dramaturgisch unglaubwürdigen Aussöhnung zwischen Jimmy und Alison verdrängt worden waren.

In diesen späten Dramen kehrt Osborne, dessen letzter Versuch, in *A Sense of Detachment* (1972) die Darstellungskonventionen des »well-made play« nunmehr durch Intertextualität aufzubrechen, ebenfalls beim Publikum gescheitert war, formal wieder zu den Konventionen des »drawing-room drama« zurück. Hierfür wurde er von der Kritik angegriffen und zu Unrecht als gescheiterter Rebell abqualifiziert. Denn das »well-made play« fordert die kausallogische Konfliktlösung. Osbornes späte Dramen bieten diese nicht mehr. Sie sind zurückgenommen auf die Darstellung unlösbar gewordener Konflikte, die subjektiv nur noch durch den Tod aufgehoben, lebensweltlich aber nicht mehr bewältigt werden können.

Neben John Osborne ist es vor allem der 1934 geborene ARNOLD WESKER, der den Ruf des Royal Court Theatre als Heimstätte eines jungen, sozialkritisch engagierten Dramas gefestigt hat. Wesker lebt inzwischen allein und relativ zurückgezogen in den Black Mountains in Wales. Auf internationalen Konferenzen stellt er sich gern mit dem Satz vor: »I am Arnold Wesker, and I was a famous playwright in the sixties.« Diesen Ruhm hatte sich Wesker mit der *Chicken Soup With Barley*-Trilogie erworben. Zwar hatte George Devine *Chicken Soup With Barley* (1958) zunächst an das Belgrade Theatre in Coventry abgegeben, wo es in der Regie John Dexters uraufgeführt wurde, doch bereits eine Woche nach der Premiere wurde das Stück in den Spielplan des Royal Court Theatre übernommen. In *Chicken Soup With Barley* verarbeitet Wesker mit der Geschichte der Familie Kahn autobiographische Erfahrungen. Wesker war im Londoner East End aufgewachsen, und hier spielt der erste Akt im Jahr 1936, als Mosleys faschistische Schwarzhemden sich zum Einmarsch in das von Arbeitern und Einwanderern bewohnte Viertel bereit machen. Im ersten Akt bekennen sich die Kahns, allen voran die Mutter Sarah, aber auch ihre Tochter Ada und deren Freund Dave, der als Freiwilliger am spanischen Bürgerkrieg teilnehmen will, zu sozialistischen Idealen. Der zweite Akt spielt 1946/47, und hier tritt auch Ronnie Kahn auf, ein Teenager von 15 Jahren, der ein sozialistischer Schriftsteller werden will. Ada dagegen, die während des Kriegs in einer Fabrik gearbeitet und hier erfahren hat, wie wenig die dort arbeitenden Frauen sich für Politik interessieren lassen, ist bereits desillusioniert, und auch Dave hat durch die Kriegserfahrung seine Ideale verloren. Im dritten Akt, wiederum zehn Jahre später, wendet sich auch Ronnie, der als Koch in einer entfremdeten Arbeitswelt lebt, sowohl aus dieser Erfahrung heraus, aber auch angesichts der Niederschlagung des Ungarnaufstands, ebenfalls vom Kommunismus ab. Allein Sarah hält an ihren Überzeugungen fest, aber ihr Kommunismus ist nicht ideologisch motiviert, sondern gründet, wie ihr Appell »You'll die, you'll die – if you don't care you'll die« zeigt, in dem Glauben an die Unabdingbarkeit mitmenschlicher Verantwortung. Diese wird symbolisiert durch den Topf Hühnersuppe mit Graupen, die Sarah Kahn einst von einer Nachbarin für die kranke Ada erhielt.

Sarah Kahns Appell erwies sich im Theater als nicht weniger wirkungsvoll denn der Appell von Priestleys Inspektor, verdeckte aber, dass Wesker am Beispiel der Kahns vor allem den für das erste Nachkriegsjahrzehnt charakteristischen Verfall von Idealen und Hoffnungen darstellen wollte und Desillusionierung hier ausgeprägter sichtbar wird als etwa in *Look Back in Anger.* Der Erfolg von *Chicken Soup With Barley* ermutigte Wesker zur Fortsetzung, und bereits im Frühjahr 1959 folgte die Premiere von *Roots.* Bei ihren Eltern auf dem Land in Norfolk wartet Beatie Bryant auf den Besuch ihres Freundes Ronnie Kahn, und über drei Akte hinweg versucht sie vergeblich, die Mitglieder ihrer Familie für die kulturellen Werte zu begeistern, an die Ronnie sie herangeführt hat.

Beatie identifiziert sich, was ihre Angehörigen nicht nachvollziehen können, allein über Ronnie. Doch anstatt dass dieser zu Besuch kommt, erhält Beatie kurz vor dem Dramenschluss einen Brief, in dem Ronnie erklärt, dass er selbst nicht mehr an die Ideale glauben kann, die er zu vermitteln versucht hat, und dass er die Beziehung beendet. Damit gibt Wesker dem Stück die entscheidende Wendung. Anstatt Ronnies Desillusionierung zu teilen oder ob der Trennung zu verzweifeln, beginnt Beatie frei und für sich selbst zu sprechen. Ronnie hat doch etwas bewirkt, er hat Beatie eine eigene Stimme gegeben.

Wie gefährdet eine solch optimistische Einstellung zum Leben jedoch ist, zeigt Wesker in *I'm Talking About Jerusalem* (1960), dem letzten Teil der Trilogie, in dem Dave und Ada in einer Schreinerwerkstatt auf dem Land nach dem Vorbild von William Morris das Ideal nichtentfremdeter Arbeit leben wollen. Sie scheitern bei dem Versuch, mit der Möbelindustrie zu konkurrieren, und in den Kontext dieses Scheiterns werden auch Sarah und Ronnie Kahn eingebunden, der am Schluss des Stückes Gelegenheit bekommt, seine in *Roots* durch den Brief artikulierte Desillusionierung nochmals differenziert zu begründen.

Weskers beim Publikum erfolgreiche sozialkritische Botschaft kann allerdings nicht den Blick dafür verstellen, dass die Trilogie hinsichtlich der formalen Erneuerung des Dramas keine Anstöße gab. Zu der Annahme, Wesker sei auch in formaler Hinsicht ein Neuerer, hatte vor allem *The Kitchen* (1959; erweiterte Fassung 1961) beigetragen, wo Wesker, auf seine eigenen Erfahrungen als Koch zurückgreifend, zeigt, wie entfremdete Arbeit in einer Großküche eines Restaurants in einen Ausbruch von Gewalt münden kann. In beiden Inszenierungen wurde die Zubereitung der Speisen nicht realistisch, wie sich das Wesker ursprünglich gedacht hatte, sondern auf Vorschlag John Dexters gestisch dargeboten, was von der Kritik und auch in der Forschung zunächst als bedeutendes formales Experiment gefeiert wurde. Dies ermutigte Wesker nachfolgend zu weiteren Durchbrechungen der Wirklichkeitsillusion, die er rückblickend als »stylized naturalism« theoretisch zu verorten versucht hat.

Mit *Chips With Everything* (1962), das zeigt, wie Rekruten der Royal Air Force zur Anpassung an das System gezwungen werden, wenn sie nicht von ihm zerbrochen werden wollen, mit *Their Very Own and Golden City* (1966), in denen der Architekt Andrew Cobham mit seinem Plan scheitert, menschenwürdige Städte zu errichten, oder mit dem poetisch entrückten, aber wegen seines schwammigen Symbolismus zu Recht von der Kritik verrissenen *The Four Seasons* (1965) konnte Wesker an den Erfolg der Trilogie nicht mehr anknüpfen. Zwar hielt ihm das Royal Court Theatre, wo 1972 *The Old Ones*, das durch Sarah an die Trilogie anknüpft, uraufgeführt wurde, bedingt die Treue. Zur Uraufführung von *The Friends* (1970), einem Stück, in dem am Sterbebett von Esther ihre Freunde ihre Lebensbilanzen ziehen und angesichts von Esthers Tod zur Lebensbejahung zurückfinden, war jedoch wegen des unverhohlenen Pathos keine britische Bühne bereit. Sie fand in Stockholm statt, wo auch *The Merchant*, später von Wesker in *Shylock* umbenannt, 1976 erstmals gezeigt wurde. In *Shylock* setzt Wesker an die Stelle von Shakespeares Feindschaft zwischen dem Juden und dem Kaufmann die Freundschaft zwischen Shylock und Antonio, und der Vertrag über das Pfund Fleisch ist ihr Protest gegen den vom venezianischen Staat praktizierten Antisemitismus. Als nicht nur in Hinblick auf Shakespeares *The Merchant of Venice* intertextuelles Drama hätte *The Merchant / Shylock* eine Uraufführung in England verdient gehabt. Dass sie Wesker nicht gewährt wurde, lag auch daran, dass *The Journalists* (1972), ein Stück, für das Wesker bei der *Sunday Times* lange hospitiert hatte, aufgrund des Protests der Redakteure dieser Zeitung zu einem langjährigen Rechtsstreit führte, der

Wesker dem britischen Theater zunächst entfremdete. Allerdings akzeptierte das National Theatre 1981 *Caritas*. Vor dem Hintergrund der Bauernaufstände des 14. Jahrhunderts schildert Wesker hier das Schicksal der Anachoretin Christine Carpenter, die sich 1377 einmauern ließ und der ihr Bischof das Verlassen ihrer Zelle verbot, als sie ihr Gelübde widerrief. Auch hier experimentiert Wesker mit »stylized naturalism«, aber im Gegensatz zu *The Four Seasons* sind die stilistischen und symbolistischen Überhöhungen hier schlüssig. In *Caritas* wie in *The Merchant* stehen wiederum Desillusionierungsprozesse im Mittelpunkt, und insofern ist sich Wesker treu geblieben. Was diese Stücke jedoch von den früheren unterscheidet, ist, dass hier das Scheitern idealistischer Hoffnungen nicht mehr wie noch in *The Friends* mit der Propagierung einer humanitären sozialistischen Gesellschaft verknüpft, sondern als nicht mehr ideologisch befrachtete existenzielle Erfahrung gezeigt wird.

In den achtziger Jahren hat sich Arnold Wesker in das britische Gegenwartsdrama zurückgeschrieben. Aus dem Zyklus der *Six One Woman Plays* ragt *Whatever Happened To Betty Lemon* (1986) hervor, der Monolog der Witwe eines Labour-Peers, »crippled by everything old age brings«, die gerade erfahren hat, dass sie zur »Handicapped Woman of the Year« gewählt worden sei. Ihr *acceptance speech*, die sie für die Verleihung dieses Preises probt, ist eine sardonische, dramatisch wirkungsvolle Abrechnung mit den Vorurteilen und den Klischees, mit denen ein alternder Mensch leben muss.

Auch mit *Denial* (1997) hat Wesker auf die britischen und internationalen Bühnen zurückgefunden. *Denial* erzählt die Geschichte Jennys, die sich, beruflich und auch privat gescheitert, der Therapeutin Valerie anvertraut und sich einreden lässt, dass alle ihre Probleme daraus resultieren, dass sie als Kind von ihrem Vater missbraucht worden sei. Jenny greift nach diesem Strohhalm der Erklärung und beschuldigt erst ihren Vater des sexuellen Missbrauchs und nachfolgend ihre Mutter und ihren Großvater, diesen Missbrauch sogar aktiv unterstützt zu haben. *Denial* hat in der Textfassung Redundanzen, und es mindert auch die dramatische Spannung, dass dem Publikum schon sehr früh bewusst wird, dass die an sich verzweifelnde Jenny von der Therapeutin manipuliert wird und alle aus dieser Manipulation resultierenden Anschuldigungen haltlos sind. Aber *Denial* illustriert auch den Wandel, den Wesker als Dramatiker durchlaufen hat. In der Trilogie wurde der Zerfall einer Familie durch den Verlust ideologischer Gemeinsamkeit verdeutlicht, aber auch, wie in den nachfolgenden Stücken, das Prinzip Hoffnung jenseits des subjektiven Scheiterns bekräftigt. Auch die Träume von einem menschlicheren Leben in *The Four Seasons* oder in *Their Very Own and Golden City* waren Auftrag an das Publikum, lebensweltlich zu verwirklichen, was auf der Bühne in Desillusionierung endete. *Denial*, gemessen an der Trilogie ein vermeintlich unpolitisches Stück, propagiert diese ideologische Botschaft nicht mehr, ist aber, hierin über den dargestellten privaten Konflikt hinausweisend, ein eindringliches, warnendes Beispiel für die Manipulierbarkeit des Menschen.

Zu den bis in die siebziger Jahre einflussreichen Neuentdeckungen der English Stage Company zählt auch John Arden (geb. 1930), der inzwischen mit seiner Frau, der irischen Dramatikerin Margaretta D'Arcy, fernab der britischen Theaterszene in Galway lebt. Ardens erstes Stück, *The Waters of Babylon*, wurde 1957 im Royal Court Theatre als Sonntagabendvorstellung ohne Dekor aufgeführt. Da es nur diese eine Vorstellung gab, blieb die Resonanz der Kritik gering, obwohl gerade *The Waters of Babylon* verdeutlicht, dass von der English Stage Company keineswegs nur dem *kitchen-sink*-Realismus verpflichtete sozialkritische Dramatiker gefördert wurden. In *The Waters of*

Babylon vermischen sich Tragödie, Komödie, Melodrama und Farce zu einem multiethnischen Spektakel, in dem Vers- und Prosasprache wechseln, *songs* im Stil der *music hall* wie auch als sentimentale Balladen vorgetragen werden und in fließenden Szenenübergängen die Atmosphäre von Jonsons *The Alchemist* und *Bartholomew Fair* beschworen wird. Nicht weniger schillernd sind die Figuren und die Handlung. In deren Mittelpunkt steht ein Lotterieschwindel, inszeniert von dem Exilpolen Sigismanfred »Krank« Krankiewicz, der, wie sich herausstellt, nicht als Häftling, sondern als Aufseher in Buchenwald war und nun seiner eigenen Intrige zum Opfer fällt. Teil dieser sich in immer neuen, unerwarteten Wendungen entfaltenden Intrige sind Prostituierte, korrupte Politiker, irische Nationalisten und Exilanten, und auf der Grundlage der Darstellungskonventionen des »well-made play« lassen sich die für Handlung und Figuren charakteristischen Illusionsdurchbrechungen von *The Waters of Babylon* ebenso wie die intertextuellen Verweise nicht mehr beschreiben.

Für 1957 war *The Waters of Babylon* zu progressiv, um ins Repertoire übernommen zu werden. Aber auch mit *Live Like Pigs* (1958), das unter der gemeinsamen Regie von George Devine und Anthony Page uraufgeführt wurde, suchte Arden, wenngleich weniger radikal, realistische Darstellungskonventionen aufzubrechen. *Live Like Pigs* schildert den Einbruch der zigeunerhaften Sawneys in die geordnete Vorstadtwelt der Jacksons und ihrer Nachbarn, und die durch die Sawneys verkörperte Infragestellung bürgerlicher Verhaltensnormen endet in einem Ausbruch irrationaler Gewalt gegen die asozialen Eindringlinge. In der Einleitung zu *Live Like Pigs* schreibt Arden, dass für ihn die »poetische« Strukturierung dieses Konflikts gegenüber dem Sozialdrama Vorrang gehabt habe. Diese poetische Strukturierung findet ihren Ausdruck auch darin, dass Arden den Szenen *songs* vorausstellt, die das realistisch inszenierte Geschehen rück- und vorausweisend kommentieren und sich zu einer Ballade zusammenfügen. Darin wird die Doppelstruktur von *Live Like Pigs* deutlich: auf der ›Wirklichkeitsebene‹ der realistischen Szenen ist es eine ironisch-sozialkritische Studie über soziale Inkompatibilität. Aber *Live Like Pigs* erzählt auch eine poetische Geschichte, die wie die schottischen Zigeunerballaden des 17. und 18. Jahrhunderts das Problem des Klassengegensatzes lyrisch verdichtet.

In den fünfziger Jahren erzielte Arden seinen größten Erfolg bei der akademischen Kritik, aber nicht beim Publikum, mit *Serjeant Musgrave's Dance* (1959), das in Rezensionen sowohl als »mystical, poetical, symbolical, obscure« wie auch als »baffling, sprawling and pretentious« bezeichnet wurde. In einer nordenglischen Kleinstadt, in der die Bergleute streiken, wird Musgrave mit seiner Truppe als Ordnungsmacht begrüßt. Tatsächlich ist Musgrave jedoch ein Deserteur, der an den Greueln des Kriegs verzweifelt ist und für fünf unschuldige Opfer fünffache Rache nehmen will. Zwar scheitert Musgrave durch Verrat bei seinem Versuch, der Gewalt durch Gewalt ein Ende zu setzen, aber bevor er und seine Anhänger von Dragonern überwältigt werden, gelingt es ihm, indem er sein Maschinengewehr auf die Zuschauer richtet und sie in die Rolle der Stadtbewohner zwingt, dem Publikum den irrationalen Kreislauf der Gewalt zu verdeutlichen. Vor dem Hintergrund des »Kalten Kriegs« wurde diese Botschaft jedoch nur zurückhaltend aufgenommen. Auch die dramenästhetische Strukturierung von *Serjeant Musgrave's Dance*, in die das *emplotment* eines Films über den amerikanischen Bürgerkrieg, *The Raid* (1954), ebenso Eingang fand wie Verweise auf den Zypern-Konflikt, auf das Melodrama und auf viktorianische Autobiographien und Dichtung, wurde ebenso wie die balladeske Farbsymbolik und Bildersprache nicht in den Rezensionen der Uraufführung, sondern erst durch die Forschung erschlossen.

Für die erste Phase von Ardens Schaffen, zu der auch *The Workhouse Donkey* (1963) und *Armstrong's Last Goodnight* (1964) zählen, Letzteres ein Stück, das explizit auf *border ballads* zurückgreift und zugleich die Auswüchse des Bürgerkriegs im Kongo thematisiert, ist das Streben nach poetischer Strukturierung der dramatischen Aussage unverkennbar. Dadurch soll eine nur kurzlebige tagespolitische Aktualität aufgehoben und transzendiert werden. Nicht der Zypern-Konflikt oder die Kongo-Krise stehen im Vordergrund, sondern die historische Kontingenz übergreifenden Mechanismen von Gewalt oder Verrat. Allerdings hat Arden diese ausgewogene Position unter dem Einfluss der politisch militanten Margaretta D'Arcy, aufgrund der Erfahrungen einer gemeinsamen Reise in die USA, wo sich die Ardens in der Protestbewegung gegen den Vietnamkrieg engagierten, sowie in Folge der während einer Indienreise gewonnenen gesellschaftskritischen Einsichten preisgegeben. Von der zweiten Hälfte der sechziger Jahre an rücken prononcierte Stellungnahmen gegen Krieg und Ausbeutung in den Vordergrund, während die formale Weiterentwicklung in den von *The Hero Rises Up* (1968) an gemeinsam mit D'Arcy verfassten Stücken in den Hintergrund tritt. *The Hero Rises Up*, untertitelt als »A Romantic Melodrama«, karikiert Admiral Nelson und seine Beziehung zu Lady Hamilton, zielt aber auf die Kritik an dem System, das einen Menschenleben so gering schätzenden Helden wie Nelson zur Kultfigur stilisiert hat. Einen episch-poetischen Entwurf realisierten die Ardens mit *The Island of the Mighty* (1974), in dem König Arthur nicht als Schlüsselfigur eines goldenen Zeitalters dargestellt wird, sondern als Unterdrücker der keltischen Kultur, dem die ihrer Identität beraubten Kelten ihre Freiheit abringen. Die Uraufführung dieses mehr als 200 Textseiten umfassenden dreiteiligen Stücks, das an einem Theaterabend nicht spielbar ist, scheiterte an dem Streit der

Ardens mit der Royal Shakespeare Company, die drastische Kürzungen einforderte, und dieser Konflikt leitete den Rückzug der Ardens aus den subventionierten Theatern ein.

Zur Politisierung der Ardens gehört auch ihre Hinwendung zu Themen aus dem Bereich der konfliktträchtigen anglo-irischen Geschichte, die in *The Ballygombeen Bequest* (1972), in *Vandaleur's Folly* (1978 von John McGrath' Agitprop-Truppe 7 : 84 uraufgeführt), vor allem aber in der *Non-Stop Conolly Show* (1978) Ausdruck findet. Im Mittelpunkt dieses »dramatic cycle of continuous struggle in six parts« steht der 1868 geborene James Conolly, der 1916 für seine Teilnahme am Osteraufstand hingerichtet wurde. Zusammen erfordern die sechs Teile eine Aufführungsdauer von 24 Stunden, und nur einmal, Ostern 1975 in der Liberty Hall in Dublin, wurde die *Non-Stop Conolly Show* in voller Länge gezeigt. Zwar fordern die Ardens auch für die Inszenierung der *Non-Stop Conolly Show* eine Akzentuierung der poetischen, ›emblematischen‹ Aussage und damit des überpersönlichen (»impersonal«) Konflikts, doch steht diesem dramenästhetischen Anspruch – wie auch in den anderen Stücken zur anglo-irischen Geschichte – nun die eindeutige Parteinahme entgegen. Die Irland-Dramen der Ardens sind, anders als John Ardens frühe Stücke, Agitprop-Theater, das dem Publikum hinsichtlich der Dramenästhetik Offenheit suggeriert, aber ideologisch festgeschrieben ist und dem Publikum keine Freiheit der Interpretation mehr lässt.

Samuel Beckett und Harold Pinter

Während John Osborne und Arnold Wesker sich noch eher vorsichtig von den tradierten realistischen Darstellungskonventionen zu lösen versuchten und John Arden durch poetische Strukturierung und Stilisierung historische Kontingenz zugunsten einer zeitübergreifenden Aussage überwinden wollte, hatte die dramentheoretische Überwindung des »well-made play« allerdings bereits stattgefunden. In Paris schrieb der seit 1928 in Frankreich lebende Ire SAMUEL BECKETT (1906–1989), der sich unter Einfluss seines Freundes und Mentors James Joyce zunächst als Prosaschriftsteller versucht hatte, 1948–49 *En attendant Godot*. Erst 1953 wurde dieses Stück in der Regie Roger Blins, der zu den avantgardistischen Regisseuren des französischen Theaters zählte, im Théâtre de Babylone uraufgeführt. Die englische Premiere – Beckett selbst hatte sein Stück übertragen – folgte 1955 in der Regie Peter Halls im Londoner Arts Theatre.

Die englische Kritik und das Publikum reagierten verhalten bis ablehnend. Insoweit Becketts frühe Dramen überhaupt rezipiert wurden, galt die Zustimmung der in die Texte hineingelesenen existenzialistischen Weltsicht, aufgrund deren Beckett neben Ionesco zum Hauptvertreter eines neuen, »absurden« Theaters avancierte. Erst allmählich setzte sich die Einsicht durch, dass Beckett bei aller Nähe zu existenzialistischen Positionen, wie sie auch Sartre und Camus vertraten, zugleich ein bedeutender formaler Neuerer war.

Sartre und Camus erörterten existenzialistische Philosophie in der Tradition des Ideendramas, ohne dass sie dessen Form thematisierten, während sich Ionesco darauf beschränkte, am eindrucksvollsten in *La cantatrice chauve* (1950), die Konventionen des »well-made play« zu parodieren und so als »absurd« zu entlarven. Beckett geht in *Waiting for Godot* einen wichtigen Schritt weiter, indem er die in der aristotelischen Poetik gründenden ästhetischen Prämissen des »well-made play« dekonstruiert. Seine Protagonisten Wladimir und Estragon, zu denen sich in beiden Akten kurzzeitig Pozzo und Lucky gesellen, agieren auf einer leeren Bühne, auf der als Reminiszenz des realistischen Bühnenbilds nur ein kahler Baum zu sehen ist. Wo sie sich genau befinden, bleibt unklar. Es kann eine Landstraße irgendwo im Nirgendwo sein, aber diese Möglichkeit wird in beiden Akten durch Hinweise in Frage gestellt, die andeuten, dass der Ort des Stückes kein anderer ist als das Theater selbst.

Ebenso wenig verlässlich sind die Zeitangaben. Zu Beginn des zweiten Akts trägt der Baum Blätter, aber die Regieanweisung lautet: »Next day. Same time. Same place.« Allerdings kann sich Estragon an ein gestriges Zusammentreffen nicht erinnern, und alle innerdramatischen Zeitangaben wie »yesterday« oder das stets mit dem Eintreffen Godots verknüpfte »tomorrow« haben keine verifizierbaren Bezugspunkte mehr. Die empirische, linear verlaufende Zeit, die der im zweiten Akt blind gewordene Pozzo als »accursed time« verwirft, ist aufgehoben, so dass der Eindruck entsteht, die auf den Zustand des Wartens reduzierte Zeit stehe still.

Zeit und Handlung sind in der aristotelischen Poetik untrennbar verknüpft, und auch der Handlungsbegriff wird von Beckett dekonstruiert. Im »well-made play« entwickelt sich die Handlung aus einem in der Exposition dargelegten Konflikt. An die Stelle dieses Konflikts tritt in *Waiting for Godot* das Warten, und bereits der erste Satz des Stücks, Estragons »Nothing to be done«, weist den traditionellen Handlungsbegriff programmatisch zurück. An die Stelle der fortschreitenden Handlung, die in die Konfliktlösung mündet, tritt bei Beckett eine Abfolge scheiternder, von den Protagonisten abgebrochenen Handlungen. Dazu zählen Rollenspiele und Turnübungen ebenso wie die Überlegung, man solle das Warten durch Selbstmord beenden. Am augenfälligsten wird das Prinzip der scheiternden Handlung jedoch in den repetitiven Aktschlüssen, wo Wladimir und Estragon erklären: »Let's go«, und die Regieanweisung lautet: »*They do not move.*«

Die Dekonstruktion der aristotelischen Poetik ist für Beckett die Voraussetzung für eine Aufhebung der realistischen Charakterkonzeption. Im »well-made play« wird die Identität der Protagonisten bereits in der Exposition begründet und als, zumindest was die Hauptfiguren betrifft, sich entwickelnde Identität gezeigt. Auch hiermit bricht Beckett. Wenn Wladimir und Estragon in der Kritik als Landstreicher und als Clowns identifiziert werden, so gründet das allein darin, dass Estragon berichtet, er habe die Nacht in einem Graben verbracht, und beide innerhalb der scheiternden Handlungen sich auch als *music hall*-Komödianten gerieren. Wer sie im Sinne des realistischen Dramas ›wirklich‹ sind, bleibt ungeklärt, zumal sich beide zu einer kohärenten Identität auch deshalb als unfähig erweisen, weil sie zur Erinnerung an ihre Vorgeschichte nicht fähig sind. ›Soziologisch‹ lassen sich allenfalls Pozzo und Lucky verorten, die im ersten Akt in einer Herr-Knecht-Beziehung auftreten. Doch auch diese wird im zweiten Akt wieder relativiert, denn nun ist der erblindete Pozzo von seinem Diener abhängig. Dass Becketts Theater sowohl eine soziologisch wie eine philosophisch eindeutige Identitätsbestimmung des Menschen verwirft, unterstreicht auch Luckys nur vordergründig parodistischer philosophiegeschichtlicher Monolog im ersten Akt, der im Sinne scheiternder Handlung mit dem Wort »unfinished« endet. Damit relativiert Beckett zugleich die Frage, wer denn der erwartete Godot eigentlich sei. Philologische Deutungen wie »God-ot« als ›kleiner Gott‹ bleiben ebenso spekulativ wie die zahlreichen philosophischen Erklärungsversuche. Gewiss ist einzig, dass Godot eine Chiffre für die Erlösung aus einem statisch gewordenen Lebenszustand darstellt.

Mit seiner Dekonstruktion der aristotelischen Poetik und des aus ihr hergeleiteten, psychologische und soziologische Konsistenz einfordenden Charakterbegriffs hat Beckett für das Theater neue Maßstäbe gesetzt. Für die Dramatiker, die *Waiting for Godot* in Hinblick auf die geltenden Regeln als Antitheater rezipierten, erbrachte er den

Nachweis, dass der dramenästhetisch normative Anspruch des »well-made play« nichts anderes ist als eine willkürliche Setzung, und sie waren bereit, den neu begründeten Freiraum dramenästhetischer Alterität zu nutzen.

Auch für Becketts nachfolgendes dramatisches Werk, das sich als Auslotung der Minima des dramatisch Notwendigen beschreiben lässt, war die mit *Waiting for Godot* begründete Überwindung der realistischen Darstellungskonventionen richtungweisend. In *Endgame* (1957), dessen erster Satz mit »Finished, it's finished [...]« beginnt, gibt es für Hamm, Clov und die in Mülleimern vegetierenden Eltern Hamms keine Hoffnung auf Erlösung mehr. Gegen die Gewissheit des Endes bleiben als Auflehnung nur der sinnlos gewordene physische Aktionismus Clovs, der beständig mit einer Leiter hantiert, und die rhetorischen Ausbrüche des (*ham-actor*) Hamm, scheiternde Handlungen allesamt auch sie, denn sie können Hamms »last soliloquy« nicht wirklich hinausschieben. In *Krapp's Last Tape* (1958) versucht der sich seines Ende gewisse Krapp, der sein Leben auf Tonband aufgezeichnet hat, vergeblich, durch das Abspielen der Bänder seine Identität zu rekonstruieren. Als Letztes erinnert er sich an eine sexuelle Begegnung, nicht als glückliche Erfüllung, sondern als vergangene und verlorene »chance of happiness«.

Die Diskrepanz zwischen Sein und Erinnerung thematisiert auch *Happy Days* (1961). Im ersten Akt ist Winnie bereits bis zur Hüfte in einem Erdhügel begraben, und nur gelegentlich wird ihr Erinnerungsmonolog an »glückliche Tage« von ihrem Ehemann Willie unterbrochen, den Beckett als auf seine sexuellen Bedürfnisse reduziert, aber zur Performanz nicht mehr fähig zeigt. Während Winnie im ersten Akt noch in ihrer Handtasche kramen und sich ein wenig herausputzen kann, reicht ihr im zweiten Akt der Erdhügel bereits bis zum Hals. Doch in Diskrepanz zu ihrer bildhaft gewordenen Situation plappert sie weiter und lebt, von ihrer Realität scheinbar unbeeindruckt, in ihren Erinnerungen. Im Gegensatz zu Wladimir und Estragon können sich Krapp und Winnie erinnern, aber es bleibt offen, ob Vergessen oder Erinnerung qualvoller ist.

Beckett hat diese Thematik bis in sein Spätwerk hinein vertieft. In *Not I* (1972) ist die als »Mouth« bezeichnete siebzig Jahre alte Sprecherin auf einem Feld zusammengebrochen, auf dem sie Schlüsselblumen sammelte. Die biographischen Bruchstücke dieses Monologs lassen annähernd die Rekonstruktion eines Lebens zu, aber in der Agonie weist »Mouth« ihr Leben zurück und projiziert es auf eine andere: »Not I«. Auch in späten, gemeinsam mit dem Südfunk Stuttgart realisierten Fernsehspielen wie *Nacht und Träume* (1983) umkreist Beckett den Zusammenhang von Erfahrung und Erinnerung, Sein und Bewusstsein, nimmt ihn aber zugleich in einem weiteren Reduktionsschritt auf eine von Franz Schuberts titelgebendem Lied untermalte, rein gestische Darstellung zurück. Diese Entpersonalisierung und Abstrahierung verweist zurück auf jene frühen Stücke Becketts, in denen wie in *Act Without Words I* (1957) und *Act Without Words II* (1963) oder in *Play* (1963) namenlose Protagonisten archetypische Erfahrungen verbalisieren, die dann in der Fernsehinszenierung *Quadrat 1* und *Quadrat 2* (1981) nochmals bildlich verdichtet werden. In dem ersten, farbigen und zehn Minuten langen wie auch in dem schwarzweiß gefilmten fünfminütigen zweiten Teil bewegen sich bis zu vier in Kutten gekleidete, stumme Gestalten, deren Gesichter unkenntlich sind, über die Seiten und die Diagonalen eines Quadrats aus Tuch. Am Schnittpunkt der Diagonalen ist ein Loch, laut Beckett, »der Abgrund«, dem die Figuren ausweichen, um danach aber sofort wieder auf ihre Linie zurückzukehren. Beide Teile wurden 1984 als *Quad* veröffentlicht und kennzeichnen die Grenzbereiche der Abstraktion, in die Beckett das Drama hineingeführt hat.

Einen noch suggestiveren Schritt hatte er allerdings bereits 1968 mit dem 35-Sekunden-Stück *Breath* vollzogen, das 1969 als Prolog und moralisches Feigenblatt für Kenneth Tynans Sex-Revue *Oh! Calcutta!* erstmals in New York und dann 1970 in einer von Beckett autorisierten Fassung im Universitätstheater in Oxford gezeigt wurde. *Breath* ist nicht mehr als eine Regieanweisung:

> CURTAIN
> Faint light on stage littered with miscellaneous rubbish. Hold about five seconds.
> Faint brief cry and immediately inspiration and slow increase of light together reaching maximum together in about ten seconds. Silence and hold about five seconds.
> Epiration and slow decrease of light together reaching minimum together (light as in 1) in about ten seconds and immediately cry as before. Silence and hold about five seconds.
> CURTAIN

Mit *Breath* verweist Beckett zurück auf *Waiting for Godot*, wo Pozzo Leben definiert als »They give birth astride of a grave, the light gleams an instant, then it's night once more«. Dafür, dass er wie kein anderer Dramatiker des 20. Jahrhunderts das Drama auf ein System verweisender Zeichen zu reduzieren vermocht hat, wurde Beckett, auch in Würdigung seiner Verdienste als Romancier, 1969 mit dem Nobelpreis für Literatur ausgezeichnet.

Harold Pinter (geb. 1930), mit nationalen und internationalen Auszeichnungen überhäuft, gilt als derzeit bedeutendster lebender britischer Dramatiker. Sein dramatisches Werk umfasst bislang über vierzig Stücke und gut zwanzig Drehbücher. Wie Arnold Wesker war Pinter im Londoner East End aufgewachsen. Seine Ausbildung an der Royal Academy of Dramatic Arts brach er ab und schlug sich nachfolgend als Schauspieler durch. Als sich die Erneuerung des britischen Dramas abzeichnete, schrieb Pinter 1957 mit *The Room*, *The Birthday Party* und *The Dumb Waiter* gleich drei konventionalisierte Erwartungshaltungen provozierende Stücke. Da es ihnen jedoch scheinbar an einer klaren sozialkritischen Botschaft mangelte und Pinters Figuren, wiewohl vordergründig realistisch gezeichnet, nicht weniger rätselhaft waren als Becketts, fand Pinter beim Royal Court Theatre zunächst keinen Anklang. Pinters erster Förderer wurde der Impresario Michael Codron, der 1958 die Uraufführung von *The Birthday Party* finanzierte. Allerdings wurde das Stück, das keiner der maßgeblichen Kritiker dem Publikum zu empfehlen wagte, nach nur einer Woche Spielzeit wieder abgesetzt. Die Einakter *The Room* und *The Dumb Waiter* wurden 1960 im Hampstead Theatre Club uraufgeführt und nun auch als Ausweis der Varianz des britischen Gegenwartsdramas vom Royal Court Theatre übernommen. Im gleichen Jahr erzielte Pinter mit *The Caretaker*, wiederum in einer von Codron finanzierten Produktion, den Durchbruch.

Für die frühen Stücke hat der Kritiker Irving Wardle den Begriff »comedies of menace« geprägt und damit deren Mischung von Sprachkomik und Bedrohung zu beschreiben versucht. In *The Room* dringen mysteriöse Besucher in das scheinbar beschauliche Heim von Rose ein, erheben darauf Anspruch und stellen schließlich, wie der blinde Schwarze Riley, der Rose als »Sal« anspricht, sogar Roses Identität in Frage. Das Stück endet in einem Ausbruch der Gewalt, in dem Roses Lebensgefährte Bert den blinden Riley brutal zusammenschlägt.

In *The Dumb Waiter*, wo schon im Titel die Ambiguität von »Speisenaufzug« und »waiting« angelegt ist, vertreiben sich Ben und Gus in einem Kellerapartment unter einem Restaurant scheinbar ziellos die Zeit. Erst allmählich wird deutlich, dass es sich um zwei Berufskiller handelt, die ihr Opfer erwarten, aber durch unverständliche, weil ihrer Situation unangemessene, über den Speisenaufzug übermittelte Aufträge zunehmend irritiert werden. Am Schluss erhält Ben die Nachricht, das Opfer sei eingetroffen, und man solle »the normal method« anwenden. Mit dem Revolver in der Hand wartet Ben, dass sich die Tür öffnet – aber nicht ein bis dahin unbekanntes Opfer betritt den Raum, sondern Gus, der aus der Küche zurückkommt.

Nicht weniger enigmatisch ist die Figurenkonstellation in *The Birthday Party*. In einer Pension an der Küste hat der frühere Pianist Stanley Webber bei dem Strandkorbverleiher Petey und dessen Frau Meg Unterkunft gefunden, die für ihn anscheinend mehr als mütterliche Gefühle hegt. Diese Konstellation wird von zwei Fremden mit Namen Goldberg und McCann aufgebrochen, die Stanleys angebliche Geburtstagsfeier dazu nutzen, ihn einem Kreuzverhör zu unterziehen und ihn am Ende des Stückes, psychisch und physisch sichtbar gebrochen, mitnehmen. Petey und Meg setzen, scheinbar unberührt, ihren Ehealltag fort.

In keinem dieser Stücke erhält das Publikum Aufschluss über die Identität der Protagonisten, darüber, wer sie im Sinne realistischer Darstellungskonventionen eigentlich sind. Dass es sich bei Goldberg um einen jüdischen und bei McCann um einen irischen Namen handelt, erklärt die anonyme Organisation, die sie repräsentieren, nicht. Ebensowenig werden die Motive für das Handeln der Protagonisten eindeutig klar. Damit werden bereits Grundkonstituenten von Pinters Dramatik sichtbar. In *The Room* und in *The Birthday Party* sind es ›katalytische‹ Fremde, die eine vordergründig harmonische Konstellation in eine Konfliktsituation verwandeln. Zugleich wird deutlich, dass Pinter auf diese Weise Genrekonventionen thematisiert. *The Dumb Waiter* unterläuft die vorgebliche Rationalität des *thriller*, der für Tat und Täter eine eindeutige Erklärung hat. In *The Birthday Party* wird die Figuren- und Handlungskonstellation der »seaside comedy«, der Boulevardkomödie, aufgebrochen. Auf der Ebene der Komödie ist Stanley eine Bedrohung für den Ehefrieden Peteys und Megs, die dadurch überwunden werden könnte, dass Stanley und die altersmäßig zu ihm passende Lulu zusammenfinden. An Stelle dieser harmonischen Konfliktlösung setzt Pinter jedoch den die Konventionen des Genres sprengenden Einbruch der Gewalt.

The Caretaker brachte Pinter vor allem deshalb den Durchbruch, weil die Kritik in diesem Stück eine Hinwendung zum realistisch-sozialkritischen Drama zu erkennen glaubte. Die Konfrontation zwischen dem angeblich aufgrund einer Operation geistig etwas behinderten Aston und dem von ihm aufgenommenen Landstreicher Davies, der sich in Astons Heim breit macht, wurde als Sozialkritik rezipiert. Tatsächlich akzentuiert *The Caretaker* jedoch mit der von dem katalytischen Fremden ausgelösten »battle for positions« ein weiteres, für Pinters Dramatik zentrales Element. Pinter selbst hat darauf hingewiesen, dass Astons und Davies' Aussagen über ihre Identität und Vorgeschichte keineswegs als ›wahr‹ zu rezipieren seien. Es sind Positionsbestimmungen in einem Machtkampf, der, allerdings immer noch an der Grenze zur physischen Gewalt, nunmehr verbal ausgetragen wird.

Dass die Identität von Pinters Protagonisten bewusst unbestimmt bleiben soll und dass seine Stücke auch keine eindeutige moralische Botschaft vermitteln sollen, wie sie »Aunt Edna« erwartet, hat Pinter 1962 in dem Essay »Writing for the theatre« klargestellt:

> A play is not an essay, nor should a playwright under any exhortation damage the consistency of his characters by injecting a remedy or apology for their actions into the last act, simply because we have been brought up to expect, rain or sunshine, the last act

›resolution‹. To supply an explicit moral tag to an evolving and compulsive dramatic image seems to be facile, impertinent and dishonest. Where this takes place it is not theatre but a crossword puzzle. The audience holds the paper. The play fills in the blanks. Everyone is happy.

An Stelle der für das realistisch-naturalistische Drama konstitutiven »good story with a beginning, a middle, and an end« fordert Pinter für das Drama ein »evolving and compulsive image«, das zugleich die Rolle des Zuschauers einschneidend verändert. Statt passiv auf die Auflösung des dramatischen Konflikts zu warten, soll das Publikum an der Inszenierung intellektuell partizipieren und eine interpretatorische Leistung erbringen. Auch wenn Pinter diese Position in seinen späten, politisch expliziten Stücken partiell revidieren sollte, so blieb sie doch für sein dramatisches Schaffen bis in die achtziger Jahre bestimmend.

In Pinters nächstem abendfüllenden Stück *The Homecoming* (1964) fällt die Rolle der katalytischen Figur Ruth zu, die mit ihrem Mann Teddy, einem in den USA lehrenden Professor, dessen Familie in London besucht. An Ruth, »a woman in her early thirties«, entzünden sich die sexuellen Phantasien ihres Schwiegervaters Max wie auch der beiden Brüder Teddys. Strukturell verweist *The Homecoming* auf das analytische Familiendrama amerikanischer Prägung zurück, auf *Death of A Salesman* ebenso wie auf Albees *Who's Afraid of Virginia Woolf?* Allerdings lässt Pinter sein Publikum sowohl darüber im Unklaren, inwieweit das auf der Bühne gezeigte Verhalten der Protagonisten »wirklich« oder nur imaginiert ist, und inwieweit von ihnen angeblich erinnertes Geschehen vielleicht nur auf Fiktionalisierungen beruht.

Damit weist *The Homecoming* bereits auf die *memory games* in *Old Times* (1970) und *No Man's Land* (1974) voraus. So wird in *Old Times* die Beziehung zwischen Kate und Deeley ebenfalls durch eine katalytische Figur in Frage gestellt. Anna ist angeblich eine alte Freundin Kates, und zwischen ihr und Deeley entbrennt ein Machtkampf um Kate, der über den Schlagabtausch von Erinnerungsfiktionen ausgefochten wird, in denen Kate jeweils Anna oder Deeley bevorzugt. Als sich zwischen den beiden Konkurrenten eine Übereinkunft abzeichnet, Kate eventuell sexuell zu teilen, entwindet sich die bis dahin passive Kate den Ansprüchen beider, indem sie deren Vergangenheitsversionen in einer Metafiktion synthetisiert, in der Anna für tot erklärt und Deeley zurückgewiesen wird. Dass dies keine finale Konfliktlösung darstellt, unterstreicht Pinter, indem er in einem als Coda angefügten Schlussbild die räumliche Gruppierung der Protagonisten in der Exposition variiert und damit andeutet, dass alles auch nur Spiel gewesen sein könnte. Auch in *No Man's Land* wird der Machtkampf mit Erinnerungsfiktionen ausgetragen.

Bis in die achtziger Jahre galt Pinter als ein politisch nicht engagierter Dramatiker. Dies änderte sich jedoch signifikant mit *One for the Road* (1984), wo in einem totalitären System ein Dissident gefoltert und schließlich dadurch gebrochen wird, dass man als »Warnung« seinen kleinen Sohn umbringt. Einen expliziten Gegenwartsbezug hat auch *Mountain Language* (1988), ein bedrückendes Gefängnis-Szenario, zu dem Pinter nach eigenen Angaben durch die Unterdrückung der Kurden in der Türkei angeregt wurde. In *Ashes to Ashes* (1996) schließlich thematisiert Pinter den Holocaust. In einer auf den inquisitorischen Beginn von *Old Times* zurückverweisenden Befragung will in diesem Zwei-Personen-Stück Devlin von Rebecca Auskunft über einen früheren Liebhaber. Dieser war, wie sich herausstellt, ein leitender Offizier in einem Konzentrationslager, und Rebecca überlebte nur, weil sie seine Mätresse wurde. Aber es war auch der Mann, der ihr vor dem Abtransport ins Lager ihr Baby wegnahm. Doch bleibt offen, inwieweit auch diese Erinnerungen Fiktionen sind. In den Kontext der politischen Dramatik Pinters gehören auch *Party Time* (1991) und *Celebration* (1999), beides Stücke über eine sinnentleerte und im Konsum befangene Gesellschaft, die vor der Gewalt und der Ungerechtigkeit in der Welt die Augen verschließt.

Pinters politisch engagierte Dramen legen eine neue Deutung der Gewalt in seinem Frühwerk, insbesondere in *The Birthday Party*, nahe, zumal die sprachlichen und stilistischen Mittel, die Pinter in den politischen Stücken einsetzt, gegenüber seinen früheren Dramen kaum verändert erscheinen. Dennoch ist ein wesentlicher Unterschied unübersehbar. Bis zu den politischen Dramen gab es bei Pinter keine Trennung von Gut und Böse, von eindeutigen Opfern und Tätern, und die Enträtselung der dargestellten Beziehungen war Aufgabe des Publikums. Die klare moralische Aussage der politischen Stücke ist jedoch nichts anderes als ein »explicit moral tag«, wie ihn Pinter in »Writing for the theatre« verworfen hat, und durch sie wird das von Pinter einst geforderte, intellektuell partizipierende Publikum, wieder zum passiven Rezipienten einer gesellschaftskritischen Botschaft.

Die Dramatiker der Vorkriegsgeneration und das Drama der sechziger und siebziger Jahre: thematische und formale Varianz zwischen *fringe* und West End

Euphorische Kritiker haben die Erneuerung des britischen Dramas nach 1956 mit einem zweiten elisabethanischen Zeitalter verglichen. Das mag hoch gegriffen erscheinen, doch bleibt es unstrittig, dass nach 1956 die thematische und auch die formale Varianz des britischen Dramas geradezu exponential anstieg. Einen wichtigen Beitrag zur

Ausweitung der Theaterszene erbrachten dabei die *fringe*-Theater bzw. -Gruppen. *Fringe* (›Umrandung‹) leitet sich begrifflich her von der Bezeichnung für das Begleitprogramm zum jährlichen Edinburgh Festival. Ursprünglich umfasste es ein kaum größeres Angebot als das Hauptprogramm, doch inzwischen ist das Programmheft der Edinburgher *fringe*-Veranstaltungen, das z. B. für 2003 mehr als 1500 Eintragungen enthält, so dick wie ein mittelstädtisches Telefonbuch geworden. Für viele der seit den sechziger Jahren hervorgetretenen und danach berühmt gewordenen Dramatiker wie, allen voran, Tom Stoppard, aber auch für erst von den siebziger Jahren an auf die Bühne strebende Talente wie David Hare, Howard Brenton, Howard Barker, Trevor Griffith, Barrie Keeffe, Stephen Poliakoff oder Nigel Williams boten *fringe*-Gruppen neben den subventionierten Theatern die erste Möglichkeit, wahrgenommen zu werden.

Im *fringe* fanden sich höchst divergierende Interessen zusammen. Es gab für das politische Drama sich engagierende Gruppen wie Joint Stock, zu dessen Mitbegründern Max Stafford-Clark zählte, oder die von John McGrath (1935–2002) gegründete Agitprop-Gruppe 7 : 84, deren Namen darauf verwies, dass 7 Prozent der Bevölkerung Großbritanniens über 84 Prozent des Grundbesitzes und des Volkseinkommens verfügte, und die vor allem die Arbeiterklasse als Publikum gewinnen wollte. Produktionen wie *The Cheviot, the Stag, and the Black, Black Oil* (1973) oder *Little Red Hen* (1975) entgrenzten realistisch-naturalistische Darstellungsformen durch Musik, Tanz und Spiel-im-Spiel, doch hatte die politische Botschaft stets den Vorrang gegenüber der dramatischen Form.

Workshop-Gruppen wie das Portable Theatre setzten auf die gemeinsame Erarbeitung von Texten, und insbesondere in London sprangen *Pub*- und *Lunchtime Theatres* aus dem Boden, die wie das Soho Poly oder The King's Head an alternativen Spielstätten Theater für diejenigen bieten wollten, die sich weder mit dem West End noch mit dem Angebot der subventionierten Theater identifizieren konnten. In seiner Breite war der *fringe* repräsentativ für die Experimentierfreudigkeit des britischen Dramas der sechziger und siebziger Jahre. Die Blütezeit dieser bei aller individuellen Ausrichtung politisch ganz überwiegend links stehenden *fringe*-Theater endete allerdings 1979 mit der Machtübernahme der Konservativen unter Margaret Thatcher, die den *fringe* durch gezielte Subventionskürzungen schnell austrocknete.

Nachfolgend werden zunächst jene Dramatiker vorgestellt, die sich in den sechziger und siebziger Jahren durchzusetzen vermochten, aber zum Teil bis in die jüngste Gegenwart hinein auf den britischen Bühnen präsent geblieben sind. Allerdings sind auch viele jener Dramatiker, die wie der 1923 geborene James Saunders in den sechziger Jahren als Hoffnungsträger des neuen Dramas galten, sehr schnell wieder in den Hintergrund gerückt. Saunders hatte 1958 mit *Alas, Poor Fred*, 1962 mit *Next Time I'll Sing to You* und 1964 mit *A Scent of Flowers* als ein realistische Darstellungskonventionen entgrenzender Dramatiker auf sich aufmerksam gemacht und 1969 mit *The Borage Pigeon Affair* noch einen Achtungserfolg erzielt. Von den nachfolgenden knapp zwanzig Stücken wurden zwar einige vom Richmond Fringe Theatre at the Orange Tree, Richmond uraufgeführt, zuletzt 1995 *Retreat*, in dem ein Mann mittleren Alters und ein 19 Jahre altes Mädchen einander allmählich ihre Verletzungen und ihre Schuldgefühle offenbaren. Im Blickfeld der Londoner Theaterszene ist Saunders jedoch seit den siebziger Jahren nicht mehr.

Robert Bolt (1924–1995) ermutigte mit *A Man for All Seasons* (1960), das in der Figur des »Common Man« eine auf Brecht zurückverweisende, aber Brechts Verständnis des epischen Theaters nicht gerecht werdende Kommentatorfigur hat, die Hoffnungen auf eine Erneuerung des Geschichtsdramas. In *Vivat Regina* (1970) transzendierte er die persönliche Rivalität zwischen Elisabeth I. und Maria Stuart zu einem Konflikt zwischen Staatsräson und individueller Selbstbehauptung, und in dem vom National Theatre 1977 uraufgeführten *State of Revolution* ist es wiederum eine Kommentator-Figur, Lenins Kommissar für Erziehung und Bildung Lunatscharski, der den unauflöslichen Widerspruch zwischen Machterhalt und geistiger Freiheit offenlegt. *State of Revolution* wurde von der Kritik gelobt, scheiterte aber beim Publikum, das sich weniger unterhalten als belehrt fühlte. Danach verfolgte Bolt statt des Erfolgs im Theater die finanziell ertragreichere Karriere als *screen-writer.* Bereits mit dem *screenplay* für *Lawrence of Arabia* (1962) hatte er auf sich aufmerksam gemacht, und hierfür wie für *Dr. Zhivago* (1965) wurde er mit Academy Awards ausgezeichnet. Auch mit den Drehbüchern für *Ryan's Daughter* (1970), *Lady Caroline Lamb* (1972), *The Bounty* (1984) und *The Mission* (1986) war Bolt erfolgreich, aber nunmehr Teil der Film- und nicht mehr der Dramengeschichte.

Die kritische Auseinandersetzung mit der europäischen und britischen Ideengeschichte der Linken steht im Mittelpunkt der frühen Dramen – *Occupations* (1970), *Thermidor* (1971), *The Party* (1973), *Real Dreams* (1984) – von TREVOR GRIFFITH (geb. 1935). Obwohl Griffith das diskursive »play of ideas« bevorzugt, experimentierte er wie in *The Party,* in dessen »Prologue« Groucho Marx und Laurence Olivier in der Rolle von Shakespeares Timon auftreten, auch mit der Entgrenzung realistischer Darstellungskonventionen. In *Comedians* (1975), seinem größten Bühnenerfolg, analysiert Griffith den Wechselbezug zwischen Klassenzugehörigkeit und dem Verständnis des Komischen, und aus Griffiths Sicht geschichtlich bedingtes klassentypisches Verhalten steht auch im Mittelpunkt von *Country* (1981) und von *Oi for England* (1982), das die geistigen Wurzeln des Rassismus der Skinheads aufzuzeigen versucht. Wie tradierte Ideologie die Gegenwart überformt, thematisieren *The Last Place on Earth* (1985) und *Thatcher's Children* (1993), beides Stücke, die sich kritisch mit den gesellschaftlichen Konsequenzen des Neokonservatismus auseinandersetzen. Ausweislich von *Hope in the Year Two* (1994), einem Stück über die letzten Stunden Dantons, beurteilt Griffith die Fähigkeit des Menschen, aus der Geschichte zu lernen, inzwischen allerdings sehr viel skeptischer als in den auf rationale Einsichtsfähigkeit vertrauenden Dramen aus den siebziger Jahren.

Aufgrund von *The Royal Hunt of the Sun* (1964), das die Eroberung des Inkareichs durch Pizarro zum Thema hat, wurde auch Peter Shaffer (geb. 1926) zunächst ebenfalls als Erneuerer des Geschichtsdramas verortet. Shaffer konterkarierte diese Einschätzung sowohl mit *Black Comedy* (1965), wo die auf einer erleuchteten Bühne agierenden Protagonisten vorgeben, in einem dunklen Raum zu sein, während sie auf der dunklen Bühne sehend werden, wie mit dem Psychodrama *Equus* (1973). In *Equus* wird der Psychiater Martin Dysart mit dem Jungen Alan Strang konfrontiert, der in einem pubertären Konflikt sechs Pferden die Augen ausgestochen hat, und die Therapie zwingt Dysart, sein eigenes Wertesystem in Frage zu stellen. Bei der psychiatrischen Fachwissenschaft fand *Equus* keinen Anklang, wohl aber beim Publikum, und von der Kritik wurde die effektvolle Verschränkung der Handlungsebenen, von Gegenwart und Erinnerung, gewürdigt.

Ebenso wie Dysart ist auch Salieri in *Amadeus* (1979) und Yonadab in *Yonadab* (1985) zugleich handelnde Figur und Kommentator. Auf den ersten Blick haben die Geschichten von Salieris Rivalität mit Mozart und Amnons Inzest mit seiner Schwester Tamar wenig gemein. Mit *The Royal Hunt of the Sun*, wo der von seinem Christentum keineswegs überzeugte Pizarro den Gottkönig Athahuallpa als Gegner hat, verbindet diese Stücke jedoch die Gottessuche und die Frage nach teleologischer Gewissheit, der sich auch die beiden Protagonistinnen von *Lettice and Lovage* (1987) und Philip Damson in *The Gift of the Gorgon* (1992) nicht entziehen können. Während *Lettice and Lovage* den Konventionen des »well-made play« folgt, bricht Shaffer in *The Gift of the Gorgon* mit realistischen Darstellungskonventionen, indem er die retrospektiv evozierte Biographie des Erfolgsautors Edward Damson mit griechischer Mythologie sowie byzantinischer und englischer Geschichte verwebt.

Zu den ebenfalls noch vor dem Zweiten Weltkrieg geborenen Autoren, die in den siebziger Jahren als Dramatiker hervortraten, zählt auch David Storey (geb. 1933). In *The Restoration of Arnold Middleton* (1966) ebenso wie in den vom Royal Court Theatre uraufgeführten Stücken *In Celebration* und *The Contractor* (beide 1969) sowie in *The Farm* (1973), in *Mother's Day* (1977) und in *Sisters* (1978) zeigt Storey in familiären Beziehungen wurzelnde Konflikte, deren realistische Abbildung jedoch durch verfremdende Elemente wie Vers und Musik in *The Restoration of Arnold Middleton* oder das symbolträchtige Aufbauen und Abschlagen eines Festzelts in *The Contractor* entgrenzt wird. Auch in *Home* (1971) und in *The Changing Room* (1973), beide in der Regie Lindsay Andersons uraufgeführt, erweist sich die vorgeblich realistische Spielsituation zunehmend als doppelbödig, und in *Life Class* (1974) endet der Versuch, die »dividing line [...] between life and art« zu bestimmen, in einer Vergewaltigung, in der die den Kunstschülern Modell sitzende Stella zum Sexualobjekt reduziert wird. Weniger erfolgreich war Storey mit dem auf Techniken des epischen Theaters zurückgreifenden Geschichtsdrama *Cromwell* (1973). Mit den vom National Theatre 1989 uraufgeführten *The March on Russia* und auch mit *Stages* (1992) verbuchte Storey nur noch Achtungserfolge.

Simon Gray (geb. 1936), Absolvent des Trinity College, Cambridge, und inzwischen selbst als Hochschullehrer tätig, hat seine als »sad comedies« charakterisierten Stücke bevorzugt im akademischen Milieu angesiedelt. In *Butley* (1971) muss sich der Titelheld, ein Professor an einem College der London University, mit dem Scheitern seiner Ehe auseinandersetzen, und es zerbricht auch die Freundschaft mit seinem einstigen Schüler Joey, der über seinen Lehrer hinausgewachsen ist. *The Common Pursuit* (1984), untertitelt »Scenes from the Literary Life«, zeichnet die Entwicklung von sechs Freunden nach, die in den sechziger Jahren gemeinsam ihr Studium in Cambridge aufnahmen, und kontrastiert ihre Erfolge und ihr Versagen. In *Otherwise Engaged* (1975) will der erfolgreiche Verleger Simon Hench eigentlich einen ruhigen Abend mit dem Anhören von Wagners *Parzival* verbringen, wird aber durch seine Mitspieler zu einer Rechtfertigung seines Lebens gezwungen. Gray zeigt, wie auch in *Melon* (1987), vereinsamte Figuren, die, Osbornes Bill Maitland vergleichbar, mit ihrem Scheitern fertig werden müssen und dabei innerhalb von *drawing room*-Konstellationen psychologisch differenziert werden. Dass dabei das Publikum auf die Zwischentöne achten muss, mag erklären, weshalb Harold Pinter nicht weniger als acht Stücke Grays inszeniert hat, obwohl Gray niemals zum Publikumsliebling avancierte.

Alan Bennett (geb. 1934) gehört zu den beständigsten, aber bis zum Erfolg von *The Madness of King George* (1991) keineswegs angemessen gewürdigten Talenten im britischen Theater der Gegenwart. Mit der satirischen Revue *Beyond the Fringe* (1959) machte Bennett erstmals auf sich aufmerksam, und in dem Spiel-im-Spiel in *Forty Years On* (1968) kommentieren die Schüler eines fiktiven Internats ebenfalls in einer Revue die zeitgenössische Gesellschaft. Ein wesentliches Merkmal bereits dieser frühen Stücke, die unter anderem auch auf Kabarett und *music hall* zurückgreifen, ist ihre Intertextualität. Sie wurde ein von Bennett auch nachfolgend bevorzugtes Stilmittel. *En-*

joy (1980) handelt vordergründig von der Umsiedlung eines älteren Ehepaars in eine moderne Wohnanlage, doch der Handlung einmontiert sind eine Fülle von theatergeschichtlichen und auch musikalischen Verweisen, die den Realismusanspruch des Geschehens effektvoll dekonstruieren. Gleiches gilt für *Kafka's Dick* (1986), eine ironische Analyse des Geniekults, die als eine Montage von Slapstick, Farce, Kabarett und Märchen ausgeführt ist und mit einer Coda im Himmel endet. Das auch erfolgreich verfilmte *The Madness of King George* ist einerseits historisch getreue Rekonstruktion der medizinischen Ursachen von Georges III. vermeintlichem Wahnsinn, andererseits aber effektvolle Montage von literarischen, geschichtlichen und, in der Darstellung der Familienkonflikte des Königs, auch aktuell zeitgeschichtlichen Verweisen auf die Monarchie, die vom Publikum besonders goutiert wurden. Mit *Talking Heads* (1992), sechs Monologen, aus denen »Bed among the Lentils«, der Monolog einer alkoholabhängigen Pfarrersfrau, hervorragt, variierte Bennett das Konzept der *Six One Woman Plays* Weskers erfolgreich. Aus Bennetts Feder stammt auch die Dramatisierung des Kinderbuch-Klassikers *The Wind in the Willows* (1990).

Zu jenen Dramatikern der sechziger und siebziger Jahre, die sozialkritisches Engagement statt mit erhobenem Zeigefinger mit komödiantischen Mitteln thematisierten, zählt auch PETER NICHOLS (geb. 1927), auf den der Kritiker Martin Esslin bei einem Autorenwettbewerb aufmerksam wurde. In *A Day in the Death of Joe Egg* (1967) greift Nichols die Situation eines behinderten Kindes und seiner Eltern auf, das Leben mit »a human parsnip«, wie der Vater seinen Sohn schonungslos bezeichnet, und damit einen Stoff, der sich einer komödiantischen Perspektive eigentlich zu entziehen scheint. Es gelingt Nichols jedoch, die Beziehung der Eltern zu ihrem Kind und auch das gesellschaftliche Rollenverhalten gegenüber Behinderten zugleich verständnisvoll und in seiner surrealen Komik zu zeichnen. Nichols hat in *Forget-me-not Lane* (1971), *Chez Nous* (1974), *Born in the Gardens* (1980) und *Passion Play* (1981) die Analyse von Mittelstandsfamilien und ihren Konflikten fortgeschrieben. Neben *A Day in the Death of Joe Egg* war er jedoch vor allem mit dem vom National Theatre uraufgeführten *The National Health or Nurse Norton's Affair* (1969) erfolgreich. In diesem Stück überblendet und kontrastiert Nichols satirisch den trostlosen und menschenunwürdigen Alltag in einem vom staatlichen Gesundheitssystem finanzierten Krankenhaus mit einer TV-*soap opera* um das Liebesleben von Schwester Norton, wie sie das deutsche Fernsehpublikum aus der *Schwarzwaldklinik* und all ihren *spin-offs* kennt.

Für die sechziger und siebziger Jahre und auch danach lässt sich eine klare Trennungslinie zwischen primär gesellschaftskritischem Anspruch, aber bewusst komödienhaft gestalteter Präsentation und originärer Komödie mit mehr oder minder gesellschaftskritischem Engagement kaum noch ohne eine detaillierte Analyse der jeweiligen Stücke ziehen. Dass gesellschaftskritische Dramen auch dem Unterhaltungsbedürfnis Rechnung tragen, war und bleibt Konzession an ein Publikum, das auch die West-End-Theater besucht, das in den subventionierten Bühnen nicht nur belehrt werden will, und bei dem deshalb allein von der Bedeutung ihrer Botschaft überzeugte Dramatiker kaum Anklang finden können.

Zu den britischen Dramatikern, die nach 1956 das Gestaltungspotenzial der Komödie sozialkritisch auszuschöpfen suchten, zählt auch Norman Frederick Simpson (geb. 1919), der in *A Resounding Tinkle* (1957) und in *One Way Pendulum* (1959) *kitchen-sink*-Situationen in bildlich und sprachlich surreale Kontexte transferierte und mit seinen die Alltagsrealität verfremdenden *non sequitur*-Dialogen auch Harold Pinter beeinflusste.

Peter Barnes (geb. 1931), dessen Karriere als Drehbuchautor begonnen hat, erzielte seinen ersten Bühnenerfolg 1968 mit *The Ruling Class*, einer schwarzen Komödie über die Aristokratie. Im Mittelpunkt steht der 14. Earl of Gurney, der sich für Gott hält und in seinem Größenwahn zugleich ein satirisches Abbild seiner Klasse ist, deren Repräsentanten Barnes mit expressionistischen Mitteln vergegenwärtigt. In *Bewitched* (1974) resultieren die vergeblichen Anstrengungen Karls II. von Spanien, einen Thronerben zu zeugen, in einer massiven Verfolgung angeblicher Ketzer, da die Inquisition den König für verhext hält. Wie der Earl of Gurney ist der König in *Bewitched* zugleich Repräsentant der Ordnung und Verkörperung und Ursprung der Anarchie. Auch die beiden Einakter *Tsar* und *Auschwitz*, die Barnes 1978 unter dem Titel *Laughter!* vorstellte, zeichnen menschenverachtende Gewalt mit schwarzem Humor, wobei Barnes die Individualisierung des Despotismus in Iwan dem Schrecklichen mit der Bürokratisierung des Holocaust durch die Nazi-Funktionäre in *Auschwitz* kontrastiert. Dass Barnes Auschwitz zum Gegenstand einer schwarzen Komödie gemacht hat, wurde kontrovers diskutiert. Seine Freiheit, dies zu tun, verteidigte Barnes nicht zuletzt damit, dass er selbst Jude sei, und man kann die Geschichte der Opfer der Mächtigen in seinen Stücken auch als eine Verallgemeinerung der Leidensgeschichte des jüdischen Volkes lesen. Die Verknüpfung von Irrationalität und Gewalt griff Barnes nochmals in *Red Noses, Black Death* (1978) auf, das vor dem Hintergrund der Pestepidemien des 14. Jahrhunderts spielt, und auch in *Dreaming* (1999), das die Grausamkeiten der Rosenkriege zeigt. In den achtziger und neunziger Jahren hat Barnes jedoch vor allem für das Fernsehen gearbeitet.

In seinen Anfängen galt Alan Ayckbourn (geb. 1939) als ein Dramatiker des Boulevard, der seine Chancen allein im West End suchte. Nach mehr als sechzig Stücken, von denen er die meisten erst in seinem eigenen Theater in Scarborough in Probeaufführungen getestet hat, bevor er sie nach London transferierte, hat sich diese herablassende

Einschätzung entscheidend gewandelt. Im Mittelpunkt aller Komödien Ayckbourns stehen durchaus traditionell Beziehungs- und Identitätskonflikte. Aber kein anderer Komödienautor hat wie Ayckbourn über diese Beziehungskonflikte die Selbstreferenzialität des Theaters thematisiert und es dadurch verstanden, scheinbar oberflächlichen Themen durch komische Differenzierung ästhetische Komplexität zu verleihen. Mit *Absurd Person Singular* (1972), das drei befreundete Ehepaare während drei aufeinanderfolgender Weihnachtsfeiern zeigt, blieb Ayckbourn noch im Umfeld der *time plays* Priestleys. In der Trilogie *The Norman Conquests* (1973) zeigte er jedoch bereits Ereignisse und Konflikte aus drei verschiedenen räumlichen Perspektiven und forderte damit von seinem Publikum, die Aussage dreier Stücke zu relationieren und zu synthetisieren. Ein Münzwurf entscheidet in *Sisterly Feelings* (1979) zu Beginn des Stücks, welche der vier von Ayckbourn geschriebenen Fassungen dem Publikum gezeigt wird, weshalb es, wenn es denn *Sisterly Feelings* als »Ganzes« verstehen will, alle vier Versionen sehen muss, mit dem Risiko, auch bereits bekannte Varianten erneut anzuschauen (was Ayckbourn seinem Publikum aber nicht zumutete, denn Münzwürfe auf der Bühne sind manipulierbar).

Dass das Theater Wirklichkeit nicht abbildet, sondern nur Interpretationen von Wirklichkeit gestalten kann, ist auch der Ausgangspunkt von *Intimate Exchanges* (1982), Ayckbourns formal anspruchsvollstem Stück. Am Anfangspunkt steht die Entscheidung, sich eine Zigarette anzuzünden, oder nicht. In vier nachfolgenden Szenen werden die Konsequenzen dieser Entscheidung fünf Sekunden, fünf Tage, fünf Wochen und fünf Jahre danach durchgespielt. Da jede Szene wiederum zwei alternative Entwicklungen offen lässt, resultieren aus der Ausgangssituation acht mögliche Stücke, die auf 16-fach unterschiedliche Weise enden können. In *House & Garden* (1999) schließlich werden zwei Stücke gleichzeitig vor verschiedenem Publikum in einem Theater mit zwei Bühnen gespielt. Die Akteure wechseln von der einen Bühne zur anderen, und wiederum ist das Publikum gefordert, auch das »andere« Stück zu sehen und danach beide perspektivisch unterschiedliche Theatererfahrungen zu relationieren. Ebenfalls multiperspektivisch sind die drei Teile von *Damsels in Distress* (2001), *GamePlan*, *FlatSpin* und *RolePlay* angelegt, und die Theaterhaftigkeit des Theaters rückte Ayckbourn schon in *Woman in Mind* (1985) in den Vordergrund, wo die Protagonisten als »Kopfgeburten« entstehen.

Mit Motiven der Science-Fiction experimentierte er in dem in London wie am Broadway gleichermaßen als ›Dauerbrenner‹ erfolgreichen *Communicating Doors* (1994), das auf den jeweils um zwanzig Jahre versetzten Zeitebenen 2018, 1998 und 1978 spielt. Hier gerät die junge, schwarze Prostituierte Poopay in einen *time-warp*, innerhalb dessen es ihr in farcenhaft überhöhten Situationen gelingt, einen melodramatischen Schurken zu überwinden und durch die Korrektur der Geschichte der Ausbeutung der Gesellschaft und auch ihrer selbst ein Ende zu setzen. Ayckbourn verschleiert in seinen Stücken die Anleihen aus anderen Genres wie etwa Hitchcocks Filmen in *The Revengers' Comedies* (1989) keineswegs. Es muss jedoch offen bleiben, ob die Intertextualität seiner Dramen ebenso wie die in den neunziger Jahren zunehmend expliziter formulierte Gesellschaftskritik von dem Publikum, das in der Erwartung einer *good night out* und einer »well-made comedy« von ihm niemals enttäuscht wurde und deshalb keinen neuen »Ayckbourn« auslässt, in ihrer Komplexität tatsächlich wahrgenommen werden.

Das Experiment mit den Stilmitteln von Komödie und Farce bestimmt auch das dramatische Werk von MICHAEL FRAYN (geb. 1933), der zunächst als Journalist tätig war und als Kritiker die ästhetische Öffnung des Dramas sorgfältig studierte, bevor er sich selbst als Dramenautor versuchte. Zwar überforderte Frayn mit *The Two of Us* (1970) zunächst sein Publikum, doch für *Alphabetical Order* (1975), das am Beispiel des vermeintlich chaotischen Archivs einer Lokalzeitung die Interdependenz zwischen Ordnung und Unordnung thematisiert, wurde Frayn mit dem Evening Standard Award für die »Best Comedy of the Year« ausgezeichnet. Die Schwierigkeiten, wenn nicht die Unmöglichkeit, dem Leben eine sinnstiftende Ordnung zu geben, gestaltet Frayn auch in *Clouds* (1976) und in *Make and Break* (1980), wo die äußere Ordnung des Bühnenbilds effektvoll mit der ›inneren‹ Unordnung der Hauptfigur, eines Verkaufsleiters für Trennwände, kontrastiert. Für *Noises Off* (1982), das vier Jahre auf dem Spielplan blieb, erhielt Frayn nach *Make and Break* den dritten Evening Standard Award. Hier nutzt Frayn die Möglichkeiten des Spiels-im-Spiel und zeigt im ersten Akt eine konventionelle Farce mit dem doppeldeutigen Titel *Nothing On*. Der zweite Akt zeigt hinter den Kulissen die Akteure dieser Farce mit all ihren privaten Problemen, und im dritten Akt wird diese zweite Farce mit dem Spiel-im-Spiel verwoben, da die Akteure ihre persönlichen Konflikte mit in ihre Rollen in *Nothing On* hineinnehmen. Zwei Farcen verschmelzen zu einer neuen, dritten, und alle drei Varianten verweisen auf das intertextuelle Potenzial des Genres. Strukturell anspruchsvoll, aber mit nur 27 Aufführungen nicht erfolgreich, war auch *Look Look* (1990), wo das reale Theaterpublikum die Reaktionen eines fiktiven Publikums auf der Bühne auf ein dem realen Theaterpublikum unbekanntes Stück verfolgt.

Dass Frayn jedoch nicht nur als erfolgreicher Farceur wahrgenommen werden will, hat er 1998 mit *Copenhagen* bekräftigt. Hier erinnern sich Heisenberg, Niels Bohr und dessen Frau Margrethe an das letzte Zusammentreffen der Atomwisssenschaftler im Jahr 1941. *Copenhagen* umkreist die Frage nach Heisenbergs Rolle in Hitlers Rüstungsprogramm, kann und will aber keine schlüssige Antwort darauf geben, ob Heisenberg Bohr über die Nuklearforschung der Alliierten aushorchen oder ihn vor Hitlers Plänen warnen wollte. Die lebensweltlichen Positionen der Forscher lassen sich ebensowenig festschreiben wie die Positionen von Elektronen. Zurückverweisend auf die Thematisierung von Ordnung und Unordnung in den frühen, farcenhaften Komödien, strukturieren in *Copenhagen* die Erkenntnisse der subatomaren Physik, insbesondere die von Heisenberg definierte »Unschärferelation«, den Diskurs. Frayn hinterfragt Heisenbergs historische Rolle kritisch, rehabilitiert ihn aber zugleich indirekt, indem er dessen wissenschaftliche Leistung dramentheoretisch instrumentalisiert. Frayns Hinwendung zu politischen Themen unterstreicht auch *Democracy* (2003), das als formal eher konventionelles Geschichtsdrama zu erhellen versucht, warum Willy Brandt an der Guillaume-Affäre scheitern musste.

Joe Orton, Tom Stoppard und Edward Bond

Aus dem breiten Feld der noch vor dem Zweiten Weltkrieg geborenen Dramatiker ragen mit Joe Orton, Tom Stoppard und Edward Bond drei Autoren hervor, die im Bewusstsein des Publikums, der Theaterkritik und auch der akademischen Forschung die Überwindung des »well-made play« und die Öffnung des britischen Dramas für ästhetische Konzepte der Moderne und Postmoderne besonders nachhaltig verkörperten bzw. verkörpern. Joe Orton (1933–1967), der von seinem älteren Lebensgefährten und Mentor Kenneth Halliwell aus Neid und Eifersucht erschlagen wurde, sah sich aufgrund seiner Homosexualität wie Wilde als ein Außenseiter in einer Gesellschaft, die Sexualmoral eher prätendiert als lebt. Die Entlarvung dieser Doppelbödigkeit der bürgerlichen Moral durch provokante Themen und noch provozierendere Sprache steht deshalb im Mittelpunkt aller Stücke Ortons. In *The Ruffian on the Stairs* (1963), wo Orton die inzestuöse Beziehung eines Bruderpaars schildert (und sich später damit brüstete, dass der Zensor dies nicht erkannt habe), und auch in *Entertaining Mr. Sloane* (1964), das eine an *The Caretaker* erinnernde Ausgangskonstellation hat, stand Orton hinsichtlich der Charakterkonzeption und Dialogführung noch unter dem Einfluss Harold Pinters. Den von Ortons Protagonisten ausgetragenen »battles for position« fehlt jedoch die für Pinter charakteristische Ambiguität, denn Ortons Figuren sind auf sexuelle Beherrschung fokussiert.

In *Entertaining Mr. Sloane* hat sich Kath den jungen Sloane als Sexualobjekt ins Haus geholt, aber Sloane wird auch von Kaths homosexuellem Bruder Ed begehrt. Als der bei Kath lebende Vater in Sloane den Mörder seines Arbeitgebers erkennt, wird er von Sloane auf offener Bühne zusammengeschlagen und buchstäblich zu Tode getreten. Die über den brutalen Mord an ihrem Vater keineswegs entsetzten Geschwister machen daraufhin Sloane klar, dass er sich nun in ihrer Hand befindet, und beschließen, ihn im Halbjahresrhythmus zu teilen. Orton gibt diesem amoralischen Verhalten eine weitere Spitze, indem er andeutet, dass es sich bei Sloane wahrscheinlich um Kaths uneheliches Kind handelt, das diese auf Betreiben Eds weggeben musste, weil Kath einst Eds Liebhaber Tommy verführt hatte. Mit der zynischen Entscheidung der Geschwister, Sloane sexuell zu erpressen, werden zugleich inzestuöse Beziehungen begründet.

Von *Loot* (1965) an hat Orton seine Stücke als schwarze Farcen geschrieben und sich dabei von der Tradition der französischen Farcen wie auch der »Aldwych Farces«, mit denen Ben Travers (1886–1980) in den zwanziger und dreißiger Jahren erfolgreich gewesen war, bewusst abgesetzt. In der traditionellen Farce wird die moralische Ordnung durch das Verhalten der Protagonisten, zumeist dem Streben nach einem Seitensprung, bedroht. Aber es gehört zur Mechanik der Farce, dass diese Bedrohung nicht Wirklichkeit wird und der Farcenschluss die moralische Ordnung bekräftigt. Ortons schwarze Farcen setzen diese Mechanik außer Kraft. In *Loot* und auch in *The Erpingham Camp* (1967) triumphiert die Anarchie, und die innerdramatischen Repräsentanten von Moral und Ordnung fallen ihr zum Opfer. Dass für Orton die Farce eine eher der Tragödie denn der Komödie verwandte Dramenform war, zeigt am eindrucksvollsten *What the Butler Saw* (1967), das erst nach Ortons Tod uraufgeführt wurde. Orton beginnt vordergründig konventionell mit dem Bedürfnis eines ehemüden Paars nach außerehelicher Stimulation. Der Psychiater Dr. Prentice verführt die junge Geraldine, während Mrs. Prentice sich mit den erpresserischen Forderungen des Hotelpagen Nick auseinandersetzen muss, der die gemeinsam verbrachte Nacht mit einer versteckten Kamera dokumentiert hat. Der Versuch der Ehepartner, ihre Seitensprünge zu vertuschen, wird jedoch durch die katalytische Figur des Psychiaters Dr. Rance kompliziert. Rance stellt die scheinbar wildesten Spekulationen über die psychische Befindlichkeit der übrigen Protagonisten an, und jede neue Ausrede, die Prentice zur Wahrung seiner Respektabilität erfindet, bringt ihn und seine Mitspieler in neue, immer aberwitzigere Schwierigkeiten. Das Publikum goutiert diese Komplikationen, aber am Schluss muss es feststellen, dass es für die Spekulationen des Dr. Rance keine harmlose Auflösung gibt. Denn Geraldine und Nick erweisen sich als die in einer flüchtigen Begegnung in einer Wäschekammer gezeugten Zwillinge der Prentices, und die von Dr. Rance phantasierten inzestuösen Beziehungen damit als Wirklichkeit. Das Publikum muss erkennen, dass es sich einen Theaterabend lang köstlich über Verhaltensweisen amüsiert hat, die es, wofür der Inzest in Ortons Dramen steht, lebenswirklich niemals tolerieren würde. Weder Ayckbourn noch Frayn, und auch nicht Barnes haben das anarchische Potential der Farce so konsequent genutzt wie Orton. Auf die nach dem Zweiten Weltkrieg geborene Generation der Gegenwartsdramatiker hatte, zumindest solange sie noch im *fringe* ihren Platz im britischen Theater suchten, Ortons anarchische Perspektive jedoch einen prägenden Einfluss.

In dem Interview »Ambushes for the Audience« (1974) hat TOM STOPPARD (geb. 1937) die Darstellungsintention seiner Stücke als »the perfect marriage between the play of ideas and farce or perhaps even high comedy« definiert. Als Farcen sind die frühen Stücke *The Real Inspector Hound* (1968) und *After Magritte* (1970), aber auch noch *Cahoot's Macbeth* (1979) konzipiert, und farcenhafte Elemente finden sich auch in Stoppards Ideenkomödien. Jedoch wird das anarchische Potential der Farce von Stoppard anders instrumentalisiert als von Orton. An die Stelle von Ortons Entlarvung der moralischen Prätentionen des Bürgertums tritt bei Stoppard die Thematisierung des Verhältnisses von Wirklichkeit und Fiktion. In *The Real Inspector Hound*, das die Konventionen des *thriller* in der Tradition von Agatha Christies *The Mousetrap* parodiert, werden die Kritiker Birdboot und Moon ermordet, als sie selbstgefällig ihre ästhetische Distanz preisgeben und sich am Bühnengeschehen beteiligen. Am Schluss des surrealen *After Magritte* muss der Inspektor Foot erkennen, dass er mit seinen höchst spekulativen Vermutungen darüber, was »wirklich« geschehen sei, nur sich selbst beschrieben hat, und in *Cahoot's Macbeth* wird eine weitere Inspektor-Figur in eine *Macbeth*-Aufführung hineingezogen, die sie eigentlich unterbinden will, aber nicht verstehen kann, weil sie zur Tarnung in einer Kunstsprache, »Dogg Language«, gespielt wird.

Das Verhältnis von Wirklichkeit und Fiktion steht auch im Mittelpunkt von *Rosencrantz and Guildenstern Are*

Dead, mit dem Stoppard 1966 im *fringe* des Edinburgh Festival erstmals auf sich aufmerksam machte und das 1967 in London beim Publikum und bei der Kritik begeisterte Aufnahme fand. Stoppard rückt Shakespeares Randfiguren in den Mittelpunkt einer intertextuellen, gleichermaßen auf *Hamlet* wie auf Becketts *Waiting for Godot* basierenden Konstellation. Da sie nur in kurzen Einschüben mit der *Hamlet*-Handlung konfrontiert werden, aus denen sie bestenfalls eine farcenhafte Interpretation der Tragödie herleiten können, müssen Rosencrantz und Guildenstern bei der Sinnsuche scheitern. Aus ihrer Fixierung auf die Vorstellung, das Theater könne Wirklichkeit, organisiert als »a good story with a beginning, middle and end«, abbilden, kann sie auch der First Player nicht befreien, der ihnen den Spielcharakter des Theaters zu vermitteln versucht. Allerdings reagieren, und hier kommentiert Stoppard Beckett, Rosencrantz und Guildenstern nicht mit der Gleichmütigkeit Wladimirs und Estragons auf die Vergeblichkeit der Sinnsuche, sondern mit wachsender Angst, die schließlich in Gewalt mündet, als Guildenstern den First Player ersticht. Da aber auf der Bühne der Tod niemals wirklich ist, kann der First Player seinen Tod nur spielen.

Indem Stoppard die Vergeblichkeit der Sinnsuche in den Mittelpunkt rückt, kommentiert er die existenzielle Desorientierung des modernen Menschen und formuliert eine Aussage über die Wirklichkeit, doch seine intertextuelle Ideenkomödie verweigert sich deren realistischer Abbildung. An der Vergeblichkeit der Sinnsuche scheitern auch der Moralphilosoph George Moore in *Jumpers* (1972), der um den Gottesbeweis und absolute Gewissheit ringt, und Henry Carr in *Travesties* (1974). *Jumpers* verbindet Elemente des *thriller*, der Farce und des Moral- und Sprachphilosophie reflektierenden »play of ideas«, während *Travesties* als *memory play* angelegt ist, in dem der schon etwas senile Henry Carr seine Erinnerungen an sein Zusammentreffen mit dem Dadaisten Tristan Tzara, mit James Joyce und mit Lenin ständig mit der Dramaturgie von Wildes *The Importance of Being Earnest* konfundiert. *Travesties* hinterfragt das Verhältnis von Kunst und Politik. Gegenüber dem bourgeoisen (Carr), anarchischen (Tzara) und politisierten (Lenin) Kunstverständnis verteidigt Joyce eindrucksvoll den Anspruch der Kunst auf Freiheit.

Dass künstlerische Freiheit geistige Freiheit zur Voraussetzung hat, wurde von Stoppard in den siebziger Jahren durch Stücke bekräftigt, die sich kritisch mit der Unterdrückung von Dissidenten im Ostblock auseinandersetzen, z. B. *Every Good Boy Deserves Favour* (1977), das in einer psychiatrischen Gefängnisklinik in der UdSSR spielt, wie auch das Fernsehspiel *Professional Foul* (1977) und *Dogg's Hamlet, Cahoot's Macbeth*. Zur Thematisierung intertextueller Zusammenhänge kehrte Stoppard in *The Real Thing* (1982) zurück, einem Stück, das mit einem Ibsens *Nora* zitierenden Spiel-im-Spiel beginnt und in dem Verweise auf Strindberg, Shakespeare und John Ford sowie auch die eingespielten Schlager die vermeintliche Wirklichkeitsebene der Handlung um den Dramatiker Henry, einen ›weichgespülten‹ Ibsen-Nachfolger, immer wieder neu perspektivieren.

Mit dem als *thriller* konzipierten *Hapgood* (1988) und dem von James Gleicks *Chaos – Making a New Science* (1988) inspirierten *Arcadia* (1993) hat Stoppard die Diskussion des Verhältnisses von Kunst und Wirklichkeit durch den Einbezug der Naturwissenschaften erweitert. In *Hapgood* untermauern die Quantentheorie und Heisenbergs »Unschärferelation«, nach der sich die Position von Elektronen niemals genau bestimmen lässt, die These, dass die Kunst die Wirklichkeit niemals eindeutig abbilden kann. Die von Newtons Physik geforderte Eindeutigkeit, die das realistische Drama epigonal als ästhetisches Kriterium übernommen hatte, wird auch durch die Chaostheorie widerlegt, die in *Arcadia* auf den beiden Zeitebenen von 1809 und der Gegenwart die Vertreter positivistischen Wissens, den Hauslehrer Septimus Hodge und den Literaturkritiker Bernard Nightingale, als irrend entlarvt. *Arcadia* verschränkt Wissenschafts- und Kulturgeschichte, Physik und Mathematik, Gartenbau und Literatur innerhalb einer kontrastiven Darstellung von Romantik und Gegenwart in einem kulturhistorischen Ansatz.

Diesen hat Stoppard auch für *The Invention of Love* (1997) übernommen. An der Schwelle des Hades blickt dort der Altphilologe und Dichter A. E. Housman auf sein Leben wie auf seine unerfüllte Liebe zu seinem Studienkollegen Moses Jackson zurück und verortet sich und diese Beziehung zugleich im geistigen Kontext der »nineties«, im Umfeld des Ästhetizismus Walter Paters und Wildes wie auch der Kunsttheorie Ruskins. Obwohl das Stück aufgrund seiner vielen direkten und indirekten Zitate und Anspielungen hohe Anforderungen an das Publikum stellt, wurde *The Invention of Love* dank der gelungenen Verschränkung von Biographie und Zeitgeschichte begeistert aufgenommen.

Der Erfolg von *The Invention of Love* hat Stoppard zweifellos zu seinem bislang ambitioniertesten Werk ermutigt, *The Coast of Utopia*, dessen drei Teile *Voyage, Shipwreck* und *Salvage* 2002 in der Regie Trevor Nunns vom Royal National Theatre uraufgeführt wurden. Auf insgesamt 339 Seiten Dramentext schildert Stoppard die idealistischen Anfänge des Sozialismus im zaristischen Russland des 19. Jahrhunderts, die Menschen und die Ideen, die den Revolutionen von 1905 und 1917 vorausgingen. Im Mittelpunkt des ersten, 1833–1844 überspannenden Teils steht Michael Bakunin, dessen Begeisterungsfähigkeit für neue Philosophien – Schelling, Fichte, Hegel – von Stoppard effektvoll mit dem eher elegischen, an Tschechow erinnernden Landleben seiner Familie kontrastiert wird. In *Shipwreck* stehen die Revolutionen von

1848 im Mittelpunkt, und *Salvage* führt die Handlung bis in die sechziger Jahre des 19. Jahrhunderts, bis hin zur Aufhebung der Leibeigenschaft fort. In diesen beiden Teilen rückt Alexander Herzen in den Vordergrund, und sein Streben nach einem humanen Sozialismus wird von Stoppard mit Bakunins Überzeugung kontrastiert, Voraussetzung jeglicher gesellschaftlicher Veränderung könne allein die Anarchie sein.

Stoppard hat mit *The Coast of Utopia* ein Dokumentardrama geschrieben, vermeidet aber den Eindruck, er könne – im Sinne Rankes – Geschichte darstellen, »wie sie wirklich gewesen ist«. Wenn eine Szene aus einer neuen Perspektive wiederholt wird, wenn der Beginn und der Schluss eines Akts zusammenfallen oder Traumszenen das Geschehen aufbrechen, wird zugleich deutlich, dass *The Coast of Utopia* Geschichte nicht faktisch rekonstruieren, sondern imaginativ in möglichen, konkurrierenden Lesarten nachvollziehbar machen will.

In den siebziger Jahren verkörperten Stoppard und der 1934 geborene Edward Bond für die Kritiker wie das Publikum scheinbar einander ausschließende Positionen, einen unüberbrückbaren Gegensatz von intellektueller Glasperlenspielerei und sozialistischem Missionierungseifer. Bond machte 1962 erstmals mit dem vom Royal Court Theatre inszenierten *The Pope's Wedding* auf sich aufmerksam, in dem sich ebenso wie in *Saved* (1965) der dramatische Konflikt innerhalb einer Gruppe jugendlicher Protagonisten entwickelt, die ziel- und perspektivenlos durchs Leben driften. Den in *The Pope's Wedding* auf der Bühne nicht gezeigten Mord Scopeys an dem Einsiedler Alen ließ der Zensor noch durchgehen, doch auf die vor den Augen des Publikums stattfindende Steinigung eines Babys in *Saved* reagierte er mit einem Aufführungsverbot. Im Namen der Freiheit der Kunst erklärte sich das Royal Court Theatre zum Klub und zeigte *Saved* trotzdem. Als

1968 auch Bonds *Early Morning*, in dem Königin Victoria eine lesbische Beziehung zu Florence Nightingale unterhält, der Prinzgemahl Albert durch Gift beseitigt wird und die Prinzen George und Arthur als siamesische Zwillinge verwachsen sind, mit der Begründung verboten wurde, das Stück sei eine »Beleidigung historischer Figuren der jüngeren Vergangenheit«, erreichte die durch *Saved* angestoßene Debatte über die Zensur ihren Höhepunkt. Es obsiegte die Einsicht, dass die Freiheit der Kunst nicht länger dem Ermessen einer Behörde überlassen werden sollte, und im September 1968 wurde die Theaterzensur abgeschafft.

Der durch *Saved* ausgelösten Empörung der konservativen Kritiker und auch der Politik lag allerdings ein Missverständnis zugrunde. Bond zeigt die Steinigung des Babys realistisch, aber die Folgerung, Bond wolle durch krassen Naturalismus Aufsehen erregen, war falsch. Dass diese Gewaltszene als Aktionsbild konzipiert ist, als Visualisierung des Gewaltpotenzials einer aus der Sicht Bonds irrationalen Gesellschaft, erschloss sich der Kritik und dem Publikum allerdings erst vor dem Hintergrund der nachfolgenden Stücke Bonds. In *The Bundle* (1978) schleudert der Revolutionär Wang, selbst ein Findelkind, einen ausgesetzten Säugling in einen Fluss und opfert das individuelle Leben dem höheren Ziel der gesellschaftlichen Veränderung. Kaltblütig wird auch in *The Woman* (1978) der kleine trojanische Prinz Astyanax beseitigt, damit er nicht zum Rächer heranwachsen kann. In Bonds Dramen ist der Kindesmord die letzte, perverse Konsequenz einer Gesellschaft, die sich nur durch Gewalt perpetuieren kann. Im Vorwort zu *Lear* (1971) schreibt Bond, »I write about violence as naturally as Jane Austen wrote about manners«, und Aktionsbilder wie die Harakiri-Szene in *Narrow Road to the Deep North* (1968) oder die in ihrer technischen Perfektion ausgespielte Blendung in *Lear* wiederholen sich in Bonds Dramen bis hin zu der surrealen Hinrichtungsszene im dritten Teil der *War Plays*

(1985; Szene 12), in die Goyas Bild des 3. Mai 1808 eingeblendet wird.

Bonds Aktionsbilder korrespondieren mit seinen nicht weniger eindringlich gestalteten Sprachbildern. In *Bingo* (1973) ist es der gealterte, von der Wirkungsmächtigkeit der humanitären Botschaft seiner Dramen nicht länger überzeugte Shakespeare, der beim Anblick einer an den Pranger gestellten Bettlerin die Grausamkeit der Londoner Bärenhatzen erinnert und verdeutlicht, wie jede Kreatur geschunden werden kann. In *The Fool* (1975), Bonds zweitem biographischen Stück, kontrastieren John Clares dichterische Selbstprojektionen mit einer gesellschaftlichen Wirklichkeit, die der Entfaltung des lyrischen Ichs keinen Raum lässt. Rückblickend hat Bond seine Stücke bis hin zu der schwarzen Gesellschaftskomödie *The Sea* (1973) als »question plays« bezeichnet, als Stücke, die im Sinne des von ihm propagierten »rational theatre« dem Publikum die Irrationalität der Gesellschaft, in der es lebt, bildhaft vor Augen führen sollen. In den nachfolgenden, von ihm als »answer plays« bezeichneten Stücken propagiert Bond eine sozialistische Gesellschaftsordnung als die einzig denkbare Alternative zu dem aus seiner Sicht selbstzerstörerischen Kapitalismus. Allerdings erweist sich das Ergebnis als zwiespältig. Zur Verdeutlichung seiner Botschaft löste sich Bond einerseits immer mehr von realistischen Darstellungskonventionen zugunsten einer wie in den *War Plays* realisierten poetischen, und in *Coffee* (1997), wo er das Massaker von Babij Jar thematisiert, in Anknüpfung an *Early Morning* und *Narrow Road to the Deep North* sogar surrealen Dramatik. Doch der ästhetischen Offenheit der dramatischen Form steht die Deixis der politischen Aussage entgegen, die auch in *Olly's Prison* (1993) und in *The Crime of the Twenty-First Century* (1999) nicht aufgebrochen wird. Bond hat diesen Widerspruch bislang nicht aufzulösen vermocht. Die ausführlichen Nachworte, wie er sie nicht nur den »two post-modern plays« *Jackets*, das ebenso wie *The Crime of the Twenty-First Century* in einer verwüsteten Stadtlandschaft spielt, und *In the Company of Men* (1989) angefügt hat, verdeutlichen ebenso wie *The Hidden Plot* (2000), in dem Bond eine Zusammenfassung seiner dramentheoretischen Vorstellungen vorgelegt hat, dass für ihn im Drama noch immer die parteinehmende politische Botschaft vorrangig ist. Hierin folgten ihm die Kritik ebenso wenig wie das Publikum, und dies vermag zu erklären, weshalb Bond in den neunziger Jahren seine Überzeugungsarbeit mit *Eleven Vests* (1997), mit *The Children* sowie mit *Have I None* (beide 2000) zunehmend in das Jugendtheater verlagert hat.

»Ditch the Bitch«: Das britische Drama in der Thatcher-Ära

Es gehört zu den Ironien der britischen Theatergeschichte, dass erst der Wahlsieg Margaret Thatchers 1979 der nach dem Zweiten Weltkrieg geborenen Generation der Dramatiker den Durchbruch auf den bedeutenden Londoner Bühnen ermöglichte. Nachdem Edward Heath 1974 die Wahlen verloren hatte und einer Labour-Regierung unter Harold Wilson Platz machen musste, übernahm die auch in den eigenen Reihen umstrittene Margaret Thatcher 1975 die Führung der Konservativen. Mit ihrer unzweideutigen Kampfansage an die Gewerkschaften, ihren monetaristischen Vorstellungen von einer sich nach den Gesetzen des Markts selbst regulierenden Wirtschaft und ihrem viktorianisch-kleinbürgerlichen Verständnis der Geschlechterrollen avancierte Thatcher als Verkörperung eines konservativen *roll back* bereits vier Jahre vor ihrem Einzug in Downing Street zum Feindbild einer durch die Studentenrevolution von 1968, den Vietnamkrieg und die Watergate-Affäre geprägten Generation. Daran änderte nichts, dass auf Thatchers Prioritätenliste der notwendigen gesellschaftlichen

Reformen eine Überprüfung der staatlichen Subventionen für die Künste zunächst nicht anstand. Der nach 1979 einsetzende Druck auf das Arts Council, seine Förderung des *fringe* zurückzufahren, war eher Reflex auf die im *fringe* formulierten Angriffe als programmatisch reflektierte Politik. Erst 1987, nachdem Thatcher für eine dritte und, wie sich zeigen sollte, letzte Amtszeit wiedergewählt worden war, veröffentlichte die konservative Partei ein Manifest, das klarstellte, dass auch für die Künste in Zukunft die Gesetze von Angebot und Nachfrage zu gelten hätten:

> Arts organizations are businesses, [...] and, like businesses they can increase their turnover by »getting out there and selling«. [...] Arts Council funds should encourage excellence and promising talent; where the standards have fallen, this should be reflected in reduced grant.

Zu diesem Zeitpunkt hatte sich im Bereich der Künste die Phalanx des Widerstands allerdings schon lange geschlossen. Dass Margaret Thatcher wie kein anderer Premier seit Walpole die Kritik der Dramatiker provozierte, war nicht direkt ursächlich für ihren Rücktritt, trug aber bei zum Machtwechsel zugunsten Labours und Tony Blairs, der nach dem glücklosen Zwischenspiel John Majors 1997 erfolgte.

Zu den Dramatikern der Nachkriegsgeneration, die in den späten siebziger und achtziger Jahren aufgrund ihres Widerstands gegen den durch Thatcher verkörperten Konservatismus auf die subventionierten Bühnen vordringen konnten, zählen zuvorderst Howard Brenton und David Hare, aber auch Howard Barker, David Edgar, Barrie Keeffe, Stephen Poliakoff und Nigel Williams. Gemeinsam ist ihnen nicht nur der Anfang im *fringe*, sondern auch das Bewusstsein, dass es für das Drama keine präskriptiven ästhetischen Normen mehr gibt, denen sich ein Dramatiker unterwerfen muss – an der Debatte, welche Entgrenzungen des »well-made play« noch für das Publikum zumutbar seien, hat diese Dramatikergeneration nicht mehr teilgenommen. Rückblickend wurde dieser von der Vorkriegsgeneration der Dramatiker eroberte Freiraum von David Hare charakterisiert, als er über seine Zusammenarbeit mit Howard Brenton 1975 sagte,

> I don't think either Howard or myself were ever technically innovative writers. We can now command the standards that we want, there's never any argument about how the plays are to be done, where five or six years ago there would have been. It's always the content of the work that determines everything …

Dass diese Trennung zwischen scheinbar beliebig verfügbaren ästhetischen Mitteln, die dem Primat der Aussage unterworfen werden, jedoch keineswegs unproblematisch ist, zeigt HOWARD BRENTONS (geb. 1942) dramatisches Werk, dessen Zielsetzung er 1975 in einem Interview als den Versuch definiert hat, »Petroleum Bombs Through the Proscenium Arch« zu schleudern. Am Anfang von Brentons Karriere als Dramatiker, die inzwischen mehr als fünfzig teils in Koautorschaft mit anderen Dramatikern entstandene Dramen übergreift, stand die Zusammenarbeit mit *fringe*-Gruppen wie dem Portable Theatre und The Brighton Combination, aber auch das Nottingham Playhouse vermochte Brenton für seine Stücke zu interessieren. Charakteristisch für die frühen Stücke *Gum and Goo*, *Revenge*, *The Education of Skinny Spew* (alle 1969) ist die antiautoritäre, antibürgerliche Perspektive, die auch das vom Portable Theatre 1969 aufgeführte *Christie in Love* bestimmt. Brenton führt den 1953 hingerichteten Massenmörder Reginald Christie als eine Dracula-Figur ein, hinter der jedoch ein eingeschüchterter Kleinbürger hervortritt, der seine Frauenmorde aus verklemmter Liebe begangen hat.

Dass Brenton die Ideale der Studentenrevolte nicht unkritisch propagierte, zeigte etwa *Magnificence* (1973) am Beispiel der Radikalisierung von Hausbesetzern, deren Anführer Jed zum Anarchisten wird. Max Stafford-Clarks viel beachtete Inszenierung für das Royal Court Theatre brachte Brenton den Zugang zu den subventionierten Bühnen, und im Nottingham Playhouse kamen 1974 *The Churchill Play* und im National Theatre 1976 *Weapons of Happiness* zur Uraufführung. Das *Churchill Play* zeigt Großbritannien im Jahr 1984 als einen faschistischen Staat, in dem das Militär die Macht übernommen hat, während in *Weapons of Happiness* die Entweihung der Ideale des Sozialismus durch den Stalinismus deren Gültigkeit als zukunftsweisende Alternative zum Kapitalismus nicht aufhebt.

Explizit gegen Margaret Thatcher wandte sich Brenton erstmals in dem gemeinsam mit Tony Howard 1980 verfassten *A Short Sharp Shock!*, das ursprünglich *Ditch the Bitch!* als Titel hatte, angeblich ein Zitat aus dem Umfeld von Edward Heath. Der geänderte Titel ist ein Zitat von Thatchers erstem Innenminister Whitelaw, der gefordert hatte, kriminelle Jugendliche müssten durch eine harte Gefängnisstrafe von weiteren Vergehen abgeschreckt werden. *A Short Sharp Shock!* zeigt in revuehaften Szenen Thatchers Aufstieg zur Macht. Sie profiliert sich als der einzige Mann in ihrem Kabinett, aber Brenton und Howard zeigen, dass die »iron Lady« doch nur ein Produkt der reaktionären Kräfte in Großbritannien ist.

Der aufgestaute Ärger der Konservativen entlud sich noch im gleichen Jahr über *The Romans in Britain*, das als Auftragsarbeit des National Theatre uraufgeführt wurde. Brenton zeigt in dem auf drei Zeitebenen spielenden Stück die Römer nicht als zivilisierende Kraft, sondern als Zerstörer der keltischen Kultur, und er setzt Cäsars Genozid an den Kelten mit der Irlandpolitik Thatchers gleich. Anstatt diese politische Aussage zu thematisieren, griffen die Konservativen Brenton und das National Theatre unter der Gürtellinie an, indem sie erklärten, auf der Bühne werde die (ausweislich des Texts nur versuchte) Vergewaltigung eines jungen Kelten durch drei römische Soldaten gezeigt. Angesichts der vielen mehr als freizügigen Sex-Stücke, die nach dem Wegfall der Theaterzensur auf den Londoner Bühnen gezeigt worden waren, war der Vorwurf lächerlich, doch wurde von konservativer Seite vehement, aber vergeblich eine Wiedereinführung der Theaterzensur gefordert. Die Konservativen einten mit der von ihnen entfachten Kampagne den Widerstand der Dramatiker und der subventionierten Theater gegen Thatcher.

Gemeinsam mit David Hare schrieb Brenton 1985 die »Fleet Street Comedy« *Pravda*, in der sie zeigen, wie mit der Regierung paktierende Magnaten wie Rupert Murdoch mit legalen Mitteln der Pressefreiheit ein Ende setzen können. Dass angesichts solcher Machtverhältnisse die Dichter an den Möglichkeiten gesellschaftlicher Veränderung verzweifeln müssen, hatte Brenton bereits ein Jahr zuvor am Beispiel des schweizerisch-italienischen Exils von Byron und Shelley in *Bloody Poetry* gezeigt.

Brenton versteht sich jedoch nicht nur als kritischer Chronist der britischen Zeitgeschichte. Gemeinsam mit dem 1943 in Pakistan geborenen Schriftsteller Tariq Ali, der zu den profiliertesten Kommentatoren der Beziehungen zwischen der Ersten und der Dritten Welt wie auch von Islam und westlicher Kultur zählt, veröffentlichte er 1989 *Iranian Nights*, dessen historische und fiktionale Protagonisten – der Dichter Omar Chajjam, der Kalif und Scheherazade – vor dem Hintergrund der über Salman Rushdie verhängten Fatwa als »pinprick for free spreech« das Problem geistiger Freiheit in interkulturellen Kontexten diskutieren. *H. I. D. (Hess is Dead)* (1989) greift die Umstände des Tods von Hitlers Stellvertreter in Spandau auf, *Moscow Gold* (mit Tariq Ali, 1990) zeichnet episch und satirisch, als Tragödie und Farce Gorbatschows Aufstieg und das Ende der Sowjetunion nach, und in *Berlin*

Bertie (1992) versucht Brenton, den Zusammenbruch der DDR begreiflich zu machen.

Brentons Öffnung gegenüber nicht spezifisch britischen Themen war von dem Rücktritt Thatchers und dem damit verbundenen Verlust eines scheinbar unverzichtbar gewordenen Feindbilds mit beeinflusst. Gegenüber Tony Blairs »New Labour« und der damit verbundenen Preisgabe sozialistischer Positionen war Brenton jedoch von Beginn an skeptisch und hielt sich auch nicht an den zunächst stillschweigenden Konsens der zeitgenössischen Dramatiker, die neue Labour-Regierung nicht ebenso schonungslos vorzuführen wie Thatcher. Mit *Ugly Rumours* (gemeinsam mit Tariq Ali, 1998), einer satirischen Demaskierung Blairs, George Browns und ihres »spin-doctors« Mandelson kamen Brenton und Ali der von Max Stafford-Clark inszenierten und beim Publikum allerdings wesentlich erfolgreicheren Satire auf »New Labour«, Alistair Beatons *Feelgood* (2001), zuvor.

Wie kein anderer britischer Gegenwartsdramatiker hat Brenton schnell, aber oft auch sehr impulsiv auf gesellschaftliche Veränderungen reagiert, und diese ›Schnellschüsse‹ resultieren allzu oft in Vereinfachungen, die an Brentons Anfänge im *fringe* erinnern, wo die Offenheit der Form und die ihr zuwiderlaufende plakative Botschaft für ein ideologisch nicht gleichgestimmtes Publikum nur schwer nachvollziehbar blieben. Dennoch vertraut Brenton weiterhin auf die in dem Essay-Band *Hot Irons* (1995) beschriebene Spannung zwischen »intellectual despair« und »crazy optimism«, mit der er sein Publikum aufrütteln will.

Der antiautoritäre und antibürgerliche Gestus bestimmt nicht nur in der Satire *How Brophy Made Good* (1969) auch das Frühwerk von David Hare (geb. 1947). In dem vom Hampstead Theatre Club uraufgeführten *Slag* (1970) entsagen in einer Parodie der Ausgangsszene von *Love's Labour's Lost* drei Lehrerinnen einer Privatschule den Männern, scheitern aber bei der intendierten Selbstverwirklichung in einem von feministischen und sozialistischen Idealen getragenen Bündnis. *Knuckle* (1974) entlarvt die Korruption der bürgerlichen Gesellschaft hinter der Fassade der Wohlanständigkeit, und in *Teeth 'n' Smiles* (1975) verweigert sich die nach dem Vorbild der 1970 an einer Überdosis Heroin gestorbenen Janis Joplin gezeichnete Rocksängerin Maggie der Vereinnahmung durch das *establishment.* Während *Teeth 'n' Smiles* auch heute noch durch die intertextuelle Verknüpfung von Dialog und Musik überzeugen kann, erwies sich *Fanshen* (1975), das auf der Basis von William Hintons gleichnamigen Buch den langen Marsch eines chinesischen Dorfs zu wahrhaft sozialistischem Selbstverständnis nachzeichnet, als dröges politisch-episches Lehrtheater.

Hare hat aus dem Misserfolg von *Fanshen* gelernt. In einer Rede im King's College, Cambridge, stellte er 1978 die selbstgewisse, nur auf ein ideologisch gleichgesinntes Publikum zielende Einstellung seiner Dramatikergeneration in Frage:

> Must it always be, however, that Marxist drama set in Europe reflects the state of revolutionary politics with an answering sluggishness of its own? [...] Why the insulting insistence in so much political theatre that a few gimcrack mottoes of the left will sort out the deep problems of reaction in modern England?

Hares *Plenty* aus dem gleichen Jahr, das vielen seiner Kritiker noch immer als sein bestes Stück gilt, unterstreicht im Scheitern der ambivalenten Hauptfigur Susan Traherne, die in der Nachkriegsgesellschaft an den Idealen verzweifelt, für die sie im Krieg gekämpft hat, die Notwendigkeit einer differenzierenden Auseinandersetzung mit den in der Gegenwart konkurrierenden Wertvorstellungen. In *Plenty* und ausgeprägter noch in dem als »play of ideas« konzipierten *A Map of the World* (1982) argumentiert Hare zwar für die Notwendigkeit gesellschaftlicher Veränderung, aber er bevormundet sein Publikum nicht länger, sondern überlässt ihm die Abwägung der Argumente.

Hares Zusammenarbeit mit dem National Theatre, die mit *Plenty* begann, und dem er seit 1984 als »Associate Director« angehört, hat zu diesem Bemühen um Ausgewogenheit beigetragen. An seinem Abscheu gegenüber der Politik Margaret Thatchers, die er in einem *Spiegel*-Interview 1985 als im biblischen Sinne »böse« und nach viktorianischen Kriterien »gemein« bezeichnete, ließ Hare allerdings keinen Zweifel. Doch anstatt Thatcher direkt anzugreifen, unterzog er in einer Trilogie die Säulen des britischen Gesellschaftssystems einer kritischen Bewertung. *Racing Demon* (1990) zeigt in der Konfrontation des sich vor allem als Sozialarbeiter verstehenden Geistlichen Lionel und seines fundamentalistischen Widerparts Tony die zentrifugalen Kräfte innerhalb der englischen Staatskirche. *Murmuring Judges* (1991) entlarvt eine in ihren institutionellen Verkrustungen ebenso wirklichkeitsfremd wie unmenschlich gewordene Justiz, und in *The Absence of War* (1993), das Neil Kinnocks Scheitern bei den Parlamentswahlen von 1992 als Hintergrund hat, hinterfragt Hare kritisch die Fähigkeit der Labour Party, die Probleme des 21. Jahrhunderts lösen zu können.

Nach dem Wahlsieg Blairs hielt sich auch Hare zunächst mit Kritik an »New Labour« zurück. *Amy's View* (1997) wurde vor allem aufgrund Dame Judy Denchs Star-Rolle ein Erfolg, und Hares Bearbeitung von Schnitzlers *Reigen*, *The Blue Room* (1988) hielt sich vor allem wegen Nicole Kidman in der Hauptrolle auf der Bühne. *Skylight* (1995) und *Via Dolorosa* (1998), eine Meditation über den Palästina-Konflikt, erzielten Achtungserfolge, während *The Judas Kiss* (1998), in dem Hare die Schuld an Oscar Wildes tragischem Scheitern allein Lord Alfred Douglas zuweist, beim Publikum und bei der Kritik durchfiel. Mit *My Zinc Bed* (2000) ist Hare zur Analyse einer durch

Wertverlust und vergeblicher Sinnsuche geprägten Gesellschaft zurückgekehrt. Hares intellektuelle Aufrichtigkeit und Fairness wurde vom Publikum und auch mit einem Adelstitel honoriert. Von der für seine frühen Dramen und auch in der Zusammenarbeit mit Brenton erkennbaren Bereitschaft zum formalen Experiment hat sich Hare jedoch zugunsten von »well-made plays of ideas«, die sich strukturell von den späten Dramen Osbornes bestenfalls in Nuancen unterscheiden, allerdings gelöst.

In den siebziger Jahren hat David Edgar (geb. 1948), der seit 1989 an der Universität Birmingham Theaterwissenschaften unterrichtet, mehr als vierzig Stücke für den *fringe* geschrieben, zu denen politische Satiren wie *Tederella* (1971) und *A Fart For Europe* (1973, mit Howard Brenton) ebenso zählen wie Dramen über die britische (*State of Emergency*, 1972; *O Fair Jerusalem*, 1975) oder die amerikanische Geschichte und Gegenwart (*The Road to Hanoi*, 1972). An Stelle der für diese Dramen konstitutiven Agitprop-Perspektive tritt in *Destiny* (1976) jedoch eine differenzierte Analyse der Ursachen für den Aufschwung der britischen Rechten in den siebziger Jahren, mit der Edgar seiner Überzeugung Ausdruck zu verleihen versuchte, dass es weder in ästhetischer noch in politischer Hinsicht noch länger »a bedrock of shared assumptions« gibt. Diese hat Edgar zunächst dazu geführt, seine dramatischen Aussagen durch expliziten Wirklichkeitsbezug zu untermauern. *Mary Barnes* (1978) plädiert für menschliche Mitverantwortung in einer immer kaltherziger werdenden Gesellschaft, aber Edgar validiert diesen Appell durch eine Fallstudie alternativer Psychiatrie, und bei Premieren war die lebenswirkliche Mary Barnes anwesend, um die Gültigkeit von Edgars Aussage zu bekräftigen. Auch *The Jail Diary of Albie Sachs* (1978), das die Aufzeichnungen eines aufgrund der Rassengesetze in Südafrika inhaftierten Anwalts dramatisiert, ist autobiographisch abgesichertes Dokumentartheater. Edgar hat sich von diesem selbst auferlegten Legitimationsdruck in den achtziger Jahren wieder gelöst. *Maydays* (1983) ist eine kritische Bestandsaufnahme der ideologischen Dilemmata der Linken in Europa und Amerika, verteidigt aber die Notwendigkeit des Widerstands gegen die durch Margaret Thatcher und Ronald Reagan verkörperte Politik sozialer Ungerechtigkeit. In diesem ideologischen Kontext steht auch Edgars voluminöse Dramatisierung von Dickens' *The Life and Adventures of Nicholas Nickleby* (1980), eine Auftragsarbeit der Royal Shakespeare Company, während *The Strange Case of Dr. Jekyll and Mr. Hyde* (1991) die Widersprüche zwischen gesellschaftlich präformierter Identität und Individualidentität aufzeigt.

Nach dem Rücktritt Thatchers hat sich Edgar ebenso wie Brenton den politischen Veränderungen in Osteuropa zugewandt. *The Shape of the Table* (1990) analysiert die politischen und materiellen Interessenkonflikte, die aus dem Zusammenbruch des Sozialismus resultierten, während *Pentecost* (1994) zeigt, wie in diesen Interessenkonflikten die kulturellen Identitäten Osteuropas, sofern sie den Stalinismus überleben konnten, unter dem Druck des Konsumismus endgültig aufgerieben werden. In gebrochenem Englisch formuliert Anna Jedlikova in der letzten Szene von *Pentecost* Edgars Skepsis:

> But you must understand what we are losing all this century. How communism strip away all culture from our past, and clothe us all instead in uniform. [...] And you know, is maybe best we march to next millenium in silly national costume. When alternative is dress of Arnold Schwarzenegger, or wearing nothing very much at all.

Mit dem Zweiteiler *Daughters of the Revolution* und *Mothers Against*, der im Frühjahr 2003 unter dem Titel

Continental Divide beim Oregon Shakespeare Festival uraufgeführt wurde, hat sich Edgar erneut der amerikanischen Geschichte zugewandt. Insbesondere das in der Argumentation straffere *Mothers Against* zeigt, wie im Kommunikationszeitalter Politiker zugunsten ihrer Medienwirksamkeit entpersonalisiert werden. Die Parallelen zu Hares *The Absence of War* sind offenkundig, und die Kritik an manipulativen »spin-doctors« als den opportunistischen Drahtziehern des politischen Lebens zielt über spezifisch amerikanische und britische Verhältnisse hinaus.

Vor dem Hintergrund der wirtschaftlichen Probleme Großbritanniens in den siebziger und auch noch in den achtziger Jahren sowie der politischen Erfolge der Rechten hat auch der im Osten Londons aufgewachsene BARRIE KEEFFE (geb. 1945) in seinen Dramen ein düsteres Bild der Zukunft und insbesondere der Chancen Jugendlicher gezeichnet. Keeffe äußerte über seine Theaterarbeit, »I write plays for people who wouldn't be seen dead in the theatre«, und seine oft von Rockmusik unterlegten Stücke – im Mittelpunkt von *Bastard Angel* (1979) steht sogar eine Rockband – zielen nicht zuletzt auf ein jugendliches Publikum, das sich und seine Konflikte in den Bühnenfiguren wiedererkennen soll. In der Trilogie *Gimme Shelter* (1975–77) nimmt im mittleren Teil, *Gotcha*, ein Jugendlicher drei Lehrer als Geiseln, indem er droht, eine brennende Zigarette in den Tank seines Motorrads fallen zu lassen. Anders als Brenton in *Magnificence* zeigt Keeffe jedoch keinen politisch motivierten Protest, sondern das Aufbegehren einer »no future«-Generation gegen die Gleichgültigkeit, mit der sie in einer konsumorientierten Gesellschaft sich selbst überlassen wird. Dies ist auch das Thema von Keeffes zweiter, erfolgreicherer Trilogie *Barbarians*, in deren Teilen *Killing Time*, *Abide With Me* und *In the City* die Adoleszenzphase von Paul, Jan und dem farbigen Louis nachgezeichnet wird. Die Trilogie endet in einem Akt rassistischer Gewalt, in dem Paul und Jan, der sich für die Armee gemeldet hat, aber sich vor dem Einsatz in Irland fürchtet, Louis zusammenschlagen, weil ausgerechnet der Schwarze eine Stelle gefunden und eine Zukunftsperspektive hat. Rassistische Vorurteile prangert Keeffe auch in *SUS* (1979) an, das in der Intensität der Konfrontation zwischen zwei Polizisten und ihrem farbigen Opfer als Keeffes dramaturgisch gelungenstes Stück gelten kann.

Entfremdung, Desorientierung und Frustration jugendlicher Protagonisten in anonymen urbanen Kontexten stehen auch im Mittelpunkt der frühen Stücke Stephen Poliakoffs (geb. 1952), der zunächst mit *Hitting Town* (1975) und *City Sugar* (1976), wofür er den Evening Standard Award als Nachwuchsdramatiker erhielt, auf sich aufmerksam machte. Mit Poliakoffs *Strawberry Fields* wurde 1977 die Studiobühne des Cottesloe im National Theatre eröffnet. In diesem dramaturgisch einem *road movie* vergleichbaren Stück trifft der eher unpolitische, sich vage links verortende Anhalter Nick in Charlotte und Kevin auf zwei Vertreter der radikalen, gewaltbereiten Rechten, die in »the heart of England« unterwegs sind, um Propagandamaterial zu verteilen. Nach dem Mord an einem Polizisten, der sie beim Aufbrechen eines Getränkeautomaten ertappt hat, beginnt eine Flucht quer durch England bis an die schottische Grenze, und vor der finalen Konfrontation mit der Polizei, in der Kevin und Charlotte den Tod suchen, erschießt Charlotte auch Nick. *Strawberry Fields* überzeugt durch die Präzision, mit der Poliakoff am Beispiel Charlottes und Kevins zeigt, wie die Irrationalität der von der »National Front« propagierten Ideologie den Wirklichkeitsbezug aufheben kann. In seinen Stücken aus den achtziger und neunziger Jahren – *Favourite Nights* (1981), *Coming in to Land* (1986), *Sienna Red* (1992) – hat sich Poliakoff ebenso wie *Sweet Panic* (1995) von der Jugendproblematik gelöst, doch dominieren auch hier Protagonisten, die an der Sinnfindung in der Gegenwartsgesellschaft scheitern. In *Talk of the City* (1998) fragt Poliakoff kritisch, warum die BBC in den dreißiger Jahren nicht die mit Hitlers Machtübernahme einsetzende Judenverfolgung öffentlich angeprangert hat.

Unter den vielen Stücken zur Jugendproblematik, die in den siebziger Jahren den Zynismus der Botschaft, »Du hast keine Chance, aber nutze sie!«, auf britischen Bühnen durchgespielt haben, nimmt das vom Royal Court Theatre 1978 uraufgeführte *Class Enemy* von NIGEL WILLIAMS (geb. 1948) deshalb eine Sonderstellung ein, weil es den sozialen Konflikt auch dramenästhetisch reflektiert. *Class Enemy* zeigt sechs Schüler einer Comprehensive School in Süd-London, die von ihren Lehrern als unerziehbar, geschweige denn bildbar aufgegeben worden sind. Paradigma ihrer Situation ist Becketts *Waiting for Godot*, und die Leere des Wartens auf einen Lehrer, der noch die Kraft und den Willen hat, sich ihrer anzunehmen, füllen die Schüler auf Druck ihres Anführers Iron mit improvisierten Schulstunden. Die »lectures«, die Iron seinen Klassenkameraden abzwingt, haben einen gemeinsamen Nenner in der Sehnsucht nach einem menschenwürdigen Dasein, an dem Iron, der nur noch an Gewalt glaubt, verzweifelt ist, das aber auch er sich nicht weniger als seine Klassenkameraden wünscht. Wie Beckett lässt Williams das Ende offen, denn der von dem schwulen Sweetheart beschriebene Lehrer, der am Ende von *Class Enemy* als sich der »5k« nähernde Erlöser beschrieben wird, ist Sexualphantasie. Auch in *Line 'Em* (1980) und in *W. C. P. C.* (1982) zeigt Williams Protagonisten, die Orientierung suchen. *My Brother's Keeper* (1985), sowie die Bühnenfassung von William Goldings *Lord of the Flies*, die von der Royal Shakespeare Company 1995 gezeigt wurde, und auch die »schwarze Farce« *Harry & Me* (1996) über den Niedergang einer Talkshow variieren diese Thematik, blieben hinsichtlich des intertextuellen Anspruchs aber hinter *Class Enemy* zurück.

In den von den subventionierten Theatern beförderten Widerstand gegen die von Margaret Thatcher verkörperte Politik lassen sich weder Christopher Hampton noch Howard Barker einordnen. HAMPTON, Jahrgang 1946, der sein erstes Stück *When Did You Last See Your Mother?* (1966) bereits mit zwanzig Jahren vorlegte und dort die aus einer homosexuellen Beziehung zwischen Jugendlichen resultierenden Konflikte darstellte, machte mit *Total Eclipse* (1968) auf sich aufmerksam, das die selbstzerstörerische Beziehung zwischen Arthur Rimbaud und Paul Verlaine eindringlich nachzeichnet. Mit dem komödiantischen, an Molière angelehnten *The Philanthropist* (1970) und mit *Treats* (1976), wo sich eine junge Frau zwischen einem Schöngeist und einem Macho entscheiden muss, hatte Hampton allerdings vor allem bei den durch das West End konditionierten Zuschauern Erfolge, während *Savages* (1973), in dem Hampton die Ausrottung der brasilianischen Indianer und die Zerstörung des Regenwalds kritisiert, bei einem ökologisch noch nicht hinreichend sensibilisierten Publikum nur auf verhaltenes Wohlwollen stieß. Demgegenüber wurde *Tales from Hollywood* (1982) begeistert aufgenommen und 2001 erfolgreich neu inszeniert. Hampton zeichnet hier die Geschichte der Brüder Thomas und Heinrich Mann sowie Bertolt Brechts im amerikanischen Exil nach, wobei er ihnen Ödön von Horvath als Kommentatorfigur zur Seite gibt. Auch in seinem bislang jüngsten Stück, dem vom Royal National Theatre uraufgeführten *The Talking Cure* (2003), greift Hampton eine historische Konstellation auf und zeichnet das Scheitern der Freundschaft zwischen Freud und Jung nach, in dem sich die für das 20. Jahrhundert konstitutiven Konflikte bereits abzeichnen.

Im Vergleich zu Hampton ist Howard Barkers (geb. 1946) Distanznahme gegenüber parteilichem politischen Engagement wesentlich komplexer. Aufgrund seines Frühwerks, von Stücken wie *Edward, The Final Days* (1971), *Stripwell* (1977), das die bürgerliche Fassade eines Richters niederreißt, oder *That Good Between Us* (1977) und *A Passion In Six Days* (1985), beides kritische Abrechnungen mit der Politik Labours, galt Barker zunächst als ein typischer *fringe*-Dramatiker, der ohne formale Skrupel der antibürgerlichen Grundhaltung seines Publikums mit satirischem Witz Rechnung trug. Barkers Position hat sich in den achtziger Jahren jedoch entscheidend gewandelt. Das politische Theater seiner Altersgenossen Brenton und Hare ist in seiner Selbstgewissheit der Erklärbarkeit der Welt für Barker nicht mehr als die Affirmation humanistischer Platitüden, gegenüber denen er eine Dramatik einfordert, die das Publikum kathartisch, aber nicht mehr im aristotelischen Sinne als kollektive, sondern individuelle Erfahrung erschüttert und jeden Zuschauer dazu zwingt, »to plunge beneath the ground of common belief and to test the ground of first principles.«

Barker plädiert in *Arguments for a Theatre* (erstmals 1989) für ein »Theatre of Catastrophe«, in dem in postmoderner Sicht die Grenzen zwischen Geschichte und Gegenwart ebenso aufgehoben werden wie die Identität des Individuums. Gegen ein nach seinem Verständnis im Kern immer noch mimetisches Theater setzt Barker ein Aufklärung in der Tradition Brechts ebenso wie die konfliktlösende Sinnstiftung des »well-made play« zurückweisendes Verständnis der Tragödie, die in einer für den Zuschauer schmerzhaften Erfahrung konventionalisierte Rezeptionshaltungen unterlaufen und aufbrechen soll. Dass sein Publikum weder Aussöhnung noch kausallogische Konfliktlösung erwarten darf, davor hat Barker im zweiten Prolog in *The Bite of the Night* (1988) ausdrücklich gewarnt: »Clarity / Meaning / Logic / And Consistency / None of it / None [...] No ideology on the cheap«. Statt zu erklären, will Barker seine Zuschauer in moralische Konflikte einbeziehen.

Aufgrund der Radikalität, mit der Barker das Drama der Gegenwart in Frage stellt, ist er bei Kritikern und Regisseuren höchst umstritten. Jedoch bleibt unstrittig, dass Barker in den achtziger und neunziger Jahren das britische Drama um aufrüttelnde, thematisch und ästhetisch gleichermaßen provozierende Stücke bereichert hat. In *The Bite of the Night* scheitert jeder Versuch, aus den Ausgrabungen der vielen Schichten Trojas historische Wahrheit oder gar Sinn zu rekonstruieren, und in *The Castle* (1985), wo die Hexe Skinner, Repräsentantin einer zukunftsweisenden matriarchalischen Ordnung, an den Leichnam ihres patriarchalischen Widersachers gekettet wird, zeigt Barker ebenso wie in *The Europeans* (1990), dass Geschichte sich linearer Sinnstiftung entzieht und das Individuum, dessen Identität er in *Seven Lears* (1989) paradigmatisch aufbricht, in ihr keinen gesicherten Platz finden kann.

In Barkers Dramen, beispielhaft in *Scenes from an Execution* (1985; uraufgef. 1990) und in *Ego in Arcadia* (1992), sind es immer wieder Künstler, die wie die venezianische Malerin Artemisia Gentilleschi oder der Franzose Poussin die Aporien der Geschichte und des Selbst aufzeigen. Diese unauflösbaren Spannungen hat Barker auch in *Hated Nightfall* (1994) am Beispiel Dancers, des Hauslehrers der ihrer Liquidierung entgegensehenden Zarenfamilie, ebenso eindringlich verbildlicht wie in *Und* (1999), dem Monolog einer Jüdin, die sich der Faszination ihres Nazi-Liebhabers nicht entziehen kann, obwohl sie weiß, dass er ihr nicht Liebe, sondern den Tod bringen wird. Gemessen an Pinters mit Selbstzitaten spielendem *Ashes to Ashes* ist Barkers Analyse einer Opfer-Täter-Beziehung in *Und* eindringlicher und verstörender, fand aber vielleicht gerade deshalb bei Publikum und der Kritik weitaus weniger Anklang. 2000 führte die Wrestling School, die seit 1988 Barkers Werk betreut hat, *He Stumbled* auf, die Geschichte eines Anatomen, der seine letzte Autopsie als die eigene Vivisektion durchführt, und in dem beim Adelaide Festival in Australien uraufgeführten *The Estatic Bible* (2000), das über acht Stunden dauerte und mehrere hundert Rollen umfasst, steht laut Barker »the pursuit of an immaculate passion« im Verlauf mehrerer, immer grausamerer Jahrhunderte im Mittelpunkt. Von suggestiver Bildhaftigkeit ist *A House of Correction* (2001), in dem ein schon seniler Dichter und drei Frauen einem aufziehenden Krieg entgegensehen, den ein bei ihnen eintreffender Bote vielleicht noch verhindern könnte. Jeglicher Versuch einer sinnstiftenden Lösung ist jedoch zum Scheitern verurteilt, und auch der Bote erfüllt nicht seinen Auftrag, sondern verharrt, während sich die Bühne mit von Flugzeugen abgeworfenen Flugblättern füllt.

In *Gertrude – The Cry* (2002), das zu den bislang besten Stücken Barkers zählt, erhalten Gertrude und Claudius die Möglichkeit, ihre Sicht der *Hamlet*-Handlung zu vertreten. Barkers Tribut an die Amoralität der Begierde, der eine puritanische Weltsicht entgegensteht, schreibt *Hamlet* nicht einfach nur um, sondern fügt Shakespeares Protagonisten auch verstörend neue hinzu. Im britischen Theater der Gegenwart ist Barker einer der provokantesten und intellektuellsten, zugleich auch einer der produktivsten Dramatiker.

»Plays by women«: Dramatikerinnen im britischen Theater nach 1956

Die Erwartung, dass die nach 1956 einsetzende Öffnung des Theaters für neue Autoren auch Dramatikerinnen mehr Raum bieten würde, wurde zunächst enttäuscht. Durch Ann Jellicoe (geb. 1927) und Shelagh Delaney (geb. 1939) geweckte Hoffnungen erfüllten sich nicht. Jellicoes *The Sport of My Mad Mother* (1958) weist mit seinen Protagonisten, ziel- und bindungslosen Teddie Boys, und auch durch seine formale, ritualisierende Darstellung auf die späteren Stücke zur Jugendproblematik voraus. Größeren Anklang beim Publikum fand jedoch das von Richard Lester 1965 erfolgreich verfilmte *The Knack* (1961), wo Jellicoe auf ebenso komische wie ernsthafte Weise das Hineinfinden junger Menschen in Geschlechterrollen vorführt. Nach dem Misserfolg von *The Rising Generation* (1969) hat sich Jellicoe von den Londoner Bühnen ab- und dem »community theatre« zugewandt, dessen Aussagemöglichkeiten sie in *Community Plays: How to Put Them On* (1987) auch theoretisch reflektiert.

Delaneys im Alter von siebzehn Jahren geschriebenes *A Taste of Honey* (1958) zeigt eher konventionell das Aufbegehren einer jungen Frau aus der Arbeiterklasse gegen die ihr von der Gesellschaft gesetzten Grenzen. Nach ihrem zweiten Stück, *The Lion in Love* (1960), hat Delaney das Verfassen von Drehbüchern für das Fernsehen jedoch der Bühne vorgezogen und damit einen Weg eingeschlagen, auf dem ihr mit Blick auf die erzielbaren Honorare aus pragmatischen Gründen auch andere Dramatikerinnen wie etwa Louise Page folgten.

Es dauerte bis in die siebziger Jahre, bevor die Dramatikerinnen im britischen Theater der Gegenwart eine deutlichere Stimme erhalten sollten. Zwischen 1970 und 1985 war der Anteil neuer Stücke im Repertoire der subventionierten Theater insgesamt nicht höher als zwölf Prozent; zwischen 1985 und 1990 sank er auf sieben, und zwischen 1990 und 1995 schwankte er zwischen fünf und sieben Prozent. Der Anteil der Dramatikerinnen an diesen neuen Stücken belief sich zwischen 1970 und 1985 auf etwa ein Prozent; zwischen 1985 und 1995 verdoppelte er sich auf zwei Prozent. Diesen relativierenden statistischen Angaben steht jedoch die Wirkung entgegen, die einzelne Dramatikerinnen erzielt haben. Dass sie von der Mitte der siebziger Jahre an verstärkt die Aufmerksamkeit der subventionierten Theater auf sich zogen, wurde von der wachsenden Bedeutung feministischer Diskurse ebenso begünstigt wie von dem durch Thatcher verkörperten konservativen Bestreben, Frauen wieder auf die viktorianische Geschlechterrolle des »angel in the house« festzulegen.

Caryl Churchill (geb. 1938) gilt wegen der Beständigkeit, mit der sie zum britischen Gegenwartsdrama beigetragen hat, vor allem aber aufgrund ihrer Bereitschaft zum formalen Experiment, als Großbritanniens derzeit bedeutendste Dramatikerin. Bereits während ihres Studiums in Oxford verfasste sie Stücke; *Downstairs* (1958), *You Need Not Be Frightened* und *Having a Wonderful Time* (beide 1959), das dort auch uraufgeführt wurde. Danach schrieb Churchill zunächst Hörspiele für die BBC, bevor sie 1974–75 als »resident dramatist« zum Royal Court Theatre wechselte. In dieser Zeit arbeitete sie auch mit Joint Stock und der feministischen *fringe*-Gruppe Monstrous Regiment zusammen. Vor diesem Hintergrund entstanden unter anderem *Light Shining in Buckinghamshire* und *Vinegar Tom* (beide 1976), in denen der Bürgerkrieg bzw. die Hexenverfolgungen des 17. Jahrhunderts historische Mechanismen der Unterdrückung von Frauen offenlegen. *Cloud Nine* (1979) hinterfragt vor dem Hintergrund der konservativen Geschlechterrollendebatte die Gültigkeit patriarchalisch-viktorianischer Vorstellungen ebenso wie sexuelle Identität, deren Ambivalenz Churchill durch »cross casting«, durch Schauspielerinnen in Männerrollen und durch Schauspieler, die Frauen spielen, bildhaft veranschaulicht.

Ihren bislang größten Bühnenerfolg erzielte Churchill 1982 mit dem vom Royal Court Theatre uraufgeführten *Top Girls*, einer schonungslosen Abrechnung mit dem unter Thatcher propagierten Ideal materieller Selbstverwirklichung. In einer surrealen Eingangsszene feiert die an einem Mann vorbei zur Direktorin einer Stellenvermittlungsagentur ernannte Marlene ihre Beförderung mit aus der Geschichte, der Literatur und der Kunst entlehnten Frauenfiguren, die sich alkoholisiert alle als Opfer männlicher Unterdrückung offenbaren, was die Party zu einem Desaster werden lässt. Die Rolle der Marlene spielte Gwen Taylor, die bereits in *A Short Sharp Shock!* Margaret Thatcher zum Verwechseln ähnlich dargestellt hatte. In den nachfolgenden Szenen in der Agentur wird die Unterdrückung von Frauen in einer von männlichem Karrieredenken bestimmten Arbeitswelt lebenswirklich. Dass Marlene, die um ihrer beruflichen Zukunft willen ihr uneheliches Kind Angie in die Obhut ihrer Schwester Joyce gegeben hat, von diesem Karrieredenken überzeugt ist, wird in der Zurückweisung Angies deutlich, in der Marlene nicht nur ihre Mutterschaft ableugnet, sondern abschätzig ihrer Tochter keine andere Karrierechance als die einer Ladengehilfin in der Billig-Supermarkt-Kette Tesco einräumt. *Top Girls* endet mit einer Konfrontation der Schwestern, die in der Zeitstruktur des Stücks jedoch am Anfang der Handlung steht. Für Marlene ist Margaret Thatcher der Beweis, dass Frauen zu »top girls« werden können. Für Joyce, die ihren eigenen Lebensentwurf der Sorge um die Eltern und der Erziehung von Marlenes Kind geopfert hat, ist Thatcher in ihrer Verweigerung sozialer Mitverantwortung »Hitlerina«, und in ihrer Frustration verkörpert Joyce die Konsequenzen, die mit den von Thatcher propagierten Geschlechterrollen Frauen wieder aufgezwungen werden sollen.

Churchill hat ihre Kritik am Thatcherismus in *Serious Money* (1987), einer satirischen Analyse des Börsenspekulantentums, fortgesetzt. Danach rückte sie weniger von tagespolitischer Aktualität bestimmte Themen in den Vordergrund. *Ice Cream* (1989) beschreibt poetisch überhöht postmoderne Bindungsunfähigkeit und Heimatlosigkeit.

The Skriker (1994) ist zugleich Traum- und Geisterspiel, und in *The Lives of the Great Poisoners* (1991) konkurrieren Musik und Tanz mit dem Text. Auch in den beiden Teilen des von mit Max Stafford-Clarks Out of Joint realisierten *Blue Heart* (1997), *Heart's Desire* und *Blue Kettle*, rücken die bildliche und sprachliche Theatralizität des Theaters in den Vordergrund. So wird in *Blue Kettle* ein zunächst realistischer Dialog dadurch ins Surreale getrieben, dass immer mehr Begriffe durch die Worte »blue« oder »kettle« ersetzt werden, die wiederum in einer endgültig zusammenbrechenden Kommunikation auf ihre Anfangsbuchstaben reduziert werden. Mit *Far Away* (2000) hat Churchill die Surrealität der Dialoge von *Blue Heart* wieder mit einer politischen Aussage über die Irrationalität nationalistischer und rassistischer Vorurteile verknüpft.

Pam Gems (geb. 1925) begann ebenfalls mit Arbeiten für das Radio. Ihre ersten Bühnenstücke wurden im *fringe* uraufgeführt, wo sie zunächst als feministische Autorin rezipiert wurde. Wenngleich in Gems' Stücken ganz überwiegend Frauenschicksale im Vordergrund stehen, wird ihr eine Einordnung als feministische Dramatikerin nur bedingt gerecht. Gems hat, beginnend mit *Queen Christina* (1977), das entgegen der Filmversion mit Greta Garbo das Leben der schwedischen Königin nicht als romantische Erfüllung, sondern als Leiden an der Wirklichkeit zeigt, eine Serie dramatisierter weiblicher Biographien begonnen, die allesamt Publikumserfolge wurden. *Piaf* (1978), dessen Szenenwechsel effektvoll durch die Lieder der französischen Chansonsängerin markiert werden, unterstreicht die Diskrepanz zwischen der Glamour-Fassade des »Spatz von Paris« und der ihr ganzes Leben lang verunsicherten sozialen Aufsteigerin, die ihre Anfänge als Prostituierte nicht verdrängen kann. In dem aus naheliegenden Gründen auch in Deutschland erfolgreichen *Marlene* (1996) lässt die gealterte, sich auf eine Vorstellung vorbereitende Marlene Dietrich die entscheidenden Stationen ihres Lebens Revue passieren, und in *The Snow Palace* (1998) evoziert Gems das Schicksal der vergessenen polnischen Dramatikerin Stanisława Przybyszewska, die in den zwanziger Jahren erfolglos ein voluminöses 600-Seiten-Drama über die Französische Revolution geschrieben hatte, das Geschlechterrollen und den Platz des Künstlers in der Gesellschaft ebenso thematisiert wie die Ideale der Revolution. Fiktionale Biographien hat Gems in *Camille* (1984), das in *Queen Christina* vergleichbarer Weise das Schicksal der »Kameliendame« entromantisiert, und mit *The Blue Angel* (1991) vorgelegt. Als einziges von Gems' Stücken zeigt *Stanley* (1996) die Biographie eines Mannes, des britischen Malers Stanley Spencer, dessen Bilder, insbesondere aber die von ihm ausgemalte Sandham Memorial Chapel in Berkshire, die dem Stück als Kulisse dient, den Zwiespalt zwischen der Verarbeitung traumatischer Erfahrungen im Ersten Weltkrieg und christlich fundierter Lebensbejahung zum Ausdruck bringen. Formal ist Gems in ihren kurzen Szenenfolgen von den Schnitttechniken des Films beeinflusst.

Louise Page (geb. 1955) und Sarah Daniels (geb. 1957) haben unter den Vertreterinnen der Nachkriegsgeneration das meiste Interesse der subventionierten Bühnen gefunden. Page, die bei David Edgar Theaterwissenschaft studiert hat, erregte mit dem für das Birmingham Arts Lab geschriebenen und in Coventry uraufgeführten *Tissue* (1978) erstmals Aufsehen. *Tissue* schildert in 51 Szenen die Konflikte Sallys, bei der Brustkrebs diagnostiziert wurde. Auch formal erschien das Stück innovativ, da mit Ausnahme Sallys alle anderen Rollen von nur einer weiteren Schauspielerin und einem Schauspieler gespielt wurden. Page versteht sich eher als politische denn als feministische Dramatikerin, hat aber gesellschaftliche Konflikte konsequent aus weiblicher Perspektive dargestellt. *Hearing* (1979) zeigt die Probleme taubstummer Frauen, während in *Salonika* (1982) und *Real Estate* (1984) Mütter-Töchter-Beziehungen nicht privat, sondern gesellschaftlich reflektiert werden. *Golden Girls* (1984) zeigt am Beispiel einer Sprinter-Staffel den Leistungsdruck, dem weibliche Athleten ausgesetzt sind, ebenso wie die unterschiedlichen Motivationen dieser Sportlerinnen. Der Zwiespalt zwischen Karriere und privater Selbstverwirklichung in einer Beziehung steht im Mittelpunkt von *Diplomatic Wives* (1989), und hier wie in den vorausgegangenen Stücken fordert Page gesellschaftliche Veränderungen ein, die Frauen größere Chancen für ihre Selbstverwirklichung bieten.

Page erhielt für *Tissue* seinerzeit nur ein Honorar von 120 £, und sie macht keinen Hehl daraus, dass die Entscheidung, statt für die Bühne für Radio und Fernsehen zu schreiben, nicht zuletzt finanziell motiviert war. Zu der populären Hörspielserie *The Archers* von BBC Radio Four trug sie ein Jahrzehnt lang bei, und sie hat in dieser Zeit auch ihre Arbeit für das Fernsehen intensiviert.

Sarah Daniels erwarb sich den Ruf einer feministischen Dramatikerin nach ihrem Debüt mit *Masterpieces* (1983) vor allem durch *Neaptide* (1986), in dem die ihre lesbische Orientierung nicht verhehlende Claire um das Sorgerecht für ihre Tochter Poppy kämpfen muss. *Neaptide* zeigt in der Figur von Poppys Vater individuelle, aus Rachegefühlen gespeiste Gewalt ebenso wie institutionelle, die auf Vorurteilen gegenüber sexuellen ›Randgruppen‹ beruht, und bedient sich dabei dem epischen Theater entlehnter Techniken. Patriarchalische Gewalt als individuell gelebte wie als gesellschaftlich sanktionierte Form der Unterdrückung hinterfragt Daniels auch in Stücken wie *Beside Herself* (1990), dessen Heldin als Kind sexuell missbraucht wurde, in *Head-Rot Holidays* (1992), und in *Blow Your House Down* (1995), in dessen Mittelpunkt die Handlungsmotive des »Yorkshire Ripper« stehen, eines Nachfolgers von Brentons Christie, der in den siebziger Jahren als Frauenmörder Aufsehen erregte. Gegen die patriarchalische Gewalt setzt Daniels, aus Sicht ihrer Kritiker oftmals zu appellativ, in *The Gut Girls* (1988), in *Byrthrite* (1986), in *The Madness of Ezme and Shaz* (1994) und in *Morning Glory* (2001) die Fähigkeit der Frauen zu solidarischem Handeln.

Aus einer feministischen Perspektive schreibt auch April De Angelis (geb. 1960), die in Stücken wie *The Iron Mistress* (1989) und *Hush* (1992) ebenfalls der Frage nachgeht, welche persönlichen und auch ideologischen Perspektiven Frauen am Ende des 20. Jahrhunderts noch offen stehen. *Playhouse Creatures* (1993) zeigt am Beispiel von sechs Schauspielerinnen der Restaurationszeit, darunter Nell Gwynn und Mrs. Betterton, wie sich Frauen libertinistischen männlichen Rollenprojektionen entweder anpassen oder gegen sie aufbegehren. Mit *A Laughing Matter* (2002), das von Max Stafford-Clark inszeniert wurde, transferiert De Angelis diese Problematik ins 18. Jahrhundert, wo sich Peg Woffington, a »lover of Lords«, und die kaum weniger promiske Mrs. Cibber im Theater Garricks und gegenüber den im Freundeskreis Dr. Johnsons postulierten misogynen Vorstellungen über Geschlechterrollen behaupten müssen.

Das dramatische Schaffen der in Kanada geborenen, im Baskenland aufgewachsenen und in London als Dramatikerin hervorgetretenen Timberlake Wertenbaker (kein Geburtsdatum verifizierbar) weist ein bislang uneinheitliches Bild auf. Nach ersten Erfolgen im *fringe* wurde Wertenbaker 1984–85 »resident playwright« am Royal Court Theatre, und der Einfluss Max Stafford-Clarks auf ihre Arbeiten ist deutlich. In *Our Country's Good* (1988) zeigt Wertenbaker einen jungen Marineoffizier, der 1789 in einer australischen Strafkolonie Farquhars *The Recruiting Officer* inszeniert. *Our Country's Good* hinterfragt in intertextuellen Zusammenhängen Geschlechterrollen. Verknüpfungen von Geschichte und Gegenwart hat Wertenbaker auch in *The Love of the Nightingale* (1988) realisiert, das den Philomele-Mythos aufgreift. Weniger überzeugend war Wertenbaker mit *The Break of Day* (1995) und *After Darwin* (1998), das auf die Weltreise Darwins mit Captain Fitzroy auf der »Beagle« zurückgreift und die Kontrastivität der historischen Figuren in einer Gegenwartshandlung reflektiert. Mit *Credible Witness* (2001), in dem Wertenbaker die menschliche Tragik, aber auch die Komik der kriegs- wie sozialbedingten Migrationen des späten 20. Jahrhunderts am Beispiel einer Mutter-Courage-Figur in einem multikulturellen Kontext darstellt, hat sie die Zusammenarbeit mit dem Royal Court Theatre allerdings erfolgreich erneuert.

Shelagh Stephensons (geb. 1956) *The Memory of Water* (1996) wurde mit dem Olivier Award für die beste neue Komödie ausgezeichnet – ein Stück, das die Reaktionen von drei Töchtern auf den Tod ihrer Mutter zeigt. Damit gelang es Stephenson, dem eigentlich auf der Bühne schon erschöpft scheinenden Mutter-Tochter-Konflikt, an dem sich bereits Charlotte Keatley (geb. 1960) 1987 mit *My Mother Said I Never Should* leer geschrieben hatte, doch noch unterhaltende und auch bewegende Seiten abzugewinnen. Anspruchsvoller ist Stephensons wie Stoppards *Arcadia* auf zwei Zeitebenen spielendes *An Experiment with an Air-Pump* (1998), dessen Titel auf Joseph Wrights Gemälde von 1768 zurückverweist. Die Experimente des Physikers Joseph Fenwick an der Schwelle des 19. Jahrhunderts werden mit einem zweiten Handlungsstrang über die genetische Forschung am Ende des 20. Jahrhunderts korreliert, und vor diesem Hintergrund hinterfragt Stephenson die ethische Verantwortung der Naturwissenschaften. In *Ancient Lights* (2000) setzt sich Stephenson kritisch mit den Fassaden von »media personalities« auseinander, die anläßlich eines Weihnachtsessens zusammenbrechen. *Mappa Mundi* (2002) nimmt die historische Perspektive von *An Experiment with an Air-Pump* wieder auf, doch steht hier im Mittelpunkt die Frage, welche Bedeutung »Englishness« in der immer ausgeprägter multikulturellen, von ihrer kolonialen Vergangenheit eingeholten Gesellschaft Großbritanniens noch haben kann.

LIZ LOCHHEAD (geb. 1947) und SHARMAN MACDONALD (geb. 1951) wurden von vielen Kritikern als »schottische« Dramatikerinnen apostrophiert, doch wäre es angesichts der von ihnen gestalteten Themen und auch der von ihnen genutzten formalen Ausdrucksmöglichkeiten irrig, sie als »regional« ab- oder sogar auszugrenzen. Als »schottische« Dramatikerin gilt Lochhead, deren literarische Karriere als Lyrikerin begonnen hat, vor allem wegen des im Edinburgh-*fringe* uraufgeführten *Mary Queen of Scots Got Her Head Chopped Off* (1987), das die Vorgeschichte der Abdankung Maria Stuarts (1564–67) geschichtskritisch nachzeichnet und nicht zuletzt durch seine formale Offenheit, den Einbezug von Musik, Tanz, Lyrik und Pantomime beeindruckte. *Blood and Ice* (1982), *Dracula* (1985), *Quelques Fleurs* (1991) und das von Lochhead als »lightweight comedy« charakterisierte *A Perfect Day* (1998) unterstreichen dagegen, dass sie keineswegs nur schottische Sujets bearbeitet, während *Miseryguts* (2001), eine Bearbeitung von *Le Misanthrophe*, Molières Handlung dagegen mit politischer Bezugnahme in die schottische Gegenwart begrenzter regionaler Autonomie transponiert. Mit *Thebans* (2003) knüpfte Lochhead erfolgreich an ihre *Medea*-Adaption von 2000 an.

Sharman Macdonald wurde durch *When I Was A Girl, I Used To Scream and Shout* (1984) einem breiteren Publikum bekannt. Wie auch in *When We Were Women* (1988) werden auf zwei Zeitebenen die Probleme weiblicher Identitätsfindung im Kontext von Mutter-Tochter-Konflikten mit überwiegend realistischen Mitteln diskursiv dargestellt, und auch in dem drei Generationen übergreifenden, an einem Wintertag in Schottland spielenden *The Winter Guest* (1995) steht ein Mutter-Tochter-Konflikt im Mittelpunkt. *The Winter Guest* vereinigt Kindheit, Adoleszenz und erste Liebe, Ehe und Einsamkeit des Alters in der ebenso elegischen wie komischen, formal aber konventionell erzählten Geschichte eines Tages. Demgegenüber zeigt Macdonald in *Borders of Paradise* (1995) die Schwierigkeiten und Ängste junger Menschen beim Aufbau erster Beziehungen. Anspruchsvoller ist *After Juliet* (1999), das die Handlung von *Romeo and Juliet* fortschreibt, Julias Cousine Rosaline, eine Elektra nachempfundene Figur in den Mittelpunkt rückt und zeigt, wie die Capulets und Montagues aus einem Konflikt, dessen Ursprung sie gar nicht mehr erinnern, nicht herausfinden können.

Eine Minderheit innerhalb der Minderheit sind Großbritanniens farbige Dramatikerinnen, unter denen bislang nur Winsome Pinnock (geb. 1961) einen festen Platz auf den britischen Bühnen gefunden hat. Pinnocks Eltern waren 1958 aus Jamaika nach Großbritannien emigriert, und ihrer Karriere als Dramatikerin ging ein Studium der englischen Literatur und der Theaterwissenschaft voraus, über das sie 1986 zur Royal Court's Young Writers Group fand. Ihr erstes Stück, *A Hero's Welcome* (1989) wurde vom Royal Court Theatre Upstairs noch als szenische Lesung aufgeführt, während *Talking In Tongues* (1991) und das bei der Kritik noch erfolgreichere *Mules* (1996) auf der Hauptbühne des Royal Court Theatre gezeigt wurden. Pinnocks Stücke spiegeln die Konflikte einer multikulturellen Gesellschaft, innerhalb deren auch Immigranten der zweiten Generation keinen selbstverständlichen Platz finden. In *Talking In Tongues* kann Sex, geschweige denn der im zweiten Akt thematisierte Sex-Tourismus in Jamaika die Rassenschranken und Vorurteile nicht überbrücken, sondern verstärkt sie nur noch. *Talking In*

Tongues ist in der Diskrepanz von »Jamaican English« und »British English« aber auch ein Stück über Sprach- und damit Denkbarrieren, die Jamaicans von weißen Briten nicht weniger trennen als von den schwarzen Nachfahren der Auswanderer. *Mules*, das vor allem am Beispiel zweier Schwestern aus Jamaika zeigt, wie farbige Frauen als Drogenkuriere missbraucht werden, ist Pinnocks bislang auch formal anspruchsvollstes Stück. Drei Schauspielerinnen treten in zwölf Rollen auf und müssen die soziale und ethnische Identität ihrer wechselnden Rollen auch sprachlich differenzierend vergegenwärtigen. Mit dem Einakter *Water* (2001) greift Pinnock die im Blick auf die vorausgegangenen Stücke weiterführende Frage auf, inwieweit für schwarze Künstler innerhalb der tradierten ästhetischen Vorstellungen einer weißen Gesellschaft Authentizität überhaupt möglich ist.

Eine Minderheit innerhalb der Minderheit verkörpern auch die jüdischen Dramatikerinnen Diane Samuels (geb. 1960) und Julia Pascal (geb. 1949), die nicht weniger eindringlich als Barnes, Pinter oder Barker versucht haben, die Geschichte des Holocaust und die traumatischen Auswirkungen für die Überlebenden auf der Bühne nachvollziehbar zu machen. Samuels nutzte 1993 in *Kindertransport* die eigentlich schon dramaturgisch verbrauchte Großmutter-Mutter-Enkelin-Konstellation, um eine der tragischsten Phasen der Vorgeschichte der Konzentrationslager darzustellen. 1938 hatte sich England bereit erklärt, jüdischen Kindern Asyl zu gewähren, und für die Ausreise der fast 10 000 Kinder, von denen die wenigsten jemals ihre Eltern wiedersehen sollten, mussten die Eltern Hitlers Regime bezahlen. Im Mittelpunkt von *Kindertransport* steht Evelyn, die als Eva nach England verschickt wurde, und für die der Auszug ihrer Tochter zum Anstoß wird, sich in kontrastiv-simultanen Szenen, die Samuels oft nur durch einen Kleiderwechsel andeutet, mit ihrer Vorgeschichte auseinanderzusetzen.

Julia Pascals Ansatz in *Theresa* (1990), *A Dead Woman on Holiday* (1991) und *The Dybbuk* (1992), die 1995 in *The Holocaust Trilogy* zusammen aufgeführt wurden, ist im Vergleich komplexer, denn die Perspektive weitet sich vom Einzelschicksal, das die Kollaboration von Nazis und Briten auf den besetzten Kanalinseln zeigt, über eine von den Nürnberger Prozessen überschattete Liebesbeziehung bis hin zu der imaginativen Rekonstruktion einer Ghetto-Situation von 1942, in der fünf sich nicht religiös begreifende, aber rassistisch als Juden definierte Frauen und Männer vor ihrer Deportation nach Auschwitz vergeblich ihre Identität zu finden versuchen. Pascals *The Yiddish Queen Lear* (1999) transponiert Shakespeares Stoff in das New York der späten dreißiger Jahre.

Sowohl Samuels wie Pascal wollen sich in ihrer Arbeit nicht auf die Holocaust-Thematik und auf die Auseinandersetzung mit jüdischer Identität festlegen lassen, und insbesondere Pascals allerdings nur im *fringe* aufgeführte Stücke wie *Heroine* (1997) oder *Woman on the Moon* (2001) unterstreichen dies. Samuels hat mit *Turncoat* (1994), mit *Forever and Ever* (1998) und mit *The True Life Fiction of Mata Hari* (2002) sowie mit Stücken für das Kinder- und Jugendtheater gegen die mit *Kindertransport* verbundene Vereinnahmung angeschrieben, vermochte aber die Zusammenarbeit mit den subventionierten Bühnen damit nicht aufrechtzuerhalten.

In-yer-face: Neuansätze im Drama der neunziger Jahre

Wenn im vorigen Kapitel Sarah Kane aus dem Überblick der »plays by women« ausgespart wurde, so deshalb, weil ihre Dramen in den Kontext einer Entwicklung im Drama der neunziger Jahre gehören, für die sich der Begriff *in-yer-face-theatre* durchgesetzt hat. Ob er sich als autoren- und werkübergreifende Abgrenzung halten wird, muss angesichts der Kurzlebigkeit von vergleichbaren Definitionskriterien wie *angry young men* und dem noch schwammigeren *the second wave*, das den nach Osborne, Arden und Wesker von den subventionierten Bühnen geförderten Dramatikern Rechnung tragen wollte, offen bleiben.

In-yer-face-theatre hinterfragt die Gemeinsamkeiten von Autorinnen und Autoren, für die der Widerstand gegen den Thatcherismus auch schon deshalb kein Thema mehr sein konnte, weil sie, wie im Fall von Sarah Kane und Mark Ravenhill, die Thatcher-Ära nur während der Kindheits- und Adoleszenzphase erlebt hatten. Meinungsführende Kritiker wie Michael Billington befürchteten zu Beginn der neunziger Jahre, dass es dem britischen Theater an neuen, unkonventionellen Stimmen fehlen werde. Das Gegenteil war der Fall. Was die im Rückblick auf die in den neunziger Jahren hervorgetretenen Dramatikerinnen und Dramatiker verbindet, ist zunächst, dass sie alle entweder Literatur- und/oder Theaterwissenschaft studiert haben. Damit stellte sich ihnen aber auch die Frage, inwieweit sich die besonders von den Entwicklungen im Bereich des Romans, ebenso in der Lyrik beförderte Diskussion um ein »postmodernes« Literaturverständnis auch im Drama umsetzen ließ.

In-yer-face-theatre ist, auch wenn es geschichtliche Bezüge einschließt, antihistorisches Theater. Wie Howard Barker, der Geschichte auf Erfahrungs- anstatt Lernsituationen zurücknimmt, zielt *in-yer-face* auf Konfrontation und will durch schockierende Sprache und Handlung, die theatergeschichtlich auf Artaud ebenso wie auf Edward Bonds durch Sprach- und Handlungsbilder erzeugten »aggro-effect« zurückverweisen, das Publikum aufrütteln und verstören. Einer in politisch-gesellschaftlichem Sinn zukunftsweisenden Aussage verweigert sich das *in-yer-face-theatre.* Handlungsbestimmend sind stattdessen Sexualität und Gewalt, die sprachlich und szenisch mit brutaler Direktheit vorgeführt werden, die aber hinter der mit Stilmitteln des Gewaltkinos von Quentin Tarantino gezeigten Objektifizierung des Selbst und des Anderen in der Hilflosigkeit der Protagonisten auch eine verzweifelte Sehnsucht nach Erlösung und Rettung erkennen lassen, gegenüber der Wladimirs und Estragons Warten auf Godot wie ein akademisch-spielerischer Diskurs erscheint.

Sarah Kane (1971–1999) hatte zunächst Theaterwissenschaften in Bristol studiert und dieses Studium dann bei David Edgar in Birmingham fortgesetzt. 1995 provozierte sie die Londoner Theaterszene mit dem vom Royal Court Theatre uraufgeführten *Blasted*, aufgrund dessen sie von renommierten Kritikern teils öffentlich, teils hinter vorgehaltener Hand als »sick« bezeichnet wurde. *Blasted* synthetisiert englische Gegenwart und die Greuel der in Bosnien während des Zerfalls Jugoslawiens begangenen Verbrechen in einem Drei-Personen-Stück, das den todkranken Journalisten Ian, die junge Cate und einen die duologische Situation aufbrechenden Soldaten in einem Hotelzimmer in Leeds zeigt, während draußen bereits der Bürgerkrieg tobt. Das Publikum wird Zeuge von erzwungenen Masturbations- und aggressiven Oralsex-Szenen, von heterosexueller und homosexueller Vergewaltigung ebenso wie der diesen Szenen vorausgehenden und nachfolgenden Gewalt, die einen Höhepunkt darin findet, dass der Soldat Ian die Augen aussaugt, und von Kannibalismus. Wenn gewalttätige Sexualität und Aggression nicht auf der Bühne praktiziert werden, werden sie von Ian und dem Soldaten ebenso bildhaft wie abstoßend und zugleich teilnahmslos beschrieben.

Kanes *Blasted* zeigt Männerfiguren, die Opfer und Täter zugleich sind und die sich nur noch in sexuell aufgeladener Gewalt zumindest rudimentär selbst erfahren können, und in Cate eine junge Frau, die gegen ihre Kommodifizierung aufbegehrt und sie dann doch erduldet, ohne ihre Mitmenschlichkeit zu verlieren. Intertextuelle Anspielungen auf *The Taming of the Shrew*, auf Shakespeares und auf Edward Bonds *Lear* blieben von der Mehrzahl der Kritiker, die 1995 in Kane nur eine junge Dramatikerin sahen, die durch Schock-Theater auf sich aufmerksam machen wollte, zunächst weitgehend unbeachtet. In den Hintergrund der mit *Blasted* ausgelösten Diskussion trat auch, dass das Stück mit einer Geste der Hoffnung endet. Das ihr auf der Straße anvertraute Baby hat Cate nicht zu retten vermocht. Aber um den Preis – wie die Regieanweisung, »*there is blood seeping from between her legs*« suggeriert – weiterer Vergewaltigungen hat sie »*some bread, a large sausage and a bottle of gin*« in der zerstörten Stadt aufgetrieben, und am Schluss von *Blasted*, in einer Geste des »nurturing«, füttert Cate den blinden und hilflosen Ian, bevor sie, an ihrem Daumen lutschend, wieder in ihr zerstörtes Selbst zurückfällt.

In *Phaedra's Love*, das 1996 vom Gate Theatre uraufgeführt wurde, rückt Kane die Gewalt, die das antike Drama gemäß seiner Konventionen nicht zeigt, sondern nur berichtet, in den Vordergrund. Von Senecas Vorlage ist auf den ersten Blick nur Phaidras selbstzerstörerische Liebe geblieben, die bei Kane einem emotional erstarrten, zu keiner Gefühlsregung mehr fähigen Hippolytus gilt. *Phaedra's Love* beginnt mit einer Masturbationsszene, die aber nur verdeutlichen soll, dass nichts mehr Hippolytus erregen kann, auch nicht Phaidras Fellatio, die er wie unbeteiligt über sich ergehen lässt, und in der Schlussszene landen nicht nur die über die Bühne geschleuderten Genitalien des kastrierten Hippolytus erst auf einem Barbecue-Grill, bevor sie von einem Hund verschlungen werden, sondern hier kumuliert die Handlung um Theseus und Strophe auch in Vergewaltigung, Mord und Selbstmord. Kane zeigt Gewalt und Tod als die allein noch zählenden Grenzerfahrungen.

Von der Kritik wurden diese Sex- und Gewaltszenen ausführlich kommentiert, was dem Gate Theatre ungewohnte Besucherzahlen bescherte. Dass Kane, indem sie gegen die Scham- und die Schmerzgrenze des Publikums gezielt verstieß, zugleich auch die Aussagefähigkeit des klassischen Dramas für ein heutiges Publikum in Frage stellte, blieb weitgehend unberücksichtigt. Mit *Phaedra's Love* schienen zunächst die Grenzen des Darstellbaren ausgelotet. Kane begann jedoch *Cleansed* (1998) mit einer Szene, in der Tinker Graham eine letale Dosis Heroin ins Auge spritzt. Nachfolgend sucht Grace mit inzestuösem Verlangen nach ihrem toten Zwillingsbruder Graham und nimmt nach einer Penis-Transplantation seine Identität an. Schauplatz von *Cleansed* ist der Campus einer Universität, die aber wie ein Konzentrationslager erscheint und in Grace/Graham und Carl, dessen Penis Grace von Tinker transplantiert wurde, nicht gereifte, sondern final beschädigte Menschen als Überlebende entlässt. Kane hat als das Thema von *Cleansed* Liebe benannt, aber deren Unmöglichkeit überwiegt auch im Schlussbild, wo eine aufgehende Sonne Regenwolken verdrängt.

Kane, die als Einflüsse auf ihr dramatisches Schaffen Beckett, Bond, Pinter und Barker benannte, hat bis hin zu *Crave* (1998) durch ihre provozierenden und schockierenden Aktionsbilder einer »oberflächlichen«, primär visuellen Rezeption Vorschub geleistet. Die poetische Qualität ihrer Texte, die Parallelen zwischen *Cleansed* und Büchners *Woyzeck*, die Anspielungen auf Strindberg und Orwell, erschließen sich dagegen eher dem Leser als dem Zuschauer, der von der Intensität der *performance* – wie auch bei Howard Barker – zunächst überwältigt wird. Dass Sarah Kane sich dessen bewusst war, zeigen ihre beiden letzten Stücke. Die vier Stimmen von *Crave* (1998), C, M, B und A, die, was der Text offen lässt, Ausdruck eines Bewusstseins, die Geschichte zweier Paare oder ein Zusammenfluss von nicht kausallogisch relationierbaren Erinnerungen sein können, verweisen in dramaturgischer Hinsicht auf Beckett zurück. *Crave* ist jedoch auch als »performance poetry« rezipierbar, als ein dramatisches Gedicht voller intertextueller Anspielungen und Verweise, die von der Bibel über Shakespeare und T. S. Eliot bis zur Selbstreferenz auf *Blasted* und *Cleansed* reichen.

In *Crave* lassen sich noch Sprecher-Identitäten rekonstruieren, in *4.48 Psychosis*, »an instant of clarity before eternal night«, jedoch nicht mehr. Das Stück (2000 postum uraufgeführt; der Titel bezieht sich auf die frühen Morgenstunden, wenn laut Statistik die Suizidanfälligkeit am größten ist) hat drei Sprecher-Figuren, deren Texte jedoch in einer Stimme zusammenfließen, die den Selbstentwurf auf die Negation des Selbst, auf die Aufhebung von Identität im Tod – »watch me vanish« – zurücknimmt. Sarah Kanes viel diskutierter Freitod 1999 wurde zunächst als lebensweltliche Konsequenz ihrer Texte interpretiert, hat aber auch eine intensivere literatur- und theaterwissenschaftliche Auseinandersetzung mit ihren Dramen befördert, innerhalb deren die komplexe intertextuelle Polyphonie ihrer Sprachbilder erschlossen und die auf Kanes Aktionsbilder fokussierte Theaterkritik relativiert wird.

Kaum weniger Aufsehen als Kane erregte MARK RAVENHILL (geb. 1966), der ebenfalls in Bristol Theaterwissenschaften studiert hatte, im September 1996 mit dem von Max Stafford-Clarks Truppe Out of Joint produzierten und im Royal Court Theatre uraufgeführten *Shopping and Fucking*. »Shopping« ist reduziert auf »shop-lifting«, denn Lulu stiehlt für ihre mittellosen Freunde Robbie und Mark immer wieder Fertiggerichte, doch verweist dieser Teil des Titels auf die Kommodifizierung der Protagonisten, die der Drogen-Großhändler Brian auf die Einsicht reduziert: »Money is civilisation«. Nachdem Robbie im Drogenrausch die Ecstasy-Tabletten verschenkt hat, die er für Brian verkaufen sollte, suchen er und Lulu das fehlende Geld in einer von grotesker Komik bestimmten Szene durch Telefonsex zu verdienen. Gegen diese Komik stellt Ravenhill jedoch die düstere Seite der Sexualität. Der heroinabhängige Mark hat den vierzehn Jahre alten Strichjungen Gary aufgelesen und sich in ihn verliebt. Gary bietet den Freunden an, ihnen das fehlende Geld zu geben, sofern sowohl Robbie als auch Mark ihn sodomisieren, was, die Schamgrenze des Publikums unterlaufend, ausführlich dargestellt wird. Danach verlangt Gary jedoch mehr: er will mit einem Messer oder einem Schraubenzieher anal befriedigt werden. Um den Preis seines Lebens will Gary wieder jene Lust und jenen Schmerz empfinden, die er fühlte, als sein Stiefvater ihn als Kind so missbrauchte, und er will mit sich zugleich diese Erinnerung auslöschen. Gegen diese beklemmende vorletzte Szene setzt Ravenhill am Schluss, wo Lulu Mark füttert, ebenfalls eine an *Blasted* erinnernde Geste des »nurturing«.

Shopping and Fucking rückt die Kommodifizierung der Protagonisten in den Vordergrund und reduziert dafür gezielt ihre psychologische Dimensionierung. Lulu, Robbie, Mark und Brian definieren sich durch ihr Handeln und nicht durch Reflektion, und ihr auf ihren Warencharakter zurückgenommenes Selbstverständnis zeigt sich in ihrem Umgang mit Sexualität, der eigenen ebenso wie der der anderen. Wie bei Kane erschließen sich die strukturellen Querverweise und auch die intertextuellen Anspielungen in *Shopping and Fucking* jedoch eher dem Leser als dem einem Wechselbad von schwarzer Komik, Sexualität und Gewalt ausgesetzten Zuschauer.

Mit den nachfolgenden Stücken war Ravenhill weniger erfolgreich, obwohl gerade hier ein Bemühen nach neuen Ausdrucksformen erkennbar wird. Im Mittelpunkt von *Faust is Dead*, das 1997 uraufgeführt wurde und das Ravenhill 1998 überarbeitete, steht Alain Pelletier, ein postmoderner französischer Philosophieprofessor, der Züge Foucaults, Baudrillards und Fukuyamas hat und für den eine

Lesereise durch die USA, aus der er aussteigt, zu einem Selbsterfahrungstrip wird. Ein Chor kommentiert die Handlung aus verfremdeter, antiker Perspektive, während eingespielte Video-Sequenzen ein »global village« suggerieren. *Sleeping Around*, Ravenhills Rückgriff auf Schnitzlers *Reigen* (1998), konnte in Konkurrenz mit Hares *The Blue Room* nicht bestehen, obwohl sein Kaleidoskop der Sexualpartner emotionale Frustration und entfremdete Sexualität eher noch eindringlicher zeigt. Mit *Handbag* (1998) und *Mother Clap's Molly House* (2001) hat Ravenhill die mit *Faust is Dead* begonnenen formalen Experimente fortgesetzt. Die in der Gegenwart spielende Handlung von *Handbag*, innerhalb deren ein lesbisches und ein schwules Paar sich zur Zeugung eines Kinds durch künstliche Befruchtung entschließen, wird gebrochen durch ein von den gleichen Darstellern verkörpertes Vorspiel zu Wildes *The Importance of Being Earnest*, das zeigt, wie Miss Prism Jack Worthing nicht gedankenlos verliert, sondern mit Absicht in die Hände des pädophilen Cardew gibt. Zwei Handlungsebenen zeigt Ravenhill auch in *Mother Clap's Molly House*. 1726 eröffnet die Witwe Tull in London ein Schwulenbordell, während die Szenen auf der Gegenwartsebene eine promiske Party von Homosexuellen zeigen. Beide Stücke provozieren durch die Direktheit, mit der Sexualität gezeigt und diskutiert wird, und beide zeigen in der Suche nach sexueller Identität, dass jegliche Identität ein soziales Konstrukt ist, das, wie schon in *Shopping and Fucking*, den Gesetzen des Marktes unterworfen bleibt.

Zwischen *Handbag* und *Mother Clap's Molly House* schrieb Ravenhill *Some Explicit Polaroids* (1999). Auch hier befriedigt Ravenhill auf expliziten Sex ausgerichtete Publikumserwartungen, knüpft aber in der Figur Nicks, der nach fünfzehn Jahren Gefängnis wegen eines versuchten Attentats wie eine Rip-van-Winkle-Figur in die Gegenwart entlassen wird, an das politische Theater der achtziger Jahre an und vermag überzeugend zu zeigen, wie dessen Ideale in den neunziger Jahren wirklichkeitsfremd und wirkungslos geworden sind.

Aufgrund der zugleich romantischen und brutalen Offenheit, mit der in *Closer* (1997) die Protagonisten ihre sexuellen Bedürfnisse artikulieren und ausleben, wurde auch der 1964 geborene PATRICK MARBER dem *in-yer-face-theatre* zugeordnet. Marber, der nach dem Studium in Oxford zunächst als *stand-up comedian* arbeitete, hat seine Stücke in enger Zusammenarbeit mit dem Royal National Theatre entwickelt. In *Dealer's Choice* (1995), das ebenso wie später *Closer* nach der Uraufführung ins West End übernommen wurde, offenbaren sechs Protagonisten innerhalb einer Pokerrunde ihre Lebenslügen und ihr emotionales Scheitern. Als beziehungsunfähig erweisen sich auch die vier Protagonisten in *Closer*, eine Stripperin, ein Dermatologe, ein Journalist und eine Photographin, die Marber in allen für sie möglichen heterosexuellen Konstellationen zeigt. Sowohl mit oftmals schockierender Beiläufigkeit wie mit ungehemmter Aggressivität werden Beziehungen beendet und begonnen, und die romantische Suche nach Erfüllung kontrastiert mit der inneren Leere der Protagonisten. Vom Publikum viel beklatschter Höhepunkt ist eine Internet-Sexszene, in der sich Dan als Frau ausgibt und den Dermatologen Larry durch E-mails verführt. *Closer* verweist in der Figurenkonstellation auf Racines *Andromache* zurück; in der Figurenzeichnung folgt es dagegen eher Steven Soderberghs Film *Sex, Lies and Videotapes* von 1989. An den Erfolg von *Closer*, das in mehr als dreißig Ländern gezeigt wurde, hat Marber mit *Howard Katz* (2001), einem dramaturgisch zwar geschickt gebauten, aber weitaus weniger provokativen »memory play« über die Sinnsuche des Titelhelden, nicht anknüpfen können. Mit *Howard Katz* hat sich Marber zugleich aus dem Kontext des *in-yer-face-theatre* herausgeschrieben.

Auch Joe Penhall (geb. 1967) lässt sich nur aufgrund seines zweiten Stücks, des vom Royal Court Theatre 1994 uraufgeführten *Some Voices*, zum *in-yer-face-theatre* rechnen. Die Geschichte der zum Scheitern verurteilten Beziehung zwischen dem schizophrenen Ray und der schwangeren Laura wird zwar mit expliziter Direktheit gezeigt, und Penhalls in sich selbst verlorene Figuren haben im Sinn von *in-yer-face* zwar keine Zukunft, verdeutlichen aber auch, dass *in-yer-face* nur begrenzt die Varianz des englischen Dramas der neunziger Jahre übergreifend charakterisieren kann. Nach *Pale Horse* (1995) und *Love and Understanding* (1997) transponierte Penhall in *The Bullet* einen auf Arthur Millers *Death of a Salesman* zurückverweisenden Familienkonflikt in das England der neunziger Jahre. Mit dem von der Kritik als »an incendiary tale of race, madness and a Darwinian power struggle at the heart of a dying National Health Service« gefeierten *Blue/Orange* fand er 2000 Zugang zum Royal National Theatre, aber dies um den Preis der formalen Rückkehr zum »well-made play«.

In-yer-face beschreibt zwar einen zentralen Aspekt des britischen Theaters der neunziger Jahre, aber es bleibt fraglich, ob angesichts der sich abzeichnenden individuellen Entwicklungen der Dramatiker damit wirklich eine literaturgeschichtlich zumindest mittelfristig relevante Einordnung gegeben ist. Ebenso muss offen bleiben, ob in den neunziger Jahren neu hervorgetretene Dramatiker wie Nick Grosso, Anthony Neilson, Philip Ridley oder Jez Butterworth wirklich einen dauerhaften Beitrag zum britischen Drama der Gegenwart erbringen und in zukünftigen Literaturgeschichten noch Erwähnung finden werden. Im Schatten von *in-yer-face* hat Martin Crimp (geb. 1956) mit *Attempts on her Life* (1997), einem Stück, das konventionelle Vorstellungen über die *dramatis personae* von einem nunmehr postmodernen Theaterverständnis noch radikaler in Frage stellt, als es Beckett getan hatte, endlich zumindest die Anerkennung der Kritik gefunden. *Attempts on her Life* ist zugleich komplementär zu *in-yer-face* und Gegentext, denn es hinterfragt die unbewussten Projektionen des und der Anderen.

Ebenfalls nicht im Kontext von *in-yer-face* beschreibbar ist Ayub Khan-Din (geb. 1961), der, nachdem er in Hanif Kureishis Filmen *My Beautiful Laundrette* und *Sammy and Rosie Get Laid* als Darsteller bekannt geworden war, 1996 mit *East is East* und 1999 mit *Last Dance at Dum Dum* Großbritanniens *black drama* eine neue Stimme gegeben hat. In *East is East*, das 1999 auch erfolgreich verfilmt wurde, zeigt der in Großbritannien als Sohn einer britischen Mutter und eines pakistanischen Vaters geborene Khan-Din einen zugleich interkulturellen und intrakulturellen Konflikt. George Khan, der in Salford mit Hilfe seiner Frau und seiner sechs Kinder einen »Fish and Chips«-Laden betreibt, ist innerlich in Großbritannien nie angekommen. Dies versucht er zu kompensieren, indem er seine Kinder, die sich mit der britischen Wirklichkeit, in die sie geboren wurden, arrangiert haben, allein aufgrund muslimischer Wertvorstellungen zu erziehen versucht. Der innerfamiliäre Konflikt erreicht seinen Höhepunkt, als George Khan seine beiden ältesten Söhne um seines Ansehens in der muslimischen Gemeinschaft willen mit den Töchtern eines noch konservativeren, aber auch wirtschaftlich erfolgreicheren muslimischen Metzgers verheiraten will. Als dieses Vorhaben in einer brillant komischen *obligatory scene* scheitert, reagiert der enttäuschte George Khan mit Gewalt gegen seine Frau. Daran hindern ihn seine Kinder, die dem Vater die Grenzen seines Autoritätsanspruchs vor Augen führen und dabei verdeutlichen, dass sie sowohl muslimische wie westliche Wertvorstellungen integrieren können.

Durch diese positive Konfliktlösung sowie durch seine Sprach- und Situationskomik fand *East is East*, das in den *kitchen-sink*-Realismus effektvoll die »punch lines« der *soap opera* integriert, breiten Anklang. Dass die Zusammenarbeit mit dem Royal Court Theatre, in dem beide Stücke uraufgeführt wurden, Khan-Dins Handschrift als Dramatiker geprägt hat, bestätigt auch *Last Dance at Dum Dum*, in dem Khan-Din die Situation der gemischtrassigen, in ihrem Selbstverständnis jedoch europäischen Anglo-Inder vor dem Hintergrund des wachsenden Hindu-Nationalismus thematisiert. *Last Dance at Dum Dum* ist ein »play of ideas« mit teils eindrucksvollen, teils überzeichneten Charakterstudien, die in einen Kontext von an Tschechow erinnernder Nostalgie und diese eruptiv aufbrechender Gewalt eingebunden sind.

Im Vergleich mit Winsome Pinnock ist Ayub Khan-Din in formaler Hinsicht deutlich weniger experimentierfreudig. Aber sowohl Pinnock wie Khan-Din bestärken die Hoffnung, dass Großbritanniens *black theatre* aus dem Ghetto eines nur lokal wahrgenommenen »community theatre« ausbrechen und einen Beitrag zum Gegenwartsdrama erbringen kann, der qualitativ wie quantitativ dem wachsenden Anteil der *black Britains* in Großbritannien entspricht.

Von der Reformation bis zur Restauration

Religiöse Prosa

Die Segnungen des Buchdrucks erreichten England durch den Drucker William Caxton (ca. 1422–1491) um das Jahr 1475. Er ermöglichte die Verbreitung von Bibelübersetzungen, die dem Sprachstil des 16. Jahrhunderts den Stempel aufdrückten. William Tyndale (um 1494–1536) führte die wesentlich durch John Wycliffe (um 1330–1384) begründete Tradition der englischen Bibel fort und übersetzte das 1525 gedruckte Neue Testament aus dem Griechischen. Seine Übersetzung, durch vermeintliche lutherische Einflüsse angreifbar, zwang Tyndale ins Exil, so dass das auf sprachliche Eindringlichkeit zielende Werk in Deutschland gedruckt werden musste.

Die erste vollständige englische Bibelübersetzung aus dem Jahre 1539 stammt von Miles Coverdale (1488–1568). Er nutzte Tyndales Text, stützte sich ebenfalls auf die lutherische Fassung und setzte vor allem mit der Übertragung der Psalmen im *Book of Common Prayer* (1549) sprachliche Maßstäbe. Die bedeutendste Bibelübersetzung ist fraglos die *Authorized Version*, die *King James Bible*, 1604 von James I. in Auftrag gegeben und 1611 publiziert. Die Erfüllung der königlichen Vorgabe (»a more exact Translation into the *English Tongue*«) macht sie zu einem sprachlichen Meisterwerk, dessen Einfluss bis in die Gegenwart reicht.

Humanistische Prosa

Die Wiederbelebung der klassischen Antike setzte im 14. Jahrhundert in Italien ein und erstreckte sich in der Folgezeit über den gesamten europäischen Kontinent, bevor ihr Einfluss nachhaltig auf die englischen Humanisten überging. Das Studium der griechischen Literatur und Philosophie, der *literae humaniores*, orientierte sich vornehmlich an Plato und wurde maßgeblich von William Grocyn (1449–1519), Thomas Linacre (um 1460–1524), Angelo Poliziano (1454–1494) und John Colet (1466–1519) propagiert. Desiderius Erasmus (um 1467–1536), der sich mehrfach in England aufhielt, in Cambridge lehrte und dort sein einflussreiches Werk *Encomium Moriae* verfasste (1509), übte einen nachhaltigen Einfluss aus auf den führenden frühen Humanisten englischer Provenienz, Thomas Morus (1478–1535). Morus' politischem Aufstieg, der in seiner Stellung als Lordkanzler gipfelte, bevor er nach seiner Weigerung, den *Act of Supremacy* anzuerkennen, wegen Hochverrats angeklagt und schließlich enthauptet wurde, läuft eine beispiellose literarische Karriere parallel. Morus' Hauptwerk, *Utopia*, erschien 1516 in lateinischer Sprache und erreichte mehrere Auflagen, bevor es 1551 ins Englische übertragen wurde. Der Untertitel lautet: »*Libellus vere aureus [...] de optimo rei publicae statue, deque nova insula Utopia*« (engl. »A fruitful, pleasant, and witty work, of the best state of a public weal and of the new isle called Utopia«). Er gibt zu erkennen, dass es Morus nicht darum geht, wie etwa in Platos *Staat* ein modellhaftes Gemeinwesen zu präsentieren. Die *Utopia* ist vielmehr ein Lukians Satiren verwandtes Werk, das die sozialen Missstände der Zeit anprangert und mit Raphael Hythloday (von griech. *hythlos* ›Geschwätz‹) und dem fiktiven »Thomas More« (griech. *moros* ›Narr‹) Figuren ins Gespräch bringt, die über Gott, Religion, Erziehung, Wirtschaft und soziale Fragen räsonieren und im Zuge ihrer facettenreichen Debatten Wahrheiten formulieren, die das populäre Werk dem Zugriff des Zensors entzog. Die *Utopia* ist, bei aller Weisheit, ein elaboriertes Zerrbild, in dem sich sozialer Fortschritt und eine rigide Hierarchie die Waage halten. Hinsichtlich seiner formalen Strukturen begründet Morus' Werk eine Gattung, die über Thomas Campanellas *Sonnenstaat* (1602) und Francis Bacons *New Atlantis* (1626) bis zu den dystopischen Romanen von Aldous Huxley, *Brave New World* (1932), George Orwell, *Nineteen Eighty-four* (1949), und William Goldings *Lord of the Flies* (1954) nachwirkte. Einflüsse gingen ferner aus auf die Prosasatiren *Gulliver's Travels* von Jonathan Swift und *Erewhon* (1872) von Samuel Butler. Hythlodays Reise zu der entlegenen geometrischen Insel im zweiten Buch der *Utopia* und das vernunftgesteuerte Sozialwesen in Morus' Werk finden ihre ins Extreme gesteigerte satirische Ausformung in Gullivers Reise nach Laputa und ins Land der Houyhnhnms.

Zu den wichtigsten Prosaschriften des Humanismus zählt *The Governor* von Sir Thomas Elyot (um 1490–1546), das 1531 erschien und als klassisches Erziehungsbuch Anerkennung fand. Elyot widmete es Heinrich VIII., damit dieser das Wohl seiner Untertanen fördere (»his benevolent inclination towards the universall weale«). Zielgruppe des pädagogisch-humanistischen Vademecums ist die Aristokratie, der damit eine Mischung aus rückwärts gewandter arthurischer *chivalry* und fortschrittlich liberalem Gedankengut an die Hand gegeben wurde. Modell für Elyots in englischer Sprache verfasstes Werk war Baldassare Castigliones *Il libro del cortigiano* aus dem Jahre 1528.

Wichtiger als Roger Aschams Traktat über das Bogenschießen, *Toxophilus* (1545), ist seine Schrift *The Schoolmaster* (1570). Hierin legt Ascham (1515–1568), der zeitweilige Tutor von Prinzessin Elisabeth, Erziehungsprinzipien dar, die den jugendlichen Zögling zu tugendhaftem

Verhalten (»virtuous action«) befähigen und somit Englands Stellung in Europa festigen sollten. Ascham propagierte eine klassische Erziehung und orientierte sich in seiner Argumentation an der ciceronischen Rhetorik. Er forderte sowohl die Beherrschung des Lateinischen wie die des Englischen (»double translation«), lehnte indes die vermeintliche Immoralität des italienischen Schrifttums vehement ab.

Neben einer Reihe von Komödien veröffentlichte JOHN LYLY (1554–1606) im Jahre 1578 *Euphues: The Anatomy of Wit*. In dieser ereignisarmen Abhandlung steht eine artifizielle, manierierte Sprache im Zentrum, die den Stilbegriff des Euphuismus begründete (s. S. 87). Die elaborierte Rhetorik mit ihren gedrechselten Satzfügungen wirkte bis in die Mitte des 17. Jahrhunderts fort, obschon sie wegen ihrer Gespreiztheit bereits von Shakespeare in *Love's Labour's Lost* (1594–95) und *Henry IV, Part I* (1590–92) parodiert wurde.

Poetologie und Literaturkritik

Die frühen poetologisch-literaturkritischen Publikationen des englischen Humanismus sind vornehmlich als Handbücher konzipiert. Sie wollten literaturkritisches Rüstzeug vermitteln, spiegeln aber zugleich das ansteigende Interesse wider, das der Rhetorik in dieser Zeit der Literarisierung der Öffentlichkeit zuwuchs. THOMAS WILSONS *The Art of Rhetoric* (1553) zeugt, wie auch HENRY PEACHAMS *The Garden of Eloquence* (1577), von der Absicht, sowohl Regeln für die effiziente Nutzung rhetorischer Figuren zu formulieren als auch einen konsistenten poetologischen Diskurs zu eröffnen. Hauptwerk dieses theoretischen Schrifttums mit ersten metaliterarischen Konturen ist freilich die *Defence of Poesie* von PHILIP SIDNEY (1554–1586). Geschrieben Anfang 1580 und 1595 veröffentlicht, gilt das

Werk als Glanzstück humanistischer Prosa und als Streitschrift gegen den einflussreichen elisabethanischen Puritanismus. Für Sidney ist der Dichter der allen Künstlern überlegene *heavenly maker*, dessen Schöpfungskraft die Natur zu höchster Perfektion veredelt (»Her [Nature's] world is brazen, the poets only deliver a golden«). Dichtung ist indes nicht zweckfrei, sondern dient, an Horaz' *aut prodesse [...] aut delectare* orientiert, einem Doppelziel: »Poesy therefore is the art of imitation [...] with this end, to teach and delight.« Es ist die vor dem Hintergrund der klassischen Normgeber Aristoteles und Plato konsequent entwickelte Verschränkung von Ästhetik und Didaxe, die Sidneys Poetologie ihren außergewöhnlichen Rang im humanistischen Schrifttum sichert. George Puttenhams *The Art of English Poesie* (1589), obschon populär und einflussreich, behandelt dagegen die spezifisch rhetorischen Formen der Dichtkunst, die Struktur von Texten, ihre Metrik und Topik. Über ästhetisch-kompositorische Elemente hinausreichende Aspekte von »Poesie« sind dem Werk von Puttenham weitgehend fremd.

Populäre Prosa

Parallel zu den poetologischen Darlegungen entwickelte sich im ausgehenden 16. Jahrhundert eine Prosaform, die erste Konturen realistischen Erzählens aufwies und satirisch-pamphletische Intentionen inkorporierte: die populäre Prosa der *University Wits*, deren bedeutendster Vertreter Thomas Nashe (1567–1601) war. Sein Hauptwerk, *The Unfortunate Traveller, or The Life of Jack Wilton* (1594), knüpft an den spanischen Schelmenroman *Lazarillo de Tormes* (1571) an. Es ist als Abkehr vom Ritterroman konzipiert und hatte Auswirkungen bis hin zu Tobias Smolletts *Roderick Random* (1748). In der Widmung formuliert Nashe seine Absicht: »All that in this fantastical treatise I can promise, is some reasonable conveyance of history, and variety of mirth.« Der Protagonist des welthaltigen Textes ist nicht *courtier*, sondern ein *picaro*, der das Ziel verfolgt, Geld und Ruhm zu erlangen (»to get much treasure and honour by travel«). In einer effektvollen Mischung aus Satire, Schwank, Burleske und Polemik zeichnet Nashe ein Weltbild, das in seiner gelegentlich dissonanten Fülle generisch kaum zu klassifizieren ist. Heute gilt es als das Werk, das den Trennpunkt von *romance* und, im weitesten Sinne, *novel* markiert.

Als weiterer Vorläufer des englischen Romans ist THOMAS DELONEY (um 1543 – um 1600) zu nennen. Seine Veröffentlichungen, *Thomas of Reading*, *Jack of Newberie* und *The Gentle Craft*, allesamt zwischen 1597 und 1600 gedruckt, waren ungewöhnlich beliebt und erlangten hohe Auflagen. Angesiedelt im kleinbürgerlichen Milieu, propagieren sie Tugenden wie Fleiß und Anstand. Mit dieser Akzentuierung erreichten sie eine Leserschicht, die sich in den zumeist episodenhaft konzipierten Texten wiederfand und ein scheinbar kopierfähiges Modell geliefert bekam. Die stark typisierten, idealisierten Figuren lassen freilich die Bezeichnung »Realismus«, die gelegentlich verwendet wird, problematisch erscheinen.

Keinen Anspruch auf eine realistische Porträtierung kann das ebenfalls sehr populäre Werk von THOMAS LODGE (1558–1625) erheben. Auch Lodge zählte zu den *University Wits*, war ein *professional writer* und schrieb eine Fülle engagierter Pamphlete. Seinen Platz in der Literaturgeschichte findet er hauptsächlich wegen der Prosaromanze *Rosalynde* (1590), die Shakespeare als Quellentext für *As You Like It* nutzte. *Rosalynde* evoziert eine von euphuistischen und pastoralen Konturen bestimmte Welt, die durch die familiären Zerwürfnisse der Figuren ihre Struktur erhält und zugleich den Blick freigibt auf die Gegenwelt Arkadiens, das zeitgenössische England.

ROBERT GREENE (1558–1592) schrieb sein Hauptwerk,

Pandosto. The Triumph of Time, im Jahre 1588. Es ist heute zumeist als wichtige Quelle für Shakespeares Tragikomödie *The Winter's Tale* (1611) in Erinnerung. Durch die Verschmelzung von Abenteuer, Intrige, Verstellung und Verstrickung der Charaktere, die aus schicksalsbestimmtem Unglück in eine relativ optimistisch entworfene Zukunft finden, hat Greene vor allem einen Beitrag für die kunstvolle Struktur der Prosaerzählung geliefert.

Arcadia, PHILIP SIDNEYS Prosaromanze, existiert in zwei Versionen, als *Old Arcadia* und *New Arcadia*. Um 1580 entstanden und 1590 gedruckt, orientiert sich die *Arcadia* vornehmlich am spätantiken Roman, an der mittelalterlichen Romanze und an Boccaccios Novellenzyklus, den Sidney bei seinem ausgedehnten Aufenthalt in Italien kennen gelernt hatte. Arcadia, der *locus amoenus*, verknüpft das klassische Paradies der Antike mit der pastoralen Welt der Renaissance (»hills [...] with stately trees; humble valleys [...] silver rivers; meadows enamelled with [...] eye-pleasing flowers [...] pretty lambs with bleating oratory«). Die konfliktreiche Liebeshandlung, angereichert durch phantastische Elemente und angelehnt an die Struktur des Dramas, findet durch die Intervention des Orakels eine Auflösung, wie sie für Shakespeares Romanzen typisch ist.

Die populäre Prosa des ausgehenden 16. Jahrhunderts ist gekennzeichnet durch zwei bestimmende Merkmale. Die akademischen Prosaromanzen von Sidney, Greene und Lodge beschreiben in zumeist manieristischer Diktion eine Welt, die trotz beträchtlicher Fährnisse stabil bleibt und ein harmonisches, idealisiertes Weltbild konserviert. Während diese Prosaromanzen durch ihre Distanz zur elisabethanischen Wirklichkeit ihren Kunstcharakter betonen, zeichnet sich der zweite Strang der populären Prosa durch eine bewusste Nähe zu dieser Wirklichkeit aus. Man mag darüber streiten, ob der robuste Realismus, der Thomas Nashes und Thomas Deloneys Texten den

Stempel aufdrückt, als ein Indiz dafür zu akzeptieren ist, dass der Roman als Vorform in der Schelmen- und Schurkenliteratur existiert. Man mag ferner darüber debattieren, ob der sich abzeichnenden Ablösung der arkadenhaften Romanzen durch stärker realistisch konzipierte Texte ein Absinken von Stil und Stoff inhärent ist. Die populäre Prosa der englischen Renaissance bleibt jedenfalls durch die Parallelität von romanzenhaften und realistischen Komponenten gekennzeichnet. Dass mit der Öffnung Englands als Handels- und Exportnation und dem damit verbundenen expansiven Merkantilismus auch ein größeres Maß an Welthaltigkeit der Prosa einhergeht, dürfte kaum zu bezweifeln sein.

Der Essay

Die vorherrschende Form expositorischer Prosa am Beginn des 17. Jahrhunderts war der Essay. Der erste Vertreter dieses neuen Genres, das sich über die Jahrhunderte hinweg als eine zentrale Gattung der englischen Prosa etablieren sollte, war FRANCIS BACON (1561–1628). Politisch ambitioniert und hochgebildet, wechselte der Jurist Bacon in die Politik, wurde von James I. nachhaltig protegiert und stieg 1621 zum Lord Chancellor auf. Kurz darauf begann sein Fall, er wurde wegen Bestechlichkeit angeklagt und verurteilt. Fortan lebte er zurückgezogen und widmete sich philosophisch-historischen Studien. Seine *History of the Reign of King Henry VII* erschien 1622, *The New Atlantis* 1626. Bacons essayistisches Œuvre, *Essays or Counsels, civil and moral* (zuerst 1597, erweitert 1612 und 1625), umfasst 58 zumeist kurze Beiträge. Der generische Titel der *Essays or Counsels* geht zurück auf Michel de Montaigne (1533–1592), dessen *Essais* (1580, erweitert 1588) 1603 in einer meisterhaften Übersetzung von John Florio vorlagen.

Die Unterschiede zwischen den beiden Essayisten in Diktion und Argumentation sind freilich gravierend. Montaignes Versuche sind skeptische Erkundungen über das komplexe Wesen der Menschen, die sich dogmatischen Verkürzungen verweigern. An Plutarch orientiert, verfolgen seine Reflexionen das Ziel, das Selbstbild des Individuums in immer neuen Facetten auszuleuchten. Bacon dagegen setzt auf die pointierte, generalisierende Zuspitzung, nutzt die rhetorischen Mittel, die hierzu bereit stehen: Aphorismus, Sentenz, Maxime und Epigramm. Die Eröffnungssätze seiner akribisch durchstrukturierten Essays, die seine Verwandtschaft mit Seneca belegen, zeichnen sich durch äußerste Prägnanz aus. »Of Revenge« setzt ein mit: »Revenge is a kind of wild justice.« »Of Travel« hebt an: »Travel, in the younger sort, is a part of education, in the elder, a part of experience.« Und »Of Plantations«, jener Essay, der unideologisch pragmatische Vorschläge über Probleme bei der Kolonisierung erteilt, nutzt die rhetorische Form der Trias, um den Argumenten Nachdruck zu verleihen: »Plantations are amongst ancient, primitive, and historical works.« Das Spektrum der Essays erstreckt sich auf nahezu alle Bereiche der menschlichen Existenz: Politik, Familie, Erziehung, Gesundheit, Aberglaube usw. Herrscht in Montaignes Essays ein kunstvoll-kolloquialer Stil vor, der Raum für Nuancen und Assoziationen lässt, so ist die zielorientierte, das Argument bzw. die These fördernde Pointierung das vorherrschende Merkmal Baconischer Diktion.

Bei aller stilistischen Gegensätzlichkeit haben Montaigne und Bacon freilich eines gemein: Sie überwinden die aufwendige, gelegentlich überladene ciceronische Eloquenz, die in der Prosa des 16. Jahrhunderts zum Stilideal avancierte, und formulieren ihre Beobachtungen bei aller rhetorischen Durchstrukturierung in einer Sprache, die auf Kürze und Direktheit abzielt und einen größeren Rezipientenkreis anvisiert. Insbesondere Bacons »plain style« gilt deshalb als Wegbereiter für die Form des Essay, mit der Joseph Addison und Richard Steele im frühen 18. Jahrhundert große Popularität erlangten.

Eine in das Gewand des Essay gekleidete Form der Kurzprosa sind die »Theophrastian character sketches« von Sir Thomas Overbury (1581–1613), John Earle (um 1600–1665) und Joseph Hall (1574–1656). Theophrast (372–287 v. Chr.), dessen Werk 1592 in englischer Sprache vorlag, nutzte die Form für die rhetorisch zugespitzte Porträtierung typisierter Figuren. In Overburys *Characters, or, Witty Descriptions of the Properties of Sundry Persons* (1614) kommen prägnante Typen (»A Puritan«; »An Amorist«), aber auch individualisierte *characters* zur Darstellung. Earles Kurzporträts in seiner *Microcosmography* (1628) dienen ebenso zur Erbauung und Erheiterung des Lesers wie Joseph Halls *Characters of Virtues and Vices* (1628). Sein Sketch »The Slothful« verrät die satirische Meisterschaft, die auch seine Lyrik auszeichnet: »For body, he hath a swollen leg, a dusky and swinish eye, a blown cheek, a drawling tongue, a heavy foot, and is nothing but a colder earth molded into standing water; to conclude, is a man in nothing, but in speech and shape.« Literaturhistorisch wichtig sind die »Theophrastian character sketches« auch als Vorläufer einer Figur, die in Steeles *The Spectator* und Addisons *The Tatler* als typischer Landjunker Profil gewann: Sir Roger de Coverley.

Abraham Cowley (1618–1667) war zuvörderst Lyriker (s. S. 102), publizierte als Anhänger Francis Bacons jedoch auch Essays. In »The Advancement of Experimental Philosophy« (1661) propagierte er nachdrücklich die Institutionalisierung der Naturwissenschaften und hatte nicht geringen Einfluss auf die Entscheidungen, die 1662 zur folgenreichen Gründung der »Royal Society of London for Promoting Natural Knowledge« führten.

Neben der Kurzprosa entwickelte sich im 17. Jahrhundert eine Prosa von nicht selten barocker Fülle, facettenreich, gelegentlich bizarr, häufig politisch engagiert. Sie erwies sich vielfach als ein Amalgam von politischer, wissenschaftlicher, medizinischer, historischer und religiöser Observanz. Ein solches Werk von enzyklopädischem Zuschnitt ist *The Anatomy of Melancholy* von ROBERT BURTON (1577–1640), zuerst erschienen 1621, mehrfach revidiert und in seiner Endfassung von 1651 zu einem gelehrten Kompendium von über 800 Seiten angewachsen. Der Oxforder Kleriker, der unter dem Pseudonym »Democritius Junior« schrieb, demonstrierte seine Belesenheit, indem er bei dem zunehmend üppiger wuchernden Versuch, den »symptomes, kinds, causes, prognostickes & severall cures« der Melancholie auf die Spur zu kommen, nahezu 1500 Autoren zitierte. Trotz des digressiven und spekulativen Vorgehens, die Gründe der modischen Gemütskrankheit zu erfassen, ist die *Anatomy* der stringent strukturierte, bis in seine Verästelungen konsequent durchorganisierte Text eines Polyhistors, der auch Konturen des *mad scholar* aufwies. Ein kurzes Beispiel aus »Love Melancholy« gibt eine Kostprobe von Burtons stilistischer Brillanz und seiner ungehemmten Zitierwut:

> It [love] rageth with all sorts of conditions of men, yet is most evident among such as are young and lusty, in the flower of their years, nobly descended, high fed, such as live idly and at ease; and for that cause (which our divines call burning lust) this *ferinus insanus amor*, this mad and beastly passion [...] is named by our physicians heroical love, and a more honourable title put upon it, *amor nobilis* as Savonarola styles it [...].

Manche der Schnurrigkeiten, an denen Burtons *Anatomy* reich ist, kehren in Laurence Sternes Meisterwerk *Tristram Shandy* (1760–67) wieder.

An Belesenheit stand der Arzt SIR THOMAS BROWNE (1605–1682) Burton nicht nach. Er erhielt seine medizinische Ausbildung in Frankreich, Italien und Holland, bevor er sich in Norwich niederließ, um über Religion zu reflektieren und naturwissenschaftlich-experimentelles Denken und religiösen Glauben in Einklang zu bringen. Das Ergebnis dieser tiefschürfenden Introspektion ist *Religio Medici*, Mitte der dreißiger Jahre verfasst und 1643 publiziert. Das von großer Toleranz geprägte Werk, das religiöse Dogmen ebenso ablehnt wie den in jenen Jahren virulenten Antagonismus von Anglikanismus und Katholizismus, eröffnet mit dem programmatischen Bekenntnis:

> For my religion, though there be several circumstances that might persuade the world I have none at all – as the general scandal of my profession, the natural course of my studies, the indifferency of my behaviour and discourse in matters of religion, neither violently defending one, nor with that common ardour and contention opposing another – yet in despite hereof I dare without usurpation assume the honourable style of a Christian.

Die *conclusio* der zumeist idiosynkratischen Erörterung zeugt von großer Weltoffenheit inmitten religiöser Engstirnigkeit: »no man can justly censure or condemn another, because indeed no man truly knows another.«

Brownes zweites Hauptwerk, *Hydriotaphia*, *Urne Buriall* (1650), ist auf den ersten Blick eine archäologische Studie über Beerdigungsriten und Graburnen in Norfolk. Tatsächlich ging es dem Arzt aber um das *vanitas vanitatum*-Motiv: »Pyramids, arches, obelisks were but the irregularities of vainglory, and wild enormities of ancient magnanimity.« Ihnen hält der gläubige Mediziner entgegen: »But the most magnanimous resolution rests in the Christian religion, which trampleth upon pride, and sits on the neck of ambition.« Dass Brownes Werk angesichts der zeitlosen Eitelkeit des Menschen auch heute noch rezipiert wird, belegt das Browne-Epigraph, das Graham Swift für seinen Roman *Last Orders* (1996) nutzt: »But man is a Noble Animal, splendid in ashes, and pompous in the grave.«

Mit *Leviathan or the Matter, Forme and Power of a Commonwealth Ecclesiasticall and Civil* (1651) schrieb THOMAS HOBBES (1588–1679) die grundlegende Staatstheorie und Philosophiegeschichte des 17. Jahrhunderts. 1640, zwei Jahre vor Ausbruch des Bürgerkriegs, floh Hobbes nach Paris und formulierte im Exil, aus dem er 1651 zurückkehrte, um sich mit Oliver Cromwells absolutistischem Regime zu arrangieren, seine aufsehenerregenden politischen Thesen. Der Wirren des Krieges überdrüssig, entwarf er ein materialistisches Menschenbild, das den absolutistischen Staat begründete und das Individuum seiner politischen Rechte beraubte. Das in vier Teile gegliederte Werk definiert den Menschen als das von Aggressivität beherrschte *rational animal*, dem eine *coercive power* seinen Platz im Gesellschaftssystem zuweist. Ein Staat, in dem jeder im Kriegszustand und damit der Feind des anderen ist (»this war of every man against every man«), erfordert den autoritären Herrscher. Dass ein mit uneingeschränkten Befugnissen ausgestatteter Souverän sowohl den Royalisten wie den Puritanern missfiel, lag auf der Hand. Bis in die Restaurationszeit blieb Hobbes' antiklerikales Werk, das den Herrscher über das Gesetz stellt, der politischen Klasse wie dem Klerus suspekt. Seine materialistische Grundthese – »The universe is corporeal, all that is real is material, and what is not material is not real« – ließ abweichenden politischen und religiösen Strömungen keinen Entfaltungsraum.

Der Puritaner JOHN MILTON (1608–1674) verdankt seinen überragenden literarischen Rang fraglos seinem umfangreichen dichterischen Werk, vornehmlich *Lycidas* (1637) und *Paradise Lost* (1667). Kaum minder bedeutsam und von eminentem tagespolitischen Engagement zeugend sind Miltons zahlreiche Prosaveröffentlichungen, von denen zwei, *Of Education* und *Areopagitica; A Speech for the Liberty of Unlicensed Printing to the Parliament of England* (beide 1644), als Plädoyers für die Reformierung des Erziehungssystems und die Wahrung der Pressefreiheit eine herausragende Stellung einnehmen.

Milton antwortete mit seinem Pamphlet *Of Education* auf JOHN HARTLIBS Traktat *A Reformation of Schools* (1642). Er entwickelt in komprimierter Form ein pädagogisches Gebäude (»a spacious house«), in dem die antiken Autoren zur Erlernung von Sprache, Grammatik und Philosophie ihren festen Platz behalten, fordert aber darüber hinaus die stärkere Berücksichtigung der Naturwissenschaften (»physics [...] the instrumental science of trigonometry [...] enginery«) sowie das Studium von »meteors, minerals, plants, and living creatures, as far as anatomy«. Zentrales Anliegen der Erziehung, in der die pädagogischen Gegenstände nur noch eine dienende Funktion wahrnehmen, ist die Herausbildung des tugendhaften Charakters (»I will point you out the right path of a virtuous and noble education«). Urteilsfähigkeit und Tugend bedingen einander (»they [young boys] may with some judgement contemplate upon moral good and evil«). Das pädagogische Ziel des strenggläubigen Puritaners ist ein zweifaches: »to repair the ruins of our first parents by regaining to know God aright«. Es geht Milton um die Fähigkeit junger Menschen, auf der Basis einer umfassenden Bildung und Ausbildung zumal in Zeiten politischer Instabilität Verantwortung im Gemeinwesen zu übernehmen: »I call, therefore, a complete and generous education, that which fits a man to perform justly, skilfully, and magnanimously all the offices, both private and public, of peace and war.«

Miltons *Areopagitica* war die erste Schrift in englischer Sprache, in der dezidiert die Wahrung von »Unlicensed Printing« eingefordert wurde. Unmittelbarer Anlass war ein »Decree of the Court of Star Chamber« aus dem Jahre 1637, in dem, nicht zuletzt, um die immer zahlreicher werdenden Pamphlete für die puritanische Sache im Zaum zu halten, der Zensur größerer Einfluss zugebilligt wurde. Das Zensursystem nahm tyrannische Züge an. In einer »Order of Parliament« vom 14. Juni 1643 wird die Zensur mit der Begründung legalisiert, es gelte »many false [...] scandalous, seditious, and libellous [works] to the great defamation of Religion and Government« abzuwenden. Milton nutzt die Form der antiken *oratio* (Areopagus war der Ort in Griechenland, an dem die politischen Vertreter in freier Rede debattierten), um den Beweis zu führen, dass ein der Wahrheit verpflichtetes politisches System Meinungsfreiheit nicht zu fürchten brauche. Die rhetorische Schlüsselfrage der *Areopagitica* lautet:

> Since therefore the knowledge and survey of vice is in the world so necessary to the constituting of human virtue, and the scanning of error to the confirmation of truth, how can we more safely, and with less danger, scout into the regions of sin and falsity than by reading all manners of tractates and hearing all manners of reason?

Sowohl »moderate varieties« als auch »brotherly dissimilitudes« haben Anspruch auf Veröffentlichung. Sie gefährden das staatliche Gebäude nicht, sondern schaffen eine »spiritual architecture«, die die Gegenrede ertragen kann. Die von der Zensur unterdrückte abweichende Meinung wirkt, so argumentiert Milton, kontraproduktiv, schafft ein »iron yoke of outward conformity [which] hath left a slavish print on our necks«. Miltons Pamphlet gipfelt in der Gleichsetzung von Zensur und Mord: »As good almost kill a Man as kill a good Book; who kills a Man kills a reasonable creature, Gods Image; but hee who destroys a good Booke, kills reason it selfe, kills the Image of god, as it were in his eye«. Es gehört zur tragischen Ironie der *Areopagitica*, dass ihr Einfluss auf das publizistische Tagesgeschehen ausblieb; es zeugt indes von der Weitsicht des Verfassers, dass sein Vertrauen in die nicht zu unterdrückende Wahrheit zu einer Maxime auch der modernen Pressefreiheit wurde. Seine Schlussbemerkung – »if it come to prohibiting, there is not aught more likely to be prohibited than truth itself« – kann als Axiom zeitüberdauernder Pressefreiheit Geltung beanspruchen.

Tagebücher

Im 17. Jahrhundert entstand mit dem Tagebuch eine neue, sich autobiographischer Reflexion öffnende Prosaform. Sie entwickelte sich abseits der Öffentlichkeit, ließ detaillierter, häufig ungehemmter Introspektion Raum und war besonders geeignet, gesellschaftliche, religiöse und soziale Widersprüche zur Sprache zu bringen. Von den über 200 autobiographischen Texten, die mitunter erst wesentlich später an die Öffentlichkeit gelangten, sind zwei Diarien von überragender Bedeutung – das von John Evelyn (1620–1706) und das von Samuel Pepys (1633–1703). Evelyns *Diary* behandelt die Zeit von 1641 bis 1697. Als es 1818 veröffentlich wird, ist das Ziel des Verfassers deutlich erkennbar; es ging Evelyn darum, »an age of extraordinary events, and revolutions« akribisch zu dokumentieren. Der Kunstkenner und Antiquar verzeichnet in seinem Kalendarium als zeitkritischer Chronist in überwiegend sachlichen Einträgen (»plaine and practical«) die wesentlichen Ereignisse eines Jahrhunderts, das von politischen Konflikten ebenso geprägt war wie von einem neuen Wissenschaftsverständnis. Intime, gar amouröse Bekenntnisse sucht der Leser bei Evelyn vergeblich. Über das Privatleben des Diaristen geben allenfalls die Berichte über seine Europareisen während des *Civil War* Auskunft.

Von unschätzbarem Wert als historische Chronik und intimes Journal sind die Tagebücher von Samuel Pepys, die über 3000 Seiten umfassen und in verschlüsselter Form, einer Art von stenographischem Code, verfasst wurden. Sie liefern ein ebenso fakten- wie facettenreiches Bild der Jahre 1660–69, wurden erstmals 1825 dechiffriert und in einer purgierten Form veröffentlicht. Heute liegen sie, authentisch und ungekürzt, in einer elfbändigen Ausgabe vor. Pepys entstammte einfachen Verhältnissen, machte eine Bilderbuchkarriere und brachte es bis zum Surveyor-General of the Admiralty. Der spezifische Reiz von Pepys' Tagebuch liegt in dem beziehungsreichen Nebeneinander von privaten und öffentlichen Mitteilungen. So berichtet der lebenslustige und profitsüchtige Diarist über außereheliche sexuelle Erlebnisse ebenso freimütig wie über Theaterbesuche oder politische Intrigen. Über »The Great Fire«, das London im September 1666 heimsuchte und einen großen Teil der Stadt in Asche legte, schreibt Pepys in bewegenden Worten (»a most horrid malicious bloody flame«). Trotz aller Dramatik, die der Chronist ebenso eloquent darzustellen vermag wie Ereignisse nüchterner Politik, vergisst er nie seine persönlich-pekuniären Interessen. Unter dem 5. September 1666, inmitten lodernder Flammen, ist zu lesen:

> About 2 in the morning my wife calls me up and tells of new cries of 'Fire!' – it being come to Barking Church, which is the bottom of our lane. I up; and finding it so, resolved presently to take her away; and did, and took my gold (which was about £ 2350).

Das einschneidende historische Ereignis, die Reinstitutionalisierung der Monarchie, die Restauration der Stuarts mit Charles II. (1630–1685), wird von den Diaristen, die ein Gespür für *history in the making* haben, präzise fixiert. Pepys, der den exilierten König auf der Fahrt von Scheveningen nach Dover begleitete, verzeichnet am 25. Mai 1660:

> [...] the King [...] was received by Generall Monke with all imaginable love and respect at his entrance upon the land at Dover [...]. The mayor of the town came and gave him his white staffe, the bedge of his place, which the King did give him again. The Mayor also presented him from the town a very rich Bible [...]. The Shouting and joy expressed by all is past imagination.

Und Evelyn berichtet über den triumphalen Einzug von Charles II. in London am 29. Mai 1660:

> This day came his Majestie *Charles* the 2nd to London after a sad, & long Exile, and Calamitous Suffering both of the King & Church: being 17 yeares: This was also his Birthday, and with a triumph of about 20 000 horse & foote, brandishing their swords and shouting with unexpressable joy.

1660 ist das Commonwealth zu Ende, beginnt die Restauration, findet die Prosa neue Ausdrucksformen. Die literarische Öffentlichkeit bekommt ein anderes Gesicht.

Von der Restauration bis zum Ende des 18. Jahrhunderts

Religiöse Prosa

Der Übergang von der Restaurationszeit zum 18. Jahrhundert markiert eine Zäsur, weil parallel zur Rückkehr der Stuarts und im Lichte der »Glorious Revolution« (1688) eine breite, zunehmend bürgerliche literarische Öffentlichkeit entstand. Das bürgerliche Subjekt rückte vermehrt ins Zentrum literarischer Betrachtung. War das Tagebuch, obschon gelegentlich mit politischen Reflexionen angereichert, vornehmlich der Darstellung privater Gedanken vorbehalten, so entstand mit der *spiritual autobiography* in der zweiten Hälfte des 17. Jahrhunderts eine Prosaform puritanischer Religiosität, die vor dem Hintergrund gravierender religiöser Kontroversen individuelle Glaubenskrisen mit der spirituellen Sinnsuche des Menschen überhaupt zu verschmelzen trachtete. Vor dem Horizont eines sich immer stärker manifestierenden Puritanismus entwickelte sich eine religiöse Erbauungs- und Erweckungsliteratur, die durch die Allegorisierung individueller Erlebnisse der Übergangszeit eine exemplarische Dimension verlieh. Wichtigster Vertreter dieser autobiographischen Prosaform, die die Verschränkung von individueller und universeller Religiosität thematisiert und eine weitgehend bürgerliche Leserschaft anspricht, war John Bunyan (1628–1688).

Bunyan stammte aus einfachen Verhältnissen, wuchs auf in den Midlands, in der Nähe von Bedford, besuchte die Dorfschule und ergriff, wie sein Vater, den Beruf des Spenglers. Er litt unter der dörflichen Enge, kämpfte im Civil War und wurde schließlich Prediger einer Baptistengemeinde, um sich in einem qualvollen Prozess vom Anglikanismus ab- und einem rigorosen Puritanismus zu-

zuwenden. Als mit der Rückkehr Charles' II. der Nonkonformismus Bunyans unter kirchenpolitischen Druck geriet, landete der Laienprediger wegen des Verstoßes gegen das Predigtgebot im Gefängnis (1660–72). In dieser Zeit entstand seine erste bedeutende Prosaschrift, *Grace Abounding to the Chief of Sinners; or, a Brief and Faithful Relation of the Exceeding Mercy of God in Christ to his poor Servant John Bunyan* (1666). *Grace Abounding* ist ein Erweckungsbuch, eine *spiritual autobiography*, die die Seelenqualen des *poor Servant* akribisch und in eindringlicher Prosa schildert und im Zuge dieser schonungslosen Introspektion die Transformation von individueller Seelengeschichte zur gültigen, repräsentativen puritanischen Autobiographie vollzieht. Bunyan versteht sich als von Gott auserwählt und beauftragt, seine Erweckung (»a drop of honey«) weiterzugeben, damit sie auf fruchtbaren Boden falle und seine Schützlinge aus der *wilderness* befreie, in der sie durch die Versuchungen Satans schmachten. *Grace Abounding* ist zugleich eine Danksagung an Gottes *merciful kindness*, und obschon Bunyan im Vorwort sein Werk im Sinne christlicher Demut als *plain and simple* bezeichnet, so ist ihm tatsächlich eines der großen Bekenntnisbücher der abendländischen Literaturen gelungen. Es löste Miltons intellektuell konturierten Puritanismus durch einen stärker welthaltigen Pietismus ab und reflektiert das Bemühen, eine breite soziale Öffentlichkeit am Erbauungsprozess teilhaben zu lassen.

Bunyans Hauptwerk, *The Pilgrim's Progress from This World to That Which Is to Come: Delivered under the Similitude of a Dream Wherin is Discovered, The manner of his setting out, His dangerous Journey; And safe Arrival at the Desired Countrey*, erschien 1678 (Teil 1) und 1684 (Teil 2). Es verknüpft das Reisemotiv (»progress«) mit einer Traumvision zur Allegorie und stellt mit dem Pilger Christian eine *everyman*-Figur in den Mittelpunkt, dessen spirituelle Reiseerfahrung individuelles Erleben transzendiert und zur exemplarischen Darstellung spiritueller Erkenntnisse führt. In »The Author's Apology for his Book« schreibt Bunyan über die Genese der Allegorie: »I writing of the way / And race of saints in this our Gospel-day, / Fell suddenly into an allegory / About their journey, and the way to glory.« Das Tableau allegorisierter Figuren, denen Christian auf seiner von Anfechtungen und Rückschlägen gekennzeichneten Reise begegnet, umfasst u. a. Faithful, Hopeful, Talkative, Mr. Malice, Mr. Cruelty, Mr. Love-lust und Mr. Standfast. Der figuralen Typologie entspricht die typographische: der Weg zum göttlichen Heil führt den Auserwählten über *the City of Destruction* zur *Heavenly City.* Hinter sich lässt er *the Slough of Despondency, the Castle of Giant Despair* und *the Valley of the Shadow of Death*, und er erreicht sein Ziel, weil ihm die drei christlichen Tugenden *faith*, *hope* und *charity* zur unerschütterlichen Lebensmaxime werden.

Als Vorläufer von *The Pilgrim's Progress* sind William Langlands *The Vision of Piers Plowman* (um 1367–70) sowie die im 16. Jahrhundert weit verbreiteten *emblem books* zu nennen. Die ungewöhnliche Popularität von Bunyans Hauptwerk ist indes auf die große sprachliche Eindringlichkeit der *spiritual autobiography* zurückzuführen. In der »Author's Apology« heißt es dazu programmatisch: »This book is writ in such a dialect / As may the minds of listless men affect: / It seems a novelty, and yet contains / Nothing but sound and honest gospel-stains.« Dieser *dialect* erreichte die gesamte literarische Öffentlichkeit und führte aufgrund der detaillierten Darstellung des täglichen Lebens der unteren sozialen Schichten dazu, dass die Literaturkritik in Bunyan einen der Vorläufer des bürgerlichen Romans erblickte. Die Parallelen zwischen *The Pilgrim's Progress* und Daniel Defoes *Robinson Crusoe* lassen diese Annahme gerechtfertigt erscheinen, wenngleich Bunyan auf die Überwindung jener weltlichen Erfahrung abzielt, die der Roman des 18. Jahrhunderts als Erlebnisraum situiert.

Bunyans Spätwerk, *The Life and Death of Mr. Badman* (1680) und *The Holy War* (1682), bleibt hinter *Grace Abounding* und *The Pilgrim's Progress* zurück. Als klassisches Werk von weltliterarischer Bedeutung sucht *The Pilgrim's Progress* seinesgleichen.

Die Prosasatire

Die Blütezeit der englischen Satire setzt mit der Reformation ein und erstreckt sich bis weit in das 18. Jahrhundert. Auch als poetische Gattung bleibt die Satire voller Vitalität. Sie wird, um die Jahrhundertwende, durch die diversen Formen der Prosasatire ergänzt und durch eine breiter gewordene literarische Öffentlichkeit rezipiert. Ihre Stoßrichtung, zumeist durch eine satirisch konzipierte *persona* figuralisiert, ist didaktisch-reformatorischer Natur. Daniel Defoes Diktum »The End of Satire is Reformation« beschreibt den Zeitgeist, dem nicht nur die Prosasatire verpflichtet ist. Es gilt, Fehlverhalten, Torheiten und Bigotterien attackierend bloßzustellen und, zumeist implizit, Wege für den individuellen und gesellschaftlichen Wandel aufzuzeigen. Hinzu kommt ein deutlich erweitertes Autorenspektrum. Neben den etablierten Dichter tritt der politische Journalist, der nunmehr ein populäres Publikationsforum, die erfolgreiche Tages- oder Wochenzeitung, für seine häufig als Pamphlet konzipierten oder in expositorische Prosa gekleideten Texte nutzen konnte. Magazine und Periodika unterschiedlicher Provenienz standen zur Verfügung: *The Post-boy* (1695–1735), *The Flying-post* (1702–35) oder das *Gentleman's Magazine, or monthly intelligencer* (1731–1914), Letzteres ein Amalgam aus literarischem Feuilleton und tagespolitischer Plattform. Zu Defoes *The Review of the Affairs of France* (1704–11) kamen die *Moral Weeklies*, Richard Steeles *The Tatler* (1709–11) und *The Spectator* (1711–12), von Steele und Joseph Addison gemeinsam in hoher Auflage publiziert. Zu den einflussreichsten und brillantesten Verfassern von Prosasatiren dieser Zeit gehören Daniel Defoe, Bernard Mandeville und Jonathan Swift.

Daniel Defoe (1660–1731), dessen überragende literarische Bedeutung auf sein Romanwerk gründet, der aber auch als *pamphleteer* eine beträchtliche Reputation genoss und im tagespolitischen Journalismus kräftig mitmischte, war der Sohn eines Londoner Kerzenmachers. Puritanismus und Konformismus bezeichnen seinen geistig-religiösen Horizont. Eine ausgeprägte Neigung zu teilweise riskanten Spekulationen belegt sein nachhaltiges Interesse an der Verbesserung seiner wirtschaftlichen Lebensumstände. Von den drei frühen Prosasatiren *An Essay upon Projects* (1697), *The True-born Englishman. A Satyr* (1700) und *The Shortest-Way with the Dissenters: or Proposals for the Establishment of the Church* (1702) ist *The Shortest-Way* der Text, der sowohl als Satire wie als kultur- und religionspolitisches Dokument die größte Wirkung zeitigte. Die kirchenpolitische Sprengkraft dieser Prosasatire brachte Defoe an den Pranger und ins Gefängnis.

The Shortest-Way ist Defoes satirische Antwort auf einen Gesetzesentwurf der Tories zur Verhinderung von »Occasional Conformity«. Ihm ging eine aggressive Predigt von Dr. Henry Sacheverell voraus, der, kaum verhüllt, zur Attacke gegen den steigenden Einfluss der Dissenters – einer religiösen Minderheit, die von der Church of England wegen vermeintlich aufrührerischer Gedanken marginalisiert wurde – geblasen hatte (»to hang out the bloody flag of defiance against the Dissenters«). Hier setzt Defoes Satire an. Er schlüpft in die Rolle des radikalen Torys, des Eiferers für die Ziele der High Church, und postuliert, ins Extreme gesteigert, die physische Vernichtung der Dissenters. Seine satirische Tirade gipfelt in der dogmatischen Feststellung: »How many Millions of Future Souls we save from infection and delusion, if the present Race of poisoned spirits were purg'd from the Face of the Land«. Defoes brillante Satire hatte ungeahnten Erfolg, weil sie von den Repräsentanten der High Church zunächst für bare Münze genommen wurde. Man hatte den satirischen Code nicht entschlüsselt und applaudierte dem Autor, bevor man ihn schließlich zur Rechenschaft zog und aburteilte. Defoes Kalkül (»if any man take the pains to seriously reflect the Contents, the Nature of the Thing and the Manner of the Stile, it seems Impossible to imagine it should pass for any thing but an Irony«) war fehlgeschlagen. Als glänzende Prosasatire ist *The Shortest-Way* in die Literaturgeschichte eingegangen.

Der Ruhm des holländischen Arztes Bernard Mandeville (1670–1733) ist nicht seinen psychologisch-medizinischen Publikationen (z. B. *Treatise of the Hypochondriack and Hysterick Passions*, 1711/30) zu verdanken, sondern seinem satirischen Werk *The Fable of the Bees, or Private Vices, Publick Benefits* (1714/23), das auf sein Gedicht *The Grumbling Hive, or Knaves Turned Honest* (1705) zurückgeht und als Prosasatire den Zusammenbruch des im Wohlstand lebenden Bienenstaates schildert, nachdem dieser an die Stelle des Eigennutzes altruistische Gedanken setzt. Seiner lakonischen »remark on luxury« liegt das Paradoxon zugrunde, wonach Tugend und Wohlstand einander ausschließen: »Thus every Part was full of Vice, / Yet the whole Man a Paradise«. Die utilitaristische Erkenntnis, dass sich der paradiesische Zustand des Menschenstaates nur erreichen lässt, wenn wirtschaftliche Interessen sich am Eigennutz, an »Vice«, orientieren, sollte nicht unbeträchtlichen Einfluss auf Adam Smiths nationalökonomisches Hauptwerk *An Enquiry into the Nature and Causes of the Wealth of the Nations* (1776) ausüben. Vor allem aber ist Mandevilles *Fable of the Bees* die satirisch eingekleidete Kritik an einem Menschenbild, wie es Anthony Ashley Cooper, der 3. Earl of Shaftesbury (1671–1713), in seiner Essaysammlung *Characteristics of*

Men, Manners, Opinions, Times (1711) vertreten hatte. Shaftesburys idealisierter Lobpreisung von *moral sense* und *benevolence* stellt Mandeville ein realistisches Gesellschaftsporträt gegenüber, das vor allem die ökonomischen Vorzüge des egoistischen Interesses auslotet. Mandevilles Urteil über Shaftesburys Enthusiasmus – »a high compliment to human-kind ... What a pity it is they are not true!« – fixiert die Schnittstelle zwischen unrealistischem Optimismus und empirischer Diagnostik. Das illusionslose Menschenbild Mandevilles, das in der Tradition von Hobbes' *selfish system school* steht, rückt ihn in die Nähe des größten Prosasatirikers des frühen 18. Jahrhunderts, Jonathan Swift.

JONATHAN SWIFT (1667–1745) entstammte einer englischen Familie, die um die Mitte des 17. Jahrhunderts nach Irland übersiedelte. In Dublin geboren, studierte er nach der Schulzeit, die ihn mit den Dramatikern George Farquhar und William Congreve zusammenführte, am angesehenen Trinity College Theologie, erwarb den Magistergrad in Oxford und promovierte schließlich, wiederum in Dublin, zum Doktor der Theologie. Anfangs in Diensten des renommierten englischen Diplomaten und Essayisten Sir William Temple, nahm Swift verschiedene Ämter in der anglikanischen Kirche wahr, bevor er 1696 zu Temple nach Moor Park zurückkehrte, um sich als Sekretär um die Korrespondenz und die Bibliothek des hochgebildeten Landsmanns zu kümmern. In dieser Zeit entstanden Swifts erste Satiren, *A Tale of a Tub* und *The Battle of the Books*, die 1704 publiziert wurden und Swifts literarischen Durchbruch markierten. Swift hegte lange Hoffnungen auf eine kirchliche Karriere in England, wechselte 1710 von den Whigs zu den Tories über, wurde Mitglied des berühmten Scriblerus Club, kehrte indes 1714, als seine kirchlichen Ambitionen durch den Tod Queen Annes (1713) bitter enttäuscht wurden, nach Irland zurück und wurde Dean of St. Patrick's in Dublin. Fortan engagierte er sich für die Sache der Iren, wurde zum feurigen Patrioten und unternahm 1726 eine Reise nach England, um mit dem Premierminister Robert Walpole über die Verbesserung des anglo-irischen Verhältnisses zu beraten. Während diese Mission scheiterte, erschien anonym sein wichtigstes Werk, *Gulliver's Travels* (1726). Es schlug wie eine Bombe ein. Bevor Swifts Gesundheitszustand – er litt, wie man heute weiß, an der Menièreschen Krankheit – sich dramatisch verschlechterte, veröffentlichte er *A Modest Proposal* (1729), eine Prosasatire von außergewöhnlicher Brisanz. Ab 1736 galt Swift als geistig umnachtet, 1742 erhielt er einen Vormund, 1745 starb er. Die Beisetzung erfolgte in der St. Patrick's Cathedral in Dublin an der Seite von Esther Johnson, die er als »Stella« zeitlebens verehrt und geliebt hatte.

Die Prosasatire *A Tale of a Tub* ist ein satirisch-allegorisches Plädoyer für religiöse Toleranz. Die Repräsentanten von Katholizismus, Puritanismus und Anglikanismus, die Brüder Peter, Jack und Martin, unternehmen den absonderliche Blüten treibenden Versuch, den vom Vater geerbten Mantel, »die Religion«, nach ihren eigenen Maßen zurechtzuschneiden. Swift satirisiert die religiöse Eiferei, die dem Ansinnen der Söhne zugrunde liegt, vor allem durch eine Fülle von Digressionen, die das umständliche, in immer neue Verästelungen ausweichende theologische Disputieren ad absurdum führen und als sophistisches Räsonieren entlarven. Über den Gebrauch von Digressionen teilt die *persona* mit: »I have chosen for it as proper a place as I could readily find. If the judicious reader can assign a fitter, I do here impower him to remove it into any other corner he pleases.« In solchen Leseranreden, die auf Laurence Sternes *Tristram Shandy* vorausweisen, stellt Swift religiöse Indoktrination bloß, und die vermeintliche Ingeniosität theologischer Exegeten geißelt er als »scholastic midwifery«. Einzig Martin, wie Swift Anglikaner, wird von satirischer Kritik weitgehend verschont. Zielscheibe der Satire bleibt freilich religiöses Zelotentum jedweder Art.

Swifts Literatursatire *The Battle of the Books* geht zurück auf eine vielstimmige Kontroverse, die mit Sir William Temples Essay *Of Ancient and Modern Learning* (1692) ihren Anfang nahm und William Wotton, Dr. Richard Bentley und Charles Boyle mit wilden Attacken auf den Plan rief. Swift griff indes nicht zur Feder, um sich auf die Seite der *moderns* oder die der *ancients* zu schlagen. Er satirisiert vielmehr den gesamten, von intellektueller Borniertheit genährten Disput, und er nutzt dabei die Parodie des Epos und das Stilmittel des *mock-heroic*, um literarische Rechthaberei generell zu desavouieren. Seine Prosasatire ist zugleich ein subtiler Diskurs über Probleme der literarischen Wertung und eine dezidierte Absage an literarische Gemeinplätze. Das salomonische Fazit von *The Battle of the Books* könnte lauten: »excellence knows no time«. Nicht die Zugehörigkeit zu einer Gruppe oder Epoche ist gültiges Urteilskriterium, sondern die Qualität des literarischen Einzelwerkes, stamme es von Pindar, einem der *ancients*, oder von Dryden, einem Vertreter der *moderns*. Dass die Satire mit den Worten »And now [...] (*Desunt caetera*) [...]« endet – also mit der lateinischen Formel für »der Rest fehlt« abbricht –, deutet darauf hin, dass Swift sich über einen Abschluss der Debatte keine Illusionen machte. Literarische Rechthaberei ist eine *never-ending story*, von universeller Provenienz und damit ein idealer Gegenstand für die Satire.

Travels into Several Remote Nations of the World. In Four Parts. By Lemuel Gulliver, First a Surgeon, and then a Captain of several Ships ist die bedeutendste englische Prosasatire. Swift nutzt die imaginäre Reise, in jenen Jahren durch William Dampiers *New Voyage Round the World* (1697) und *Voyage to New Holland* (1703) besonders populär, um Lemuel Gulliver, mehr *persona* denn Protagonist, nach Lilliput, Brobdingnag, auf die Insel Laputa und ins Land der Houyhnhnms zu führen und durch eine Mischung aus Phantastik und Realismus ein satirisches Menschenbild zu entwerfen, das dem gängigen Optimismus diametral entgegenstand. In einem Brief an Alexander Pope aus dem Jahre 1725 unterscheidet Swift zwischen *animal rationale* und *animal rationis capax*: der Mensch ist ein bestenfalls zur Vernunft fähiges, kein grundsätzlich vernünftiges Wesen. Gulliver, in seiner Durchschnittlichkeit ein personifizierter *everyman*, ist, das macht die Satire in immer neuen Facetten klar, der Prototyp des zur Vernunft Unfähigen, wie bereits sein Name (von *gullible* ›leichtgläubig, einfältig‹) insinuiert.

Das satirische Verfahren in *Gulliver's Travels* rekurriert wesentlich auf Oppositionen, die den dogmatischen Anspruch auf eine allein gültige Wahrheit relativieren. Gulliver sagt im zweiten Buch: »Undoubtedly, Philosophers are in the Right when they tell us, that nothing is great or little otherwise than by Comparison.« Diese Erkenntnis wird für Gulliver allerdings im späteren Verlauf seiner Erfahrungen nicht zur verbindlichen Maxime. Während die Reise nach Lilliput, mit deutlichen Zeitbezügen zu den politischen Intrigen am Hofe von George I., die moralische Verworfenheit des Menschen demonstriert, zeigt die Reise nach Brobdingnac ins Land der Riesen in der Gestalt des Philosophen-Königs, der die satirische Norm verkörpert, dass Gullivers naive Lobpreisung des zivilisierten England der Revision bedarf. Das vernichtende Fazit des Königs – »I cannot but conclude the bulk of your natives to be the most pernicious race of little odious vermin that Nature ever suffered to crawl upon the surface of the earth« (2,6) – belegt unmissverständlich, dass der Mensch als *animal rationale* kaum taugt.

Die Reise nach Laputa ist eine brillante Wissenschaftssatire, die ihre Stoßkraft nicht zuletzt der Tatsache verdankt, dass die meisten der bizarren Experimente, denen sich die Inselforscher mit leidenschaftlicher Hingabe widmen, in der 1660 gegründeten Royal Society tatsächlich auf der Tagesordnung standen. Die Reise zu den Houyhnhnms schließlich ist das grandiose Finale der Satire über menschliche Unzulänglichkeit. Die Aufspaltung der Gesellschaft in ekelerregende, degenerierte Yahoos und weise, vernunftbegabte Pferde, in jüngster Zeit mit Freuds analytischem Instrumentarium interpretiert (Yahoos = Es; Houyhnhnms = Über-Ich; Gulliver = Ich), macht in erschreckender Weise deutlich, dass die totale Polarisierung der Gesellschaft in die Irre führt. Insbesondere die Rezeption des vierten Buches hat bis ins 20. Jahrhundert den Vorwurf genährt, Swift sei ein Misanthrop. Dabei wurde übersehen, dass der Satiriker zwischen die Extreme (Yahoos – Houyhnhnms) mit dem portugiesischen Kapitän Pedro de Mendez eine moralische Normfigur platziert hat. Mendez verkörpert jene Tugenden, die Gulliver in seiner geistig-moralischen Verblendung verkennt und die die vermeintliche Misanthropie Swifts nachdrücklich widerlegen (»very courteous and generous«; »the captain was a wise man«; »his whole department was [...] obliging [and] added to very good *human* understanding«; 4,11). Die Yahoos sind Opfer ihrer Triebhaftigkeit, die Pferde sind Opfer ihrer kaltherzigen Vernunft, Gulliver ist der *satiric butt*, und Pedro de Mendez ist der Repräsentant einer Humanität, die die Voraussetzung dafür bildet, dass der Mensch wenigstens seinen Anspruch als *animal rationis capax* aufrechterhalten kann.

Swifts *A Modest Proposal for Preventing the Children of Poor People from Being a Burthen to their Parents or Country, and for Making them Beneficial to the Publick* ist die bitterste Satire aus der Feder des Iren. Seine *persona*, ein namenloser *projector*, unterbreitet emotionslos und mit ökonomischer Akribie einen Vorschlag, wie »the present deplorable state of the Kingdom« beizukommen sei: durch Kannibalismus. Das Abschlachten von Säuglingen und deren Zubereitung für den Verzehr sowie die Weiterverwendung ihrer Haut für Accessoires wird als der einzige Ausweg aus einer Situation präsentiert, die das von

England ausgebeutete Irland an den Rand des Ruins gebracht hatte. Doch auch diese Satire ist bei all ihrer Galligkeit mehr als die ironische Exemplifikation des sinistren Diktums, »The English are Devouring the Irish«. Swift attackiert, als der *projector* mögliche Einwände gegen seinen Vorschlag zurückweist, massiv die Opferrolle, die Irlands Abwehrkräfte lähmt. Die explizit genannten, scheinbar zurückgewiesenen *expedients* (»taxing absentees«; »using [...] our own growth and manufacture«; »introducing a vein of parcimony, prudence and temperance«; »quitting Animosities and factions«), richten sich allesamt als Vorwurf an die Adresse der Iren. Damit zeigt sich erneut, dass sich Swifts Prosasatiren binären Simplifizierungen verweigern. Solange, wie es in *A Modest Proposal* heißt, »a glimpse of hope« existiert, muss das reformatorische Ziel der Satire nicht preisgegeben werden.

Philosophisch-wissenschaftliche Traktate

Die rigorose Trennung von Naturwissenschaften, Literatur und Philosophie, die sich im 19. Jahrhundert vollzog, war im 18. Jahrhundert undenkbar. Den bedeutenden Verfassern philosophisch-wissenschaftlicher Traktate wie Sir Isaac Newton, John Locke, George Berkeley, dem 3. Earl of Shaftesbury und David Hume war die klassifikatorische Zergliederung ihrer Schriften fremd. Die Übergänge von Physik, Mathematik, Philosophie und Psychologie waren fließend, und die in diesen Disziplinen entworfenen Theorien hatten nicht selten beträchtlichen Einfluss auf die Literatur im engeren Sinne, wie das Beispiel von Lockes Assoziationspsychologie in seiner Bedeutung für Sternes *Tristram Shandy* belegt. Der herrschende Wissenschaftsdiskurs war bei aller Spezialisierung ein über Einzeldisziplinen hinausgehender.

Sir Isaac Newton (1642–1727), dessen bahnbrechende

Studien auf dem Feld der Mechanik und der Physik bekanntlich in der Entdeckung des Gravitationsgesetzes gipfelten, machte in besonderer Weise die Verschmelzung von empirischer Beobachtung, mathematischer Akribie und philosophischer Reflexion deutlich. Bereits seiner »New Theory of Light and Colours« (1672) lag eine experimentell-deduktive Methodik, ein *experimentum crucis*, zugrunde, und in seinen beiden Hauptschriften, *Mathematical Principles of Natural Philosophy* (1687) und *Opticks* (1704), demonstrierte er, dass das Experiment und die präzise Beobachtung die unverzichtbaren Voraussetzungen jeder validen Theorie sind. Ein solchermaßen experimentell-deduktives Erkenntnisverfahren bildet auch die Basis von John Lockes empirischer Philosophie.

JOHN LOCKE (1632–1704) ist der bedeutendste Philosoph der englischen Aufklärung. Sein Ziel war es, jenseits der scholastischen Philosophie und des cartesianischen Rationalismus eine allein auf die exakte Beobachtung der Wirklichkeit gründende, absolut voraussetzungslose Erkenntnistheorie zu entwickeln. Das gelang ihm in seinem epochalen *Essay Concerning Human Understanding* (1690). Prämisse seiner empirischen Lehre sind die im zweiten Kapitel des Werks als pure Hypothese widerlegten »Innate Principles of the Mind«. An die Stelle dieser »innate Principles« treten für den Philosophen empirisch-deduktiv gewonnene Daten. Allein *experience* und *observation* führen zu *knowledge* und *understanding*. Die aus diesem Verfahren komprimierte Erkenntnistheorie macht Locke zum Begründer des Empirismus.

Der Ire GEORGE BERKELEY (1685–1753) nimmt mit seiner Theorie des Immaterialismus, die er in *A New Theory of Vision* (1709) und *The Principles of Human Knowledge* (1710) aufstellt, die Gegenposition zu Locke ein. Anders als der Empiriker vertritt Berkeley die These, dass der Mensch die Wirklichkeit nicht voraussetzungslos, sondern durch ein Bewusstsein wahrnimmt, das von der Existenz eines »Universal Mind«, von Gott, bestimmt ist. Diese Überzeugung speist sich aus einem Amalgam aus Vernunft und Glauben. Einen Widerspruch zwischen Rationalität und Religiosität lässt Berkeley nicht gelten.

Anthony Ashley Cooper, der 3. Earl of Shaftesbury (1671–1713), war einer der einflussreichsten Moralphilosophen des frühen 18. Jahrhunderts. Seine immense Bildung, seine profunde Kenntnis des politischen Lebens und seine auf der obligaten *Grand Tour* durch Europa gewonnenen Einsichten in das Wesen des Menschen ließen ihn unerschütterlich an Wirkkräfte eines *moral sense* glauben. Er entwickelt ein optimistisches, auf Toleranz, Tugend und Geschmack basierendes Menschenbild in *Characteristics of Men, Manners, Opinions, Times* (1711). Seine idealistische Überzeugung, wonach das Philosophieren geschmacksbildend sei (»to philosophize is but to carry good breeding a step further«), und seine Zuversicht, dem Menschen sei Tugend prinzipiell inhärent, verdichten sich als Gegenentwurf zu Hobbes' pessimistischem materialistischen Menschenbild und distanzieren ihn zugleich vom Empirismus Lockes, seinem früheren Lehrer. Zugleich weist Shaftesburys Philosophie den Weg zur sentimentalen Komödie, die am Beginn des 18. Jahrhunderts zur vermeintlichen Verworfenheit der Restaurationskomödie ein sittlich-moralisches Gegengewicht schuf.

Der schottische Philosoph David Hume (1711–1776) hat ein ebenso umfangreiches wie vielseitiges Werk hinterlassen. Neben Problemen der philosophischen Anthropologie beschäftigten ihn ethische, ökonomische, theologische und ästhetische Fragen. Gegen Ende seiner Karriere publizierte er die zweibändige *History of Great Britain* (1754–57), deren Bedeutung über Tobias Smolletts vierbändige *Complete History of England* (1757–58), die ausdrücklich als »a continuation of Mr. Hume's History« verfasst wurde, weit hinausragt und nur in Edward Gibbons monumentaler *History of the Decline and Fall of the*

Roman Empire (1776–88) ihresgleichen findet. Humes Hauptwerk freilich ist die revidierte und erweiterte Fassung von *Treatise of Human Nature* (1739–40), *An Enquiry Concerning Human Understanding* (1748). Dort entfaltet er ein philosophisches System, das den Grenzbezirk zwischen Empirismus und Subjektivismus erhellt, Lockes Assoziationspsychologie weiterentwickelt und den psychischen Anteil an ethischen und ästhetischen Urteilen bestimmt.

Die philosophisch-wissenschaftlichen Traktate bis zur Mitte des 18. Jahrhunderts erreichten trotz ihrer zumeist literarischen Präsentation und ihres nachhaltigen Aufklärungsbedürfnisses kaum mehr als eine dünne intellektuelle Oberschicht. Es blieb dem Essay vorbehalten, die literarische Rezeption über Fragen von »manners, morals, literature and philosophy« zu popularisieren. Das erheblich breitere Spektrum literarischer Öffentlichkeit, das dem bürgerlichen Roman ans Licht verhelfen sollte, fand im Essay, der nachgerade zu einer Hauptgattung des 18. Jahrhunderts wurde, ein ideales Medium.

Der Essay

Für die Entstehung des Essays, insbesondere des *periodical essay*, im frühen 18. Jahrhundert ist hinsichtlich des literatur- und kulturhistorischen Kontextes neben dem generell zunehmenden Interesse der Öffentlichkeit an literarischer Produktion maßgeblich, dass nach den puritanischen Exzessen und den Indoktrinationen durch die Cavaliers um die Mitte des 17. Jahrhunderts sowie nach der moralischen Anstößigkeit der Restaurationskomödie ein Klima entstanden war, das die Versöhnung extremer politischer und gesellschaftlicher Konflikte begünstigte. Hinzu kam der Wegfall der Zensur, nachdem der *Licensing Act* 1695 nicht erneuert wurde. Da zudem die drängenden politischen Fragen nach der *Glorious Revolution* fürs Erste geklärt waren, entstand eine Atmosphäre, die für den Essay den idealen Nährboden bereitete. Die publizistischen Organe, die ihn den Lesern näherbrachten, waren, unmittelbar nach der Jahrhundertwende, Daniel Defoes *The Review* (1704–13), der von Richard Steele gegründete *Tatler* (1709–11) und der *Spectator*, von Steele und Joseph Addison gemeinsam herausgegeben. Später im 18. Jahrhundert kamen Samuel Johnsons *The Rambler* (1750–52), *The Adventurer* (1753–54) und *The Idler* (1758–60) sowie Oliver Goldsmiths *The Bee* (1759) und *The Citizen of the World* (1762) hinzu. Ziel vor allem des *periodical essay* war die Herstellung eines Amalgams aus Literatur, höherem Journalismus, Moralität und Propaganda. Die ebenfalls übliche Bezeichnung *moral essay* nennt die Stoßrichtung, prägnant zusammengefasst in Steeles Diktum: »To enliven Morality with Wit, and to temper Wit with Morality«. Hier klingt von ferne das Horazische *aut prodesse aut delectare* an.

Während sich Defoes *Review* in wöchentlicher Abfolge einer geschickten Mischung aus religiösen und wirtschaftlichen Themen verschrieb, waren der *Tatler* und der *Spectator* in einem breiten kultur- und gesellschaftspolitischen Raum angesiedelt. Sie wandten sich an den *general reader*, der im Literaturbetrieb der Zeit zu einer festen Größe geworden war. Joseph Addison (1672–1719) und Richard Steele (1672–1729) fanden, nachdem ihre wirtschaftlichen bzw. politischen Ambitionen fehlgeschlagen waren, um 1710 zusammen. Steeles *Tatler*-Essays, in denen er als Isaac Bickerstaff figurierte, erschienen dreimal wöchentlich und argumentierten prononciert gegen »Rakes and Debauchees [...] Thoughtless Atheists and Illiterate Drunkards [...] Banterers, Biters, Swearers, and [...] the Men of Modern Wit«. Adressat des whiggistischen Autors war zuvörderst das Publikum, das sich in den *coffee houses* versammelte und zumeist der bildungsoffenen *middle class* entstammte. Stilprägend war eine Art von anspruchsvoller, gleichwohl kolloquialer Diktion, die zur Debatte einlud und auch die weibliche Leserschaft ansprach.

Noch wirkungsvoller als die *Tatler*-Essays waren die im *Spectator* publizierten. Sie erschienen täglich und erreichten 60 000 Leser, eine für heutige Vorstellungen unglaubliche Größenordnung. Die mit »Mr. Spectator« gezeichneten Essays stammen fast alle von Addison und Steele, die ihre Weltläufigkeit in immer neuen Beiträgen souverän unter Beweis stellten. Sie schufen ein Figurentableau, das Repräsentanten diverser gesellschaftlicher Gruppen vereinte, vor allen den schrulligen *Tory Country Squire* Sir Roger de Coverley, den vermögenden Londoner Kaufmann Sir Andrew Freeport, den Armeeoffizier Captain Sentry sowie Will Honeycomb, einen umtriebigen Großstädter indifferenter sozialer Herkunft. Die publizistische Intention, neben einer Mischung aus »Instruction« und »Diversion«, ist im 10. Essay von Addison vom 12. März 1711 niedergelegt, der sich wie das journalistische Manifest des *Spectator* liest: »I shall be ambitious to have it said of me, that I have brought Philosophy out of the Closets and Libraries, Schools and Colleges, to dwell in Clubs and Assemblies, at Tea-Tables and in Coffee-Houses.« Es ging mithin um praktische Aufklärung, um demokratische Öffnung, um »improvement of the mind«, letztlich um einen Beitrag zur harmonischen Lösung gesellschaftlicher Kontroversen. Kritiker sprechen von der »Sozialisation der neuen, vornehmlich oberen Mittelschicht«. Obschon parteipolitisch neutral, lässt sich eine Präferenz für die Ziele der Whigs kaum leugnen. In stilistischer Hinsicht ist die Diagnose, die Samuel Johnson in seinem »Life of Addison« in *The Lives of the English Poets* (1779–81) formulierte, zuzustimmen: »His prose is the model of the middle style; on grave subjects not formal, on light occasions not grovelling; pure without scrupulosity, and exact without apparent elaboration; always equable, and always easy, without glowing words or pointed sentences.«

Samuel Johnson (1709–1784) war die dominante literarische Persönlichkeit des 18. Jahrhunderts, einer Epoche, die von Literaturhistorikern häufig als »The Age of Johnson« apostrophiert wird. Als unumstrittener Repräsentant des Klassizismus übte er einen nachhaltigen Einfluss auf die literarische Bildung seiner Landsleute aus. Er begann seine Karriere als Lyriker mit *London: A Poem* (1738) und *The Vanity of Human Wishes* (1749), schrieb mit *The History of Rasselas, Prince of Abyssinia* (1759) eine *philosophical tale*, in der eine Reihe interessanter Korrespondenzen mit Voltaires *Candide* sichtbar werden, profilierte sich mit dem *Dictionary of the English Language* (1755) als bedeutender Lexikograph, gab 1765 *The Plays of William Shakespeare* heraus, eine Ausgabe, deren Kommentare, Annotationen und Emendationen selbst für die gegenwärtige Shakespeare-Forschung relevant sind, und verfasste neben den *Lives of the English Poets* die mit philosophischen Reflexionen angereicherte Reisebeschreibung *A Journey to the Western Islands of Scotland* (1775). Johnsons wechselvolles Leben ist von seinem Chronisten James Boswell mit Akribie und Wohlwollen in *The Life of Samuel Johnson* (1791) dokumentiert worden. Dort rühmt er u. a. Johnsons *periodical essays*, insbesondere die annähernd 200, die im *Rambler* publiziert wurden: »[...] in no writings whatever can be found more bark and steel [i. e. quinine and iron] for the mind.«

Mag *The Vanity of Human Wishes* zu den besten Gedichten des 18. Jahrhunderts zählen – die größte Wirkkraft Johnsons ging von seinem essayistischen Werk aus, das in der Tradition der *moral weeklies* von Addison und Steele steht und von Johnson in seiner typischen Neigung zur Generalisierung ins universell Gültige geführt wird. Seine mit scharfsinniger Analytik verfolgten Themen sind literarischer, biographischer, religiöser, philosophischer und ethischer Natur, zumeist selbsterforschend (die Person des Sober ist ein stilisiertes Selbstporträt), häufig satirisch. Der 60. *Idler*-Essay vom 9. Juni 1759 etwa überschüttet den selbsternannten Literaturkritiker mit beißendem Spott: »[...] he whom nature has made weak, and idleness keeps ignorant, may yet support his vanity by the name of a critick«. Minim, der in zahlreichen Johnson-Essays zum *satiric butt* avanciert, wird zum Prototypen des »great investigator of hidden beauties«, zum Kaffeehaus-Kritiker, der sein Handwerk nicht versteht und bestenfalls Plattitüden über große Schriftsteller absondert: »In Swift he discovered an inimitable vein of irony.«

Ein repräsentativer Essay im *Rambler* (Nr. 134, 29. Juni 1759) behandelt ein Thema, das William Hogarth (1697–1764) in seiner erzählerisch-didaktischen Kupferstichserie »Industry and Idleness« (1747) auf sozialkritische Weise dargestellt hatte. Johnson führt mit stringenten Argumenten den Nachweis, dass der Mensch mit aufwendigem Räsonnement seine Kräfte verschwende, um unabweisbaren Pflichten auszuweichen: »The folly of allowing ourselves to delay what cannot be finally escaped, is one of the general weaknesses.« Dieser Essay, wie viele im *Rambler*, endet mit einem moralischen Appell, geradezu einer Handlungsaufforderung: »The certainty that life cannot be long [...] ought to awaken every man to the active prosecution of whatever he is desirous to perform.« Johnsons elaborierte Satzfügungen, zumeist über mehrere Zeilen, gelegentlich längere Abschnitte umfassend, und seine mit Vokabeln lateinischer Herkunft gespickte Diktion sind hier und dort als »Johnsonese« bespöttelt worden. An der Durchschlagskraft dieses eloquenten und feinsinnigen Essayisten ändern solche Einlassungen freilich nichts.

Über den irischstämmigen *homme de lettres* Oliver Goldsmith (um 1728–1774) sagte der mit ihm eng befreundete Johnson: »Is there a man [...] *now* who can pen an essay with such ease and eloquence as Goldsmith?«

Goldsmith ist mit seinen Gedichten *The Traveller, or the Prospect of Society* (1764) und *The Deserted Village* (1770), seinem auch in Deutschland populären Roman *The Vicar of Wakefield* (1766) sowie mit seinen Komödien *The Good-natur'd Man* (1767) und *She Stoops to Conquer* (1776) in die Literaturgeschichte eingegangen. Am Beginn seiner wechselvollen, stets von finanziellen Sorgen begleiteten Karriere standen jedoch Essays. *An Inquiry into the Present State of Polite Learning in Europe* (1759) ist ein essayistischer Beitrag über den Stand der Literatur, ihres Verfalls und ihrer Chancen für ein neues Aufblühen. Ihm folgten die »Chinese Letters«, die er für John Newberys *The Public Letters* (1760–61) schrieb und die 1762 unter dem Titel *The Citizen of the World* veröffentlicht wurden.

In dieser Sammlung von 119 in Briefform verfassten Essays, deren Vorbild Montesquieus *Les Lettres Persanes* (1721) waren, entwirft Goldsmith in der *persona* des »Chinese Philosopher, Residing in London« ein satirisches Englandporträt, das sich aus dem kulturellen Kontrast zwischen dem fernöstlichen Land und der europäischen Metropole speist. Erst die in den Essays ausgeprägte satirische Ader Goldsmiths rundet das Bild des ansonsten eher einer idyllisierenden Harmonie verpflichteten Autors ab. Allerdings präsentieren die in der Wochenschrift *The Bee, being Essays in the Most Interesting Subjects* publizierten Essays ein eher wohlwollendes Panorama der englischen Gesellschaft. In der Einleitung vom 6. Oktober 1759 erläutert Goldsmith sein essayistisches Konzept: »Like the Bee [...] I would rove from flower to flower, with seeming inattention, but concealed choice, explicate over all the beauties of the season, and make my industry my amusement.« Mit *amusement* und *entertainment* wendet sich Goldsmith gegen *terror* und *despair*. So kündigt sich in den *Bee*-Essays jene Benevolenz an, die in *The Vicar of Wakefield* nach überstandenen Schicksalsschlägen schließlich obsiegt.

Bei aller Bedeutung des Essays im 18. Jahrhundert ist die fraglos wichtigste Prosagattung der Roman. Er beginnt einen wahren Triumphzug und dominiert die Prosaliteratur bis in die Gegenwart: in England, in Europa, in Amerika und schließlich in der postkolonialen Welt.

Der Roman

Es ist kaum möglich, die Entstehung des Romans im frühen 18. Jahrhundert zu verstehen, ohne den komplexen literarischen, kulturellen, sozialen und ökonomischen Wandel zu durchleuchten, der sich seit der Mitte des 17. Jahrhunderts abzeichnete und zur Herausbildung eines Genres führte, das in einem »three-hundred-year sweep« (John Richetti) der Prosaliteratur ein neues Gesicht geben sollte. Aus literaturhistorischer und gattungspoetologischer Sicht vollzog sich zunächst die schrittweise Ablösung von der Romanze und dem Epos. Der eine Strang dieses Weges verläuft über Sir Thomas Malorys *Morte Darthur* (1469/70), Philip Sidneys *Arcadia* (1590), Robert Greenes *Pandosto* (1588) und über die umfangreiche französische Romanzenliteratur mit ihren ritterlich-tugendhaften Helden, die, im höfischen Kontext angesiedelt und in artifizieller Diktion dargeboten, in einem festgefügten Normensystem vorbildhaft agieren und ein wirklichkeitsfernes Weltbild zur Grundlage haben. Ein zweiter Strang ist in den frühen ›realistischen‹ Prosatexten etwa von Thomas Deloney und Thomas Nashe zu erblicken. Obschon die üppig wuchernde Prosa der *University Wits* ein beträchtliches Maß an Welthaltigkeit inkorporierte, kann sie als Vorläufer des Romans nur begrenzt in Betracht kommen. Ihr mangelt es an Figuren, die auf plausible Weise soziale und persönliche Konflikte bewältigen müssen. Die vorwiegend religiöse Prosa des 17. Jahrhunderts schließlich, vor allem John Bunyans *Grace Abounding* (1666) und *The Pilgrim's Progress* (1678–84), markiert insofern einen Wandel, als ihre autobiographische Introspektion erste Konturen jener Subjektivität und personalen Identität aufweist, die im Roman zur vollen Blüte gelangen sollte. So sind z. B. Verbindungslinien von der *spiritual autobiography* des 17. Jahrhunderts zu Daniel Defoes *Robinson Crusoe* evident.

Dem literarischen Wandel läuft eine neue Definition des Menschenbildes parallel: der stark typisierte Held als Agent rigider ethischer und sozialer Prinzipien wird individualisiert, wird zum Subjekt, das die Entstehung des bürgerlichen Individualismus erst möglich macht und mit der Darstellung der Innenwelt des Individuums in einer konkreten Gesellschaft eine neue fiktionale Perspektivik schafft. Das starre, normative Gattungssystem wird durch diese Entwicklung aus den Angeln gehoben. An die Stelle des idealtypischen, letztlich in einer Kunstwelt angesiedelten Helden tritt ein widersprüchlich konzipiertes Individuum, das seine Position im sozialen Raum erobern muss. Dieser Eroberungsprozess, in dem Gesellschaft und Psyche konkurrieren, um schließlich zu verschmelzen, bildet die Basis für den bürgerlichen Roman. Als kulturelles Medium reagiert er mit literarischen Mitteln auf soziale, ethische und ökonomische Veränderungen.

Der sozial-ökonomische Kontext, der für den Aufstieg des Individuums in Gesellschaft und Literatur den Rahmen abgibt, ist durch einen gravierenden gesellschaftlichen Wandel definiert. Die aufkommenden städtischen Mittelschichten, die selbstbewusster wurden und nach und nach eine vergleichsweise anspruchsvolle literarische Öffentlichkeit bildeten, die sich nicht mehr mit Ritterromanzen und Erbauungsliteratur zufrieden gab, verlangte nach einer Prosa, die das Realistische dem Phantastischen vorzog. Es entstanden *circulating libraries*; *conduct books* gewannen an Popularität. Das Lesepublikum wollte sich im Dargestellten wiedererkennen, forderte Authentizität und Plausibilität. Diesen Bedürfnissen entsprach der Roman, indem er die dramatisch aufgeladene Schnittstelle von hierarchischer Lebensform und individueller Selbstbehauptung fiktionalisierte, etwa Tyrannei und Mord domestizierte, die Institution der Ehe aus einer höfischen in eine bürgerliche Welt überführte und den Tod als ein Ereignis beschrieb, das sich statt auf dem Schlachtfeld im Sterbezimmer der Mittelschichten vollzog. Der Prozess hin zum Roman verlief freilich nicht geradlinig, lässt sich aber an einem Vergleich zwischen Bunyans *Pilgrim's Progress* und Defoes *Robinson Crusoe* verfolgen: Während die Identität von Bunyans allegorisiertem Christian bei aller Subjektivität in das religiöse System des Puritanismus eingeschlossen bleibt, transzendiert der individualisierte Robinson bei aller Verwandtschaft zur *spiritual autobiography* den festgefügten religiösen und hierarchischen Rahmen und entwickelt sich zum Individuum. So beschreibt und dramatisiert der Roman des 18. Jahrhunderts das Entstehen einer erkennbar ›modernen‹ Form von Subjektivität am Beispiel von Protagonisten, die ihre Identität, sei sie sozialer, ethischer oder ökonomischer Natur, im Konflikt mit der Gesellschaft gewinnen. Bürgerlichkeit, Individualität und die Hinwendung zum Demokratischen sind die Konstituenten des Romans.

Dass die Romanciers den erst später etablierten Gattungsbegriff *novel* für ihre Werke nicht verwendeten, überrascht kaum. Die meisten der heute der Gattung subsumierten Texte verstanden sich als *history*, *life* oder *journal* und demonstrierten auf diese Weise, dass der Roman zu Beginn des 18. Jahrhunderts kein monolithisch stabiles, bis in seine Verästelungen hinein präzise definiertes Genre war. Die in Titel oder Untertitel auftauchenden Verweise auf *life* oder *history*, die Authentizität suggerierten, belegen zusammen mit den ebenfalls üblichen Herausgeberfiktionen, dass die neue Gattung in ihrem Ringen um Welthaltigkeit und Wirklichkeit erst am Anfang stand.

Das demonstriert eindrucksvoll das zumeist als erster Roman der englischen Literatur bezeichnete Werk von Daniel Defoe, *The Life and Strange Surprising Adventures of Robinson Crusoe, of York, Mariner* (1719), von dem es am Ende des umfangreichen Titels heißt: »Written by Himself«.

In einer wechselvollen, insgesamt durchaus erfolgreichen journalistisch-feuilletonistischen Karriere, nach der Publizierung bedeutender Gedichte und Satiren, diverser Reisebeschreibungen und der monumentalen *History of the Union of Great Britain* (1709), veröffentlichte der bereits 59 Jahre alte Autor 1719 mit *Robinson Crusoe* einen Roman, der seinen grandiosen Erfolg einer geschickten Amalgamierung von Reisebericht, *spiritual autobiography* und Abenteuergeschichte verdankt. Bereits im »Preface« wird Robinsons Lebensweg als »the story of any Man's Adventures in the World« gekennzeichnet. Der Erzähler/Protagonist figuriert mithin als *everyman*; sein Schicksal ist exemplarisch, zugleich jedoch die höchst spezifische Geschichte eines unverwechselbaren Individuums, das sich mit der ihm vom Vater und der Gesellschaft vorgeschriebenen Stellung (»the middle State, or what might be called the upper Station of *Low Life*«) nicht zufrieden gibt, sondern seiner »wandering inclination« folgt. Sie führt ihn in eine Welt, die dem Leser vor allem durch William Dampiers mehrbändigen Reisebericht *A New Voyage Round the World* (1696–1709) sowie durch die Erbauungsliteratur des 17. Jahrhunderts vertraut war.

Defoe erzeugt ein Spannungsverhältnis zwischen dem unbeugsamen Arbeitsethos des *homo oeconomicus* Robinson, das nicht zuletzt als therapeutische Maßnahme gegen die unablässig aufkeimende Angst dient, und der göttlichen Vorsehung, die über alles Handeln des Weltreisenden ihre schützende Hand hält. So entsteht die für den Roman äußerst fruchtbare Konstellation von empirischer Wirklichkeit, die dem Werk Konturen eines ökonomischen

Traktats verleiht, und seelischer Heilsgewissheit, die die Konflikte des Protagonisten erst erträglich macht. Auch sie wird, mit Hinweisen zum Erzählverfahren, im »Preface« annonciert: »The Story is told with Modesty, with Seriousness, and with a religious Application of Events to the Uses to which wise Men always apply them (*viz.*) to the Instruction of others by this Example, and to justify and honour the Wisdom of Providence in all the Variety of our Circumstances, let them happen how they will.« Da empirisch gewonnene Erkenntnisse und unerschütterliche Heilsgewissheit Robinsons Lebensweg zu einer modellhaften *success story* machen, kann man von einer Figur sprechen, in der Defoe Züge des *capitalist entrepreneur* mit denen des Hiob verbindet.

In jüngster, postkolonialer Zeit ist *Robinson Crusoe* vermehrt im Kontext imperialistischer Diskurse interpretiert worden, etwa als die Darstellung eines Konfliktes zwischen eurozentrischem Imperialismus und indigener Autonomieansprüche. Tatsächlich herrscht Robinson zu guter Letzt wie ein absolutistischer Herrscher, als *Generalissimo* und *Governor*: »My island was now peopled, and I thought my self very rich in Subjects [...]. How like a King I look'd [...]. My People were perfectly subjected: I was absolute Lord and Lawgiver.« Gleichwohl greifen Deutungen, Robinson sei der personifizierte kapitalistische Ausbeuter mit einem Hang zur Megalomanie, die nicht selten auch Defoes Neigung zu dubiosen Wirtschaftsspekulationen zur Beweisführung heranziehen, zu kurz. Der imperialistische Diskurs, so berechtigt er ist, tritt in seiner Bedeutung hinter die meisterhafte Kontrastierung von Puritanismus und Pragmatismus, Theologie und Empirie sowie Allegorie und Ökonomie zurück. Als erster realistischer Roman der Weltliteratur ist *Robinson Crusoe* ein epochales Werk, das auch in seiner Wirkungsintention, die auf »Diversion and Instruction« abzielt, als Wegbereiter für Robinsonaden (Robert Ballantynes *The*

Coral Island, 1858) und Anti-Robinsonaden (William Goldings *Lord of the Flies*, 1954) gattungsprägend wirken sollte.

Während Defoes fiktive Reportage *A Journal of the Plague Year* (1722) eine überzeugende Rekonstruktion der großen Pest von London (1664/65) darstellt, bleiben seine in schneller Folge publizierten Romane *Captain Singleton* (1720), *Colonel Jack* (1722) und *Roxana* (1724) wie auch der Folgeband zu *Robinson Crusoe*, *The Further Adventures of Robinson Crusoe* (1719), hinter der außergewöhnlichen Leistung des Erstlings zurück. Eine Ausnahme bildet allerdings *The Fortunes and Misfortunes of the Famous Moll Flanders* (1721). Auch dieser Roman nutzt die Herausgeberfiktion, um Authentizität zu erzeugen (»to be taken for Genuine«) und durch die Darstellung von *infinite Variety* belehrend zu wirken (»the Reader will have something of Instruction«). *Moll Flanders* fiktionalisiert die Karriere einer kriminellen Prostituierten, die, zugleich Urheberin und Opfer ihrer diversen Kalamitäten, nach einem wechselvollen Leben als fünffache Ehefrau und Aufenthalten in Newgate und der Sträflingskolonie Virginia, schließlich nach intensiver Selbsterforschung zur reuigen Einkehr findet. Defoe nutzt vor allem das Modell der Verbrecherbiographie, der er eine episodenhafte, pikareske Struktur verleiht. Die Frage, ob es sich bei *Moll Flanders* um ein Werk handelt, das das Diktum »Crime does pay« verifiziert, oder ob es um die Darstellung des Lebensweges einer reuigen Sünderin geht, hat mit Aspekten zu tun, die einem ironisch gebrochenen Erzählverfahren inhärent sind. So wird in der Forschung noch immer darüber gestritten, ob Molls schließlicher moralischer Triumph ironisch zu rezipieren sei oder ob ihre *penitence* erst nach der Erlangung materieller Sicherheit erfolge und mithin als Indiz für Heuchelei zu gelten habe.

Die Beantwortung dieser Frage ist ursächlich auf erzähltechnische Probleme zurückzuführen, und zwar auf den Unterschied zwischen erlebendem und erzählendem Ich. Ist die Korruptheit der erlebenden Moll, die unablässig auf *necessity* rekurriert (besonders eindrücklich in der *necklace*-Episode), um ihre Verworfenheit zu beschönigen, und die Moralität der erzählenden Moll, die wortreich *penitence* für sich reklamiert, ein von Defoe subtil genutzter, ironisch funktionalisierter erzählerischer Kunstgriff? Oder handelt es sich bei der unterlassenen Trennung von Erlebnis- und Erzählperspektive um ein ästhetisches Dilemma, das Defoe nicht zu beherrschen vermochte? Vielleicht ist gerade das unaufgelöste, unauflösbare Spannungsverhältnis von *corruption* und *penitence* die Ursache dafür, dass *Moll Flanders* in der Literaturgeschichte der Rang eines frühen Meisterwerks zugebilligt wird.

Samuel Richardson (1689–1761) ist der Schriftsteller, der den Briefroman (*epistolary novel*) als Subgenre des Romans etablierte und zur Perfektion führte. Er wuchs als Sohn eines Zimmermanns nahe Derby auf, absolvierte eine Druckerlehre, machte sich früh selbstständig (1721) und wurde bald zu einem führenden Geschäftsmann seines Gewerbes. Sein 1733 erschienenes *Apprentice's Vade Mecum or Young Man's Pocket Companion* ist ein im Stil der Zeit verfasstes *conduct book*, zugleich eine Fingerübung für seine bald darauf publizierten Briefromane. Durch Freunde zum Verfassen von Musterbriefen »on the most important occasions [...] in the common concerns of human life« animiert, verfolgte er, ganz in der Tradition der »Familiar Letters«, die Absicht, eine Reihe von Musterbriefen für junge, in ihrer Tugend gefährdete Mädchen zu formulieren. Was als eine Abfolge nichtfiktionaler Texte konzipiert war, entwickelte sich bald durch die Einbettung der Briefe in einen Handlungsrahmen zum ersten, vielleicht bedeutendsten Briefroman der englischen Literatur: *Pamela; or Virtue Rewarded* (1740). Konstituenten dieses handlungsarmen Fiktionstyps, der seine Verwandtschaft mit den puritanischen Seelentagebüchern nicht verleugnet, sind eine Fülle innovativer Kompositions- und Perspektivtechniken. Zwar nutzt auch Richardson die etablierten Authentisierungsstrategien, etwa die Herausgeberfiktion, und betont, das in den Briefen Erzählte entspreche der »Wahrheit« (»the following Letters have their foundation both in *Truth* and *Nature*«). Im Unterschied zu Defoe aber steht bei ihm das subjektive Erleben der Figuren im Zentrum der Darstellung. So basiert die innovative Leistung, die Elemente des späteren Bewusstseinsromans antizipiert, auf der subtilen Dramatisierung des vom Figurenpersonal erlebten Augenblicks. Richardson sagt in programmatischer Weise über die »Familiar Letters«, sie seien »written [...] to the *Moment*, while the Heart is agitated by Hopes and Fears, on Events undecided.« Das gilt analog für *Pamela*.

Richardsons erstes, gattungsprägendes Werk fiktionalisiert das Schicksal der 15-jährigen Pamela, eines Dienstmädchens, das sich der permanenten Avancen ihres lüsternen Dienstherrn, Mr. B., zu erwehren hat. Bereits der Untertitel, der ihren erfolgreichen Widerstand preist, belegt, dass der Autor das reduktive Cinderella-Motiv mit dem Prinzip der *poetic justice* verbindet. Dieser Konstellation läuft eine sozialhistorische parallel: mit Pamela obsiegen die Tugenden des puritanischen Bürgertums über die aristokratische Immoralität, entsteht ein Herrschaftsdiskurs, der Richardsons Werk auch heute noch Dignität verleiht. Davon bleibt unberührt, dass in Pamelas schließlichem Ausruf »Pamela, indeed I am: indeed I am Pamela, her *own-self*!« (26. Brief) eine ambige Mischung von Individualität und Eitelkeit nicht zu übersehen ist. Dass Pamelas gelegentlich allzu zielorientiertes Wuchern mit ihrer Tugend nicht jedermanns Beifall fand, kann nicht überraschen. Unter den Parodien und Travestien, die auf *Pamela* verfasst wurden, ist Henry Fieldings *Shamela* (1741) die bedeutendste. Bereits der volle Titel dieses kurzen, ebenfalls in Briefen verfassten Werkes gibt die Intention Fieldings zu erkennen: *An Apology for the Life of Mrs. Shamela Andrews. In which, the many notorious Falshoods and Misrepresentations of a Book called Pamela, Are exposed and refuted; and all the matchless ARTS of that young Politician, set in a true and just light.* Die parodistische Demaskierung von Pamelas Prüderie war überdies Ausgangspunkt für Fieldings ersten wichtigen Roman, *Joseph Andrews* (1742). Allerdings können nur die ersten zehn Kapitel dieses Werks als eine Art von ironischem *rewriting* der *Pamela* betrachtet werden.

Der ungewöhnliche publizistische Erfolg von *Pamela* veranlasste Richardson, nunmehr Romancier statt Drucker, zur Abfassung weiterer Romane, unter ihnen *The History of Charles Grandison* (1753–54), ein mit einem männlichen Briefschreiber ausgestattetes Werk in der Tradition der *conduct books*, das hinter dem Erfolg von *Pamela* deutlich zurückblieb. Nur *Clarissa; or, The History of a Young Lady* (1747–48) reicht in seiner Bedeutung an *Pamela* heran. In diesem umfangreichen, nunmehr mehrstimmig orchestrierten Briefroman vollzieht sich die Umwandlung von einer Erfolgs- in eine Leidensgeschichte. Clarissa Harlowe, sozial höher angesiedelt als Pamela, figuriert als Repräsentantin der Tugend, die sich der fast sadistischen Zudringlichkeit des Libertins Richard Lovelace ausgeliefert sieht, geschändet wird und in einem langen, facettenreich ausgestalteten Siechtum ihren Tod findet. In der Sezierung dieses physischen, vor allem aber psychischen Prozesses, der durchaus melodramatische Elemente enthält, inszeniert Richardson mit großer Meisterschaft insbesondere Clarissas tragisch konnotierten Sieg über gesellschaftliche Borniertheit und aristokratische Arroganz. Richardsons Beitrag zur Entwicklung des Romans ist beträchtlich. Seine *novels of character* sind als Wegbereiter für den empfindsamen Roman in der europäischen Literatur (Goethe, Rousseau, Sterne) kaum zu überschätzen. Als Verfasser von *epistolary novels* wirkte er gattungsprägend. Tobias Smolletts *Humphry Clinker* und Fanny Burneys *Evelina* sind ohne die von Richardson vollzogene Einschreibung des Subjekts in die fiktionale Welt nicht zu denken.

Der dritte große Romancier des 18. Jahrhunderts nach Defoe und Richardson ist HENRY FIELDING (1704–1754). In Somersetshire geboren, entstammte er einer adeligen Familie mit militärischen Verzweigungen, erhielt seine standesgemäße Ausbildung in Eton, studierte dort vor allem die klassischen Autoren und ließ sich schließlich in London nieder, wo er es 1748 bis zum Friedensrichter brachte, bevor es ihn, gesundheitlich schwer angeschlagen, nach Lissabon zog. Über seine letzte Reise legte er in dem *Journal of a Voyage to Lisbon* (1755 postum publiziert) Rechenschaft ab. Obschon sein literarischer Ruhm auf sein Romanwerk gründet, hat Fielding auch als Dramatiker beträchtliche Erfolge vorzuweisen, zumeist brillante Satiren, Burlesken und Farcen (*The Author's Farce*; *Tom Thumb* – beide 1730), die auf sein Romanschaffen nicht ohne Einfluss bleiben sollten. Seine Tätigkeit als Dramatiker nahm ein jähes Ende, nachdem Sir Robert Walpole, dessen Ämterpatronage und politisches Geschacher Fielding in *The Historical Register* (1736) offen attackiert hatte, den *Licensing Act* (1737) durchsetzte. Fortan nutzte Fielding den Roman als Bühne.

In *Shamela* (1741), einer Parodie auf Richardsons *Pamela,* trägt Fielding seine Kritik an der Glaubwürdigkeit der jungen Briefschreiberin vor. *The History of the Life of the Late Mr. Jonathan Wild the Great* (1743) ist eine Romansatire, ein in der Tradition der seinerzeit populären Verbrecherbiographie stehendes Werk über die vermeintlich überragende politische Größe, in dem er neuerlich Robert Walpole vor allem mit den stilistisch-kompositorischen Mitteln des *mock-heroic* die Maske politischer Integrität herunterzieht. Der erste bedeutende Roman, *The History of the Adventures of Joseph Andrews and his Friend Mr.*

Abraham Adams, erschien 1742. Er war ursprünglich als eine weitere Parodie auf *Pamela* konzipiert, entwickelte sich aber im Laufe der Abfassung zu einem ebenso eigenständigen wie innovativen Werk, das die junge Gattung definitorisch präzisiert und einen ersten, weitreichenden metafiktionalen Diskurs eröffnet. Wie bereits der Untertitel (»Written in Imitation of the Manner of Cervantes, Author of Don Quixote«) ausweist, ist *Joseph Andrews* dem spanischen Schelmenroman mit seiner pikaresken Struktur verpflichtet. Außerdem stellt Fielding seinem Text das »Author's Preface« voran, in dem er mit dem vielzitierten Diktum »a comic romance is a comic epic poem in prose« gattungstypologische Reflexionen formuliert, die schließlich »a new Province of Writing« (*Tom Jones*) begründen. Zu ihren Bestandteilen zählen Unterscheidungen zwischen *character* und *caricatura* beziehungsweise *affection* und *affectation* ebenso wie die grundlegende Auffassung: »everything is copied from the book of nature«. Auch die auf Horaz zurückgehende Formel »delight is mixed with instruction« (Book I) findet ihre Bestätigung und wird als wirkungsästhetischer Leitgedanke durch einen der zahlreichen auktorialen Erzählerkommentare in einen Kontext gestellt, der für Fieldings gesamtes Romanwerk gilt: »I declare here, once and for all, I describe not men, but manners; not an individual but a species« (Book III). Vor dem Hintergrund dieser Grundauffassung, der sich später Samuel Johnsons *mouthpiece* Imlac in *Rasselas* anschließt (»The business of a poet [...] is to examine, not the individual, but the species«), wird Joseph Andrews zum Prototypen einer *male chastity*, die sich erst in der Ehe mit Fanny Goodwill in *marital bliss* verwandelt.

Auf die Unterscheidung von *individual* und *species* in *Joseph Andrews* folgt ein Erzählerkommentar, der die Aufgaben des Schriftstellers fixiert: »[...] to hold the glass to thousands in their closets, that they may contemplate their deformity, and endeavour to reduce it«. Er kommt auch als Epigraph für *The History of Tom Jones, a Foundling* (1749) in Betracht, jenen Roman, der als perfekte Umsetzung des »comic epic poem in prose« gilt und den die Literaturkritik zusammen mit Laurence Sternes *Tristram Shandy* für den größten des an großen Romanen reichen 18. Jahrhunderts hält. Der symmetrische Aufbau des *Tom Jones*, der den auktorialen Erzähler als Typ etabliert und die Ideale von Humanismus und *benevolentia* am prägnantesten zum Ausdruck bringt, spiegelt die straffe Handlungsführung ebenso wider wie die epische Intention des Autors. *Tom Jones* erzählt in 18 Büchern die Geschichte des Findlings Tom, einer *everyman*-Figur, deren adlige Herkunft am Romanende enthüllt wird. Die ersten sechs Bücher behandeln Toms Kindheit und Jugend auf dem Landsitz von Squire Allworthy in Somersetshire, die zweiten sechs Bücher erzählen seine in der pikaresken Tradition stehende Reise nach London, in deren Verlauf es durch die Ereignisse in Upton ebenso zu einem *turning point* kommt wie durch die als Digression eingebaute Geschichte des »Man of the Hill«, dessen verbittertes Eremitendasein Tom, in einem ersten weitsichtigen Erkennen sozialer Zusammenhänge, ausdrücklich kritisiert (»I believe, as well as hope, that the abhorrence which you express for mankind in the conclusion, is much too general«; Book VIII). Die letzten sechs Bücher beschreiben Toms Erfahrungen in der Metropole, seine Gefährdungen und sein verdientes Glück, das ihn, nach diversen amourösen Eskapaden, mit der angebeteten Sophia zusammenführt. Toms Lebensreise bezeichnet jenseits der geographischen Wegstrecke den in alternierend gedehnter und gestraffter Zeit dargestellten Weg des Protagonisten von *inexperience* zu *prudence* und erzeugt durch das breit angelegte soziale Panorama eine Welthaltigkeit, die der englische Roman zuvor nicht kannte. Darüber hinaus ist allen 18 Büchern ein Kapitel vorangestellt, in dem der Erzähler Grundpositionen klassizistischen Erzählens reflektiert, die man heute als metafiktionalen Diskurs bezeichnet. Isoliert betrachtet, entwickeln diese Kapitel eine Romantheorie, die zugleich wichtige Positionen des Verhältnisses von Erzähler und Leser thematisiert.

Obschon das umfangreiche und vielseitige Œuvre von TOBIAS SMOLLETT (1721–1771) nicht zu den erzählerischen Höchstleistungen des 18. Jahrhunderts zählt, ist der Rang des Schotten als bedeutender Romancier unumstritten. In Dumbartonshire geboren, studierte er an der Glasgow University Medizin (den Doktortitel erhielt er 1750 in Aberdeen), bevor es ihn, mit der mäßigen Tragödie *The Regicide* im Gepäck, nach London zog, wo er zunächst nicht Fuß fassen konnte. Dem Londoner Interludium folgte eine Verpflichtung als Schiffsarzt, die Smollett unter anderem in die Karibik führte. Mitte der vierziger Jahre etablierte er sich in London als Arzt, eröffnete eine offenbar wenig einträgliche Praxis und widmete sich nach und nach ganz seinem Hobby, der Literatur. Smolletts erstes Werk, *The Adventures of Roderick Random* (1748), ist eine gelungene Mischung aus Schelmen- und Liebesroman, die, insbesondere in den Anfangskapiteln, Lebenserfahrungen des Autors verarbeitet. Angelehnt an Alain-René Lesages pikaresken Roman *Gil Blas* (1715–35), den Smollett 1748 ins Englische übersetzte, dessen idiosynkratische Weltferne er aber durch deftige realistische Episoden ersetzt und damit seinen Lesern schmackhaft macht, ist *Roderick Random*, trotz der Larmoyanz, die das forciert harmonische Finale bestimmt, eine passagenweise brillante Satire auf die Brutalität und Heuchelei der englischen Gesellschaft. Insbesondere die Kapitel 31–36, in denen Smollett die in einer Katastrophe endende Seeschlacht bei Cartagena (1741) schildert, zeigen die Meisterschaft eines Satirikers, der die Inkompetenz und den Zynismus der Admiralität und ihrer Helfershelfer bloßstellt und den Vergleich selbst mit Jonathan Swift nicht zu scheuen braucht. Weniger gelungen sind indes der wiederum pikareske Roman *The Adventures of Peregrine Pickle* (1751) sowie *The Adventures of Ferdinand Count Fathom* (1753), dessen schurkische, mit allen Perfidien der feinen Gesellschaft vertrauten Protagonisten von Smollett mit groben satirischen Mitteln porträtiert werden. Die Zeit zwischen den frühen Romanen und *The Expedition of Humphry Clinker* (1771), Smolletts Meisterwerk, verbringt der umtriebige Autor, abgesehen von der Abfassung des eher durchwachsenen Romans *Launcelot Graves* (1760–61), mit journalistischen Arbeiten (publiziert in *The Monthly Review*, *The Critical Review* und *The Briton*), der Übersetzung von Cervantes' *Don Quixote* (1755) und der vierbändigen *Complete History of England* (1757–58), die ihn finanziell über Wasser hielt. *The History and Adventures of an Atom* (1769), eine politische Satire, worin der durch gesundheitliche Probleme verbitterte Autor kräftige Hiebe gegen ehemalige Weggefährten austeilt, geht dem neben Richardsons *Pamela* größten Briefroman des 18. Jahrhunderts, *Humphry Clinker*, voraus.

In insgesamt 82 Briefen, von denen der gutmütig-hypochondrische walisische Grundbesitzer Matthew Bramble, über den Jery Melford treffend sagt, »He affects misanthropy, in order to conceal his sensibility of heart«, 27 verfasst, entwickelt Smollett ein mit pikaresken Episoden ausgestattetes Panorama, dessen Bedeutung der Leser in der Zusammenschau aller Briefe zu erstellen hat. Der Reise mit der Kutsche, die die Briefschreiber von Bath über London nach Schottland führt, wo die satirischen Töne einen wohlmeinenderen, merklich differenzierten Klang annehmen, entspricht ein signifikanter Wandel der Figuren. Ihre Vorurteile schleifen sich, durch neue Erfahrungen genährt, mehr und mehr ab und machen einer Weltsicht Platz, die mit *benevolentia* am besten charakterisiert ist. Zu den komischen Höhepunkten von *Humphry Clinker* zählen die unablässigen *malapropisms* von Brambles exzentrischer Schwester Tabitha und ihrer Dienstmagd Winifred Jenkins, deren Hinweis, »you that live in the country have no deception of our doings at Bath«, ein Schlaglicht auf den ebenso glamourösen wie verrufenen Vergnügungsort wirft. Die Vielfalt dieses multiperspektivischen Briefromans erzeugt in so beträchtlichem Maß eine subjektive Weltsicht, dass das Werk gelegentlich mit der Idiosynkrasie in Verbindung gebracht wird, die Laurence Sternes Schriften auszeichnet.

Laurence Sterne (1713–1768) wurde im irischen Clonmel geboren, wo sein Vater als Offizier Dienst tat. Nach Aufenthalten in diversen Garnisonsstädten in Irland und England verschlug es die Familie ganz nach England; Sterne erhielt eine systematische Ausbildung, schrieb sich am Jesus College in Cambridge ein und bereitete sich auf den Beruf des Pfarrers der anglikanischen Kirche vor. Nach Abschluss des Studiums übernahm der schon früh kränkelnde Sterne eine Pfarrstelle in der Nähe von York. Seine erste literarische Publikation, *A Political Romance* (1759), ist heute in Vergessenheit geraten. Nicht vergessen, vielmehr seit seinem Erscheinen in aller Welt hochgepriesen ist Sternes Hauptwerk, *The Life and Opinions of Tristram Shandy, Gentleman*, das 1760–67 in neun Bänden erschien und sich jeder klassifikatorischen Einordnung entzieht. Generische Festlegungen verbieten sich aus vielerlei Gründen. Die lineare Handlungsführung, die der Romantitel zu insinuieren scheint, kommt nicht zustande (und wird auch nicht angestrebt), weil der Erzähler Tristram nahezu jeder Assoziation Raum gibt und durch immer neue Digressionen den Erzählfluss unterbricht. Solche Abschweifungen, von denen schon Swift in *A Tale of a Tub* erklärt hatte, sie führten die Argumentation voran (»my digressions are always progressive«), strukturieren ein Werk, das jede Chronologie ad absurdum führt und Gesetze der Teleologie bewusst unterläuft. Was an konventionellem Handlungsaufbau im Fielding'schen Sinne fehlt, wird durch assoziatives Erzählmaterial ersetzt und scheinbar unstrukturiert ins Werk inkorporiert. Auf diese Weise entsteht eine extreme Subjektivierung sowohl der Erzählerfigur als auch des Erzählten. Es kristallisiert sich ein narratives Prinzip heraus, das Spontaneität und Kontingenz in den Vordergrund rückt. Literarische Ahnherren dieser gleichwohl völlig innovativen Erzählstrategien sind neben Locke und Swift vor allem Robert Burton, Rabelais und Montaigne.

Die Frage, ob es sich bei *Tristram Shandy* um ein Fragment oder einen bei aller Heterogenität konsequent zu Ende erzählten Text handelt, ist von Kritikern stets kontrovers (und zum Teil mit Argumenten, die Sterne gefallen hätten) diskutiert worden. Mit letzter Sicherheit ist sie nicht zu beantworten. Allerdings ist ein auf Anekdoten, Reflexionen, Digressionen und Assoziationen aufgebauter Roman, der Linearität geradezu als lebensfern parodiert, kaum durch ein wie auch immer geartetes Denouement abzuschließen. Heute gilt *Tristram Shandy* wegen seiner Selbstreflexivität und Introspektion wechselweise als ein moderner, postmoderner oder metafiktionaler Roman, der Kausalitätsgesetze in idiosynkratischer Weise satirisiert und die permanente Fluktuation des Selbst ebenso zum Thema hat wie die Problematisierung des Erzählvorgangs. Die dieser Konstellation inhärente Paradoxie besteht darin, dass ein sprachliches Kunstwerk die Überzeugung ausdrückt, Kommunikation mit sprachlichen Mitteln sei nicht möglich. Tatsächlich ist *Tristram Shandy*, so scheint es, kein Diskurs über Probleme des *novel-writing*, sondern ein Roman über die Unmöglichkeit, einen Roman zu schreiben. Als epochales Werk des 18. Jahrhunderts findet *Tristram Shandy* nur in *Tom Jones* seinesgleichen. Und dass der weitsichtige Samuel Johnson mit seinem kruden Verdikt »Nothing odd will do long« gründlich irrte, wird durch immer neue Ausgaben des *Tristram Shandy* und durch eine nicht versiegende Flut von Publikationen über den Roman täglich aufs Neue bestätigt.

Sternes zweites bedeutendes Werk, sieht man von *The Sermons of Mr. Yorick* (1760–69) und den *Letters from Yorick to Eliza* (1773) ab, ist *A Sentimental Journey Through France and Italy* (1768), kurz vor seinem Tod publiziert. Die *Sentimental Journey* ist eine Parodie auf den konventionellen, einer linear konzipierten Zeitstruktur folgenden Reiseroman. Yorick gelangt nie nach Italien; seine Reise ist eine durch die Welt der Empfindsamkeit (das deutsche Wort für *sentimental*, »empfindsam«, geht auf Goethe zurück) und eine Lobpreisung des Immateriellen (»I am positive I have a soul; nor can all the books with which materialists have pestered the world ever convince me of the contrary«). Natürlich ist auch eine solche »sentimental journey« prinzipiell unabschließbar. Sie endet mitten im Satz (»So that when I stretch'd out my hand, I caught hold of the Fille de Chambre's – «) und erinnert damit an Swifts Religionssatire *A Tale of a Tub*, die ebenfalls unvermittelt aufhört. Wollte Swift religiösen Disputationen *ad nauseam* ein Ende bereiten, so signalisiert Sterne, dass die empfindsame Reise des Menschen andauert, solange er lebt.

Vorbereitet durch Richardsons Briefromane sowie Fieldings Spätwerk und durch Sterne brillant inszeniert, ist die Empfindsamkeit das Thema, das den englischen Roman ab 1760 dominiert. Aus der Fülle der Publikationen, die gewiss nicht alle zu den Meisterwerken der Romankunst zählen, sind neben Henry Brookes *The Fool of Quality; or The History of Henry Earl of Moreland* (1766–70), einem handlungsarmen Werk, in dem die Herausbildung der Sensibilität von Rousseaus *Emile* abgeleitet wird, vor allem Oliver Goldsmiths *The Vicar of Wakefield* (1766) und Henry Mackenzies *The Man of Feeling* (1771) hervorzuheben. Goldsmiths Protagonist Dr. Primrose, ebenso großherzig wie gutmütig, steht einer kinderreichen

Familie vor, die im ländlich-idyllischen Wakefield ein mustergültiges, auf christliche Tugenden vertrauendes Leben führt, bevor sie in Gestalt des skrupellosen Thornhill, der Dr. Primroses Tochter Olivia verführt, mit der Wirklichkeit konfrontiert wird. Goldsmith gestaltet diese Konfrontation als einen Konflikt zwischen allegorisierter Idyllik und brutaler (fiktiver) Realität, und es ist bezeichnend, dass es mit der Einführung von Sir William einer Deus-ex-Machina-Figur bedarf, um den vielschichtigen Konflikt zu lösen. Dr. Primrose, auch im Angesicht von *adversity* der Inbegriff christlicher Tugend, erlebt gleichwohl eine Wandlung, die seiner ursprünglichen Naivität ein Element von *prudence* beigibt. Allerdings muss dieser Wandel, wie sich am Gebrauch von Primroses unerschütterlich eingestreuten *moral maxims* ablesen lässt, durch homiletische Rückversicherungen beglaubigt werden. Das »Happiness and Misery rather the result of Prudence than Virtue« überschriebene 28. Kapitel formuliert Primroses Erkenntnisfortschritt, und die Rückkehr der Familie in die Welt ungetrübten Glücks (»Happiness was expanded upon every face [...]. To be thus restored to reputation, to friends, and fortune [...] was a rapture«; Kap. 31) vollzieht sich als ein Triumph christlicher Harmonie, der die Hiobsgeschichte zum Abschluss bringt. Es bleibt jedoch der Eindruck, dass ein solches Leben nur noch in der Abgeschiedenheit möglich und durch göttlich inspirierte Interventionen zu sichern ist. Darüber hinaus ist es kein Zufall, dass das letzte Wort des Romans, aller Empfindsamkeit zum Trotz, *adversity* ist.

Henry Mackenzie (1745–1831) gestaltet in seinem handlungsarmen, über weite Strecken traktathaft wirkenden *The Man of Feeling* detailliert die Seelenwelt des Protagonisten Harley aus. Hier avancieren Befindlichkeit und Empfindsamkeit zum Gefühlskult, ist das Ausmaß der Rührung häufig nur durch Asterisken anzudeuten. Bemerkenswert ist ferner, dass die schier unbeherrschbare

Empfindsamkeit, die bei Goldsmith auf mehrere Figuren verteilt und in ein überschaubares Handlungsschema eingebettet ist, von Mackenzie ausschließlich einem männlichen Charakter zugeordnet wird. Man mag dieses Werk mit seinem Tränenreichtum und seiner Rührseligkeit heute wenig interessant finden. Als Dokument des empfindsamen Romans, der Subjektivität inszeniert und, in Grenzen, einen Gegensatz zu *the age of reason* konstruiert, behält *The Man of Feeling* seine Bedeutung in der Romanliteratur des 18. Jahrhunderts.

Weniger tränenreich als vielmehr mit deftigem, gelegentlich ans Pornographische grenzenden Elementen ausgestattet ist *Memoirs of a Woman of Pleasure* (1748–49) von John Cleland (1709–89). Der als *Fanny Hill* besser bekannte Roman erzählt das Leben der früheren Prostituierten Fanny. Obwohl er vorgibt, allein »Truth! stark, naked truth« verpflichtet zu sein, wirkt die moralisch-didaktische Intention, die *Fanny Hill* mit Defoes *Moll Flanders* gemein hat, angesichts der detaillierten Schilderung ausschweifender Sinnenlust bestenfalls wie eine rhetorische Beschwörung.

Während Charlotte Lennox (um 1727–1804) in ihrem Roman *The Female Quixote or The Advantages of Arabella* (1752) die Gattungskonventionen der Romanze parodiert, indem sie die literarischen Präferenzen der Protagonistin mit der Wirklichkeit kontrastiert und dem Leser so einen Blick in das Bewusstsein Arabellas eröffnet, thematisiert das Werk von Fanny Burney (1752–1840), wie es in dem Untertitel ihres wichtigsten Romans, *Evelina* (1778), programmatisch heißt, *A Young Lady's Entrance into the World.* Die sich in den literarisch-künstlerischen Zirkeln der Zeit (um Dr. Johnson, Sir Joshua Reynolds, David Garrick und die »Bluestockings«) bestens auskennende Burney vertritt, zumal in *Evelina*, ihrem streng symmetrisch gebauten, mehrstimmigen Briefroman, die These, dass der weiblichen Eingliederung in die etablierte Gesellschaft nichts im Wege steht, wenn »a virtuous mind, a cultivated understanding, and a feeling heart« die Basis bilden. Die stark typisierten Figuren, von denen Lord Orville als Verkörperung sozialer und moralischer Tugenden (»gentleness of manners«; »delicacy of conduct«) die Krone trägt, während sein Gegenspieler Willoughby wie eine Reinkarnation des *restoration rake* wirkt, unterstreichen den Konstruktcharakter des Briefromans. Allerdings schreibt Burney mit dem breit gefächerten sozialen Panorama, das dem Leser Einblicke in die feine Gesellschaft von Bath und London gewährt, vor allem aber mit der Titelfigur Evelina, deren Gedanken und Gefühle den Ansprüchen der patriarchalischen Gesellschaft widerstehen, einen Roman, der auf Richardson zurückweist (zu dem sich die Autorin im »Preface« ausdrücklich bekennt), der aber zugleich durch die Perspektivierung des Wissens eine Spannung erzeugt, die auf Jane Austens Romanwerk vorausweist.

Der Schauerroman

Die Inspiration, die Horace Walpole (1717–1797) veranlasste, mit *The Castle of Otranto* (1765) den Prototyp eines neuen Genres, den Schauerroman (*gothic novel*), zu verfassen, geht auf einen Traum zurück: »I walked one morning [...] from a dream, of which all I could recover was, that I had thought myself in an ancient castle [...] and that on the uppermost barrister of a great staircase I saw a gigantic hand in armour.« Der Schauerroman, der diesen Traum fiktionalisiert und der bis in die zwanziger Jahre des 19. Jahrhunderts in unterschiedlichen Ausprägungen eine wichtige Rolle vornehmlich im Romanschaffen englischer Autoren spielen sollte, entstand in der Übergangsphase vom Klassizismus zur Romantik. Die normativen Kräfte, die der Aufklärung den Stempel aufgedrückt hatten, indem sie das Wirkliche und Alltägliche im sozialen Kontext der *middle-classes* ansiedelten und das Phantastische und Irrationale ausblendeten, begannen an Einfluss zu verlieren. Der empfindsame Roman, der die Präferenz des Wirklichen zurückdrängte, bot dem Schauerroman eine Reihe von Anknüpfungspunkten, die die Distanzierung von der Rationalität des klassischen Romans erleichterten. Einflüsse des jakobäischen Dramas, das, zumeist nach Italien und Spanien verlegt, blutreiche Szenen finsteren Intrigentums auf die Bühne brachte, liegen ebenfalls auf der Hand. Die literarisch-philosophische Grundlegung der neuen Gattung erfolgte durch Horace Walpole und Edmund Burkes Ästhetik des Erhabenen.

Walpoles *Castle of Otranto*, zuerst pseudonym veröffentlicht, bis 1800 zwanzigmal neu aufgelegt und bereits 1768 in deutscher Übersetzung vorliegend, schildert die Geschichte des sinistren Usurpators Manfred und der unschuldig verfolgten Isabella. Als der Schurke sie am Grabe Alfonsos erdolchen will, tötet er aus Versehen seine Tochter Matilda und geht danach mit seiner Frau Hippolita für den Rest des Lebens ins Kloster, um Buße zu tun. Die in die »gotische« Zeit um 1200 zurückverlegten Ereignisse enthalten nahezu alle Ingredienzen, die den Schauerroman konstituieren: typisierte Figuren, dämonische Bösewichte, idealisierte Tugendvertreter, ein labyrinthisches *setting*, mysteriöse Vorfälle, Prophezeiungen, Gewalt, Lust und viel Blut. Die gattungstheoretische Fundierung erfolgt im Vorwort zur zweiten Auflage des Romans. Walpole gibt sich als Autor von *The Castle of Otranto* zu erkennen, präzisiert seine Intentionen, spricht von »an attempt to blend two kinds of romance, the ancient and the modern«, und fährt fort:

> Desirous of leaving the powers of fancy at liberty to expatiate through the boundless realms of invention, and thence of creating more interesting situations, he

> [the author, Walpole] wished to conduct the mortal agents of his drama according to the rules of probability; in short, to make them think, speak and act, as it might be supposed mere men and women would do in extraordinary positions.

Die »two kinds of romance«, die Walpole hier vermählt, sind die mittelalterliche Ritterromanze (»the ancient romance«), die mit ihrer schrankenlosen Irrationalität bis ins 17. Jahrhundert fortwirkte, und eine zeitgenössische Romanze (»the modern romance«), die »the powers of fancy« freien Raum lässt und »boundless realms of invention« ausgestaltet, die aber zugleich, und das ist das Neue, »the rules of probability« anerkennt. In der Terminologie der etablierten Typologie gesprochen geht es Walpole beim Schauerroman also um die Verschmelzung von *romance* und *novel*, von Übernatürlichkeit und Wahrscheinlichkeit. Das wirkungsästhetische Ziel, das mit dem Einzug des Phantastischen in die fiktionale Wirklichkeit verbunden ist, ermöglicht die Erzeugung von Furcht und Schrecken beim Leser. Es gilt, ihn gleichsam empathisch zu involvieren, eine Art von *delightful horror* herbeizuführen. Damit sind wir bei Edmund Burke (1729–1797), dem zweiten Gattungstheoretiker des Schauerromans.

Burkes Schrift *A Philosophical Inquiry into the Origin of our Ideas of the Sublime and the Beautiful* (1757) bildet die Grundlage für den Paradigmenwechsel vom Klassizismus zur Romantik. Burke entwickelt die Theorie des *delightful horror*, bezieht von Anbeginn den Rezipienten in die literarische Kommunikation ein und spricht von »a sort of tranquility tinged with terror« als einer Leidenschaft, die das Sublime freilegt: »Terror is in all cases whatsoever [...] the ruling principle of the sublime.« Es ist die paradoxale Mischung von *horror* und *delight* (man spricht von einer »Affekt-Doppelung«), die sich in der Gestaltung des Übernatürlichen ausdrückt und beim Leser jenes Angst-Lust-Gefühl auslöst, das mit der Rezeption des Schauerromans einhergeht. Der Lust am Schrecken wohnt naturgemäß eine eskapistische Intention inne. Der Schauerroman erzeugt zwar eine angstbesetzte Gegenwelt; sie wird im ästhetisierenden Rezeptionsprozess mit Hilfe von *delight* jedoch kontrollierbar. So ist es der *delightful horror*, der die Rezeption des Grauenvollen als das Erhabene ermöglicht.

In der ersten Phase des Schauerromans bis zu der Zäsur, die mit der Veröffentlichung von Matthew Gregory Lewis' *The Monk. A Romance* (1796) entsteht, wird das Erhabene durch die Gestaltung extremer natürlicher Ereignisse in bizarrer Umgebung (Schlösser, Klöster, Labyrinthe, Friedhöfe, Stürme) erfahrbar gemacht. Clara Reeve (1729–1807), von Walpole inspiriert, schreibt mit *The Old English Baron. A Ghost Story* (1777) einen kurzen Schauerroman, der, mit Anklängen an das Märchen, die Transformation der mittelalterlichen Ritterromanze in eine mit empfindsamen Elementen aufgeladene Wirklichkeit vorführt. William Beckford (um 1760–1844) nutzt hingegen die im 18. Jahrhundert populäre *oriental tale*, der auch Samuel Johnsons *Rasselas* verpflichtet ist, um in *Vathek* (1786) die Geschichte eines Kalifen zu erzählen, der, Inbegriff der Sinnlichkeit, einen Pakt mit Eblis, dem Herrscher der Hölle, schließt und so sein Leben ruiniert: »Vathek [...] for the sake of empty pomp and forbidden power, had sullied himself with a thousand crimes, became a prey to grief without end, and remorse without mitigation.« Beckfords Interesse gilt dem Phantastisch-Unheimlichen, das er in schillernden Farben ausmalt. Die moralische Botschaft, die der Erzähler im Schlusskapitel recht plakativ formuliert – »Such was, and such should be, the punishment of unrestrained passions and atrocious deeds! Such shall be the chastisement of that blind curiosity, which would transgress those bounds the wisdom of the Creator has prescribed to human knowledge« –, wird freilich erst in Mary Shelleys *Frankenstein, or the Modern Prometheus* (1818) in ästhetisch befriedigender Weise gestaltet.

ANNE RADCLIFFE (1764–1824) beschreibt in *The Mysteries of Udolpho* (1794) detailliert die Seelenqualen der jungen, hochsensiblen Emily St. Alibert (die Rede ist von »a degree of susceptibility too exquisite to admit of lasting peace«), die auf dem abgelegenen Schloss Montori und auf der Reise über die Alpen und den Apennin immer neue Schreckensgefühle durchlebt, bevor ihr die Flucht aus dem Gefängnis Udolpho schließlich gelingt. Radcliffe ist, auch in *The Italian* (1797), der elegischen Lyrik von Thomas Gray (1716–1771), William Collins (1721–1759) und James Thomson (1700–1748) ebenso verpflichtet wie dem empfindsamen Roman. Vor allem aber markieren ihre sich großer Beliebtheit erfreuenden Romane das Ende der ersten Phase des Schauerromans, der sogenannten »School of Terror«. Die zweite Phase, »The School of Horror«, beginnt mit Lewis' *The Monk*. Das Werk des 20-jährigen »Monk Lewis« ist ein prallgefülltes Kompendium von Gewalt, sexuellen Perversionen und orgiastischen Ausschweifungen um den Mönch Ambrosio und seine dämonische Geliebte Matilda. Mit *The Monk* erreicht der Schauerroman seine extreme Ausprägung. War *terror* zuvor ein Bestandteil des Natürlichen, letztlich erklär- und kontrollierbar, so ist *horror* der Inbegriff des in seiner Morbidität Unauflösbaren. Lewis bedient mit der Darstellung pervertierter Sinnlichkeit die niederen Gefühle des Lesers, seine latente Lüsternheit, seine Lust am Exzessiven. Mit *The Monk* hat der Schauerroman seine aufklärerischen Ziele hinter sich gelassen. Das Ende des Subgenres bildet *Melmoth the Wanderer* (1820) von CHARLES ROBERT MATURIN (1782–1824), ein in Episoden gestaltetes Werk, dessen Protagonist von tiefer religiöser Verzweiflung gepeinigt wird, bevor er einen Pakt mit dem Teufel schließt. Maturin hat von sich gesagt: »If I possess any talent, it is that of darkening the gloomy, and developing the sad; of painting life in extremes, and representing those struggles of passion when the soul trembles on the verge of the unlawful and the unhallowed.« Melmoth ist die Inkarnation solcher leidenschaftlicher Verwirrungen.

Der Einfluss des Schauerromans auf die englische Prosaliteratur ist beträchtlich und geht über modische Selbstreproduktion weit hinaus. In William Godwins jakobinischem Roman *The Adventures of Caleb Williams* (1794) beispielsweise sind Elemente des Schauerromans unverkennbar, obgleich das Werk zuvörderst eine Fiktionalisierung der Thesen ist, die Godwin in seiner *Enquiry Concerning Political Justice* (1793) formuliert hatte. Dass der Schauerroman im engeren Sinne an sein Ende gekommen war, belegte Jane Austens Roman *Northanger Abbey* (geschrieben kurz vor der Jahrhundertwende, 1817 veröffentlicht), der eine Parodie auf die Gattung, insbesondere auf Radcliffes *The Mysteries of Udolpho* darstellt und den Glauben an das Übernatürliche satirisiert, dem die junge Catherine Morland anhängt. Am nachhaltigsten manifestiert sich der Einfluss des Schauerromans freilich in *Frankenstein*. Mary Shelley (1797–1851), die Tochter von Mary Wollstonecraft und William Godwin und die Ehefrau von Percy Bysshe Shelley, entwickelt hier das, was ursprünglich als *divertissement* gedacht war, zu einem wirkungsträchtigen Amalgam aus Schauerroman, *roman à thèse*, Briefroman und Romanutopie. *Frankenstein*, ein durch perspektivische Differenzierungen komplexes Werk, das zugleich als früher Vorläufer des Science-Fiction-Romans gilt, überzeugt indes weniger als perfektes ästhetisches Konstrukt denn als grandioser fiktionaler Gedankenentwurf. Der Wissenschaftler Victor Frankenstein, »the creator«, »the living monument of presumption«, schafft als »Modern Prometheus« im Laboratorium in Ingolstadt aus lebloser Materie das namenlose »Monster«, dessen Bedürfnis nach »kindness and sympathy« ungestillt und dessen Wunsch nach »a female companion« unerfüllt bleiben. *Frankenstein* beschreibt die Odyssee des Victor Frankenstein ebenso wie die des »Monsters«, ist eine Doppelstudie menschlicher Vereinsamung, die die Grenzen von Opfer und Täter aufhebt. Der Roman, der in einer bizarren Polarlandschaft beginnt und endet und so *progress* konterkariert, stellt menschliche Hybris exemplarisch dar. Vor dem Hintergrund des Prometheus-Mythos ist *Frankenstein* ein Text, der als prophetische Warnung vor menschlicher Arroganz im Zeitalter des Klonens wieder an Aktualität gewinnt. Mary Shelleys Bemerkung im Vorwort der Ausgabe von 1831 – »for supremely frightful would be the effect of any human endeavour to mock the stupendous mechanism of the Creator of the world« – belegt die Angst vor einer Welt, die aus den Fugen zu geraten droht.

Wissenschaftsprosa, Historiographie und Biographie

Vornehmlich im ausgehenden 18. Jahrhundert, als die präskriptive Wirkkraft der klassischen Traditionen nachzulassen begann, entwickelten sich heterogene Prosaformen, deren literaturhistorische Relevanz nicht zu unterschätzen ist. Philip Dormer Stanhope, besser bekannt als Lord Chesterfield (1694–1773), ging mit den Briefen an den unehelichen Sohn, *Lord Chesterfield's Letters to his Son* (1774), als Autor eines Werkes in die Geschichte ein, das als normativer Verhaltenskodex für die Erziehung zum Gentleman Geltung beanspruchen kann (»Use yourself, in time, to be alert and diligent in your little concerns; never procrastinate, never put off till to-morrow, what you can do today«; 1754) und heute zumeist als sozialhistorisch verlässliche Quelle Auskunft über das Alltagsleben der feinen englischen Gesellschaft gibt. Nach Francis Hutchesons frühem Werk *An Inquiry into the Original of Our Ideas of Beauty and Virtue* (1725) entsteht um die Mitte des 18. Jahrhunderts eine Kleinform der Prosaliteratur, die man rückblickend als Literaturtheorie apostrophiert hat. Hierzu zählen ALEXANDER GERARDS *Essay on Taste* (1759), JOSEPH WARTONS *An Essay on the Genius and Writings of Pope* (1756) und WILLIAM DUFFS *An Essay On Original Genius in its Various Modes of Exertion in Philosophy and the Fine Arts, Particularly in Poetry* (1767), das mit der später präzisierten These eröffnet: »These [principal ingredients which constitute this singular accomplishment] are *imagination*, *judgment* and *taste*.« Die grundlegende, auch für die deutsche Nationalliteratur sinngebende Schrift über die bei Duff und anderen Autoren diskutierte Lehre vom Originalgenie ist jedoch *Conjectures on Original Composition* (1759) von EDWARD YOUNG (1683–1765). Deren erster Absatz führt alle Bestandteile des Originalgenies auf:

> But there are, who write with vigour, and success, to the world's Delight, and their own Renown, these are the glorious fruits where Genius prevails. The mind of a man of Genius is a fertile and pleasant field, pleasant as *Elysium*, and fertile as *Tempe*; it enjoys a perpetual Spring. Of that Spring, *Originals* are the fairest Flowers: *Imitations* are of a quicker growth, but fairer bloom.

Ohne literaturtheoretische Reflexionen dieser Art ist William Wordsworths monumentales »Preface to *Lyrical Ballads*« (1800) nicht denkbar.

Die einflussreichste wirtschaftstheoretische Prosaschrift ist *An Enquiry into the Causes of the Wealth of Nations* (1776) von ADAM SMITH (1723–1790). Erschienen im Jahr der amerikanischen Unabhängigkeit, begründet das Werk einen Wirtschaftsliberalismus, der, auch in Übereinstimmung mit Bernard Mandevilles *selfish system*, staatliche Eingriffe in den Wirtschaftsprozess als wohlstandshemmend zurückweist und dem Markt bereits in der Frühphase des Industrialismus weitgehend selbstregulierende Kräfte zubilligt. Es wird von den Verfechtern der freien Marktwirtschaft, die auf Smith als Kronzeugen verweisen, allerdings gelegentlich übersehen, dass der Wirtschaftstheoretiker sich nur gegen *unnecessary interferences* ausspricht.

Die zweite Hälfte des 18. Jahrhunderts verzeichnet neben literatur- und wirtschaftstheoretischer Prosa das Erscheinen diverser Historiographien. Zu den wichtigsten zählen David Humes *History of Great Britain* (1754–62) und Tobias Smolletts *Complete History of England* (1757–1758), beides mehrbändige, höchst detailversessene Werke. Die erste spezifisch schottische Historiographie stammt von William Robertson (1721–1793). Seine *History of Scotland during the Reigns of Queen Mary and King James VI* (1759) erfreute sich, wie auch seine *History of America* (1777), immenser Popularität.

Das historiographische Meisterwerk der Epoche ist jedoch Edward Gibbons *The History of the Decline and Fall of the Roman Empire* (7 Bände; 1776–88). Gibbon (1737–1794) kam aus wohlhabender Familie, studierte in Oxford, ging danach in die Schweiz, um seine Ausbildung zu vervollkommnen, beherrschte das Lateinische ebenso perfekt wie das Französische und kehrte, schon in jungen Jahren ein Gelehrter, nach England zurück. Nach dem Militärdienst und der traditionellen Grand Tour (1764–1765), die ihn auch nach Rom führte, veröffentlichte er ein erstes kritisches Werk über die *Aeneis*, um sich danach ganz der *History of the Roman Empire* zu widmen. Gibbons monumentales Werk verzeichnet minutiös den Zusammenbruch des römischen Reiches, benennt in eleganter, präziser und gelegentlich ironischer Prosa als Ursachen den Verlust der republikanischen Tugenden, der *civic virtues*, und verfolgt das Abgleiten in Demagogie und Blutherrschaft. Er beklagt nicht nur die Aufkündigung der *pax Romana*, sondern kritisiert auch zeitgenössische

Fortschrittsvisionen, die es verbieten, das Werk als Schlüsseltext für die Französische Revolution zu reklamieren. Der römische Despotismus war Gibbon zuwider; als Prophet ließ er sich nicht vereinnahmen. Seine vielgepriesene stilistische Brillanz macht ihn den Meistern der Prosa des 18. Jahrhunderts ebenbürtig. Erst mit der Veröffentlichung von Thomas Carlyles *The French Revolution* (1837) entstand ein historiographisches Werk von annähernd vergleichbarem Rang.

In einer Reihe von Biographien des 18. Jahrhunderts bildet *The Life of Samuel Johnson, LLD* (7 Bände, 1791) von James Boswell (1740–1795) den unbestrittenen Höhepunkt. Der schottische Jurist, über zwanzig Jahre mit Dr. Johnson eng befreundet, hatte 1785 mit *The Journal of a Tour to the Hebrides with Samuel Johnson* ein erstes Zeugnis seiner literarischen Begabung vorgelegt. Für die Johnson-Biographie konnte er sich neben gemeinsamen Erfahrungen auf Anekdoten und auf Dr. Johnsons Werk, inklusive seiner Korrespondenz, stützen. So entstand ein höchst detailliertes Johnson-Porträt, das Boswell mit Bewunderung zeichnet. Der Literat wird zum Weisen, von dem der Biograph im »Advertisement to the First Edition« schreibt: »Nor will I suppress my satisfaction in the consciousness, that by recording so considerable a portion of the wisdom and wit of ›the brightest ornament of the eighteenth century,‹ I have largely provided for the instruction and entertainment of mankind.« Mit Johnsons Porträt entsteht zugleich das Porträt des literarischen Lebens in England, zeichnet Boswell das Bild einer ganzen Epoche. Seine Verehrung Johnsons mag dazu beigetragen haben, dass die selbstzweiflerischen Neigungen des Dichters nur eine marginale Rolle spielen. Dass Thomas Carlyle in *On Heroes and Hero Worship* (1841) in großem Umfang auf Boswells Johnson-Biographie zurückgriff, um Johnson als »the Hero as Man of Letters« zu charakterisieren, dürfte kein Zufall sein.

Die politisch-philosophische Prosa der Vorromantik

Die Prosa, die in der Frühphase der Romantik publiziert wurde, erhielt, keineswegs überraschend, wichtige Impulse aus den gesellschaftspolitischen Veränderungen, die das letzte Drittel des 18. Jahrhunderts bestimmten: die amerikanische Unabhängigkeit und die Französische Revolution. Die erste maßgebliche Schrift, die auf die weltpolitischen Umwälzungen reagierte, war Edmund Burkes *Reflections on the Revolution in France and the Proceedings in Certain Societies in London Relative to that Event* (1790), nach *Inquiry on the Origin of our Ideas of the Sublime and Beautiful* das zweite einflussreiche Werk des anglo-irischen Philosophen. Obschon Burke zunächst die amerikanische und danach die Französische Revolution als »Declaration of the Rights of Man« begrüßt hatte, entwickelt er in den *Reflections* eine prononciert antirevolutionäre Position. Er postuliert »a spirit of rational liberty«, spricht sich für einen evolutionären und gegen einen revolutionären Wandel aus und weist »Metaphysical abstraction«, die er für die Triebfeder der Revolution hält, schroff zurück. Seine Schrift formuliert nicht nur die Ablehnung der Prinzipien des französischen Umbruchs; sie ist auch Plädoyer für den aristokratisch gemäßigten Parlamentarismus in England. Sein Credo lautet: »Government is a continuance of human wisdom for human *wants.*« Die Schlüsselbegriffe *continuance* und *wants* enthalten die definitive Absage an jede Form von politischer und intellektueller Radikalität. Burke will maßvolle, durch das bewährte parlamentarische System beglaubigte Veränderungen. Politische Hasardeure sind ihm zutiefst suspekt.

Es dauerte nicht lange, bis die ersten kritischen Antworten auf Burkes konservative Staatsphilosophie vorlagen. Neben *Vindiciae Gallicae. Defence of the French Revolution and its English Admirers* (1791) von James

MACKINTOSH ist es vor allem THOMAS PAINE (1737–1809), der in *Rights of Man* (1791) die pro-revolutionäre Gegenposition zu Burke vertritt. Paine war zuvor als leidenschaftlicher Apologet der amerikanischen Unabhängigkeit in Erscheinung getreten (*The Common Sense*, 1776). Er nutzt den ersten Teil von *Rights of Man*, um die radikale Politik des jakobinischen Frankreich gegen Burkes »poison of horrid principles« in Schutz zu nehmen. Zugleich formuliert Paine scharfe Attacken auf den »Despotismus« englischer Spielart, der bis zum König reicht und, legitimiert durch *customs* und *wages*, aristokratische Privilegien perpetuiert. In Frankreich, wohin ihm William Blake zur Flucht verholfen hatte, war Paine nur eine kurze politische Karriere beschieden. Er landete im Gefängnis und musste um sein Leben fürchten. Die Veröffentlichung von *The Age of Reason* (1794–97), die ihm die Rolle eines radikalen Zeloten einbrachte, verteidigte die dogmatischen Prinzipien des Deismus (»my own mind is my own church«). Paine sprach sich für eine egalitäre Moralität aus (»doing justice, loving mercy, and endeavouring to make our fellow-creatures happy«). Das Alte Testament beurteilt er mit glühender Verachtung (»obscene stories«; »voluptuous debaucheries«; »unrelenting vindictiveness«). Seine kompromisslose Radikalität kostete ihn schließlich alle Anhänger: in England, Frankreich und in Amerika.

WILLIAM GODWIN (1756–1836) war Paine geistesverwandt, vermochte es aber besser, seine Theorien, wie sein Hauptwerk *Enquiry Concerning Political Justice* (1793) belegt, kohärent zu konzipieren. Der Ehemann von Mary Wollstonecraft und Vater von Mary Shelley entwirft in der *Political Justice* eine radikal-anarchistische Philosophie, die auf der heute utopisch anmutenden These basiert, der Mensch sei von Natur gut und bedürfe nicht der Gängelung durch ein prinzipiell suspektes politisches System. Es sind nach Godwin allein »the dictates of enlightened reason«, die ein harmonisches soziales Zusammenleben garantieren (»to become a better member of society«). In der Unterscheidung von *society*, die er idealisiert, und *government*, das er verdammt, weiß Godwin sich mit Paine einig. Zustimmend zitiert er aus Paines früher Schrift *The Common Sense*: »Society is produced by our wants and government by our wickedness. Society is in every state a blessing; government in its best state a necessary evil.«

Mary Wollstonecraft (1759–1797), die zusammen mit Mary Hays und Elizabeth Inchbald zu Godwins elitär-revolutionärem Zirkel gehörte, hinterließ mit *Mary* (1788) einen schwachen Roman und mit *The Wrongs of Woman* (1798) ein nicht minder problematisches Romanfragment. Während diese Publikationen längst in Vergessenheit geraten sind, wird Wollstonecrafts theoretische Schrift *A Vindication of the Rights of Men* (1790), eine zornig-spöttische Replik auf Burkes Apologie der *age of chivalry*, vor allem aber *A Vindication of the Rights of Woman* (1792) als feministischer Urtext eifrig zu Rate gezogen. Es geht Wollstonecraft darum, revolutionstheoretische Grundpositionen mit unverzichtbaren Prinzipien von Frauenrechten zu kombinieren. Die streitbare Feministin, deren konzise Diktion an ihrer Intention keinen Zweifel lässt, schreibt in der Widmung an den despotischen Talleyrand: »If woman be not prepared by education to become the companion of man, she will stop the progress of knowledge and virtue.« Wollstonecraft fordert nachdrücklich die Öffnung der Erziehung für die Frau, die Dehierarchisierung der Geschlechterverhältnisse, ohne die gleichberechtigte Partnerschaft nicht möglich ist. Und sie reklamiert *reason*, bisher zur Domäne des Manns gehörig. Ihre ambitionierten Postulate, gespeist aus dem revolutionären Pathos der neunziger Jahre des 18. Jahrhunderts, zielen ab auf die Aufhebung der »pernicious effects which arise from the unnatural distinctions established in society«. Als früher feministischer Text über das spannungs- und konfliktreiche Verhältnis von *class* und *gender* ist Wollstonecrafts *A Vindication of the Rights of Woman* ein Dokument emanzipatorischer Befreiungsbestrebungen.

Romantik und Viktorianisches Zeitalter

Jane Austens Roman *Pride and Prejudice* (1813, Ende des 18. Jahrhunderts als *First Impressions* konzipiert) eröffnet mit dem brillanten satirischen Kommentar: »It is a truth universally acknowledged, that a single man in possession of a good fortune must be in want of a wife.« Einer der Gründe, die den Versuch, verlässliche Grundpositionen für die Literatur des 19. Jahrhunderts zu destillieren, so problematisch gestalten, ist der Wegfall jener »truth[s] universally acknowledged«. Dieses Jahrhundert, wechselweise als *age of transition*, *age of paradox*, *age of reform*, *age of science*, oder *age of revolution* apostrophiert, erlebt das Aufeinandertreffen konfligierender Kräfte wie kaum ein anderes. Der Verlust der amerikanischen Kolonien, die Französische Revolution, die zunehmende Urbanisierung und die markanten Auswirkungen der Industriellen Revolution veränderten das Land grundlegend. Sozialpolitische Umwälzungen durch die diversen *Reform Bills* und den Chartismus führten zu einer sich permanent wandelnden Gesellschaft. In vielen Bereichen entwickelten sich verstärkt antagonistische Strukturen (*poor – rich*; *North – South*; *master – slave*). Hierzu kamen revolutionäre naturwissenschaftliche Erkenntnisse. Charles Lyell formulierte in *The Principles of Geology* (1830–33) Ideen, die nicht nur die als unverrückbar empfundenen Axiome der Naturwissenschaft erschütterten, sondern dem *scientific materialism* den Weg ebneten und darüber hinaus das eherne theologische Fundament der Schöpfung ins Wanken brachten.

Charles Darwin löste in Lyells Gefolge mit der bahnbrechenden Veröffentlichung *On the Origin of Species by Means of Natural Selection* (1859) eine Glaubenskrise aus, die eine neue Definition des Menschenbildes erforderte und den naiven Fortschrittsglauben, die Triebkraft der Viktorianer, als obsolet erscheinen ließ. Diese und andere Veränderungen (der Krimkrieg, 1853–56; die *Indian Mutiny*; 1857; die Entstehung des Empire; die von 15 auf 40 Millionen anwachsende Bevölkerung; die Bildungsexpansion) schufen ein Klima, das auch intellektuelle, soziale, philosophische und wirtschaftliche Prinzipien radikal in Frage stellte. Davon profitierte die Literatur. Sie reagierte mit ihren Mitteln auf den rasanten gesellschaftlichen Wandel, generierte neue Prosaformen (*social novel*, *condition of England novel*, Kriminalroman, *surreal fiction*, Anfänge von *science fiction*) und inszenierte im Bereich der Kultur- und Wissenschaftsprosa einen Diskurs, der sich von Robert Malthus' *Essay on Population* (1798; 1803), John Stuart Mills' *On Liberty* (1859), John Ruskins *Unto this Last* (1862), Matthew Arnolds *Culture and Anarchy* (1869) bis zu Walter Paters ästhetischer Schrift *Studies in the History of the Renaissance* (1873) erstreckte und im Fin de Siècle mit Oscar Wildes Essays *The Critic as Artist* bzw. *The Art of Lying* (beide 1891) einen vorläufigen Abschluss fand.

Der vorviktorianische Roman

Im Beginn des 19. Jahrhunderts stand der vorviktorianische Roman, vor allem repräsentiert durch Jane Austen (1775–1817) und Sir Walter Scott (1771–1831). Austen wuchs mit sieben Geschwistern in Steventon, Hampshire, auf, lebte später in Bath und Southampton und kehrte schließlich am Ende ihres kurzen und an herausragenden Ereignissen armen Lebens nach Hampshire zurück. Sie hinterließ sechs Romane: *Sense and Sensibility* (1811), *Pride and Prejudice* (1813), *Mansfield Park* (1814), *Emma* (1816), *Northanger Abbey* (1818) und *Persuasion* (1818). Zweien von ihnen, *Pride and Prejudice* und *Emma*, verdankt sie ihren Rang als eine der großen Romanschriftstellerinnen der englischen Literatur. Austen beschreibt in ihren *novels of manner* das soziale Leben der *upper middle-class* in ländlichen Enklaven (»3 or 4 Families in a Country Village«), und das konservativ-christliche Weltbild, das sie entwirft, gründet auf *duties, good manners* und *sound reason*. Die Ehe, in die ihre Figuren nach beträchtlichen Verwirrungen und Selbstkorrekturen entlassen werden, ist für Austen eine Institution, in der sich individuelle und soziale Tugenden zusammenfügen und als Garant für eine harmonische Gesellschaftsordnung fungieren. Dass Liebe und Ehe, *propriety* und *passion*, nicht larmoyant wirken, liegt an Austens subtiler Ironie, die soziale und individuelle Verstöße gegen ideale Handlungsnormen souverän dekouvriert. Austens Romane orientieren sich zwar am Normensystem des 18. Jahrhunderts, an individueller Moralität und sozialer Stabilität. Ihre Erzähltechnik aber, in der dramatisch präsentierten Szenen zumeist detaillierte, durch indirekte oder erlebte Rede vermittelte figurale Introspektionen vorausgehen, antizipiert Elemente des auf psychologische Subtilität abzielenden modernen Romans (Henry James, Virginia Woolf, Marcel Proust). Die an Austen gerühmte Fähigkeit, Individuen und Gesellschaft auf kongeniale Weise zu verschmelzen, zeigt sich besonders eindrucksvoll in *Pride and Prejudice* und *Emma*.

Pride and Prejudice stellt in der Art der *comedy of manners* vier Paare nebeneinander, von denen zwei, Elizabeth Bennet und Darcy sowie Jane Bennet und Mr. Bingley, auf der Hauptbühne agieren und demonstrieren, wie Stolz und Vorurteil eliminiert und in eine glückverheißende Liaison übergeführt werden. Die intelligente, gleichwohl voreingenommene Elizabeth und der aristokratische, anfänglich überhebliche Darcy, der über sie sagt, sie sei »tolerable, but not handsome enough to tempt me« (Kap. 3), finden, nachdem die junge Frau ihre Schwächen eingesehen hat (»I [...] have prided myself on my discernment [...] I have courted possession and ignorance, and driven reason away«; Kap. 36), in einer kunstvoll arrangierten Szene auf Darcys Landsitz Pemberly zueinander. Dabei lädt Austen das Anwesen mit einer Bedeutung auf, die die Verbindung festschreibt, noch bevor sie Realität wird. Darcys Großzügigkeit, die Elizabeth verborgen geblieben war, drückt sich aus in Pemberly als einem Ort von ästhetischer Vollendung (»where natural beauty had been so little counteracted by an awkward taste«; Kap. 43). Darcys Nobilität wird für Elizabeth als »perfect civility« erkennbar und durch Mrs. Reynolds und Mr. Gardiners Bekräftigungen (»perfectly well behaved, polite, and unassuming«) über jeden Zweifel gestellt. Mit dem Überqueren der Brücke im Garten von Pemberly (»they crossed [...] a simple bridge, in character with the general air of the scene«) wird die Verbindung von Elizabeth und Darcy besiegelt, finden *pride* und *prejudice* ihren Abschluss, vermählt sich die *middle-class* mit der *rural aristocracy*: *honour*, *decorum* und *prudence*, Austens kardinale Tugenden, triumphieren.

Emma ist ein früher weiblicher Bildungsroman, in dem die *éducation sentimentale* der Protagonistin Emma Woodhouse im Handlungszentrum steht, während ihr Mentor Mr. Knightley als Inkarnation des englischen Gentleman die ideale soziale und moralische Norm verkörpert. Über die fast 21-jährige Emma (»handsome, clever, and rich«) erfährt der Leser im 1. Kapitel: »The real evils [...] of Emma's situation were the power of having rather too much of her own way.« Der Roman fiktionalisiert Emmas Weg in eine Welt, in der *humanity* und *cir-*

cumspection soziale und individuelle Stabilität garantieren. Freilich sind Emmas *evils* bestenfalls *affectations*, und an ihrer prinzipiellen moralischen Integrität besteht nie Zweifel. Es gilt vielmehr, mit Hilfe von Mr. Knightleys geschickten Interventionen jene *social graces* zu erlernen, die für die im letzten Satz des Romans angekündigte »perfect happiness of the union« die Voraussetzung bilden. *Emma* ist wie Burneys *Evelina* ein Roman, der »a young Lady's Entrance into the World« zum Thema hat. Die aus ironischer Distanz gestaltete Entwicklung Emmas, deren dynamischer, als Selbsterkenntnis sichtbar werdender Erkenntniszuwachs in effektvollem Kontrast zu Mr. Knightleys statischer Weltsicht steht, zeigt die Meisterschaft einer Autorin, deren souveräne Beherrschung der erlebten Rede als Modell für den modernen Roman kaum zu überschätzen ist.

Die in Oxfordshire geborene Maria Edgeworth (1769–1849) schrieb Romane, die zumeist in Irland angesiedelt sind (*Castle Rackrent*, 1800; *The Absentee*, 1812) und wegen der Darstellung historischer Spezifika, seien sie inner-irischer oder anglo-irischer Provenienz, zumeist als *regional novels* klassifiziert werden. Obschon unlängst feministische Interpretationen zu einer Neubewertung ihres Œuvres führten, bemisst sich Edgeworths Bedeutung vor allem an dem Einfluss, den sie auf ihren Zeitgenossen Sir Walter Scott ausübte. Edgeworth fiktionalisiert Geschichte, wie der Untertitel von *Castle Rackrent* zu erkennen gibt: *An Hibernian Tale Taken from Facts, and from the Manners of the Irish Squires, Before the Year 1782*. Im Vorwort präzisiert sie das Verhältnis von *Facts* und *Tale*: »The heroes of history are so decked out by the fine fancy of the professional historian; they talk in such measured prose, and act from such sublime or such diabolical motives, that few have sufficient taste, wickedness or heroism, to sympathize in their fate.« Indem Edgeworth historische Fakten literarisiert und das Innenleben ihrer Figuren (»splendid characters playing their parts on the great theatres of the world«) ausleuchtet, Geschichte also subjektiviert, ebnet sie den Weg für den ersten, ungleich größeren Verfasser des klassischen historischen Romans, Sir Walter Scott.

Der Schotte Scott, der sich im letzten Kapitel von *Waverley* zu Edgeworth bekennt (»It has been my object [...] to emulate the admirable Irish portraits drawn by Miss Edgeworth«), wurde in Edinburgh geboren, studierte dort Jura und war Rechtsanwalt, bevor er sich der Literatur, zunächst der Lyrik, zuwandte, eine kommentierte Anthologie herausgab (*The Minstrelsy of the Scottish Border*, 1802) und mit *Marmion* (1808) und *The Lady of the Lake* (1810) metrische Romanzen vorlegte, die sehr populär waren und sein schriftstellerisches Talent ankündigten. Als ihm Byron, mit dem er als Verserzähler konkurrierte, den Rang abzulaufen begann, widmete Scott sich der Prosa. Auf *Waverley; or 'Tis Sixty Years Since* (1814), pseudonym veröffentlicht und ein Meilenstein in der englischsprachigen Prosaliteratur, folgten in jährlichem Rhythmus Romane, von denen *Guy Mannering* (1815), *The Heart of Midlothian* (1818), *Ivanhoe* (1819) und *Kennilworth* (1821) als die bedeutendsten gelten. Allen voran steht fraglos *Waverley,* mit dem Scott den ersten historischen Roman von weltliterarischem Niveau schuf und das Gattungsmodell der *historical novel* begründete, das das ganze 19. Jahrhundert Bestand haben sollte.

Der Protagonist mit dem sprechenden Namen, der träumerische Engländer Edward Waverley (»Like a maiden knight with his white armour«), wird Zeuge der Ereignisse um das *Jacobite Rising* (1745), das den historischen Erzählkern des Romans bildet. Die durch Waverley installierte Außenperspektive erlaubt es Scott, dialektisch die zahlreichen Antagonismen zu fixieren, die das Werk jenseits der *passions of the actors* thematisiert (Vergangenheit – Gegenwart; England – Schottland; Highlanders – Lowlanders; Jacobites – Unionists; Calvinismus – Katholizismus). In generischer Hinsicht gelingt ihm die Synthese von *romance* und *history*. Bei aller Nostalgie für die Vergangenheit und den Verlust des schottischen Heroismus in den Wirren der politischen Zeitläufe anerkennt Scott durch die Gestaltung des Denouements, dass an der Würdigung historischer Fakten kein Weg vorbeiführt. Diese Haltung liegt dem bürgerlichen Glück von Edward Waverley und Rose Bradwardine zugrunde, das zugleich die Verschmelzung von schottischen und englischen Interessen festschreibt. Dass es zur Vermählung von Waverley und Rose kommt, ist weniger im individual-psychologischen als vielmehr im historisch-politischen Kontext relevant. Scott tendiert zur englischen, bürgerlichen, den Fortschritt ins Visier nehmenden Gesellschaft, wovon freilich seine Sympathien für die schottische Vergangenheit unbeeinflusst bleiben.

Am Ende des 5. Kapitels von *Waverley* äußert sich der Erzähler in Fielding'scher Manier über das, was den virulenten Diskurs über *fact and fiction* prägt:

> I beg pardon [...] of those readers who take up novels merely for amusement, for plaguing them so long with old-fashioned politics, and Whig and Tory, and Hanoverians and Jacobites. The truth is, I cannot promise them that this story shall be intelligible, not to say probable, without it. My plan requires that I should explain the motives on which its action proceeded; and these motives arose from the feelings, prejudices, and politics, of the times.

Scott ging es folglich um historisch verifizierbare Fakten (»old-fashioned politics«), und er stützte sich vor allem auf John Humes *A History of the Rebellion in the Year 1745* (1802). Es ging ihm aber auch um »this story«, um einen fiktionalen Text, von dem er hoffte, er sei »intelligible« und »probable«. Es ist diese Kombination, die der *historical novel* zugrunde liegt, einer Gattung, deren Authentizität bei aller Fiktionalität die historische Orientierung lieferte. Erst im späten 20. Jahrhundert, in dem sich die *metafictional historiography* etablierte, sollte sich dieses Modell als nicht mehr tragfähig erweisen.

Der »romantische« Essay

Für die Romantik gilt generell, dass sich in ihr ein Wandel von der vernunftgeprägten, strengen Ordnungsprinzipien folgenden Aufklärung zu einer bis ins Extreme gesteigerten Subjektivität und Originalität vollzog. Das Individuum stand im Zentrum; die persönliche Erfahrung suchte die ihr gemäße Ausdrucksform. Ein adäquates Medium für diese Weltsicht war neben der Lyrik der imaginative Essay, der die Bacon'sche Essayistik mit ihrer argumentativen Stringenz ebenso hinter sich ließ wie die Essays von Addison und Steele, die in den *moral weeklies* ein vornehmlich didaktisches Interesse verfolgten und soziale, moralische und politische Themen popularisierten. Charles Lamb, William Hazlitt und Thomas DeQuincey sind die Autoren, die den Essay für die Darstellung persönlicher Erlebnisse nutzten. Virginia Woolfs Urteil über Hazlitt – »His essays are emphatically himself [...]. He tells us exactly what he thinks, and [...] what he feels« – gilt cum grano salis auch für Lamb und De Quincey.

Charles Lamb (1775–1834), dessen mit seiner Schwester Mary verfasste *Tales from Shakespeare* (1807) Adaptionen der Dramen für die Lektüre von Kindern darstellen, hat sich durch seine zumeist für das *London Magazine* geschriebenen *Essays of Elia* (1823; 1833) einen Platz in der Literaturgeschichte gesichert. In ihnen inszeniert er sich als schwieriges, von seinen *whims* fasziniertes Individuum. »Christ's Hospital Five-and-Thirty Years Ago« etwa erinnert an Lambs Schulerfahrungen mit »Master Coleridge« und den gemeinsamen Lehrer Allen, an den er, in der ihm eigenen idiosynkratischen Diktion, wehmutsvoll zurückdenkt: »Extinct are those smiles, with that beautiful countenance, with which (for thou wert the *Nireus formosus* of the school), in the days of thy maturer waggery, thou didst disarm the wrath of infuriated town-damsel [...].«

Zusammen mit Coleridge ist WILLIAM HAZLITT (1778–1830) der wichtigste Literaturtheoretiker der Zeit. Dass auch sein essayistisches Werk beträchtlich ist und dass er sich nicht scheute, das Exzentrische des Menschen aufs Prägnanteste aufzuspießen, belegt *Table Talk, or Original Essays on Men and Manners* (1821–22). Hazlitt rühmt an Montaigne: »The great merit of Montaigne was, that he may be said to have been the first who had the courage to say as an author what he felt as a man.« An eben diesem Mut gebricht es Hazlitt nicht. In »On the Disadvantages of Superiority« verspottet er den Typus des Intellektuellen (»One of the Miseries of intellectual pretentions is, that nine-tenths of those you come in contact with do not know whether you are an impostor or not«), und in »On Familiar Style« formuliert er in einer an Wordsworths »Preface to *Lyrical Ballads*« erinnernden Weise das sprachliche Ideal, das seine Essays auszeichnet: »To write a genuine familiar or truly English style, is to write as any one would speak in common conversation, who had a thorough command and choice of words, or who could discourse with ease, force, and perspicuity, setting aside all pedantic and oratorical flourishes.«

THOMAS DEQUINCEY (1785–1859) unterscheidet sich insofern von Lamb und Hazlitt, als seine Essays in noch stärkerem Maße idiosynkratische, in Grenzbereiche des Bewusstseins vorstoßende Erfahrungen behandeln. Das beste Beispiel solcher intimen Explorationen ist *Confessions of an English Opium-Eater* (1821), sein Hauptwerk, in dem er »those restraints of delicate reserve« durchbricht, die den Blick für die Schattenseiten des Lebens öffnen. Sein literaturkritischer Essay »On Knocking at the Gate in *Macbeth*« (1823) ist ein kleines Meisterwerk über Macbeths »retiring of the human heart and the entrance of the fiendish heart«. In »On Murder Considered one of the Fine Arts« (1827; 1839) präsentiert sich DeQuincey als Connoisseur des Morbiden, das er von der Peripherie ins Zentrum des Menschen verlagert. Dass sein Œuvre Einfluss auf den Ästhetizismus und die Moderne ausüben sollte, ist angesichts der von ihm subtil und facettenreich ausgestalteten Bewusstseinserweiterung kaum überraschend.

Essayistische Literaturkritik der Romantik

Die wichtigsten literaturkritischen Beiträge der Romantik, das »Preface to *Lyrical Ballads*« (1802) und Coleridges *Biographia Literaria* (1817), sind keine Essays im engeren Sinne, weisen jedoch essayähnliche Konturen auf und haben das literaturkritische essayistische Werk von Shelley, Hazlitt und Mill ebenso nachhaltig geprägt wie den dichtungstheoretischen Diskurs.

Dem »Preface to *Lyrical Ballads*« in seiner letzten, 1802 publizierten Form (s. S. 131) gehen ein »Advertisment« zur ersten Ausgabe (1798) und ein »Preface« zur zweiten Ausgabe voraus. Es handelt sich zwar um ein Gemeinschaftsunternehmen der Freunde Wordsworth und Coleridge, doch stammt die letzte Fassung fast ausschließlich von Wordsworth. Das »Preface« ist ein revolutionäres poetologisches Manifest und ein Versuch, sich von der Poetik der Neoklassik, die Wordsworth am Konzept der *poetic diction* festmacht und exemplarisch an Alexander Pope demonstriert, zu distanzieren. Zudem postuliert er die Dehierarchisierung der etablierten Gattungen, vom Epos über die Tragödie und die Komödie bis hin zur Satire. Wordsworth lehnt *decorum* als normatives poetologisches Prinzip ab, fordert stattdessen die Darstellung von »incidents and situations from common life« und, daraus abgeleitet, »a selection of language really used by men«. Vorzug dieses Paradigmenwechsels ist die jetzt mögliche Integration des *common man* in die Welt der Lyrik: »Low and rustic Life was generally chosen, because in that condition, the essential passions of the heart find a better soil in which they can attain their maturity, are less under restraint and speak a plainer and more emphatic language.« Diesen ambitionierten Ansprüchen, die auf eine Demokratisierung der Dichtung hinauslaufen, kommt zu Recht die Dimension des Revolutionären zu. Dass Hazlitt seinen Beitrag über »Mr. Wordsworth« in *On the Living Poets* (1818) mit dem Satz eröffnet, »Mr. Wordsworth's genius is a pure emanation of the Spirit of the Age«, ist ebenso bezeichnend wie sein Hinweis, das soziale und figurale Tableau habe sich radikal geändert: »Kings, queens, priests, nobles, the altar and the throne, the distinctions of rank, birth, wealth, power, ›the judge's robe, the marshal's truncheon, the ceremony that to great ones 'longs,‹ are not to be found here.«

Die von Coleridge in der zweibändigen *Biographia Literaria* entworfene Literaturkritik versteht sich über weite Strecken als eine Kritik an Wordsworths Konzept der *poetic diction*. Ihm stellt er die Unterscheidung zwischen *imagination* und *fancy* gegenüber (»two distinct and widely different faculties«). Während sich *fancy* als ein Akt der Erinnerung manifestiert (»fancy is indeed no other than a mode of memory emancipated from the order of time and space«), meint *imagination* die originäre poetische Schöpfungskraft (»the living power and prime agent of all human perception«). Es ist die Fähigkeit der Imagination, die das Erinnerte im Schöpfungsprozess in Poesie transformiert (»It dissolves, diffuses, dissipates, in order to create«). Damit fixiert Coleridge zugleich den prinzipiellen Unterschied zwischen dem poetischen Genius und dem literarischen Talent.

Die literaturkritischen Essays von WILLIAM HAZLITT, *Characters of Shakespeare's Plays* (1817), *Lectures on the English Poets* (1819) und *Lectures on the English Comic Writers* (1818), wenden sich gegen das, was er »the modern or metaphysical school of criticism« nennt, gegen eine mit spekulativen Elementen überfrachtete Interpretationstheorie, die dem Kunstwerk nicht gerecht wird. Hazlitt positioniert sich als *practical critic*, lässt sich von *impressions* anmuten und formuliert mit verblüffendem Scharfsinn ein literaturkritisches Œuvre mit plausiblen Befunden. So entwickelt er in »On Gusto« (1816) eine aus der Malerei hergeleitete Geschmackstheorie, die technische Perfektion als unzulänglich ausweist und ästhetische Vollkommenheit als ein Zusammenspiel von *perfect form* und *the whole mind* definiert. Solchermaßen ausgerüstet, kann er Shakespeare, dem zusammen mit Milton die Krone gebührt, als ein dramatisches Kommunikationsgenie feiern: »The striking peculiarity of Shakespeare's mind was its genuine quality, its power of communication with all other minds – so that it contained a universe of thought and feeling within itself« (*Lectures on the English Poets*). Wem das zu wenig subtil scheint, der müßte, das Gleiche bezeichnend, von Shakespeare als einem Dramatiker sprechen, der den Zuschauer zum empathisch-intellektuellen Diskurs über ontologische Grundfragen einlädt. Gewiss, löst man Hazlitts mit lockerer Souveränität formulierte Einsichten aus ihrem Kontext, könnte man seine literaturkritischen Essays als eine Ansammlung von *truisms* bezeichnen. Es ist vermutlich der Verzicht auf ein stringent gegliedertes System, das Hazlitt aus heutiger Sicht angreifbar macht. Das mag David Lodge veranlasst haben, Philip Swallow, eine seiner Hauptfiguren in *Changing Places* (1975) und *Small World* (1984), als einen theorielosen Kritiker zu entwerfen, der sich auf Hazlitt beruft. Indes braucht das essayistische Werk des philosophisch geschulten und literarisch hochgebildeten Hazlitt den Vergleich mit der Essayistik seiner Zeitgenossen nicht zu scheuen.

PERCY BYSSHE SHELLEY hat neben seiner bedeutenden Lyrik zwei Prosatexte hinterlassen, *A Philosophical View of Reform* (erst 1920 veröffentlicht) und *A Defence of Poetry* (1821 geschrieben und 1840 publiziert). Die *Defence of Poetry*, Shelleys wichtigster literaturkritischer Essay, geht zurück auf einen ironischen Essay von THOMAS LOVE PEACOCK (1785–1866), *The Four Ages of Poetry* (1820), in dem Shelleys Freund überspitzt und pauschal argumentiert hatte, die Lyrik sei angesichts der sich rapide entwickelnden Technologie und der Wissenschaften ein Anachronismus. Dem hält Shelley in seinem ebenso eleganten wie tiefsinnigen Essay entgegen, dass allein die visionäre Kraft des Dichters in der Lage sei, die Auswirkungen der Naturwissenschaften im Zaum zu halten: »The cultivation of those sciences which have enlarged the limits of the empire of man over the external world has, for want of the poetical faculty, proportionally circumscribed those of the internal world; and man, having enslaved the elements, remains himself a slave.« In der Ablehnung eines rein mechanistischen Weltbildes (»things«) und der Etablierung der Poesie als *something divine* manifestiert sich eine Kulturkritik, die die Exzesse von Utilitarismus und Fortschritt in die Schranken weist. Allein die *poetical faculty*, argumentiert Shelley, verfüge über die Kraft, dem schnöden Materialismus Einhalt zu gebieten: »Poetry redeems from decay the visitations of the divinity in man.« Zu den *poets* zählt er nicht nur die Lyriker, sondern auch Musiker, Architekten, Historiker und Philosophen, sofern sie die Grundbedingung erfüllen, *the beautiful and the true* zu erkennen und darzustellen. Sie alle sind im Schlusssatz von Shelleys literatur- und kulturkritischem Essay gemeint: »Poets are the unacknowledged legislators of the World.«

John Stuart Mill (1806–1873) zählt zu den wichtigsten und kreativsten Denkern der Viktorianer, und das Spektrum seiner Veröffentlichungen lässt sich kaum eingrenzen. Sein früher Essay »What is Poetry?« (1833) markiert die Schnittstelle der literaturkritischen Essayistik zwischen Romantik und Viktorianismus. Inspiriert von Wordsworths Lyrik, entwirft Mill in »What is Poetry?« ein literaturkritisches System, das über Differenzierungen und Antagonismen (*poetry – science*; *poetry – fiction*; *story – incident; poetic language – eloquence*) das Wesen des Poetischen herauskristallisiert, das für Mill vor allem therapeutische Funktionen wahrnimmt. Sein Diktum »The truth of poetry is to paint the human soul truly, the truth of fiction is to give a true picture of life« kündigt nicht nur den brillanten Denker und Prosaisten späterer Veröffentlichungen an, sondern wirft zugleich ein Licht auf den viktorianischen Roman, die dominante Gattung der Epoche, die gewiss »a true picture of life« zeichnete, deren herausragende Vertreter freilich den von Mill insinuierten Realismus mit der Fähigkeit »to paint the human soul truly« zu verschmelzen wussten.

Expositorische Prosa

Die expositorische Prosa der Viktorianer stellt sich als Gesellschafts- und Kulturkritik dar und behandelt zentrale Fragen von Philosophie und Wissenschaft. Der von Jeremy Bentham (1748–1823) propagierte Utilitarismus, der als primäres Ziel des Menschen *the pursuit of happiness* definiert hatte, wird von John Stuart Mill in *Principles of Political Economy* (1844) und *Utilitarianism* (1863) weiterentwickelt. In Mills populärem Œuvre, das ihn trotz utilitaristischer Ideen als radikalen Reformer ausweist, nimmt *The Subjection of Women* (1869) eine Sonderstellung ein. Hier formuliert er in Anlehnung an Mary Wollstonecrafts *A Vindication of the Rights of Woman* (1792) die Notwendigkeit, die Emanzipation der Frau voranzutreiben und über *women's suffrage* eine Veränderung der politischen Rechte zu erwirken. Sein ambitioniertes Credo präsentiert Mill im Eröffnungskapitel:

> [...] the principle which regulates the existing social relations between the two sexes – the legal subordination of one sex to the other – is wrong in itself, and now one of the chief hindrances to human improvement; [...] it ought to be replaced by a principle of perfect equality.

Damit werden konservative Positionen, wie sie etwa von Sarah Stickney Ellis in *The Women of England. Their Social Duties and Domestic Habits* (1839) vertreten werden, durch einen emanzipatorischen Pragmatismus abgelöst.

Nahezu alle Verfasser expositorischer Prosa setzen sich dezidiert mit den Gefährdungen auseinander, die in der Folge der Industriellen Revolution für die viktorianische Gesellschaft entstehen. Es entwickelt sich eine von großem sozialen Engagement geprägte Literatur. Das demonstriert, wenngleich in modifizierter Form, auch das umfangreiche Werk von Thomas Carlyle (1795–1881), dessen Historiographie *The French Revolution* (1837) erstmals das sinistre Bild der Französischen Revolution aufhellt. Glaubensfragen stehen im Zentrum von Carlyles *Sartor Resartus: The Life and Opinions of Herr Teufelsdröckh* (1833/34). In dieser fiktiven Biographie beschreibt der Kenner der deutschen Literatur und der idealistischen Philosophie Fichtes den Weg zur Überwindung der existenziellen Glaubenskrise vom »Everlasting No« zum »Everlasting Yes«. In *Chartism* (1839) tritt Carlyle nachdrücklich für die Ziele der ausgebeuteten Arbeiter ein und bezieht gegen die hedonistische Überhöhung des Utilitarismus Stellung. Es zeigt sich freilich, dass Carlyle bei aller Sympathie für die Unterprivilegierten die sein gesamtes Werk bestimmende These vertritt, nur ein starker, autoritärer Herrscher könne den Menschen aus seinem Jammertal befreien und gesellschaftliche Stabilität sichern. Diese Position, die seine Kritik am Demokratieideal einschließt, hat ihm die Bezeichnung *violent conservative* eingetragen. In *Past and Present* (1843) tritt er emphatisch gegen *human slavery* auf den Plan, geißelt *Mammonism* und macht sich zum Sachwalter der *Toiling Millions of Mankind*. Deren Interessen verlangen Führung, erfordern Führer. Carlyles idealistische Formel »noble loyalty in return for noble guidance« schließt demokratische Repräsentation aus. Er definiert in *On Heroes, Hero-Worship and the Heroic in History* (1841) historische Größe als »the history of what man has accomplished in this world [which] is at the bottom the History of Great Men.«

Zu den großen Historiographen der Viktorianer zählt neben Carlyle vor allem THOMAS BABINGTON MACAULEY (1800–1859). In seinem fünfbändigen Hauptwerk *The History of England From the Accession of James II* (1849–61), das aus der Perspektive der Whigs die Zeit von 1685 bis 1697 behandelt und den Weg vom Absolutismus zur konstitutionellen Monarchie Englands beschreibt, gelingt ihm durch subtile erzählerische Kunstgriffe eine faszinierende, scheinbar authentische Rekonstruktion der geschichtlichen Umwälzung. Eine durch wissenschaftliche Dokumentation abgesicherte Historiographie legt Macauleys Zeitgenosse und Kontrahent JAMES ANTHONY FROUDE (1818–1894) mit seiner *History of England from the Fall of Wolsey to the Defeat of the Spanish Armada* (1856–70) vor.

Ein prominenter Vertreter des religiösen Schrifttums ist JOHN HENRY NEWMAN (1801–1890). Er berichtet in der Autobiographie *Apologia Pro Vita Sua* (1864) über seine Abkehr vom Protestantismus und die Konversion zum Katholizismus im Jahre 1845. Bald nach John Kebles Predigt »National Apostasy« (1833) avanciert Newman zum geistigen Führer des anglikanischen Oxford Movement, das sich gegen den aufkeimenden Liberalismus wendet und an die ursprüngliche Religiosität anknüpft. Nach der Konversion bestimmt ein prononcierter Katholizismus die theologischen Streitschriften, etwa den »Essay on the Development of Christian Doctrine« (1845). In der bedeutenden Publikation *The Idea of a University* (1859) formuliert Newman ein an katholischen Normen orientiertes Erziehungsideal, das den umfassend Gebildeten den Vorzug gegenüber den Technokraten gibt. Nicht Ingenieure gelte es zu erziehen, vielmehr sei ein Mensch heranzubilden, der jenseits von *professional skills* als Garant für ethische Normen stehe: »[...] a University training [...] aims at raising the intellectual tone of society, at cultivating the public mind, at purifying the national taste, at supplying true principles to popular enthusiasm and fixed aims to popular aspiration.« Newmans Rang in der viktorianischen Literatur begründet sich neben seiner Kritik am vulgarisierenden Liberalismus vor allem durch die stilistische Brillanz seiner Prosa, deren Repertoire satirische Invektiven ebenso einschließt wie rhetorische Perfektion.

Das bedeutendste Werk viktorianischer Wissenschaftsprosa ist fraglos Charles Darwins (1809–1882) *On the Origins of Species by Means of Natural Selection or the Preservation of Favoured Races in the Struggle for Life* (1859), das die Evolutionstheorie endgültig etabliert und die Viktorianer in eine tiefe Glaubenskrise stürzt, die schon mit Charles Lyells *Principles of Geology* (1830–1833) begonnen hatte. Darwin übernimmt von Herbert Spencer (1820–1903) das Diktum »survival of the fittest« und konfrontiert seine Zeitgenossen mit der Notwendigkeit einer fundamentalen Neuorientierung. Der Pessimismus, der den Spätviktorianismus trotz immenser wirtschaftlicher Prosperität und beträchtlichem politischem Machtzuwachs kennzeichnet, geht wesentlich auf Darwins evolutionistisches Weltbild zurück.

Die wichtigsten Gesellschafts- und Kulturkritiker der Viktorianer, die zunehmend selbstzufrieden auf soziale und ökonomische Fortschritte reagieren, sind JOHN RUSKIN (1819–1900), MATTHEW ARNOLD (1822–1888) und WALTER PATER (1839–1894). Der aus vermögendem Elternhaus stammende Ruskin, umfassend gebildet und von beachtlicher Schaffenskraft (die Gesamtausgabe seiner Schriften umfasst 39 Bände), wendet sich zunächst der Malerei zu und veröffentlicht mit *Modern Painters* (1843–1860) ein fünfbändiges Werk, das Turner preist, den Präraffaeliten den Weg zur Anerkennung ebnet und in dem Kapitel »Pathetic Fallacy« dem Problem der künstlerischen Wahrheit auf den Grund geht. Inspiriert und fasziniert von der mittelalterlichen Gotik, untersucht er, nach der Veröffentlichung von *The Seven Lamps of Architecture* (1849), in *The Stones of Venice* (1851–53) das Verhältnis von Architektur und Gesellschaft. Schon jetzt wird klar, dass Ruskin zu den glänzenden Stilisten der Viktorianer zählt. Nicht von ungefähr lässt E. M. Forster in *Howards End* (1910) den nach sozialer und kultureller Anerkennung strebenden Leonard Bast Ruskins *The Stones of Venice* lesen. Das Spätwerk, vor allem der Essayband *Unto This Last* (1860), setzt sich kritisch mit der politischen Ökonomie von John Stuart Mill auseinander, dessen liberale Wirtschaftspolitik Ruskin entschieden ablehnt.

Obwohl Matthew Arnold seine literarische Reputation wesentlich seiner Lyrik verdankt, ist er auch als vehementer Literatur- und Kulturkritiker in Erscheinung getreten. Seine Literaturkritik, zunächst in den *Essays in Criticism* (1865), dann in *Essays in Criticism, Second Series* (1888), drückt die Überzeugung aus, dass große Literatur wie die von Homer und Vergil zur dauerhaften Formung des menschlichen Geistes beizutragen vermöge. Die sinnstiftende Kraft der Literatur setzt er mit jener der Religion gleich; sie ist eine ewig gültige Lebenskritik. Als kulturkritisches Manifest hat Arnolds *Culture and Anarchy* (1869) zu gelten. Hier gelingt ihm die Auflösung des starren Antagonismus, den er in die Begriffe »Hellenism« und »Hebraism« fasst und die er als »man's two great natural forces« identifiziert. Arnolds kulturkritisches Ideal, das er in dem Kapitel »Sweetness and Light« entwickelt, setzt sich kritisch gegen den von den Viktorianern vermehrt vergötterten Materialismus ab: »Culture looks beyond machinery, culture hates hatred; culture has one great passion, the passion for sweetness and light.« In der visionären Versöhnung von »Hellenism« und »Hebraism«, in der Überwindung einer destruktiven Dichotomie, im Prozess des »Hellenising our nation«, erblickt Arnold jene Hoffnung, ohne die die Zivilisierung anarchistischer Kräfte nicht gelingen kann.

Zum einflussreichsten Kunst- und Kulturkritiker der Spätviktorianer avanciert Walter Pater. Nicht seinem Roman *Marius the Epicurean* (1885) verdankt er diese Stellung, sondern dem Essayband *Studies in the History of the Renaissance* (1873). Mit Pater assoziiert die englische Kulturgeschichte die Begriffe Dekadenz, Ästhetizismus und Hedonismus, und in seinen theoretischen Parametern kündigt sich der Übergang vom Spätviktorianismus zur Moderne an. Strebten Ruskin und Arnold nach der Erkenntnis historisch-gesellschaftlicher Wahrheit, so argumentiert Pater, dass es den moralischen Primat der Kunst durch eine Ästhetik des Schönen zu ersetzen gelte. Der ästhetischen Form, so postuliert er, gebühre Vorrang gegenüber moralisch-inhaltlichen Prämissen. Pater akzentuiert die flukturierende Impression, die die Kunst aus der historischen Relativierung befreit. Sein Fazit in den *Studies* fixiert die Ideale des Ästhetizismus, die die etablierte viktorianische Kunstauffassung radikal zurückweisen, prägnant: »[...] the poetic passion, the desire of beauty, the love of art for its own sake.«

Das subversive Potential dieser Kulturdiagnostik und ihr Schönheitskult stellen das ästhetische Programm bereit, aus dem das Fin de Siècle seine Normen bezog. Für

Oscar Wilde (1856–1900) personifizierte Pater das ästhetische Ideal. Das im »Preface« zu *The Picture of Dorian Gray* (1891) formulierte Credo geht wesentlich auf Paters Ästhetik des Schönen zurück.

Der viktorianische Roman

Im viktorianischen Zeitalter wird der Roman zur dominanten literarischen Gattung. Es entsteht eine unglaubliche Formenvielfalt, die jede stringente Klassifizierung dogmatisch erscheinen lässt. Die Forschung offeriert eine Fülle klassifikatorischer Subgenres in dem Bemühen, das prinzipiell heterogene Genre zu strukturieren: den politischen Roman, den psychologischen Roman, den historischen, den realistischen, den religiösen Roman (*novels of martyrdom*; *novels of faith; novels of doubt; conversion novels; imperial novels; condition of England novels; Newgate novels*). Hinzu kommen der Bildungsroman, der Erziehungsroman und der Kriminalroman. Die zumeist serielle Romanproduktion führte zur Prägung des Begriffs *three-decker novel.* Auch die übliche Periodisierung (»früh-, mittel-, spätviktorianisch«) wird den mannigfachen Überschneidungen des facettenreichen Genres kaum gerecht. Die folgende Darstellung des viktorianischen Romans, der in seiner Frühphase auf die Romantik zurückweist und um die Jahrhundertwende den Roman der Moderne ankündigt, kann zur Orientierung auf rigide Eingrenzungen nicht immer verzichten.

Der historische Roman

Die Darstellung geschichtlicher Sujets nimmt in der viktorianischen Romanliteratur eine zentrale Stellung ein. Angeregt durch historische Romane von Maria Edgeworth

(*Castle Rackrent*, 1800), schafft Sir Walter Scott mit *Waverley* (1814) den Prototyp des historischen Romans. Wenngleich über die essentiellen Kriterien dieses Genres kein Konsens besteht, kann neben dem zeitlichen Abstand (Scotts »'Tis Sixty Years Since« – so der Untertitel von *Waverley* – setzt die Norm) die Intention der Autoren, beim Leser ein historisches Bewusstsein herauszubilden, als ausschlaggebend gelten. Dass historische Romane ein Licht auf die viktorianische Gegenwart werfen, liegt auf der Hand.

EDWARD BULWER-LYTTON (1803–1873) zählt zu den produktivsten Schriftstellern der Viktorianer. Die 1874 publizierte Gesamtausgabe seines Œuvres umfasst 37 Bände, unter ihnen *Newgate novels*, *silver-fork novels*, expositorisch-historische Schriften und historische Romane, von denen *The Last Days of Pompeii* (1834) und *The Last of the Barons* (1843) dem Publikumsgeschmack entsprachen, den Bulwer-Lytton stets zu bedienen verstand. Sein wichtigster historischer Roman ist *Rienzi, Or the Last of the Tribunes* (1835), im Rom des 14. Jahrhunderts angesiedelt und passagenweise dem Schauerroman verpflichtet. Die Leistung dieses Werkes besteht in der geschickten Verknüpfung verlässlicher historischer Fakten mit einer episodenreichen imaginierten Handlung. Aus dieser Melange generiert Bulwer-Lytton eine konservative politische Botschaft, die den Protagonisten als Heldenfigur präsentiert.

Aus dem epochalen Erzählwerk von CHARLES DICKENS (1812–1870) ist neben *Barnaby Rudge* (1841) *A Tale of Two Cities* (1859) der Gattung des historischen Romans zu subsumieren. Dickens kannte und schätzte Carlyles *The French Revolution* und nutzte dieses Werk für die Porträtierung der französischen Revolutionsgesellschaft. In dem auf binäre Oppositionen gegründeten Roman entwirft Dickens ein Panorama, das den historischen Ereignissen im England unter George III. ebenso Raum gibt wie der Französischen Revolution und dem Sturm auf die

Bastille, den Dickens in all seiner Grausamkeit schildert. Bei der Figurenzeichnung, insbesondere bei dem idealisierten Darnay und der dämonisierten Madame Defarge, kommt Dickens nicht ohne Stereotypisierungen und Melodramatik aus. Die historisch-politische Botschaft freilich ist unmissverständlich. Dickens verurteilt die soziale Unterdrückung ebenso entschieden wie die Gewalt der Revolution, die den unausweichlichen Zyklus von Unterdrückung über Befreiung zu neuer Unterdrückung nicht zu durchbrechen vermag. Sydney Carton, als Visionär stilisiert (»he looked sublime and prophetic«), formuliert vermutlich als Dickens' *mouthpiece* das illusionslose Fazit: »[...] the new oppressors [...] have risen on the destruction of the old.«

William Makepeace Thackeray (1811–1863), heute zumeist wegen seines Meisterwerks *Vanity Fair* (1848) geschätzt, schrieb mit *The History of Henry Esmond, Esq.* (1852) einen autobiographisch konzipierten historischen Roman (»Written by Himself«), der die intrigenreiche englische Geschichte von der Vertreibung der Stuarts im Jahre 1688 bis zum Tod von Queen Anne und der Berufung der Hannoveraner auf den Thron (1714) ebenso zum Thema hat wie das Leben des 65-jährigen Esmond, der sich auf seinen Herrensitz in Virginia zurückgezogen hat, wo er sein ereignisreiches Leben Revue passieren lässt und für seine Nachfahren aufschreibt. Thackeray versteht es, geschickt die Diktion von Addison und Steele sowie die Sprache Fieldings zu rekonstruieren und einem Erzähler in den Mund zu legen, dessen Ziel die Entmythisierung großer historischer Helden ist. Weil sich für Thackeray ›objektive‹ Geschichte als ein Jahrmarkt der Eitelkeiten darstellt, entwirft er in *Henry Esmond* eine fiktionale Gegenwelt, die den historischen Diskurs problematisiert, indem sie ihn durch die Perspektive des Privaten auffächert. Der historischen Welt Thackerays ist jeder heroische Nimbus fremd. Das Diktum des Erzählers, »I would have history familiar [rather] than heroic«, fixiert präzise die Intention des Romans. *The Virginians* (1857–59) führt den in *Henry Esmond* begonnenen Geschichtsdiskurs fort.

Der historische viktorianische Roman wird durch CHARLES READE (1814–1884) in *The Cloister and the Hearth. A Tale of the Middle Ages* (1861) mit Elementen der *romance* und des Pikaresken angereichert. Das genau recherchierte Werk porträtiert mit dem Maler Gerard Eliasson und seiner Verlobten Margaret Brand eine Liaison, die die Ideale der Viktorianer reflektiert: Keuschheit, Treue, Hingabe an Beruf und Berufung. Bereits der Untertitel von RICHARD BLACKMORES (1825–1900) *Lorna Doone. A Romance of Exmoor* (1869) gibt zu erkennen, dass es dem Verfasser eines der populärsten viktorianischen Romane um ein Amalgam aus *history* und *romance* geht. Das in die Restaurationszeit verlegte Melodram weist mit dem Ich-Erzähler John Ridd, dem guten Helden, mit Carver als dem bösen Schurken und Lorna als der edlen Schönen ein trivial-stereotypisches Figurentableau auf, das zu einem tränenreichen *happy ending* führt und Geschichte als pures Dekor benutzt. Dass *Lorna Doone* trotz seines dubiosen literarischen Niveaus immer wieder aufgelegt wurde, mag daran liegen, dass John Ridd als Repräsentant wichtiger englischer Tugenden verklärt ist. In jüngster Zeit ist der Roman von dem Australier Peter Carey als satirischer Prätext genutzt worden. In seiner metafiktionalen Historiographie *True History of the Kelly Gang* (2000) studiert der irische Bandenführer Ned Kelly Blackmores *Lorna Doone* wie die Bibel, identifiziert sich mit den Heldentaten des Rächers Ridd und wird dem Spott des Lesers preisgegeben.

GEORGE ELIOT (Mary Ann Evans, 1819–1880) hat sich in einem auktorialen Erzählerkommentar ihres bedeutendsten Romans, *Middlemarch* (1871–72), im Vergleich mit Henry Fielding als »belated historian« bezeichnet. Ihr einziger genuin historischer Roman ist *Romola* (1862–63).

Im Kontext der italienischen Renaissance thematisiert er, ohne bei Lesern und Kritikern sonderlich viel Verständnis zu finden, in forcierter Weise die Entwurzelung des Menschen angesichts einer krisenhaften kapitalistischen Zuspitzung. Neuerdings hat die feministische Literaturkritik Meriten in *Romola* entdeckt, indem sie in der selbstbewussten Rolle der entrechteten Frau im florentinischen Italien und im viktorianischen England Parallelen erblickte. Eliots Experiment, den Schauplatz des Romans von der englischen *countryside* ins Italien der Renaissance zu verlegen, um aus dieser Perspektive Kritik an der viktorianischen Gesellschaft zu üben, kann allenfalls als teilweise geglückt gelten.

Walter Paters *Marius the Epicurean: His Sensations and Ideas* (1885) ist als historischer Roman, der zur Zeit Marc Aurels spielt, wie als ästhetizistisches Bildungsmanifest von stilistischer Eleganz zu würdigen. Das Werk fiktionalisiert die hedonistischen Positionen, die Pater in den *Studies in the History of the Renaissance* entwickelt hatte. Marius' Hinwendung zum Christentum ist weniger Indiz seiner religiösen Überzeugung, sondern vollzieht sich angesichts der Attraktivität, die das kirchliche Ritual auf ihn ausübt. Die im Untertitel insinuierte Entwicklung von *sensations* zu *ideas* bedarf ständiger rhetorischer Beteuerungen.

Der einzige historische Roman von Thomas Hardy (1840–1928) ist *The Trumpet-Major* (1880). Ihm liegen detaillierte Recherchen zugrunde (Hardy konsultierte z. B. Giffords *History of the Wars of the French Revolution*) über eine Zeit, in der England sich vor der Invasion durch Napoleon fürchtete. Im Zentrum des Werks steht indes eine in das idyllische Dorset verlegte Liebeshandlung um Anne Garland und ihre drei Bewerber. Geschichte hat für Hardy vor allem die Funktion einer Kulisse, vor der er ein Beziehungsgeflecht inszeniert, das, noch ungetrübt vom späteren Pessimismus des Autors, fest in einer komplexen und eindrücklich dargestellten sozialen Wirklichkeit verankert ist. Der eher mäßige Reiz von *The Trumpet-Major* liegt in der Kombination von *history*, *romance* und ländlichem *social setting*.

Der Sozialroman

Unbeeinflusst von den generisch-terminologischen Problemen (*social novel*; *industrial novel*; *condition of England novel*) bleibt die wirkungsästhetische Intention dieses Romantyps, die der früh- und mittelviktorianischen Zeit den Stempel aufdrückte. Es geht den Autoren darum, mit den Mitteln des Romans einen Beitrag zur Lösung gravierender sozialpolitischer Probleme zu leisten. Die hochexplosive Atmosphäre, die sich als Folge der Industriellen Revolution in den Forderungen der Chartistenbewegung nach sozialer und wirtschaftlicher Gerechtigkeit manifestiert, wurde angeheizt durch das *Poor Law Amendment* (1834), das die Armen auf krude Weise in ihre Schranken verwies. Carlyle, der in seinem Essay *Chartism* (1839) die Bezeichnung »Condition-of-England-Question« prägte, führte die sozialpolitische Krise vornehmlich auf den Verfall ethischer Werte zurück und schlug vor, das Konfliktpotential durch paternalistische Lösungen zu entschärfen. Den aus dem bürgerlichen Lager stammenden Romanciers bot die Darstellung von Interessen der ausgebeuteten Arbeiter eine wirkungsvolle Plattform, obschon die Alternativen, die der Sozialroman favorisierte, selten radikaler Natur waren und eher auf die Versöhnung konfligierender Klasseninteressen setzten. Dass der Sozialroman einen substanziellen Beitrag zur Harmonisierung extremer sozialpolitischer Positionen leistete, steht indes außer Frage.

Den ersten herausragenden Sozialroman, *Sybil, or the Two Nations* (1845), veröffentlicht der ehrgeizige Politiker BENJAMIN DISRAELI (1804–1881), der es bis zum Premierminister bringen sollte (1868; 1874–80). *Sybil* ist das mittlere Werk der Romantrilogie, zu der *Coningsby* (1844) und *Tancred* (1847) gehören. Disraeli verwendet eine Fülle dokumentarischen Materials aus Parlamentsdebatten (»blue books«), das dem Roman jenseits der personalen Konfiguration Authentizität verleiht. Der Untertitel, *The Two Nations*, fixiert prägnant die Entfremdung, auf der Disraelis Werk aufbaut. Egremont spricht von »a new era« und präzisiert:

> Two nations between whom there is no intercourse and no sympathy; who are as ignorant of each other's habits, thoughts and feelings, as if they were dwellers in different zones, or inhabitants of different planets.
> THE RICH AND THE POOR. (Kap. 2,5)

Die Ursachen für das Entstehen von *two nations* diagnostiziert der Erzähler bereits im ersten Buch: »[...] a spirit of rapaciousness desecrating all the humanities of life, has been the besetting sin of England for the last century and a half, since the passing of the Reform Act the altar of Mammon has blazed with triple worship.« Die Konfliktlösung, die Disraeli anbietet und an der Beziehung zwischen dem adligen und in Grenzen reformerischen Egremont und Sybil, der Tochter des Chartistenführers Walter Gerard, festmacht, ist freilich in ein romanzenhaftes *happy ending* eingebettet. Sybil, die sich schließlich als Abkömmling einer adligen Familie erweist, kann den reformierten Egremont heiraten, wodurch Disraeli andeutet, dass er einen einvernehmlichen Ausgleich zwischen den *two nations* für möglich hält. Von einer Kongruenz zwischen sozialpolitischer Diagnostik und figuraler Plausibilität lässt sich in *Sybil* allerdings kaum sprechen.

Alton Locke: Tailor and Poet (1850) von CHARLES KINGSLEY (1819–1875) ist als »an Autobiography« gekennzeichnet und zählt zu den unterschätzten Leistungen des viktorianischen Sozialromans. Das Neue an diesem aus bürgerlicher Sicht verfassten Werk ist die Erzählperspektive. Kingsley schildert das Los der Arbeiter aus der Sicht des Schneiders Locke in eindringlicher Prosa. Die Überwindung des irdischen Jammertals, in dem die sozial Schwachen von Krankheiten heimgesucht werden, erblickt Kingsley in einem christlichen Sozialismus. Das Konfliktpotential von Klasseninteressen bleibt zwar weitgehend ausgeblendet, doch gestaltet Kingsley das Dencuement nicht als romanzenhafte Inszenierung. Der Protagonist stirbt nach seiner Befreiung aus den Londoner Slums auf dem Schiff, das ihn nach Amerika führen soll. Angesichts der sinistren sozialen Wirklichkeit erscheint der Exodus als einzige Alternative.

Elizabeth Gaskell (1810–1865) ist die bedeutendste Verfasserin von Sozialromanen. Die einer unitarischen Familie entstammende Autorin, die auch die zweibändige Biographie *The Life of Charlotte Brontë* (1857) veröffentlichte, beschreibt in *Mary Barton: A Tale of Manchester Life* (1848) das entbehrungsreiche Leben des Chartisten und Gewerkschaftlers John Barton und seiner Tochter Mary. Insbesondere die in den expositorischen Kapiteln geschilderte Welt der Arbeiterklasse wirkt in ihrer schonungslosen Authentizität und Eindringlichkeit nachhaltig auf den Leser. Allerdings demonstriert das melodramatische Finale, in dem sich der reuige Barton mit dem Fabrikbesitzer Carson aussöhnt, mit dem didaktischen Appell »to acknowledge the Spirit of Christ as the regulating law between both parties«, dass es Gaskell darum geht, die Klassengegensätze mit Hilfe christlicher Prinzipien einzuebnen. Die humanistische Lösung sozialpolitischer Konflikte erhält gegenüber einer radikalen Kapitalismuskritik den Vorzug.

Gaskells zweiter Sozialroman *North and South* (1854–1855), der sich auch als ein weiblicher Bildungsroman lesen lässt, ist ihr wichtigstes Werk. Der Antagonismus, der das strukturelle Rückgrat des Romans bildet, erstreckt sich auf figurale, geographische, politische, philosophische und sprachliche Konstellationen. Margaret Hale verlässt den idyllischen Süden Englands mit ihrem kränkelnden Vater, der als Pfarrer eine Glaubenskrise durchmacht, und lässt sich im industriellen Milton-Northern (Manchester) nieder. Die Welt der Fabrikbesitzer wird von dem *self-made man* John Thornton repräsentiert. Margaret Hales Entdeckung einer komplexen Wirklichkeit, in der Selbst- und Welterkenntnis parallel laufen, steht im Zentrum eines Werkes, das die intelligente und feinsinnige Protagonistin als glaubwürdige Vermittlerin zwischen gegenläufigen Klasseninteressen porträtiert. Der Wandel Thorntons vom seelenlosen Fabrikanten zur Inkarnation des edlen Geläuterten (»a noble composure [...] with a sense of inherent dignity and manly strength«) ist vor allem das Erziehungswerk Margarets. Das vergleichsweise optimistische Ende, das die Notwendigkeit des Ausgleichs von Positionen, für die Norden und Süden stehen, festschreibt, bekräftigt zugleich ein *gender*-übergreifendes Ideal. Zukunftsorientierte, sozialpolitisch tragfähige Konfliktlösungen erfordern beide Geschlechter.

Vehemente Kritik an gesellschaftlichen Missständen durchzieht das Gesamtwerk von Charles Dickens, der kleinbürgerlichen Verhältnissen entstammte und durch seinen Vater, der wegen Zahlungsunfähigkeit ins Gefängnis musste, schon früh mit sozialem Elend konfrontiert wurde. Die klassische Bildung des Gentleman blieb ihm versagt. Er wurde als Zwölfjähriger zu ausbeuterischer Lohnarbeit gezwungen, arbeitete später als Schreibkraft in einer Londoner Anwaltskanzlei, wandte sich dann journalistischer Tätigkeit zu und verschaffte sich durch ungebremste Leselust Zugang zu den größten Erzählungen der Weltliteratur. Um die Jahrhundertmitte wurde der Autodidakt Dickens Berufsschriftsteller, genoss immense Popularität, avancierte zum Großverdiener, war aber nicht zuletzt wegen seines aufwendigen Lebensstils und einer gescheiterten Ehe stets in Geldnöten. In seinem Frühwerk konzentrierte sich Dickens zumeist auf spezifische Unzulänglichkeiten, etwa auf die Auswirkungen des *New Poor Law* (1834) in *Oliver Twist* (1837–38) oder auf das desolate Schulsystem in *Nicholas Nickelby* (1838–39). Im Spätwerk weitet sich die Perspektive, steht die gesamte englische Gesellschaft im Zentrum einer mit apokalyptischen Visionen angereicherten Sozialkritik. Die Figuren, an denen Dickens seine Einwände festmacht, werden komplexer, und das soziale Panorama, obschon nicht frei von melodramatischen Beigaben, weist enigmatische und bedrohliche Konturen auf. *Bleak House* (1852–53) und *Great Expectations* (1860–61) dem Typus des Sozialromans zu subsumieren erscheint angesichts der Komplexität dieser Werke allzu rigoros. Allerdings enthalten gerade diese Romane Strukturen, die die *social novel* konstituieren.

Ist *David Copperfield* (1849–50) durch die ergreifende Schilderung des Elends, mit der der Autor traumatische Jugenderinnerungen verarbeitet und dabei doch der Komik breiten Raum lässt, ein eindrucksvolles Beispiel fiktionaler Vergangenheitsbewältigung, so beginnt mit *Bleak House* eine Schaffensphase, in der an die Stelle komischer Aufhellungen eine satirisch formulierte Kritik vor allem am korrupten Rechtssystem Englands tritt. Das Eröffnungskapitel evoziert eine ominöse Atmosphäre großstädtischen Lebens, in der der Nebel, der bleiern über dem Moloch London liegt, die Perfidien der Justiz symbolisiert. Das üppige Figurentableau und die verästelten Handlungsstränge, durch zwei Erzählperspektiven zusammengehalten, werden durch Krankheitsmetaphern zu einer apokalyptischen Diagnose urbanen Verfalls verdichtet. Während die diversen Geheimnisse des komplexen *plots* mit detektivischem Spürsinn, der auf *The Mystery of Edwin Drood* (1870) vorausweist, gelöst werden, erweist sich die beängstigende soziale Atmosphäre als undurchdringlich.

Great Expectations (1860–61), nach *Hard Times* (1854) der kürzeste Roman von Dickens, ist wechselweise als Sozialroman oder als Bildungsroman in der Folge von *David Copperfield* bezeichnet worden. Dickens spricht von einer »grotesque tragicomic conception«, die der Darstellung von Pip, einer Waise, die im Hause seiner Schwester, Mrs. Joe, und seines Stiefvaters vornehmlich »by hand« großgezogen wird, zugrunde liegt. Der Ich-Erzähler Pip wird aus der klaustrophobischen Atmosphäre, die trotz Joes einfacher Gutmütigkeit im Haus der Adoptiveltern in Kent herrscht, von der enigmatischen Miss Havisham befreit (»Miss Havisham was going to make my fortune on a grand scale«) und kann in London ein Leben in relativem Wohlstand führen. Für den sozialen Aufstieg bezahlt Pip einen hohen Preis, weil das Wohlleben in der Metropole »arrogance and untruthfulness« mit sich bringt. Erst als sich Pip, finanziell ruiniert, seiner Wurzeln erinnert und zu Joe (»this gentle Christian man«) nach Kent zurückkehrt, Demut erlernt und soziales Mitgefühl erfährt, vollendet sich sein Schicksal. An die Ironisierung von »great expectations«, die Pip in die seelische Verarmung treiben, ist die Erkenntnis geknüpft, dass »constant tendency« der Großstadt fremd ist. Und die soziale Botschaft, die Dickens mit der Desillusionierung seines Protagonisten verbindet, richtet sich ein weiteres Mal gegen ein pervertiertes Justizsystem, als dessen Repräsentant der dubiose Jaggers figuriert. Gerechtigkeit wird in *Great Expectations*, für viele Dickens' Meisterwerk, als Privileg der Reichen transparent. Die bürgerliche Gesellschaft, die auf Wohlstand gründet und in der Pip vergeblich seinen Platz sucht, führt notwendig zu emotionaler Verarmung und verhindert stabile soziale Beziehungen.

Die Brontës und George Eliot

Nachdem mit Jane Austen am Beginn des Jahrhunderts eine Schriftstellerin die bislang vorwiegend Männern vorbehaltene literarische Bühne mit großem Erfolg betreten hatte, entwickelte sich der viktorianische Roman zu einem Genre, an dem Männer und Frauen nahezu gleichwertig partizipierten. Während die erzählerischen Werke von HARRIET MARTINEAU (1802–1876), GERALDINE JEWSBURY (1812–1880), CHARLOTTE YOUNGE (1832–1901), MARY E. BRADDON (1835–1915) und MARGARET OLIPHANT (1828–1897) heute zu Unrecht ein Leben in Literaturgeschichten fristen und jene von SARAH GRAND (1854–1943) und GEORGE EGERTON (1859–1945) allenfalls im Kontext der *New Woman Fiction* insbesondere in jüngster Zeit wieder entdeckt wurden, erweisen sich die Romane der Brontë-Schwestern und die von George Eliot neben denen von Elizabeth Gaskell als Hauptwerke der viktorianischen Literatur.

CHARLOTTE (1816–1855), EMILY (1818–1848) und ANNE BRONTË (1820–1849) wuchsen mit ihrem Bruder Patrick Branwell (1817–1848) im Pfarrhaus des Vaters in der von Hochmooren geprägten Landschaft Yorkshires auf, verdingten sich, um finanzielle Engpässe zu überwinden, als Lehrerinnen – neben dem Beruf der Gouvernante und dem der Hausdame der einzig mögliche Broterwerb für Frauen – und führten ein entbehrungsreiches Leben, das die Schwindsucht früh beendete. Die Literatur war für sie das Medium, der gefängnisähnlichen Lebenssituation zu entkommen. 1847 erscheint *Wuthering Heights*, Emily Brontës einziger Roman, ein Meisterwerk, worin sie unter dem geschlechtsneutralen Pseudonym Ellis Bell eine enigmatische Welt erschafft, in der die antithetische Topographie von Thrushcross Grange und Wuthering Heights mit den Familien der Earnshaws und der Lintons den Hintergrund für die Darstellung von Irrationalität, Destruktivität und unzähmbarer Leidenschaft bildet. Erzählkern dieses amoralischen, die soziale Welt weitgehend ausblendenden und mit Elementen der *gothic novel* angereicherten Werkes ist die zerstörerische Beziehung zwischen dem unzivilisierbaren Findling Heathcliff und der gutsituierten Catherine, die in ihrer unkontrollierbaren Intensität auch die nächste Generation überschattet. Erst im Tod, so insinuiert das Finale, kommt es zur Verbindung der Unglücklichen. Die nachhaltige Wirkung von *Wuthering Heights* beruht freilich nicht nur auf der exaltierten Darstellung des Dämonischen. Sie hat ihre Ursache vor allem in einer Erzählsituation, die als früher Beleg für *unreliable narration* Konventionen des modernen Romans antizipiert. Es entstehen verschachtelte, mehrere Zeitebenen inkorporierende Erzählperspektiven, in der weder der distanzierte Ich-Erzähler Lockwood noch die in das Geschehen involvierte Haushälterin Nelly Dean die zurückliegenden Ereignisse vollständig und verlässlich zu rekonstruieren vermögen und auch durch ihre soziale Herkunft unterschiedliche, ja widersprüchliche Akzente setzen. Paradoxerweise wird vor allem durch Lockwoods elegante Syntax, die als forcierte Harmonisierung des Dämonischen wirkt, der Charakter des Unfassbaren betont. Sein Schlusssatz auf dem Friedhof, nachdem Emily Brontës wüste *tour de force* ihr Ende gefunden hat, ist in der Diktion des *travel writing* geradezu eine unfreiwillige Parodie auf die Irrationalität des Romans:

> I lingered round them [the three headstones], under that benign sky; watched the moths fluttering among the heath and harebells, listened to the soft wind breathing through the grass, and wondered how anyone could ever imagine unquiet slumbers for the sleepers in that quiet earth.

Anne Brontës Romane *Agnes Grey* (1847) und *The Tenant of Wildfell Hall* (1848), die in realistischer Manier das Schicksal einer Gouvernante und Ehekonflikte aus der

Perspektive der unterdrückten Frau schildern, standen stets im Schatten der Werke ihrer Schwestern, wenngleich sie durch emanzipatorische Züge ein gewisses Aufsehen erregten. Die Emanzipation in ihrer komplexen sozialen Problematik steht im Zentrum von Charlotte Brontës Romanschaffen. In *The Professor* (1857 postum veröffentlicht), *Shirley* (1849) und *Villette* (1853) werden Protagonistinnen porträtiert, die den Versuch unternehmen, angesichts massiver sozialer Pressionen ihre Identität und Integrität zu bewahren. Das ist auch das beherrschende Thema von Charlotte Brontës Roman *Jane Eyre* (1847). In diesem Werk, das auch als fiktionale Autobiographie bzw. als weiblicher Bildungsroman klassifiziert wird, erzählt die äußerlich wenig attraktive Ich-Erzählerin Jane ihren Lebensweg, der sie nach entbehrungsreichen Jahren in Gateshead Hall und Lowood mit dem tyrannischen Erzieher Mr. Brocklehurst nach Thornfield Hall führt, wo sie im Alter von 18 Jahren als Hauslehrerin Mr. Rochesters uneheliche Tochter Adele unterrichtet und sich den Zudringlichkeiten ihres Arbeitgebers ausgesetzt sieht. Als sie das Geheimnis des *Byronic hero* entdeckt, der seine kreolische Frau Bertha wegen ihres »Wahnsinns« in die Dachstube verbannt hat, stürzt sie in eine schwere psychische Krise. Nach dem Brand von Thornfield Hall, der Verwundung Rochesters, dem Tod Berthas und der Ablehnung des Heiratsangebots von St. John Rivers, den sie als Ehefrau nach Indien begleiten soll, kehrt Jane zu dem schwerkranken Rochester (»the caged eagle«) zurück, um ihn schließlich zu heiraten (»Reader, I married him«). Jenseits der sensationell-melodramatischen Elemente, die häufig die Atmosphäre der Schauerromantik nutzen, ist *Jane Eyre* ein Roman, der ein facettenreiches Porträt der um Freiheit und Identität ringenden Protagonistin zeichnet. Immer wieder betont Charlotte Brontë Janes Streben nach Freiheit (»I desired liberty«), wird das Aufbegehren gegen Rollenzuschreibungen sichtbar:

> Women are supposed to be very calm generally: but women feel just as men feel [...] it is narrow-minded in their more privileged fellow-creatures to say that they ought to confine themselves to making puddings and knitting stockings, to playing on the piano and embroidering bags.

Charlotte Brontë macht deutlich, dass Janes Einwilligung in die Ehe nicht als Unterwerfung zu verstehen ist. Erst nachdem sie ein beträchtliches Vermögen geerbt hat, geht Jane, als *independent woman*, die Verbindung mit dem geläuterten Rochester ein: »I am my own mistress.« Die finanzielle Ausstattung Janes nimmt den Roman vor dem Vorwurf in Schutz, er führe letztlich doch zum Triumph viktorianischer Werte und schließe mit der Domestizierung der Protagonistin. Auch die Funktion der kreolischen Bertha, die für Jean Rhys in *Wide Sargasso Sea* (1966), ein postkoloniales *rewriting* von *Jane Eyre*, die Vorlage bildet, sowie der Diskurs über das Empire laufen einer harmonisierenden Interpretation von Brontës Roman zuwider.

George Eliot, für viele die herausragende viktorianische Schriftstellerin, ließ bereits mit ihrer Übersetzung von David Friedrich Strauß' *Das Leben Jesu* (1846) und Ludwig Feuerbachs *Das Wesen des Christentums* (1854) ihr außergewöhnliches intellektuelles Format erkennen. Ihre tiefe religiöse Skepsis, ihr Leben an der Seite des verheirateten George Henry Lewes und ihre profunden philosophischen und naturwissenschaftlichen Kenntnisse machten sie zu einer Außenseiterin, deren emanzipatorische Auffassungen ihrem realistischen Romanwerk in unterschiedlichen Variationen den Stempel aufdrückten. Nach *Scenes of Clerical Life* (1857) schaffte sie mit *Adam Bede* (1859) den literarischen Durchbruch. Zur ersten Blüte gelangte ihre erzählerische Kraft in dem autobiographischen Roman *The Mill on the Floss* (1860), der am Beispiel der Geschwister Maggie und Tom Tulliver das letztlich erfolglose Aufbegehren gegen die engen gesellschaftlichen Normen des dörflichen St. Ogg's behandelt. Während in *Silas Marner* (1861) die Bedeutung innerfamiliärer Loyalitäten angesichts wirtschaftlicher Bedrohung im Zentrum steht, gegen die die Heilkräfte der idyllischen Natur gesetzt werden, durchzieht *Felix Holt, The Radical* (1867) ein politischer Diskurs, vor dessen Hintergrund mit der Porträtierung der idealisierten Titelfigur das korrupte Wahlsystem an den Pranger gestellt wird.

Eliots Meisterwerk ist *Middlemarch. A Study of Provincial Life* (1871–72). Der Roman, der vier Handlungsstränge multiperspektivisch zusammenführt, entwirft mit Hilfe von Kontrasten und Parallelismen ein komplexes sozialpolitisches Panorama, das die engen regionalen Grenzen früherer Werke sprengt. Eliot beschreibt das vielschichtige Leben im fiktiven Middlemarch vor der *Reform Bill* im Jahre 1832. Ihre Protagonisten entstammen einem breitgefächerten sozialen Spektrum. Dorothea Brooke und Casaubon gehören zur Schicht der *country gentry*, Tertius Lydgate und Rosamond Vincy zur *urban bourgeoisie*. Die wohlhabenden Farmer werden von den Garths repräsentiert, der dubiose Bankier Bulstrode, ein ehrgeiziger Parvenü, verkörpert den Typus des korrupten Heuchlers. Der Maler Will Ladislaw schließlich, der nach dem Tod des sterilen, inhumanen Pseudointellektuellen Casaubon erfolgreich um Dorotheas Hand anhält, ist eine idealisierte Figur, die die Fragwürdigkeit gesellschaftlicher Konventionen schonungslos freilegt. Von entscheidender Bedeutung ist Eliots allwissender Erzähler, der Figuren und Handlung aus olympischer Höhe kommentiert und mit Henry Fieldings Erzählinstanz verglichen wird. Allerdings ist der Unterschied bezeichnend:

> We belated historians must not linger after his example [...]. I at least have so much to do in unravel-

> ling certain human lots, and seeing how they are woven and interwoven, that all the light I can command must be concentrated on this particular web, and not dispersed over that tempting range of relevancies called the Universe. (Kap. 15)

Es ist vor allem das feinsinnige Aufknüpfen von »this particular web«, das Eliots *Middlemarch* zu einem der großen Werke der englischen Literatur macht.

Sensation novel und Detektivroman

Die generische Bezeichnung *sensation novel* entstand in den sechziger Jahren des 19. Jahrhunderts als ein von Kritikern geprägter Kampfbegriff, der das Entstehen eines Romantyps geißelte, dessen Ziel die lustbesetzte Darstellung von Emotionen war. Er galt als ethisch fragwürdig, ästhetisch minderwertig und überdies als sozial gefährlich, weil er das morbide Interesse an Sensationen nährte. Die *sensation novel*, die sich beträchtlicher Popularität erfreute, hat ihre Wurzeln in den *Newgate novels* und, in Grenzen, in den *gothic novels*. Zu ihren Themen gehört vor allem das Mysteriöse, das sich um Erbschaften rankt, und ihr Personal rekrutiert sich zuvörderst aus Kreisen der *gentry*, deren verbrecherische Machenschaften dekuvriert werden. Die Doppelgängerproblematik ist für dieses Subgenre zentral. Aufklärung ist das Ziel, das zum Spannungsabbau führt und die soziale Ordnung wieder herstellt.

Neben Mary E. Braddon (1835–1915), deren *sensation novels*, vor allem *Lady Audley's Secret* (1861–62) und *Aurora Floyd* (1863), eine beachtliche Publikumsresonanz fanden, ist Wilkie Collins (1824–89) der erfolgreichste Autor der Gattung, der er bei aller Melodramatik ein gewisses literarisches Niveau zu geben vermochte. Die beiden noch heute populären Romane, die der von Dickens protegierte Collins neben längst vergessenen Werken publizierte, sind *The Woman in White* (1859–60) und *The Moonstone* (1868). *The Woman in White* ist ein multiperspektivisch konzipierter Roman (»told by more than one pen«), der seinen Erfolg dem kriminalistischen Scharfsinn verdankt, mit dem der Zeichenlehrer Walter Hartright und die beharrliche Marian Halcombe den Schurkereien des Count Fosco auf die Schliche kommen. Während Strukturen des Detektivromans hier nur ansatzweise erkennbar sind, avancieren sie in *The Moonstone* durch die Professionalität von Sergeant Cuff von Scotland Yard zum dominanten Kompositionsprinzip. Verbrechensaufklärung vollzieht sich als das Unternehmen einer Detektivfigur, die mit empirisch-positivistischen Methoden den/die Täter überführt. Die Übergänge von *sensation novel* zum Detektivroman sind fließend. Edgar Allan Poes *tales of ratiocination* (*The Murders in the Rue Morgue*, 1841; *The Mystery of Marie Rogêt*, 1842) begründen die Detektiverzählung und definieren Parameter, die bis weit ins 20. Jahrhundert gültig bleiben. In Charles Dickens' *Bleak House* zeichnen sich Elemente des im Entstehen begriffenen Genres ab, und *The Mystery of Edwin Drood*, wenngleich durch Dickens' Tod nicht vollendet, gilt als der erste englische Detektivroman. Der bedeutendste Erzähler von Detektivgeschichten ist fraglos ARTHUR CONAN DOYLE (1859–1930), der Mitte der achtziger Jahre mit den Kurzromanen *A Study in Scarlet* und *The Sign of Four* hervortritt und in den zahlreich folgenden Erzählungen mit Sherlock Holmes eine Detektivfigur schafft, die ebenso exzentrisch wie akribisch und phantasievoll Verbrechen aufklärt. Dem ›Deduktionswissenschaftler‹ Holmes ist mit Dr. Watson ein Adlatus beigegeben, der, als *middle man*, durch insistierende Fragen den Erzählvorgang vorantreibt, eine Brücke zum Leser schlägt und als Kontrastfigur zu dem genialen Holmes Statur gewinnt.

In der Tradition der *sensation novel* steht auch das vor allem kulturwissenschaftlich interessante Elaborat des Schotten Robert Louis Stevenson (1850–94), *The Strange Case of Dr. Jekyll and Mr. Hyde* (1886), das mit dem Doppelgänger-Motiv einen aufschlussreichen Beitrag zur vermehrt angeprangerten Scheinmoral der Viktorianer liefert und durch die Allegorisierung von Gut und Böse den Blick in das Unbewusste öffnet. Das subversive Potenzial dieser Erzählung kritisiert eine spätviktorianische Gesellschaft, hinter deren äußerer Selbstzufriedenheit ein dunkler seelischer Abgrund sichtbar wird.

Der Gesellschaftsroman

Da die Gesellschaft im Zentrum der allermeisten viktorianischen Romane steht, ist allen ein Element des Gesellschaftsromans inhärent. Dickens' Romane, etwa *Little Dorrit* (1855–57) mit seiner pessimistischen Darstellung der Gesellschaft sowie die Sozialromane unterscheiden sich jedoch durch ihre gesellschaftliche Spezifik vom Gesellschaftsroman, der die sachgerechte Wiedergabe von Wirklichkeit zum Gegenstand hat und auf jegliche Idealisierung sowohl gesellschaftlicher Zustände als auch des Personals verzichtet. Thackerays berühmter Brief an David Masson aus dem Jahre 1851, in dem er sich dezidiert gegen Dickens' theatralische Überzeichnungen wendet, enthält die für die Definition des Gesellschaftsromans ebenso lapidare wie zentrale Bemerkung: »The art of novels *is* to represent Nature: to convey as strongly as possible the sentiment of reality.« Damit wird romantisierenden, geheimnisvollen und über- bzw. widernatürlichen Handlungselementen der Zugang zum Gesellschaftsroman versperrt. Wenngleich von einem allseits akzeptierten Realitätsbegriff um die Mitte des 19. Jahrhunderts nicht gesprochen werden kann, besteht sowohl für Thackeray, Anthony Trollope und George Meredith, die prototypischen Vertreter des Genres, Einigkeit in der Auffassung, dass der Romancier eine nüchterne Analyse des Alltäglichen vorzunehmen habe.

Thackerays Gesellschaftsromane *The History of Pendennis* (1848–50) und *The Newcomes* (1853–55) folgen kürzeren Werken wie *The Yellowplush Papers* (1837–38) und *The Book of Snobs* (1846–47), in denen die Exzentrizitäten der bürgerlich-aristokratischen Gesellschaft aufs Korn genommen werden. Sein Meisterwerk ist *Vanity Fair. A Novel Without a Hero* (1847–48). Wie bereits der Untertitel zu erkennen gibt, wendet sich Thackeray gegen die romantisierende Verherrlichung von Helden, wie Carlyle sie in *On Heroes, Hero-Worship and the Heroic in History* (1841) propagiert hatte. Der Titel des Romans, der ein subversiv-kritisches Bild der englischen Gesellschaft zeichnet und dabei konsequent etablierte Gattungskonventionen ad absurdum führt, verweist auf Bunyans *The Pilgrim's Progress* und auf die Bibel. Doch während für Bunyans Christian »Vanity Fair« mit seinen »Lusts, Pleasures and Delights of all sorts, as Whores, Bawds, Wives, Husbands« ein Stadium ist, das er auf dem Weg zur *Celestial City* hinter sich lässt, ist die zeitgenössische »Vanity Fair« ohne Zukunftsperspektive. Die Handlung um die naiv-sentimentale Amelia Sedley, die amoralische und verschlagene Rebecca »Becky« Sharp sowie den ebenso ehrlichen wie einfältigen William Dobbin ist sekundär. Thackerays Abscheu vor *happy endings* und *poetic justice* beugt jeglicher Sentimentalität vor. Der Roman endet mit einer Reihe von Fragen, deren Beantwortung dem Leser überlassen wird. Entscheidend ist die panoramahaft inszenierte Gesellschaft, zu deren Darstellung Thackeray sich eines »Manager of the Performance« bedient, der seine Figuren wie Marionetten agieren lässt und durch permanente auktoriale Interventionen die Neigung zur Illusionsbildung satirisiert. Der Konstruktcharakter der Akteure wird häufig durch Leseranreden, die an Henry Fielding erinnern, betont:

> We might have treated this subject [marriage] in the genteel, as in the romantic, or in the facetious manner. Suppose we had laid the scene in Grosvenor Square, with the very same adventures – would not some people have listened? (Kap. 6)

Dergleichen narrative Einfügungen, die das Verhältnis von Wirklichkeit und Fiktion problematisieren, antizipieren jene Diskurse, die im Roman der Postmoderne und in metafiktionalen Texten der Gegenwart auf der Tagesordnung stehen.

Anthony Trollopes Œuvre, das über 40 Romane umfasst, ist häufig unterschätzt worden. Trollope, der Chronist des viktorianischen Alltags, erledigte diszipliniert ein grotesk anmutendes Arbeitspensum (40 Manuskriptseiten pro Woche) und dokumentierte seinen Schaffensprozess akribisch in diversen Tagebüchern. Den Kern seines Werkes bilden zwei Romanzyklen, die sechs *Barchester Novels* (u. a. *The Warden*, 1855; *Barchester Towers*, 1857) und die sechs *Palliser Novels* (u. a. *Can You Forgive Her?*, 1864–65; *The Prime Minister*, 1875–76). Allen gemein ist die Frage nach den Konstituenten des *gentleman* angesichts der rasanten sozialen Entwicklung. Trollope nutzt eine auktoriale Erzählerfigur, um den Zustand der viktorianischen Gesellschaft prägnant zu beschreiben. Nicht selten schaltet er sich mit Kommentaren in den Erzählprozess ein und kritisiert, häufig mit satirischer Stoßrichtung, bedenkliche Fehlentwicklungen. Während die *Palliser Novels* in der Welt der Politik angesiedelt sind und um die Intrigen der Familie des Duke of Omnium kreisen, bildet das ländliche Barchester, das Winchester oder Salisbury nachempfunden ist, den Hintergrund für den ersten Zyklus, in dem Trollope die Macht der Presse und Missstände innerhalb der anglikanischen Kirche zur Sprache bringt. Überdies inszeniert er in *Barchester Towers* am Beispiel von Mrs. Proudies Rebellion gegen *home domi-*

nion einen Diskurs über das Verhältnis von *gender* und *power*, den er in *The Way We Live Now* (1875) fortsetzt. Hier attackiert Trollope in Gestalt des Schurken Melmotte die Korruption einer Gesellschaft, deren finanzielle Machenschaften den moralischen Verfall nach sich ziehen. In der ätzend-satirischen Darstellung sozialer Dekadenz ist Trollope seinem großen Vorbild Thackeray nahe.

George Meredith (1828–1909) hat ein ähnlich umfangreiches Werk wie Trollope hinterlassen. Die erste Gesamtausgabe des Literaturtheoretikers (*On the Idea of Comedy and Of the Uses of the Comic Spirit*, 1877; *The Tragic Comedians*, 1880), Lyrikers (*Ballads and Poems of Tragic Life*, 1883) und Romanciers erstreckt sich auf 34 Bände. In seinem Erzählwerk, das neben dem heute von Feministen hochgeschätzten Roman *Diana of the Crossways* (1885) vor allem die beiden Hauptwerke *The Ordeal of Richard Feverel: A History of Father and Son* (1858) und *The Egoist. A Comedy in Narrative* (1879) umfasst, kündigt sich durch subtile psychologische Betrachtungen der Roman der Spätviktorianer an. In *Richard Feverel*, einem in elaborierter Diktion verfassten Text mit autobiographischem Hintergrund, stellt Meredith die Krise der Familie am Beispiel des verlassenen Sir Austin Feverel und seines mit einer fragwürdigen systematischen Pädagogik erzogenen Sohnes Richard dar. *The Egoist* entlarvt in der Tradition der *comedy of manners* die monströse Selbstsucht des Protagonisten Sir Willoughby Patterne, der verzweifelt nach einer seiner Stellung angemessenen Frau sucht. Der Überwindung des exzessiven Egoismus weist Meredith eine therapeutische Funktion zu. Zugleich ist *The Egoist* ein Beitrag zum *war of the sexes*. Clara Middleton, von Sir Willoughby vergeblich umworben, befreit sich aus einer Umklammerung, die ihre freie Entfaltung verhindert. In seinen besten Romanen gelingt Meredith eine subtile Zusammenführung von realistischen und ästhetisierenden Schreib- und Sichtweisen.

Lewis Carrolls surreale Prosa

Kaum generisch zu fassen ist die Prosa von Charles Ludwidge Dodgson (1832–98), der als Lewis Carroll mit *Alice's Adventures in Wonderland* (1865) und *Through the Looking-Glass and What Alice Found There* (1872) zu literarischem Weltruhm gelangte. Dodgson studierte Mathematik in Oxford, wo er nach dem Examen (1854) fast dreißig Jahre lehrte und Fachliteratur über Mathematik und Logik publizierte (*Condensation of Determinism*, 1866; *The Game of Logic*, 1886; *Symbolic Logic*, 1896). Obschon Carroll seine beiden Prosatexte für die junge Alice Liddell schrieb, sind sie der Kategorie Kinderliteratur schwerlich zu subsumieren. In einer Welt, die sich nach Thackeray die Darstellung von Wirklichkeit auf die Fahnen geschrieben hatte, stellen Carrolls Texte alternative Realitätsentwürfe dar, die in ihrer symbolischen Logik als Vorläufer des Surrealismus zu betrachten sind. Die Theoreme von André Bretons *Manifeste du Surréalisme* (1924) und Guillaume Apollinaires Reflexionen über das Aufheben der Grenzen zwischen Rationalität und Irrationalität sowie das Diktum des Lyrikers Comte de Lautréamont, wonach das Wesen des Surrealen in »the chance meeting of a sewing machine and an umbrella on a dissecting table« zu erkennen sei, treffen fraglos auf Carrolls Prosa zu. In einer *voyage imaginaire*, in der Alice' Metamorphose als Initiationsprozess inszeniert wird, eröffnet sich jenseits aller Phantastik und Groteske ein subversiver Diskurs über *law and order* (insbesondere in »Alice's Evidence«). Die an Wortspielen und Neologismen reiche Sprache Carrolls formuliert in letzter Konsequenz die ewig aktuellen Fragen »Who in the world am I?« und »Life, what is it but a dream?«, die schon Lear und Macbeth beschäftigten. Carroll sagt in »An Easter Greeting to Every Child who Loves Alice«, dass seine Erzählungen als Therapie gegen »ugly dreams« und »all the sadness and all the sin, that darkened life« zu verstehen seien. Von John Tenniel kongenial illustriert, werden *Alice in Wonderland* und *Through the Looking-Glass* in jüngerer Zeit vermehrt im Kontext von Sigmund Freuds Psychoanalyse und C. G. Jungs Archetypenlehre interpretiert.

Der spätviktorianische Roman

Die spätviktorianischen Romane reflektieren auf prägnante Weise den kulturgeschichtlichen Umbruch, der sich gegen Ende des 19. Jahrhunderts abzuzeichnen beginnt. Sie eröffnen den Blick auf Bereiche jenseits des sozialen Wohlstands, thematisieren die steigende Saturiertheit und rücken die Schattenseiten politischer Macht und ökonomischer Prosperität ins Zentrum. Verfall und Dekadenz, Scheinmoral und Korruption sind die Elemente, die von der wachsenden Instabilität der spätviktorianischen Gesellschaft künden und Risse in der bürgerlichen Fassade sichtbar machen.

George Gissing (1857–1903) zählt zu den *new realists*, siedelt seine exakt recherchierten Romane zumeist im proletarischen Milieu an, beschreibt die Lebensbedingungen in den Slums, wirft ein Licht auf *The Nether World* (1889) und widmet sich in *The Old Woman* (1893) den Anliegen der Frauenbewegung. In seinem Hauptwerk, *New Grub Street* (1891), verarbeitet er die Erfahrungen, die er bei dem Versuch machte, sich als unabhängiger Schriftsteller zu etablieren. Sein Protagonist Edwin Reardon erlebt den von Zynismus und Materialismus beherrschten Literaturmarkt, auf dem nicht der talentierte Autor reüssiert, sondern der mediokre Opportunist Jasper Milvain, der skrupellos produziert, was der Markt verlangt. *New Grub Street* ist eine dezidierte Abrechnung mit dem dubiosen Kulturverständnis der Spätviktorianer.

Der Ire GEORGE MOORE (1852–1933) behandelt in seinem 20-bändigen Gesamtwerk, das neben diversen Sammlungen von Kurzgeschichten und autobiographischen Texten (*Confessions of a Young Man*, 1888) vor allem aus zeitkritischen Romanen besteht, die Missstände, die sich um soziale Ausbeutung, klerikale Bigotterie und repressive Sexualität ranken. Anfänglich von Zolas Naturalismus beeinflusst, beschreibt er in *A Mummer's Life* (1885) die Auswüchse von Alkoholismus und Prostitution. Engagiert wendet er sich gegen die von den allmächtigen *Circulating Libraries* ausgeübte Zensur (»Literature at Nurse, or Circulating Morals«, 1885). Moores stilistische Brillanz, das Erproben der *stream-of-consciousness*-Technik und die geschickte Nutzung von Multiperspektivität machen ihn zu einem Wegbereiter der Moderne.

Der bedeutendste Romancier der Spätviktorianer ist THOMAS HARDY. Ist *The Return of the Native* (1878) noch den Regionalromanen zuzurechnen – Schauplatz ist das schicksalsmächtige Egdon Heath in Dorset, wo die Konflikte zwischen Mensch und Natur, zwischen dem resignativen Clym Yeobright, der ruhelosen und selbstsüchtigen Eustacia Vye und dem draufgängerischen Damon Wildeve ihr dramatisches Ende finden –, so behandelt Hardys größter Roman, *Tess of the D'Urbervilles* (1891), der den programmatischen Untertitel »A Pure Woman Faithfully Presented« trägt, das Schicksal einer Protagonistin, die gegen eine fragwürdige gesellschaftliche Moral aufbegehrt und auf tragische Weise scheitert. Vergewaltigt von dem Libertin Alec D'Urberville, verraten von dem schwächlich-bigotten Angel Clare und verstoßen von einer scheinheiligen Gesellschaft, stirbt sie den Opfertod in der Nähe von Stonehenge. Die Hinrichtung wird in einem ironischen Erzählerkommentar, der Hardys zunehmenden Pessimismus widerspiegelt, in ihrer ganzen Sinnlosigkeit sichtbar: »›Justice‹ was done, and the President of the Immortals, in Aeschylean phrase, had ended his sport with

Tess« (Kap. 59). Hardy stellt mit diesem fragwürdigen juristischen Verdikt einen intertextuellen Bezug zu Gloucesters desillusionierter Feststellung in Shakespeares *King Lear* her: »As flies to wanton boys are we to the gods; / They kill us for their sport« (IV,1). Er erhellt die Macht des Schicksals über den Menschen, die Unverhältnismäßigkeit von Vergehen und Bestrafung, die auch im Diktum über Lear – »more sinned against than sinning« – ihren Ausdruck findet. Hardys *Jude the Obscure* (1895), sein letzter Roman, ist ein fiktionaler Gegenentwurf zum viktorianischen Selbstverständnis von Ehe und Moral, Religion und Kirche. Als negativer Bildungsroman beschreibt er im Kontext eines fatalistischen Weltbildes das Scheitern des Steinmetzen Jude Fawley, der als sozial unterprivilegierter Autodidakt zu akademischen Ehren zu gelangen versucht und durch seine Beziehungen zu Arabella Donne und Sue Bridehead mit der viktorianischen Sexualmoral in Konflikt gerät. Stilistische und erzähltechnische Innovationen, etwa die häufig ambivalente Haltung seiner nominell auktorialen Erzählfiguren, sowie Charaktere wie Jude Fawley, die unter ihrer zerrissenen Seele leiden, positionieren auch Hardy als Schriftsteller, in dessen Werk sich die Moderne ankündigt.

Repräsentant des denunziatorisch verwendeten Begriffes »Dekadenz« ist Oscar Wilde (1854–1900). Der hedonistische Schriftsteller, dessen dandyhafter Lebensstil von den Viktorianern als Provokation empfunden wurde, verfasste neben subversiven Komödien vor allem Kunstmärchen (*The Happy Prince and Other Tales*, 1888; *The House of Pomgranates*, 1891) und Essays wie »The Critic as Artist« (1891) und »The Decay of Lying« (1891), in denen er seine auf Walter Paters *Studies of the History of the Renaissance* zurückzuführenden ästhetizistischen Ideen theoretisch reflektiert und damit das bürgerliche Publikum desavouiert. Die meisterhafte Inkorporation von Paradoxa und Epigrammen, die Inversion etablierten

Denkens (»Life imitates art far more than Art imitates life«) und die radikale Substitution des Ethischen durch das Ästhetische verdichten sich zu einer als gefährlich eingestuften subkulturellen Melange. Die viktorianische Gesellschaft reagierte, indem sie den homosexuellen Unruhestifter wegen seiner Beziehung zu Lord Alfred Douglas ins Gefängnis steckte. Zum Katholizismus konvertiert, starb Wilde in einem heruntergekommenen Hotel in Paris.

Wildes einzigem Roman, *The Picture of Dorian Gray* (1891), ist ein »Preface« vorangestellt, das sich wie ein ästhetizistisches Manifest liest (»There is no such thing as a moral or an immoral book. Books are well written, or badly written«). Das Werk erzählt das Leben des schönen jungen Dorian, seine nurmehr angedeuteten homoerotischen Gefühle für Basil und die Unterwerfung unter die Theorien des *New Hedonism* seines Mentors Lord Henry Wotton: »A new Hedonism – that is what our century wants. You might be its visible symbol« (Kap. 2). Die zentralen Themen des amoralischen Romans – der extreme Ich-Kult, der uneingeschränkte Narzissmus, die rigide Ausblendung von sozialer Verantwortung und die Verherrlichung einer Alternativkultur – stellen in ihrer Komprimierung ein ästhetisches Lebensmodell vor, das alles konterkariert, was den Viktorianern heilig war. In jüngster Zeit hat Will Self mit *Dorian* (2002) ein *rewriting* von Wildes Roman vorgelegt, das den Hedonismus in den sozial-geschichtlichen Kontext des ausgehenden 20. Jahrhunderts transponiert.

Der imperiale Roman

Für die Prosaliteratur des ausgehenden 19. Jahrhunderts ist der imperiale Roman (*Fictions of Empire*) kennzeichnend. England war auf dem Höhepunkt seiner politischen

Macht angelangt und hegte unverhohlen expansionistische Pläne. Insbesondere der afrikanische Kontinent geriet ins Visier einer Hegemonialpolitik, die missionarisch *Englishness* ausdehnen, sich Rohstoffe aneignen und neue Märkte erschließen wollte. Auch erschien die Expansion als ein geeignetes Mittel, die inneren Spannungen des Landes zu kaschieren und aufkeimende Dekadenzängste zu überwinden. Dass sich der Roman solcher verniedlichend als Interesse am Exotischen bezeichneten Probleme annahm, lag nahe. Allerdings ist zu beachten, dass die *Fictions of Empire* sich nicht ausnahmslos auf die Apotheose vermeintlicher englischer Größe reduzieren lassen.

Dem imperialen Roman mit seinen Hauptvertretern Rudyard Kipling und Joseph Conrad, zu denen später E. M. Forster hinzukam, geht der politisch eher unverdächtige Abenteuerroman von Robert Michael Ballantyne, George Alfred Henty, Robert Louis Stevenson und Henry Rider Haggard voraus. Der Schotte Ballantyne (1825–1894) schrieb zahlreiche Abenteuerromane für Jugendliche. Sein erfolgreichstes Buch, *The Coral Island: A Tale of the Pacific Ocean* (1858), ist eine Robinsonade, in der die auf einer Insel gestrandeten Jugendlichen gegen den Widerstand von Eindringlingen eine von Recht und Ordnung geprägte Gesellschaft errichten. Ballantyne lässt keinen Zweifel an der moralischen Überlegenheit der weißen Jugendlichen gegenüber den wilden Ureinwohnern. Obschon der Roman mit Typisierungen arbeitet, liegt sein Akzent eher auf der Heroisierung zivilisatorischer Tugenden. In William Goldings *Lord of the Flies* (1954), einer Anti-Robinsonade, die Ballantynes Text als Folie nutzt, erweisen sich die jugendlichen Inselbewohner dagegen als destruktiv.

George Alfred Henty (1832–1902) schrieb populäre *adventure stories*, die, heute weitgehend vergessen, in serieller Produktion erschienen. Sie sind an fast allen Punkten des Erdballs angesiedelt (*With Clive in India*, 1884; *With*

Roberts in Pretoria, 1902) und bieten Orientierung für jugendliche Leser, denen die Welt als ein Raum heroischer Selbstverwirklichung präsentiert wird. Imperialistisches Potential ist allenfalls impliziert.

Der einflussreichste Verfasser von Abenteuerromanen ist Henry Rider Haggard (1856–1925), der im britischen Kolonialdienst in Südafrika stand, bevor er sich ganz der Literatur verschrieb. Seine *romances*, die die Leser in ferne Kontinente entführen, sind nicht frei von imperialistischen Ideen und ethnischen Stereotypisierungen. Von den über dreißig Texten haben *King Solomon's Mines* (1885), *She* (1886) und *Allan Quartermain* (1887) ihre Anziehungskraft bewahrt. Zwar hat Haggard stets »a story of treasure, war, and wild adventure« im Sinn, doch geht es ihm nicht minder um die Glorifizierung des englischen *gentleman*, dessen überragende moralische und intellektuelle Kraft letztlich gegen alle Fährnisse obsiegt. Der in die Texte eingeschriebenen imperialistischen Propaganda läuft eine prononcierte Kritik am viktorianischen England parallel: *domestic decay* und *external triumph* stehen in einem reizvollen Spannungsverhältnis. Dass die Mixtur aus Imperialismus und Heldentum bei Haggard nur eine historische Episode war, zeigt Graham Greenes *The Heart of the Matter* (1948). Scobie, in Afrika stationiert und im Scheitern begriffen, erinnert sich nostalgisch an seinen Schulabschluss, als ihm »a prize – a copy of *Allan Quartermain*« überreicht wurde. Haggards imperialistisches Vademecum mit seiner apologetischen Expansionsideologie hat im 20. Jahrhundert die Orientierungskraft eingebüßt.

Rudyard Kipling (1865–1936), der als erster englischsprachiger Autor 1907 mit dem Literaturnobelpreis ausgezeichnet wurde, gilt nicht zuletzt wegen seines Gedichtes »The White Man's Burden« (1899) als *Bard of the Empire*. Höhepunkt seines populären Œuvres, das neben der Lyrik (*Barrack-Room Ballads and Other Verses,* 1892) und dem idealistischen *The Jungle Book* (1894) diverse Kurzgeschichtenbände (*The Light that Failed*, 1890) umfasst, ist der Roman *Kim* (1901). In ihm beschreibt der in Bombay geborene und mit der exotisch-kolonialen Welt Indiens bestens vertraute Kipling die einer Queste ähnlichen Erfahrungen, denen der junge Engländer Kimbal O'Hara im Konflikt mit den beiden Autoritätsfiguren, Colonel Creighton und dem Lama, seinem Mentor, im *Great Game* subkontinentaler Spionage ausgesetzt ist. Gewiss lässt sich an *Kim* kritisieren, dass das Politische hinter das Exotische zurücktritt, dass kein Diskurs über das Thema *British Rule* inszeniert wird. Gleichwohl ist Kiplings Indienroman, der den Status quo idealisiert, nicht das krude Werk des reaktionären Imperialismus, als das es lange denunziert wurde. Die grandiose Komposition und die subtile Ästhetik, welche die diversen Ethnien zu einem polyphonen Chor zusammenführen, haben mittlerweile selbst radikale Kritiker des Postkolonialismus veranlasst, dem Roman eine herausragende Stellung zuzubilligen.

Der gebürtige Pole Joseph Conrad (1857–1924) gilt als der wichtigste Vertreter der frühen Moderne. Nach dem Verlassen seiner Heimat im Jahre 1878 fuhr er auf französischen Schiffen zur See, erwarb das Offizierspatent, bestand die Kapitänsprüfung (1886), erlernte die englische Sprache, in der er es zur Meisterschaft brachte, und wurde englischer Staatsbürger. Seine frühen Romane, *Almayer's Folly* (1895) und *An Outcast of the Islands* (1896), verarbeiten die Erfahrungen auf See und stehen noch weitgehend in der Tradition der Abenteuerromane. Auch im späteren Werk, vor allem in *Lord Jim* (1900) und *Nostromo* (1904), spielt die Darstellung der See, nun freilich durch polyphone und multiperspektivische Kunstgriffe verfeinert und durch ironische Brechungen vertieft, eine zentrale Rolle. Conrads *Heart of Darkness* (1899) ist ein weiteres, wenngleich kontrovers diskutiertes Meisterwerk, das zu den *Fictions of Empire* zählt. In eine Rahmenhandlung eingebettet – der Erzähler Marlow berichtet seinen vier Zuhörern, allesamt Mitglieder des englischen Establishments, an Bord der *Nellie* in der Themsemündung von den Erlebnissen seiner Reise in den Kongo, »one of the dark places of the earth« – zeichnet Conrad ein sinistres Bild kolonialer Ausbeutung. Deren Repräsentant ist Kurtz, ein Amalgam diverser europäischer Kulturen, dessen anfänglicher zivilisatorischer Idealismus der Korruption weicht und zu unbeschreiblichen Greueltaten an der schwarzen Bevölkerung führt. Der Text, ausgestattet mit abgründiger Symbolik, semantischer Komplexität und in einer subtilen impressionistischen Diktion erzählt, lädt zu konfligierenden Interpretationen ein. Ins Extreme gesteigert, werfen sie, wie der Nigerianer Chinua Achebe, Conrad Rassismus vor. *Heart of Darkness* lässt sich aber auch als Plädoyer gegen Imperialismus und naiven Fortschrittsglauben lesen. Conrad, der in der *Author's Note* sagt, er habe in Afrika nichts verloren (»[in] the centre of Africa [...] I had no sort of business«), legt seinem Erzähler Marlow ein Verdikt in den Mund, das er offenbar teilte: »The conquest of the earth, which mostly means the taking away from those who have a different complexion or slightly flatter noses than ourselves, is not a pretty thing when you look into it too much« (Kap. 1). Und schließlich, das insinuiert der Text auf diversen Ebenen, bleibt das Erkennen des Abgründigen im Menschen ein Rätsel jenseits topographischer und ethnischer Schranken. Darüber hinaus macht Marlows widersprüchliche Darstellung (*inconclusive evidence*) Conrads *Heart of Darkness* zu einem visionären Werk, das in seiner beunruhigenden Suggestivität zentrale Elemente der Moderne antizipiert.

Von der Jahrhundertwende bis zum Ende des Zweiten Weltkriegs

Die Prosa des frühen 20. Jahrhunderts ist von zwei parallel verlaufenden Strömungen geprägt. Zum einen existiert anfangs eine noch weitgehend dem viktorianischen Realismus verpflichtete chronologisch-teleologische Erzählperspektive. Sie wird, nach und nach, abgelöst durch eine Prosa, die nuancierte psychologische Sichtweisen in den Vordergrund rückt und experimentellen Erzählformen Raum gibt. In diesem Transformationsprozess markiert das Ende des Ersten Weltkriegs eine tiefgreifende Zäsur. Virginia Woolf hat den Wandel vom traditionellen zum experimentellen Erzählen in mehreren hellsichtigen Essays kommentiert. Am Beispiel von H. G. Wells, Arnold Bennett und John Galsworthy, die sie in »Modern Fiction« (1919) als »materialists« bezeichnet, demonstriert sie die Unzulänglichkeit einer Prosa, die die Wirklichkeit nur noch akribisch registriert und die Darstellung seelischer Innenräume ausblendet. Über die Unterschiede zwischen »alter« und »neuer« Prosa sagt sie: »Life is not a series of gig-lamps symmetrically arranged; life is a halo, a semi-transparent envelope surrounding us from the beginning of consciousness to the end.« Es gilt, eine symmetrisch-lineare, von einer auktorialen Erzählinstanz vermittelte Schreibweise durch eine solche zu ersetzen, die der neuen Lebenssicht (»luminous«; »semi-transparent«) gerecht wird und irrationale, unbewusste, enigmatische und extrem subjektive Prozesse darzustellen vermag. Diese radikale Transformation leistet der experimentelle Roman. Seine bedeutendsten Vertreter sind Virgina Woolf und James Joyce, den Woolf, in Abgrenzung von den *materialists*, als *spiritualist* kennzeichnet.

Die *Edwardian Novel*

Im Roman der *Edwardian period* (1900–1914) wirkt die viktorianische Erzähltradition fort. Das gilt insbesondere für das Werk von Arnold Bennett, H. G. Wells, John Galsworthy und, mit Einschränkungen, für E. M. Forster. Ford Madox Ford ist insofern ein Sonderfall, als in *The Good Soldier* (1915) die Konturen des modernen Romans bereits deutlich formbestimmend sind.

Arnold Bennett (1867–1931) hat fast fünfzig Romane veröffentlicht. In der Tradition des französischen Realismus beschreibt er mit dokumentarischer Präzision die Welt der *potteries* in Staffordshire. Sein Regionalroman *Anna of the Five Towns* (1902) rekonstruiert das kleinbürgerliche Milieu, das den Erfahrungshorizont seiner Figuren einengt. Sein Hauptwerk ist die Clayhanger-Trilogie (*Clayhanger*, 1910; *Hilda Lessways*, 1911; *These Twain*, 1916). Im Zentrum von *Clayhanger* steht mit Edwin Clayhanger eine Figur, die durch massive soziale Konditionierungen an ihrer Entfaltung gehindert wird. Der mit diversen auktorialen Interventionen versehene Text rekurriert auf die Diagnosen des Soziologen Herbert Spencer, dessen in *First Principles* (1862) entwickelter Determinismus Bennetts Weltsicht nachhaltig beeinflusst.

Der aus kleinbürgerlichen Verhältnissen stammende H. G. Wells (1866–1946) wird heute vor allem wegen seiner *scientific romances* (*The Time Machine,* 1895; *The War of the Worlds,* 1898; *The First Men in the Moon*, 1901) geschätzt. Die auch in ihnen präsente Sozialkritik, die der der sozialistischen *Fabian Society* angehörende Wells am kapitalistischen Wirtschaftssystem übt, setzt sich in seinen humoristischen Kleinbürgerromanen *Kipps* (1905), *Tono Bungay* (1909) und *The History of Mr. Polly* (1910) fort. Die Tragikomik, die diese Texte auszeichnet, wird durch auktorial-didaktische Interventionen häufig in ihrer Wirkung beeinträchtigt. *Ann Veronica* (1909) ist der einzige

Roman von Wells, der die emanzipatorischen Ziele der *New Woman*-Bewegung fiktionalisiert.

John Galsworthy (1867–1933) schildert in seinem Romanzyklus *The Forsyte Saga* (1906–21), den er mit *A Modern Comedy* (1924–28) zu insgesamt neun Bänden ausbaut, mit satirischen Mitteln den Aufstieg und Zusammenbruch der Forsytes, einer Familie aus der *upper-middle class*. Galsworthys konventionelle Erzählweise übernimmt fast alle stilistischen Mittel der Viktorianer. Die prononcierte Kritik an der Maßlosigkeit der Figuren macht die Familienchronik des Literaturnobelpreisträgers (1932) indes zum Dokument einer Gesellschaft, die am hemmungslosen Materialismus zugrunde geht.

Der wichtigste Edwardianer ist E. M. Forster (1879–1970), wenngleich sein Hauptwerk, *A Passage to India*, das das Aufeinandertreffen von Indern und Engländern vor dem Hintergrund unvereinbarer religiöser und politischer Konflikte beschreibt, denen Forster das Ideal eines europäischen, mediterranen Humanismus entgegensetzt, erst 1924 erscheint. Unter den Romanen der ersten Dekade des Jahrhunderts, die der in Cambridge ausgebildete Forster in schneller Folge publiziert (*Where Angels Fear to Tread*, 1905; *The Longest Journey*, 1907; *A Room With a View*, 1908), nimmt *Howards End* (1910) eine Sonderstellung ein. Hier kontrastiert Forster die Welt von Margaret Schlegel, die für einen Kulturbegriff in der Tradition von Matthew Arnold steht, mit der von Henry Wilcox, einem philiströsen Entrepreneur, der Inkarnation eines expansiven Kommerzialismus, in dem für Schönheit und Kultur kein Platz ist. Rückblickend nimmt das Motto des Romans, »Only Connect«, eine ironische Färbung an. Margaret Schlegels Philosophie formuliert das Ideal: »Only Connect! That was the whole of her sermon. Only connect, and the beast and the monk, robbed of their isolation that is life to either, will die« (Kap. 22). *Howards End* demonstriert, dass die harmonische Verbindung dichotomischer Positionen (*prose – passion; culture – materialism; idealism – nihilism; city – country*) scheitert. Auch die Frage nach dem legitimen Erbe von Howards End, dem Symbol Englands und seiner großen kulturellen Vergangenheit (»the Holy of Holies«), das Forsters Elternhaus »Rocksnest« nachempfunden ist, bleibt unbeantwortet. Wenn der liberale Humanist, den weniger wohlwollende Kritiker einen unverbesserlichen Konservativen nennen, in Grenzen als erzählerischer Innovator gelten kann, so ist dafür die kunstvoll inkorporierte archetypische Symbolik verantwortlich, mit der sein Werk die sich von Grund auf verändernde Zivilisation konfrontiert.

Ford Madox Ford (1873–1939) hat ein achtzig Bände umfassendes, heute kaum mehr goutiertes Werk hinterlassen. Die Ausnahme bildet *The Good Soldier. A Tale of Passion*, ein kleines Meisterwerk, das wie kein anderes den Roman der Moderne vorwegnimmt und lange unterschätzt wurde. Ford erzählt die hochkomplexe, von Leidenschaft, Ehebruch und Betrug beherrschte Geschichte der Ehepaare Edward und Laura Ashburton sowie John und Florence Dowell. Er dekonstruiert eine Welt, die die viktorianischen Ideale »courage, loyalty, honour, constancy« (Kap. 2) reklamiert, tatsächlich aber permanent gegen diese hehren Prinzipien verstößt. Den durchgängig mit Leseranreden versehenen Text, den der *unreliable narrator* John Dowell in einer Mischung aus Unwissenheit und Verschleierung vermittelt, durchzieht leitmotivisch die Frage: »Why does one do things?« Durch Zeitsprünge, Digressionen und Brechungen entsteht ein raffiniertes Werk, dessen Aufschlüsselung dem Leser obliegt. Die Grenzen zwischen Realität und Fiktion sind fließend, und der ins Extreme gesteigerte Subjektivismus in *The Good Soldier* enthält nahezu die gesamte Kompositionspalette des modernen Romans, der, wenige Jahre später, von Virginia Woolf zur Meisterschaft geführt wird.

Der moderne Roman zwischen Experiment und Tradition

Im englischen Roman nach dem Ersten Weltkrieg manifestiert sich die Parallelität von Experiment und Tradition. Hauptvertreter des experimentellen Romans sind James Joyce, Virginia Woolf, Dorothy Richardson und May Sinclair. Der traditionelle, mit der viktorianischen Prosa allerdings kaum mehr verwandte Roman, der sich thematisch erneuert, wird repräsentiert durch D. H. Lawrence, Aldous Huxley, Radclyffe Hall, Ivy Compton-Burnett, Christopher Isherwood und dem frühen Graham Greene. Die Konstituenten des experimentellen Romans sind zahlreich: Multiperspektivität, Subjektivität, Fragmentarisierung, Pluralität, Selbstreflexivität, Hybridität, Preisgabe von Linearität und Kausalität sowie die Nutzung der *stream-of-consciousness technique* sind die wichtigsten.

Der radikalste Erneuerer ist James Joyce (1882–1941). Der äußerst gebildete und hochsensible Ire, angewidert von der geistigen, nationalistischen und klerikalen Engstirnigkeit seiner Heimat – »Ireland is the sow that eats her farrow« und »the shortest way to Tara is *via* Holyhead« heißt es in *A Portrait of the Artist as a Young Man* (1916) –, kehrt ihr den Rücken, um seine ambitionierte schriftstellerische Karriere auf dem Kontinent, vor allem in Paris, Zürich und Triest, zu verwirklichen. *A Portrait of the Artist*, das im Entwurf den Titel *Stephen Hero* trägt, ist ein autobiographisch konzipierter Künstlerroman, ein fiktionales Dokument intellektueller und religiöser Emanzipation. Joyce stellt den Reifungsprozess seines Protagonisten Stephen Dedalus in fünf Kapiteln dar. Durch Perspektivwechsel vom märchenhaften Auftakt (»Once upon a time«) bis zur Intimität des Tagebuchs (»March 20. Long talk with Cranly on the subject of my revolt«), durch die tiefgründige Auslotung von Stephens Bewusstsein, die von diversen Epiphanien begleitet wird, und durch ein weit verästeltes intertextuelles Referenzsystem entsteht ein vielschichtiges Künstlerporträt von der Kindheit über die erste Phase der Sexualität bis zur schließlichen Befreiung (»shaking the wings of exultant and terrible youth«).

Ulysses (1922) ist Joyce' Meisterwerk, für viele der bedeutendste englischsprachige Roman des 20. Jahrhunderts. In achtzehn Kapiteln, zu denen Homers *Odyssee* den Korrespondenztext bildet, erzählt Joyce das Geschehen, das sich in Dublin am 16. Juni 1904 um seine Protagonisten, den jüdischen Annoncenakquisiteur Leopold Bloom und seine Frau Molly sowie um den jungen Schriftsteller Stephen Dedalus, rankt. Der Verzicht auf konventionelle Orientierungstechniken, die Mischung von Erzählperspektiven, die Integration diverser Diskurse über Kunst und Künstler, das Nebeneinander von Banalem und Elaboriertem, die Subjektzentrierung von Wirklichkeit, die Versprachlichung des Sensualen und die kaum eingrenzbaren, häufig in parodistischer Absicht verwendeten intertextuellen Verweise schaffen ein Kunstwerk, dessen eigentlicher Protagonist die Sprache ist. Dass ein dermaßen kondensierter, hochkomplexer Text besondere Anforderungen an den Rezipienten stellt, liegt nahe. Seine Dekodierungsleistung wird belohnt durch die Erkenntnis, dass *Ulysses* in der Nachfolge von Sternes *Tristram Shandy* ein brillanter komischer Roman ist. Er schließt mit Molly Blooms berühmtem *stream-of-consciousness*, einem dreißigseitigen interpunktionslosen Erguss, einer Lebensbilanz, die, jenseits aller Kontroversen, in eine triumphale Lebensbejahung mündet und das monumentale Werk mit dem Wort *Yes* beendet.

Ist in *Ulysses* trotz stilistischer und kompositorischer Idiosynkrasien immerhin noch eine gewisse Nähe zum realistischen Erzählen erkennbar, so kann davon in *Finnegans Wake* (1939) nicht mehr die Rede sein. Selbst eine Synopse dieses handlungslosen Erzählwerks, das das Bewusstsein des sich zwischen Wach- und Schlafzustand befindlichen Kneipiers H. C. Earwicker (die Initialen stehen für »Here Comes Everyman«) versprachlicht, erweist sich als illusorisch. Joyce erschafft eine an Neologismen reiche Traumsprache – in den *Notebooks* wird sie als *centripetal writing* bezeichnet –, die an Lewis Carrolls »Jabberwocky« erinnert und in ihrer Enigmatik kaum dechiffrierbar ist. Eine Leseprobe aus dem Eröffnungskapitel »Here Comes Everybody« gewährt einen Einblick in den linguistischen Kosmos des Textes:

> Yet may we not see still the brontoichthyan form outlined aslumbered, even in our nighttime by the sedge of the troutling stream that Bronto loved and Brunto has a lean on. *Hic cubat edilis. Apud libertinam parvulam.* Whatif she be in flags or flitters, reekirags or sundyechosies, with a mint of mines or beggar a pinnyweight.

Der völlige Verzicht auf Mimetik und Linearität sowie die Substituierung von ästhetischer Plausibilität durch Reflexivität in *Finnigans Wake* verweisen auf die Metafiktionalität der Postmoderne.

VIRGINIA WOOLF (1882–1941), die Tochter des einflussreichen Essayisten und Biographen Leslie Stephen, erleidet nach dem Tod des Vaters (1904) einen Nervenzusammenbruch, unternimmt ihren ersten Selbstmordversuch, beginnt eine lesbische Beziehung mit Vita Sackville-West, heiratet 1912 den Verleger Leonard Woolf, wird ein führendes Mitglied der intellektuell-avantgardistischen *Bloomsbury Group* und erschafft, trotz nie versiegender psychischer Belastungen, ein Werk, das neben zehn Romanen zwei feministische Texte (*A Room of One's Own*, 1929; *Three Guineas*, 1939), Hunderte von Essays, sechs Briefbände und umfangreiche autobiographische Schriften umfasst. Der Ausbruch des Zweiten Weltkriegs verschärft ihre psychische Krise. Schwer depressiv, begeht sie in der

Ouse, einem Fluss in der unmittelbaren Nähe ihres Landsitzes Monks House, Selbstmord. Aus Woolfs Prämisse, der Roman habe die objektive Wirklichkeit durch eine subjektive zu ersetzen, folgt als Fundament erzählerischer Innovation zwingend der Wegfall der dominierenden Erzählinstanz, durch den die Darstellung des extremen Subjektivismus erst möglich wird. Weitere Konstituenten ihres Schreibens sind die Etablierung eines dichten sprachlichen, symbolischen, leitmotivischen und kohärenzstiftenden Assoziationsnetzes sowie die Minimierung der äußeren Handlung zugunsten einer intensiven Ausleuchtung figuralen Seelenlebens. Diese erzählerischen Innovationen haben gravierende Auswirkungen auf die Zeitstruktur der Texte (›innere‹ – ›äußere‹ Zeit) und ermöglichen die epiphanischen *moments of vision* jenseits des zeitlichen Kontinuums. Verstärkt wird die Realisierung dieses hier nur skizzenhaft dargestellten ambitionierten Erzählexperiments durch die konsequente Nutzung des inneren Monologs, der freilich die Radikalität von Joyce' *stream-of-consciousness* nicht anstrebt.

In *The Voyage Out* (1915) und *Night and Day* (1919) kündigt sich Woolfs Erneuerungsprogramm an. Es wird durch den selbstreflexiven binnenliterarischen Diskurs in *Jacob's Room* (1922) vertieft und erreicht in *Mrs. Dalloway* (1925) seinen ersten Höhepunkt. Dieser Roman erzählt einen Tag, den 23. Juni 1923, im Leben von Clarissa Dalloway und ihrem Doppelgänger, dem verstörten Kriegsveteranen Septimus Warren-Smith. Während sich in Clarissas Bewusstsein die Erinnerung an ihre Jugend in Bourton mit Vorbereitungen für die Party, den Tageshöhepunkt, mischt und Vergangenheit und Gegenwart verschmelzen, entzieht sich Smith durch seinen Freitod der von dem renommierten Nervenarzt Sir William Bradshaw, dem Apologeten einer schwammigen sozialen Ausgewogenheit (*proportion*), verfügten Einweisung in die Irrenanstalt. Woolfs Konzept (»I want to give life and death, sanity and insanity«) wird durch die Glockenschläge von Big Ben orchestriert und durch ein engmaschig geknüpftes Netz metaphorischer Bezüge zwischen beiden Handlungsebenen intensiviert. Den ursprünglich verwendeten Titel *The Hours* greift der Amerikaner Michael Cunningham in seiner jüngst publizierten Adaption (1998) wieder auf.

Der autobiographisch gefärbte Roman *To the Lighthouse* (1927) besteht aus drei Teilen, »The Window«, »Time Passes« und »The Lighthouse«, in denen Woolf in extrem unterschiedlicher Länge, Zeitdehnung und Zeitraffung bedeutungsvoll nutzend, aus dem Leben der Ramseys vor und nach dem Ersten Weltkrieg ein facettenreiches Familienporträt entwirft. Das inkongruent anmutende, figurenreiche Konglomerat erlangt seine Kohärenz durch die kunstvolle Verknüpfung von Symbolen und Motiven. Im dritten Teil löst Mr. Ramsey sein Versprechen ein und fährt mit seinem Sohn James dem Leuchtturm entgegen. Zeitgleich vollendet die Malerin Lily Briscoe, Mrs. Ramseys Jugendfreundin, ihr Bild (»It was done; it was finished [...] I have had my vision«). Diese Synchronisierung fügt divergierende Handlungsstränge zusammen und dokumentiert, dass Kunst inmitten einer chaotischen Lebenswelt Augenblicke von Harmonie und Erfüllung zu stiften vermag. Auch die fiktive Biographie *Orlando* (1928) sowie die Romane *The Waves* (1931), *The Years* (1937) und *Between the Acts* (1941) sind bei aller Unterschiedlichkeit Belege für Woolfs Bemühen, innere Bewusstseinsprozesse in eine fragmentierte Welt einzuschreiben. Diese stärker konventionell erzählten Texte, in denen der Alltäglichkeit des Lebens mehr Raum zugebilligt wird, erzeugen durch den Kontrast von Subjektivität und sozialer Wirklichkeit ein kreatives Spannungsverhältnis, das die Hoffnung auf die Harmonisierung auseinanderstrebender Welten stets im Blick behält.

May Sinclair (1863–1946), wie Woolf dem *female modernism* zugehörig, hat in ihrem frühen Roman *The*

Three Sisters (1914) psychoanalytisches Material eingearbeitet und sich damit vom realistischen Erzählen abgesetzt. Im Spätwerk, etwa in *Anna Severn and the Fieldings* (1922), *Far End* (1926) und *The Allinghams* (1927), thematisiert sie in der Tradition des psychologischen Realismus emanzipatorische Bemühungen von Frauen in einer patriarchisch dominierten Gesellschaft. Experimenteller Natur ist neben *The Life and Death of Harriet Frean* (1922) vor allem der 1919 publizierte autobiographische Roman *Mary Oliver: A Life*. Hier entwirft Sinclair das Porträt einer komplizierten Mutter-Tochter-Beziehung, wobei sie deren psychologische Implikationen in der *stream-of-consciousness*-Technik mit bemerkenswerter Souveränität darstellt.

Sinclair war es, die als erste *stream-of-consciousness* als literarischen Terminus verwandte, um in einer Rezension von *Pilgrimage*, dem Romanzyklus von DOROTHY RICHARDSON (1873–1957), auf die innovative Leistung dieser später in Vergessenheit geratenen Erzählerin aufmerksam zu machen. *Pilgrimage* beginnt mit *Pointed Roofs* (1915) und schließt mit *Dimple Hill* (1938) ab. Ergänzt um das postum veröffentlichte *March Moonlight* (1967), wächst das Werk auf dreizehn Texte an, die, zentriert um die Protagonistin Miriam Henderson, einen Roman ergeben, der erst von der feministischen Bewegung in den siebziger Jahren wiederentdeckt wurde. Im Vorwort zur ersten Gesamtausgabe (1938) verweist Richardson auf die Nähe von *Pilgrimage* zu Marcel Prousts Werk, bekennt sich zum *stream-of-consciousness*, begründet die Notwendigkeit, die literarische Erfahrungsrekonstruktion »within the mind of a single individual« zu lokalisieren und erklärt programmatisch: »Feminine Prose [...] should properly be unpunctuated, moving from point without formal instructions.« Diese Prämissen setzt Richardson um, indem sie auf eine ordnungsstiftende Erzählerfigur verzichtet, den Text episodisch strukturiert und die kontingenten Erfahrungen ihrer hochsensiblen Protagonistin zu einem komplexen Selbstfindungsprozess verdichtet. H. G. Wells, mit dem sie eine kurze Affäre hatte, figuriert in *Pilgrimage* als Hypo G. Wilson und steht für eine Maskulinität, der Richardson ihre *feminine aesthetic* entgegensetzt. Sie bildet die Basis für Miriams Ambitionen, als Schriftstellerin zu reüssieren, weshalb sich der Zyklus als innovativer Bildungs- und Künstlerroman bezeichnen lässt.

Traditionell und modern zugleich sind die Romane von D. H. Lawrence (1885–1930) und Aldous Huxley (1894–1963). Ihre Erzählkunst ist insofern relativ konventionell, als sie auf radikale formale Innovationen weitgehend verzichtet. Innovativ und modern sind indes die Themen, die das Werk dieser Autoren prägen, vor allem die massive Zivilisationskritik und die explizite Darstellung von Sexualität. Lawrence und Huxley formulieren Antworten der Moderne auf die Tradition und reflektieren das weltanschauliche Chaos, das in den zwanziger Jahren nach neuer Sinngebung verlangte.

Lawrence wuchs im ärmlichen Bergarbeitermilieu von Nottinghamshire auf, gelangte durch ein Stipendium zum Studium, wurde Lehrer, brannte mit der dreifachen Mutter Frieda von Richthofen durch, die er heiratete und mit der er ein Nomadenleben führte, bevor die Tuberkuloseerkrankung seinem Leben 1930 im französischen Vence ein Ende setzte. Seine literarische Bilanz – zehn Romane, diverse Novellen, mehrere Kurzgeschichtenbände, ein umfangreiches essayistisches Œuvre sowie Dramen, Lyrik und ein siebenbändiges Briefwerk – bezeugt die ungewöhnliche Produktivität, der ein ausgeprägtes didaktisches Interesse zugrunde liegt. Die mimetische Darstellung, der seine Romane verpflichtet bleiben, generiert gleichwohl Texte, die, gelegentlich in apokalyptische Dimensionen vorstoßend, eine an Nietzsche orientierte radikale Zivilisationskritik enthalten. Lawrence definiert Moral und Sexualität neu und entwirft durch die Ausgestaltung von ekstatischen Liebesbeziehungen ein utopisches Universum, das seine Triebkraft aus unbegrenzter Vitalität bezieht. Diese prophetische Vision, die den traditionellen Sozial- und Gesellschaftsroman viktorianischer Provenienz umschreibt und gelegentlich durch pathetische Überhöhungen und extravagante rhetorische Figuren schwer verdaulich ist, manifestiert sich vor allem in *Sons and Lovers* (1913), *The Rainbow* (1915) und *Women in Love* (1920) sowie in *Lady Chatterley's Lover* (1928), das als pornographisch denunziert wurde und in unpurgierter Fassung erst 1960 erscheinen konnte.

Sons and Lovers ist ein autobiographisch geprägter Bildungsroman, der die Befreiung Paul Morels aus der destruktiven ödipalen Umklammerung seiner Mutter beschreibt. Beziehungen zu Miriam Leivers, die Lawrence' Jugendliebe Jessie Chambers nachempfunden ist, und zu der verheirateten Clara Dawes vermögen Pauls Krise nicht zu überwinden. Das »The Release« überschriebene Kapitel, in dem die Mutter stirbt, initiiert nicht Befreiung, sondern führt im letzten Kapitel, »Derelict«, zur orientierungslosen Leere: »Where could he go? There was nowhere to go [...]. He felt stifled. There was nowhere for him.« Die Verweigerung eines harmonisierenden Denouements macht das sinistre Werk zum authentischen Porträt einer Identitätskrise. *The Rainbow* wird inszeniert vor dem Hintergrund einer historischen Welt, in der Tradition und Moderne aufeinanderprallen und die Figuren, allen voraus die Lehrerin Ursula Brangwen, nach individueller und sozialer Stabilität suchen. Nach einer Odyssee dissonanter Erfahrungen kündigt der Regenbogen im epiphanischen Schlusskapitel euphorisch eine neue, bessere Zukunft an: »She [Ursula] saw in the rainbow the earth's new architecture, the old, brittle corruption of houses and factories swept away, the world built up in a living fabric of Truth, fitting to the over-arching heaven.« Im Zentrum von *Women in Love*, Lawrence' bestem Roman, stehen

Ursula Brangwen und ihre Schwester Gudrun, eine Künstlerin, sowie der Bergwerksbesitzer Gerald Crich und der Schulinspektor Rupert Birkin. Kulturelle Emanzipation und wirtschaftliche Ausbeutung im Kontext sexueller Verstrickungen fixieren den Sinnbezirk, den Lawrence in elaborierter, emphatischer Rhetorik ausgestaltet. Wirtschaft, Technik, Rationalität, für die Crich, »the God of the machine, *Deus ex Machina*«, steht (Kap. 7), sind, so versichert der Text optimistisch, dem Untergang geweiht. Die Liebe zwischen Ursula und Rupert, ein Selbstporträt des Autors, scheitert, so dass der Hoffnungsschimmer, der *The Rainbow* abschließt und der in *Women in Love* sporadisch aufscheint, am Ende einer Dunkelheit weicht, die eine pessimistische Zukunft ankündigt. In *Lady Chatterley's Lover* kontrastiert Lawrence zivilisatorische Destruktivität mit ekstatischer, befreiender Sexualität. Constance Chatterleys Liaison mit dem Wildhüter Mellors beschwört in metaphysisch-phallischer Diktion eine spirituelle Regeneration, in der Körper und Seele zur Einheit verschmelzen. Von Pornographie lässt sich nur sprechen, wenn der Sexualakt seiner kosmischen Dimensionen entkleidet wird. Lawrences Fortschrittsvision setzt auf Sexualität, die er enttabuisiert und als zentrales Thema in den Roman des frühen 20. Jahrhunderts einschreibt. Sein Credo – »I want men and women to be able to think sex, fully, completely, honestly, and cleanly« (»A Propos of Lady Chatterley's Lover«) – verhallte nicht ungehört.

ALDOUS HUXLEY (1894–1963) entstammt einer Familie von Intellektuellen und publiziert nach der Schulausbildung in Eton und dem Literaturstudium in Oxford in den zwanziger Jahren satirische Ideenromane wie *Crome Yellow* (1921), *Antic Hay* (1923) und *Those Barren Leaves* (1925), die, relativ konventionell erzählt, in die kontroverse Debatte über politisch-moralische Grundfragen eingreifen und den Werteverfall der Gesellschaft aufzeigen. *Point Counter Point* (1928) ist sein wichtigster Beitrag zum Roman des *modernism*. Der multiperspektivisch erzählte Text mit einem antagonistischen Figurentableau, das für die kontrapunktische Struktur des Werks die Basis bildet und selbstreflektiven Diskursen jenseits zeitlicher Linearität Raum gibt, identifiziert Kommunikationsunfähigkeit als Ursache soziokultureller Verwerfungen. Die multiplen, divergenten Positionen werden durch eine Kontrapunktik zusammengeführt, die ansatzweise Hoffnung auf Ordnung inmitten disparater Lebensverhältnisse signalisiert.

Huxleys wichtigstes Werk ist die satirische Dystopie *Brave New World* (1932), mit der er zornig auf H. G. Wells' *A Modern Utopia* (1905) und *Men Like Gods* (1923) reagiert, die optimistische Zukunftsvisionen entwerfen. Abgestoßen von der amerikanischen Konsumgesellschaft, die er 1926 kennen gelernt hatte, projiziert Huxley gegenwärtige politische, ökonomische und medizinische Exzesse in eine globale, totalitäre Zukunft, in der Eugenik und Konditionierung jede Individualität verschwinden lassen und menschliche Bedürfnisse durch die Kunstdroge *soma* befriedigt werden. Um ein Essaythema in einen Roman zu transformieren, führt Huxley mit John the Savage eine Figur ein, die für Konfliktpotential sorgt und emphatisch nach individueller Freiheit verlangt: »I want God, I want poetry, I want real danger, I want freedom, I want goodness. I want sin« (Kap. 17). Dieser Gefühlsausbruch wird gelegentlich als Huxleys Plädoyer für ein nicht-standardisiertes Leben missverstanden. Tatsächlich porträtiert der Autor mit John einen wahnsinnigen Neurotiker, der Shakespeare durchgängig falsch interpretiert und sich als eine bizarre Mischung aus Hamlet und König Lear schließlich erhängt.

Zu den thematischen Erneuerern des modernen Romans zählen Radclyffe Hall (1880–1943) und Ivy Compton-Burnett (1884–1969). Halls literarisch-ästhetische Meriten sind umstritten. Ihr provokanter, bis in

Grenzbereiche des Obszönen reichender Beitrag zum Geschlechterverhältnis in *The Unlit Lamp* (1924) und *The Well of Loneliness* (1928), der homosexuelle und lesbische Parameter neu definiert, reflektiert mit seinen kalkulierten Tabubrüchen das Streben nach Anerkennung emanzipatorischer Minderheitenpositionen. Compton-Burnetts Romane, von *Pastors and Masters* (1925) über *Men and Wives* (1931), *A House and Its Head* (1935), *Daughters and Sons* (1937) bis zu *Manservant and Maidservant* (1947), fiktionalisieren *domestic tyranny*. Die Originalität ihres Werks, das die klaustrophobische Atmosphäre um die Jahrhundertwende einfängt, wird erreicht durch die völlige Ausblendung einer auktorialen Erzählinstanz. Nahezu ausschließlich in Dialogen erzählt und angereichert mit komischen Pointen und epigrammatischen Invektiven, ist Compton-Burnetts Œuvre ein beachtlicher innovativer Beitrag zur literarischen Moderne.

Die frühen Romane von Christopher Isherwood (1904–1986), *All the Conspirators* (1928) und *The Memorial* (1932), sind mit nachhaltiger Kritik an der dekadenten Gesellschaft ausgestattet. Das thematisch Neue seines Schreibens, häufig mit homosexuellen Erfahrungen unterlegt, erweist sich in seinen Berlin-Romanen *Mr. Norris Changes Trains* (1935) und *Good-bye to Berlin* (1939). Hier beschreibt Isherwood aus autobiographisch-distanzierter Perspektive eindrucksvoll transnationale Erfahrungen vor dem politischen Hintergrund der deutschen Metropole am Vorabend des Zweiten Weltkriegs.

Satire und Zeitkritik im Roman zwischen den Weltkriegen

Die Prosa dieser Jahre ist naturgemäß stark von der politischen Entwicklung beeinflusst. Weltwirtschaftskrise, soziale Destabilisierung, eine sich engagiert formierende Arbeiterklasse und der sich abzeichnende Krieg führen zur Politisierung des Romans. An die Stelle formal-extravaganter Experimente tritt, vorerst zumindest, eine Prosa, die zum beherrschenden Medium politischer Überzeugungen wird und propagandistisch-didaktische Interventionen nicht scheut. Auch der satirische Roman, der neben Huxley vor allem von Evelyn Waugh vorgelegt wird, ist eminent politisch konfiguriert.

Das weitgefächerte Œuvre des Autors EVELYN WAUGH erstreckt sich bis in die sechziger Jahre (die *Sword of Honour Trilogy* wurde 1961 abgeschlossen). Seine virtuosen, die Exzentrik und Dekadenz der Londoner *high society* satirisierenden Romane erschienen zwischen den Weltkriegen (*Decline and Fall*, 1928; *Vile Bodies*, 1930; *Black Mischief*, 1932; *Scoop*, 1938). *A Handful of Dust* (1934) nutzt ein Zitat aus T. S. Eliots »The Waste Land«, um die Sinnleere bloßzulegen, die die von religiösen Vorgaben unbeeinflusste Gesellschaft um Lady Brenda Last, die ein ausschweifendes Leben führt, mit immer neuen Kalamitäten konfrontiert. Waughs Glanzleistung ist *Brideshead Revisited* (1945), eine subtile Studie des fortschreitenden Verfalls der katholischen Adelsfamilie Marchmain, die der desillusionierte Künstler Charles Ryder (»homeless, childless, middle-aged, loveless«), als er das einstmals arkadische Brideshead als Soldat wiedersieht, im Stile einer *domestic tragedy* rekonstruiert. Der Text erlangt zusätzliche Faszination, indem er dem Untergang adligen Glanzes (»all is vanity«) die neue Zeit, für die der Soldat Hooper steht, gegenüberstellt: »Hooper became a symbol [...] of Young England« (»Prologue«).

GRAHAM GREENE (1904–1991) hat ein vielschichtiges Werk hinterlassen. Neben höchst unterschiedlichen Romanen publizierte er *short stories*, Essays, Autobiographien (*Ways of Escape*, 1980), Dramen, Reisebücher, Drehbücher (z. B. zu *The Third Man*) und sog. *entertainments*, mit denen er seinem Publikum amüsante Unterhaltung bieten wollte. Zwei Romane des 1926 zum Katholizismus konvertierten Autors, *Brighton Rock* (1938) und *The Power and the Glory* (1940), thematisieren in realistischer Diktion, die auch das spätere *The Heart of the Matter* (1948) auszeichnet, besonders eindrücklich den Grundkonflikt in Greenes fiktionaler Topographie (»Greeneland«) zwischen Religion und Politik. *Brighton Rock*, eine Art religiöser Thriller, ist im kriminellen Milieu angesiedelt und zeigt am Beispiel des jugendlichen Killers Pinkie und seiner Freundin Rose, dass in Greenes moralischem Universum auch für den Schuldigen Anlass zur Hoffnung besteht. Der Priester, eine Art *mouthpiece character*, formuliert im Schlusskapitel die auf Charles Péguy verweisende Botschaft: »We must hope and pray [...]. The Church does not demand that we believe any soul is cut off from mercy.« *The Power and the Glory* ist ein politisch-religiöser *roman à thèse*, der auf Erfahrungen zurückgeht, die Greene in seinem Reisebericht *A Lawless Road: A Mexican Journey* (1939) niederschrieb. In dem an das *morality play* erinnernden Text zeigt Greene am Beispiel der Antagonisten, des *Whisky Priest* und des ihn verfolgenden Polizeileutnants, dass Demut die Voraussetzung für göttliche Gnade ist und jene einschließt, die ihre Verfehlungen (*venial sins*) aufrichtig bereuen.

Ein enger Bezug zur sozialpolitischen Wirklichkeit ist in den frühen Romanen von George Orwell (1903–1950) zu beobachten. Elemente des dokumentarisch-autobiographischen Berichts prägen *Down and Out in Paris and London* (1933), *The Road to Wigan Pier* (1937) und das antifaschistische Plädoyer *Homage to Catalonia* (1938). Orwells Parteinahme für die sozial Unterprivilegierten, die an der gesellschaftlichen Peripherie leben, schlagen sich in *The Clergyman's Daughter* (1934) und *Keep the Aspidistra Flying* (1936) nieder. In *Coming Up for Air* (1939) zieht Orwell, der an seinen sozialistischen Überzeugungen vermehrt zu zweifeln begann, eine pessimistische Bilanz der gesellschaftlichen Entwicklung von der Jahrhundertwende bis zum heraufziehenden Zweiten Weltkrieg. Desillusioniert, eingepfercht in »one of those little stucco boxes« im Londoner Vorort Bletchley, wendet sich der 45-jährige George Bowling, den Krieg vor Augen (»the ghastly fear that something might happen before we've made the last payment«), nostalgisch dem Ort seiner Jugend in Lower Binfield zu. Die therapeutische Wiederbegegnung, auf die sich der Romantitel bezieht, endet indes in tiefer Depression. Bowlings Vision nimmt apokalyptisch den Krieg vorweg: »The bombs, the food-queues, the rubber truncheons, the barbed wire, the coloured shirts, the slogans, the enormous faces, the machine-guns squirting out of bedroom windows. It's all going to happen« (Kap. 4,6).

Diese Welt, die der engagierte Verfechter sozialistischer Ideale nunmehr desillusioniert konstatiert, bestimmt seine besten Veröffentlichungen, *Animal Farm* (1945) und, deutlicher noch, *Nineteen Eighty-Four* (1949). Die allegorische Tierfabel ist eine brillante Satire auf den russischen Kommunismus, und der vielzitierte Slogan »All animals are equal but some animals are more equal than others« (Kap. 10) wirft ein Schlaglicht auf diktatorische Regimes, die Wahrheit manipulieren und Freiheit unterjochen. Die beißende Ironie von *Animal Farm* wird in *Nineteen Eighty-Four* zur Satire auf den globalen Totalitarismus, seine ideologischen Prinzipien (»doublethink«) und seine linguistischen Perversionen (»Newspeak«). Der Versuch Winston Smiths, Geschichte in seinem Tagebuch authentisch aufzubewahren und von den primitiven Fiktionen der *novel-writing-machines* der Allmächtigen abzugrenzen, demonstriert besonders eindrucksvoll die Mechanismen des Totalitarismus. Das von O'Brien kontrollierte Schreibexperiment zeigt, dass die Macht totalitärer Regimes auf die neuerdings im Genre der metafiktionalen Historiographie diskutierten Prämisse basiert, Geschichte sei eine frei verfügbare Ware, beliebig und endlos manipulierbar (»history is continuously rewritten«, Kap. 2,9). Mit diesem Konzept führt Orwell ein Thema in die Literatur ein, das in der zeitgenössischen Prosa unter dem Signum *history as construct* dominant ist.

Essayistik und expositorische Prosa

Essayistik und expositorische Prosa in der ersten Hälfte des 20. Jahrhunderts stammen größtenteils von Romanciers. Sie thematisch zu bündeln ist angesichts der produktiven Vielfalt nahezu unmöglich. Viele Essays, häufig für Periodika und Zeitungen geschrieben, sind Reportagen oder enthalten Porträts von Schriftstellern, Politikern und Historikern. Der journalistische Einschlag ist so unübersehbar wie der informelle Ton, der die essayistische Diktion bestimmt. Fast scheint es, Orwells wöchentliche Kolumne in der *Tribune* (ab 1943), die den Titel »I Write as I Please« trug, fixiere am ehesten die assoziative Unbegrenztheit des Essays. Allein der literaturkritische Essay, wie etwa T. S. Eliot ihn schrieb, unterliegt durch den konkreten thematischen Fokus strenger inhaltlicher und formaler Disziplin. Das gilt auch für einen Teil der Essays, die Virginia Woolf in *The Common Reader* (1925; *Second Series* 1932) publizierte. Woolf ist darüber hinaus die Repräsentantin eines essayistischen Typus, der sich wegen seiner philosophisch-existenziellen Ausrichtung in der Literaturgeschichte als »Essay about Life« eingebürgert hat.

Woolfs zahlreiche literarische Essays beschäftigen sich mit der englischen Literatur von Spensers *The Fairie Queene* über Defoes *Robinson Crusoe* bis zu »Notes on D. H. Lawrence«. Sie betrachten die literarische Produktion aus modernistischer Perspektive, bewerten sie neu und fügen Facetten hinzu, die unentdeckt geblieben oder ausgeblendet waren. Der bekannteste, vielleicht beste »Essay about Life« ist der postum veröffentlichte Text »The Death of the Moth«, eine profunde, höchst komprimierte Reflexion, die den Tod des Insekts zum künstlerischen Schaffensprozess in Beziehung setzt und die Würde des kreatürlichen Todeskampfes ins Symbolische transponiert. Die wichtigsten nicht-fiktionalen Beiträge Woolfs sind die Monographien *A Room of One's Own* (1929) und *Three Guineas* (1938), die ihren Ruf als feministische Autorin festigten. Ausgehend von der These, die Schriftstellerin benötige materielle Sicherheit (»a woman must have money and a room of her own if she is to write fiction«), untersucht Woolf in *A Room* die Bedeutung patriarchalischer Mechanismen, die für die mangelnde kreative Entfaltung von Frauen verantwortlich sind. Sie führt die binären Stereotypen männlichen und weiblichen Schreibens (»this theory of the two sides of the mind«) zur Synthese, indem sie Androgynität (»a great mind is androgynous«) als Quelle der Kreativität propagiert. *Three Guineas* ist ein in Briefform abgefasster sozialkritischer Essay, der die Stellung der von Macht und politischem Einfluss ausgeschlossenen Frau behandelt. Dem traditionellen Bildungssystem, das nach Woolf eine von Männern beherrschte Gesellschaftsstruktur begünstigt, setzt sie ein emanzipatorisches entgegen. So gehen die Guineas als Symbole der Neuordnung von Macht an Frauen-Colleges, an Institutionen, die Akademikerinnen fördern, und an eine Friedensgesellschaft. Das dezidierte Engagement für einen Frieden, zu dem Frauen in einer patriarchalischen Gesellschaft einen substanziellen Beitrag leisten können, reflektiert die tiefe Betroffenheit Woolfs angesichts des heraufziehenden Weltkriegs.

E. M. Forsters Essays entstanden ab Mitte der dreißiger Jahre und wurden 1951 unter dem ironischen Titel *Two Cheers for Democracy* veröffentlicht. Im Vorwort heißt es: »We may still contrive to raise three cheers for democracy, although at present she only deserves two.« Forster kommentiert kritisch die politische Situation seiner Zeit (»The Second Darkness«), stellt autobiographische Reflexionen (»What I Believe«) und Kunstbetrachtungen an (»Art in General«; »The Arts in Action«) und schließt den Band mit topographischen Beobachtungen (»Places«), die für Forsters Schaffen, in dem das Lokale stets semantisch konnotiert ist, zentral sind. Das wichtigste nicht-fiktionale Werk ist *Aspects of the Novel* (1927). Es geht zurück auf Vorlesungen, die Forster am Trinity College in Cambridge hielt, und entwirft, indem es zwischen *plot* und *story* differenziert und die noch heute gültigen figuralen Kategorien *round* und *flat character* etabliert, eine einflussreiche Gattungspoetik.

Das in vier Bänden publizierte essayistische Œuvre von George Orwell erstreckt sich über die Zeit von 1920 bis 1949. Es enthält literaturkritische Würdigungen (»Charles Dickens«, 1939; »In Defence of the Novel«, 1936), »Essays about Life« (»The Spike«, 1931), vor allem aber politische Essays (»My Country Right or Left«, 1940; »England Your England«, 1941). Neben »Shooting an Elephant« (1936), das sich wie der Roman *Burmese Days* (1934) kritisch mit dem britischen Imperialismus auseinandersetzt, sind Orwells Essays durch die Verschränkung von Politik und Literatur (»Literature and Totalitarianism«, 1941; »Politics vs. Literature«, 1946) Dokumente politischer Desillusionierung. Der wichtigste, noch heute relevante Essay ist »Politics and the English Language« (1946). Er behandelt aus linguistisch-rhetorischer Perspektive ideologisch begründete Sprachmanipulationen und schließt mit dem bemerkenswerten Satz: »Political language [...] is designed to make lies sound truthful and murder respectable, and to give an appearance of solidity to pure wind.« *Nineteen Eighty-four* ist der fiktionalisierte Beleg dieser hellsichtigen Diagnose.

Die Essays von D. H. Lawrence reflektieren nicht nur kulturelle Erfahrungen, die er auf seinen Reisen machte

(*Mornings in Mexico and Etruscan Places* 1927; 1932), sondern setzen sich auch, unter der Überschrift »The Spirit of Place« (1919–30), kritisch mit Deutschland und England auseinander. Neben »Essays about Life« (»Reflections on the Death of a Porcupine«, 1925) schreibt er mit großem Engagement über die sexuelle Liberalisierung, die neben dem rechtfertigenden Essay »À Propos of Lady Chatterley's Lover« (1930) besonders deutlich in »Pornography and Obscenity« (1929) zur Sprache kommt und Prüderie, Hysterie und doppelte Moral an den Pranger stellt.

Der in Amerika geborene THOMAS STEARNS ELIOT (1888–1963), der 1927 auch die britische Staatsbürgerschaft annahm, verdankt die herausgehobene literarische Stellung seiner Lyrik. Darüber hinaus war er der einflussreichste Literaturkritiker zwischen den Weltkriegen. Die elegante Prosa seiner literatur- und kulturkritischen Essays, von »Tradition and the Individual Talent« (1919) bis zu »Culture and the Family« (1948), die teilweise in der von ihm gegründeten Zeitschrift *The Criterion* (1922) publiziert wurden, übte einen nachhaltigen Einfluss auf die öffentliche Geschmacksbildung aus. Die 1932 vorgelegten *Selected Essays* wurden zum Manifest des Modernismus. *The Metaphysical Poets* (1921) leitete die Renaissance der Lyrik von Donne, Crashaw und Herbert ein, während sein Verriss von *Hamlet* (1919) – »here Shakespeare tackled a problem which proved too much for him« – eine idiosynkratische Verirrung bleibt. In »Tradition and the Individual Talent« entwickelt er die These, der Künstler sei prinzipiell in der Tradition zu verorten: »No poet, no artist of any art, has his complete meaning alone. His significance, his appreciation is the appreciation of his relation to the dead poets and artists.« Die weitreichenden Implikationen dieser kulturell-künstlerischen Verankerung finden sich in den Diskursen wieder, die im Kontext von Palimpsest, Intertextualität und Harold Blooms *anxiety of influence* die Literaturtheorie nach dem Zweiten Weltkrieg prägen sollten.

Die literarhistorischen Publikationen von F. R. LEAVIS (1895–1978), der in Cambridge lehrte und seine Studenten durch leidenschaftliches Engagement für die Literatur in seinen Bann zog, erschienen zuerst als Essays in dem von ihm gegründeten Journal *Scrutiny*, das er von 1932 bis 1953 herausgab. Das kanonbildende Werk *The Great Tradition. George Eliot. Henry James. Joseph Conrad* (1948), das er, zögerlich, um ein Kapitel über Charles Dickens' *Hard Times* ergänzte, etablierte die Autoren als *modern classics*. Leavis' Maßstab für literarische Größe war die überzeugende ästhetische Vermittlung existentieller Erfahrungen im größeren kulturell-historischen Kontext. Das 1930 publizierte *Mass Civilization and Minority Culture* ist eine maßgebliche kulturhistorische Studie, die den *Cultural Studies* den Weg in das universitäre Curriculum ebnete.

Nicht minder bedeutend, wenngleich von anderen Prämissen ausgehend, ist das literaturtheoretische Werk von I. A. RICHARDS (1893–1979). In *Principles of Literary Criticism* (1924), *Science and Poetry* (1926), vor allem aber in *Practical Criticism* (1929) entwirft Richards analytische Parameter, die wegen ihrer Konzentration auf werkimmanente Kriterien, die freilich kontextuelles Material nicht ausklammern, die heute zu Unrecht ins Zwielicht geratene Methodik des *close reading* begründeten. Richards lehrte kongenial, was täuschend einfach klingt: »How to read a page«.

Die *short story*

Die moderne *short story* stammt zumeist von Romanciers. Sie ist indes kein Nebenprodukt, sondern ein Genre, das mit traditionellen Formen der Kurzprosa experimentiert, um eine Ästhetik zu entwerfen, die der Lebenswelt der Moderne gerecht wird.

James Joyce' Kurzgeschichtenzyklus *Dubliners* (1914) steht am Beginn eines Jahrhunderts, in dem die *short story* soziokulturelle und historisch-politische Tendenzen reflektiert. *Dubliners* besteht aus vierzehn *stories*, denen Joyce für die Publikation »The Dead«, die beste Erzählung, hinzufügte, um die im kleinbürgerlichen Milieu der irischen Hauptstadt angesiedelten Texte abzurunden. Joyce verstand Dublin als »centre of paralysis«, und das mit satirischer Schärfe entworfene Porträt, das religiöse Indoktrination, künstlerische Sterilität und resignative Melancholie in einer hermetischen Welt zur Sprache bringt, ist ein meisterhaftes Werk seismographisch registrierter Sinnleere.

Die Kurzgeschichten der in Neuseeland geborenen KATHERINE MANSFIELD (1888–1923) stellen einen zentralen Beitrag zur europäischen Moderne dar, indem sie die Gattung mit neuen Facetten innovativ verändern, ironische Gesellschaftskritik impressionistisch einkleiden, Geschlechterstereotypen problematisieren, Linearität durch Leitmotivik ablösen und die Spaltung des Selbst durch die souveräne Handhabung des *interior monologue* sichtbar machen. Versammelt das frühe *In a German Pension* (1911) satirische Skizzen deutscher Kurgäste (»Frau Brechenmacher Attends a Wedding«), so entwickelt sich Mansfields Kurzgeschichte, die auf Anton Tschechows *slice of life*-Theorie zurückgeht, in den Zyklen *Prelude* (1918), *Bliss* (1921), *The Garden Party* (1922) und *The Dove's Nest* (1923) zur Perfektion. Die in Neuseeland angesiedelte Erzählung »The Garden Party«, in der Mansfield den Hut als Symbol soziokultureller Emanzipation nutzt und für den Kontrast von Bourgeoisie und Arbeiterschaft fruchtbar macht, endet mit Lauras Epiphanie, der ebenso enigmatischen wie erkenntnisträchtigen Feststellung »Isn't life [...] isn't life«, deren Erschließung dem Leser obliegt.

A Haunted House and Other Stories, postum publiziert (1944), versammelt achtzehn Kurzgeschichten von Virginia Woolf, allesamt Dokumente des Modernismus. »Kew

Gardens«, 1919 entstanden, ist ein Text, der die Ideen fiktionalisiert, die Woolf in dem Essay »Modern Fiction« (1919) als Grundlegung modernistischen Erzählens konzipierte und der in seiner Durchdringung von Vergangenheit und Gegenwart auf *Mrs. Dalloway* vorausweist. »Moments of Being« (1928) erzählt in poetisch komprimierter Sprache, deren Leitmotivik das Denouement ankündigt, den entscheidenden Augenblick, in dem sich für die Protagonistinnen Julia Craye und Fanny Wilmot eine intime Liaison anbahnt.

Themen wie Zivilisationskritik, Sexualität und die Verschmelzung von Geist und Körper, die D. H. Lawrence' Romane kennzeichnen, bestimmen auch sein eindringliches Kurzgeschichtenwerk. *The Prussian Officer* (1914) enthält mit der Titelgeschichte und dem novellenartigen »Daughters of the Vicar« Texte, die ihre Botschaft aus antagonistischen Positionen herleiten (»instinct« – »consciousness«; »male will« – »female independence«). »Odour of Chrysanthemums« beschreibt die fortschreitende Entfremdung der Eheleute Elizabeth und Jack Bates. Als ihr Mann, ein trinkender Bergarbeiter, bei einem Unfall in Brinsley Colliery stirbt, führt die Katastrophe Elizabeth zu der selbstkritischen Erkenntnis: »She had denied him what he was – she saw it now. She had refused him as himself.« *The Princess and Other Stories* und *The Mortal Coil and Other Stories* versammeln Kurzgeschichten, die zwischen 1922 und 1930 entstanden und zumeist Lawrence' Reiseerfahrungen in dichter Metaphorik und visionärer Symbolik reflektieren.

E. M. Forster publizierte unter dem Titel *The Celestial Omnibus* (1911) und *The Eternal Moment* (1928) Kurzgeschichten, die er *fantasies* nannte. In diesen *stories*, die an die frühen Romane erinnern, verknüpft er Hellenistisches und Mythisches in der parodistischen Absicht, seine *innocents abroad* mit einer Welt jenseits des rational Erfahrbaren zu konfrontieren. Der dritte Erzählband, *The Life to*

Come and Other Stories, erschien postum (1972). Die hier präsentierten Erzählungen entstanden bereits Anfang der zwanziger Jahre. Sie behandeln das Thema Homosexualität, und Forster hielt sie, wie den Roman *Maurice*, unter Verschluss, weil er Repressalien befürchtete. Aussagen wie »the call to the blood and to the relaxed will« in »The Obelisk« hielt er wegen ihrer homoerotischen Konnotierung für zu brisant.

Das Romanwerk von SOMERSET MAUGHAM (1874–1965), etwa *Of Human Bondage* (1915) oder *The Razor's Edge* (1944), erreicht selten das Niveau seiner Kurzgeschichten, die er ab 1920 schrieb und 1963 in vier Bänden als *Collected Short Stories* publizierte. Sie stehen in der Tradition der französischen Erzähler (Maupassant war Maughams Vorbild), zeichnen sich durch lineare Plots mit dramatisch zugespitzten Denouements aus und sind, was ihren spezifischen Reiz ausmacht, häufig in exotischen Schauplätzen angesiedelt (»The Trembling of a Leaf. Little Stories of the South Sea Islands«; »The Outstation«). Die um die Agentenfigur Ashenden kreisenden Erzählungen (»Miss King«; »The Hairless Mexican«) spielen im Spionagemilieu des Ersten Weltkriegs und übten auf die *espionage novels* von Eric Ambler, Graham Greene und Len Deighton einen beträchtlichen Einfluss aus.

Die anglo-irische Erzählerin ELIZABETH BOWEN (1899–1973) hat neben Romanen wie *The Last September* (1929) und *The Death of the Heart* (1939) ein Kurzgeschichtenwerk hinterlassen, das vornehmlich zwischen den Weltkriegen entstand und in der 1981 publizierten Gesamtausgabe achtzig Texte umfasst. Es verortet sich im Kontext des *female modernism*, enthält subtile, das weibliche Seelenleben erhellende Porträts, nutzt die erlebte Rede als dominantes Stilmittel und kreist thematisch um *obstinacy, inordinate heroisms* und *immortal longings*, wobei das Politische an der Peripherie verbleibt. »Her Table Spread« (1941) ist eine Erzählung in der Tradition des »Great House«-Motivs und beschreibt Valeria Cuffes naiv-romantische Sehnsucht nach einem Bewerber (»Invasions from the water would henceforth be social, perhaps amorous«), die als unerfüllbare Vision dekonstruiert wird.

Der Beitrag irischer Autoren zur Weiterentwicklung der *short story* in der ersten Hälfte des 20. Jahrhunderts ist kaum zu überschätzen. Neben Joyce und Bowen ist George Moore mit seinen Erzählbänden *The Untilled Field* (1903) und *A Story-Teller's Holiday* (1918), die für die *Irish Renaissance* maßgeblich sind, ebenso zu nennen wie Mary Lavin (1912–1996), in deren Erzählsammlungen *The Long Ago* (1944), *The Becker Wives* (1946) und *At Sallygap* (1947) innerfamiliäre Konflikte im Zentrum stehen und, häufig in eine tragikomische Struktur eingebettet, Figuren porträtiert werden, die im Spannungsfeld zwischen Ausharren und Flucht angesiedelt sind. Die drei wichtigsten Kurzgeschichtenerzähler sind Liam O'Flaherty (1896–1984), Sean O'Faolain (1900–1991) und Frank O'Connor (1903–1966).

Im Mittelpunkt von O'Connors Erzählbänden *Bones of Contention* (1936), *Crab Apple Jelly* (1944) und *The Common Lord* (1947) stehen unterdrückte und marginalisierte Figuren, die unter harten sozialen und wirtschaftlichen Bedingungen ums Überleben kämpfen. Die Titelgeschichte des 1931 erschienenen Sammelbandes *Guests of a Nation* thematisiert paradigmatisch den Konflikt von drei Iren, der entsteht, als sie von fanatischen Nationalisten den Befehl erhalten, die ihnen überstellten englischen »Gäste«, für die sie Sympathie hegen, zu erschießen. O'Connor wirft ein Licht auf den Loyalitätskonflikt, indem er das dogmatische Nationalitätskonzept (*duty*) problematisiert und Toleranz und Humanität an seine Stelle setzt. Der Erzähler, Bonaparte, bleibt in einem Gefühl zurück, das, auf das Finale von Joyce' »The Dead« anspielend, patriotische Überspitzungen kritisiert und den Verlust individueller Integrität beklagt: »I was somehow very small and very lost and lonely like a child astray in the snow.«

O'Flahertys Erzählungen, rund 150 an der Zahl, sind ab 1937 in mehreren Sammelbänden erschienen und spielen zumeist auf den Aran Islands, seiner Heimat. Der oralen gälischen Tradition verpflichtet, thematisiert O'Flaherty in »The Cow's Death« oder »The Fairy Goose« den Überlebenskampf der armen Landbevölkerung in unwirtlicher Umgebung. In kunstvoll reduzierter Prosa entwirft er prägnante Charakterstudien und dokumentiert zugleich den sozialen Wandel, der sich in Irland nach dem Ersten Weltkrieg abzuzeichnen beginnt. Sean O'Faolains Kurzgeschichten, vom frühen *Midsummer Night Madness* (1932) über *A Purse of Coppers* (1937) bis zu *Teresa and Other Stories* (1948), belegen den Einfluss, den Stendhal und Tschechow auf ihn ausübten. Sie reflektieren überdies die Transformation Irlands vom Agrarstaat (»deep-rooted, olden, venerable, Gaelic and immemorial«) zu einem komplexen soziokulturellen und ökonomischen Gebilde, das professionelle Kompetenz erfordert (»hard, coolly calculating heads«). Dieser fundamentalen sozialpolitischen Transformation läuft eine stilistische parallel. Der anfänglich romantisierende Duktus bei O'Faolain weicht einem satirischen, freilich stets versöhnlichen Erzählstil. »Persecution Maria« endet mit dem bezeichnenden Satz: »I realized that the only thing to do was to write a satire on the whole lot of them [the Irish]. I began to wonder could I get any editor anywhere to publish it anonymously.«

Vom Ende des Zweiten Weltkriegs bis zur Gegenwart

Es ist geradezu illusorisch, die Prosa der letzten fünfzig Jahre ohne willkürlich anmutende Rigorosität zu strukturieren. Die ungeheure Formenvielfalt führt zu einem Kaleidoskop von Erzählweisen und neuen Textsorten. Realistisches und experimentelles Erzählen setzen sich fort, während unbekannte, häufig hybride Erzählformen die Palette beträchtlich erweitern. Die Postmoderne hält ihren Einzug in die englische Prosaliteratur. Selbstreflexivität und Metafiktionalität generieren Romanformen wie die *metafictional historiography* oder die *metafictional biography.* Der postkoloniale Roman, mit Booker-Preisen reichlich ausgezeichnet (u. a. Margaret Atwood, Peter Carey, J. M. Coetzee, Nadine Gordimer, Keri Hulme, Yann Martel, Ben Okri, Arundhati Roy und Salman Rushdie) gewinnt eine Bedeutung, die eine eigene Literaturgeschichte erfordert, weshalb die anfangs unter dem problematischen Sammelbegriff »ethnische Minoritätenliteratur« zusammengefasste Prosa hier ausgeklammert wird und nur die mittlerweile als »Black British Literature« apostrophierten Texte Berücksichtigung finden. Es kommt erschwerend hinzu, dass insbesondere die jüngst publizierte Prosa hinsichtlich ihrer literarischen Meriten schwer einzuschätzen ist. Ihr steht der *test of time* naturgemäß erst bevor.

Die *Angry Young Men*

Der Roman der fünfziger Jahre, einer Zeit der Neuordnung nach den Wirren des Zweiten Weltkriegs, setzt sich kritisch und in vorwiegend realistischer Weise mit den moralischen und sozialen Problemen auseinander, mit denen sich insbesondere junge, meist männliche Protagonisten konfrontiert sehen, die gegen die allzu harmonische Integration in eine neokonservative Klassengesellschaft aufbegehren. Die auf John Osbornes rebellischen Jimmy Porter in dem Bühnenstück *Look Back in Anger* (1956) zurückgehende Etikettierung *angry young men* verweist auf Romane, die Antihelden porträtieren, deren bizarre, in mimetischer Weise erzählten Erfahrungen Identitätsfindung und gesellschaftliche Integration am Ende einer ironisch-satirisch konturierten pikaresken Odyssee zusammenführen. Die wichtigsten Werke dieser Autorengruppe sind John Wains *Hurry On Down* (1953), Kingsley Amis' *Lucky Jim* (1954), John Braines *Room at the Top* (1957), Alan Sillitoes *Saturday Night and Sunday Morning* (1958) und Keith Waterhouse' *Billy Liar* (1959). In Stan Barstows *A Kind of Loving* (1960) und in David Storeys *A Sporting Life* (1960) setzt sich diese Entwicklungslinie fort. Auch in Iris Murdochs *Under the Net* (1954) finden sich die Handlungsmuster, die den Roman der *angry young men* bestimmen.

Im Mittelpunkt von Wains *Hurry on Down* steht mit Charles Lumley ein orientierungsloser junger Mann, der sich einer selbstzufriedenen Gesellschaft gegenübersieht und sein Leben illusionslos bilanziert: »I have just come down from the University with a mediocre degree in History, I have no job and no prospects, and I am living on fifty pounds I happen to have left in the bank, while I consider my next move« (Kap. 1). Der Roman erzählt Lumleys *next moves*, berufliche und amouröse, bevor seine episodenreiche Irrfahrt schließlich in eine feste Beziehung mündet und die Rebellion in relativ stabile soziale Strukturen überführt wird: »[...] it [the job] was an armistice, obviously leading to a permanent armed truce« (Kap. 10).

Kingsley Amis' *Lucky Jim* ist ein im Universitätsmilieu angesiedelter neo-pikaresker Roman mit dem jungen Dozenten Jim Dixon als einem Antihelden, der seine Kritik an der verknöcherten akademischen Welt, die von Professor »Neddy« Welch repräsentiert wird, zumeist hinter komisch-verzerrten Grimassen verbirgt. Seine episodenreiche Odyssee endet nicht mit einem glanzvollen akademischen Triumph, sondern bedarf der Intervention des reichen Kunstmäzens Gore-Urquhart, um die Romanhandlung ihrem *happy end* zuzuführen. Dixon spannt Christine Callaghan dem verhassten Maler Bertrand aus, der als Welchs mäßig talentierter Sohn den dubiosen Kunstbetrieb vertritt, nimmt eine Job-Offerte an und arrangiert sich mit einer Gesellschaft, die ihm die materielle Existenz sichert. Dixons komische Finessen werfen die Frage auf, ob die Bezeichnung »angry young man« tatsächlich auf diesen Roman zutrifft.

John Braines *Room at the Top*, dem später das etwas weniger erfolgreiche *Life at the Top* (1962) folgt, entwirft ein realistisches Porträt des provinziellen Nachkriegsenglands. Der aus ärmlichen Verhältnissen stammende Joe Lampton ist der Prototyp des ambitionierten Aufsteigers: »I wanted an Aston-Martin, I wanted a three-guinea linen shirt, I wanted a girl with a Riviera suntan – these were my rights, I felt, a signed and sealed legacy.« Mit einer Mischung aus Skrupellosigkeit und Zynismus erreicht er seine Ziele. Nicht soziale Reformen stehen auf Lamptons konservativer Agenda, sondern die uneingeschränkte Partizipation an Wohlstand und Konsum in einer Gesellschaft, deren kapitalistischer Zuschnitt jegliche Wärme vermissen lässt.

Arthur Seaton, der Protagonist von Sillitoes *Saturday Night and Sunday Morning*, ist der figurale Gegenentwurf zu Braines Joe Lampton. Er ertränkt seine Frustration am Arbeitsplatz, die er als »monotonous graft in the factory« (Kap. 1) erlebt, in alkoholischen Exzessen, lässt sich in zahlreiche Affären, vorzugsweise mit verheirateten Frauen, ein und verbleibt in einer Welt, deren Monotonie keinen Fluchtweg eröffnet: »[...] misbegotten into a strange and hazy world, dragged-up through the dole and into the war with a gas-mask on your clock [...] slung into khaki at eighteen, and when they let you out, you sweat again in a factory, grabbing for an extra pint, doing women at the weekend [...]« (Kap. 16). Die Zirkularität von Seatons Existenz in einer hermetischen Wirklichkeit erreicht traumatische Dimensionen. Die Hoffnung auf einen Ausweg, die in Sillitoes *The Loneliness of the Long-Distance Runner* (1959) anklingt, ist *Saturday Night and Sunday Morning* fremd.

Der Protagonist von Waterhouses *Billy Liar*, angesiedelt im fiktiven nordenglischen Stradboughton, ist der Jugendliche Billy Fisher. Ausgestattet mit einer grenzenlosen Phantasie, erträumt er sich eine Idealwelt, »Ambrosia«, in der er Erfolge genießt, die ihm das monotone Arbeits- und Alltagsleben verweigern. Trotz der Komik, die dieser Konstellation inhärent ist, hat der Roman, der James Thurbers berühmter Kurzgeschichte »The Secret Life of Walter Mitty« (1947) verpflichtet ist, einen pessimistischen Kern. Billys Befreiung aus einer sozialen Welt voller Enttäuschungen gelingt nur im Reich der Phantasie. Die Hoffnung auf eine Zukunft, die Freiheit jenseits rigider gesellschaftlicher Schranken ermöglicht und für die die emanzipierte Liz steht, bleibt für Billy eine Illusion.

Modifikationen der *modernist novel* in den fünfziger und sechziger Jahren

Der Eindruck, die erzählerischen Experimente der *modernist novel* hätten mit dem Zweiten Weltkrieg ihr Ende gefunden, täuscht. In ihrem bedeutenden Essay »Against Dryness. A Polemical Sketch« (1961) definiert Iris Murdoch die Ziele, die der zeitgenössische Roman verwirklichen müsse. Sie konstatiert, dass die tiefgreifende literarische Analyse des Individuums (»the problems about human personality posed by the Enlightenment«) ausstehe, dass der Imagination des Kontingenten mehr Raum zu geben sei und dass die überzeugende Darstellung des Bösen (»modern literature [...] contains so few convincing pictures of evil«) der Realisierung harre. Das Dilemma, oberflächliche Darstellungen des Individuums (»we have been left with far too shallow and flimsy an idea of human personality«) durch profunde Introspektion abzulösen, ist, so Murdoch, das Gebot der Stunde. Die hier postulierte fiktionale Konturierung des komplexen Individuums erfordert die Inkorporation innovativer Erzählexperimente, die, wenngleich sie hinter der Radikalität von Joyce und Woolf zurückstehen, in den Romanen von Angus Wilson, William Golding, Muriel Spark, Lawrence Durrell und im Werk von Iris Murdoch selbst ihren Niederschlag finden. Selbstreflexivität, Metafiktionalität, delineare und allegorische Erzählverfahren gewinnen in den Werken dieser Autoren an Bedeutung.

Die weit über zwanzig Romane Murdochs, von *Under the Net* (1954), *The Sandcastle* (1957) und *The Bell* (1958) bis zu ihrem letzten Roman *Jackson's Dilemma* (1995), sind zumeist konventionell erzählt. Die linearen Chronologien folgen einem Handlungsmuster, das die Figuren in extremen Lebenssituationen von anfangs scheinhafter Selbstsicherheit bis zur Konstatierung ihres Scheiterns verfolgt. In einem Referenzsystem, das der Philosophie der französischen Aufklärung verpflichtet ist und sich darüber hinaus auf existenzialistische Lebensentwürfe, vor allem auf Sartre, beruft, fiktionalisiert Murdoch paradigmatisch Konflikte zwischen *necessity* und *contingency.* Sie dekonstruiert die dubiosen Lebensentwürfe ihrer Charaktere und konfrontiert sie mit desillusionierenden Selbsterkenntnissen, um schließlich, in einer Art Epiphanie, den Blick in eine Zukunft zu eröffnen, die zwischen *necessity* und *contingency* einen Kompromiss herstellt und eine relativ stabile Existenz ermöglicht. Der neopikareske Erstling *Under the Net* ist in diesem Sinne prototypisch für

Murdoch. Der Außenseiter Jake Donaghue (»I am something over thirty and talented, but lazy. I live by literary hack-work, and a little original writing, as little as possible«; Kap. 1) erklärt zu Beginn vollmundig: »I hate contingency. I want everything in my life to have a sufficient reason« (Kap. 2). Diese Position wird durch eine Reihe bizarrer Erfahrungen als unhaltbar transparent, wobei politische, intellektuelle, nurmehr auf Lebenstheorien basierende Prinzipien durchlebt und schließlich als Irrwege verworfen werden. Erst als Jake bereit ist, die Realität anstelle von Visionen zu akzeptieren, und sich in einem Krankenhaus verdingt, gelingt ihm die Befreiung aus sozialen und ideologischen Zwängen, erkennt er die Kontingenz als eine Kategorie an, die Freiheit ermöglicht: »Like a fish swims calmly in deep water, I felt about me the secure supporting pressure of my own life. Ragged, inglorious, and apparently purposeless, but my own« (Kap. 20).

William Golding (1911–1993), der 1983 mit dem Literaturnobelpreis ausgezeichnet wurde, entwickelt in seinen Romanen ein Menschenbild, das die schuldhafte Verstrickung des Individuums in einer fortschrittsgläubigen Welt zum Thema hat. Er macht sich allegorische Erzählverfahren, *moral allegories*, zunutze, um seiner pessimistischen Weltsicht Ausdruck zu verleihen. Von *Lord of the Flies* (1954) über *The Inheritors* (1955), *Free Fall* (1959), *The Spine* (1964), *The Pyramid* (1967) bis zu der grandiosen Trilogie, die aus *Rites of Passage* (1980), *Close Quarters* (1987) und *Fire Down Below* (1989) besteht und durch das kryptische *To the Ends of Earth* (1991) abgerundet wird, spannt sich der Bogen eines durch Mythen und Symbole angereicherten Universums, in dem Golding nach Lösungen für das humanistische Dilemma des Menschen sucht. Sein bekanntester Roman, *Lord of the Flies*, ist eine Anti-Robinsonade, die Ballantynes positiven Weltentwurf in *The Coral Island* (1858) in einen negativen umschreibt. Die Grauen des Zweiten Weltkriegs hatten

Golding tief verstört und seinen Glauben, wie er in dem Aufsatz »A Moving Target« (1976) schreibt, an die Entwicklung des Menschen zum Guten (»a liberal and naive belief in the perfectability of man«) erschüttert: »The theme of *Lord of the Flies* is grief, sheer grief, grief, grief, grief.« Golding kombiniert die Abenteuergeschichte seiner jugendlichen Figuren mit der christlichen Vorstellung von der Erbsünde, dem inkarnierten Bösen, an das er fest glaubte (»I am convinced of original sin«), und legt am Beispiel des scheiternden Zivilisierungsprojektes um die Antagonisten Ralph und Jack »the madness of extreme terror« frei. Wenn er im Zusammenhang mit *Lord of the Flies* von »the end of innocence, the darkness of man's heart« spricht, so knüpft er an das sinistre Menschenbild von Conrads *Heart of Darkness* an. Im Zentrum von Goldings *sea trilogy*, für deren ersten Band, *Rites of Passage*, er den Booker Prize erhielt, steht der junge Edmund Talbot, der als überheblicher Adliger auf einem namenlosen Schiff nach Australien unterwegs ist und einen hohen Verwaltungsposten anstrebt. Das historische Opus porträtiert Menschen in Krisensituationen, die aus politischen und sozialen Konflikten herrühren und im Kontext von Talbots *emotional education* Struktur gewinnen. Goldings moralischer Kosmos oszilliert zwischen Verdammung und Erlösung und ist insofern erzählerisch innovativ, als der ethisch-allegorische Diskurs der Trilogie durch metafiktionale, die Grundprobleme des Schreibens reflektierende Überlegungen ergänzt wird. Die Radikalität von »fiction about fictions« wird in *Rites of Passage* jedoch nicht erreicht.

Das Werk von Angus Wilson (1913–1991) scheint auf den ersten Blick fest verankert in der realistischen Erzähltradition des 19. Jahrhunderts. Tatsächlich lassen sich seine frühen Romane *Hemlock and After* (1952), *Anglo-Saxon Attitudes* (1956) und *The Middle Age of Mrs. Eliot* (1958) als *comedies of manners* lesen, wenngleich das Komische gelegentlich farcenhafte Konturen annimmt und durch die Darstellung von Homosexualität und Gewalt für thematische Variationen sorgt. Im Mittelpunkt von *Anglo-Saxon Attitudes* steht mit dem emeritierten Mediävistik-Professor Gerald Middleton eine Figur, die ihr Leben auf einer Lüge aufbaut, zurückgehend auf einen Ausgrabungsschwindel, den er deckte, nie verkraftete und der ihn definiert als »failure with a conscience« (Kap. 1). Der Roman entwirft ein weitgefächertes figurales und soziales Panorama, in dem sich Privates und Öffentliches kunstvoll verschränken. Durch die der filmischen Montage verwandten textuellen Verknüpfungen und durch pasticheartige Erzählsegmente kündigt sich die Tendenz zu formaler Innovation an, die Wilsons späteres Werk, *Late Call* (1964), *No Laughing Matter* (1967), *As If By Magic* (1973) und *Setting the World on Fire* (1980) auszeichnet. Parodie, Multiperspektivität, Pastiche und Intertextualität sind die dominanten erzählerischen Ingredienzen, mit denen der liberale Humanist Wilson fiktionales Neuland betritt. Ob dieses formale Experimentieren immer gelungen ist, steht dahin. Unstrittig ist indes, dass seine Romane der fünfziger Jahre das akkurate Bild einer im Umbruch befindlichen Gesellschaft zeichnen.

Muriel Spark (geb. 1918) ist eine Schottin jüdischen Glaubens, die 1954 zum Katholizismus konvertierte. Ihr imposantes Werk – über zwanzig Romane, Hörspiele, diverse Kurzgeschichtenbände und die Autobiographie *Curriculum Vitae* (1992) – formuliert moralische und philosophische Grundfragen, für die sie in Texten mit beachtlichem erzählerischen Innovationspotenzial Antworten sucht. Bereits in ihrem ersten Roman, *The Comforters* (1957), erlangt die an der Gattung des Kriminalromans orientierte Handlung durch metafiktionale Reflexionen – die Protagonistin Caroline Rose brütet über einer Studie mit dem Titel »Form in the Modern Novel« – eine Dimension, in der zwischen Fiktion und Wirklichkeit kaum mehr unterschieden werden kann. Sparks Œuvre, etwa *The Girls of Slender Means* (1963), *The Driver's Seat* (1970) oder *The Abbess of Crewe* (1974), zeichnet sich durch Zeitsprünge, Rückblenden und satirische Zuspitzungen aus, die die rationale Erklärbarkeit der Welt in Zweifel ziehen und Fragen nach der göttlichen Steuerung des Menschen aufwerfen. Ihr bestes Werk, *The Prime of Miss Jean Brodie* (1961), das in die dreißiger Jahre verlegt ist, porträtiert mit der Titelfigur eine charismatische Protagonistin (»Give me a girl at an impressionable age and she is mine for life«; Kap. 5), die durch ihr pädagogisches Engagement das Politische unterschätzt und den heraufziehenden Faschismus hoffähig macht. Durch Zeitwechsel, die Episoden von 1931 bis 1939 diskontinuierlich kombinieren, erzeugt Spark ein mit satirischen Mitteln geknüpftes Netz, in dem Loyalität und der Verrat ethischer Ideale die moralischen Bezugspunkte markieren. Es gehört zur Ironie dieses Romans, dass die stolze Miss Brodie (»the God of Calvin«) von ihrer Schülerin Sandy Stranger mit der Begründung ans Messer geliefert wird: »The word betrayed does not apply [...]. It is only possible to betray where loyalty is due« (Kap. 6).

Das Romanwerk des Kosmopoliten LAWRENCE DURRELL (1912–1990), der in Indien aufwuchs und den größten Teil seines Lebens im Mittelmeerraum verbrachte, ist wie kaum ein anderes nach dem Krieg durch erzählerische Innovationen geprägt. Auf das frühe *The Black Book* (1938), das sich kritisch mit England auseinandersetzt und, von Durrells Freund Henry Miller beeinflusst, dort erst 1973 erscheinen konnte, folgen Reisebücher wie *Reflections on a Marine Venus* (1953) und *Bitter Lemon* (1957) über Rhodos und Zypern. Anerkennung, ja Bewunderung erlangte er mit *Justine* (1957), dem ersten Band der Tetralogie, zu der *Balthazar* (1958), *Mountolive* (1958) und *Clea* (1960) gehören. Das *The Alexandria Quartet* überschriebene Opus ist eine hochkomplexe Darstellung, die um das Verhältnis von Fiktion und Realität kreist. In einer vierdimensionalen Welt situiert, wird das Werk durch kunstvoll verwobene Erzählperspektiven zusammengehalten. Über seinen Künstlerroman – *Clea* schließt mit dem Hinweis auf »the story of an artist coming of age« –, der auch Elemente des Entwicklungsromans aufweist und der den vielfach verästelten Lebens- und Liebesweg des Protagonisten L. P. Darley (die Initialen entsprechen denen des Autors) erzählt, sagt Durrell im Vorwort zu *Balthazar*: »Modern literature offers us no Unities, so I have turned to science and am trying to complete a four-decker novel whose form is based on the relativity proposition. Three sides of space and one of time constitute the soup-mix of a continuum. The four novels follow this pattern.« So entsteht »›science fiction‹ in the true sense«, nutzt Durrell Relativität als ein Bezugssystem, das die fragilen Beziehungen seiner Figuren erhellt und Wirklichkeit als ein changierendes Konzept sichtbar macht, das ständig neue künstlerische, philosophische und religiöse Reflexionen inkorporiert und prinzipiell unabschließbare Interpretationen erfordert.

Der Frauenroman zwischen realistischer und feministischer Gesellschaftskritik

Die eher krude Bezeichnung »Frauenroman« trägt der Tatsache Rechnung, dass sich in der Nachfolge von Murdoch und Spark Autorinnen zu Wort melden, in deren Texten die spezifischen Probleme von Frauen eine dominante Rolle spielen. Ihre heterogenen Wirklichkeitserfahrungen sind Gegenstand von realistischen, feministischen und experimentellen Romanen, die Kritik am Patriarchat üben und Geschlechterstereotypen aufbrechen. Repräsentantinnen des Frauenromans, der maßgeblich von Diskursen beeinflusst wird, die die in den siebziger Jahren verstärkt geführte Feminismusdebatte auslöste, sind so unterschiedliche Schriftstellerinnen wie Beryl Bainbridge, Pat Barker, A. S. Byatt, Margaret Drabble, Eva Figes, Doris Lessing, Fay Weldon und Jeanette Winterson. Ein Sonderfall ist der postmoderne Roman von Frauen, wie insbesondere Angela Carter und Emma Tennant ihn vorlegen.

Margaret Drabble (geb. 1939) hat neben Biographien über Arnold Bennett (1974) und Angus Wilson (1995) literaturwissenschaftliche Texte, Theaterstücke und Kurzgeschichten sowie ein umfangreiches Romanwerk publiziert, das sich von *A Summer Bird-Cage* (1963) über *The Ice Age* (1977), die Trilogie *The Radiant Way* (1987), *A Natural Curiosity* (1989), *The Gates of Ivory* (1991) bis zur Familiensaga *The Peppered Moth* (2000) erstreckt. Es ist der realistischen Erzähltradition verpflichtet, greift häufig tagespolitische Themen auf und entwickelt ein Englandbild, das ein kritisches Licht auf nationale Identitätsprobleme im Zeichen einer sich rasant verändernden Gesellschaft wirft. Individuelle Identitätsfindung steht im Mittelpunkt des von Simone de Beauvoirs *Le Deuxième Sexe* beeinflussten Romans *The Millstone* (1965). Die Protagonistin Rosamund Stacey (»a good Fabian rationalist«), gefangen zwischen *confidence* und *cowardice*, schreibt an ihrer Dissertation über elisabethanische Liebeslyrik und hofft auf eine akademische Karriere, als sie ungewollt schwanger wird und in eine Identitätskrise stürzt, bei deren Lösung ihr die häufig zitierten Lebensweisheiten renommierter Schriftsteller keine Hilfe leisten. Drabble beschreibt die Konflikte der ledigen Mutter, indem sie deren intellektuelle Ansprüche mit ökonomischen Zwängen kontrastiert und einen Ausweg offeriert, der die Akzeptanz von *fate, chance* und *womanhood* postuliert.

Als Tochter britischer Eltern kam die Autodidaktin Doris Lessing (geb. 1919), die in Persien aufgewachsen war, 1959 nach London. Ihr imposantes Werk umfasst neben Erzählungen, expositorischer Prosa und der zweibändigen Autobiographie *Under My Skin* (1994) und *Walking in the Shade* (1997) vor allem Romane, als deren wichtigste der fünfbändige Zyklus »Children of Violence« (1952–1969) und die Pentalogie *Canopus in Argos: Archives* (1979–83) zu nennen sind, die, als *space fiction* konzipiert, bei der Kritik auf wenig Verständnis stießen. Ihr Hauptwerk ist *The Golden Notebook* (1962), ein experimenteller, metafiktionaler Text, in dem Lessing eine umfassende ideologische Bestandsaufnahme der Zeit um die Jahrhundertmitte (»the ideological feel of our mid-Century«) durchführt. Im Zentrum steht neben der Schauspielerin Molly die Schriftstellerin Anna Wulf, eine alleinerziehende Feministin mit einer sozialistischen Agenda, die unter einer Schreibblockade leidet und gegen den Wahnsinn ankämpft. Lessings Hauptthema ist die Fragmentarisierung der Wirklichkeit: »The novel has become a function of the fragmented society, the fragmented consciousness.« Diese Diagnose, der die Erkenntnis inhärent ist, dass Wirklichkeit durch Sprache nur unvollkommen darzustellen sei (»unable to record experience truthfully within the parameters of language«), führt zur Einrichtung von vier Erzählsegmenten, den *notebooks*, die, miteinander verschachtelt, differente Wirklichkeitserfahrungen aufzeichnen und schriftstellerische Versuche darstellen, die Annas fragmentierte Persönlichkeit reflektieren. Lessing führt das erratisch und inkommensurabel anmutende Material im fünften, dem *golden notebook*, zur Synthese und erbringt den Beweis, dass der fortschreitenden Fragmentarisierung nur durch eine ganzheitliche Ästhetik Einhalt geboten werden kann: »[...] implicitly and explicitly, we must not divide things off, must not compartmentalise.«

Von den annähernd zwanzig Romanen, die Beryl Bainbridge (geb. 1934) bislang veröffentlicht hat, beschäftigen sich die frühen, *Harriet Said* (1972), *The Bottle Factory Outing* (1974) und *Injury Time* (1977), mit den disruptiven Veränderungen, die durch das Eindringen von

Gewalt in eine artifizielle urbane Idylle entstehen. Diese Werke entfalten ihre Wirkung durch die geschickte Inkorporation neogotischer Elemente, die ein Gesellschaftsbild entwerfen, das, im Stile der *black comedy*, den Blick auf das Chaos hinter scheinbarer Solidität lenkt. Die jüngsten, von der Kritik durchweg geschätzten Romane behandeln historische Themen. *The Birthday Boys* (1991) kreist um die gescheiterte Südpolexpedition von Robert Scott, *Everyman For Himself* (1996) dramatisiert den Untergang der Titanic und *Master Georgie* (1998) liefert ein multiperspektivisches Porträt des Krimkrieges mit seinen Grausamkeiten, deren Ursachen in der viktorianischen Klassengesellschaft festgemacht werden. Bainbridges letzter Roman, *According to Queenie* (2001), fiktionalisiert die Liaison zwischen Samuel Johnson und Hester Thrale. Der metafiktional konstruierte Text problematisiert die Authentizität historischer Figurendarstellung durch Briefe, in denen Queenie, Hester Thrales sensible Tochter, rückblickend ein sinistres Gegenbild zur vermeintlich harmonischen Verbindung der Liebhaber zeichnet.

Die ersten Romane von Pat Barker (geb. 1943) sind im Arbeitermilieu angesiedelt und erzählen, wie *Union Street* (1982), in mimetischer Form von den Konflikten heranwachsender, zumeist weiblicher Figuren, die angesichts instabiler sozialer Verhältnisse verzeifelt nach Orientierung suchen. Im Zentrum von *Blow Your House Down* (1984) stehen Prostituierte, die sich der Bedrohung durch einen Serienmörder erwehren müssen. *The Man Who Wasn't There* (1989) wirft ein Schlaglicht auf die Mediengesellschaft mit ihren aggressiven Maskulinitätsstrukturen, während *In Another World* (1998) in einem mühevollen Erinnerungsprozess die dubiose Vergangenheit rekonstruiert wird, die das Leben von Nick und Fran Fanshawe in Newcastle neu bestimmt. Barkers beeindruckendes Hauptwerk ist *The Regeneration Trilogy* (*Regeneration*, 1991; *The Eye in the Door*, 1993; *The Ghost Road*, 1995).

Hier wird in schonungslosem Realismus der Erste Weltkrieg geschildert, dessen sozialhistorische Hintergründe, von Barker akribisch recherchiert, das Geschehen beeinflussen. Im Mittelpunkt stehen die Dichter Siegfried Sassoon und Wilfred Owen sowie der Anthropologe W. H. R. Rivers, der als Arzt im schottischen Craiglockhart die seelischen Opfer, unter ihnen der fiktive bisexuelle Billy Prior, der zwischen seiner Herkunft aus der Unterschicht und seinen sozialen Ambitionen einen Kompromiss sucht, behandeln muss, um sie für ein diskreditiertes Vaterland neuerlich in den aussichtslosen Krieg zu schicken. *Regeneration* prangert medizinisch-psychologische Exzesse an, *The Eye in the Door* behandelt die Hysterie und den politischen Widerstand in England, den die Politik durch eine heimtückische Spionagetätigkeit zu kontrollieren versucht, während *The Ghost Road*, für den Barker den Booker Prize erhielt, den Leser auf die Schlachtfelder Frankreichs führt, auf denen Prior und Owen ihren sinnlosen Tod finden. Priors Eintrag in sein Tagebuch am 3. November 1918 resümiert die Essenz von *The Regeneration Trilogy*: »Patriotism honour courage vomit vomit vomit.« Traumatisierende Kriegserfahrungen bestimmen auch Pat Barkers jüngsten Roman *Double Vision* (2003), in dem der Reporter Stephen Sharkey, der seinen Freund, den Photographen Ben Frobisher, in Afghanistan verloren hat, sich anschickt, zurückgezogen im Norden Englands sein Buch über die Greuel kriegerischer Konflikte zu schreiben. Barker kontrastiert die Welt des Krieges mit der vermeintlichen sozialen Stabilität und zeigt eindrucksvoll, dass Brutalität und Zerstörung nicht auf Kriege beschränkt sind, sondern auch das soziale Zusammenleben in scheinbar idyllischer Harmonie gefährden.

Die deutschstämmige Jüdin Eva Figes (geb. 1932), die 1939 nach England emigrierte, hat neben feministischen Studien wie *Patriarchal Attitudes. Women in Society* (1970), *Tragedy and Social Evolution* (1976) und *Sex and Subter-*

fuge. Women Novelists to 1850 (1982) dreizehn Romane publiziert, die, wie *Nelly's Version* (1977), *The Seven Ages* (1986) oder *The Tree of Knowledge* (1990), die Diskriminierung von Frauen in der patriarchalischen Gesellschaft anprangern. In ihrem besten Roman, *The Tenancy* (1993), beschreibt Figes in unheilkündender Atmosphäre den Terror, dem eine Hausgemeinschaft in einer nicht näher konkretisierten Stadt schließlich zum Opfer fällt. Seine apokalyptische Dimension erlangt *The Tenancy* durch Ediths jüdische Mitbewohner Martha Wolf und ihren Bruder Fred, die mitsamt ihrer Bibliothek, einem intellektuell-kulturellen Rückzugsraum, in dem von unbekannter Hand gelegten Brand den Flammentod im Exil sterben. Figes dehistorisiert den Holocaust, indem sie ihn als eine zeitlose, ewig gültige apokalyptische Bedrohung des Menschen in den Roman der Gegenwart einschreibt und als universelle Gefährdung der menschlichen Existenz ausweist.

Jeanette Winterson (geb. 1959) hat eine Reihe unkonventioneller experimenteller Romane publiziert, die aus feministischer Perspektive das Frauenbild neu definieren und selbstbewusst gleichgeschlechtliche Lebensformen propagieren. Ihr Erstling, das hochgelobte *Oranges Are Not the Only Fruit* (1985), beschreibt nicht ohne Humor die schmerzliche Befreiung der Protagonistin aus der Umklammerung religiöser Fesseln und die parallellaufende Identitätsfindung, die nach dem Bekenntnis zu ihren »unnatural passions« möglich sind. In dem metafiktionalen Kapitel dieses Romans, »Deuteronomy«, schaltet sich Winterson in den historiographischen Diskurs der zeitgenössischen Literatur ein, plädiert für perspektivische Vielfalt und eliminiert die epistemologische Differenz zwischen *story* und *history*: »People like to separate storytelling which is not fact from history which is fact.« Die Neubestimmung des Geschichtsverständnisses erweitert beträchtlich die erzählerischen Parameter einer Autorin, die Geschichte als narrativen Rohstoff begreift, originelle Kombinationen vornimmt (*The Passion*, 1987), *magic realism* integriert, Anachronismen breiten Raum gibt und, wie in *Sexing the Cherry* (1989), *Art & Lies* (1994) und *Gut Symmetries* (1997), durch die Darstellung feministisch-lesbischer Partnerschaften geschlechtliche Stereotypisierungen unterminiert. *Art Objects. Essays on Ecstacy and Effrontery* (1995) ist der expositorische Korrespondenztext zu Wintersons fiktionalem Werk, eine Grundlegung ihrer erzählerischen Paradigmen und eine Würdigung des Werks von Virginia Woolf und Gertrude Stein. Nach der Kurzgeschichtensammlung *The World and Other Stories* (1998) hat Winterson mit *The. Power Book* (2001) ein kaum klassifizierbares experimentelles Werk vorgelegt.

Die fraglos produktivste zeitgenössische Autorin ist die in Neuseeland aufgewachsene Fay Weldon (geb. 1931). Über zwanzig Romane, von *The Fat Woman's Joke* (1967) bis zu ihrem jüngsten, wegen seines *product placement* heftig umstrittenen *The Bulgari Connection* (2001), sowie diverse Erzählbände, u. a. *Watching Me, Watching You* (1981), *Polaris* (1985) und *A Hard Time to Be a Father* (1998), kreisen um Weldons Themen Feminismus, weibliche Sexualität, Eheprobleme und Mütter-Töchter-Beziehungen. Sie werden aus sozialkritischer Sicht mit beißender Schärfe und in pointierter Diktion zur Sprache gebracht. Obschon Weldons Werk in der realistischen Erzähltradition steht, finden sich Romane, die Anleihen bei der Science Fiction machen (*The Cloning of Joanna May*, 1992) oder mit Möglichkeiten der *unreliable narration* experimentieren (*Life Force*, 1992). Weldons Versuch, feministische Kritik mit erzählerischer Originalität zu verknüpfen und zugleich kommerzielle Erfolge zu erzielen, hat ihr die Anerkennung einer zunächst skeptischen Literaturkritik verschafft.

Dass auch ihr essayistisches Werk mit prononcierter Kritik an feministischen Dogmen und politischen Verirrungen brilliert, zeigt *Godless in Eden. A Book of Essays* (1996). Es versammelt Texte, die Tony Blairs *New Labour* und *The Third Way* mit satirischen Invektiven versehen und das euphorisch als *New Britain* gefeierte Land mit einer Wirklichkeit konfrontieren, der mit der von Blair eingeläuteten Gesundbeterei (»the Age of Therapism«) nicht beizukommen ist. Über ihr wechselvolles Leben hat Weldon eine Autobiographie, *Auto da Fay* (2002), vorgelegt, die sich wie die Sozialgeschichte der intellektuellen Außenseiterin im ausgehenden 20. Jahrhundert liest.

Für Furore sorgte in den neunziger Jahren das in schneller Folge publizierte Prosawerk der Schottin A. L. KENNEDY (geb. 1965). Es zeichnet sich durch eine subtile Kombination von Humor und Horror aus und erforscht durch innere Monologe die seelischen Abgründe eines Personals, das zwischen exotischer Obsession, ästhetischer Faszination und morbider Destruktion oszilliert. Kennedys Talent kündigte sich in der Kurzgeschichtensammlung *Night Geometry and the Gascadden Trains* (1992) an und bestätigte sich in dem Sammelband *Original Bliss* (1997), dessen gleichnamige novellenartige Titelerzählung mit der unglücklich verheirateten Mrs. Brindle und dem von ihr auserkorenen Selbsthilfe-Guru Edward Gluck Figuren zusammenführt, die nach bizarren Verirrungen schließlich von ihrer seelisch-erotischen Paralyse kuriert werden.

Kennedys Romanen *Now That You're Back* (1993), *Looking for the Possible Dance* (1993) und *So I'm Good* (1995) folgt mit *Everything you Need* (1999) ein experimentelles Werk, das schriftstellerische Kreativität am Beispiel einer Gruppe von Autoren analysiert, die auf der vor der schottischen Küste gelegenen Insel, Foal Island, versuchen, ihre Schreibblockade zu überwinden. Der metafiktionale, mit Sarkasmen und poetologischen Reflexionen inszenierte Diskurs um Nathan Staples und seine in London lebende Tochter Mary, die von einer Schriftstellerkarriere träumt, demonstriert eindrucksvoll die Verschränkung von experimentellem und realistischem Erzählen angesichts existenzieller Bedrohung. Um eine Auseinandersetzung mit dem Tod geht es auch in Kennedys autobiographischem Sachbuch *On Bullfighting* (1999), das vor dem Hintergrund von Federico García Lorcas und Ernest Hemingways Schriften die Mechanismen des Stierkampfs seziert und Todessehnsucht mit erlösender Befreiung kontrastiert.

Der Universitätsroman

Die Anfänge des Universitätsromans reichen zurück bis ins 19. Jahrhundert. Er entwickelt sich im 20. Jahrhundert fort (D. L. Sayers, *Gaudy Night*, 1935; C. P. Snow, *The Masters*, 1951; Kingsley Amis, *Lucky Jim*, 1954) und erreicht durch die Werke von Malcolm Bradbury (1932–2000) und David Lodge (geb. 1935) einen Höhepunkt, der durch das ironische Signum »Bradbury Lodge« fixiert wird. Zu diesen Autoren gesellt sich Howard Jacobson (geb. 1942) mit *Coming From Behind* (1983). Auch A. S. Byatts Romane *Possession. A Romance* (1990) und *A Biographer's Tale* (2000) sind im Universitätsmilieu angesiedelt und nutzen den akademischen Hintergrund, um historiographische und metafiktionale Diskurse topographisch und intellektuell zu verorten. Tatsächlich eignet sich dieses Subgenre in besonderer Weise zur Fiktionalisierung literaturtheoretischer Debatten. Sein herausragendes Kennzeichen ist der satirische Grundton.

Als Literaturhistoriker hat Malcolm Bradbury ein imposantes Œuvre vorgelegt, das seine universelle wissenschaftliche Kompetenz reflektiert. *No, Not Bloomsbury* (1987), *The Modern British Novel* (1993) und *Dangerous Pilgrimages* (1995) sind seine wichtigsten Publikationen. Bradburys Universitätsromane *Eating People is Wrong* (1959), *Stepping Westward* (1965), das auf dem Balkan im fiktiven Slaka angesiedelte *Rates of Exchange* (1983) und *Doctor Criminale* (1992) sowie die Erzählbände *Who Do You Think You Are?* (1976) und *Unsent Letters* (1988) parodieren das nationale und das internationale akademische Leben mit seinen absonderlichen Begleiterscheinungen.

Sein bester Universitätsroman ist *The History Man* (1975), der auch in der Fernsehverfilmung, für die Christopher Hampton das Drehbuch schrieb, äußerst erfolgreich war. Im Zentrum der Handlung, die zyklisch aufgebaut ist und das akademische Jahr 1972 umspannt, steht mit Howard Kirk ein ebenso opportunistischer wie zynischer Universitätslektor im fiktiven Watermouth, der, als »theoretician of sociability«, Bücher wie *The Defeat of Privacy* veröffentlicht und mit »a little Marx, a little Freud« trefflich zu räsonieren vermag. Bradbury parodiert nicht nur den unsäglichen akademischen Jargon (»transcending reality«; »psychic manifestation«; »Liberation plot«; »the consciousness revolution«). Er thematisiert vor allem den für jene Jahre repräsentativen Konflikt zwischen den Sozial- und den Kulturwissenschaften, indem er dem ambitionierten Kirk mit der Literaturwissenschaftlerin Annie Callendar eine Figur gegenüberstellt, die sich in ihrem viktorianischen Interieur verbarrikadiert und den sexuellen Avancen ihres sozialwissenschaftlichen Kollegen nach mäßiger Gegenwehr erliegt. Bradbury impliziert, dass der rückwärts gewandte Blick der Literaturwissenschaftlerin (»an abnormal attachment to the past«) sowie die Konzentration auf Formales (»my devotion [...] is to form«) gegenüber der pragmatisch-operativen Radikalität der *social sciences* im Nachteil ist. Dass er einer solchen Entwicklung, die für die Entwicklung der Universität nach dem Krieg typische Züge trägt, kritisch gegenübersteht, macht Bradbury an Kirks Frau Barbara deutlich. Ihr Freitod bestätigt ironisch *The Defeat of Privacy* und dekuvriert ihren Mann als skrupellosen Opportunisten, der zur Förderung seiner Karriere über Leichen geht.

Auch David Lodge war zunächst Literaturwissenschaftler und publizierte (post)strukturalistische Studien wie *The Language of Fiction* (1966), *The Modes of Modern Writing* (1977), *Working With Structuralism* (1981) sowie den einflussreichen Essay »The Novelist at the Crossroads« (1969). Auf seine frühen Romane *The Picturegoers* (1960), *The British Museum is Falling Down* (1965) und *Out of Shelter* (1970), die in realistischer Manier die sozialen Befindlichkeiten Englands nach dem Zweiten Weltkrieg beschreiben und Probleme katholischer Figuren in einer säkularisierten Welt fiktionalisieren, folgen die Universitätsromane *Changing Places* (1975), *Small World. An Academic Romance* (1984) und *Nice Work* (1988). In ihnen satirisiert Lodge das akademische Leben in Amerika und England sowie auf dem Globus, der als universitärer Kosmos Gestalt gewinnt. Die innovativen Komponenten dieser Romane, die allesamt gängige literaturwissenschaftliche Diskurse reflektieren, um sie schließlich zu neutralisieren, besteht in der Kombination diverser Erzählformen, die sich zu metanarrativen Texten verdichten.

Neben der extensiven Darstellung sexueller Abenteuer, in denen sich die vergebliche Suche der Figuren nach Sinngebung jenseits religiöser Stabilität manifestiert, zeichnen sich Lodges Romane durch die geradezu exzessive Nutzung von intertextuellen Referenzen aus. *Small World* verweist bezeichnenderweise auf Joyce' »Echoland«, und der Prolog dieses Romans setzt an mit der neuenglischen Version von Chaucers *Canterbury Tales*: »When April with its sweet showers has pierced the drought of March to the root [...].« Jedem der sechs Hauptkapitel von *Nice Work* ist ein Zitat aus der viktorianischen Romanliteratur vorangestellt, etwa aus Gaskells *North and South* oder Dickens' *Hard Times*. Dieser intertextuelle Bezugsrahmen stellt die Verbindung her zwischen den Gattungskonventionen des Industrie- und des Universitätsromans und kontrastiert darüber hinaus die unterschiedlichen Lebenswelten von Dr. Robyn Penrose, einer feministischen Literaturwissenschaftlerin mit dem Schwerpunkt *Victorian Novel*, und Vic Willcox, einem Industriellen in finanzieller Bedrängnis. Angesiedelt im fiktiven Rummidge, das Birmingham nachempfunden ist und von Lodge bereits in *Changing Places* als akademische Heimat des dilettantischen Philip Swallow beschrieben wird, gewinnt *Nice Work* seine komische Dynamik aus dem Kontrast, der dem Kompositionsprinzip »Town Meets Gown« zugrunde liegt.

Howard Jacobsons *Coming From Behind* verlagert den Ort des Geschehens von der klassischen Universität auf das unansehnliche, akademisch bedeutungslose Wrottesley Polytechnic in den Midlands, wo der mäßig talentierte Sefton Goldberg nach seinem literaturwissenschaftlichen Studium in Cambridge als Dozent ein berufliches Unterkommen findet und, bei ausbleibendem wissenschaftlichem Erfolg, ein Buch über den Misserfolg zu schreiben beginnt. Der mit pikaresken und farcenhaften Episoden ausgestattete Text, eine Art *rewriting* von Amis' *Lucky Jim*, in dem die Strukturalisten ein bizarres intellektuelles Gefecht mit den werkimmanenten Interpretationskriterien verpflichteten *Common Readers* austragen, erlangt zusätzliche Bedeutung durch die Verweise auf D. H. Lawrence. Jacobson, der bei F. R. Leavis in Cambridge studierte und dessen Buch *D. H. Lawrence: Novelist* (1955) kritisch rezipierte, lässt Goldberg höchst reserviert auf die vermeintliche literarische Ikone reagieren. Vor allem aber schreibt Jacobson den Mythos des jüdischen Intellektuellen um. Sein Protagonist ist der ewig Scheiternde, ein liebenswerter Versager, der das angestrebte »Disraeli Fellowship« nur erhält, weil es dem »Fellowship Committee of Holy Christ« am Geld für eine Neuausschreibung mangelt. Goldbergs Roman bleibt ungeschrieben; Jacobsons Roman über den akademischen Misserfolg tritt an seine Stelle.

Das Empire im Nachkriegsroman

Großbritanniens Suche nach politischer Identität, die nach dem Verlust der Kolonien verstärkt einsetzte und in allen literarischen Gattungen ihren Niederschlag fand, generierte in den siebziger Jahren bedeutende historische Romane, in denen der Niedergang des Empire am Beispiel Indiens einer Revision unterzogen wurde. PAUL SCOTT (1920–1978), der während des Zweiten Weltkriegs in Indien und Malaya stationiert war, veröffentlichte mit *The Raj Quartet* (*The Jewel in the Crown*, 1966; *The Day of the Scorpion*, 1968; *The Towers of Silence*, 1971; *A Division of the Spoils*, 1975) auf annähernd 2000 Seiten mit akribischer Beachtung der historischen Fakten (»The framework was as historically accurate as I would make it«) ein multiperspektivisch erzähltes Porträt der englischen Kolonialherrschaft in den Jahren 1942–47. Nach einer Anspielung auf E. M. Forsters *A Passage to India* (»This is the story of a rape, of the events that led up to it and followed it and of the place in which it happened«) kündigt Scott auf der ersten Seite von *The Jewel in the Crown* sein ambitioniertes Programm an: »There are the action, the people, and the place; all of which are interrelated but in their totality incommunicable in isolation from the moral continuum of human affairs.« Die hier konstatierte Komplexität, die die anglo-indischen Beziehungen reflektiert, führt in einen Roman ein, der die interkulturellen Verflechtungen in alternierenden Erzählformen fragmentarisiert und politische wie kulturelle Differenzen subjektiviert, indem er sie, jenseits historischer Großereignisse, in das Bewusstsein einzelner Figuren verlagert. Die mangelnde Kohärenz, die mit solcher Aufsplitterung einhergeht, ist indes nicht Ausdruck ästhetisch-kompositorischen Scheiterns. Scott demonstriert vielmehr auf überzeugende Weise, dass eine konsistente historische Rekonstruktion der anglo-indischen Geschichte in all ihren Widersprüchen eine Illusion bleiben muss: »Only from the air can one trace a pattern, a design, an abortive, human interaction«, lautet die Diagnose. Der Roman, der auf die Tetralogie folgte (*Staying On*, 1977) und für den Scott mit dem Booker Prize ausgezeichnet wurde, verwendet mit Lucy und Tusker Smalley zwei Nebenfiguren aus dem *Raj Quartet* und schildert in tragikomischer Weise ihren zum Scheitern verurteilten Versuch, sich im Indien nach der Unabhängigkeit zu etablieren.

Die sogenannte *Empire Trilogy* von J. G. FARRELL (1935–1979), die ein facettenreiches Bild Großbritanniens nach dem Zerfall der Kolonialherrschaft zeichnet, besteht aus *Troubles* (1970), *The Siege of Krishnapur* (1973) und *The Singapore Grip* (1978). *Troubles* behandelt die Konflikte um die irische Unabhängigkeit in den Jahren 1919–1921, während *The Singapore Grip* sich dem Verlust der Festung Singapur widmet, die 1942 von den Japanern eingenommen wurde. Im Zentrum von *The Siege of Krishnapur* steht der fiktive indische Aufstand gegen die britischen Kolonialherren im Jahre 1851. Farrell kontrastiert in diesem Roman die Degenerationserscheinungen der Kolonialmacht, die sich in ihrer Garnison immer neuen Amüsements hingibt, mit den sich zum Angriff formierenden Sepoys. Sein Interesse gilt vornehmlich den psychologischen Konsequenzen, die die historischen Ereignisse auf die individuellen Schicksale ausüben, weniger den historisch-politischen Implikationen. Diese Akzentverlagerung eröffnet Farrell Möglichkeiten, Geschichte durch Parodie und Ironie zu relativieren, ohne auf die Darstellung der grauenvollen Schlachtszenen als Konsequenz imperialer Arroganz zu verzichten. Die von dem Collector Mr. Hopkins, dem Apologeten von *civilization,* imaginierte historische Größe Englands, die sich aus seinen Erinnerungen an die *Great Exhibition* im Jahre 1851 speist und Indien mit »examples of European art und science« beglücken will, wird als Mythos des Imperialismus transparent. Der »objektiven« Historiographie, die Englands imperiales Engagement glorifiziert, setzt Farrell ein Geschichtsbild entgegen, das der desillusionierte Hopkins am Romanende prägnant formuliert: »Culture is a sham. It's a cosmetic painted on life by rich people to conceal its ugliness.«

Das Werk der in Köln geborenen Ruth Prawer Jhabvala (geb. 1927), die einer deutsch-jüdischen Familie entstammt, thematisiert am Beispiel weiblicher Figuren Konflikte, die im Aufeinanderprallen von eigener und fremder, zumeist der englischen und der indischen Kultur begründet sind. Diese Tendenz manifestiert sich bereits in dem frühen Roman *Esmond in India* (1958) sowie in der Kurzgeschichtensammlung *An Experience of India* (1971) und ist auch in dem Sammelband *Out of India* (1986) bestimmend. Ihr Hauptwerk, das mit dem Booker Prize ausgezeichnete *Heat and Dust* (1975), kontrastiert auf zwei Zeitebenen das koloniale mit dem postkolonialen Indien, indem die namenlose englische Erzählerin das Schicksal ihrer Großmutter Olivia Rivers erforscht, die in den zwanziger Jahren ihren Mann verließ, um mit einem indischen Nawab zusammenzuleben. Die parallel verlaufenden Handlungsstränge setzen an die Stelle eines politisch-ideologischen Diskurses einen transkulturellen, der exotische Glorifizierungen dekonstruiert und ein idealisiertes Indienbild durch ein realistisches ablöst, das den Blick öffnet für das im Romantitel anklingende Elend eines Landes, in dem die Zeit für gleichberechtigte Geschlechterbeziehungen noch in weiter Ferne liegt. Jhabvalas Spätwerk *In Search of Love and Beauty* (1983), *Three Continents* (1981) und *Poet and Dancer* (1993), ist in Amerika angesiedelt und verfolgt exzentrische Figuren, deren bizarr ausgestaltete Identitätssuche den jeweiligen Erzählkern bildet. Als *scriptwriter* – sie adaptierte u. a. Forsters *A Room with a View* – hat sich Jhabvala in diversen Merchant-Ivory-Produktionen einen Namen gemacht.

Der Roman als hybrides Genre: experimentelle, postmoderne, metafiktionale und realistische Prosa im ausgehenden 20. Jahrhundert

Je weiter das 20. Jahrhundert voranschreitet, desto schwieriger ist die systematisierende Darstellung des Romans. Als wahrhaft proteische Prosaform generiert er in einer Zeit der Dehierarchisierung und Liberalisierung immer neue Subgattungen, reagiert er auf divergente Zeitströmungen, unterminiert er etablierte Erzählkonventionen. Ein weit verästelter Pluralismus, nachgerade ein Kosmos narrativer Vielfalt, prägt den Roman dieser Jahre. Hybridität ist sein Kennzeichen. Gleichwohl existiert die Haupttendenz des Nachkriegsromans weiter, wirken realistisches und experimentelles Erzählen Seite an Seite. Hinzu kommt als dominante thematische Tendenz des zeitgenössischen Romans die nahezu ungehemmte Fiktionalisierung von Geschichte, die zumeist metafiktional konstruiert wird, weil die Prämissen für die authentisch rekonstruierbare Historiographie angesichts einer generellen Erkenntnisskepsis längst ihre Gültigkeit verloren haben. Mit der Simultaneität von postmodernen, metafiktionalen und realistischen Erzählformen ist der Gegenwartsroman am ehesten skizziert. Ein Werk, das diese scheinbar auseinanderstrebenden Elemente zusammenführt, ist Ian McEwans *Atonement* (2001), gleichsam eine Synthese unterschiedlicher narrativer Modelle.

Das mit einem hohen Maß an intertextuellen Referenzen und Verweisen auf mythologische Grundmuster ausgestattete Œuvre von John Fowles (geb. 1926) zeichnet sich durch die Kombination von realistischen und experimentellen Erzählweisen aus. Sein Textkorpus ist ein Amalgam aus postmodernen und existenzialistischen Entwürfen, die durch metanarrative Reflexionen den Leser in einen Diskurs einbeziehen, der ihm gelegentlich die Illusion vermittelt, er sei an der Textherstellung beteiligt.

Fowles' erster Roman, *The Collector* (1963), der aus alternierenden Perspektiven in parabelhafter Weise die Kasernierung Mirandas durch den neurotischen Frederick erzählt und Shakespeares *The Tempest* parodiert, steht am Beginn seiner schriftstellerischen Karriere. Romane wie *The Magus* (1965, 1977), *Daniel Martin* (1977), *Mantissa* (1982) und *A Maggot* (1985) reflektieren die Vielseitigkeit eines Autors, der durch philosophische, medientheoretische und autobiographische Diskurse ein enigmatisches Universum entwirft, bei dessen Aufschlüsselung expositorische Texte wie *The Aristos* (1964) und *Wormholes. Essays on Occasional Writings* (1998) wertvolle Hilfe leisten. Fowles' Hauptwerk ist das als erster postmoderner englischer Roman eingestufte *The French Lieutenant's Woman* (1969), von Karel Reisz nach dem Drehbuch von Harold Pinter kongenial verfilmt (1981). Fowles erzeugt durch die Verbindung der realistischen viktorianischen Handlung um den Amateurarchäologen Charles Smithson, seine konventionellen Normen verpflichtete Verlobte Ernestina Freeman und die rätselhafte *new woman* Sarah Woodruff mit Hilfe von metafiktionalen Interventionen, die an den *nouveau roman* erinnern und Ideen von Alain Robbe-Grillet und Roland Barthes aufgreifen, einen vielschichtigen Dialog zwischen Viktorianismus und Postmoderne. Das berühmte 13. Kapitel, in dem der scheinbar allwissende Erzähler seine Maske fallen lässt und die vermeintliche Macht über seine Figuren zurückweist (»It is only when our characters and events begin to disobey us that they begin to live«), eröffnet einen metanarrativen Diskurs, der in drei dem Leser als Alternativen offerierten Romanenden seinen Höhepunkt erlangt. Das erste Romanende (Kap. 43–44) parodiert den viktorianischen Roman; das zweite (Kap. 60), das eine harmonische Verbindung zwischen Charles und Sarah insinuiert, erweist sich als Charles' Wunschtraum; das dritte (Kap. 61), von dem zuvor als »tyranny of the last chapter« die Rede ist, entlässt

Charles, von dem Fowles in dem Essay »Notes on an Unfinished Novel« (1969) als »an existentialist before his time« spricht, in eine ungewisse Zukunft: »And out again, upon the unplumb'd, salt, estranging sea.«

Kaum ein zeitgenössisches Werk ist so vielseitig wie das von Anthony Burgess (1917–1993). Über dreißig Romane, vom frühen *Time for a Tiger* (1956) bis zu *Any Old Iron* (1989), zahlreiche literaturwissenschaftliche Studien, u. a. über Shakespeare, D. H. Lawrence und James Joyce, Veröffentlichungen zur Musik, Burgess' zweiter Leidenschaft, verschiedene Übersetzungen, Editionen und eine zweibändige Autobiographie, *Little Wilson and Big God* (1986) und *You've Had Your Time* (1990), stehen zu Buche. Ein dermaßen weitgespanntes Textkorpus entzieht sich jeder plausiblen Kategorisierung, wenngleich eine Tendenz vom realistischen Erzählen zu stärker experimentell-reflexiven Erzählweisen, etwa in *Nothing Like the Sun; A Story of Shakespeare's Love-Life* (1964) und *Napoleon Symphony* (1974), zu beobachten ist. Burgess' wichtigste Romane sind *A Clockwork Orange* (1962), von Stanley Kubrick kontrovers verfilmt (1971), und *Earthly Powers* (1980).

A Clockwork Orange ist das autobiographisch inszenierte Zeugnis des jugendlichen Delinquenten Alex, ein dystopisches Werk, in dem Burgess eine Jugendsprache, Nadsat, entwickelt, um im Stile einer schwarzen Komödie die Gewalttaten eines Protagonisten darzustellen, dessen Rebellion gegen eine bornierte Gesellschaft nach einer minutiös geschilderten Elektroschock-Therapie in willfährige Anpassung mündet. *Earthly Powers* ist die fiktive Autobiographie des homosexuellen Katholiken Kenneth Marshall Toomey, ein kulturhistorisches Panorama, das sechs Dekaden des 20. Jahrhunderts umspannt, moralphilosophische und dichtungstheoretische Probleme erörtert (»the capacity of literature to cope with human reality«) und hierzu Literaten wie Joyce, Wyndham Lewis, Ford Madox

Ford und Rudyard Kipling sowie die Prototypen des Bösen, »Hitler [...] Mussolini and the rest of this century's thrown up«, aufmarschieren lässt. Toomey's Antipode, Cardinal Carlo Campanati, vervollkommnet das ambitionierte Porträt einer Epoche, in der der Dualismus von Gut und Böse wie in vielen von Burgess' Werken eine zentrale Rolle spielt und die Auffassung des Autors illustriert, dass das Universum nur als *duoverse* zu begreifen ist.

Zu den Repräsentanten des experimentellen, selbstreflexiven und metafiktionalen Gegenwartsromans zählen neben B. S. JOHNSON (1933–1973) mit *Travelling People* (1963), *Albert Angelo* (1964) und *Trawl* (1966) sowie CHRISTINE BROOKE-ROSE (geb. 1923), die besonders in *Out* (1964) und dem an Joyce' *Finnegans Wake* orientierten *Thru* (1975) durch die Fiktionalisierung literaturtheoretischer Diskurse hervorgetreten ist, vor allem JOHN BERGER (geb. 1926) und GABRIEL JOSIPOVICI (geb. 1940). Berger, der der Massenkultur äußerst kritisch gegenübersteht und seit langem zurückgezogen in einem französischen Alpendorf lebt, ist neben seiner Trilogie *Into Their Labours* (*Pig Earth*, 1979; *Once in Europe*, 1989; *Lilac and Flag*, 1990), die in experimenteller Form das monotone, zyklischen Mustern folgende Leben französischer Bergbauern beschreibt, vor allem durch *G* (1972) bekannt geworden. Dieser Roman, der mit dem Booker Prize ausgezeichnet wurde und der die Jahre 1888 bis 1915 umspannt, schildert in anachronistischen Erzählfragmenten die persönlichen und politischen Wirren, mit denen der Protagonist G, Sohn des italienischen Vaters Umberto und seiner amerikanischen Ehefrau Laura, konfrontiert wird, bevor er am Vorabend des Ersten Weltkriegs in Triest den Tod findet. Bergers Erzählverfahren lehnt sich an die Collage-Technik der Kubisten sowie an die Kompositionsprinzipien der *Nouvelle Vague* an und zeichnet sich durch eine Nähe zum *nouveau roman* aus. Durch Delinearität und permanente, illusionsdurchbrechende erzählerische Interventionen gibt der Text in nahezu allen Passagen zu erkennen, dass es sich beim Erzählten um *fabrication*, nicht um mimetisch rekonstruierte Wirklichkeit handelt. Diskontinuität und Delinearität markieren die Entfremdung des Individuums, das vergeblich nach verlässlicher sozialer Orientierung sucht.

Auch Josipovicis experimentelle Prosa kreist um die Entfremdung des Menschen in einer weitgehend kommunikationsunfähigen Gesellschaft. Seine kryptischen Kurzgeschichten (*Mobius the Stripper*, 1974; *Four Stories*, 1975), vor allem aber seine Romane *The Inventory* (1968), *Words* (1971), *The Present* (1975) und *The Echo Chamber* (1980), bedürfen der aufwendigen Enträtselung. Gemeinsam ist allen die dezidierte Aversion gegenüber realistischen Darstellungsverfahren. An ihre Stelle treten binnenliterarische Diskurse, die Erkenntnisprobleme in variablen argumentativen Reflexionen zur Sprache bringen und ihre Vorläufigkeit ausdrücklich betonen. In *Conversations in Another Room* (1984) wirkt der Zusatz *A Novel* wie eine ironische Bekräftigung. Die metafiktionalen Kontroversen in diesem Text, der fast völlig aus Dialogen besteht, verweigern jegliche erzählerische Kohärenz. Der Erzähler, der sich schließlich im 8. Kapitel zu Wort meldet, muss einräumen, dass der Versuch, eine wahre, verifizierbare Geschichte zu erzählen, ein illusorisches Unterfangen bleibt. Dieses Bemühen (»to catch the illusive object«) wird als prinzipiell unabschließbarer Prozess transparent.

Das Werk von Angela Carter (1940–1992) – neun Romane, diverse Erzählbände, u. a. *The Bloody Chamber and Other Stories* (1979), zahlreiche Rezensionen sowie die theoretische Schrift *The Sadeian Woman: An Exercise in Cultural History* (1979), in der Carter aus feministischer Sicht der Herkunft weiblicher Stereotypisierungen nachgeht – entzieht sich wie kaum ein anderes der gattungstypologischen Einordnung. Alle Publikationen dekonstruieren Mythen. Carter verwendet ironische und parodistische Verfahren, um, vor allem in den Erzählungen, bekannte Märchen radikal umzuschreiben und tradierte Geschlechterrollen zu hinterfragen (»Wolf-Alice«, 1979; »Peter and the Wolf«, 1985; »Ashputtle Or The Mother's Ghost«, 1993). In ihren an intertextuellen Bezügen reichen Romanen, vom frühen *The Magic Toyshop* (1967) bis zu *Wise Children* (1991), werden in surrealistischer Manier und in kulturkritischer Absicht Konstruktionen von Geschlechtlichkeit problematisiert, an deren Stelle alternative, feministisch konturierte Identitätsentwürfe treten. *The Infernal Desire Machines of Dr. Hoffman* (1972), vom Ich-Erzähler als »tale of picaresque adventure« bezeichnet, ist ein mit der Darstellung sexueller Exzesse angefüllter Text, in dem Carter über alle zeitlichen Begrenzungen hinweg das Verhältnis von Rationalität und Begierde kontrastiert und unter Verwendung von *magic realism* neu definiert. Coleridges bekanntes Diktum *suspension of disbelief*, auf das in diesem Roman verwiesen wird, ist auch zur Dekonstruktion von Carters bestem Roman, *Nights at the Circus* (1984), vonnöten. In einer Mischung aus Realismus und Surrealismus wird die pikareske Reise der »Cockney Venus« Fevvers erzählt, die sie aus der dekadenten Welt der viktorianischen Varietés und des Zirkus über den halben Erdball führt und in Sibirien ihren Abschluss findet. Fevvers' Flügel machen sie zu einer Figur, die sowohl Konturen des *freak* wie der emanzipierten *new woman* aufweist und die Grenzen zwischen *fact* und *fiction* aufhebt. Ihre Liaison mit dem amerikanischen Journalisten Jack Walser beschließt einen Roman, in dem der sozial- und kulturkritische Pessimismus früherer Werke einem ironisch-versöhnlichen Blick auf den Menschen weicht. In diesem Sinne ist *Nights at the Circus*, wie Fevvers im Schlusskapitel »Envoi« ausruft, »a giant comedy«.

Auch Emma Tennant (geb. 1937) dekonstruiert in ihrem Romanwerk Mythen (*Black Marina*, 1985; *The Adventures of Robina*, 1986). Vor allem aber schreibt sie kanonisierte Romane um: *The Bad Sister* (1978) adaptiert James Hoggs *Confessions of a Justified Sinner* (1824), *Two Women of London* (1989) ist ein *rewriting* von Stevensons *Dr. Jekyll and Mr. Hyde* (1889), in dem mit der alleinerziehenden Mrs. Hyde und der attraktiven, von Männern umworbenen Eliza Jekyll Figuren auftreten, die sich gegen das Patriarchat zur Wehr setzen und »new Victorian values« propagieren, die in den Ausruf »KILL« münden, mit dem der Roman endet. Und *Faustine* (1992) ist ein feministischer, mit *gothic horror* angereicherter Roman, der den Faust-Stoff in die Gegenwart transponiert. Die unter dem Titel *Travesties* zusammengefasste Trilogie substituiert indes nicht schablonenhaft die männliche Perspektive durch die weibliche. Tennant konstelliert die bekannten Prätexte neu, indem sie Reales mit Irrealem kombiniert und postmoderne Akzente setzt. Die stilistischen Idiosynkrasien ihrer *écriture féminine* bezeugen Tennants These, dass *rewriting* eine eigene Sprache erfordere: »Every different thing demands its own expression.«

Am Beginn der Karriere von A. S. BYATT (geb. 1936) standen literaturkritische Veröffentlichungen wie *Degrees of Freedom: The Novels of Iris Murdoch* (1965) und *Wordsworth and Coleridge in Their Time* (1970), die auf Erfahrungen zurückgehen, die sie als Literaturdozentin am University College London sammelte. Auch Byatts imposantes schriftstellerisches Œuvre ist dermaßen weit gefächert, dass es sich schwerlich konventionellen Gattungstypologien subsumieren lässt. Nach *The Game* (1967) erschienen die ersten Bände ihrer Tetralogie, *The Virgin in the Garden* (1978), *Still Life* (1985) und *Babel Tower* (1996), die mit dem unlängst publizierten *A Whistling Woman* (2002) abgeschlossen wurde.

Die Tetralogie verfolgt die Entwicklung der Schwestern Frederica und Stephanie Potter von den fünfziger Jahren bis in die Zeit um 1980. Präsentiert wird ein mit intertextuellen Verweisen gespicktes soziales Panorama, das durch philosophische, naturwissenschaftliche sowie kunst- und literaturtheoretische Debatten Konturen eines intellektuellen Porträts der englischen Nachkriegszeit gewinnt und kulturelle Entwicklungen nachzeichnet, die für jede der detailliert entworfenen Dekaden repräsentativ sind. In *Babel Tower* findet sich mit »Babbeltower« ein Paralleltext, der auf den französischen Sozialphilosophen Charles Fourier (1772–1837) zurückgeht und eine von utopischen und gewalttätigen Ideen beherrschte Gesellschaft beschreibt, die in reizvollem Kontrast zu einem England steht, das durch die *Flower Power* der *Swinging Sixties* ebenso gekennzeichnet ist wie durch die von Ian Brady und Myra Hindley in den Mooren von Yorkshire verübten Morde. Im Zentrum von *A Whistling Woman* steht die schillernde britische Mediengesellschaft, in der die komplizierte Identitätsfindung Fredericas ihren insgesamt versöhnlichen Abschluss findet. Byatts Kunst besteht darin, einen intellektuellen Kosmos zu entwerfen, in dem konkurrierende Diskurse, etwa über *population genetics (DNA)*, *nuclear fear* oder *the mythopoeic imagination of Albion*, den Protagonisten auferlegen, die ihnen gemäße Rolle zu finden. Ihre Popularität verdankt Byatt dem Roman *Possession. A Romance* (1990), der den Booker Prize erhielt. Dieser hybride Text, der Elemente der Romanze, des Bildungs-, Schauer-, Detektiv-, Brief- und des Universitätsromans zusammenführt, rekonstruiert mit Hilfe der analytisch-kombinatorischen Fähigkeiten des jungen Literaturwissenschaftlers Roland Michell und der feministischen Dozentin Maud Bailey die Liebesbeziehung der fiktiven viktorianischen Dichter Randolph Henry Ash und Christabel LaMotte. Der Roman, ein intertextuelles Echoland, ist teleologisch angelegt (»all's well that ends well«, »We need the end of the story«), transzendiert indes sein prinzipiell mimetisches Kompositionsprinzip durch das »Postscript 1868«, das die Identität von Thomasine Bailey preisgibt und dem Werk, auch durch Anspielungen auf

Miltons »Lycidas« und Keats' »La Belle Dame sans Merci«, postmoderne Konturen verleiht. *The Biographer's Tale* (2000) ist eine metafiktionale Biographie, in der Byatts Protagonist, der von postmodernen Seminardiskussionen übersättigte Phineas G. Nansen (»I've decided I don't want to be a postmodern literary theorist«) vom scheiternden Biographen zum Autobiographen avanciert, den Konstruktcharakter (»fabrication«) jedweder Literaturform durchschaut, sich von literarischen Einflüssen zu befreien versucht (»literature is threaded in my brain«), um ein Leben jenseits ästhetischer Bezugssysteme zu führen.

Prototypisch für die Hybridisierung des zeitgenössischen Romans ist das Werk von JULIAN BARNES (geb. 1946). Verfolgt sein autobiographisch konzipiertes Romandebüt *Metroland* (1980) in eher konventioneller Weise das Schicksal des jugendlichen Protagonisten Christopher, der sein Leben als Rebell gegen starre gesellschaftliche Restriktionen in London und Paris erzählt, bevor er sich als Dreißigjähriger mit einer bourgeoisen Existenz anfreundet und relativen Wohlstand genießt (»my pleasure in this material comfort«), so veröffentlicht Barnes mit *Flaubert's Parrot* (1984) und *A History of the World in 10½ Chapters* (1989) zwei Romane, die vor allem wegen ihrer virtuosen Gattungsüberschreitungen (*generic crossovers*) zu den originellsten narrativen Innovationen der jüngeren britischen Erzählliteratur gehören. *Flaubert's Parrot,* ein postmoderner Text par excellence, inszeniert den Versuch des pensionierten Arztes Geoffrey Braithwaite, die Biographie seines literarischen Idols Gustave Flaubert zu schreiben. Braithwaite kombiniert diverse Verfahren wie den literarhistorischen Essay, die biographische Chronologie, das Studium vorliegender Biographien (Sartre, Starkie) bis hin zu einem ironischen »Examination Paper«, um die authentische Rekonstruktion von Flauberts Leben ad absurdum zu führen. Durch den Roman zieht sich als Subtext die Ehe zwischen Braithwaite und seiner promisken Frau Ellen, die sich das Leben genommen hat. Vor diesem Hintergrund, der sich dem Leser schrittweise erhellt und der die fiktionale Biographie Flauberts in die Autobiographie Braithwaites verwandelt, erweist sich *Flaubert's Parrot* als das Dokument der Gewissenserforschung eines Erzählers, für den die prinzipiell unvollkommene, unabschließbare Rekonstruktion der Vergangenheit als ein Amalgam aus Konfession und Therapie Bedeutung gewinnt.

A History of the World in 10½ Chapters ironisiert bereits im Titel die Vorstellung, »Geschichte« sei authentisch und präzise rekonstruierbar. Barnes kombiniert zahlreiche Textsorten und Erzählmodi, von der Tierfabel über den Thriller, die wissenschaftliche Analyse, den Brief- und den Reiseroman bis hin zum Schlusskapitel »The Dream«, das im Himmel angesiedelt ist, um konventionelle Konzeptionen von Chronologie, Plausibilität und Kausalität zu dekonstruieren und durch Delinearität und Diskontinuität zu substituieren. Der heterogene Text erlangt seine Kohärenz (»everything is connected«) durch leitmotivische Verweise (»survival«, »progress«, »woodworm«) und rückt historiographische Präzision ins Reich der Fabel (»Dates are Bullies«). Im metafiktionalen Kapitel »Parenthesis« wird *fabulation*, das den Roman als Kompositionsprinzip auf allen Ebenen durchzieht, als Therapie gegen menschliche Verzweiflung vor dem Hintergrund unkontrollierbarer Bedrohungen evident: »We make up a story to cover the facts we don't know or can't accept, we keep a few true facts and spin a new story around them. Our panic and our pain are only ceased by soothing fabulation; we call it history.«

Sind Barnes' Romane *Talking It Over* (1991) und *Love, Etc.* (2000) formal-experimentelle Texte, die in alternierender Perspektivik und montagehafter, quasi-dramatischer Anordnung eine *ménage à trois* ausleuchten und durch Leseranreden um Zustimmung für die jeweilige Position werben (»What do you think?«), so ist *England, England* (1998) ein ambitioniertes Werk, das am Beispiel eines *theme park*, den der exzentrische Tycoon Jack Pitman auf der Isle of Wight errichtet, gängige Diskurse über *representation, intertextuality* und »Quintessences of Englishness« fiktionalisiert und Jean Baudrillards *replica*-Theorie satirisiert: »We must demand the replica, since the reality, the truth, the authenticity of the replica is one we can possess, colonize, reorder, find *jouissance* in.« Barnes' Englandbild manifestiert sich überdies in den *Letters from London 1990–1995*, die er für den *New Yorker* schrieb und die englische Exzentrizitäten aufs Korn nehmen (»The Deficit Millionaires«), während er sich in dem Kurzgeschichtenband *Cross Channel* (1996) und in der Essaysammlung *Something to Declare* (2002) als profunder Kenner anglo-französischer Befindlichkeiten erweist.

Das imposante und produktive Werk von Peter Ackroyd (geb. 1949) zeichnet sich durch besondere Originalität aus. Seine jüngsten expositorischen Studien, *London: The Biography* (2001) und *Albion: The Origins of the English Imagination* (2002), markieren den intellektuell-topographischen Horizont, der das nicht-fiktionale Werk, Biographien über Ezra Pound, T. S. Eliot, Charles Dickens, William Blake und Thomas More, wie das fiktionale, für das sich der generische Terminus *fictional biography* eingebürgert hat, prägt. Die fiktionalen Biographien *The Last Testament of Oscar Wilde* (1983), *Hawksmoor* (1985) und *Milton in America* (1996) sind imaginative Rekonstruktionen historischer Persönlichkeiten, die durch eine vielschichtige Gegenwartshandlung problematisiert und in überraschende Kontexte gestellt werden. Am deutlichsten ist diese ebenso anachronistische wie montagehafte Verknüpfung in *Chatterton* (1987) zu beobachten.

Dieser Roman setzt drei Zeit- und Handlungsebenen zueinander in Beziehung: die um den genialischen Poeten Thomas Chatterton, dessen Ruhm weitgehend auf

Plagiaten des fiktiven mittelalterlichen Mönches Thomas Rowley beruhte (»the faker of medieval poetry and perhaps the greatest literary forger of all time«), die um den Maler Henry Wallis, der 1856 ein »The Death of Chatterton« betiteltes Bild anfertigte, für das der Romancier George Meredith Porträt saß, und die um Charles Wychwood, einen wenig erfolgreichen zeitgenössischen Lyriker, der in einem Antiquariat auf ein Chatterton-Porträt stößt und sich anschickt, das Geheimnis um den exzentrischen Plagiator zu lüften, wobei er gegen das Wittgenstein'sche Diktum verstößt, das Ackroyd in den Roman einschreibt: »Whereof we cannot speak, thereof we must be silent.« *Chatterton* entfaltet im Zuge einer detektivischen Investigation ein kaum eingrenzbares intertextuelles Universum, das zwischen den Handlungssträngen Kohärenz stiftet (»everything was connected«) und in variationsreicher Selbstreflexivität Fragen kreativer Originalität vor dem Hintergrund von Harold Blooms Diktum *anxiety of influence* diskutiert. So kreist der Roman in postmoderner Manier um Themen wie Plagiat, Palimpsest, Authentizität und das Verhältnis von Original und Kopie. Seine jüngste Publikation, *The Clerkenwell Tales* (2003), führt den Leser ins späte Mittelalter, in die Zeit von Geoffrey Chaucers *The Canterbury Tales*. Ackroyds *tales*, in denen alle Figuren Chaucers zu Wort kommen, sind metafiktionale Rekonstruktionen einer auf die Apokalypse zusteuernden Welt. Die Visionen der Erzählerfiguren weisen auf eine Zukunft voraus, die von politischen Kontroversen und religiös motivierten Verschwörungen beherrscht wird. Den Gegenwartsbezug stellt Ackroyd in der letzten Erzählung, »The Author's Tale«, her. Sie unterstreicht die These, dass die Vergangenheit keine abgeschlossene Epoche darstellt. Ihre beunruhigende Aktualität bleibt vielmehr in ein zeitliches, höchst komplexes Kontinuum eingebettet.

Martin Amis (geb. 1949), dessen Reputation inzwischen die seines Vaters Kingsley Amis übersteigt, kündigte sein literarisches Talent bereits in den frühen, von Sexualität und Gewalt beherrschten Romanen *The Rachel Papers* (1973), *Dead Babies* (1975), *Success* (1978) und *Other People: A Mystery Story* (1980) an. In den achtziger Jahren, der *decade of discontent*, avancierte er mit *Money. A Suicide Note* (1984) und *London Fields* (1989) zum prononciertesten Kritiker des Thatcherismus, der wegen seiner materialistischen Exzesse und seines inhumanen Menschenbildes zum Inbegriff des Spätkapitalismus und zur Zielscheibe vieler Autoren wurde. *Money* ist ein postmoderner, metafiktionaler und mit einer Fülle von intertextuellen Referenzen versehener Text, der zumeist die intellektuelle Unbedarftheit eines Erzählers entlarvt, der den sprechenden Namen John Self trägt und für *unreliable narration* steht. Self ist ein egomanischer *everyman*, dessen Werteskala sich wie ein Katalog von Perversionen ausnimmt: »Fast food, sex shows, space games, video nasties, nude mags, drink, fighting, television, hand jobs.« Es gehört zum tiefschwarzen Humor von *Money*, dass die Kritik an der von Thatchers Politik begünstigten Konsumgesellschaft von dem dekadenten Erzähler Self formuliert wird: »Cars are doubling while houses are halving. If a landlord or developer comes across a decent-sized room he turns it into a labyrinth, a Chinese puzzle.« Es obliegt dem Leser, das pervertierte Weltbild des sich in immer abstrusere Widersprüche verwickelnden Erzählers zu dekodieren und zu erkennen, dass *Money* eine zutiefst korrupte Gesellschaft darstellt, die mit rasender Geschwindigkeit auf den Abgrund zusteuert.

Zu den dystopischen Weltentwürfen, nachgerade Amis' Markenzeichen, gehört auch *London Fields*. Hier blickt der Autor im Zorn zurück auf die achtziger Jahre (»Ten years of Relative Decline«). Vier deformierte Figuren – die suizidale Nicola Six, deren Alter Ego Enola Gay an die erste Atombombe erinnert; der kleine Ganove Keith Talent; der desillusionierte Entrepreneur Guy Clinch, dessen

Luxus auf ökologischer Ausbeutung basiert; und der Erzähler Sam Young – treffen in einer Welt zusammen, die dem Untergang geweiht ist.

Die postmodernen Elemente von *London Fields* werden vornehmlich in der narrativen Selbstreflexivität Youngs transparent, der von der anvisierten Rolle des distanzierten Chronisten (»Documentary evidence«) durch die immer mehr aus den Fugen geratenden Ereignisse in die Handlung involviert und schließlich zur Anerkennung von »Heisenberg's principle« gezwungen wird (»an observed system inevitably interacts with its observer«). Am Ende korrespondiert sein erzählerisches Scheitern mit der Mitschuld an der Kastastrophe: »I should have understood that a cross has four points. Not three.«

Amis' Romane der neunziger Jahre – *Time's Arrow* (1991), das den Holocaust in einem achronologisch arrangierten erzählerischen Experiment aus der Sicht der Täter rekonstruiert, und *The Information* (1995), eine schwarze Komödie um rivalisierende Schriftsteller in einer absolut korrupten Gesellschaft – bleiben, wie auch *Night Train* (1998) und der Erzählband *Heavy Water* (1998), hinter dem Niveau von *Money* und *London Fields* zurück. Nach der Autobiographie *Experience* (2000) und *Koba the Dread* (2002), ein autobiographisch konzipierter Text, der das Faible westlicher Intellektueller für den Kommunismus im 20. Jahrhundert ergründet, warten Amis' Leser auf den angekündigten Roman über Perversionen in der Welt der Royals.

Die Romane von Adam Thorpe (geb. 1956) verfolgen postmoderne Strategien und sind dem Genre der historiographischen Metafiktion zu subsumieren. Sein erstes, zugleich bestes Werk, *Ulverton* (1992), erzählt über einen Zeitraum, der sich von 1650 bis 1988 erstreckt, in zwölf Kapiteln aus unterschiedlichen Perspektiven die Ereignisse, die dem Gesicht des fiktiven Dorfes in Wessex Kontur geben. Von den kriegerischen Aktivitäten der Truppen

Cromwells bis zu einer Fernsehreportage, die die Ausgrabung eines Skeletts aus dem 17. Jahrhundert aufzeichnet, entwirft der Roman, der Volksmärchen, Mythen und oral vermitteltes Material inkorporiert, ein facettenreiches Porträt der englischen Kultur- und Sittengeschichte, das die Entwicklung von der pastoralen in die postmoderne Zeit mit historisch-archäologischer Akribie nachzeichnet. In *Pieces of Light* (1998) wendet sich Thorpe neuerlich Ulverton zu und präsentiert mit dem Theaterregisseur Hugh Arkwright eine Figur, die in einer ominösen, an die Welt des Thriller erinnernden Atmosphäre mit Kindheitserinnerungen aus Südafrika konfrontiert wird und das Geheimnis um seine dort verschollene Mutter lüftet. Hier erzeugt Thorpe zwischen dem englischen Ulverton und dem südafrikanischen Bamakum einen bedeutungsvollen transkulturellen Kontrast. *Still* (1995) ist ein Roman um den exzentrischen Regisseur Richard Arthur Thornby, der in Texas einen avantgardistischen Film plant, der indes nicht realisiert wird, weshalb sich der Text als ein mit absurdem Humor ausgestattetes fiktionales Filmsubstitut liest. In *No Telling* (2003) verlässt Thorpe bekannte erzählerische Pfade. Der im Paris der sechziger Jahre des 20. Jahrhunderts angesiedelte Roman erzählt aus der Perspektive des zwölfjährigen Gilles die traumatischen Erfahrungen des Jungen in einer Familie, hinter deren zur Schau gestellter bürgerlicher Solidität sich ein Abgrund an Dekadenz auftut. Thorpe inszeniert die familiären Auflösungserscheinungen vor dem Hintergrund der Mai-Unruhen des Jahres 1968 und beschreibt eine Welt, in der private und gesellschaftliche Destabilität korrespondieren.

Trotz des Erfolges, den Barry Unsworth (geb. 1930) mit seinem preisgekrönten Roman *Sacred Hunger* (1992) erzielte, ist seinen historischen Werken bislang nicht die Anerkennung zuteil geworden, die sie verdienen. *Pascal's Island* (1980), das die türkische Revolution im Jahre 1908 zum Thema hat, sowie *The Stone Virgin* (1985), *Morality*

Play (1995), *After Hannibal* (1996) und *Losing Nelson* (1999) sind nicht etwa panoramische historische Rekonstruktionsversuche, sondern raffinierte historiographische Metafiktionen, die illusionäre Lesererwartungen durchbrechen und die Texte als Konstrukte zu erkennen geben, um zwischen der historischen und der gegenwärtigen Welt ein informatives Spannungsverhältnis herzustellen und Fragen nach dem Sinn von Geschichte neu zu formulieren. In *Sacred Hunger*, das wie *Sugar and Rum* (1988) den Sklavenhandel im 17. Jahrhundert behandelt, liefert Unsworth am Beispiel von Erasmus Kemp und dem Schiffsarzt Matthew Paris das Psychogramm zweier Figuren, die sich durch Habgier und Ehrgeiz verzehren. Der Text, der Unsworths großem Vorbild Joseph Conrad verpflichtet ist und Parallelen zu *Nostromo* aufweist, zeichnet überdies ein satirisches Porträt des British Empire und wirft durch subtil arrangierte Korrespondenzen mit dem England der 1980er Jahre ein Licht auf den Materialismus, der über historische Spezifika hinaus das Wesen der Menschen bestimmt.

Im Romanwerk des im japanischen Nagasaki geborenen Kazuo Ishiguro (geb. 1954) geht es um Vergangenheitsbewältigungen und die mit ihnen verbundenen Identitätskonstruktionen, wobei die Figuren in Lebenskrisen Antworten auf ethische Grundfragen zu finden versuchen. Hinter den monoperspektivisch erzählten Texten, die Ishiguro durch *unreliable narration* mehrbödig inszeniert, tun sich seelische Abgründe verstörter Charaktere auf, die sich rückblickend als Erzählanlass erweisen. Ishiguros erste Romane, *A Pale View of Hills* (1982) und *An Artist of the Floating World* (1986), widmen sich brisanten Themen aus der japanischen Geschichte vor und nach dem Zweiten Weltkrieg. Nach dem Roman *The Unconsoled* (1995), der die enigmatischen Lebenswege des Pianisten Ryder in Zentraleuropa nachzeichnet und von der Kritik reserviert aufgenommen wurde, wendet sich Ishiguro in *When We*

Were Orphans (2000) erneut Asien als dem Schauplatz zu, an dem der englische Detektiv Christopher Banks in den 1930er Jahren in Shanghai das Schicksal seiner verschollenen Eltern aufklärt und damit eine Mission erfüllt, die einen dunklen Flecken seiner Vergangenheit tilgt. Ishiguros Hauptwerk ist der mit dem Booker Prize ausgezeichnete Roman *The Remains of the Day* (1989), nach dem Drehbuch von Ruth Prawer Jhabvala mit Anthony Hopkins und Emma Thompson vorzüglich verfilmt. In diesem Roman macht sich der alternde Butler Stevens im Juli 1956 vom Landsitz Darlington Hall auf, um eine sechstägige Reise nach Cornwall zu unternehmen und sich Klarheit über die Beziehung zu seiner früheren Mitarbeiterin Miss Kenton zu verschaffen. Der faktischen Reise entspricht eine Reise ins Innere seiner Vergangenheit, die durch Widersprüche und Selbstrechtfertigungen die Rolle offenbart, die Stevens, der sich in kritischen Situationen hinter dem Ethos des Butlers verschanzt, bei Lord Darlingtons Unterstützung des Nationalsozialismus in Deutschland spielte. Es gibt wenige Romane, in denen die Möglichkeiten, die *unreliable narration* bereithält, so subtil genutzt werden. Hinter dem scheinbar versöhnlichen Romanende, das Stevens' fadenscheiniges Bemühen zeigt, seine Mitschuld als professionelle Loyalität umzudeuten (»it is, in practice, simply not possible to adopt a critical attitude towards an employer and at the same time provide good service«), wird das gescheiterte Leben eines Menschen sichtbar, der nurmehr als Inhaber einer Rolle Identität gewinnt. Dass Stevens ein lebenskritisches Fazit zieht (»I trusted his Lordship's wisdom. All these years I served him, I trusted I was doing something worthwhile. I can't even say I made my own mistakes. Really – one has to ask oneself – what dignity is there in that?«), um es kurz darauf neuerlich zu beschönigen (»some of us are prepared to sacrifice much in life in order to pursue such aspirations, surely that is, in itself, whatever the outcome, the cause for pride and contentment«), demonstriert die souverän erzählte Gratwanderung zwischen Selbsterkenntnis und Selbsttäuschung, die *The Remains of the Day* zu einem psychologischen Meisterwerk macht.

Symptomatisch für die Synthese zwischen Tradition und Innovation, die die zeitgenössische englische Prosa auszeichnet, sind die Romane von Graham Swift (geb. 1949) und Ian McEwan (geb. 1948). Swifts frühe Werke, *The Sweet Shop Owner* (1980) und *Shuttlecock* (1981), präsentieren Figuren, die sich kritisch mit den Nachwirkungen des Zweiten Weltkriegs auseinandersetzen. In *Shuttlecock* analysiert der Ich-Erzähler Prentis, der in einer polizeiähnlichen Organisation für die Aufklärung von Kriegsverbrechen zuständig ist und zu Hause seine Familie tyrannisiert, die Autobiographie seines schweigsamen, in einer Heilanstalt dahinsiechenden Vaters. Erst als er den zum Kriegshelden Stilisierten als Kollaborateur identifiziert (»his hero's reputation rested ultimately on a lie«), kann Prentis sich aus dem Gefängnis seiner Erinnerungen befreien und als *reformed man* ein neues Leben beginnen. An die Stelle von Klaustrophobie und Paranoia tritt die Versöhnung mit der Natur, die Prentis in Camber Sands am Ärmelkanal wiederentdeckt und die seine bizarre Queste zu einem für Swift eher ungewöhnlichen harmonischen Ende führt.

Swifts erster großer Erfolg ist *Waterland* (1983), ein weiteres Werk der immer populärer werdenden *historiographic metafiction*, in dem bereits das lapidar anmutende Epigraph »Geschichte« problematisiert: »*Historia, -ae*, f. 1. inquiry, investigation, learning. 2. a) a narrative of past events, history. b) any kind of narrative: account, tale, story.« Swifts Protagonist, der Geschichtslehrer Tom Crick, vermittelt seinen Schülern vor dem Hintergrund nuklearer Bedrohung ein Geschichtsverständnis, das die vermeintliche Authentizität historischer Fakten radikal dekonstruiert und durch *tales* und *stories* ersetzt (»history merges with fiction, facts get blurred with fable«). Dreihundert Jahre englischer und französischer Geschichte, in die die Familiengeschichte der Cricks und Atkinsons eingebettet ist, entfalten sich durch Crick, *the story-telling animal*, als zyklischer, nicht als linearer Prozess und entlarven Geschichte als ein Konstrukt: »I present to you History, the fabrication, the diversion, the reality-obscuring drama. History and its near relative, Histrionics.« Es geht Swift indes nicht nur um die erkenntnisskeptische Nivellierung von *history* und *story*, die in immer neuen Variationen und metanarrativen Reflexionen Geschichte als Fortschritt ad absurdum führt. Vor allem wird *story-telling* in der Scheherazade-Tradition zu einem Therapeutikum, das Angst eindämmt (»it helps to eliminate fear«) und Cricks Schülern, die sich um den rebellischen Price in »The Holocaust Club – the Anti-Armageddon League« organisiert haben, wenigstens teilweise Hoffnung signalisiert.

Swift, der in *Out of this World* (1988) bereits mit multiperspektivischen Erzählstrategien experimentiert hatte, veröffentlicht nach *Ever After* (1991) mit *Last Orders* (1996) einen tragikomischen Roman, der, angelehnt an Chaucers *Canterbury Tales* und William Faulkners *As I Lay Dying*, in annähernd achtzig Erzählbeiträgen aus der Sicht von Ray, Lenny, Vic und Vince, die sich von Bermondsey auf eine moderne Expedition begeben, um in Margate die Asche des verstorbenen Freundes Jack Dodd dem Meer zu übergeben, die bis in den Zweiten Weltkrieg zurückreichenden Erinnerungen der Protagonisten zur Sprache bringt. Es obliegt dem Leser, der über beachtliche kombinatorische Fähigkeiten verfügen muss, aus den divergierenden Mosaikstückchen ein Gesamtbild dieser modernen Pilgerreise und ihrer Vorgeschichte herzustellen. Swifts bisher letzter Roman, *The Light of Day* (2003), orientiert sich an Konventionen des Kriminalromans, um am Beispiel des Privatdetektivs George Webb, der im Auftrag der einsitzenden Sarah Nash das Vorleben ihres Mannes recherchiert, die rätselhafte Vergangenheit und die suspekten Identitätskonstruktionen des gesamten Romanpersonals ans Licht zu bringen. Die Liaison, die sich zwischen George und der vor ihrer Entlassung stehenden Sarah anbahnt, wäre aufgrund ihrer widersprüchlichen Voraussetzungen ein idealer Stoff für einen neuen Roman.

Ian McEwan erhielt seine schriftstellerische Ausbildung an der University of East Anglia, wo er in den siebziger Jahren an dem von Malcolm Bradbury und Angus Wilson ins Leben gerufenen *creative-writing*-Kurs teilnahm und sein ungewöhnliches Talent erkennen ließ. Die ersten Publikationen, die Kurzgeschichtenbände *First Love, Last Rites* (1975) und *In Between the Sheets* (1978), zeigen ihn als Autor perverser Monstrositäten, die menschliche Alpträume in schonungsloser Offenheit behandeln und groteske Horrorszenarien entwerfen. Auch seine frühen Romane, *The Cement Garden* (1978) und *Comfort of Strangers* (1981), stehen in der Tradition des *neo-gothic horror*, wobei die Faszination dieser Texte vornehmlich durch den Kontrast zwischen extrem makabren, inzestuöse Sexualität nicht ausschließenden *plots* und einer exakten, ökonomisch-distanziert ins Werk gesetzten Sprache erzeugt wird.

McEwans Wandel vom *enfant terrible* zum *serious novelist* vollzieht sicht mit *The Child in Time* (1987). Hier wird zum erstenmal McEwans zentrales Thema, die Verknüpfung von Privatem und Öffentlichem, sichtbar. Dem Schicksal von Stephen und Julia Lewis, deren Tochter Kate im Supermarkt spurlos verschwindet, steht ein reaktionärer Pädagogik-Diskurs gegenüber, der sich vornehmlich in Zitaten aus dem fiktiven »The Authorised Childcare Handbook« manifestiert: »[...] the hard-pressed parent may find some solace in the time-honoured analogy between childhood and disease – a physically and mentally incapacitating condition, distorting emotions, perception and reason, from which growing-up is the slow and difficult recovery.« Von McEwan als »satirical and Swiftian childcare-manual« deklariert, stellen solche erzieherischen Abstrusitäten die Familienpolitik Margaret Thatchers an den Pranger. Zugleich finden mit theoretischen Debatten über das Wesen der Zeit naturwissenschaftlich-philosophische Themen Eingang in das Œuvre von McEwan, das sich mit *The Innocent* (1990), einem Spionageroman im Berlin der fünfziger Jahre, fortsetzt. *Black Dogs* (1992) geht dem Phänomen des Bösen auf den Grund und demonstriert, dass die Nazi-Verbrechen, für die die Hunde das Symbol sind, kein historisch eingrenzbares Ereignis waren, sondern eine universelle, wiederholbare Bedrohung des Menschen darstellen.

Der letzte sog. Thesenroman – McEwan spricht von *novels of ideas* – ist *Enduring Love* (1996), ein Werk, das die Konsequenzen eines Ballonabsturzes für den rationalistischen Wissenschaftsjournalisten Joe Rose und seine Frau Clarissa, die Literaturwissenschaftlerin und Keats-Spezialistin, schildert. Hier stehen neben dem Verfolgungswahn Fragen zur Bedeutung der Evolutionstheorie, der Genetik und der Psychoanalyse im Vordergrund. Allerdings kündigt sich in *Enduring Love* mit den metafiktionalen Reflexionen über *story-telling*, *palimpsest*, das Verhältnis von *observer* und *observed*, *unreliable perception* und *passionate tellers of half truths* bereits die Thematik an, die in *Atonement* (2001) im Vordergrund stehen wird und die den Wandel von *novels of ideas* zu *novels of character* markiert. Vor *Atonement* publiziert McEwan mit *Amsterdam* (1998) ein farcenhaftes Interludium in fünf Kapiteln, das sich an der Struktur des Dramas orientiert und mit satirischer Brillanz das moralisch korrupte Establishment, den Sensationsjournalismus und das epigonale Künstlertum verspottet.

Im Zentrum von *Atonement* steht Briony Tallis, die im ungewöhnlich heißen Sommer 1935 im Alter von dreizehn Jahren und beseelt von dem Ehrgeiz, Schriftstellerin zu werden – sie verfügt über »a highly focused artistic ambition« –, den um die Gunst ihrer Schwester Cecily werbenden Robbie Turner denunziert, die Beziehung der jungen Liebhaber zerstört und, schuldig geworden, ihr Leben unter der Last ihrer Verfehlung führen muss. Die ersten drei Teile des Romans enthalten zwar Vorausdeutungen auf den Rekonstruktionscharakter des Erzählten (»Six decades later she would [...] be well aware of the extent of her self-mythologising«), werden aber insgesamt in linearer und scheinbar realistischer Weise dargeboten. Erst am Ende von *Part Three* erfolgt mit »BT London 1999« der Hinweis, dass das zuvor detailliert Ausgebreitete »a new draft, an atonement« erforderlich mache. Der vierte und letzte Teil des Romans, »London, 1999«, lässt die inzwischen an der Alzheimer-Krankheit leidende, fast achtzigjährige arrivierte Schriftstellerin ihr Leben resümieren, was zu der bitteren Erkenntnis führt, dass ihre Schuld unsühnbar ist: »The problem these fifty-nine years has been this: how can a novelist achieve atonement when, with her absolute power of deciding outcomes, she is also God?« Der metanarrative Roman, der sein Thema durch das Epigraph aus Jane Austens *Northanger Abbey* und die Verweise auf Catherine Morleys wilde Spekulationen annonciert und insbesondere in *Part Three* dezidiert etablierte literarische Konventionen diskutiert, Schlaglichter auf die Moderne, vor allem auf Virginia Woolfs »new kind of writing« wirft – phasenweise inszeniert sich Briony als Clarissa Dalloway –, lässt durch intertextuelle Verweise nachgerade die gesamte abendländische Literatur zu Wort kommen und verortet Brionys Schuld, die u. a. an Dostojewskis *Schuld und Sühne* und Miltons *Paradise Lost* erinnert (»Briony contemplated a ghastly parallel when she was at Girton, reading Milton«), in einem universellen literarischen Kosmos. Der Roman endet mit dem beziehungsvollen Satz: »But now I must sleep.« Es spielt zum einen auf Lady Macbeth an, die von Schlaflosigkeit heimgesucht wird und deren letzte Worte lauten: »What's done cannot be undone. To bed, to bed, to / bed« (V,1; 64 f.). Mehr noch evoziert der scheinbar lapidare Schlusssatz Prosperos Reaktion auf Calibans Rebellion in *The Tempest*: »Our revels are now ended. These our actors / [...] Are melted into air, into thin air / [...] We are such stuff / As dreams are made on; and our little life / Is rounded [...] I am vexed; / [...] my old brain is troubled« (IV,1,148–159). So entsteht in *Atonement* eine intertextuelle Echokammer, in der scheinbar realistisches Erzählen in einen selbstreflexiven, metanarrativen Diskurs mündet. McEwan spricht von *Atonement* als »a fiction that is self-reflexive on its own processes, and one that has a forward impetus too«. Die grandios inszenierte Symbiose von realistischem und experimentellem Erzählen in *Atonement* sucht in der jüngeren englischen Prosaliteratur ihresgleichen.

Black British Literature

Die Suche nach einem geeigneten Terminus für die Literatur schwarzer Autorinnen und Autoren, die in Großbritannien leben, dort publizieren und sich der zumeist hochexplosiven Probleme ethnischer Minderheiten in einer von Weißen dominierten Gesellschaft annehmen, hat merkwürdige Blüten getrieben. Da die Bezeichnung *postcolonial literature* für Texte reserviert blieb, in denen sich etwa schwarzafrikanische, asiatische oder karibische Schriftsteller mit der Konstruktion von nationaler, kultureller und personaler Identität nach dem Ende der Kolonialzeit auseinandersetzen, galt es für die Literatur der nach Großbritannien emigrierten bzw. dort geborenen schwarzen Autoren eine nicht-diskriminierende Bezeichnung zu finden. Zeitweise konkurrierten »ethnische Minoritätenliteratur«, »Migrantenliteratur«, *transcultural literature*, *diasporic literature* und *fictions of migration* miteinander, bevor sich, so scheint es, *black British literature* als mehrheitsfähiger Terminus durchsetzte. Die terminologische Konfusion reflektiert zum einen die Schwierigkeit, Texte aus der Feder schwarzer britischer Autoren kulturell und intellektuell zu verorten und zugleich einer Art von *cultural correctness* gerecht zu werden. Zum anderen resultiert sie aus der Tatsache, dass die Bezeichnung *multicultural literature*, die lange als unverdächtige Alternative erschien, von den schwarzen Intellektuellen dezidiert als diskriminierend abgelehnt wurde. Salman Rushdie schrieb schon 1982 in dem Essay »The New Empire Within Britain«: »Multiculturalism is the latest token gesture towards Britain's blacks, and it ought to be exposed, like ›integration‹ and ›racial harmony‹, for the sham it is.« Im Kern kritisiert Rushdie, dass *multiculturalism* für einen von den Weißen majorisierten Herrschaftsdiskurs steht, der die Schwarzen an der Konstruktion kultureller britischer Identität nicht gleichberechtigt beteiligt, sondern Marginalisierung, Exotisierung, Folklorisierung und Stereotypisierung impliziert. Das wichtigste Ziel, das *black British literature* verfolgt, ist die Einschreibung schwarzer Kulturen in eine britische Kultur, die mehr zu leisten hat als die gönnerhafte Gewährung von *integration* und *racial harmony*. *Black British literature* postuliert kulturelle Polyvokalität, Pluralität, Heterogenität, Transkulturalität, will *hybrid interaction*, setzt also auf einen dehierarchisierenden, interkulturellen Diskurs, als dessen Resultat Identitätskonstruktionen akzeptabel sind, die die Unterscheidung von »schwarzer« und »weißer« britischer Literatur redundant machen.

Der erste bedeutende Autor von *black British literature* nach dem Zweiten Weltkrieg ist der aus Trinidad stammende Sam Selvon (1923–1994), in dessen »Moses-Trilogie« (*The Londoners*, 1956; *Moses Ascending*, 1975; *Moses Migrating*, 1983) die Erfahrungen des Schwarzen im Exil zum zentralen Thema werden. Selvons mit kreolisierenden

Sprachelementen angereicherte Diktion vermittelt Eindrücke vom Existenzkampf seines Protagonisten Moses in der Diaspora, wo er inmitten verarmter Emigranten zur Führerfigur avanciert und von einer Karriere als Schriftsteller träumt. Durch die Vermietung seines Hauses, in das Moses illegale Einwanderer aus Südostasien aufnimmt, thematisiert Selvon kulturelle Konflikte, die ihre Sprengkraft aus der Darstellung von unerfüllbarer Hoffnung und entmutigender Wirklichkeit gewinnen. Moses, der nach diversen Fehlschlägen in der britischen Metropole nach Trinidad zurückkehrt, wo er nicht wieder Fuß zu fassen vermag, ist die erste Exilfigur, deren Existenz zwischen zwei Kulturen aufgerieben wird. Die Konstruktion einer Identität, die die karibische und die britische Kultur zur Synthese führt, misslingt.

Der im Jahr der indischen Unabhängigkeit geborene Salman Rushdie (geb. 1947) ist fraglos der wichtigste, mehrfach preisgekrönte Vertreter der postkolonialen Literaturen. Insbesondere der grandiose Roman *Midnight's Children* (1981), der aus der Sicht von Saleem Sinai in einem ingeniösen Erzählverfahren (»chutnification«) Indiens dornenreichen Weg nach dem Rückzug der britischen Kolonialmacht schildert, und der Folgeroman *Shame* (1983), der die politischen Wirren Pakistans nach der Abtrennung von Indien in grotesk-satirischer Überzeichnung gestaltet, haben Rushdies Stellung als postkoloniale Galionsfigur begründet. Im Kontext von *black British literature* ist indes neben der Kurzgeschichtensammlung mit dem programmatischen Titel *East, West* (1994), die vor allem in der Erzählung »The Harmony of the Spheres« transkulturelle Probleme behandelt, der Roman *The Satanic Verses* (1988) relevant. Dieses in England angesiedelte Werk, das lange im Schatten der erbittert geführten Debatte um die vermeintlich blasphemische Darstellung des Propheten Mohammed stand – und muslimische Religionsführer zu der Verkündung einer *fatwa*, einer religiösen Weisung, veranlasste, die den Schriftsteller mit dem Tode bedrohte –, behandelt am Beispiel der einander antithetisch zugeordneten Figuren Saladin Chamcha und Gibreel Farishta exemplarisch Möglichkeiten der Identitätskonstruktion in einem kulturell-religiösen Konfliktfeld, in dem, vor allem im Kapitel »Ellowen Deeowen«, indische und britische Lebensformen aufeinanderprallen. Rushdie zeichnet hier ein satirisches Porträt des assimilationsbereiten Saladin, der sich verzweifelt bemüht, zu einem »reliable, English self« zu finden, und bereit ist, kritiklos alle englischen Klischees (»Yorkshire pudding and hearts of oak, the hearty, rubicund voice of ye olde dream-England«) zu internalisieren. Der naive Transformationsversuch scheitert, weil, wie Rushdies mysteriöse Stimme (»a manticore«, »a voice«) lapidar versichert, der Konstruktion einer transkulturellen Identität die Interventionen britischer Dogmatiker im Wege stehen: »They describe us [...] that's all. They have the power of description, and we succumb to the pictures they construct.«

Es gehört zur bitteren Ironie des Romans, dass Saladin Chamchas Identitätsfindung erst ihren Abschluss findet, als er, nun wieder Salahuddin Chamchawala, zu seinen indischen Wurzeln zurückkehrt. Der in England erhoffte »process of renewal, of regeneration« musste scheitern, weil Rushdies Protagonist keine hybride, sondern eine englische Identität anstrebte und sich einem interkulturellen Diskurs widersetzte.

Neben Rushdie gilt der in England geborene Hanif Kureishi (geb. 1954), Sohn eines indischen Immigranten und einer englischen Mutter, als der wichtigste Repräsentant der *black British literature*. Diesen Ruf verdankt er, nach seinen Drehbüchern für die erfolgreichen Spielfilme *My Beautiful Laundrette* (1985) und *Sammy and Rosie Get Laid* (1988), dem Roman *The Buddha of Surburbia* (1991), der mit dem vielzitierten Satz des Ich-Erzählers Karim Amir beginnt: »I am an Englishman born and bred, almost [...] a funny kind of Englishman, a new breed as it were, having emerged from two old histories.«

The Buddha of Surburbia fängt die unverhohlen rassistische Atmosphäre im England der siebziger Jahre ein, spielt auf Enoch Powells »rivers-of-blood«-Rede an und schildert in üppiger intertextueller Orchestrierung eine Welt, in der sich der Protagonist intensiv darum bemüht, aus konfligierenden Lebensformen eine stabile Identität jeweils ethnischer Stereotypisierungen und exotisierender Ausgrenzungen zu erlangen. Die Ambivalenz Karims, der zwischen hedonistischen, schauspielerischen und politischen Entwürfen nach Orientierung sucht und sich über den Zustand Großbritanniens nach dem Verlust der Kolonien keinen Illusionen hingibt (»They were exhausted now their Empire was gone, their day was done and it was our turn«), wird als eine pikareske Odyssee inszeniert, die in Voltaires *Candide* ihr Vorbild hat. Karims Identitätskonstruktionen sind provisional, prinzipiell unabschließbar. Eine stabile personale, hybride Identität als *black Englishman*, die das relativierende »almost« aus dem Eröffnungssatz entbehrlich machte, bleibt ihm versagt.

Kureishis Folgeroman *The Black Album* (1995) spielt im London des Jahres 1989, in dem religiöse Eiferer Rushdies *The Satanic Verses* verbrennen (»They'd burned the book«). In diesem aufgeheizten Klima versucht der aus auktorialer Perspektive porträtierte Protagonist Shahid Hasan, zwischen dem von Deedee Osgood vertretenen intellektuellen Liberalismus und dem von Riaz Al-Hussain repräsentierten Fundamentalismus seine Identität zu bestimmen. Auch dieser Versuch scheitert (»There was no fixed self«) und bestätigt Kureishis Auffassung, dass plurale Identitätskonstruktionen ethnischer Minoritäten so lange ein Wunschtraum bleiben, wie die englische Gesellschaft auf der Durchsetzung hegemonialer Prinzipien besteht.

Joan Riley (geb. 1958), die aus der Karibik nach Großbritannien emigrierte und ihre akademische Ausbildung an englischen Universitäten absolvierte, vertritt in ihren Romanen *The Unbelonging* (1985), *Waiting in the Twilight* (1987) und *Romance* (1988) Positionen einer schwarzen feministischen Aktivistin. Der Zustand der Unbehaustheit, den der Titel des ersten Prosawerks zu erkennen gibt, ist Bestandteil all ihrer Publikationen, in denen sexuelle und rassistische Unterdrückung zu Gewalt führen und stabile Identitäten der in ihrer Würde verletzten Frauen illusorisch bleiben. Erst in *Romance* ändert sich Rileys pessimistische Sicht. In diesem Roman um die unter einfachsten Bedingungen in West Croydon lebenden jamaikanischen Schwestern Veronica und Desiree scheint am Ende Hoffnung auf, verändert der Besuch der Großeltern Ruby und Clifford, die die sinistre Perspektive der Enkelinnen durch Erinnerungen an eine insgesamt intakte Welt in Jamaika aufhellen, das Leben der ungleichen Schwestern in der Diaspora. Veronicas Flucht aus der Wirklichkeit in die Traumwelt von Romanzen wie *Castle of Desire* findet ihr Ende, und Desiree befreit sich aus der sich selbst auferlegten Gefangenschaft durch Granny Rubys unerschütterliche Zuversicht und akzeptiert ihre Lebensumstände. Ob die Aufbruchsstimmung der Schwestern freilich zur Konstruktion hybrider Identitäten führt, lässt der Roman offen.

Die Nigerianerin Buchi Emecheta (geb. 1944), die mit ihrem Mann und zwei Kindern nach Großbritannien emigrierte und nach der Scheidung Soziologie studierte, schreibt in ihren zahlreichen Romanen ohne elaborierte stilistische Schnörkel über das Los der Frauen in einer patriarchalischen Gesellschaft. Ihre frühen autobiographischen Texte, *In the Ditch* (1972) und *Second Class Citizen* (1974), die später unter dem Titel *Adah's Story* publiziert werden, thematisieren die Erfahrungen von Frauen, die zwischen der nigerianischen und der englischen Kultur einen tragfähigen Kompromiss suchen. Nach einer Reihe von Romanen, die in Nigeria angesiedelt sind (*The Bride*

Price, 1976; *The Slave Girl*, 1977; *Joys of Motherhood*, 1979) und Frauen darstellen, die unter dem Patriarchat der Ibo leiden, kehrt Emecheta mit *Gwendolen* (1989) und *Kehinde* (1994) zur Thematisierung transkultureller Probleme zurück. Die von Vater und Onkel sexuell missbrauchte Gwendolen unternimmt in einem als abweisend beschriebenen England den offenbar erfolgreichen Versuch, über die Erinnerung an ihre afrikanischen Wurzeln zu einer vergleichsweise stabilen Identität zu finden. In *Kehinde* fiktionalisiert Emecheta eine gegenläufige Bewegung, indem der Titelfigur, die es in England zu einer soliden materiellen Existenz gebracht hat, bei der Rückkehr nach Nigeria angesichts der dort herrschenden Polygamie die Wiedereingliederung in die Gesellschaft verweigert wird. In Emechetas Werk geht es nicht darum, hybride Identitätskonstruktionen zu entwickeln. Ihr Ziel ist es, den Raum zwischen konfligierenden Kulturen aus der Perspektive von Frauen auszuleuchten.

Ein anspruchsvolles Œuvre hat der aus Guyana nach Großbritannien eingewanderte David Dabydeen (geb. 1955) vorzuweisen. Neben drei preisgekrönten Lyrikbänden, *Slave Song* (1984), *Cooly Odyssey* (1988) und *Turner* (1994), hat der in Warwick lehrende Literaturtheoretiker mit *Disappearance* (1993), *The Courting House* (1996) und *A Harlot's Progress* (1999) Romane vorgelegt, die geographische Räume in England und der Karibik kontrastieren und über kulturelle Gedächtnisleistungen komplexe Wechselbeziehungen herstellen. Dabydeens bestes Werk ist *The Intended* (1991), ein schwarzer Bildungsroman, der die Odyssee des namenlosen schwarzen jugendlichen Ich-Erzählers (»an Indian West-Indian Guyanese«) in einer diasporischen, multikulturellen Enklave in South London in den siebziger Jahren beschreibt, die ihn von der Schulzeit bis zum Studienbeginn in Oxford führt. Mit der Identitätsfindung des Protagonisten geht die Rekonstruktion seiner Vergangenheit einher, die, in langen

Passagen, die Erfahrungen im karibischen Albion Village aufarbeitet. Das Medium für die Überwindung der bedrückenden Vergangenheit sowie das als Befreiung empfundene Verlassen des Wohnheims für schwarze Immigranten (»I was determined to escape the Home«) ist die Bildung, die profunde Kenntnis der kanonischen englischen Literatur von Chaucer über Shakespeare und Milton zu Conrad, die ihm eine intellektuelle Heimat verschafft (»I was secure in the knowledge of great literature«) und eine literarische Karriere verheißt (»a literary career«; »my power of story telling«). Der wichtigste Bezugstext in diesem mit intertextuellen Referenzen angefüllten Werk ist Conrads *Heart of Darkness*. Die kulturkritischen Rückschlüsse, die Conrads Werk erlaubt, lässt Dabydeen indes den ungebildeten, aber weitsichtigen Joseph ziehen: »The white man want clear everything away, clear away the green bush and the blacks and turn the whole place into ivory which you can't plant or smoke or eat. Ivory is the heart of the white man.« Der Erzähler imaginiert seine Zukunft in der Oxford University Library: »I am no longer an immigrant here, for I can decipher the texts, I have been exempted from the normal rules of lineage and privilege.« Diese Vision einer transkulturellen Assimilation indiziert freilich nicht Unterwerfung, sondern ist Teil einer Überlebensstrategie, die allerdings bestenfalls als provisionales Identitätskonstrukt gelten kann.

Der Nigerianer Diran Adebayo (geb. 1968) ist Autor zweier von der Kritik euphorisch gefeierter *black British urban novels*: *Some Kind of Black* (1996) und *My Once Upon a Time* (2000). Der zweite Roman erinnert in seiner Diktion an die Welt Philip Marlowes in Raymond Chandlers *hard-boiled crime fiction* und beschreibt die investigativen Aktivitäten des Privatdetektivs Boy, denen transkulturelle Explorationen parallel laufen. *Some Kind of Black* ist ebenfalls im kriminellen Milieu Londons angesiedelt, thematisiert indes vor allem die vielschichtige Identitätsfindung des Jungen Dele im *urban jungle* einer von rassistischen Exzessen heimgesuchten Metropole. Dele, der gerade sein Universitätsstudium abgeschlossen hat (»with an honourable second-class degree«), wird von seinem traditionalistischen nigerianischen Vater mit Forderungen konfrontiert, die die kulturelle Assimilation strikt ablehnen: »[...] you understand that you're an African, not some Follow-Follow boy!« Als seine Schwester Dapo Opfer eines brutalen rassistischen Übergriffs wird, bildet die *black community*, an ihrer Spitze Vertreter der »Afristocracy«, einen »Friends of Dapo«-Fond, den der militante Sol verwaltet und aus dem er Geld für seine Konsumwünsche abzweigt. Adebayo nutzt auch hier das Genre der *detective novel*, um die Konflikte seiner Protagonisten zwischen ethnischer Loyalität und ethischer Integrität zu inszenieren. In einem Roman, in dem der traditionelle Rassenkonflikt zwischen Schwarzen und Weißen zu einem militanten Konflikt innerhalb der schwarzen Minderheit wird, erweist sich Deles humanistische, auf Konsens setzende Vision (»it's gonna have to come from free and frank discussions! They can't burn the place down«) als unrealisierbares Ideal. Eine schwarze britische Identität, die »empowerment and agency« gewaltfrei ermöglicht, bleibt in Adebayos fiktionalem Universum ein utopisches Konstrukt, dessen Realisierung auch durch schwarze Dogmatiker und Kriminelle verhindert wird.

Kaum ein Roman der letzten Jahrzehnte verzeichnete die euphorische Rezeption, die *White Teeth* (2000) von Zadie Smith (geb. 1975) zuteil wurde. Das Romandebüt der in London geborenen Autorin anglo-karibischer Herkunft galt schnell als Beleg für ein Großbritannien, das sich als »Happy Multicultural Land« verstehen wollte. Tatsächlich lässt sich das opulente Werk, das die Geschichte der Familien Jones, Iqbal und Chalfen vom Beginn des 20. Jahrhunderts bis ins Jahr 1999 verfolgt und durch religiöse, historische und wissenschaftstheoretische Diskurse dem sich wandelnden Zeitgeist auf der Spur bleibt, als utopische Vision eines post-imperialen Landes deuten, in dem ethnische Stereotypisierungen und rassistische Ausgrenzungen überwunden sind und das Irie Jones zugeschriebene Diktum »roots won't matter any more« zur gesellschaftlich akzeptierten Maxime werden könnte. Das Zitat aus Shakespeares *The Tempest* – für Postkolonialisten ein Urtext –, das Smith ihrem Roman voranstellt: »What's past is prologue« (II,1; 148), kündigt u. a. an, dass es bei Anerkennung historischer Traumata, die nicht nur durch Verweise auf Enoch Powells »rivers-of-blood«-Rede aufscheinen, nunmehr Zeit ist, den optimistischen Aufbruch in eine Zukunft jenseits fundamentalistischer und klassenspezifischer Dogmen zu wagen. Diese Vision einer transkulturellen Gesellschaft, die insbesondere ethnische Präformationen ausschließt, setzt Smith durch eine Fülle ironischer Erzählerkommentare und eine zumeist subtile Verknüpfung realistischer und metanarrativer Verfahren mit dem Ziel um, ethnische Arroganz durch Komik zu unterlaufen. So entsteht eine multikulturelle Gesellschaft, die ethnische und kulturelle Minderheiten nicht billigend in Kauf nimmt, sondern sie in einem transkulturellen Diskurs gleichberechtigt an der Konstruktion der nationalen Identität beteiligt. Ob das Bild Großbritanniens als einer interkulturellen Familie, in der »the careless moment of procreation« seine klassifikatorische Kraft verloren hat, in der sozialpolitischen Realität seine Entsprechung findet, bleibt freilich abzuwarten. Das Epigraph von *The Autograph Man* (2002), Smiths reserviert aufgenommenem, höchst elaborierten Folgeroman um den Autographensammler Alex-Li Tandem und seine existenzialistische Irrfahrt durch ein enigmatisches Textuniversum, ist die Übersetzung einer Passage aus Kafkas »Brief an den Vater«: »Naturally things cannot in reality fit together in the way the evidence does in my letter; life is more than a

Chinese puzzle.« Es könnte auch auf die multikulturelle Vision zutreffen, die Smith in *White Teeth* entworfen hat.

Mit *Brick Lane* tritt Monica Ali (geb. 1968) in die Fußstapfen von Zadie Smith. Ali, Tochter einer Engländerin und eines Bangladeshi, beschreibt in ihrem Debütroman das Schicksal der achtzehnjährigen Nazneen, die aus Bangladesh nach England übersiedelt, um mit dem dort lebenden Chanu, einem bildungsbeflissenen, assimilationsbereiten Immigranten, eine *arranged marriage* einzugehen. Der Roman erlangt seine interkulturelle Spannung durch eine geschickt inszenierte Doppelperspektivik: Nazneen korrespondiert mit ihrer in Bangladesh verbliebenen Schwester Hasina, wodurch *Brick Lane* Konturen eines kulturell-personalen Doppelporträts gewinnt und das Leben *back home* mit dem in London kontrastiert. Ali verweigert ihrer Protagonistin die nahtlose Integration in die weitgehend fremd bleibende Kultur Englands, deutet aber Möglichkeiten an, dass eine hybride Identität schließlich erreicht werden kann.

Literaturhinweise

Angesichts der Vielzahl der im Register ausgewiesenen Autorinnen und Autoren haben die Verfasser auf Forschungsbeiträge verzichtet, die sich auf einen einzelnen Autor oder ein bedeutendes Werk beschränken. Die bibliographischen Angaben verweisen auf neuere Geschichten der englischen Literatur sowie auf Gesamtdarstellungen der Literatur des Mittelalters und der Gattungen. Dort finden sich auch weiterführende bibliographische Angaben zu einzelnen Autoren und Texten.

Allgemein

Abrams, M. H. / Greenblatt, Stephen (Hrsg.): The Norton Anthology of English Literature. 2 Bde. New York / London: Norton, 72000. [Darin: Selected Bibliographies.]

Alexander, Michael: A History of English Literature. Basingstoke/London: Macmillan, 2000.

Beck, Rudolf / Kuester, Hildegard / Kuester, Martin: Terminologie der Literaturwissenschaft. Ein Handbuch für das Anglistikstudium. Ismaning: Hueber, 1998.

Borgmeier, Raimund (Hrsg.): Die englische Literatur in Text und Darstellung. 10 Bde. Stuttgart: Reclam, 1982–86.

Carter, Ronald / McRae, John: The Routledge History of Literature in English: Britain and Ireland. London: Routledge, 22001.

Daiches, David: A Critical History of English Literature. 4 Bde. London: Secker & Warburg, 1969.

Drescher, Horst Wilhelm: Lexikon der englischen Literatur. Stuttgart: Kroener, 1979.

Fabian, Bernhard (Hrsg.): Die englische Literatur. 2 Bde. München: Deutscher Taschenbuch Verlag, 1991.

Fowler, Alastair. A History of English Literature. Harvard: Harvard University Press, 1991.

Kreutzer, Eberhard / Nünning, Ansgar (Hrsg.): Metzler Lexikon englischsprachiger Autorinnen und Autoren. Stuttgart/Weimar: Metzler, 2002.

Peck, John / Coyle, Martin: A Brief History of English Literature. Basingstoke/London: Palgrave Macmillan, 2002.

Rogers, Pat: The Oxford Illustrated History of English Literature. Oxford: Oxford University Press, 1987.
Sampson, George: The Concise Cambridge History of English Literature. Cambridge: Cambridge University Press, [3]1970.
Sanders, Andrew: The Short Oxford History of English Literature. Oxford: Oxford University Press, 1996.
Schabert, Ina: Englische Literaturgeschichte. Eine neue Darstellung aus der Sicht der Geschlechterforschung. Stuttgart: Kroener, 1997.
Schirmer, Walter: Geschichte der englischen und amerikanischen Literatur. Von den Anfängen bis zur Gegenwart. 4 Bde. Tübingen: Niemeyer, 1983.
Seeber, Hans Ulrich (Hrsg.): Englische Literaturgeschichte. Stuttgart: Metzler, [3]1999.
Standop, Ewald / Mertner, Edgar: Englische Literaturgeschichte. Heidelberg: Quelle & Meyer, 1971.

Lyrik

Ahrends, Günter / Seeber, Hans Ulrich (Hrsg.): Englische und amerikanische Naturdichtung im 20. Jahrhundert. Tübingen: Narr, 1985.
Bradbury, Malcom / McFarlane, James (Hrsg.): Modernism 1890–1930. Sussex: Harvester, 1978.
Brett, Raymond Laurence: Fancy and Imagination. London: Methuen, 1969.
Chadwick, Charles: Symbolism. London: Methuen, 1971.
Diller, Hans-Jürgen: Metrik und Verslehre. Düsseldorf: Bagel, 1978.
Fraser, George Sutherland: Metre, Rhyme and Free Verse. London: Methuen, 1970.
Fürst, Lilian: Romanticism. London: Methuen, 1969.
Göller, Karl Heinz (Hrsg.): Die englische Lyrik. Von der Renaissance bis zur Gegenwart. 2 Bde. Düsseldorf: Bagel, 1968.
Haefner, Gerhard: Englische Lyrik im 20. Jahrhundert: Beobachtungen und Überlegungen zur Entwicklung einer Funktionsgeschichte der Literatur. In: Ansgar Nünning (Hrsg.): Eine andere Geschichte der englischen Literatur. Trier: Wissenschaftlicher Verlag Trier, 1996. S. 241–266.

Heale, Elizabeth: The Faerie Queene. A Reader's Guide. Cambridge: Cambridge University Press, 1987.
Hill, John Spencer: The Romantic Imagination. A Casebook. London: Macmillan, 1977.
Hobsbaum, Philip: Metre, Rhythm and Verse Form. London: Routledge, 1996.
Hönninghausen, Lothar: Präraphaeliten und Fin de Siècle. München: Fink, 1971.
Hunter, George Kirkpatrick: Paradise Lost. London: Allen & Unwin, 1980.
Johnson, Robert Vincent. Aestheticism. London: Methuen, 1969.
Lever, Julius Walter: The Elizabethan Love Sonnet. London: Methuen, 1966.
Monk, Samuel: The Sublime: A Study of Critical Theories in XVIII-Century England. Ann Arbor: University of Michigan Press, 1960.
Müller, Wolfgang G.: Das lyrische Ich. Heidelberg: Winter, 1979.
Oppel, Horst (Hrsg.): Die moderne englische Lyrik. Interpretationen. Berlin: Schmidt, 1967.
Parfitt, George: English Poetry of the Seventeenth Century. London: Longman, 1985.
Perkins, David: A History of Modern Poetry from the 1890s to the High Modernist Mode. Cambridge (Mass.): Belknap Press of Harvard University Press, 1976.
Platz-Waury, Elke (Hrsg.): Moderne englische Lyrik: Interpretation und Dokumentation. Heidelberg: Quelle & Meyer, 1978.
Pratt, William: The Imagist Poem. New York: Dutton, 1963.
Prickett, Stephen: The Romantics. London: Methuen, 1981.
Raith, Joseph: Englische Metrik. München: Hueber, 1962.
Riese, Teut Andreas / Riesner, Dieter (Hrsg.): Versdichtung der englischen Romantik. Interpretationen. Berlin: Schmidt, 1968.
Ruthven, Kenneth K.: The Conceit. London: Methuen, 1969.
Sambrook, James: The Eighteenth Century. The Intellectual and Cultural Context of English Literature, 1700–1789. London: Longman, 1986.
Sutherland, James: A Preface to Eighteenth-Century Poetry. London: Oxford University Press, 1963.
Trickett, Rachel: The Honest Muse: A Study of Augustan Verse. Oxford: Clarendon Press, 1967.

Waller, Gary: English Poetry of the Sixteenth Century. London: Longman, 1986.

Weiß, Wolfgang: Die elisabethanische Lyrik. Darmstadt: Wissenschaftliche Buchgesellschaft, 1976.

Wendorf, Richard: William Collius and Eighteenth-Century English Poetry. Minneapolis: University of Minnesota Press, 1981.

Drama

Angel-Perez, Elisabeth (Hrsg.): New English Dramaturgies. Lisse: Swets & Zeitlinger, 2003. (European Journal of English Studies 7, 2003, Nr. 1.)

Berninger, Mark / Reitz, Bernhard (Hrsg.): British Drama of the 1990s. Heidelberg: Winter, 2002. (anglistik & englischunterricht. Nr. 64.)

Billington, Michael: One Night Stands. London: Nick Hern, 1993.

Boireau, Nicole (Hrsg.): Drama on Drama. Dimensions of Theatricality on the Contemporary British Stage. Houndsmill: Macmillan, 1997.

Booth, Michael R.: Prefaces to English Nineteenth-Century Theatre. Manchester: Manchester University Press, 1981.

– Theatre in the Victorian Age. Cambridge: Cambridge University Press, 1995.

Braunmuller, A. R. / Hattaway, Michael: The Cambridge Companion to English Renaissance Drama. Cambridge: Cambridge University Press, 1990.

Brown, John Russell (Hrsg.): The Oxford Illustrated History of Theatre. Oxford: Oxford University Press, 1995.

Cohen, Ruby: Retreats from Realism in Recent English Drama. Cambridge: Cambridge University Press, 1991.

Cousin, Geraldine: Women in Dramatic Place and Time. London: Routledge, 1996.

Davis, Tracy C.: The Economics of the British Stage 1800–1914. Cambridge: Cambridge University Press, 2000.

Dromgoole, Dominic: The Full Room. An A–Z of Contemporary Playwriting. London: Methuen, 2002.

Elsom, John: Post-War British Theatre. London: Routledge, 1979.

Esslin, Martin: The Theatre of the Absurd. Penguin: Middlesex, ^{3}1982.

Eyre, Richard / Wright, Nicholas: Changing Stages. A View of British Theatre in the Twentieth Century. London: Bloomsbury, 2000.
Gielgud, John: Notes from the Gods: Playgoing in the Twenties. London: Nick Hern, 1994.
Goetsch, Paul: Bauformen des modernen englischen und amerikanischen Dramas. Darmstadt: Wissenschaftliche Buchgesellschaft, ²1992.
Griffiths, Trevor R. / Llewellyn Jones, Margaret: British and Irish Women Dramatists Since 1958. Buckingham: Open University Press, 1993.
Huber, Werner / Middeke, Martin (Hrsg.): Anthropological Perspectives. Trier: Wissenschaftlicher Verlag Trier, 1998.
Hume, Robert D.: The Development of English Drama in the Late Seventeenth Century. Oxford: Oxford University Press, 1976.
Innes, Christopher: Modern British Drama, 1890–1990. Cambridge: Cambridge University Press, 1992.
Itzin, Catherine: Stages in the Revolution. Political Theatre in Britain since 1968. London: Methuen, 1986.
Kosok, Heinz (Hrsg.): Drama und Theater im England des 20. Jahrhunderts. Düsseldorf: Bagel, 1980.
Kramer, Stephanie: Fiktionale Biographien: (Re-)Visionen und (Re-)Konstruktionen weiblicher Lebensentwürfe in Dramen britischer Autorinnen seit 1970. Trier: Wissenschaftlicher Verlag Trier, 2000.
Mander, Raymond / Mitchenson, Joe: The Theatres of London. Rupert Hart-Davis: London, ²1963.
Müller, Klaus Peter (Hrsg.): Englisches Theater der Gegenwart. Geschichte(n) und Strukturen. Tübingen: Narr, 1993.
Nicoll, Allardyce: English Drama 1900–1930. Cambridge: Cambridge University Press, 1973.
Pfister, Manfred: Studien zum Wandel der Perspektivenstruktur in elisabethanischen und jakobäischen Komödien. München: Fink, 1974.
Plett, Heinrich F. (Hrsg.): Englisches Drama von Beckett bis Bond. München: Fink, 1982.
Potter, Lois (Hrsg.): The Revels History of Drama in English. Bd. 1–7. London: Methuen, 1983–96.
Powell, Jocelyn: Restoration Theatre Production. London: Routledge, 1984.

Raab, Michael: Erfahrungsräume. Das englische Drama der neunziger Jahre. Trier: Wissenschaftlicher Verlag Trier, 1999.

Reitz, Bernhard: The Stamp of Humanity. Individuum, Identität, Gesellschaft und die Entwicklung des englischen Dramas nach 1956. Trier: Wissenschaftlicher Verlag Trier, 1993.

– (Hrsg.): CAN'T WE 'AVE SOME ORDER 'ERE! - Rechtsextremismus im zeitgenössischen britischen Drama. Heidelberg: Winter, 1995. (anglistik & englischunterricht. Nr. 57.)

– / Stahl, Heiko (Hrsg.): What Revels are in Hand?Assessments of Contemporary Drama in English in Honour of Wolfgang Lippke. Trier: Wissenschaftlicher Verlag Trier, 2001.

– / Zapf, Hubert (Hrsg.): British Drama in the 1980s: New Perspectives. Heidelberg: Winter, 1990. (anglistik & englischunterricht. Nr. 41.)

Rowell, George: The Victorian Theatre 1792–1914. Cambridge: Cambridge University Press, ^{2}1978.

– / Jackson, Anthony: The Repertory Movement. Cambridge: Cambridge University Press, 1984.

Schnierer, Peter Paul: Rekonventionalisierung im englischen Drama 1980–1990. Tübingen: Narr, 1994.

Sierz, Aleks: In-Yer-Face Theatre: British Drama Today. London: Faber and Faber, 2001.

Stanton, Sarah / Banham, Martin: Cambridge Paperback Guide to Theatre. Cambridge: Cambridge University Press, 1996.

Suerbaum, Ulrich: Das elisabethanische Zeitalter. Stuttgart: Reclam, 1989.

Tabert, Nils (Hrsg.): Playspotting: Die Londoner Theaterszene der 90er. Reinbek: Rowohlt, 1998.

Trussler, Simon: The Cambridge Illustrated History of the British Theatre. Cambridge: Cambridge University Press, 1994.

Wandor, Michelene: Drama Today: A Critical Guide to British Drama, 1970–1990. London: Longman, 1993.

– Post-War British Drama: Looking Back in Gender. London: Routledge, 2001.

Worthen, William B.: Modern Drama and the Rhetoric of Theater. Berkeley: University of California Press, 1992.

Zeifman, Hersh / Zimmerman, Cynthia (Hrsg.): Contemporary British Drama 1970–1985. Essays from Modern Drama. London/Basingstoke: Macmillan, 1993.

Prosa

Acheson, James (Hrsg.): The British and Irish Novel Since 1960. Basingstoke: Macmillan, 1991.
Amigoni, David: The English Novel and Prose Narrative. Edinburgh: Edinburgh University Press, 2000.
Armstrong, Nancy: Desire and Domestic Fiction: A Political History of the Novel. Oxford: Oxford University Press, 1987.
Ballaster, Ros: Seductive Forms: Women's Amatory Fiction from 1684 to 1740. Oxford: Clarendon Press, 1992.
Barbour, Reid: Deciphering Elizabethan Fiction. London: University of Delaware Press, 1993.
Batchelor, John: The Edwardian Novelists. London: Duckworth, 1982.
Beer, Gillian: Darwin's Plots: Evolutionary Narrative in Darwin, George Eliot and Nineteenth-Century Fiction. London: Routledge, 1983.
Bell, Michael (Hrsg.): The Context of English Literature 1900–1930. London: Methuen, 1980.
Bradbury, Malcolm: The Modern British Novel. London: Secker & Warburg, 1993.
– / McFarlane, James (Hrsg.): Modernism 1890–1930. Harmondsworth: Penguin, 1976.
Brantlinger, Patrick: Rule of Darkness: British Literature and Imperialism, 1830–1914. Ithaca (N. Y.): Cornell University Press, 1988.
Childs, Peter: Reading Fiction: Opening the Text. Houndmills/ Basingstoke: Palgrave, 2001.
Connor, Steven: The English Novel in History, 1950–1995. London: Routledge, 1996.
Craig, Cairns: The Modern Scottish Novel: Narrative and the National Imagination. Edinburgh: Edinburgh University Press, 1999.
Ermarth, Elizabeth Deeds: The English Novel in History 1840–1895. London: Routledge, 1997.
Erzgräber, Willi: Utopie und Antiutopie: Morus, Morris, Wells, Huxley, Orwell. München: Fink, 1980.
Gasiorek, Andrzej: Post-War British Fiction. Realism and After. London: Arnold, 1995.
Hawthorn, Jeremy (Hrsg.): The Nineteenth-Century British Novel. London: Arnold, 1986.

Head, Dominic: The Cambridge Introduction to Modern British Fiction, 1950–2000. Cambridge: Cambridge University Press, 2002.

Hewitt, Douglas: English Fiction of the Early Modern Period 1890–1940. London: Longman, 1988.

Hobsbawm, Eric: The Age of Empire 1875–1914. London: Weidenfeld and Nicolson, 1987.

Horsman, Alan: The Victorian Novel. (The Oxford History of English Literature. Bd. 13.) Oxford: Clarendon Press, 1990.

Keating, Peter: The Haunted Study. A Social History of the English Novel 1875–1914. London: Secker & Warburg, 1989.

Kelly, Gary: English Fiction of the Romantic Period 1789–1830. London: Longman, 1989.

Kemp, Sandra / Mitchell, Charlotte / Trotter, David: Edwardian Fiction: An Oxford Companion. Oxford: Oxford University Press, 1997.

Lascelles, Mary: The Story-Teller Retrieves the Past: Historical Fiction and Fictitious History in the Art of Scott, Stevenson, Kipling and Some Others. Oxford: Clarendon Press, 1980.

Lodge, David: The Novelist at the Crossroads and Other Essays on Fiction and Criticism. London: Routledge & Kegan Paul, 1971.

Maack, Annegret / Imhof, Rüdiger (Hrsg.): Radikalität und Mäßigung. Der englische Roman seit 1960. Darmstadt: Wissenschaftliche Buchgesellschaft, 1993.

McHale, Brian: Postmodernist Fiction. London: Methuen, 1987.

McKeon, Michael: The Origins of the English Novel, 1600–1740. Baltimore: Johns Hopkins University Press, 1987.

Miles, Robert: Gothic Writing 1750–1820: A Genealogy. London: Routledge, 1994.

Neumann, Fritz-Wilhelm: Der englische historische Roman im 20. Jahrhundert. Gattungsgeschichte als Diskurskritik. Heidelberg: Winter, 1993.

Nünning, Ansgar: Der englische Roman des 20. Jahrhunderts. Stuttgart: Klett, 1998.

Nünning, Vera: Der englische Roman des 19. Jahrhunderts. Stuttgart: Klett, 2000.

Parker, Peter (Hrsg.): A Reader's Guide to the Twentieth-Century Novel. New York: Oxford University Press, 1995.

Pooley, Roger: English Prose of the Seventeenth Century, 1590–1700. London: Longman, 1992.

Pordzik, Ralph: Der englische Roman im 19. Jahrhundert. Berlin: Schmidt, 2001.
Richetti, John (Hrsg.): The Cambridge Companion to the Eighteenth Century Novel. Cambridge: Cambridge University Press, 1996.
– (Hrsg.): The Columbia History of the British Novel. New York: Columbia University Press, 1994.
– The English Novel in History 1700–1780. London: Routledge, 1999.
Sage, Lorna: Women in the House of Fiction: Post-War Women Novelists. Basingstoke: Macmillan, 1992.
Salzman, Paul: English Prose Fiction 1558–1700: A Critical History. Oxford: Clarendon Press, 1985.
Sanders, Andrew: The Victorian Historical Novel 1840–1880. London: Macmillan, 1978.
Scanlan, Margaret: Traces of Another Time: History and Politics in Postwar British Fiction. Princeton: Princeton University Press, 1990.
Showalter, Elaine: A Literature of their Own: British Women Novelists from Brontë to Lessing. Princeton: Princeton University Press, 1977.
Sinfield, Alan: Literature, Politics and Culture in Postwar Britain. Oxford: Blackwell, 1989.
Smith, Sheila M.: The Other Nation: The Poor in English Novels of the 1840s and 1850s. Oxford: Clarendon Press, 1980.
Stevenson, Randall: The British Novel Since the Thirties: An Introduction. London: Batsford, 1986.
Sutherland, John: The Longman Companion to Victorian Fiction. London: Longman, 1988.
Swinden, Patrick: The English Novel of History and Society, 1940–80. London: Macmillan, 1984.
Taylor, D. J.: After the War: The Novel and England Since 1945. London: Chatto & Windus, 1993.
Trotter, David: The English Novel in History, 1895–1920. London: Routledge, 1993.
Vickers, Brian: Francis Bacon and Renaissance Prose. Cambridge: Cambridge University Press, 1968.
Waugh, Patricia (Hrsg.): Revolutions of the Word: Intellectual Contexts for the Study of Modern Literature. London: Arnold, 1997.

Register

Das Register erfasst alle Autorinnen und Autoren sowie alle historischen Persönlichkeiten, auch wenn sie nur in fiktiven Kontexten benannt werden. Auf die Listung von Werktiteln musste mit Rücksicht auf den Umfang verzichtet werden. Die Ausnahme bildet die alt- und mittelenglische Literatur. Da hier für die Mehrzahl der Texte keine Verfasser bekannt sind, wurden die Texte, kursiv ausgewiesen, in das Register einbezogen.

Abelard, Peter 108
Achebe, Chinua 622
Ackroyd, Peter 685 f.
Adcock, Fleur 240
Addison, Joseph 54, 103, 331 f., 512, 525, 536–538, 580, 594
Adebayo, Diran 704 f.
Ælfric 40 f.
Aethelstan 28
Aidan 17, 40
Aischylos 406
Albee, Edward 438
Albert von Sachsen-Coburg-Gotha 461
Albery, James 367
Aldhelm 18 f., 25
Alfred der Große 16 f., 19, 38–41, 74
Ali, Monica 707
Ali, Tariq 467 f.
Alkuin 18 f.
All Too Late 48
Alleyn, Edward 252
Alysoun 50
Ambler, Eric 648
Amis, Kingsley 652, 668, 671, 686
Amis, Martin 686–688
Ancrene Riwle 74
Anderson, Lindsay 414, 445
Andrewes, Lancelot 220
Angelis, April de 486
Angelsächsische Chronik 39 f.
Anne, Queen 108, 114, 332, 527, 594
Anselm von Canterbury 42
Apollinaire, Guillaume 614
Appollonius of Tyre 41
Arbuthnot, John 336
Archer, William 364, 372, 389, 412
Archer Shee, Sir Martin 399
Arden, John 415, 424–428, 492
Aristophanes 404
Aristoteles 73, 80, 84, 104, 151, 156, 211, 257 f., 292, 429, 430 f., 477, 507
Arne, Thomas 113
Arnold, Matthew 166, 183–188, 193, 574, 590 f., 625
Arnold, Thomas 183
Artaud, Antonin 414, 417, 492
Arthur, Prince 461
Ascham, Roger 505
Athahuallpa 444
Attlee, Clement Richard 411, 415
Atwood, Margaret 651
Auden, Wystan Hugh 185, 195, 213–215, 223, 244
Augustinus, Aurelius 17, 40
Austen, Jane 147, 461, 560, 565, 573, 574–576, 603, 696
Avitus 36
Ayckbourn, Alan 449–451, 456

Bacon, Francis 505, 510, 512, 580
Bacon, Roger 43, 510 f.
Bainbridge, Beryl 661–663
Bakunin, Michail 459 f.
Bale, John 72
Ballantyne, Robert Michael 545, 619, 656
Bancroft, Squire 349

Barker, Howard 441, 464, 476–479, 490, 492, 495
Barker, Pat 661, 663 f.
Barnes, Julian 683 f.
Barnes, Mary 471
Barnes, Peter 448 f., 456, 490
Barrie, Sir James Matthew 404
Barry, Elizabeth 307, 314 f.
Barry, Sebastian 388
Barstow, Stan 652
Barthes, Roland 676
Baudelaire, Charles 144, 188
Baudrillard, Jean 497, 685
Beaton, Alistair 468
Beaumont, Francis 300, 302 f.
Beauvoir, Simone de 661
Becket, Thomas 42, 64, 353 f., 406
Beckett, Samuel 382, 388, 412, 428–435, 457, 475, 495 f., 500
Beckford, William 563
Beda 18, 20, 33, 39 f.
Behn, Aphra 307, 315, 325, 338 f.
Bennett, Alan 446 f.
Bennett, Arnold 623 f., 661
Bentham, Jeremy 586
Bentley, Dr. Richard 529
Beowulf 19, 22, 23, 24, 26–29, 31–33, 53, 78, 235
Berger, John 678
Berkeley, George 133, 532–534
Bernhardt, Sarah 367
Betjeman, John 221
Betterton, Thomas 306
Billington, Michael 492
Biscop, Benedict 18
Blackmore, Richard 595
Blair, Hugh 118
Blair, Robert 111
Blair, Tony 394, 464, 468, 470, 667
Blake, William 119, 124, 129, 134, 191, 210, 350, 571, 685
Blin, Roger 429
Blond, Neville 413
Bloom, Harold 644, 686
Boccaccio, Giovanni 62–64, 66, 258, 509
Boethius, Anicius Manlius 40, 63
Bohr, Margrethe 452
Bohr, Niels 452 f.
Bolt, Robert 442 f.
Bond, Edward 453, 460–463, 492, 494 f.
Bonifatius 25
Bosch, Hieronymus 296
Boswell, James 538, 569
Bothwell, James Hepburn (Earl of Bothwell) 354
Boucicault, Dion 356, 360 f., 375
Bowen, Elizabeth 648 f.
Boyle, Charles 529
Boyle, Roger (Earl of Orrery) 311
Bradbury, Malcolm 668 f., 694
Braddon, Mary Elizabeth 365, 603, 608
Bradstreet, Anne 95
Brady, Ian 682
Braine, John 652 f.
Brandt, Willy 453
Branwell, Patrick 603
Brathwaite, Edward 244
Brecht, Bertolt 213, 382, 414, 442, 476 f.
Brenton, Howard 441, 464–468, 471–473, 477, 485
Breton Lay 44
Breton, André 614
Breughel, Pieter 213 f., 250
Bridie, James 404
Britten, Benjamin 413
Brontë, Anne 182, 603 f.
Brontë, Charlotte 182 f., 599, 603, 605 f.
Brontë, Emily 147, 182 f., 603 f.
Brook, Peter 382, 412
Brooke, Rupert 206
Brooke-Rose, Christine 678
Brookes, Henry 557
Brown, Charles 351
Brown, George 468
Brown, Lancelot 108
Browne, Sir Thomas 514
Browning, Elizabeth Barrett 177
Browning, Robert 166, 175–177, 354

Brutus 281
Bryd on brere 50
Bryden, Bill 414
Büchner, Georg 495
Bulwer-Lytton, Edward 367, 593
Bunyan, John 521–524, 541, 543, 611
Burgess, Anthony 677 f.
Burke, Edmund 561 f., 570, 572
Burney, Fanny 550, 559, 577
Burns, Robert 117, 121–123
Burton, Robert 513 f., 556
Butler, Samuel 376, 505
Butterworth, Jez 500
Byatt, Antonia Susan 661, 668, 681–683
Byron, George Gordon Lord 117, 145–148, 185, 344, 350–353, 467, 578, 605

Cade, Jack 273
Cædmon 20, 23, 33, 40
Caesar, Gaius Iulius 40, 269, 281, 293, 331, 375, 466
Calderon de la Barca, Pedro 308, 322
Calvin, Johann 97, 659
Camões, Luis de 177
Campanella, Thomas 505
Camus, Albert 429
Carey, Peter 595, 651
Carlyle, Thomas 569, 587 f., 593, 597, 611
Caroline, Queen 335
Carpenter, Christine 423
Carroll, Lewis (Charles Ludwidge Dodgson) 221, 614, 629
Carter, Angela 661, 679 f.
Castiglione, Baldassare 505
Catholic Homilies 41
Catilina 293–295
Cato 331 f.
Catull 297
Caxton, William 46, 503
Cenci, Graf Francesco 351
Centlivre, Susannah 339 f.
Cervantes, Miguel de 117, 551, 554
Chaikin, Joseph 414
Chajjam, Omar 467
Chambers, Jessie 634
Chandler, Raymond 704
Chapman, George 158, 299
Charles I. 255, 301, 304
Charles II. 301, 304, 307, 316, 318 f., 325, 341, 520, 522
Chastelard, Pierre de Boscosel de 354
Chatterton, Thomas 117 f., 124, 685 f.
Chaucer, Geoffrey 41, 45 f., 61–67, 75, 86 f., 119, 254, 670, 686, 693, 704
Chester Cycle 69 f.
Child Maurice 53
Chrétien de Troyes 56
Christie, Agatha 456
Christie, Reginald 465, 485
Christina, Königin von Schweden 483 f.
Churchill, Caryl 481 f.
Churchill, John (Duke of Marlborough), 328
Churchill, Winston 206, 415, 466
Cibber, Colley 328, 330, 340 f., 349
Cibber, Susanna Maria 340, 486
Cicero, Marcus Tullius 293
Clare, John 462
Cleanness 56
Cleland, John 559
Clough, Arthur Hugh 185
Codron, Michael 435
Coetzee, John Maxwell 651
Coleman, Catherine 306
Coleridge, Samuel Taylor 115 117, 124, 129 f., 132, 134, 137, 139 f., 142, 145, 155, 191, 201, 350 f., 581–583, 680 f.
Colet, John 504
Collier, Jeremy 329 f., 337
Collins, Wilkie 608
Collins, William 109 f., 564
Columba 17
Compton-Burnett, Ivy 627, 636 f.
Condell, Henry 256

Conductus-Lyrik 78
Congreve, William 325 f., 329 f., 339, 527
Conolly, James 381, 428
Conrad, Joseph 619, 621 f., 645, 657, 690, 704
Cooper, Anthony Ashley (Earl of Shaftesbury) 107, 115, 316, 526 f., 532, 534
Coriolanus 270, 281, 284
Corneille, Pierre 74, 302, 330
Cortez, Fernando 158
Coverdale, Miles 503
Coward, Noel 394, 401–407
Cowley, Abraham 102, 209, 512
Cowper, William 120 f.
Crabbe, George 121
Craig, Edward Gordon 382
Crashaw, Richard 90, 95, 644
Crimp, Martin 500
Cromwell, Oliver 88, 101, 303, 445, 515, 689
Croyland, Felix von 20
Crozier, Andrew 238
Cukor, George 375
Cummings, Edward Estlin 205
Cunningham, Michael 631
Cura Pastoralis 38
Cursor Mundi 47
Cynewulf 20, 35–37

Dabydeen, David 703 f.
Dampier, William 529, 544
Daniel 20, 36
Daniels, Sarah 484–486
Dante, Alighieri 62, 168, 179, 219 f.
Danton, Georges Jacques 444
D'Arcy, Margaretta 424, 427
Darwin, Charles 172 f., 184, 487, 574, 589
Davenant, Sir William 303–310, 312 f., 316, 319, 336
de casibus-Literatur 73
Defoe, Daniel 523–526, 536, 542–548, 550, 559, 641
Deighton, Len 648
Dekker, Thomas 295 f.
Delaney, Shelagh 479 f.
Deloney, Thomas 508 f., 541
Dench, Dame Judy 470
DeQuincey, Thomas 142, 580–582
Descartes, René 115
Devereux, Robert (Earl of Essex) 272
Devine, George 404, 413, 415, 419, 425
Devlin, Anne 388
Dexter, John 414, 419, 421
Dickens, Charles 130, 373, 472, 593, 600–602, 608–610, 643, 645, 670, 685
Dietrich, Marlene 484
Disraeli, Benjamin 247, 597 f., 671
Dogget, Isobel und Margery 250
Domesday Book 42
Don Carlos von Spanien 315, 317
Donne, John 88–94, 228, 644
Dostojewski, Fjodor 696
Douglas, Alfred Lord 367, 470, 618
Doyle, Sir Arthur Conan 609
Drabble, Margaret 661
Drusus Caesar (Drusus der Jüngere) 293
Dryden, John 91, 102, 308–321, 330, 336, 344, 529
Du Bartas, Guillaume 96
Dudley, Robert (Earl of Leicester) 253
Duff, William 567
Dunbar, William 67
Duncan, Ronald 413
Dunn, Douglas 243
Dunne, John William 396
Duns Scotus 42, 194, 196
Durrell, Lawrence 655, 659 f.

Eadwine von Nordhumbrien 16
Earle, John 512
Eden, Anthony 415
Edgar, David 464, 471–473, 484, 493
Edgar, König von Merzien 38

Edgeworth, Maria 577 f., 592
Eduard der Bekenner 17, 45
Edward I. 112
Edward II. 52, 267 f., 275
Edward III. 43, 52, 350
Edward, Prince of Wales 311
Egerton, George 603
Elene 20, 36 f.
Eleonore von Aquitanien 49
Eliot, George (Mary Ann Evans) 595, 603, 606–608, 645
Eliot, Thomas Stearns 95, 157, 190, 195, 213, 218–221, 404–410, 496, 638, 641, 644, 685
Elisabeth I., Queen 84, 86, 111, 247–249, 250, 253, 255, 262 f., 272, 279, 284, 299, 440, 443, 505
Elisabeth von Frankreich 315
Ellis, Sarah Stickney 587
Elyot, Sir Thomas 505
Emecheta, Buchi 702 f.
Emerson, Ralph Waldo 131
Erasmus, Desiderius 105, 504
Esslin, Martin 447
Etherege, Sir George 314, 319–321
Euripides 407
Evans, Edith 409
Evelyn, John 518, 520
Everyman 60, 71
Exeter Book 20, 25 f., 35, 37
Exodus 20, 36

Falieri, Marino 352 f.
Farquhar, George 326 f., 486, 527
Farrant, Richard 249
Farrell, James Gordon 673 f.
Faulkner, William 693
Fenton, James 244
Fenwick, Joseph 487
Ferdinand II. von Aragon 312
Fergusson, Robert 122
Feuerbach, Ludwig 606
Fichte, Johann Gottlieb 459, 587
Fielding, Henry 116, 261, 335–338, 344, 548–551, 555, 557, 579, 594 f., 607, 611
Figes, Eva 661, 664 f.
Finney, Albert 261
Finnsburgh 26, 27
Fitzroy, Captain Robert 487
Flaubert, Gustave 370, 683 f.
Fletcher, John 270, 300–303
Fletcher, John Gould 204
Flint, Frank Stuart 201
Florio, John 510
Ford, Ford Madox 624, 626, 678
Ford, John 300, 458
Forster, Edward Morgan 590, 619, 624–626, 642 f., 647 f., 672, 674
Foscari, Francesco 352 f.
Foscari, Jacopo 352 f.
Foucault, Michel 497
Fourier, Charles 682
Foweles in þe frith 50
Fowles, John 675–677
Frau Angelico 179
Frayn, Michael 451–453, 456
Freud, Sigmund 185, 214–216, 476, 531, 615
Friel, Brian 388
Froude, James Anthony 588
Fry, Christopher 149, 408 f.
Fukuyama, Francis 497

Gainsborough, Thomas 113
Galileo Galilei 262
Galsworthy, John 391 f., 400, 623–625
Garbo, Greta 483
Garrick, David 324, 332 f., 349, 359, 486, 559
Gaskell, Elizabeth 599, 603, 670
Gaskill, William 413
Gaunt, John of (Duke of Lancaster) 62, 280
Gay, John 336 f.
Gems, Pam 483 f.
Genesis 20, 36, 98 f.
Gentilleschi, Artemisia 478
George I. 114, 530
George III. 147, 446 f., 593
George IV. 147
George, Prince 147, 461
Gerard, Alexander 567

Gibbon, Edward 534, 568 f.
Gielgud, John 408, 411
Gifford, William 596
Gilbert, Sir William Schwenck 368
Gildon, Charles 330
Gill, Peter 414
Giotto di Bondone 178
Gissing, George 615
Gleick, James 458
Godwin, William 149, 350, 565, 571 f.
Goethe, Johann Wolfgang 118, 148, 185, 266, 352, 549, 557
Golding, Arthur 254
Golding, William 475, 505, 546, 619, 655–657
Goldsmith, Oliver 121, 341–343, 536, 539 f., 557–559
Gonne, Maud 192
Gorbatschow, Michail 467
Gordimer, Nadine 651
Gower, John 46, 60 f.
Goya, Francisco de 462
Grand, Sarah 603
Granville-Barker, Harley 375, 388–390, 393, 412
Gray, Simon 445 f.
Gray, Thomas 110–112, 137, 181, 564
Greene, Graham 620, 627, 638 f., 648
Greene, Robert 508 f., 541
Gregor I., Papst 17 f., 39 f.
Gregory, Lady Isabella Augusta 209, 379
Gregory, Robert 208 f.
Grein, Jacob Thomas 363, 373
Grierson, Herbert 95
Griffin, Gerald 360
Griffith, Trevor 441, 443 f.
Grimm, Jacob und Wilhelm 119
Grocyn, William 504
Grosso, Nick 500
Grotowski, Jerzy 414
Guillaume, Günter 453
Guinness, Alec 407
Gunn, Thom 228–230, 232, 243
Gwynn, Nell 307, 486

Händel, Georg Friedrich 309, 336
Haggard, Henry Rider 619 f.
Hali Meihad 74
Hall, Edward 275
Hall, Joseph 512
Hall, Peter 261, 412 f., 429
Hall, Radclyffe 627, 636
Hallam, Arthur Henry 166, 168
Halliwell, Kenneth 453
Hampton, Christopher 476 f., 669
Hands, Terry 414
Hankin, St. John 390 f.
Hannibal 690
Hardraade, Harald 17
Hardy, Thomas 199, 393, 596, 616 f.
Hare, David 441, 464 f., 467–471, 473, 477, 498
Harley Lyrics 49
Harold II. 17, 353
Harrison, Rex 375, 399
Harrison, Tony 237, 243
Hartley, David 133, 141
Hartlib, John 516
Hathaway, Anne 269
Hauptmann, Gerhart 375
Havelok 55
Hawksmoor, Nicholas 685
Hays, Mary 572
Hazlewood, Colin Henry 365
Hazlitt, William 580–584
Heaney, Seamus 234 f., 243 f.
Heath, Edward 463, 466, 477
Hegel, Georg Wilhelm Friedrich 459
Heisenberg, Werner 452 f., 458, 688
Heming, John 256
Hemingway, Ernest 668
Henry II. 42, 44, 49, 406
Henry III. 44
Henry IV. 269, 273, 276, 506
Henry V. 43, 66, 269, 273, 276, 311
Henry VI. 269, 273–275, 282

Henry VII. 44, 272, 510
Henry VIII. 247 f., 270, 272, 505
Henryson, Robert 67
Henslowe, Philip 251 f.
Henty, George Alfred 619
Hepburn, Audrey 375
Herbert, George 90, 94 f., 644
Herder, Johann Gottfried 118 f.
Herzen, Alexander 460
Hess, Rudolf 467
Heywood, John 248 f.
Heywood, Thomas 300 f.
Hilda von Whitby 40
Hill, Geoffrey 235–237, 244
Hindley, Myra 682
Hinton, Walter 75
Hinton, William 469
Hitchcock, Alfred 451
Hitler, Adolf 452 f., 467, 475, 490, 678
Hobbes, Thomas 115, 317, 319, 515, 527, 534
Hoccleves, Thomas 66
Hofmannsthal, Hugo von 71
Hogarth, William 94, 539
Hogg, James 681
Holinshed, Raphael 273
Homer 158, 167 f., 590, 628
Hopkins, Anthony 691
Hopkins, Gerard Manley 166, 193–197, 199
Horaz 103, 107, 137, 207, 253, 293, 296, 311, 331, 507, 536, 551
Horniman, Annie 379, 391, 393
Horvath, Ödön von 476
Houghton, Stanley 390 f.
Housman, Alfred Edward 459
Howard, Charles (Earl of Carlisle) 328
Howard, Henry (Earl of Surrey) 82, 84
Howard, Sir Robert 312
Howard, Tony 466
Howard, Trevor 399
Hughes, Margaret 306
Hughes, Ted 231, 243 f.
Hulme, Keri 651
Hulme, Thomas Ernest 200 f., 204
Hume, David 133, 532, 534 f., 568
Hume, John 579
Hutcheson, Francis 566
Huxley, Aldous 505, 627, 633, 635 f., 638

Ibsen, Hendrik 198, 363 f., 366, 373, 384, 398, 458
Ignatius von Loyola 193
Inchbald, Elizabeth 572
Ionesco, Eugène 296, 429
Irving, Henry 349, 354, 367
Isabella I. von Kastilien 312
Isherwood, Christopher 627, 637
Ishiguro, Kazuo 690 f.
Iwan der Schreckliche 449

Jackson, Moses 459
Jacobson, Howard 668, 671
James I. 67, 249, 255, 257, 269, 291 f., 503, 510
James II. 305, 588
James IV. 67
James VI. 568
James, Henry 176, 575, 645
Jellicoe, Ann 479 f.
Jerrold, Douglas William 357 f.
Jewsbury, Geraldine 603
Jhabvala, Ruth Prawer 674, 691
Johann vom Kreuz 89
Johanna von Orléans 43, 273
John I. (Lackland) 43, 269
Johnson, B. S. 678
Johnson, Dr. Samuel 91, 131, 308, 331, 486, 536–539, 551, 556, 559, 563, 569, 663
Johnson, Esther 528
Johnson, Terry 324
Jones, Henry Arthur 365 f.
Jones, Inigo 252, 292
Jonson, Ben 253, 255 f., 260 f., 291–301, 303, 311, 317, 319, 324, 343, 384, 425
Joplin, Janis 469
Josipovici, Gabriel 678 f.
Joyce, James 96, 205, 220, 225,

429, 458, 623, 627–630, 646, 649, 655, 670, 677 f.
Judith 20, 36 f.
Juliana 20, 36 f.
Juliana von Norwich 75
Jung, Carl Gustav 476, 615

Kafka, Franz 447, 706
Kane, Sarah 491–497
Karl der Große 18
Karl II. von Spanien 449
Kean, Edmund 349
Keatley, Charlotte 487
Keats, John 117, 145, 151, 154–160, 162, 164, 175, 190, 236, 351, 683, 695
Keats, Thomas 154
Keble, John 588
Keeffe, Barrie 441, 464, 473 f.
Kempe, Margery 75
Kennedy, Alison Louise 667 f.
Khan-Din, Ayub 501 f.
Kidman, Nicole 470
Killigrew, Thomas 304–307
Kilroy, Thomas 388
King Horn 55
Kingsley, Charles 598, 599
Kinnock, Neil 470
Kipling, Rudyard 619–621, 678
Kirkman, Francis 303
Kleopatra 270, 281, 284, 313 f., 375
Knut der Große 17
Konstantin III. 15
Kotzebue, August von 344, 350 f.
Kubrick, Stanley 677
Kureishi, Hanif 501, 700 f.
Kyd, Thomas 259, 262, 298 f.
Kynaston, Edward 304

Lactantius 35
Lady Isabel 53
Læceboc 24
Lagamon 54 f., 171
Lamarck, Jean-Baptiste 376
Lamb, Charles 580 f.
Lamb, Lady Caroline 443
Langland, William 46, 58–61, 523
Larkin, Philip 227, 243
Lautréamont, Comte de 614
Lavin, Mary 649
Lawrence, David Herbert 204, 627, 633–635, 641, 643, 647, 671, 677
Lawrence, Gertrude 403
Lawrence, Thomas Edward 443
Le Morte Arthur 56
Lear, Edward 221
Leavis, Frank Raymond 645, 671
Lenin, Wladimir Iljitsch 443, 458
Lennox, Charlotte 559
Lenten ys come wiþ loue to toune 51
Lesage, Alain-René 553
Lessing, Doris 661 f., 662
Lessing, Gotthold Ephraim 335
Lester, Richard 480
Lewenstein, Oscar 413
Lewes, George Henry 606
Lewis, Matthew Gregory 563 f.
Lewis, Wyndham 677
Liddell, Alice 614
Lillo, George 333–335
Linacre, Thomas 504
Lindsay, David 73
Littlewood, Joan 414
Lives of the Saint 41
Livia Drusilla Augusta 293
Lochhead, Liz 488
Locke, John 532–535, 556
Lodge, David 584, 668, 670 f.
Lodge, Thomas 289, 508 f.
Longville, Tim 238
Lope de Vega, Félix 308
Lorca, Frederico García 668
Lord Chesterfield (Stanhope, Philip Dormer) 566
Lowell, Amy 203 f.
Ludus Coventriae 70
Ludwig XIV. 176
Lukian 504
Lunatscharski, Anatoli 443
Luther, Martin 417 f.
Lydgate, John 66 f.
Lyell, Charles 573 f., 589

Lyly, John 260, 286, 289, 506
Lyon, Emma (Lady Hamilton) 427

Macauley, Thomas Babington 588
Macdonald, Sharman 488 f.
Machaut, Guillaume de 63
Machiavelli, Niccolò 265
Mackenzie, Henry 115, 557–559
Mackintosh, James 571
Macleish, Archibald 204
Macmillan, Harold 415
MacNeice, Louis 212
Macpherson, James 117 f., 124
Macready, William Charles 349, 354
Macro 293 f.
Maeterlinck, Maurice 370, 375
Major, John 464
Malory, Sir Thomas 76 f., 171, 541
Malthus, Robert 574
Mandelson, Peter 468
Mandeville, Bernard 525–527, 567
Mandeville, Sir John 75
Mankind 71
Manley, Mary Delariviere 338 f.
Mann, Heinrich 476
Mann, Thomas 378, 476
Mansfield, Katherine 646
Marber, Patrick 499
Marcus Antonius 270, 281, 293, 313 f.
Marcus Aurelius 596
Margareta von Anjou 273
Maria Stuart 85 f., 354, 443, 488
Marie de France 44
Marlowe, Christopher 251, 256, 258–268, 275, 298
Marston, John 295 f., 299
Martel, Yann 651
Martineau, Harriet 603
Martyn, Edward 379
Martyrologium 38
Marvell, Andrew 90
Marx, Groucho 443
Marx, Karl 372
Mary Tudor, Queen 85, 353, 568
Massinger, Philip 301
Masson, David 610
Mata Hari (Margaretha Seertruida Zelle) 491
Matthäus (Evangelist) 101
Maturin, Charles Robert 564
Maugham, Somerset 394, 401–403, 648
Maupassant, Guy de 648
Maximen 20, 24 f.
McEwan, Ian 675, 692, 694 f., 697
McGrath, John 428, 441
McGuiness, Frank 388
Medwall, Henry 72
Medwall, Robert 247
Menander 110
Meredith, George 197, 237, 610, 613, 686
Middleton, Thomas 299
Mill, John Stuart 574, 582, 586, 590
Miller, Arthur 438, 500
Miller, Henry 659
Milton, John 96, 99–101, 116, 138, 149, 159, 185, 304, 516 f., 522, 584, 683, 685, 696, 704
Minot, Laurence 52
Mitchell, Adrian 239
Molière (Jean-Baptiste Poquelin) 302, 315, 319, 322, 324, 384, 476, 488
Monk, George (General) 520
Monkhouse, Allan 393
Monmouth, Geoffrey of 55, 248
Montaigne, Michel de 510 f., 556, 581
Montesquieu, Charles 540
Montfort, Simon von 43
Moore, Edward 335
Moore, George 457, 616, 649
Morris, William 181, 189, 421
Morus, Thomas 249, 504, 685
Mosley, Sir Oswald 419
Mozart, Wolfgang Amadeus 444
Murdoch, Iris 652, 654–656, 660, 681
Murdoch, Rupert 467
Mussolini, Benito 678

Napoleon Bonaparte 102, 130, 139, 375, 596, 677
Nashe, Thomas 507, 509, 541
Neilson, Anthony 500
Nelson, Horatio 357, 427, 690
Neville, Charles (Earl of Westmoreland) 247
Newbery, John 540
Newman, John Henry 588
Newton, Sir Isaac 458, 532
Nichols, Peter 447 f.
Nietzsche, Friedrich 192, 207, 376, 633
Nightingale, Florence 461
Nikolaus Cusanus 231
Norton, Thomas 248
Nunn, Trevor 414, 459

O'Casey, Sean 385–388, 394
Occam, William 42
O'Connor, Frank 649
Octavianus Augustus 281, 284, 314
O'Faolain, Sean 649 f.
Offa, König von Merzien 16, 24, 236
O'Flaherty, Liam 649 f.
Okri, Ben 651
Oliphant, Margaret 603
Olivier, Laurence 394, 408, 411–413, 417, 443
O'Neill, Eugene 387
Ormulum 47
Orton, Joe 453–456
Orwell, George 495, 505, 639, 641, 643
Osborne, John 415–419, 428, 446, 471, 492, 652
Otway, Thomas 307, 310, 314–317
Ouspensky, Peter D. 396
Overbury, Sir Thomas 512
Ovid 63, 108, 254, 296
Owen, Wilfred 206 f., 664

Page, Anthony 425
Page, Louise 480, 484 f.
Paine, Thomas 571 f.
Palladio, Andrea 252
Pankhurst, Emmeline 372
Pascal, Julia 490 f.
Pater, Walter Horatio 189 f., 193, 369, 459, 574, 590–592, 596, 617
Patience 56
Peacham, Henry 506
Peacock, Thomas Love 585
Pearl 56, 58
Pearse, Patrick 381
Péguy, Charles 639
Penda von Merzien 16
Penhall, Joe 500
penitential lyrics 48
Pepys, Samuel 320, 518–520
Percy, Henry (Earl of Northumberland) 262
Percy, Thomas (Earl of Northumberland) 117, 119, 247
Peterborough Chronicle 39, 74
Petrarca, Francesco 51, 62, 79–82, 159
Philipp II. von Spanien 315
Philips, Ambrose 330
Piaf, Edith 483
Pindar 529
Pinero, Sir Arthur Wing 364 f., 367, 405
Pinnock, Winsome 489 f., 502
Pinter, Harold 412, 428, 434–440, 446, 448, 454, 478, 490, 495, 676
Pix, Mary 339
Pizarro, Francisco 344 f., 352 f., 444
Plath, Sylvia 232
Plato 80, 150 f., 211, 504, 507
Plautus 67, 248, 257, 292
Plutarch 254, 511
Poe, Edgar Allan 145, 155, 180, 192, 609
Poliakoff, Stephen 441, 464, 474 f.
Poliziano, Angelo 504
Pope, Alexander 103–108, 115 f., 124, 146, 148, 336, 530, 582
Pound, Ezra 201–203, 381, 685
Poussin, Nicolas 478
Powell, Enoch 701, 706

Presley, Elvis 229f.
Priestley, John Boynton 394–399, 416, 420, 450
Proust, Marcel 575, 632
Prynne, Jeremy H. 239, 244
Przybyszewska, Stanisława 484
Purcell, Henry 312
Purdy, Alfred 243
Purity 56
Puttenham, George 507

Quarles, Francis 94
quem quaeritis-Tropos 68
Quintus Fabius Maximus 372

Rabelais, François 556
Racine, Jean 74, 315, 330, 499
Radcliffe, Anne 564f.
Raffael 178f.
Raine, Craig 238
Raleigh, Sir Walter 262f.
Ramsay, Allan 122
Ramses II. 151
Ranke, Leopold von 460
Rastell, John 249
Rattigan, Terence 394, 399–401, 403
Ravenhill, Mark 492, 496–498
Ravenscroft, Edward 324
Reade, Charles 359, 595
Reagan, Ronald 472
Redl, Alfred 417f.
Reeve, Clara 563
Reisz, Karel 676
Reynolds, Sir Joshua 559
Rhodes, John 304
Rhymer, Thomas 53
Rhys, Jean 606
Richard Coeur de Lion 55
Richard II. 43, 46, 60f., 63, 251, 268f., 272f., 275f., 280
Richard III. (Herzog von Gloucester) 44, 257–259, 269, 272–275, 284, 332
Richard von York 273
Richards, Ivor Armstrong 645
Richardson, Dorothy 627, 632f.
Richardson, Samuel 333, 547–550, 554, 557, 560
Richetti, John 541
Richthofen, Frieda von 633
Ridley, Philip 500
Riley, Joan 701f.
Rimbaud, Arthur 476
Rivers, William Halse Rivers 664
Robbe-Grillet, Alain 676
Robertson, Thomas William 360–362, 364
Robertson, William 568
Robespierre, Maximilien de 130, 350
Robson, E. M., 370
Rolle, Richard 75
Roman de la Rose 61
Rossetti, Christina Georgina 181
Rossetti, Dante Gabriel 166, 178–181
Rousseau, Jean-Jacques 549, 557
Rowe, Nicholas 333
Rowley, William 299
Roy, Arundhati 651
Rudkin, David 403
Rushdie, Salman 467, 651, 698-701
Ruskin, John 459, 574, 590f.
Rymer, Thomas 329–331

Sacheverell, Dr. Henry 525
Sachs, Albie 471
Sackville, Thomas 248
Sackville-West, Vita 629
Sade, Marquis de 679
Salieri, Antonio 444
Samuels, Diane 490f.
Sandburg, Carl 204
Sardanapalus, König von Ninive 352f.
Sardou, Victorien 362f.
Sartre, Jean-Paul 229, 429, 655, 683
Sassoon, Siegfried 664
Saunders, James 442
Saunderson, Mary 306, 486
Savonarola, Girolamo 513
Sayers, Dorothy Leigh 668

Schelling, Friedrich Wilhelm Joseph von 459
Schiller, Friedrich 118, 350
Schnitzler, Arthur 375, 470, 498
Schopenhauer, Arthur 376
Schubert, Franz 433
Scott, Paul 672 f.
Scott, Robert 663
Scott, Sir Walter 118, 165, 574, 577–579, 593
Scribe, Eugène 362
Seianus, Lucius Aelius 293–295
Self, Will 618
Selvon, Sam 698 f.
Seneca, Lucius Aenneus 67, 248, 257 f., 292 f., 295, 494, 511
Settles, Elkanah 309
Shadwell, Thomas 310, 317 f., 323 f.
Shaffer, Peter 149, 444 f.
Shakespeare, William 41, 72 f., 81, 83 f., 88, 107, 116, 155, 170, 246, 249, 251 f., 254, 256–262, 266–278, 280–289, 291–293, 295, 298, 306–308, 313, 319, 324, 329, 333, 343, 348, 350 f., 353 f., 389, 393, 412, 422, 443, 457 f., 462, 479, 491, 494, 496, 506, 508 f., 538, 580, 584, 617, 636, 644, 676 f., 704, 706
Shaw, George Bernard 150, 345, 360, 364, 372–379, 389, 391, 405
Shelley, Mary 130, 151, 564–566, 571
Shelley, Percy Bysshe 117, 119, 148–152, 155, 175, 185, 191, 351–353, 467, 565, 582, 585
Sherek, Henry 410
Sheridan, Richard Brinsley 341, 343 f., 349, 351–353, 367, 390
Sherriff, Robert Cedric 394
Sidney, Sir Philip 54, 80, 84, 150, 156, 260, 506, 509, 541
Sillitoe, Alan 652–654
Simpson, Norman Frederick 448
Sinclair, May 627, 631 f.
Sir Gawain and the Greene Knight 56
Sir Orfeo 56
Sir Patrick Spens 53 f.
Sitwell, Edith 221
Skelton, John 72, 247
Smith, Adam 526, 567
Smith, Zadie 705–707
Smollett, Tobias 507, 534, 550, 553 f., 568
Snow, Charles Percy 668
Soderbergh, Steven 499
Southey, Robert 124, 129, 139, 145, 350
Spark, Muriel 655, 658–660
Spencer, Herbert 589, 624
Spencer, Stanley 484
Spender, Stephen 212 f., 244
Spenser, Edmund 83–87, 96, 116, 119, 147, 641
Stafford-Clark, Max 413, 441, 466, 468, 483, 486, 496
Starkie, Enid 683
Steele, Richard 340 f., 512, 524, 536–538, 580, 594
Stein, Gertrude 208, 666
Stendhal (Henri Beyle) 650
Stephen, Leslie 629
Stephenson, Shelagh 487
Sterne, Laurence 148, 514, 528, 532, 549, 552, 555–557, 628
Stevenson, Robert Louis 610, 619, 681
Stewart, Ellen 414
Stoppard, Tom 300, 372, 441, 453, 456–460, 487
Storey, David 445, 652
Strauß, David Friedrich 606
Strindberg, Johan August 198, 387, 458, 495
Sullivan, Arthur 368
Sumer is icumen in 50
Swedenborg, Emanuel 124
Swift, Graham 148, 515, 692 f., 695
Swift, Jonathan 116, 148, 505, 525, 527–532, 539, 553, 555, 557
Swinburne, Algernon Charles 181, 188–190, 354

Synge, John Millington 378, 383–385, 388

Tacitus, Publius Cornelius 30, 293 f.
Talbot, John 273, 657
Talleyrand, Charles Maurice de 572
Tandy, Jessica 399
Tarantino, Quentin 493
Tate, Nahum 281, 308
Tatwine, Erzbischof von Canterbury 25
Taylor, Edward 95
Taylor, Gwen 482
Taylor, Tom 358 f., 363 f.
Temple, Sir William 116, 527, 529
Tennant, Emma 661, 680 f.
Tennent, H. M. 410
Tenniel, John 615
Tennyson, Alfred Lord 166–169, 171–175, 353
Terenz 67, 248, 341
Teresa von Avila 89, 95
Terry, Ellen 349
Terry, Harold 393
Thackeray, William Makepeace 594, 610 f., 613 f.
Thatcher, Margaret 247, 442, 463 f., 466–468, 470, 472, 476, 481, 482, 492, 687, 695
The Battle of Brunanburh 20, 27 f.
The Battle of Maldon 20, 27
The Castle of Perseverance 71
The Cloud of Unknowing 75
The Complaint of Deor 20–22, 34
The Dream of the Rood 20, 35
The Owl and the Nightingale 48
The Phoenix 35
The Pride of Life 71
The Seafarer 20, 34
The Three Ravens 53
The Twa Corbies 53
The Wanderer 20, 34
The Wife's Lament 34
Theobald, Lewis 107
Theodor von Tarsus 18
Theophrastos von Eresos 512
Thomas von Aquin 42
Thomas, Dylan 195, 222, 243
Thompson, Emma 691
Thomson, James 112 f., 331, 564
Thorpe, Adam 688 f.
Thrale, Hester 663
Thurber, James 654
Tiberius Augustus 293 f.
Tomlinson, Charles 230, 232, 243
Tourneur, Cyril 299
Towneley Cycle 70
Traherne, Thomas 90
Travers, Ben 454
Trollope, Anthony 610, 612 f.
Trotter, Catherine 338, 340
Tschechow, Anton Pawlowitsch 459, 502, 646, 650
Turner, Joseph Mallord William 590
Tynan, Kenneth 415, 434
Tyndale, William 503
Tzara, Tristan 458

Unsworth, Barry 689 f.

Vanbrugh, John 319, 326–328, 330, 340
Vaughan, Henry 90
Vedrenne, John Eugene 375, 389
Vercelli Book 20, 35
Vergil 30, 63, 82, 104, 296, 590
Verlaine, Paul 192, 476
Vespasianspsalter 38
Victoria, Queen 461
Villiers, George (Duke of Buckingham) 317, 344
Voltaire (François-Marie Arouet) 59, 148, 538, 701

Wagner, Richard 144, 150, 372, 446
Wain, John 652
Wakefield Cycle 70
Wakefield Master 70
Walcott, Derek 240 f., 244
Waldere 28
Wallis, Henry 686

Walpole, Horace 560–563
Walpole, Sir Robert 337f., 345, 464, 528, 550
Walsingham, Sir Francis 253, 262
Wanamaker, Sam 249
Wardle, Irving 435
Warton, Joseph 567
Washington, George 331
Waterhouse, Keith 652, 654
Waugh, Evelyn 638
Webster, John 259, 299f.
Weiss, Peter 412
Weldon, Fay 661, 666f.
Wells, Herbert George 372, 623–625, 633, 636
Wertenbaker, Timberlake 486f.
Wesker, Arnold 415, 419–423, 428, 434, 447, 492
Wesley, Charles 120
Wesley, John 120
Westbrook, Harriet 148
Whitbread, Samuel 349
Whitehead, William 341
Whitelaw, William 466
Widsip 20f., 24, 26
Wilde, Oscar 145, 164, 190, 298, 345, 366–373, 376, 403, 453, 458f., 470, 498, 574, 592, 617f., 685
Wilhelm von Oranien (William III.) 318, 325, 332
William I. 17, 42f.
Williams, Nigel 441, 464, 475
Williams, William Carlos 204f.
Wilmot, John (Earl of Rochester) 306, 314f., 317–319, 321
Wilson, Angus 655, 657f., 661, 694
Wilson, Harold 463
Wilson, Thomas 506
Wilton, Lord Grey de 86
Wilton, Mary 349
Winterson, Jeanette 661, 665f.
Wittgenstein, Ludwig 686
Woffington, Margaret 359, 486
Wolfit, Donald 411
Wollstonecraft, Mary 149, 565, 571f., 587
Wolsey, Thomas 588
Woolf, Leonard 629
Woolf, Virginia 307, 575, 580, 623, 626f., 629–631, 641f., 646f., 655, 666, 696
Wordsworth, Dorothy 136
Wordsworth, William 102, 113f., 116f., 120, 124, 129–131, 133f., 136–140, 142, 146, 154, 166, 184f., 350, 353, 567, 582f., 586, 681
Worrall, Lechmere 393
Wotton, William 529
Wren, Sir Christopher 305f.
Wright, Joseph 487
Wulf and Eadwacer 34
Wulfstan 40f.
Wyatt, Sir Thomas 82, 84
Wycherley, William 319, 322–324, 329f.
Wycliffe, John 42, 59, 75, 503

Yeats, William Butler 145, 166, 185, 191f., 207–211, 214f., 375, 378–385, 388, 404
York Cycle 70
Young, Edward 107, 114–117, 330, 567, 638
Younge, Charlotte 603
Ywain and Gawain 56

Zola, Émile 362, 616

Zu den Autoren

Peter Erlebach

Jahrgang 1942, studierte englische und romanische Philologie an den Universitäten Heidelberg, Nancy (Frankreich), Birmingham (England) und Mainz. Er promovierte 1969, habilitierte sich 1975 und ist seit 1982 Professor für Englische Literaturwissenschaft an der Johannes-Gutenberg-Universität Mainz. Seine Arbeits- und Forschungsgebiete sind Literatur- und Geistesgeschichte des englischen Mittelalters sowie der Renaissance bis zum 20. Jahrhundert. Einen besonderen Schwerpunkt bilden dabei Shakespeares Werke (so z. B. in *Vernunft und Folgelogik in Shakespeares Tragödien*, 1995) sowie die englische Lyrik, wie etwa in *Geschichte und Vorgeschichte der englischen Liebeslyrik des Mittelalters* (1989). Das Interesse an Graham Greenes Romanwerk hat zu mehreren Studien geführt, so z. B. auch zu der mit Thomas M. Stein veröffentlichten Monographie *Graham Greene in Perspective. A Critical Symposium* (1991).

Bernhard Reitz

Jahrgang 1946, studierte Anglistik und Geschichte an der Johann-Wolfgang-Goethe-Universität Frankfurt am Main, wo er 1975 promoviert wurde. Die Habilitation in den Fächern Neuere englische und amerikanische Literatur erfolgte 1988 an der Justus-Liebig-Universität Gießen. Nach Lehrtätigkeit an der Humboldt-Universität Berlin leitet er seit 1995 den Forschungs- und Lehrbereich Anglistik an der Johannes-Gutenberg-Universität Mainz. Buchveröffentlichungen: *Das Problem des historischen*

Romans bei George Eliot (1975); *The Stamp of Humanity: Individuum, Identität, Gesellschaft und die Entwicklung des englischen Dramas nach 1956* (1993); Textausgaben englischer und amerikanischer Autoren sowie zahlreiche Sammelbände zur englischen und amerikanischen Literatur, zuletzt (mit Ulrike Behlau) *Jewish Women's Writing of the 1990s and Beyond in Great Britain and the United States* (2004).

Thomas Michael Stein

Jahrgang 1942, studierte Anglistik und Germanistik in Bielefeld, Bochum und Mainz. Die Promotion erfolgte 1978, die Habilitation 1988. Seit 1995 ist er Professor für Englische Philologie an der Johannes-Gutenberg-Universität Mainz. Buchveröffentlichungen: *Formen und Funktionen in der Tragödie der frühen Stuart-Zeit* (1979); *Patrick White: »Voss«* (1983). *›Illusions of Solidity‹. Individuum und Gesellschaft im Romanwerk Patrick Whites* (1990). Mitherausgeber: *Scholastic Midwifery. Studien zum Satirischen in der englischen Literatur 1600–1800* (1989); *A Decade of Discontent. British Fiction of the Eighties* (1992). Ferner Aufsätze über postkoloniale Literatur, den zeitgenössischen britischen Roman und den anglo-amerikanischen Kriminalroman.